Das Märchen aller Märchen (Lo cunto de li cunti) von Giambattista Basile (1575–1632) erschien erstmals in den Jahren 1634–1636. Der Titel *Der Pentamerone,* der seit der Ausgabe von 1674 gebraucht wurde, bezieht sich auf die Einteilung der Sammlung in fünf Tage, stammt aber nicht von Basile.

»Hat das *Märchen aller Märchen* auf der einen Seite seinen geschichtlichen Ort als Märchenwerk, das nicht nur in Italien, sondern auch in Deutschland weitergewirkt hat, bei Wieland und vor allem bei Brentano, der für seine *Italienischen Märchen* daraus geschöpft hat, so hat es auf der andern Seite seinen Platz in der Geschichte der italienischen Erzählliteratur, indem dieser *Pentamerone* eine Entwicklung beschließt, die Boccaccio mit seinem *Decamerone* eröffnet hatte. Der *cunto de li cunti* ist ein Anti-Dekameron.

Während sich bei Boccaccio sieben Frauen und drei Männer in einer Kirche während der Pestzeit verabreden, sich die Zeit mit Geschichtenerzählen zu vertreiben, Frauen und Männer, die sich allesamt als schön und edel erweisen, auch wenn ihre Geschichten von dem einen oder anderen für frivol gehalten werden, kommt bei Basile eine Gruppe monströs häßlicher Weiber zusammen. Nur der Prinz Thaddäus und seine spätere Frau Zoza, um derentwillen der Pentamerone veranstaltet wird, sind schön wie die Protagonisten der hohen Literatur seit eh und je.

Bei Boccaccio ist der Rahmen nichts weiter als das Vehikel, die hundert unterschiedlichen Erzählungen zusammenzuhalten; bei Basile dagegen schließen sich Anfang und Ende zusammen, da die letzte Geschichte, die Geschichte Zozas, an den Beginn anknüpft und die fünfzig Märchen keine andere Funktion haben, als Zoza an ihr Ziel zu bringen: die Hochzeit mit Thaddäus, so wie die Märchen aus Tausendundeiner Nacht von Schehrezâd genutzt werden, den Kalifen Harûn er-Raschîd von seinen Tötungsabsichten abzuhalten und ihn endlich zu gewinnen.« Walter Boehlich

insel taschenbuch 354

Basile

Das Märchen aller Märchen

GIAMBATTISTA BASILE
DAS MÄRCHEN ALLER MÄRCHEN

›Der Pentamerone‹

Fünfter Tag

Deutsch von Felix Liebrecht

Herausgegeben und mit einem Nachwort versehen von Walter Boehlich

Insel Verlag

Die Illustrationen sind der Ausgabe von 1794 (Neapel) entnommen.
Die Vorlagen stellte freundlicherweise
die Österreichische Nationalbibliothek in Wien zur Verfügung.

insel taschenbuch 354
Erste Auflage 1982

Vertrieb durch den Suhrkamp Taschenbuch Verlag
Umschlag nach Entwürfen von Willy Fleckhaus
Satz: Fotosatz Otto Gutfreund, Darmstadt
Druck: Nomos Verlagsgesellschaft, Baden-Baden
Printed in Germany

FÜNFTER TAG

EINLEITUNG

Bereits statteten die Vögel der Abgesandtin der Sonne Bericht ab von all den Schlichen und Kniffen, die während der Nacht waren ausgeführt worden, als der Prinz Thaddäus und Prinzessin Lucia sich auch schon in aller Frühe an den gewöhnlichen Ort begaben, wo bereits neun Frauen sich pünktlich eingestellt hatten, und nur eine noch fehlte. Der Prinz fragte daher, warum Ghiacova nicht erschienen wäre, und als er erfuhr, daß sie von einem Schnupfen befallen worden, so befahl er, irgendein anderes Frauenzimmer ausfindig zu machen, welches ihre Stelle ersetzen könnte. Um daher nicht weit in der Ferne zu suchen, wurde Zoza, welche geradeüber von dem königlichen Palast wohnte, herübergeholt und von dem Prinzen, teils wegen der Verpflichtungen, die er gegen sie hatte, teils wegen der Zuneigung und Liebe, die er für sie empfand, mit großer Zuvorkommenheit empfangen. Von den Frauen nun pflückte die eine sich blühende Ackermünze, eine zweite Spikenarde, eine dritte fünfblättrige Raute und die eine dies, die andere jenes; wieder eine flocht sich einen Kranz, als wenn sie etwas deklamieren wollte, diese machte sich einen Strauß, jene steckte sich eine aufgeblühte Rose vor die Brust, und wieder eine andere nahm eine bunte Nelke in den Mund. Da aber noch fast vier Stunden bis zu dem Mittagsabschnitt des

Tages fehlten, befahl der Prinz, damit die Zeit bis zum Essen rascher verginge, daß zur Unterhaltung seiner Gemahlin irgendein Spiel veranstaltet werden sollte, und forderte den Hausmeister Jacovo, einen Mann von großem Scharfsinn, auf, eins vorzuschlagen, worauf dieser, als hätte er alle Taschen damit angefüllt, alsbald etwas ausfindig machte und sprach: »Diejenigen Vergnügungen haben immer für abgeschmackt gegolten, die nicht mit irgendeinem Nutzen verbunden waren; daher hat man die Unterhaltungen und Abendgesellschaften nicht zu einer zwecklosen Zeitverschwendung erfunden und eingeführt, sondern vielmehr das Vergnügen, das sie gewähren, ersprießlich zu machen gesucht, weil durch diese Art von Spielen die Mußestunden nicht nur auf angenehme Weise hinschwinden, sondern auch der Geist geweckt und geschärft wird, damit er sich an rasche Entschlüsse gewöhne und auf vorgelegte Fragen rasch zu antworten verstehe, wie dies besonders bei dem schönsten aller Spiele der Fall ist, welches ich jetzt vorschlagen will und dessen Anordnung folgende ist. Ich werde nämlich jeder der gegenwärtigen Frauen irgendein Spiel vorschlagen, worauf sie mir sogleich, und ohne nachzudenken, erwidern muß, daß es ihr nicht gefällt und die Ursache anzugeben hat, *warum* es ihr nicht zusagt; die aber, welche mit ihrer Antwort zögert oder unpassend antwortet, muß diejenige Strafe oder Buße erdulden, welche die Frau Prinzessin ihr auferlegen wird; und um mit dem Spiel einen Anfang zu machen, so wollte ich gern mit Frau Zeza eine Partie ›Trumpf‹ um eine Kleinigkeit spielen«;

und Zeza antwortete sogleich: »Das ist kein Spiel für mich; denn ich bin kein Räuber.« »Bravo«, sagte Thaddäus, »denn wer da raubt und mordet, der trumpft und sticht.« »Wenn das so ist«, versetzte Cola Jacovo, »so habe ich ein paar Groschen bei mir, um sie an die Frau Cecca im ›Bankrottspiel‹ zu verlieren.« »Dazu bekommt ihr mich nicht heran«, entgegnete Cecca, »denn ich bin kein Kaufmann.« »Sie hat recht«, sagte Thaddäus, »denn dieses Spiel ist nur für Kaufleute.« »Wir wenigstens, Frau Meneca«, fuhr Cola Jacovo fort, »wollen doch ein paar Stunden beim ›Verdrießlich‹ zubringen.« »Schönen Dank«, antwortete Meneca, »ich bin kein öffentliches Frauenzimmer.« »Das war den Nagel auf den Kopf getroffen«, sagte Thaddäus, »denn dieses Volk ist nie guten Mutes.« »Ich weiß«, begann Cola Jacovo wieder, »daß Frau Tolla mit mir um ein Dutzend Pfennige eine Partie ›Bock‹ machen wird.« »Beileibe nicht«, entgegnete Tolla; »denn dies Spiel ziemt sich für Ehemänner, die schlechte Frauen haben.« »Ihr hättet nicht besser antworten können«, sagte Thaddäus, »denn dieses Spiel ist für dergleichen Männer gemacht, welche gar sehr oft Hörner bekommen.« »Wenigstens, Frau Popa«, sprach nun Cola Jacovo, »wollen wir ein Spiel ›Zwanzig Figuren‹ machen, ich gebe euch die Vorhand.« »Mitnichten«, erwiderte Popa, »das Spiel paßt für Schmeichler.« »Ihr habet gesprochen wie ein Salomon«, sagte Thaddäus, »denn diese spielen zwanzig und dreißig Figuren, indem sie sich, wann sie wollen, verwandeln und die armen Fürsten an der Nase herumführen.« »Frau Antonella«, fuhr Cola Jacovo fort, »ich bitte euch um alles in der Welt, lasset uns die schöne Zeit nicht verlieren, sondern spielen wir lieber um eine Schüssel Pfannkuchen eine Partie ›Schmuggler‹.« »Ei, was ihr saget«, antwortete Antonella, »das fehlte gar noch, daß ihr mich für ein Freudenmädchen hieltet.« »Ihr habt nicht unrecht«, sagte Thaddäus, »denn dieses Gezücht sollte auch unter die verbotene Ware gehören.« »Hol's der Kuckuck«, sprach Cola Jacovo, »ich sehe schon, daß die Zeit ohne allen Spaß vergehen wird, wenn nicht Frau Ciulla mit mir um ein Maß Bohnen ein Spiel ›Zitier ihn‹ macht.« »Bin ich denn ein Gerichtsdiener?« erwiderte Ciulla, und der Prinz setzte sogleich hinzu: »Gut abgeführt; denn den Häschern und Bütteln liegt es ob, die Leute vor Gericht zu zitieren.« »Kommt, Frau Paola«, fuhr Cola Jacovo fort, »wir wollen eine Partie *Piquet* um einen Zwanziger machen.« »Weit gefehlt«, versetzte Paola, »denn ich bin kein Hofmann.« »Geantwortet wie ein Däuschen«, rief der Prinz aus, »denn an keinem Orte werden der Ehre des Nebenmenschen mehr die Augen ausgepickt, als in den fürstlichen Palästen.« »Ohne Zweifel«, sprach nun Cola Jacovo, »wird Frau Ciommetella es zufrieden sein, mit mir eine Partie ›Musikus‹ zu machen.« »Ich dächte gar«, entgegnete Ciommetella, »das Spiel ziemt sich für einen Schulmeister.« »Die muß die Strafe leiden«, rief Cola Jacovo, »denn die Antwort paßt nicht.« »Da bist du weit links«, sprach Thaddäus, »die Antwort kann nicht besser passen; denn die Schulfüchse spielen so gern den Musikus, daß sie den ganzen Tag lang die

Pauke schlagen.« Hierauf kehrte sich nun Cola Jacovo zur letzten der Frauen und sprach: »Ich kann nicht vermuten, daß Signora Zoza mir wie die andern meine Bitte abschlagen wird, vielmehr wird sie gewiß mit mir um einen Groschen eine Partie ›Hosen runter‹ machen.« »Ei, das wäre«, versetzte Zoza, »das ist ja ein Kinderspiel.« »Ihr freilich müsset nun schon die Strafe dulden«, rief hier der Prinz aus, »denn dieses Spiel spielen auch erwachsene Leute, und daher, Frau Prinzessin, leget ihr eine Buße auf!« Alsbald erhob sich Zoza und kniete vor Lucia nieder, worauf diese ihr als Strafe befahl, eine neapolitanische Villanella zu singen. Zoza ließ sich daher sogleich eine Schellentrommel holen, und während der Kutscher des Prinzen auf der Zither spielte, sang sie das verlangte Liedchen. Dies wurde von allen Anwesenden mit großem Vergnügen angehört und endete gerade, als die Tafel angerichtet war, bei welcher gut geschmaust, noch besser aber getrunken wurde. Sobald jedoch der Magen geschlossen und der Tisch abgeräumt war, befahl Thaddäus der Zeza, daß sie den Vortrab der Erzählungen herbeiführen sollte, worauf diese, obwohl sie etwas im Kopfe, eine sehr dicke Zunge und kleine Ohren hatte, dennoch sogleich dem Gebote Folge leistete und also begann:

41

Fünfter Tag

Erstes Märchen

»DIE GANS«

Lilla und Lolla kaufen auf dem Markt eine Gans, die ihnen Geld k...t; eine Gevatterin leiht sich dieselbe von ihnen, und da sie das Gegenteil findet, tötet sie sie und wirft sie zum Fenster hinaus. Die Gans jedoch hängt sich an den Hintern eines Prinzen, der sich eben seiner Leibesbürde entledigt, und niemand ist imstande, sie loszumachen, außer Lolla, die daher vom Prinzen geheiratet wird.

Es ist ein wahres Wort, welches jener wackere Mann gesprochen, daß der Handwerker dem Handwerker, der Schmied dem Schmied, der Musiker dem Musiker, der Nachbar dem Nachbarn und der Bettler dem Bettler übelwill, denn es gibt keinen Winkel in dem ganzen Weltgebäude, wo die verdammte Spinne des Neides, welche von nichts anderem lebt als dem Schaden des Nächsten, nicht ihre Gewebe anhängt; wie ihr dies besonders aus der folgenden Erzählung ersehen werdet.

Es waren einmal zwei Schwestern, welche in bitterer Not steckten und sich nur dadurch auf das kümmerlichste ernährten, daß sie sich von früh bis spät die Finger naß machten und dann das bißchen Gespinst verkauften. Trotz diesem elenden Leben aber gelang es der Kugel der Armut doch nicht, beim Zusammentreffen mit der der Ehre, diese hinauszustoßen, weswegen der Himmel, der sich in der Belohnung des Guten stets ebenso freigebig als in der Züchtigung des Bösen zeigt, die armen Mädchen auf den Gedanken brachte, auf den Markt zu gehen, dort einige Gebund Garn feilzubieten und dann für die paar Groschen, die sie dafür bekämen, eine Gans zu kaufen. Gesagt, getan, sie brachten die Gans nach Hause und pflegten sie mit so vieler Liebe und Sorgfalt wie eine leibliche Schwester, indem sie dieselbe sogar in ihrem eigenen Bette schlafen ließen. So geschah es nun, daß endlich einmal für die armen Mädchen heiteres Wetter eintrat; denn ganz unversehens fing die Gans an, von hinten Goldtaler von sich zu geben, so daß die Schwestern nach und nach einen großen Kasten damit anfüllten, und da sie nun Geld hatten wie Mist, den Kopf höher zu tragen und auch in ihrem Äußern viel stattlicher auszusehen begannen als früher; weshalb zwei von ihren Bekanntinnen, die sich eines Tages zum Klatschen zusammengefunden hatten, folgendermaßen zueinander sprachen: »Habet ihr gesehen, Gevatterin Vasta, wie es jetzt mit der Lilla und Lolla geht? Es ist noch nicht lange her, so hatten sie kaum ein paar Lumpen, um sich die Blöße zu bedecken, jetzt gehen sie in Staat und Prunk einher wie die vornehmen Damen; man sieht auch an ihren Fenstern immer Hühner und Töpfe mit Fleisch, die einen ordentlich anlachen. Was mag da wohl vorgegangen sein? Sie müssen entweder das Faß der Ehre angezapft oder einen Schatz gefunden haben.« »Ich bin außer mir vor Wunder, Gevatterin Perna«, erwiderte Vasta, »denn da ich eben glaubte, daß sie ganz heruntergekommen wären, sehe ich sie gerade obenauf, so daß es mir scheint, als träume ich.« Nach diesen und nach vielen andern ähnlichen Reden machten sie, vom Neide getrieben, ein Loch in die Wand, welche sich zwischen ihrem Hause und dem der Schwestern befand, um sie zu belauschen und zu sehen, ob sie vielleicht ihrer Neugier einige Nahrung geben könnten. Sie spähten auch wirklich so lange, bis sie eines Abends, als die Sonne mit dem Lineal der Strahlen auf die Bänke des indischen Meeres schlug, um den Tagesstunden das Zeichen der Feierzeit zu geben, Lilla und Lolla ein Laken auf die Erde breiten, eine Gans daraufsetzen und diese einen solchen Durchfall von Talern von sich geben sahen, daß sie Maul und Augen aufsperrten.

Als nun der Morgen erschien und Apoll mit seinen goldenen Ruten die Schatten vom Himmel verscheuchte, besuchte Vasta die beiden Mädchen, und nach tausenderlei Umschweifen in die Länge und in die

Breite kam sie endlich auf die Hauptsache, indem sie sie bat, ihr doch auf ein paar Stunden die Gans zu leihen, um einige junge Gänschen, die sie gekauft, ans Haus zu gewöhnen; und so viel und so lange sprach sie, bis die beiden einfältigen Dinger, teils weil sie aus Gutmütigkeit nichts abschlagen konnten, teils um in der Gevatterin keinen Verdacht zu erwecken, dieser die Gans liehen, unter der Bedingung jedoch, daß sie dieselbe aufs baldigste wiederbrächte. Die Nachbarin suchte nun sogleich ihre andere Gevatterin auf, und ohne Verzug breiteten sie dann auf die Erde ein Laken, auf das sie die Gans setzten, welche jedoch, anstatt in ihrem Hintern eine dukatenprägende Münze zu zeigen, alsbald einen Abtrittkanal auftat und das Weißzeug der armen Frauen dergestalt mit Gilbkraut färbte, daß sich der Geruch davon ebenso durch das ganze Haus verbreitete wie des Sonntags der aus den Bratpfannen. Als die Gevatterinnen dies wahrnahmen, dachten sie, daß die Gans bei gutem Futter einen bessern Stoff zu dem Lapis philosophorum ansetzen würde. Sie gaben ihr daher so reichlich zu fressen, daß es ihr bis zum Kropf herauf stand, und setzten sie dann wieder auf ein reines Laken; wenn aber die Gans sich früher gar nicht hartleibig gewiesen hatte, so bekam sie jetzt sogar einen Durchfall, zu dem auch die Unverdaulichkeit das ihrige beitragen mochte. Hierüber gerieten nun aber die beiden Frauen in einen solchen Zorn, daß sie der Gans den Hals umdrehten und sie durch das Fenster in ein Sackgäßchen schleuderten, durch das gewöhnlich niemand ging und wohin man den Unrat zu werfen pflegte.

Der Zufall aber, welcher, wenn man es am wenigsten erwartet, die seltsamsten Dinge zutage fördert, fügte es nun so, daß der Sohn eines Königs, der auf die Jagd gegangen war, es plötzlich dergestalt in den Leib bekam, daß er den Degen und das Roß einem Diener zu halten gab, hierauf in jenes Gäßchen trat, um seine Notdurft zu verrichten, und, nachdem er fertig war, sich der frischgetöteten Gans als Reinigungsmittel bediente, da er gerade kein Papier in der Tasche hatte. Die Gans jedoch, welche keineswegs tot war, fuhr mit ihrem Schnabel dem armen Prinzen dergestalt ins Fleisch, daß er ein lautes Geschrei erhob, worauf zwar seine Leute in aller Eile herbeikamen und die Gans losreißen wollten, indes gelang es ihnen nicht; denn sie hatte sich wie eine gefiederte Salmacis an einen behaarten Hermaphrodit gehängt, so daß der Prinz, der es nicht länger vor Schmerz aushalten konnte und die vergeblichen Bemühungen seiner Diener sah, sich auf ihren Armen in den königlichen Palast tragen und dann die geschicktesten Doktoren herbeirufen ließ. Diese nun konsultierten angesichts der verletzten Stelle lange hin und her und wandten alle nur erdenklichen Mittel an, um der Sache Abhilfe zu leisten, indem sie Salben aufstrichen, Zangen anlegten und Pulver aufstreuten; da inzwischen die Gans festsaß wie eine Filzlaus, die man nicht durch Quecksilber, und wie ein Blutegel, den man nicht durch Essig losbekommen kann, so ließ der Prinz öffentlich bekanntmachen, daß, wer ihn von diesem beschwerlichen Anhängsel seines Hinterteils zu befreien vermöchte, wenn es ein Mann wäre, das halbe

Königreich erhalten, wäre es aber ein Frauenzimmer, sie seine Gemahlin werden sollte. Alsbald sah man die Leute scharenweise herbeikommen und ihre Nase in Dinge stecken, bei denen sie nichts helfen konnten; denn je mehr Mittel angewendet wurden, desto fester biß sich die Gans und desto mehr kniff sie den armen Prinzen, dermaßen, daß es schien, als hätten alle Rezepte Galens, alle Aphorismen des Hippokrates und alle Heilmittel Mesués sich gegen die pars posterior des Aristoteles zur Qual des Unglücklichen verschworen. Das Schicksal fügte es jedoch, daß nach so vielen Leuten, welche herbeikamen, um ihre Geschicklichkeit zu versuchen, endlich auch Lolla, die jüngste der beiden Schwestern, erschien, und kaum hatte sie die Gans erblickt, so erkannte sie dieselbe auch auf der Stelle und rief aus: »Mein Bullechen, mein Bullechen!« Als nun die Gans die Stimme ihrer treuen Pflegerin vernahm, ließ sie sogleich ihre Beute los und lief ihr entgegen, indem sie ihr schmeichelte und sie küßte und den Hintern eines Prinzen sehr gern mit dem Mund einer Bäuerin vertauschte. Beim Anblick dieses seltsamen Vorfalles wollte der Prinz wissen, wie diese Sache zusammenhing, und da er auf diese Weise hinter den Streich der beiden Gevatterinnen kam, ließ er sie aus dem Lande peitschen und auf ewige Zeiten verbannen, heiratete hierauf Lolla, welche ihm die zahllose Schätze machende Gans als Aussteuer mitbrachte, und gab auch Lilla einem steinreichen Mann. So nun lebten sie sämtlich in Glück und Freude trotz den Gevatterinnen, welche den beiden Schwestern den ihnen vom Himmel gewiesenen Weg zum Reichtum versperren wollten und ihnen gerade dadurch einen andern zur Glückseligkeit eröffneten, so daß es sich am Ende klar erwies:

»Es bringen Hindernisse oftmals Hilfe nur.«

42

Fünfter Tag

Zweites Märchen

»DIE MONATE«

Von zwei Brüdern namens Cianne und Lise ist der eine reich, der andere arm. Lise, den sein reicher Bruder ohne Hilfe läßt, zieht fort und begegnet einem solchen Glück, daß er steinreich wird. Cianne sucht aus Neid das nämliche Glück und sieht sich in seinen Hoffnungen dermaßen getäuscht, daß er sich nur mit Hilfe seines Bruders aus großer Bedrängnis erretten kann.

Das Gelächter, welches die ganze Gesellschaft bei dem Unglück des Prinzen ergriff, erscholl so gewaltig, als hätte einen jeden derselben der Narr gebissen, und sicherlich würden sie die ganze Tonleiter des Lachens vom dreimal gestrichenen F bis zum tiefen G durchgemacht haben, wenn Cecca nicht ein Zeichen gegeben hätte, daß sie bereit wäre, ihre Geschichte loszulassen, und nachdem sie so die Stimme aller andern mit Beschlag belegt, begann sie also zu sprechen:

Es ist ein Wort, das man sich mit ellenlangen Buchstaben aufschreiben müßte, daß Schweigen niemals irgend jemand geschadet habe; so wie man hinwiederum nicht glauben darf, daß die schmähsüchtigen Menschen, deren Zunge nie einem andern etwas zum Lobe nachsagt, immer schneidet und sticht und zwickt und beißt, jemals gut dabei wegkommen, da man beim Auskehren jedesmal gefunden hat und noch findet, daß wenn dem wohlwollenden Menschen Liebe und Nutzen zuteil wird, üble Nachrede sich Feindschaft und Schaden zuzieht, und wenn ihr gehört haben werdet, wie dies geschieht, werdet ihr mir gewiß auch vollkommen recht geben.

Es waren einmal zwei Brüder, von denen der eine, namens Cianne, ein behagliches Leben führte wie ein Graf, der andere hingegen, namens Lise, kaum genug hatte, um sein Leben zu fristen. So arm indessen dieser an Vermögen war, eine ebenso niedrige Gesinnung besaß jener dergestalt, daß er seinem Bruder auch nicht einen roten Heller hätte zukommen lassen, um ihn vom Hungertode zu erretten, und daher der arme Lise voll Verzweiflung seine Heimat verließ. Er fing also an, in der Welt umherzuziehen, und wanderte so lange, bis er eines Abends nach einer sehr anstrengenden Tagesreise in einem Wirtshause anlangte, in welchem er zwölf junge Menschen um ein Feuer sitzend fand. Als diese nun den armen Lise in einem so bemitleidenswerten Zustand sahen, indem er teils durch die strenge Jahreszeit, teils wegen der zerlumpten Kleidung vor Kälte ganz erstarrt war, so forderten sie ihn auf, neben ihnen an dem Feuer Platz zu nehmen. Er nahm die Einladung sehr gern an, da sie ihm höchst willkommen war, und fing sich zu wärmen an, während welcher Zeit einer jener jungen Leute, dessen mürrisches, finsteres Aussehen beinahe Furcht erweckte, ihn fragte: »Was denkst du von diesem Wetter, Landsmann?« – »Was sollte ich denken?« sprach Lise, »ich denke, alle Monate des Jahres tun ihre Pflicht; wir aber, die wir selbst nicht wissen, was wir wollen, möchten gern dem Himmel Gesetze vorschreiben, und wenn wir nur die Dinge hätten, wie wir sie wünschen, so würden wir nicht sehr genau untersuchen, ob das, was wir uns in den Kopf setzen, auch so gut oder schlecht, nützlich oder schädlich ist; denn im Winter, wenn es regnet, wollen wir die Sonne im Löwen und im Monat August Wolkenbrüche haben und bedenken nicht, daß, wenn die Sachen so wären, die Jahreszeiten drüber und drunter, die Saaten zugrunde, die Ernten zum Kuckuck gehen, die Leiber der Menschen hinschwinden und Welt und Natur in großen Wirrwarr geraten würden. Wir wollen daher nur immer dem Himmel seinen freien Lauf lassen, da er ja überdies die Bäume dazu geschaffen hat, um durch ihr Holz die Strenge des Winters und durch ihre Laubdächer die Hitze des Sommers zu mildern.« – »Du sprichst wie ein Salomon«, erwiderte der Jüngling, »du kannst doch aber nicht leugnen, daß dieser Monat

März, in dem wir uns jetzt befinden, durch so viel Frost und Regen, Schnee und Hagel, Wind und Wetter, Nebel und Sturm und so viele andere Beschwerlichkeiten uns das Leben zum Überdruß macht.« – »Du sprichst nur von den Übeln dieses armen Monats«, versetzte Lise, »aber nicht von dem Nutzen, welchen er uns bringt; denn während er den Frühling einführt, beginnt er die Erzeugung der Dinge, und wenn irgend jemand, so ist gerade er die Ursache, daß die Sonne ein besseres Wetter ins Land bringt, indem er sie in das Haus des Widders einführt.«

Der Jüngling freute sich gar sehr über die Worte Lises, denn er war grade der Monat März, der mit den andern elf Brüdern zufällig in jenem Wirtshause eingekehrt war, und um die Freundlichkeit Lises zu belohnen, welcher selbst einem so schlimmen Monat, den die Hirten sogar nicht einmal gern erwähnen hören, nichts Böses nachgesagt hatte, gab er ihm ein schönes Kästchen und sprach zu ihm: »Nimm dieses Kästchen und überlege, ob du etwas brauchst; denn wenn du es öffnest, wirst du darin finden, was du wünschest.« Lise dankte dem Jüngling auf das allerherzlichste, und indem er sich des Kästchens als Kopfkissen bediente, legte er sich schlafen. Kaum hatte aber die Sonne mit dem Strahlenpinsel die Schatten der Nacht mit Hell übermalt, so nahm Lise von den jungen Leuten Abschied und begab sich auf den Weg; er war jedoch keine fünfzig Schritte von dem Wirtshaus entfernt, als er das Kästchen öffnete und ausrief: »Ach, du lieber Himmel, wenn ich doch jetzt eine mit Fries gefütterte Sänfte mit etwas Feuer darin hätte, und so in diesem Schnee behaglich meines Weges ziehen könnte!« Er hatte diese Worte noch nicht beendet, so erschien auch schon eine Sänfte mit Trägern, die ihn sogleich hineinhoben und seiner Weisung gemäß den Weg nach seiner Heimat einschlugen. Sobald aber die Stunde erschien, wo man die Kinnbacken in Tätigkeit zu setzen pflegt, sprach Lise: »Jetzt möchte ich etwas zu essen!« Und sogleich erschienen in großer Menge die schönsten Bissen und bereiteten ihm ein solches Bankett, daß zehn Könige dabei hätten schmausen können. Da er nun hierauf des Abends in einem Walde anlangte, welcher der Sonne, weil sie von verdächtigen Orten herkam, keine freie Praktika gestattete, so öffnete er wieder das Kästchen und sprach: »Ich möchte heute nacht an diesem schönen Orte zubringen, wo der Fluß zu dem Canto fermo der frischen Winde auf den Steinen den Kontrapunkt macht.« Kaum hatte er dies gesagt, so wurde unter einem Zelt von Wachsleinwand ein Himmelbett vom kostbarsten Scharlach aufgeschlagen mit Unterbetten voll der feinsten Flaumfedern, einer spanischen Decke und den allerfeinsten Laken, und als er darauf zu essen verlangte, unter einem andern Zelte ein Kredenztisch wie für einen Prinzen und eine Tafel mit Speisen, deren Geruch sich hundert Meilen weit verbreitete, auf das schnellste hergerichtet. Nachdem er nun auf das herrlichste geschmaust hatte, legte er sich schlafen, und sobald der Hahn, der Spion der Sonne, seinen Herrn benachrichtigte, daß die Schatten der Nacht müde und abgemattet wären, und es nun für einen erfahrenen General wie er Zeit sei, dem Feinde in den Rücken zu fallen und ihn niederzuhauen, öffnete Lise wieder das Kästchen und sprach: »Jetzt möchte ich schöne Kleider haben, da ich heute mit meinem Bruder zusammentreffen werde und ich ihn gern neidisch sehen wollte.« Sogleich erblickte Lise vor sich einen Mantel von dem schwersten schwarzen Samt mit einem Vorstoß von rotem Kamelott und einer prächtigen Stickerei auf dem Futter von gelbem Wollzeug, welches daher aussah wie ein Blumengefilde. Nachdem sich also Lise in den Mantel gehüllt, bestieg er wieder die Sänfte und langte bald nachher in dem Hause seines Bruders an. Als Cianne ihn mit so großer Pracht und Bequemlichkeit erscheinen sah, wollte er gern wissen, wie Lise zu all diesen Dingen gekommen war; worauf dieser ihm erzählte, wie er jene Jünglinge in dem Wirtshause angetroffen, und was für ein Geschenk sie ihm gemacht hätten, obwohl er das Gespräch, das er mit ihnen gehabt, für sich behielt. Cianne dauerte nun jeder Augenblick zu lange, bis er sich von seinem Bruder verabschieden konnte, daher er in ihn drang, er solle nur zu Bette gehen, da er von der Reise müde sein müßte; er nahm hierauf alsbald Extrapost, langte gleichfalls in jenem Wirtshause an, und dieselben jungen Leute antreffend, fing er an, mit ihnen zu plaudern. Als aber der nämliche Jüngling auch ihn fragte, was er vom Monat März hielte, so tat er ein gewaltiges Maul auf und rief aus: »Hol der Teufel diesen verwünschten Monat, den Feind der Franzosen, den Ärger der Hirten, der den Geist verdrießlich und den Körper krank macht; ein Monat, der

Anlaß dazu gegeben, daß, wenn man jemand etwas Böses wünschen will, man zu ihm sagt: ›Hol dich der März!‹, ein Monat, von dessen verderblichem Treiben das Sprichwort zeugt: ›Märzschnee tut der Saat weh!‹ Mit einem Wort, es ist ein Monat, daß es ein Glück für die Welt, ein Segen für die Erde und ein Heil für die Menschen sein möchte, wenn ihm sein Platz in der Liste der zwölf Brüder gestrichen würde.« Der März, welcher sich von Cianne dergestalt den Kopf waschen sah, verbarg seinen Groll in der Absicht, ihm seine schöne Rede aufs beste zu vergelten, und als Cianne am nächsten Morgen abreisen wollte, schenkte er ihm einen tüchtigen Dreschflegel, indem er zu ihm sagte: »Jedesmal, wenn du etwas wünschst, sprich: ›Dreschflegel, gib mir hundert!‹, und du wirst Dinge sehen – Herz, was verlangst du.« Cianne dankte dem Jüngling, eilte in voller Hast davon und wollte den Dreschflegel nicht eher versuchen, als bis er nach Hause zurückgekommen wäre. Kaum aber hatte er seinen Fuß über die Schwelle gesetzt, so trat er in ein abgelegenes Gemach, woselbst er das Geld, welches er von dem Dreschflegel erwartete, aufzuheben gedachte, und sprach zu ihm: »Dreschflegel, gib mir hundert!« Dieser aber gab ihm mehr, als er wünschte, und spielte ihm wie ein geschickter Musikus dergestalt auf Gesicht und Beinen auf, daß Lise bei dem Geschrei seines Bruders herbeieilte, und indem er sah, daß der Dreschflegel unaufhaltsam wie ein wildes Pferd immer drauflosschlug, öffnete er endlich das Kästchen und brachte ihn so zum Stillstand. Als nun Cianne, von seinem Bruder befragt, erzählte, wie es ihm ergangen war, erwiderte jener, er könne sich über niemand beklagen als über sich selbst, da er allein sich durch seine Gimpelei diese Züchtigung zugezogen und gehandelt hätte wie jenes Kamel, welches Hörner zu haben wünschte und statt dessen auch noch die Ohren verlor, daß er sich aber in Zukunft gewöhnen sollte, seine Zunge im Zaume zu halten, indem diese eben der Schlüssel gewesen wäre, der ihm das Magazin des Unglücks eröffnete; denn hätte er von jenen Jünglingen Gutes geredet, so wäre ihm vielleicht dasselbe Glück zuteil geworden, da ja jedenfalls Gutes von den Leuten zu reden eine Ware sei, die nichts koste und unerwarteten Gewinn abzuwerfen pflege. Schließlich jedoch tröstete er ihn und bat ihn, nicht mehr Reichtum zu suchen, als der Himmel ihnen jetzt verliehen; denn sein Kästchen reiche hin, die Häuser von dreißig Geizhälsen bis an den Rand zu füllen, und Cianne dürfe frei über seine Güter verfügen, da der Himmel Säckelmeister des Freigebigen wäre; ein anderer Bruder freilich würde ihm wegen der Härte, mit der er ihn in seiner Not behandelt, Haß nachgetragen haben, er aber bedächte, daß der Geiz seines Bruders der günstige Wind gewesen sei, der ihn in diesen Hafen getrieben; daher wolle er sich erkenntlich beweisen und sei gesonnen, seinen Dank für das erworbene Glück an den Tag zu legen. Als Cianne diese Worte vernahm, bat er seinen Bruder für seine frühere Lieblosigkeit um Verzeihung, und indem sie diese Gütergemeinschaft eingingen, erfreuten sie sich hinfüro eines glücklichen Lebens; Cianne aber rühmte von Stund an jeder Sache nur Gutes nach, mochte sie auch noch so schlecht sein, denn:

»Der Gebrannte fürchtet das Feuer.«

43
Fünfter Tag
Drittes Märchen

»PINTOSMALTO«

Betta will sich anfangs nicht verheiraten; zuletzt jedoch knetet sie sich einen Mann mit eigenen Händen, der ihr aber von einer Königin geraubt wird; sie findet ihn endlich nach tausendfachen Mühseligkeiten wieder auf, gelangt durch große Schlauheit wieder in seinen Besitz und bringt ihn so nach Hause.

Als Cecca ihre Erzählung, welche allen ganz ausnehmend gefiel, beendet hatte, und Meneca, welche wie auf der Folter war, um die ihrige abzupacken, wahrnahm, daß die Zuhörer sämtlich die Ohren spitzten, so begann sie wie folgt:

Es ist den Menschen immer schwerer gewesen, das

Erworbene zu bewahren, als Neues zu erwerben, da zu dem einen das Glück mithilft, welches oftmals der Ungerechtigkeit beisteht, zu dem andern aber Verstand notwendig ist; daher sieht man zwar häufig Menschen, denen es an Klugheit fehlt, zur Größe emporsteigen, aus Mangel an Einsicht aber stürzen sie auch wieder hinunter, wie ihr, wenn ihr nicht auf den Kopf gefallen seid, aus der folgenden Geschichte ersehen könnt.

Es war einmal ein Kaufmann, der eine einzige Tochter hatte und gar sehr wünschte, sie verheiratet zu sehen; sooft er aber auch diese Saite anschlug, fand er seine Tochter hundert Meilen weit von dem gewünschten Ton entfernt, da dieses törichte Ding unter den Frauen der Affe sein wollte, ihr Wildgehege auf das eifersüchtigste bewachte und in ihrem Tribunal immer Vakanzen, in ihrer Schule immer Ferien, in ihrem Gerichtshof immer Feiertage zu haben wünschte; so daß der Vater im höchsten Grade niedergeschlagen und der Verzweiflung nahe war. Als er nun einmal zu einer Messe reisen mußte, fragte er seine Tochter, welche Betta hieß, was er ihr mitbringen solle, worauf diese erwiderte: »Wenn du mich lieb hast, Väterchen, so bringe mir einen halben Zentner Palermozucker, einen halben süße Mandeln, vier bis sechs Flaschen wohlriechendes Wasser, etwas Moschus und Ambra, ferner vierzig Stück Perlen, zwei Saphire, einige Granaten und Rubine, etwas Goldgespinst, besonders aber einen Backtrog und Kratzmesser von Silber.« Der Vater wunderte sich nun zwar über diese so ungemessene Forderung, jedoch wollte er seiner Tochter nicht widersprechen, er reiste daher zur Messe ab und brachte ihr bei seiner Rückkehr ganz genau alles, was sie gewünscht.

Sobald Betta diese Dinge sämtlich erhalten hatte, schloß sie sich in ihrem Zimmer ein und begann, aus Mandeln und Zucker vermischt mit Rosenwasser und Wohlgerüchen einen großen Teig zu kneten, worauf sie demselben die Gestalt eines wunderschönen Jünglings verlieh und ihm Haare von gesponnenem Golde, Augen von Saphiren, Zähne von Perlen und Lippen von Rubinen machte sowie außerdem so viele Reize und Anmut verlieh, daß ihm nur noch die Sprache fehlte. Da sie hiermit fertig war, fing sie, wohl wissend, daß auf Bitten eines Königs von Zypern auch einst eine Statue lebendig wurde, die Liebesgöttin dergestalt zu bitten an, daß die Bildsäule begann die Augen zu öffnen und nach fortgesetzten Bitten Bettas auch zu atmen, bis sie endlich nach dem Atem sogar Worte vernehmen ließ und zuletzt, nachdem das Band aller Glieder gelöst war, auch zu gehen anfing. Betta nun, mit einer viel größeren Freude, als hätte sie ein Königreich gewonnen, umarmte und küßte alsbald den Jüngling und führte ihn hierauf an der Hand vor ihren Vater, zu dem sie sprach: »Ihr habt immer gesagt, Herr und Vater, daß ihr herzlich wünscht, mich verheiratet zu sehen, daher habe ich jetzt, um euch zu willfahren, nach dem Wunsche meines Herzens gewählt.« Als der Vater aus dem Gemach seiner Tochter diesen schönen Jüngling, den er nicht hatte hineingehen sehen, heraustreten sah, geriet er in das größte Erstaunen, war jedoch beim Anblick der Schönheit desselben, die sich hätte für Geld sehen lassen können, mit dieser Wahl seiner Tochter zufrieden und veranstaltete zur Feier ihrer Hochzeit ein großes Fest. Unter andern Gästen nun, die sich dabei einfanden, erschien auch unbekannterweise eine große Königin, welche beim Anblick Pintosmaltos (denn so hatte Betta ihn genannt) sich bis über die Ohren in ihn verliebte, und da Pintosmalto, der vor kaum drei Stunden erst die Augen für die Bosheit der Welt geöffnet hatte, noch gar sehr unerfahren war, so führte ihn die Königin, die er so wie alle übrigen Damen, welche seine Hochzeit mit ihrer Gegenwart beehrt hatten, der Anweisung seiner Braut gemäß bis an die Treppe begleitete, an der Hand nach und nach bis zu ihrer sechsspännigen Kutsche, die im Hofe hielt, zog ihn dann herein und hieß hierauf den Kutscher mit aller Schnelligkeit in ihre Residenz zurückfahren, woselbst sie sich mit dem einfältigen Pintosmalto, der gar nicht wußte wie ihm geschah, auf das eiligste verheiratete.

Betta aber, welche ihn eine Zeitlang erwartet hatte und ihn nicht wiederkommen sah, schickte endlich in den Hof hinunter, ob er vielleicht mit jemand spräche, stieg auf den Söller, ob er dort etwa frische Luft schöpfte, und ging nach dem heimlichen Gemach, ob er da vielleicht den Bedürfnissen des Lebens den ersten Tribut darbrächte; indem sie ihn aber nirgends fand, vermutete sie alsbald, daß er ihr wegen seiner Schönheit geraubt worden sei, und erließ daher eine öffentliche Bekanntmachung, die aber ohne allen Erfolg blieb, so daß sie den Entschluß faßte, ihn, als Bettlerin verkleidet, überall in der ganzen Welt zu suchen. – Nachdem sie sich nun auf diese Weise auf den Weg gemacht, kam sie endlich in das Haus einer alten Frau, welche sie sehr freundlich empfing, und sobald sie das Unglück Bettas vernommen und außerdem bemerkt hatte, daß sie schwanger war, ihr drei Sprüche lehrte; der erste war: »Tricke warlacke, das Haus regnet«; der zweite war: »Enije, denije, dicken dacken, Beene knacken«; der dritte war: »Ringel, Ringel, Rosenkranz, setz ein Töpfchen Wasser bei«; wobei sie ihr zu wissen tat, daß sie diese Sprüche, wenn sie sich einmal in großer Not befände, hersagen solle; denn sie würden ihr von großem Nutzen sein. Obgleich sich nun Betta über dieses lumpige Geschenk sehr wunderte, so dachte sie dennoch in ihrem Sinne: »Einem geschenkten Gaul sieht man nicht ins Maul; vom Nehmen wird man nicht arm; ist ein Ding auch noch so klein, so kann es doch von Nutzen sein; wer weiß, was für eine geheime Kraft in diesen Worten liegt«; daher dankte sie der Alten aufs beste und machte sich wieder auf den Weg. Nachdem sie nun lange umhergezogen und in einer schönen Stadt namens Rundsberg angekommen war, begab sie sich geradeswegs nach dem königlichen Palast, wo sie um Himmels willen um ein Obdach flehte, wenn auch nur in einem Stalle, da sie ihrer Entbindung nahe wäre, so daß die Kammerfrauen der Königin, als sie dies wahrnahmen, der armen Betta ein Gemach nahe bei der Treppe anwiesen. Hier nun sah sie eines Tages Pintosmalto vorübergehen und empfand darüber so große Freude, daß sie nahe daran war, vom Baum des Lebens herabzugleiten. Indem sie sich nun aber jetzt in so großer Bedrängnis sah, wollte sie den ersten der ihr von der alten Frau gelehrten Sprüche versuchen und sprach daher: »Tricke warlacke, das Haus regnet.« Da mit einemmal erschien ein schönes Wäglein von Gold, ganz mit Edelsteinen besät, welches von selbst in dem Gemach umherrollte, daß es ein wahres Wunder war. Als die Frauen der Königin dies sahen, sagten sie es der Königin, die, ohne Zeit zu verlieren, sich nach dem Zimmer Bettas begab und beim Anblick des herrlichen Wagens sie fragte, ob sie ihn verkaufen wollte; denn sie wollte ihr geben, was sie nur irgend verlangen würde; worauf Betta erwiderte, daß sie, obgleich nur eine Bettlerin, dennoch die Befriedigung ihrer Wünsche allem Gold der Welt vorzöge; wenn daher die Königin den Wagen zu besitzen verlange, so solle sie Betta eine Nacht bei ihrem Gemahl schlafen lassen. Die Königin war ganz verwundert über die Narrheit dieses armen Frauenzimmers, welche so zerlumpt einherging und um eines Gelüstes willen einen so großen Reichtum weggeben wollte, jedoch war sie nicht gesonnen, sich diesen guten Bissen entgehen zu lassen, sondern Pintosmalto einen Schlaftrunk einzugeben und so zwar das Verlangen der armen Betta zu erfüllen, aber sie doch schlecht zu bezahlen.

Sobald nun die Nacht erschien und die Wachtparade der Sterne des Himmels und der Leuchtwürmer der Erde abgehalten werden sollte, gab die Königin ihrem Gemahl den Schlaftrunk ein und hieß ihn, sich zu Betta legen; denn der gute Mann tat alles, was man ihm sagte.

Kaum aber war er im Bette, so fing er an, wie eine Rellmaus zu schlafen, dergestalt, daß die arme Betta, welche in dieser Nacht alle erduldeten Leiden wiedergutzumachen gedachte und nun sah, daß sie kein Gehör finden konnte, in bittere Klagen ausbrach, indem sie ihm alles vorwarf, was sie für ihn getan hatte, und nicht eher den Mund schloß, noch der Schlafende die Augen öffnete, als bis die Sonne mit dem Scheidewasser erschien, um die Finsternis von dem Licht zu trennen, zu welcher Zeit die Königin herunterkam und Pintosmalto an der Hand fortführte, indem sie zu Betta sagte: »Dein Wunsch ist nun erfüllt.« – »Wenn doch alle deine Wünsche zeit deines Lebens so erfüllt würden«, sprach Betta mit leiser Stimme, »denn ich habe eine so schlimme Nacht verbracht, daß ich sie sobald nicht vergessen werde.«

Die Ärmste konnte jedoch ihrer Sehnsucht nicht widerstehen und wollte den zweiten Spruch versuchen. Sie sagte daher: »Enije, denije, dicken dacken, Beene knacken« und sah alsbald einen goldenen Käfig erscheinen mit einem wunderschönen Vogel, der aus Gold und Edelsteinen gemacht war und wie eine Nachtigall sang. Kaum hatten wieder die Kammerfrauen diese schönen Dinge wahrgenommen und davon der Königin erzählt, so wollte diese sogleich den Vogel sehen, und indem sie dieselbe Frage wie bei dem Wagen tat und Betta ihr ebenso wie das erste Mal antwortete, versprach die Königin, welche merkte, was für ein dummes Ding sie vor sich hatte, Betta wiederum bei ihrem Gemahl schlafen zu lassen, und nahm dafür den

Käfig nebst Vogel in Empfang. Als nun die Nacht erschien, gab sie, wie den Tag vorher, Pintosmalto einen Schlaftrunk ein und schickte ihn zu Betta ins Zimmer, woselbst ein sehr schönes Lager zurechtgemacht war. Da er aber auch dieses Mal schlief wie tot, brach auch Betta wieder in dieselben Klagen aus, so daß es einen Stein hätte zum Mitleid bewegen können, und indem sie nun so in einem fort jammerte und weinte und sich zerkratzte, brachte sie eine zweite Nacht voll Qualen zu, worauf bei Tagesanbruch die Königin ihren Gemahl abholte und die arme Betta in Schmerz und Weh versenkt zurückließ, während sie sich die Hände zerbiß vor Wut über den ihr gespielten Streich.

Als aber Pintosmalto des Morgens den Palast verließ, um sich in einem Garten außerhalb der Stadt einige frische Feigen zu pflücken, so näherte sich ihm ein Schuhflicker, dessen Stube an die Bettas stieß und der kein Wort von allen Klagen, die sie ausgestoßen, verloren hatte, und berichtete ihm ausführlich, wie er die arme Bettlerin habe jammern, weinen und schreien hören. Sobald Pintosmalto, der schon anfing, verständiger zu werden, die Worte des Schuhflickers vernahm, mutmaßte er, wie es sich mit dieser Sache verhalten möchte, und nahm sich vor, wenn es sich noch einmal treffen sollte, daß er bei der Bettlerin schliefe, das, was die Königin ihm vorher gäbe, nicht zu trinken. Indem nun Betta den dritten Versuch machen wollte und den dritten Spruch: »Ringel, Ringel, Rosenkranz, setz ein Töpfchen Wasser bei«, hersagte, lagen mit einemmal eine Anzahl Stoffe von Seide und Gold und gestickte

Binden nebst einer goldenen Schale vor ihr, so daß die Königin selbst keine herrlichern Kostbarkeiten hätte zusammenbringen können. Als die Kammerfrauen dies sahen, berichteten sie es wieder ihrer Gebieterin, welche sich bemühte, die Stoffe ebenso wie die andern Dinge an sich zu bringen, und da sie von Betta die nämliche Antwort erhielt, daß wenn sie dieselben haben wollte, sie ihren Mann bei ihr schlafen lassen sollte, so sprach sie bei sich: »Was verliere ich dabei, dieser Bäuerin ihren Willen zu tun, wenn ich dadurch in den Besitz dieser schönen Sachen komme?« Sie nahm daher die ihr von Betta angebotenen Kostbarkeiten in Empfang und sobald die Nacht, die Richtigkeit der Schuldforderung des Schlafes und der Ruhe anerkennend, sich zur Bezahlung derselben einstellte, gab sie Pintosmalto wiederum den Schlaftrunk, den dieser aber im Munde behielt und in einem Zimmer, in das er unter dem Vorwande, harnen zu wollen, getreten war, ausspie, worauf er mit Betta schlafen ging. Diese nun begann wieder ihre gewöhnliche Rede, indem sie ihm erzählte, wie sie ihn mit ihren eigenen Händen aus Zucker und Mandeln geknetet, ihm Haare aus gesponnenem Golde und Augen und Mund aus Perlen und Edelsteinen gemacht habe, wie er ferner das ihm von den Göttern verliehene Leben nur ihren Bitten verdanke, wie er ihr dann geraubt worden, sie selbst aber, obwohl hochschwanger, ihn überall unter so großen Mühseligkeiten aufgesucht habe, daß der Himmel jede Christenseele vor ähnlichen Drangsalen bewahren möge; ferner, wie sie schon zwei Nächte bei ihm geschlafen und dafür zwei unschätzbare Kostbarkeiten hingegeben, gleichwohl aber auch nicht ein einziges Wort von ihm vernommen habe, so daß dies die letzte Nacht ihrer Hoffnungen und der letzte Termin ihres Lebens wäre. Pintosmalto, welcher dieses Mal nicht schlief, sondern alles ganz genau hörte, erwachte gleichwohl wie aus einem tiefen Schlaf, indem er sich alles früher Vorgefallenen erinnerte, worauf er Betta voll Freude umarmte, alsdann, da eben die Nacht mit ihrer schwarzen Larve erschienen war, um den Tanz der Sterne anzuführen, ganz leise aufstand, sich in das Zimmer der Königin, welche im tiefsten Schlafe lag, hineinschlich und alle Dinge, die sie Betta abgeluchst, sowie alle Juwelen und Goldfüchse, welche sie im Schreibtisch hatte, fortnahm, um sich wegen der ihnen angetanen Unbill zu entschädigen. Er kehrte hierauf zu seiner Frau zurück, verließ mit ihr unverzüglich den Palast und eilte mit ihr, ohne irgendwo anzuhalten, über die Grenze; dann erst ruhten sie in einer bequemen Herberge so lange aus, bis Betta einen schönen Knaben zur Welt brachte. Sobald aber ihre Wochen vorüber waren, begaben sie sich wieder auf den Weg zu Bettas Vater, den sie frisch und gesund fanden und der durch die Freude, seine Tochter wiederzusehen, sich wieder ganz verjüngte, während die Königin, als sie weder ihren Mann, noch die Bettlerin, noch ihre Kostbarkeiten fand, sich vor Wut über und über zerkratzte und die Haare ausraufte und sich oftmals des Sprichwortes erinnerte:

»Wie du mir, so ich dir!«

44
Fünfter Tag
Viertes Märchen

»DIE GOLDENE WURZEL«

Parmetella, die Tochter eines armen Bauern, hat ein großes Glück, das ihr aber wegen ihrer großen Neugier wieder aus den Händen schlüpft; nach vielfachen Drangsalen findet sie ihren Mann im Hause seiner Mutter, einer Hexe, wieder, woselbst sie aufs neue große Gefahren erduldet, dann aber mit ihm glücklich wird.

Gar mancher von den Zuhörern würde einen Finger seiner Hand darum gegeben haben, hätte er sich eine Ehehälfte ganz nach Wunsch bereiten können, ganz besonders aber der Prinz, welcher statt wie bisher einen Haufen Gift dann einen Zuckerteig an seiner Seite gesehen haben würde; da nun aber die Reihe des Märchenspiels jetzt an Tolla war, so wartete sie erst keine Exekution zur Bezahlung dieser Schuld ab, sondern sprach also:

Neugier und Vorwitz haben immer die Lunte in ihren Händen bereit, um die Munition ihres Glückes in die Luft zu sprengen, so daß sehr oft derjenige, welcher sich um das Tun anderer bekümmert, seine eigene Habe verliert, und derjenige, welcher zu vorwitzig Schätzen nachgräbt, oftmals mit seiner Nase auf eine Kloake stößt, wie das die Tochter eines Gärtners auf folgende Weise erfuhr.

Es war einmal ein sehr armer Gärtner, welcher trotz aller angestrengten Arbeit nichts erübrigen konnte und endlich einmal für die drei Töchter, die er besaß, drei Ferkel kaufte, damit sie dieselben auffüttern und so etwas zur Mitgift haben sollten. Pascuzza und Cice, die ältesten der Mädchen, trieben ihre Schweinchen auf eine schöne Wiese, gestatteten aber nicht, daß ihre jüngste Schwester Parmetella mit ihnen ginge, sondern jagten sie von sich, damit sie ihr Ferkel anderswohin auf die Weide führe. Parmetella trieb also ihr Tierchen in einen Wald, in welchem die Dunkelheit sich gegen die Angriffe der Sonne befestigt hatte, und indem sie auf einer Lichtung anlangte, in deren Mitte eine Quelle gleich einem Wirtshaus, in dem frisches Wasser geschenkt wird, mit silberner Zunge die Reisenden aufforderte, einen halben Schoppen zu trinken, sah sie einen Baum mit goldenen Blättern, von denen sie eins abpflückte und es dem Vater brachte, der es mit großer Freude für mehr als zwanzig Dukaten verkaufte und mit dem Gelde ein und das andere Loch in seiner Wirtschaft zustopfte. Als er nun aber seine Tochter fragte, wo sie es gefunden, erwiderte sie: »Nimm nur, was ich dir gebe, lieber Vater, und frage nicht weiter«, worauf sie es am folgenden Tage wieder so machte und den Baum so lange seiner Blätter beraubte, bis er am Ende ganz entlaubt dastand, als wäre er von den Herbststürmen geplündert worden. Da sie jedoch am Ende bemerkte, daß der Baum auch eine goldene Wurzel hatte, welche sie mit den Händen nicht auszureißen vermochte, so holte sie von zu Hause eine Axt und fing an, den Fuß des Baumes ringsumher bloßzulegen, worauf sie, so gut als es gehen wollte, die Wurzel emporhob und darunter eine schöne Treppe von Porphyr sah. Parmetella, die ungeheuer neugierig war, stieg nun diese hinunter und durchschritt alsdann einen sehr tiefen, langen Gang, bis sie auf eine schöne Au gelangte, auf welcher sich ein herrlicher Palast befand, der von lauter Gold und Silber schimmerte und nichts anderes zeigte als Perlen und Edelsteine. Als nun Parmetella außer sich vor Staunen diese Herrlichkeiten eine lange Zeit betrachtet hatte und in diesem prächtigen Wohnsitz keine lebende Seele erblickte, so trat sie endlich in ein Zimmer, in welchem sie eine große Anzahl Gemälde erblickte, welche viele schöne Dinge darstellten, unter andern die Dummheit eines für klug gehaltenen Menschen, die Ungerechtigkeit eines, der die Waage hielt, und die vom Himmel bestrafte Gewalttätigkeit, alles so lebendig und treu dargestellt, daß es zum Erstaunen war; außerdem aber befand sich auch noch in dem

Zimmer eine reich gedeckte Tafel. Parmetella, welche von ihrem Magen ungestüm gemahnt wurde und niemand sah, setzte sich zu Tisch und fing an, sich bene zu tun wie ein Graf; während sie aber mitten im besten Zugreifen war, trat ein Mohr herein, welcher zu ihr sprach: »Bleib hier und gehe nicht von der Stelle, denn ich will dich heiraten und dich zur glücklichsten Frau der Erde machen.« Obwohl nun Parmetella einen gewaltigen Schreck bekam, so faßte sie dennoch bei dem freundlichen Versprechen wieder Mut, und indem sie auf den Antrag des Mohren einging, erhielt sie sogleich von demselben einen Wagen von Diamanten, welcher von vier Rossen aus Gold, mit Flügeln aus Smaragd und Rubinen durch die Luft getragen wurde, damit sie in demselben spazierenführe; außerdem bestellte ihr Gemahl auch noch eine Schar von Affen, die in Goldstoff gekleidet waren, zu ihrem Dienst, welche Parmetella alsbald vom Kopf bis auf die Füße in neue Gewänder kleideten und so herrlich schmückten, daß sie wie eine Königin aussah.

Als aber die Nacht erschien und die Sonne voll Verlangen, an den Ufern des indischen Stromes von den Mücken unbelästigt zu schlafen, das Licht auslöschte, sprach der Mohr zu Parmetella: »Wenn du Ninnei machen willst, mein liebes Kind, so lege dich in dieses Bett; sobald du dich aber in die Decke gewickelt hast, lösche das Licht aus und tue ja, wie ich dir sage; denn sonst möchte es dir schlimm ergehen.« Parmetella tat also, wie ihr geheißen war, hatte jedoch kaum die Augen geschlossen, als der Mohr sich in einen schönen

Jüngling verwandelte und neben sie legte. Hierüber erwachte Parmetella, und indem sie merkte, daß ihre Wolle ohne Krempel kardätscht wurde, wäre sie fast vor Schreck gestorben; da sie aber wahrnahm, daß die Sache sich auf einen innerlichen Krieg beschränkte, so hielt sie bei den wiederholten Angriffen mutig stand. Ehe sich jedoch Aurora erhob, um zur Stärkung ihres bejahrten Geliebten frische Eier zu holen, sprang der Jüngling aus dem Bette und nahm seine andere Gestalt wieder an, während Parmetella zurückblieb voll Neugier, zu wissen, was für ein Leckermaul das Erstlingsei einer so schönen Henne ausgeschlürft habe. Als nun wieder die Nacht erschien und Parmetella ganz so wie am vergangenen Abend sich gelegt und die Lichter ausgelöscht hatte, erschien auch wieder der schöne Jüngling, um sich zu ihr zu legen, und sobald er, von seinen Kunststücken ermüdet, in Schlaf gesunken war, ergriff Parmetella ein Feuerzeug, das sie sich zur Hand gesetzt hatte, schlug den Stahl, zündete den Schwefelfaden und mit diesem das Licht an, worauf sie die Decke emporhob und das Ebenholz in Elfenbein, den Kaviar in Milch und Sahne und die Kohlen in ungelöschten Kalk verwandelt sah. Indem sie jedoch so mit offenem Munde dasaß und den schönsten aller Pinselstriche, den die Natur jemals auf die Leinwand des Wunders getan, anstaunte, erwachte der Jüngling und fing an, Parmetella mit Vorwürfen zu überhäufen, indem er ausrief: »Wehe mir, um deinetwillen muß ich noch sieben Jahre lang diese verwünschte Strafe erdulden, da du aus Neugier deine Nase in meine Geheimnisse gesteckt hast; aber geh nur und mache, daß du fortkommst, packe dich aus meinen Augen und kehre zu deinen Bauernliesen zurück; denn du ahnest nicht, was für ein Glück du verlierst.« So sprechend, verschwand er wie Quecksilber, während die arme Parmetella starr und kalt vor Schrecken und mit gesenktem Haupte den Palast verließ. Als sie jedoch aus dem unterirdischen Gang getreten war, begegnete sie einer Fee, welche zu ihr sprach: »Dein Leid, meine Tochter, schmerzt mich in der tiefsten Seele; denn du Unglückliche gehst der Schlachtbank entgegen und hast eine haarbreite Brücke zu passieren. Um daher deiner Gefahr zuvorzukommen, nimm diese sieben Spindeln, diese sieben Feigen, dieses Näpfchen mit Honig und diese sieben Paar Eisenschuhe und wandere ohne auszuruhen so lange, bis sie zerreißen, dann wirst du auf dem Austritt eines Hauses sieben Frauenzimmer sehen, welche von oben herabspinnen und die Fäden auf Totenknochen aufgewickelt haben. Weißt du nun, was du tun sollst? Halte dich ganz ruhig und versteckt und immer, wenn ein Faden herunterkommt, so ziehe den Knochen heraus und stecke dafür eine mit Honig bestrichene Spindel an, mit einer Feige statt des Knopfes; denn wenn sie diese heraufziehen und die Süßigkeit schmecken, so werden sie sagen: ›Wer uns versüßt hat unsern Mund, dem werd nur süßes Leben kund.‹ Nach diesen Worten wird nun eine nach der andern sprechen: ›O du, der du uns diese Süßigkeiten gebracht hast, laß dich sehen!‹, und du mußt dann antworten: ›Ich will nicht; denn ihr fresset mich auf‹, und sie werden erwidern: ›Wir fressen dich nicht, so wahr uns Gott unseren Löffel behüten möge‹; du aber rühre dich nicht und bleibe ruhig an deinem Orte; darum werden sie fortfahren: ›Wir fressen dich nicht, so wahr uns Gott unsern Spieß behüte‹; du jedoch halte dich bewegungslos, als wärest du an den Boden gewurzelt; dann werden sie weitersprechen: ›Wir fressen dich nicht, so wahr uns Gott unsern Besen behüte‹, du aber traue ihnen nicht; und wenn sie auch sprächen: ›Wir fressen dich nicht, so wahr uns Gott unsern Eimer behüte‹, so halte du dennoch deinen Mund und muckse nicht; bis sie endlich sagen werden: ›So wahr uns Gott Donnerundblitz behüte, wir fressen dich nicht‹; dann steige du hinauf und sei sicher, daß sie dich nicht fressen werden.«

Sobald Parmetella dies vernommen hatte, fing sie an, über Berg und Tal so lange zu wandern, bis nach Verlauf von sieben Jahren die eisernen Schuhe zerrissen und sie an einem großen Hause anlangte, wo sie auf einem Balkon die sieben spinnenden Frauenzimmer erblickte, und nachdem sie dem Rate der Fee gemäß gehandelt und jene endlich nach tausenderlei Finten und Lockungen den Schwur bei Donnerundblitz geleistet hatten, stieg sie hinauf, worauf die Frauenzimmer zu ihr sagten: »Du schändliche Bübin bist Ursach, daß unser Bruder zweimal sieben Jahre fern von uns in der Gestalt eines Mohren in jener unterirdischen Behausung gelebt hat; jedoch sei unbekümmert; denn wenn du es auch verstanden hast, uns durch den Schwur ein Schloß vor unsern Rachen zu legen, so wirst du gleichwohl bei erster Gelegenheit die alte und die neue Rechnung bezahlen. Jetzt aber tu folgendes, verbirg dich hinter diesem Trog, und wenn unsere Mutter nach Hause kommt, die dich ohne weiteres verschlingen würde, so sieh zu, daß du hinter ihren Rücken kommst, packe sie dann bei ihren Brüsten, welche sie wie Quersäcke über den Schultern hängen hat, und ziehe aus Leibeskräften, ohne eher loszulassen, als bis sie bei Donnerundblitz schwört, dir nichts zuleide zu tun.« Parmetella tat, wie ihr geheißen war, und nachdem die Hexe bei der Feuerschüppe, bei der Zange, bei dem Spinnrade, bei der Weife, bei dem Topfbrett und endlich bei Donnerundblitz geschworen hatte, ließ Parmetella sie los und trat vor die Hexe, worauf diese zu ihr sprach: »Du hast mich dieses Mal angekriegt, Bübin; aber sieh dich vor; denn bei der ersten Wäsche wirst du mit eingeseift.« Indem nun so die Hexe die Gelegenheit, Parmetella aufzufressen, wie mit Licht suchte, nahm sie eines Tages zwölf Säcke verschiedener Hülsenfrüchte, als Erbsen, Kichern, Linsen, Wicken, Fasolen, Bohnen, Reis und Lupinen, mengte sie untereinander und sprach zu ihr: »Hier nimm diese Hülsenfrüchte, du schändliches Weibsbild, und lese sie mir dergestalt aus, daß jede Fruchtart besonders sei; wenn du aber bis heute abend nicht fertig bist, so verzehre ich dich wie eine Dreiersemmel.« Die arme Parmetella setzte sich neben die Säcke hin und sprach weinend: »O du lieber Gott, wie ist mir doch die goldene Wurzel zur Wurzel so großen Drangsals geworden; diesmal ist es mit mir vorbei; und weil ich ein schwarzes Gesicht weiß gesehen habe, wird mir jetzt dafür ganz schwarz vor den Augen. Weh mir, meine Stunde hat geschlagen, mir ist nicht mehr zu helfen; schon scheint es mir, als wäre ich zwischen den Zähnen der scheußlichen Hexe; niemand ist da, mir beizustehen, niemand ist da, mir zu raten, niemand ist da, mich zu trösten.« Während sie so jammerte, erschien plötzlich wie ein Blitz Donnerundblitz, welcher die ihm durch eine Verwünschung auferlegte Verbannungszeit beendet hatte. Obwohl er nun noch voll Zorn gegen Parmetella war, so ließ ihm dennoch seine Liebe zu ihr keine Ruhe, und indem er sie so laute Klagen ausstoßen hörte, fragte er sie: »Was hast du denn, Verräterin, daß du so weinst?« Worauf Parmetella ihm die üble Behandlung von seiten seiner Mutter und wie sie es darauf absah, ihr den Garaus zu machen und sie zu verschlingen, der Länge nach mitteilte. »Beruhige dich und fasse Mut«, erwiderte Donnerundblitz; »denn nichts von dem allen wird geschehen«; zugleich streute er alle Hülsenfrüchte auf die Erde und ließ eine Unzahl Ameisen hervorkommen, welche sogleich anfingen, alle Früchte einzeln aufzuhäufen, so daß Parmetella eine jede Gattung für sich zusammenraffte und in die Säcke füllte.

Als nun die Hexe nach Hause kam und alles fertig fand, so geriet sie fast in Verzweiflung und rief aus: »Der verdammte Donnerundblitz hat mir diesen Streich gespielt, aber du sollst mir nicht so davonkommen; darum nimm hier diese Überzüge von Zwillich, welche für zwölf Unterbetten sind, und sieh zu, daß sie bis heute abend voll Federn sind; sonst zerreiße ich dich in Stücke.« Die Ärmste nahm die Bettziechen, setzte sich auf die Erde und fing an, ganz kläglich zu jammern, indem sie sich ganz zerkratzte und ihre Augen in zwei Tränenquellen verwandelte. Wiederum jedoch erschien Donnerundblitz und sprach zu ihr: »Weine nicht, Verräterin, sondern laß mich nur machen, ich werde schon für dich sorgen. Du aber löse dir deine Haare auf, breite die Bettziechen auf die Erde und fange an zu weinen und zu heulen und rufe dabei aus, daß der König der Vögel gestorben ist, dann wirst du sehen, was geschieht.« Parmetella tat, wie ihr geheißen war, und plötzlich erschien eine Wolke von Vögeln, welche die Luft verdunkelten und mit den Flügeln schlagend die Federn haufenweise herunterfallen ließen, so daß in weniger als einer Stunde die Betten voll waren.

Sobald nun die Hexe nach Hause kam und dies sah, schwoll sie vor Zorn dermaßen an, daß sie fast barst, wobei sie ausrief: »Donnerundblitz hat es sich in den Kopf gesetzt, mich zu ärgern; hol mich aber dieser und jener, wenn ich sie nicht einmal so ankriege, daß sie mir nicht entwischen kann«, hierauf wandte sie sich zu Parmetella und sprach: »Lauf, eile zu meiner Schwester und sage zu ihr, sie soll mir die Instrumente schicken; denn Donnerundblitz soll sich verheiraten und wir wollen ein königliches Hochzeitsfest feiern.« Zugleich aber ließ sie der Schwester sagen, wenn Parmetella nach den Instrumenten käme, solle sie dieselbe sogleich schlachten und kochen; denn sie würde zu ihr kommen, um an dem Mahle teilzunehmen. Als nun Parmetella sah, daß ihr leichtere Dienste aufgelegt wurden, war sie ganz erfreut, indem sie glaubte, daß das Wetter jetzt heiterer würde; aber wie blind sind doch oft die Menschen! – Indessen begegnete ihr unterwegs Donnerundblitz, welcher, sie so rasch darauf losschreiten sehend, sie fragte: »Wohin gehst du da, Unglückliche? Du weißt nicht, daß du deinem Tode entgegeneilst, dir selbst deine Fesseln schmiedest, dir selbst das Messer schleifest, selbst das Gift mischest; denn du wirst zu einer Hexe geschickt, damit sie dich verschlinge. Jedoch höre mir zu und sei ohne Furcht. Nimm hier dieses Brötchen, dieses Bund Heu und diesen Stein; und wenn du in dem Hause meiner Base anlangst, so wird ein bellender Fleischerhund auf dich losstürzen, um dich zu beißen; du aber stopfe ihm mit diesem Brötchen die Kehle. Nach dem Hunde wirst du ein Pferd frei herumlaufen sehen, das gegen dich wird ausschlagen und dich wird unter seine Hufe treten wollen, jedoch gib ihm das Bund Heu, dadurch fesselst du ihm die Füße. Zuletzt wirst du an eine Tür kommen, die immer auf und zu schlägt; lege daher diesen Stein vor, dadurch wirst du sie zum Stehen bringen. Alsdann steige hinauf, woselbst du die Hexe mit einem kleinen Kinde auf dem Arme und das Feuer, um dich zu braten, auch schon angezündet finden wirst. Die Hexe wird dann zu dir sagen: ›Halte mir ein bißchen das Kind und warte so lange, bis ich die Instrumente heruntergeholt habe‹; sie wird jedoch nur gehen, um sich die Hauer zu wetzen und dich dann stückweis zu zerreißen. Du aber wirf inzwischen das Kind ohne Mitleid in den Ofen, denn es ist Hexenfleisch, nimm die Instrumente, welche hinter der Tür stehen, und mach dich davon, ehe die Hexe zurückkehrt; denn sonst ist es mit dir vorbei. Jedoch merke dir, daß die Instrumente sich in einem Futteral befinden, das du nicht öffnen darfst, wenn es dir nicht sehr schlimm ergehen soll.« Parmetella tat, wie ihr Geliebter ihr riet, jedoch öffnete sie auf dem Heimwege das Futteral, in dem sich die Instrumente befanden, – da, mit einem Male, flog hier eine Flöte, dort eine Schalmei, hüben eine Pfeife, drüben ein Dudelsack empor, welche in der Luft tausenderlei Musik machten, während Parmetella sich vor Kummer das ganze Gesicht zerkratzte.

Inzwischen kam die Hexe in die Stube zurück, und als sie Parmetella nicht mehr vorfand, so trat sie an ein Fenster und rief der Tür zu: »Quetsch die Verräterin tot!« Worauf die Tür erwiderte: »Warum soll ich der Armen Böses tun? Durch sie kann ich ja endlich ruhn!« Hierauf rief die Hexe dem Pferde zu: »Tritt die Spitzbübin mit deinen Hufen tot!« Aber das Pferd versetzte: »Wenn ich sie träte, fühlt ich Reu, sie gab mir ja ein Bündel Heu!« Endlich rief die Hexe den Hund und sprach zu ihm: »Beiß die Schelmin tot!« Der Hund jedoch entgegnete: »Fürwahr, ich beiße sie nicht tot, sie gab mir ja ein groß Stück Brot!«

Parmetella aber, welche indessen hinter den fortgeflogenen Instrumenten herschrie, begegnete Donnerundblitz, welcher sie gehörig aushunzte und zu ihr sprach: »Hast du denn noch nicht auf deine Kosten gelernt, Verräterin, daß du dich durch deine verwünschte Neugier in diese große Not gebracht hast, in der du dich befindest?« So sprechend, rief er die Instrumente durch einen Pfiff herbei und schloß sie wieder in das Futteral ein, indem er zu Parmetella sagte, daß sie sie nun der Mutter überbringen sollte. Sowie diese nun Parmetella erblickte, rief sie mit lauter Stimme: »O grausames Schicksal, sogar meine Schwester handelt mir zuwider, da sie mir nicht einmal diesen Gefallen hat tun wollen.« Bald nachher langte die Braut ihres Sohnes an, welche eine wahre Pest, ein wahres Unglück, eine Harpyie, ein Gespenst, ein Grauen, ein Scheusal, ein Ungeheuer von Häßlichkeit und dabei die leibhaftige Schwindsucht war, und durch die Blumen und Reiser, womit sie sich aufgeputzt hatte, wie ein neu eröffnetes Wirtshaus aussah. Die Hexe veranstaltete nun sogleich ein großes Fest, und da sie noch ganz voll Gift und Galle war, ließ sie den Tisch nahe bei einem Brunnen aufstellen und setzte die sieben Töchter, jede mit einer Fackel in der Hand, daneben hin, Parmetella aber gab sie deren zwei und wies ihr außerdem ihren Platz auf dem Rande des Brunnens an, damit sie, wenn sie schläfrig würde, hinunterstürze. Während nun die Speisen auf- und abgetragen wurden und die Köpfe schon anfingen warm zu werden, sprach Donnerundblitz, dem gar sehr übel zumute war, zu Parmetella: »Liebst du mich, Verräterin?«, worauf diese erwiderte: »Mehr als mich selbst.« »Nun denn, wenn du mich liebst«, entgegnete Donnerundblitz, »so gib mir einen Kuß.« – »Behüte Gott«, versetzte Parmetella, »das sei fern von mir; du hast ja ein so niedliches Geschöpf neben dir, die der Himmel dir hundert Jahre lang bei Gesundheit und zahlreicher Nachkommenschaft bewahren möge.« – »Man sieht wohl, was du für ein einfältiges Ding bist und bleiben wirst, wenn du auch ewig lebtest«, sprach nun die Braut, »da du die Spröde spielst und einem so hübschen Jüngling keinen Kuß geben willst; denn ich habe mich für ein paar Kastanien von einem Viehhirten nach Herzenslust küssen lassen.« Der Bräutigam wurde bei diesen Worten ganz giftig und schwoll an wie eine Kröte, so daß ihm das Essen im Halse steckenblieb, gleichwohl machte er eine gute Miene zum bösen Spiele und verschlang die Pille, indem er sich vornahm, späterhin sich zu revanchieren und die Rechnung auszugleichen. Als man nun abgegessen hatte, schickte er die Mutter und die Schwestern fort, während er selbst, die Braut und Parmetella zurückblieben, um zu Bette zu gehen. Indem er sich nun von Parmetella die Schuhe ausziehen ließ, sprach er zu seiner Braut: »Hast du achtgegeben, liebes Weibchen, wie dieses hochmütige Ding mir einen Kuß verweigerte?« – »Sie hat unrecht getan«, versetzte die Braut, »dir den Kuß abzuschlagen, da du ein so hübscher Mann bist; denn ich habe mich für ein paar Kastanien von einem Schafhirten küssen lassen.« Donnerundblitz konnte sich nun nicht länger halten, sondern mit Blitzen von Zorn und Donner von Taten ergriff er, da ihm diese Rede gar zu sehr in die Nase gefahren war, ein Messer, stach die Braut über den Haufen und vergrub sie alsdann in einem Loche, das er in dem Keller machte. Hierauf umarmte er Parmetella und sprach zu ihr: »Du bist mein Juwel, du bist die Blume der Frauen und der Spiegel der Ehre; schau mich daher mit deinen Augen an, gib mir deine Hand, reiche mir deinen Mund, nähere dich mir, die du mein Leben bist, denn ich will dein sein, solange die Welt besteht.« So sprechend ging er mit Parmetella zu Bett und scherzte mit ihr, bis zur Zeit, da die Sonne die Feuerrosse aus dem Wasserstalle zieht und auf die von Aurora besäten Felder auf die Weide führt. Als nun die Hexe mit frischen Eiern erschien, damit die Neuvermählten sich stärken sollten und die junge Frau sagen könnte: »Glückselig ist die, welche sich verheiratet und eine Schwiegermutter bekommt!« und sie Parmetella in den Armen ihres Sohnes fand, sowie außerdem noch vernahm, was vorgefallen war, eilte sie zu ihrer Schwester, um mit ihr zu überlegen, wie sie sich diesen Dorn aus den Augen schaffen könnte, ohne daß Donnerundblitz ihr zu helfen vermöchte. Sie fand jedoch, daß sie aus Schmerz über ihre im Ofen gebratene Tochter gleichfalls in den Ofen gekrochen war und bereits der Brandgeruch die ganze Nachbarschaft verpestete, worüber die Hexe in solche Verzweiflung geriet, daß sie gleich einem Widder so lange mit dem Kopf gegen die Mauer rannte, bis sie ihr Gehirn verspritzte. Donnerundblitz aber söhnte Parmetella mit seinen Schwestern aus, worauf sie sämtlich ein frohes und fröhliches Leben führten und die Wahrheit des Sprichwortes erkannten:

»Geduld überwindet alles.«

45

Fünfter Tag

Fünftes Märchen

»SONNE, MOND UND TALIA«

Talia wird durch eine Hanffaser getötet und in einem Schlosse zurückgelassen; ein König langt daselbst an und zeugt zwei Kinder mit ihr; sie kommt darauf in die Gewalt der eifersüchtigen Gemahlin desselben, welche befiehlt, daß die Kinder gekocht und dem Vater vorgesetzt, Talia aber verbrannt werden soll; der Koch rettet die Kinder und der König Talia, worauf er seine Frau in das für Talia angezündete Feuer werfen läßt.

Obwohl das Schicksal der Hexe ein klein wenig Mitleid hätte erwecken können, so war doch nichts der Art der Fall, indem sich alle nur darüber freuten, daß es Parmetella am Ende noch weit besser erging, als man erwartet hatte. Da nun die Reihe des Erzählens jetzt an Popa war und diese bereits den Fuß im Steigbügel hatte, so begann sie folgendermaßen zu sprechen:

Es ist durch die Erfahrung vielfach bewiesen, daß die Grausamkeit meistenteils gerade der Henker desjenigen wird, der sie ausübt, und man hat ferner jederzeit gesehen, daß, wer andern eine Grube gräbt, selbst hineinfällt; so wie andererseits die Unschuld ein Schild von Feigenbaumholz ist, an welchem jedes Schwert der Bosheit dergestalt zerbricht oder die Spitze verliert, daß gerade in dem Augenblick, wo der Unglückliche sich schon für tot und begraben hält, er mit Fleisch und Bein wieder auflebt, wie ihr dies aus der folgenden Erzählung ersehen könnet, die ich aus dem Faß meines Gedächtnisses durch den Hahn meiner Zunge zutage fördern will.

Es war einmal ein vornehmer Herr, der bei der Geburt einer Tochter alle Weisen und Wahrsager des Königreichs zusammenkommen ließ, damit sie ihr Lebensgeschick prophezeien sollten. Nach mehrfachen Beratungen nun sagten sie aus, daß ihr durch eine Flachsfaser große Gefahr drohe; weshalb ihr Vater, um jedem Unfall vorzubeugen, ein strenges Gebot erließ, daß weder Flachs noch Hanf noch irgend etwas Ähnliches jemals in seinen Palast gebracht würde. Als jedoch Talia herangewachsen war und eines Tages am Fenster stand, sah sie eine alte Frau vorübergehen, welche spann, und da sie niemals weder Kunkel noch Spindel zu Gesicht bekommen hatte, sie auch an dem Hin- und

Herdrehen derselben großes Gefallen fand, wurde sie von so großer Neugier ergriffen, daß sie die Alte heraufkommen ließ und, den Rocken in die Hand nehmend, anfing den Faden zu drehen; unglücklicherweise jedoch stach sie sich dabei eine Hanffaser unter den Nagel eines Fingers, und sogleich fiel sie tot zur Erde. Sobald die Alte dies sah, eilte sie die Treppe hinunter, der arme Vater aber, von dem Unfall unterrichtet, bezahlte erst mit ganzen Fässern Tränen diesen Becher Wermuttrank, ließ dann die tote Tochter in dem Lustschloß, in welchem er sich eben befand, auf einen Samtsessel unter einem Thronhimmel von Brokat setzen, worauf er alle Türen verschloß und den Ort, welcher die Ursache eines solchen Unglückes gewesen war, verließ, um gänzlich und für immer das Andenken daran aus seinem Gedächtnisse zu verbannen.

Es geschah nun aber eines Tages, daß ein König auf die Jagd ging und ein Falke, der ihm von der Faust entschlüpfte, in ein Fenster jenes Schlosses flog, so daß der König, da der Vogel nicht auf die Lockpfeife hörte, an das Tor pochen ließ, indem er glaubte, daß das Gebäude bewohnt würde. Nach langem und vergeblichen Klopfen jedoch hieß der König eine Winzerleiter herbeiholen, um selbst hineinzusteigen und zu sehen, wie es inwendig aussehe, und nachdem er es ganz durchwandert hatte, war er ganz außer sich vor Staunen, keine lebende Seele darin zu finden. Endlich jedoch gelangte er in das Zimmer, in welchem die bezauberte Prinzessin sich befand, und rief sie, indem er glaubte, daß sie schliefe; da sie aber trotz alles seines Schreiens und Rüttelns nicht erwachte, er aber von ihrer Schönheit durch und durch erglühte, so trug er sie in seinen Armen auf ein Lager und pflückte dort die Früchte der Liebe. Hierauf ließ er sie auf dem Bette liegen und kehrte in sein Königreich zurück, woselbst er eine lange Zeit an diesen Vorfall nicht mehr dachte.

Talia aber gebar nach neun Monaten ein Zwillingspaar, einen Knaben und ein Mädchen, welche einem zwiefachen Juwelenschmuck glichen und von zwei Feen, die in jenem Palast erschienen, an die Brust der Mutter gelegt und sonst auch aufs sorgfältigste gepflegt wurden. Da sie nun einmal wieder saugen wollten und die Brustwarzen nicht fanden, so erfaßten sie einen Finger und saugten daran so lange, bis sie die Faser herauszogen, worauf Talia wie aus einem tiefen Schlaf zu erwachen schien, den kleinen Engeln, welche sie neben sich sah, die Brust darreichte und sie liebgewann wie ihr eigenes Leben, während sie jedoch gar nicht wußte, was mit ihr vorgegangen war, da sie nämlich wahrnahm, daß sie sich mit zwei Säuglingen ganz allein in dem Palast befand und von unsichtbaren Händen Speise und Trank herbeibringen sah. Endlich jedoch geschah es, daß der König, sich Talias erinnernd, unter dem Vorwande, auf die Jagd zu gehen, zu ihr in den Palast kam, und indem er sie erwacht und außerdem zwei Engelchen an Schönheit bei ihr fand, fühlte er darüber die größte Freude. Sobald er nun Talia mitgeteilt hatte, wer er wäre und was sich zwischen ihnen zugetragen, schlossen sie ein sehr enges Freundschaftsbündnis und blieben einige Tage zusammen; worauf der König mit dem Versprechen, zurückzukehren und sie abzuholen, sich von ihr verabschiedete und sich wieder in sein Königreich begab. Dort aber dachte er jederzeit an Talia und seine Kinder, so daß, mochte er nun essen oder trinken, er zugleich auch Talia und Sonne und Mond (so hatte er nämlich seine Kinder genannt) im Munde führte, und wenn er sich zur Ruhe legte, den Namen jener sowohl als dieser ausrief. Der Gemahlin des Königs jedoch, welche durch die lange Abwesenheit desselben einigen Verdacht gefaßt hatte, wurde bei dem steten Anhören der Namen: »Talia, Sonne, Mond« immer brühheiß. Daher nahm sie einmal ihren Geheimschreiber beiseite und sprach zu ihm: »Höre, mein Freund, du befindest dich jetzt zwischen Angel und Tür, zwischen Block und Beil, zwischen Strick und Leiter. Wenn du mir nämlich sagst, wer die Geliebte meines Mannes ist, so mache ich dich zum reichen Mann; wenn du mir dies aber verheimlichst, so ist es um dich geschehen.« Der Geheimschreiber, einerseits durch die Furcht getrieben, andererseits durch den Eigennutz gezogen, der das Scheuleder auf den Augen der Ehre, die Augenbinde der Gerechtigkeit, der graue Star der Treue ist, schenkte der Königin reinen Wein ein. Diese sandte daher ihn selbst im Namen des Königs zu Talia und ließ ihr sagen, er wolle die Kinder sehen; worauf Talia ihm diese mit großer Freude schickte, jenes Medeaherz jedoch dem Koch befahl, sie zu schlachten und aus ihnen verschiedene Suppen und Ragouts zu machen, die sie dann dem armen König zu essen geben wollte. Der Koch aber, der ein weiches Herz hatte, wurde, sobald er die beiden kleinen Engelchen erblickte, von Mitleid ergriffen, und indem er sie seiner Frau übergab, damit sie sie verstecken sollte, bereitete er statt ihrer zwei Zicklein auf hunderterlei Weisen zu und übersandte sie der Königin, welche die Speisen mit großer Freude empfing. Als nun der König kam und mit vielem Wohlbehagen zu essen begann, wobei er einmal über das andere sagte: »Das schmeckt ja herrlich, bei meiner Seele! Das schmeckt ja köstlich, so wahr ich lebe!« entgegnete seine Frau immer: »Iß, denn du issest von dem Deinen.« Der König ließ dies Gerede zwei- oder dreimal unbeachtet; da er jedoch sah, daß sie gar nicht aufhören wollte, rief er endlich aus: »Ich weiß, daß ich von dem meinigen esse; denn du hast mir nichts ins Haus gebracht!« Worauf er zornig aufsprang und sich auf ein nicht weit entferntes Landhaus begab, um dort seinen Ärger verfliegen zu lassen.

Inzwischen trug die Königin, deren Wut noch nicht durch das, was sie getan, gesättigt war, dem Geheimschreiber wiederum auf, Talia unter dem Vorwande, daß der König sie erwarte, herbeizuholen. Diese nun kam alsobald, voll Freude und Verlangen, das Licht ihrer Augen wiederzufinden, und nicht ahnend, daß sie statt dessen Feuer erwartete. Als sie daher vor der Königin erschien, sprach diese zu ihr mit einem Nero-Gesichte und giftig wie eine Natter: »Ei willkommen, willkommen, du kostbares Frauenzimmer! Du also bist die Metze, das Unkraut, das meinen Mann von mir abzieht? Du also bist die infame Hündin, die mir so viele schlaflose Nächte gemacht hat? Laß nur gut sein! Jetzt bist du in das Fegefeuer gekommen, wo du für das büßen sollst, was du mir angetan hast.« Sobald Talia diese Rede vernahm, fing sie an, sich zu entschuldigen, indem sie sagte, daß sie nichts verbrochen und der König, während sie im Schlafe dalag, von ihrem Grund und Boden Besitz genommen habe; jedoch die Königin, welche keine Entschuldigungen hören wollte, ließ im Hofe des Palastes selbst ein großes Feuer anzünden und befahl, Talia hineinzuwerfen. Da diese nun sah, wie schlecht es mit ihr stand, so fiel sie vor der Königin auf die Knie und flehte sie an, ihr wenigstens soviel Aufschub zu gestatten, bis sie ihre Kleider abgelegt habe. Die Königin, nicht sowohl aus Mitleid mit der Unglücklichen, als um sich die mit Gold und Perlen gestickten Gewänder anzueignen, erwiderte daher: »Nun denn, so ziehe dich aus«, worauf Talia sich zu entkleiden anfing und bei jedem Stück, das sie ablegte, ein lautes Geschrei ausstieß. Als sie nun nach Ablegung des Überwurfs, des Kleides und des Mieders eben auch den Unterrock herunterstreifte, wobei sie den letzten Schrei vernehmen ließ, und man sie bereits fortschleppte, um aus ihrem Körper Asche für die Lauge zu Charons Hosen zu bereiten, eilte der König herbei und wollte beim Anblick dieses Schauspiels wissen, was vorging; hierauf fragte er auch nach seinen Kindern, und da er vernahm, daß seine Frau, um sich wegen seiner Untreue zu rächen, sie hatte schlachten lassen, rief er aus: »Ich selbst also war der Wolf meiner Schäflein? Weh mir, warum erkannten meine Adern nicht, daß sie die Quelle ihres Blutes waren? O du schändliche Bar-

barin, was für eine Grausamkeit hast du da begangen? Aber warte nur, es wird dir nicht so hingehen, deine Strafe soll wahrhaftig nicht sehr sanft ausfallen.« So sprechend, befahl er, daß sie in das für Talia angezündete Feuer geworfen würde und zugleich mit ihr auch der Geheimschreiber, welcher der Bube in diesem Unglücksspiel und der Anzettler dieses Gewebes der Bosheit gewesen war. Indem er nun aber mit dem Koch das nämliche tun wollte, weil er glaubte, daß er die Kinder kleingehackt habe, warf dieser sich ihm zu Füßen und rief aus: »Fürwahr, Herr König, es bedürfte gar keiner andern Sinekure für den Dienst, den ich euch erwiesen, als wenn ich in eine Kalkofenglut geworfen würde, keines andern Kostenersatzes, als wenn man mir einen Pfahl in den Hintern bohrte, keiner andern Belustigung, als mich im Feuer weichzukochen und braten zu lassen, keines andern Vorteils, als daß die Asche eines Koches mit der einer Königin vermischt würde; aber dies wäre denn doch keine sonderliche Belohnung dafür, daß ich euch eure Kinder trotz jener mitleidlosen Betze, die sie töten wollte, gerettet habe, um euch einen Teil eurer selbst wiederzugeben.« Als der König diese Worte vernahm, blieb er wie versteinert stehen; denn er glaubte zu träumen und konnte nicht glauben, was seine Ohren vernahmen; endlich jedoch wandte er sich zu dem Koch und sprach: »Wenn du mir wirklich meine Kinder gerettet hast, so sei sicher, daß du nicht weiter Bratspieße drehen, sondern in der Küche meines Herzens meinen Willen drehen sollst, wie du willst, indem ich dich so belohnen werde, daß nichts zu deinem

Glücke fehlen soll.« Während der König dies sprach, brachte die Frau des Koches, welche sah, wie nötig dies war, Sonne und Mond vor den König, der sogleich anfing, bald mit seiner Frau, bald mit seinen Kindern Kußmühle zu spielen, den Koch aber reich belohnte und ihn zu seinem Kammerherrn machte. Hierauf heiratete er Talia, welche nun mit ihrem Gemahl und ihren Kindern ein langes und glückliches Leben führte, nachdem sie erkannt hatte:

»Wem der Himmel wohlwill, dem gibt er
das Glück im Schlafe.«

46
Fünfter Tag
Sechstes Märchen

»SAPIA«

Sapia, die Tochter einer vornehmen Dame, macht den Sohn eines Königs, namens Carluccio, der vorher nichts lernen wollte, zum Gelehrten; dieser aber, um sich für eine Ohrfeige zu rächen, die ihm Sapia gegeben, heiratet sie und peinigt sie auf tausenderlei Weise; da er jedoch, ohne es zu ahnen, drei Kinder von ihr bekommt, söhnt er sich zuletzt mit ihr aus.

Unsäglich freuten sich der Prinz und seine Gemahlin, als sie das glückliche Endschicksal Talias vernahmen, da sie nimmer erwartet hatten, daß sie während eines solchen Sturmes einen so guten Hafen treffen würde, und nachdem sie Antonella befohlen hatten, ihre Erzählung auszupacken, begann sie folgendermaßen: Drei Arten von Unwissenden gibt es in der Welt, von denen die einen immer mehr als die andern es verdienten, in einen Ofen geworfen zu werden; die ersten sind nämlich, die nichts wissen, die zweiten, die nichts wissen wollen, die dritten, die da so tun, als ob sie etwas wüßten. Der nun, von welchem ich jetzt im Begriff bin zu reden, ist von der zweiten Art, da er sich nichts in den Kopf bringen lassen mag und diejenige haßt, die ihn dennoch belehrt, ja sogar wie ein zweiter Nero sie töten will.

Es war einmal ein König von Festschloß, der einen so eigensinnigen Sohn hatte, daß man ihn auf keine Weise dazu bringen konnte, das Abc zu lernen, und immer, wenn man zu ihm von Büchern und Unterricht sprach, so gebärdete er sich wie wahnsinnig, dergestalt, daß weder Schreien noch Prügeln noch Drohungen halfen und der arme Vater darüber vor Zorn schwoll wie eine Kröte, da er gar nicht mehr wußte, wie er es anfangen sollte, um den Geist dieses unseligen Sohnes einigermaßen auszubilden und das Reich nicht in den Händen eines Mamelucken zu lassen, und zugleich sehr wohl einsah, daß unmöglicherweise Unwissenheit und Regierung eines Landes Hand in Hand gehen könnten.

Zu derselben Zeit aber lebte auch eine vornehme Dame namens Cenza, welche eine Tochter besaß, die in ihrem dreizehnten Jahre sich bereits so reiche Kenntnisse erworben hatte, daß man ihr den Namen Sapia (d. h. die Gelehrte) gab. Als nun der König von den trefflichen Eigenschaften Sapias hörte, so faßte er den Beschluß, seinen Sohn in das Haus ihrer Mutter zu geben, damit Sapia ihn unterrichte, indem er glaubte, daß der Umgang mit dieser und der Wetteifer ihm seinen Sinn ändern würden. Er brachte also seinen Sohn in das Haus Cenzas, woselbst Sapia anfing, ihn das Abc zu lehren; da sie aber sah, daß gute Worte in die Luft gesprochen waren und vernünftiges Zureden ihm zu einem Ohr hinein und zum andern hinausging, so juckte es sie gewaltig in der Hand und sie gab ihm eine Ohrfeige, worüber Carluccio (so hieß nämlich der Prinz) sich dermaßen schämte, daß er das, was er früher nicht auf dem Wege der Güte und Liebkosungen tun wollte, jetzt aus Scham und Verdruß tat und in wenigen Monaten nicht bloß lesen lernte, sondern auch alle Regeln der Grammatik wußte. Hierüber nun empfand der König so große Freude, daß er sich wie im Himmel dünkte, und indem er Carluccio aus dem Hause Cenzas fortnahm, ließ er ihn jetzt auch die tieferen Sachen studieren, dergestalt, daß der Prinz der gelehrteste Mann des ganzen Königreiches wurde. Der Backenstreich jedoch, den Sapia ihm gegeben, hatte einen solchen Eindruck auf ihn gemacht, daß er ihn wachend vor Augen hatte und des Nachts davon träumte und endlich den Entschluß faßte, entweder sich zu rächen oder zu sterben. Inzwischen erreichte Sapia ein mannbares Alter, und der Prinz, welcher mit der Lunte am Schloß die Gelegenheit abwartete, sich zu rächen, sprach also zum Vater: »Ich erkenne zwar an, mein Herr und Vater, daß ich euch mein Leben verdanke und daher jede mögliche

Verpflichtung gegen euch auf mir ruht; gegen Sapia jedoch, welche mir das geistige Leben verliehen hat, fühle ich mich ebenso verpflichtet, und da ich nicht weiß, wie ich diese Schuld auf genügende Weise abtragen soll, so möchte ich wohl mit eurer Vergunst sie zur Frau nehmen, indem ich euch versichere, daß ich euch neuen Dank dafür schulden werde.« Als der König diesen Entschluß seines Sohnes vernahm, antwortete er ihm: »Mein lieber Sohn, obwohl Sapia nicht von dem Schrot und Korn ist, von dem deine Gemahlin eigentlich sein müßte, so sinkt sie dennoch so tief, wenn sie ihre trefflichen Eigenschaften mit in die Waage nimmt, daß ich auf deine Bitte eingehen will und wir beide daher Anlaß zur Zufriedenheit haben.« Hierauf ließ er die Mutter Sapias herbeirufen, ließ die Ehepakten ausfertigen und ein großes Fest, wie es für seinen Rang sich ziemte, veranstalten. Der Prinz bat alsdann seinen Vater, ihm eine besondere Zimmerreihe als Wohnung für ihn und seine Gemahlin zu bewilligen, worauf der König, um ihn zufriedenzustellen, ihm einen sehr schönen, von dem seinigen getrennten Palast einrichten ließ, in welchen Carluccio seine Frau brachte, indem er sie daselbst in ein Zimmer sperrte, ihr schlecht zu essen und noch schlechter zu trinken gab und, was das Schlimmste war, ihr nicht die eheliche Schuld abtragen wollte; so daß die arme Sapia in die größte Verzweiflung der Welt geriet, da sie nicht wußte, was diese schlimme Behandlung, zur Zeit, wo sie kaum das Haus betreten hatte, verursacht haben könnte.

Nach einiger Zeit nun bekam Carluccio einmal Lust,

seine Frau zu besuchen; er trat daher in ihr Zimmer und fragte sie, wie sie sich befände. »Frage dich selbst«, versetzte Sapia, »und du wirst allein imstande sein, dir zu antworten, wie ich mich befinden kann. Was habe ich dir aber getan, daß du mich behandelst wie einen Hund? Wozu hast du mich zur Frau verlangt, wenn du mich schlechter behandeln wolltest wie eine Sklavin?« – »Weißt du denn nicht«, versetzte der Prinz, »daß, wer die Beleidigung tut, sie in den Sand schreibt, und wer sie empfängt, sie in Marmor gräbt? Erinnere dich nur, was du mir tatest, als du mich lesen lehrtest, und wisse, daß ich dich aus keinem andern Grunde geheiratet habe, als um dir dein Leben zu verbittern und mich für die mir von dir angetane Beleidigung zu rächen.« – »Ich ernte also Böses dafür, daß ich Gutes gesät habe«, erwiderte Sapia, »doch ist ja das Sprichwort bekannt: ›Undank ist der Welt Lohn.‹«

Wenn nun aber der Prinz vorher schon voll Groll über die Ohrfeige war, so erfüllte ihn der Vorwurf seiner früheren Unwissenheit mit erneutem Zorn, und um so mehr, als er erwartet hatte, Sapia würde ihr Vergehen bereuen, und er nun sah, daß sie ihm keck wie ein Hahn Schlag um Schlag wiedergab. Er kehrte ihr daher den Rücken und ging, indem er sie in einer noch viel traurigern Lage als vorher zurückließ. Nach einigen Tagen kehrte er zwar zurück; da sie jedoch noch immer auf ihrem Kopf beharrte, so ging er wieder fort, noch härter geworden als früher und entschlossen, sie für ihren Eigensinn zu züchtigen und ihr denselben im Verlauf der Zeit schon mürbe zu machen. Indem aber bald nachher der alte König auf dem Totenbett eine Zession sämtlicher Güter des Lebens einging und sein Sohn Herr und Gebieter des ganzen Königreichs geworden war, wollte dieser in Person Besitz von demselben nehmen und rüstete ein großes Gefolge von Kriegsleuten und Rittern aus, wie es sich für seine jetzige Würde gebührte, und begab sich mit demselben auf den Weg. Die Mutter Sapias nun, welche das leidenvolle Leben der Tochter in Erfahrung gebracht, und um ihren Drangsalen ein Ende zu machen, unter dem Palast des Fürsten einen unterirdischen Gang hatte graben lassen, auf welchem Wege sie die arme Sapia mit erquickenden Speisen versah, ließ einige Tage vor dem Auszuge des neuen Königs viele Karossen und was sonst noch dazu gehört auf das prächtigste herrichten, und nachdem sie auch ihre Tochter auf das reichste ausgeschmückt, sandte sie dieselbe auf einem Nebenwege voraus, so daß sie einen Tag früher an dem Orte eintraf, wo ihr Gemahl haltmachen wollte. Dort nun kehrte sie in einem Hause ein, das sich geradeüber von dem für ihn eingerichteten Palast befand, und stellte sich in vollem Schmuck ans Fenster, so daß der König, sobald er anlangte und diese Blume der Anmut und Schönheit erblickte, sich auf der Stelle in sie verliebte und nicht eher ruhte, als bis sie ihm zu Willen war und schwanger wurde, worauf der König, nachdem er ihr eine Busennadel als Andenken seiner Liebe überreicht hatte, weiterzog, um die anderen Städte seines Reiches zu besuchen, Sapia jedoch an ihren früheren Wohnsitz zurückkehrte und nach neun Monaten einen schönen Knaben gebar.

Sobald aber der König wieder in der Hauptstadt seines Reiches eintraf, begab er sich auch wiederum zu Sapia, welche er halb tot zu finden glaubte, indes frischer fand als je und noch hartnäckiger als früher in ihrer Behauptung, daß nur um ihn, der früher ein Esel gewesen, klug zu machen, sie ihm die fünf Finger ins Gesicht gedrückt habe. Der König verließ sie voll Zorn, und da er eine neue Reise unternehmen mußte, so tat Sapia auf den Rat ihrer Mutter ebenso wie das erste Mal und empfing, da sie wiederum mit ihrem Manne Umgang pflog, von demselben eine prächtige Haarnadel von Edelsteinen. Auch dieses Mal wurde sie schwanger und gebar, nach Hause zurückgekehrt, zu gehöriger Zeit einen zweiten Sohn; so wie sie auch, nachdem sie das nämliche zum drittenmal wiederholt und von dem König eine schwere Kette von Gold und Edelsteinen erhalten hatte, im neunten Monde darauf ein Töchterlein ans Licht der Welt beförderte.

Als nun der König wieder zurückkehrte, hatte die Mutter Sapias inzwischen das Gerücht verbreitet, daß ihre Tochter gestorben wäre, und sie begraben lassen, nachdem sie ihr vorher einen Schlaftrunk eingegeben, worauf sie sie heimlich wieder aus dem Grabe schaffte und in ihrem Hause verbarg. Voller Freude ging daher der König ein neues Ehebündnis mit einer vornehmen Dame ein und veranstaltete zur Feier desselben in dem königlichen Palaste ein herrliches Fest; während desselben erschien jedoch plötzlich Sapia mit ihren drei wunderschönen Kindern in dem Saal, warf sich dem Könige zu Füßen und flehte ihn an, daß er doch, wenn auch nur um der Gerechtigkeit willen, seinen Kindern, die sein Fleisch und Blut wären, nicht ihr Erbe entziehen möchte. Der König stand eine Zeitlang da wie ein Träumender, als er indes endlich erwog, daß die Klugheit Sapias bis zu den Sternen reichte, und, da er es am wenigsten erwartete, sich drei Stützen seines Alters vorstellen sah, so wurde sein Herz erweicht; er gab jene Dame mit einer reichen Aussteuer seinem Bruder zur Frau, nahm selbst wieder Sapia auf und zeigte der Welt die Wahrheit des Wortes:

»Klugheit geht über alles.«

47
Fünfter Tag
Siebentes Märchen

»DIE FÜNF SÖHNE«

Pacione schickt fünf Söhne in die Welt, damit sie etwas lernen sollen; jeder von ihnen erwirbt sich eine besondere Geschicklichkeit, und zu ihrem Vater zurückgekehrt, ziehen sie mit demselben auf die Befreiung einer von einem wilden Mann geraubten Prinzessin aus, die ihnen auch nach verschiedenen Ereignissen gelingt. Indem sie nun darüber streiten, wer sie am meisten durch seine Bemühungen zur Frau verdient hätte, gibt der König seine Tochter endlich dem Vater, als dem Stamm aller jener Zweige.

Nach Beendigung der Geschichte Antonellas war die Reihe des Erzählens an Ciulla, und nachdem diese sich gehörig zurechtgesetzt und einen Blick nach allen Seiten hin geworfen hatte, begann sie auf anmutige Weise wie folgt:

Wer immer hinter dem Ofen hockt, bleibt ein Dummkopf sein Leben lang; wer nicht reist, sieht nichts; wer nichts sieht, lernt nichts; das viele Reisen macht die Weisen; Übung macht den Meister; geh in die weite Welt, dann erwirbst du Klugheit und Geld, wie ich euch durch den Beweis der folgenden Erzählung zeigen werde.

Es war einmal ein ehrlicher Mann namens Pacione, welcher fünf so einfältige Söhne hatte, daß sie auch zu nichts in der Welt taugten und der Vater, der sie nicht länger ernähren konnte, endlich beschloß, sie sich vom Leibe zu schaffen. Er sprach daher eines Tages zu ihnen folgendermaßen: »Meine teuren Kinder, Gott weiß es, ob ich euch liebe und euch als mein eigenes Fleisch und Blut betrachte; aber ich bin alt und kann nur noch wenig arbeiten, ihr aber seid jung und esset zuviel, so daß ich mir nicht mehr durchhelfen kann wie bisher; jeder für sich und Gott für uns alle; darum gehet hin und suchet euch einen Herrn und lernet etwas; jedoch merket euch, daß ihr euch nicht für länger als ein Jahr verdinget, denn nach Verlauf dieser Zeit erwarte ich euch wieder bei mir, und zwar müsset ihr dann was Ordentliches wissen.« Als die Söhne diesen Beschluß ihres Vaters vernahmen, verabschiedeten sie sich von demselben, und mit einigen Lumpen im Bündel schlugen sie jeder einen besonderen Weg ein, indem jeder sein Glück auf seine eigene Weise machen wollte.

Nach Verlauf des Jahres jedoch trafen alle der Verabredung gemäß in dem Hause ihres Vaters wieder zusammen, welcher sie mit größter Freude empfing, und da sie von der Reise müde und entkräftet waren, sogleich den Tisch decken ließ, an welchen sie sich dann sämtlich niedersetzten. Während sie nun mitten im besten Essen waren, hörten sie einen Vogel singen, so daß der jüngste von den fünf Söhnen vom Tisch aufstand und hinausging, um zu horchen. Als er aber zurückkehrte, hatte man bereits abgeräumt, und Pacione sprach nun zu seinen Söhnen: »Wohlan, meine Kinder, jetzt sagt mir, was ihr Gutes und Schönes in der Zeit eurer Abwesenheit gelernt habt und erfreut dadurch das Herz eures Vaters.« Hierauf begann Luccio, welcher der Älteste war, folgendermaßen: »Ich habe die Kunst der langen Finger studiert und bin das Muster aller Spitzbuben, das Vorbild aller Diebe und der Altmeister aller Gauner, so daß man nicht noch einen findet, der mit mehr Geschicklichkeit Mäntel zu stehlen und wegzupraktizieren, Wäsche zusammenzuraffen und fortzuschaffen, Taschen zu erleichtern und abzuschneiden, Läden aufzuräumen und auszufegen, Geldbeutel herauszuziehen und wegzustibitzen und Kisten auszuleeren und auszukehren versteht als ich, so daß, wohin ich auch komme, ich Wunder in der Kunst des Mercurius verrichte.« – »Brav«, sagte der Vater, »du hast eine wahre Wechslerkunst gelernt, um für das Spiel der Finger Bezahlung auf dem Rücken, für das Drehen von Schlüsseln das Drehen von Rudern und für das Ersteigen von Fenstern Akkoladen des Henkers einzutauschen. Wehe mir Armen, hätte ich dich doch lieber gelehrt, eine Weife zu drehen, dann würde sich mir jetzt nicht vor Angst der Kopf wie eine Weife herumdrehen, da ich dich schon im Geiste vor Gericht sehe mit einer Mütze von Papier oder wie du mit entblößtem Rücken der Ruderbank übergeben, oder wenn du dem entgehst, an einem Strick erhöht wirst.« So sprechend, wandte Pacione sich zu seinem zweiten Sohn, namens Titillo, und sagte: »Und du, was hast du gelernt?« – »Die Schiffbauerkunst«, versetzte der Sohn. »Das lasse ich mir gefallen«, erwiderte der Vater, »denn das ist ein ehrenwertes Handwerk und ernährt seinen Mann. Und du, Renzone, wie steht es mit dir?« – »Ich kann mit der Armbrust so gut zielen«, entgegnete dieser, »daß ich das Weiße im Auge treffe.« – »Das ist doch etwas«, sprach der Vater, »denn du kannst auf die Jagd gehen und dir dein Brot verdienen.« Hierauf wandte er sich zu dem vierten Sohn, namens Ghiacuccio, und fragte ihn das nämliche, worauf dieser antwortete: »Ich kenne ein Kraut, womit man einen Toten wieder lebendig zu machen vermag.« – »Brav, das muß ich sagen«, rief Pacione aus, »dadurch können wir uns endlich einmal aus unserm Elend heraushelfen und den Leuten von größerem Nutzen sein als Hippokrates.« Zuletzt fragte er den jüngsten Sohn, namens Menecuccio, was er könne, worauf dieser antwortete: »Ich verstehe die Sprache der Vögel.« – »Nicht ohne Ursache also«, erwiderte der Vater, »standst du auf, während wir bei Tische saßen, um dem Zwitschern jenes Vogels zuzuhören. Da du dich nun also rühmst, zu verstehen, was die Vögel sagen, so sage mir, was du von demjenigen vernommen hast, der auf jenem Baume saß.« – »Er sagte«, versetzte Menecuccio, »daß ein wilder Mann die Tochter des Königs von Tiefschlund geraubt und sie auf einen Felsen gebracht hat, so daß man von ihr gar nichts mehr erfahren kann und daher der Vater hat bekanntmachen lassen, daß er den, welcher die Prinzessin auffindet und sie ihm wiederbringt, zu seinem Schwiegersohn machen will.« – »Wenn sich das so verhält, so sind wir gemachte Leute«, rief Luccio aus; »denn ich getraue mich, die Prinzessin aus der Gewalt des wilden Mannes zu befreien.« – »Wenn du dich das getraust«, sprach nun der Vater, »so wollen wir uns stehenden Fußes zu dem König begeben, und wenn er uns sein Wort gibt, daß er sein Versprechen halten will, uns erbieten, ihm seine Tochter wiederzubringen.«

Da alle dieser Meinung beistimmten, so machte Titillo alsbald ein schönes Schiff, welches sie sämtlich bestiegen, worauf sie die Segel aufspannten und nach Tiefschlund fuhren. Dort angelangt, baten sie den König um eine Audienz, und indem sie sich anheischig machten, die Tochter zu befreien, erhielten sie von demselben neue Bestätigungen seines Versprechens. Sie fuhren hierauf nach dem Felsen und trafen es glücklicherweise so, daß der wilde Mann, während er sich sonnte, mit dem Kopf im Schoße der Prinzessin, welche Cianna hieß, eingeschlafen war. Sobald diese daher das Schiff kommen sah, wollte sie vor großer Freude sogleich aufspringen; jedoch winkte ihr Pacione, daß sie sich ruhig verhalten sollte, und nachdem sie dem wilden Manne einen großen Stein unter den Kopf gelegt hatten, hießen sie Cianna aufstehen und mit ihnen ins Schiff kommen, worauf sie hurtig wieder in See stachen. Sie waren aber noch nicht sehr weit vom Ufer entfernt, als der wilde Mann erwachte, und da er Cianna nicht mehr neben sich sah, seine Augen seewärts wandte. Dort nun erblickte er das Schiff, das sie davontrug; weswegen er sich alsbald in eine schwarze Wolke verwandelte und durch die Luft dem Schiff nacheilte. Cianna, welche die Künste des wilden Mannes kannte, merkte sogleich, daß er in jener Wolke verborgen wäre, und verriet solche Furcht, daß sie nur mit Mühe Pacione und seine Söhne von dem, was ihnen drohte, in Kenntnis setzen konnte und darauf leblos hinsank. Als daher Renzone die Wolke herankommen sah, so ergriff er eine Armbrust und schoß dem wilden Manne genau beide Augen aus, so daß er vor Schmerz aus der Wolke wie von einem Kornboden, plumps, herunterfiel. Nachdem nun alle ihre Augen voll Furcht lange auf die Wolke gerichtet hatten, wandten sie sie endlich ins Schiff zurück, um zu sehen, was Cianna machte, und erblickten sie mit allen vieren von sich gestreckt und von der Lebensbühne abgetreten, so daß Pacione anfing, sich den Bart auszuraufen, und ausrief: »Fürwahr, das nenne ich einmal Zeit und Mühe verloren; alle Anstrengungen sind nun umsonst, alle Hoffnungen wie der Wind verweht; denn die hier hat sich aus dem Staube gemacht und hat uns im Dreck sitzenlassen; sie hat ›gute Nacht‹ gesagt, um uns einen bösen Tag zu bereiten, sie hat ihren Lebensfaden durchgerissen und zugleich die Angelschnur unserer Hoffnungen durchgebissen. Da kann man recht deutlich sehen, wie einem ehrlichen Manne nie etwas gelingt; hier zeigt es sich recht klar, daß, wer einmal unglücklich sein soll, auch unglücklich bleibt! Denn die Prinzessin ist befreit, wir kehren nach Tiefschlund zurück, die Heirat ist abgemacht, die Hochzeit veranstaltet, das Zepter winkt und sieh da – jetzt haben wir einen rechten Quark von dem allen.« Ghiacuccio hatte sich dieses Gerede des Vaters lange mitangehört; da er aber endlich sah, daß es gar nicht abreißen wollte, und daß er die Leier des Schmerzes bis auf das Schalloch herunterspielte, sprach er: »Nur sachte, lieber Vater, denn wir wollen trotz alldem nach Tiefschlund fahren und unsere Sachen zu einem fröhlicheren und glücklicheren Ende bringen, als du glaubst.« – »Bleib mir mit diesem Trost vom Leibe«, versetzte Pacione, »wenn wir dem Könige diesen Leichnam bringen, wird er uns freilich aufzählen lassen, aber nicht etwa Geld, und während andere dieses *Meer* glücklich durchschifft haben, wird sich bei uns bloß das Unglück *mehren*.« – »Nicht so hitzig«, erwiderte Ghiacuccio, »wo hast du denn deinen Kopf gelassen? Erinnerst du dich denn nicht, was für eine Kunst ich erlernt habe? Laß uns nur landen und mich das Kraut suchen, das ich kenne, dann sollst du dein Wunder sehen.« Bei diesen Worten faßte der Vater wieder Mut, schloß Ghiacuccio in seine Arme, und ebensosehr wie die Ungeduld ihn fortzog, ebenso zog er am Ruder, so daß sie nach kurzer Zeit an der Küste von Tiefschlund anlangten, worauf Ghiacuccio ans Land stieg, das Kraut aufsuchte, damit ins Schiff zurückeilte und

Cianna den Saft desselben in den Mund drückte, so daß sie gleich einem Frosch, den man in die Hundegrotte gebracht hat und dann in den See von Agnano wirft, alsbald wieder lebendig wurde. Hierüber hoch erfreut, begaben sie sich ohne Verzug zum Könige, der nicht aufhörte, seine Tochter zu umarmen und zu küssen und sich bei ihren Befreiern zu bedanken. Als sie ihn nun aber baten, daß er sein Versprechen halten möchte, sprach er: »Welchem von euch soll ich nun meine Tochter geben? Sie ist ja kein Kuchen, den man in Stücke schneiden kann; darum kann auch nur einer den Gewinn bekommen, die andern müssen freilich leer ausgehen.« »Herr König«, erwiderte hierauf der Älteste, welcher ein schlauer Patron war, »die Belohnung muß sich nach der Mühe richten; darum seht zu, wer diesen herrlichen Bissen am meisten verdient hat, und dann entscheidet, wie es sich geziemt.« »Du sprichst wie ein Salomon«, versetzte der König, »darum berichtet mir alle, was ihr getan habt, damit mir zum richtigen Ausspruch auch nicht die richtige Einsicht abgehe.« Sobald daher jeder der Söhne erzählt hatte, was er zur Befreiung der Prinzessin beigetragen, wandte der König sich zu ihrem Vater und sprach: »Und du, was hast du dabei getan?« »Mir scheint, das meiste«, versetzte dieser; »denn ich habe meine Söhne zu Menschen gemacht und sie für Geld das lernen lassen, was sie können; sonst wären sie zur Zeit noch lauter Klötze, wohingegen sie jetzt so schöne Früchte hervorbringen.« Nachdem nun der König beide Parteien vernommen, die Gründe beider erwogen und noch einmal erwogen und das, was ihm recht dünkte, von allen Seiten überlegt und in Betracht gezogen hatte, sprach er seine Entscheidung dahin aus, daß seine Tochter Pacione zukomme, als dem Haupturheber der Befreiung derselben. Also wurde der Spruch auch ausgeführt, den Söhnen aber eine reiche Belohnung an Geld gegeben, damit sie es auf vorteilhafte Weise anlegen sollten, während der Vater vor Freude sich verjüngte und des Sprichwortes eingedenk war:

»Streiten zwei,
Der dritte sich freu.«

48

Fünfter Tag

Achtes Märchen

»NENNILLO UND NENNELLA«

Jannuccio hat von seiner ersten Frau zwei Kinder und verheiratet sich wieder; die Kinder werden von ihrer Stiefmutter so gehaßt, daß er sie in einen Wald trägt, wo sie sich voneinander verlieren. Nennillo wird hierauf der Günstling eines Prinzen, während Nennella, die sich ins Meer stürzt, von einem bezauberten Fische verschlungen, an eine Küste ausgespien, dort von ihrem Bruder erkannt und dann von dem Prinzen sehr reich verheiratet wird.

Als Ciulla am Ziel angelangt war, schickte Paola sich an, den Wettlauf zu beginnen, und nachdem sie sich gehörig geräuspert und den Mund mit einem neuen halb linnenen, halb hänfenen Schnupftuch abgewischt hatte, begann sie folgendermaßen:

Wehe dem, der seinen Kindern in einer Stiefmutter eine Pflegerin zu geben glaubt; er bringt ihnen mit einer solchen doch nur die Anstifterin ihres Verderbens ins Haus; denn niemals sieht man, daß eine Stiefmutter die Kinder einer andern mit günstigen Augen betrachtet, und wenn es wirklich einmal eine gegeben hat, die dies getan, so kann man es als ein Wunder betrachten und sagen, sie sei ein weißer Rabe gewesen. Außer den vielen Stiefmüttern aber, von denen ihr vielleicht schon habet reden hören, werde ich euch jetzt auch noch von einer erzählen, die man unter die gewissenlosesten zählen kann, und welche die Strafe verdiente, die sie sich selbst auferlegte.

Es war einmal ein Mann namens Jannuccio, welcher zwei Kinder besaß, Nennillo und Nennella, die er mehr liebte als sich selbst; nachdem aber der Tod mit der Feile der Zeit alle Schlösser des Gefängnisses, in welchem die Seele seiner Frau eingesperrt war, durchgefeilt hatte, heiratete er eine nichtswürdige, schändliche Betze von einem Weibsbild, welche nicht sobald den Fuß über die Schwelle ihres Mannes setzte, als sie auch anfing, den Kopf hoch zu tragen und zu sagen: »Bin ich denn hierhergekommen, um die Kinder einer andern zu lausen? Das fehlte mir gerade, daß ich mir diese Bürde aufladen und den ganzen Tag diese Schreibälge um mich haben sollte. Eher wollte ich, daß ich den Hals gebrochen hätte, ehe ich für schlechtes Essen, schlechteres Trinken und noch schlechteres Schlafen, wie es mir diese Brut bereitet, in diese Hölle kam; dies Leben kann ich nicht länger ertragen; denn ich will Hausfrau und nicht Dienstmagd sein. Ich muß irgendein Mittel finden, um mich von diesem Gezücht zu befreien, oder ich selbst gehe drauf; besser ist es, einmal zu erröten, als hundertmal zu erblassen; ich will der Sache ein für allemal ein Ende machen; denn ich bin fest entschlossen, sie mir vom Halse zu schaffen oder selbst davonzulaufen.« Der arme Ehemann, der dieses Weibsstück ziemlich liebgewonnen hatte, erwiderte darauf: »Sei nur nicht so erbittert, liebe Frau, denn der Zucker ist teuer. Morgen früh aber, wenn der Hahn kaum gekräht hat, will ich dich von dieser Bürde befreien und dir so allen Anlaß zum Ärger aus dem Wege räumen.« Ehe also noch des andern Tages Aurora die rote Bettdecke zum Fenster des Ostens hinaus ausbreitete, um die Flöhe auszuschütteln, nahm der arme Vater seine zwei Kinder bei der Hand, einen großen Korb voll Lebensmittel an den Arm und führte jene dann in einen Wald, wo ein Heer von Pappeln und Buchen die Dunkelheit belagert hielt. Dort angelangt sprach Jannuccio folgendermaßen zu seinen Kindern: »Meine lieben Kinder, bleibt hier an diesem Orte, eßt und trinkt froh und fröhlich, und wenn es euch an etwas fehlt, so seht diesen Streifen Asche, den ich hier hinstreue, und welcher euch wie ein Faden aus diesem Labyrinth geradeswegs nach unserem Hause führen wird«; hierauf gab er jedem Kinde einen Kuß und kehrte weinend nach Hause zurück. Um die Stunde aber, wenn alle Geschöpfe, von den Gerichtsdienern der Nacht vorgefordert, der Natur die

Steuer des Schlafes abzahlen, hatten die Kinder Angst, an jenem öden Orte allein zu bleiben, wo das Rauschen eines Flusses, welcher die kecken Steine peitschte, die ihm mutwillig in den Weg traten, selbst einen Rodomont hätte in Furcht setzen können; sie zogen daher langsam den Aschenpfad entlang und kamen endlich gegen Mitternacht am Hause des Vaters an. Pascozza aber, ihre Stiefmutter, gebärdete sich nicht wie ein Weib, sondern wie eine leibhaftige Furie und stieß ein gewaltiges Geschrei aus, indem sie mit Händen und Füßen um sich schlug und wie ein scheues Pferd schnaubte, wobei sie ausrief: »Was ist das? Woher kommen zum Teufel diese Klunkern, diese Filzläuse? Kann denn kein Quecksilber sie von dem Hause vertreiben? Willst du sie durchaus mir zur Kränkung im Hause behalten? Schaffe sie mir jetzt gleich aus den Augen, denn ich will weder das Krähen der Hähne noch das Piepen der Hühner abwarten; wenn aber nicht, so kannst du eher die Platze kriegen, ehe ich je wieder bei dir schlafe, sondern gleich morgen früh kehre ich in das Haus meiner Eltern zurück; denn du verdienst mich nicht, und nicht dazu habe ich so viele schöne Sachen ins Haus gebracht, um den Schmutz und Gestank der Bälge anderer Frauen aufzuriechen, noch dazu eine so reiche Mitgift von meinen Eltern erhalten, um eine Sklavin von Kindern zu sein, die mich nichts angehen.«

Der arme Jannuccio, welcher sah, wie schlimm die Sachen gingen und wie hitzig seine Frau wurde, nahm sogleich wieder die Kinder bei der Hand und kehrte mit ihnen in den Wald zurück, woselbst er ihnen wie das vorige Mal einen Korb mit Eßsachen gab und zu ihnen sprach: »Ihr sehet, meine einziggeliebten Kinder, wie sehr eure Stiefmutter, die euch zum Verderben und mir zum Kummer in mein Haus gekommen ist, euch haßt; darum bleibet also nur in diesem Walde, wo die Bäume, mitleidiger als sie, euch gegen die Sonne schützen, wo der Fluß, wohlwollender als sie, euch ohne Gift und Galle zu trinken geben und die Erde, freundlicher als sie, euch Rasenlager ohne Gefahr darbieten wird, und wenn es euch an Lebensmitteln fehlt, so kommt diesen Pfad von Kleie entlang, den ich in gerader Linie bis an unser Haus mache, und holet euch, was ihr bedürfet.« So sprechend, wandte er sein Angesicht fort, um nicht zu zeigen, daß er weinte, und die armen Dinger nicht zu entmutigen.

Als diese nun das, was sich im Korbe befand, verzehrt hatten, wollten sie nach Hause zurückkehren; da aber zum Unglück die auf die Erde gestreute Kleie war von einem Esel weggefressen worden, so verfehlten sie den Weg und irrten einige Tage lang in dem Walde umher, indem sie sich von Eicheln und Kastanien nährten, welche sie auf der Erde fanden. Durch die Fügung des Himmels jedoch, der stets seine Hand über die Unschuldigen hält, ging gerade um diese Zeit ein Prinz in jenem Walde auf die Jagd, und Nennillo bekam bei dem Bellen der Hunde so große Furcht, daß er in einen hohlen Baum kroch, während Nennella anfing, aus allen Kräften zu laufen, bis sie aus dem Walde hinaus an die Meeresküste gelangte. Dort wurde sie von Seeräubern, die Holz einnahmen, entführt und hierauf von dem Anführer derselben in sein Haus gebracht, wo er und seine Frau, unlängst durch den Tod einer Tochter beraubt, sie an Kindes Statt annahmen.

Inzwischen war Nennillo, der sich in den Baum verkrochen hatte, von Hunden umringt worden, die ein betäubendes Gebell erhoben, dergestalt, daß der Prinz endlich nachsehen ließ, was dazu Anlaß gäbe, und da man nun diesen schönen Knaben fand, der noch so klein war, daß er nicht zu sagen wußte, wer seine Eltern seien, so hieß er einen Jäger, ihn mit in den Sattel nehmen und in den königlichen Palast bringen. Dort ließ er Nennillo sehr sorgfältig erziehen und in allen schönen und nützlichen Dingen, besonders aber in dem, was ein Vorschneider wissen muß, unterrichten, so daß er nach einigen Jahren dermaßen geschickt in seiner Kunst wurde, daß er die Speisen aufs zierlichste vorzuschneiden verstand.

Während dieser Zeit nun entdeckte man, daß der Schiffseigner, in dessen Hause sich Nennella befand, ein Seeräuber wäre und wollte ihn daher ins Gefängnis setzen; weil er aber die Gerichtsleute zu Freunden hatte und sie in seinem Solde hielt, so bekam er Wind und machte sich mit seinem ganzen Hause aus dem Staube. Es war aber vielleicht die Gerechtigkeit des Himmels, die es bewirkte, daß der, welcher sein Verbrechen auf dem Meere verübt, auch auf dem Meere dafür büßen sollte; denn da er sich auf einer schwachen Barke eingeschifft hatte und sich nun eben mitten auf der See befand, kam ein solcher Windstoß und Wogendrang, daß die Barke umschlug und alle ertranken; nur Nennella, die nicht wie seine Frau und Kinder an den Räubereien teilgenommen hatte, entkam der Gefahr, indem sich zu derselben Zeit in der Nähe des Schiffes ein großer bezauberter Fisch befand, welcher seinen furchtbaren Rachen öffnete und Nennella verschlang. Als sie aber eben glaubte, daß es mit ihr vorbei wäre, erblickte sie in dem Bauche des Fisches wunderbare Dinge; denn es befanden sich darin herrliche Gefilde, wunderschöne Gärten und ein prächtiger Palast mit allen Bequemlichkeiten, in welchem sie wie eine Prinzessin wohnte. Der Fisch brachte sie hierauf mit größter Schnelligkeit an eine Seeküste, und da eben die drückendste Glut des Sommers war, welche sengte wie ein Kalkofen, so hatte sich der Prinz gerade dorthin begeben, um sich an der Meeresfrische zu erquicken. Während man nun ein prächtiges Mahl bereitete, war Nennillo auf einen Balkon des Palastes, der sich am Ufer befand, getreten und schliff dort einige Messer, indem er, um sich Ehre einzulegen, seinem Amt mit vielem Eifer vorstand. Sobald ihn daher Nennella durch die Kehle des Fisches erblickte, erhob sie ihre Stimme aus der Tiefe und rief: »Mein Brüderlein, mein Brüderlein, die Messer sind geschliffen fein, der Tisch gedecket nett und rein, doch schmerzt es mich gar bitterlich, in diesem Fisch zu sein ohn dich!« Nennillo selbst achtete zwar anfangs nicht auf diese Stimme; der Prinz jedoch, welcher sich auf einem andern Austritte befand und diese klagenden Töne gleichfalls vernommen hatte, wandte sich nach dieser Richtung hin und erblickte so den Fisch. Als er nun dieselben Worte noch einmal wiederholen hörte, geriet er vor Erstaunen ganz außer sich und schickte eine Anzahl Leute ab, um zuzusehen, ob sie vielleicht den Fisch durch List oder sonst auf irgendeine Weise ans Land ziehen könnten. Inzwischen hörte er immer dieselben Worte: »Mein Brüderlein, mein Brüderlein«, wiederholen und fragte daher jeden einzelnen seiner Diener, ob er vielleicht eine Schwester besäße, die sich von ihm verloren hätte, worauf endlich Nennillo erwiderte, er erinnere sich wie im Traum, daß, als er im Walde gefunden wurde, er eine Schwester gehabt habe, von der er nimmer wieder etwas gehört. Der Prinz sagte hierauf zu ihm, er solle sich dem Fische nähern und sehen, was da los wäre, vielleicht ginge diese Sache gerade *ihn* an. Nennillo ging an den Fisch heran, worauf dieser seinen Kopf dem Ufer nahebrachte und einen sechs Ellen hohen Rachen öffnete, aus welchem Nennella in solcher Schönheit heraustrat, daß sie ganz wie eine Nymphe aussah, welche in irgendeinem Zwischenspiel durch die Zauberei eines Magiers aus dem Bauche eines Fisches hervorkommt. Als der Prinz sie nun fragte, wie sie da hineingekommen wäre, so erzählte sie ihm einen Teil ihrer Leidensgeschichte, und namentlich, wie sie von ihrer Stiefmutter gehaßt worden. Da jedoch weder sie noch ihr Bruder sich des Namens ihres Vaters oder ihres Wohnortes zu erinnern vermochten, so ließ der Prinz öffentlich ausrufen, daß, wer zwei Kinder namens Nennillo und Nennella verloren hätte, in den königlichen Palast kommen sollte; denn er würde dort eine erfreuliche Nachricht erhalten. Jannuccio, welcher die ganze Zeit über ein trauriges und trostloses Leben verbracht hatte, indem er glaubte, daß seine Kinder wären von den Wölfen gefressen worden, eilte, als er jene Bekanntmachung vernahm, voller Fröhlichkeit zu dem Prinzen und sagte ihm, daß *er* die Kinder verloren habe, wobei er zugleich erzählte, wie er von seiner Frau wäre gezwungen worden, sie in den Wald zu bringen. Der Prinz wusch ihm nun gehörig den Kopf und nannte ihn einen einfältigen Pinsel, daß er sich von einer Frau so ins Bockshorn jagen lassen und zwei solche Juwelen, wie seine Kinder gewesen, von sich gestoßen hätte. Nachdem er ihn aber gehörig heruntergemacht, legte er ihm wieder das Pflaster des Trostes auf, indem er ihm seine beiden Kinder zuführte, die nun der Vater nicht müde wurde zu umarmen und zu küssen, worauf der Prinz ihm den Kittel abnehmen und statt dessen eine prächtige Kleidung anlegen ließ. Alsdann hieß er die Frau Jannuccios herbeirufen, zeigte ihr dessen schmuckes Kinderpaar und fragte sie, was derjenige wohl verdiente, der ihnen irgend etwas Böses täte und sie in Lebensgefahr brächte. »Ich würde ihn«, erwiderte sie, »in ein zugemachtes Faß stecken und dies hierauf einen Berg hinunterrollen.« »So geschehe es«, versetzte der Prinz; »der Bock hat sich dieses Mal selbst gestoßen. Wohlan, da du dir selbst dein Urteil gesprochen, so soll es auch ausgeführt werden; denn du hast diese deine Stiefkinder mit unverdientem Haß verfolgt.« Demgemäß befahl er den von ihr selbst gefällten Spruch in Ausführung zu bringen, worauf er Nennella einem seiner Vasallen, einem sehr reichen Edelmanne, die Tochter eines andern ebenso reichen Edelmannes aber ihrem Bruder zur Frau gab, indem er ihnen hinlängliche Einkünfte anwies, damit sie und ihr Vater, ohne irgend jemandes zu bedürfen, bequem leben könnten, während ihre Stiefmutter in ein Faß eingeschlossen und zugleich vom fernern Leben ausgeschlossen wurde, wobei sie bis zu ihrem letzten Atemzuge immerfort durch das Spundloch schrie:

»Wohl langsam mahlt des Schicksals Mühlenstein,
Doch packt er sicher und zermahlet fein.«

49

Fünfter Tag

Neuntes Märchen

»DIE DREI ZITRONEN«

Cenzullo will sich anfangs nicht verheiraten; nachdem er sich aber eines Tages beim Durchschneiden von frischem Käse den Finger verwundet hat, wünscht er sich eine Frau, die so weiß und rot wäre wie der weiße Käse mit den Blutflekken; er durchzieht daher die Welt und erhält auf der Insel der drei Feen drei Zitronen; indem er nun eine derselben durchschneidet, kommt daraus eine seinen Wünschen entsprechende Fee hervor, die aber von einer Mohrensklavin getötet wird, worauf der Prinz statt der Weißen die Schwarze heiratet; er entdeckt jedoch nachher den Betrug, läßt die Mohrensklavin hinrichten und vermählt sich mit der wieder lebendig gewordenen Fee.

Man kann es nicht durch Worte ausdrücken, wie sehr die Erzählung Paolas allen Zuhörern gefiel; da aber jetzt die Reihe an Ciommetella war, so winkte ihr der Prinz, worauf sie also begann:

Fürwahr, jener weise Mann hat recht gehabt, welcher sagte: »Sprich nicht alles, was du weißt, und tue nicht alles, was du kannst«; denn beides bringt unbekannte Gefahren und unerwartetes Verderben, wie ihr von einer Mohrensklavin (mit Vergunst der Frau Prinzessin sei es gesagt) hören werdet, welche einer armen Jungfrau alles mögliche Böse zufügen wollte und so übel dabei ankam, daß sie selbst über ihr Vergehen das Urteil sprach und sich selbst die verdiente Strafe zuerkannte.

Es war einmal ein König von Langturm, welcher einen Sohn hatte, den er mehr liebte als sich selbst, auf den er alle seine Hoffnung setzte, und für den er lieber heut als morgen eine passende Gemahlin zu finden wünschte, um sich recht bald Großvater nennen zu hören. Der Prinz war jedoch dem Heiraten so feind und so eigensinnig, daß, wenn man zu ihm von Frauen redete, er den Kopf schüttelte und sich hundert Meilen weit wegwünschte; weswegen der arme Vater, da er die Unbeugsamkeit und Hartnäckigkeit seines Sohnes wahrnahm und das Verlöschen seines Stammes voraussah, so verdrießlich und traurig und so betrübt und niedergeschlagen war wie eine Hure, die ihren Kundmann verloren hat, wie ein Kaufmann, dessen Handelsfreund bankrott geworden, und wie ein Bauer, dem der Esel gestorben ist; denn den Prinzen rührten weder die

Tränen des Vaters, noch erweichten ihn die Bitten seiner Untertanen, noch machten ihn die Ratschläge wakkerer Männer anderen Sinnes, welche ihm den Wunsch dessen, der ihn gezeugt, das Bedürfnis des Volkes und seinen eigenen Vorteil vor Augen stellten sowie, daß er der letzte in der Reihe seiner königlichen Vorgänger wäre, und daß er mit der Hartnäckigkeit eines stetigen Pferdes, mit dem Eigensinn eines alten Maulesels und mit der Dickfelligkeit eines Langohrs sich mit den Füßen festgestemmt, sich die Ohren verstopft und das Herz, welches vielleicht noch verwundet werden könnte, mit einem undurchdringlichen Panzer bewehrt habe.

Da sich nun aber oft in einer Stunde mehr als in hundert Jahren zu ereignen pflegt und man gar nicht sagen kann: »Dies will ich tun und jenes lassen«, so geschah es eines Tages, daß, während sich alle bei Tisch befanden und der Prinz einen frischen Käse durchschneiden wollte, dabei aber auf das Gespräch seiner Umgebung achtete, er sich unvorsichtigerweise in den Finger schnitt, so daß zwei große Tropfen Blutes auf den Käse fielen und eine so schöne liebliche Farbenmischung hervorbrachten, daß der Prinz, sei es nun, daß der ihm auflauernde Amor ihn züchtigen, oder daß der Himmel sich des wackeren Mannes, seines Vaters, erbarmen wollte, dem nichts so viel Hauskreuz machte als sein Kreuzträger von Sohn, daß der Prinz, sag ich, es sich in den Kopf setzte, eine Frau für sich ausfindig zu machen, die gerade so weiß und rot wäre wie der von seinem Blut gefärbte Käse, und daher zum Vater also sprach:

»Wenn ich nicht ein Weib von solchem Aussehen bekomme, Herr Vater, so ist es mit mir vorbei. Nie hat eine Frau mir mein Blut erhitzt, jetzt aber wünsche ich eine Frau, die wie mein eigenes Blut aussieht. Wenn du daher willst, daß ich am Leben bleibe, so mußt du mir erlauben, in der Welt umherzuziehen und eine Schönheit, die genau diesem Käse entspricht, aufzusuchen, sonst ist mein Lebenslauf beendet und ich kann mir meine Sohlen schmieren.« Kaum vernahm der König diesen wahnsinnigen Entschluß, so dachte er, das Dach fiele ihm auf den Kopf, er wechselte die Farbe, das Blut gerann ihm in den Adern, und als er endlich wieder zu sich kam und der Sprache mächtig wurde, rief er aus: »Mein geliebter Sohn, mein Herzblatt, mein Leben, Stütze meines Alters, bist du denn ganz von Sinnen geraten? Hast du denn ganz den Verstand verloren? Du willst entweder nichts oder alles; denn erst mochtest du gar nicht heiraten und mir keinen Enkel schenken, und jetzt hast du ein Gelüst bekommen, daß ich darüber in die Grube fahren könnte. Warum doch, warum willst du denn in der weiten Welt umherirren und dein Leben so nutzlos verbringen, dein Haus, deinen Herd, deine Heimat aber verlassen? Du weißt nicht, wievielen Mühseligkeiten und Gefahren sich der aussetzt, der auf Reisen geht; darum schlag dir diese Grille aus dem Kopf und laß dir raten; denn sonst ist es mit meinem Leben vorbei, dies Haus stürzt zusammen, und die ganze Wirtschaft geht zugrunde.« Aber diese und noch viele andere Worte gingen dem Prinzen zu einem Ohr hinein und zum andern hinaus und waren alle in den

Wind gesprochen, so daß der arme König, welcher sah, daß er den Sinn seines Sohnes nicht beugen konnte, ihm endlich einen großen Sack mit Geld nebst einigen Dienern gab und von ihm Abschied nahm, wobei es ihm dünkte, als würde ihm das Herz aus dem Leibe gerissen; hierauf trat er, bitterlich weinend, in einen Erker und verfolgte den Prinzen so lange mit seinen Blicken, bis er ihn aus den Augen verlor.

Sobald aber dieser von dem schwerbetrübten Vater geschieden war, fing er an, durch Wälder und Felder, durch Schluchten und Ebenen, über Berg und Tal immer daraufloszureiten, viele Länder zu durchziehen und mit mancherlei Leuten umzugehen, dabei aber auch immer die Augen offenzuhalten, ob er das Ziel seiner Wünsche irgendwo finden könnte, bis er nach Verlauf von vier Monaten in Frankreich an die Seeküste gelangte, wo er die Diener alle wegen ihrer wunden Füße in einem Hospital zurückließ, sich selbst aber an Bord eines genuesischen Fahrzeuges einschiffte und sich nach der Meerenge von Gibraltar begab. Dort bestieg er ein größeres Schiff und nahm seinen Weg nach Indien, indem er immer ein Reich nach dem andern, eine Provinz nach der andern, eine Stadt nach der andern, eine Straße nach der andern, ein Haus nach dem andern und einen Winkel nach dem andern durchsuchte, um zu sehen, ob er vielleicht das genaue Original zu jenem Bilde, das er im Herzen trug, finden könnte, und so lange rührte er die Beine und trieb sich so lange umher, bis er bei der Hexeninsel anlangte. Als er nun dort vor Anker gegangen und ans Land gestiegen war, fand er eine ganz alte, zusammengeschrumpfte und häßliche Frau, welcher er die Veranlassung, die ihn dorthin gebracht, erzählte. Die Alte geriet vor Erstaunen ganz außer sich, als sie die sonderbare Grille und den grillenhaften Einfall des Prinzen und die Mühseligkeiten und Gefahren vernahm, die er zur Befriedigung dieser Schimäre ertragen, und sagte endlich zu ihm: »Mach, daß du von hier fortkommst, mein Sohn; denn wenn meine drei Töchter dich hier finden, die nach nichts so lüstern sind als nach Menschenfleisch, so gebe ich keinen Dreier für dein Leben; halb lebendig und halb gebraten kannst du dann deinen Katafalk in einem Tiegel und dein Grab in einem Bauch finden. Darum reiß aus, so schnell du kannst; denn nicht weit von hier wirst du finden, was du suchst.« Sobald der Prinz diese Worte hörte, nahm er ganz erschrocken, bestürzt, entsetzt und voll Angst die Beine über den Buckel und fing von neuem an, Schusters Rappen zu reiten, bis er wieder in ein anderes Land kam, woselbst er wiederum eine alte Frau antraf, welche noch viel häßlicher aussah als die erste, der er gleichfalls erzählte, was er vorhatte, und die ihm ebenso sagte: »Drücke dich hurtig von hier, wenn du den Hexlein, meinen Töchtern, nicht zum Vesperbrot dienen willst. Lauf nur aber immer zu; denn du kommst jetzt bald zur Ruh und wirst finden, was du suchst.« Kaum vernahm dies der arme Prinz, so fing er an auszukratzen, wie wenn er Sporen in den Seiten hätte, und lief so lange, bis er wieder eine alte Frau antraf, die mit einem Korb voll Pastetchen und Zuckerwerk auf einem Rade saß und damit eine Herde Esel fütterte, welche hierauf am Ufer eines Flusses umherzuspringen und einigen armen Schwänen, die sich dort befanden, Hufschläge auszuteilen anfingen. Nachdem nun der Prinz bei der alten Frau angelangt war und sie auf tausendfache Weise begrüßt hatte, erzählte er ihr die Geschichte seiner Wanderschaft, so daß die Alte ihn freundlich tröstete, ihm ein gutes Frühstück vorsetzte, daß er sich die Finger danach leckte, und ihm alsdann drei Zitronen, die erst frischgepflückt zu sein schienen, sowie auch ein hübsches Messer überreichte, wobei sie sagte: »Du kannst nun ohne weiteres nach Italien zurückkehren, da deine Arbeit getan ist und du jetzt hast, was du suchst. Darum geh jetzt deiner Wege, und wenn du nicht mehr weit von deiner Heimat bist, so schneide bei der ersten Quelle, die du antriffst, eine von diesen Zitronen mitten durch; denn es wird aus derselben eine Fee herauskommen und zu dir sagen: ›Gib mir zu trinken!‹ Du aber sei rasch mit dem Wasser zur Hand, sonst verschwindet sie so schnell wie Quecksilber; wenn du nun aber auch nicht hurtig bist bei der zweiten und die Augen auftust bei der dritten, indem du ihnen rasch zu trinken reichst, so entgehen sie dir, ehe du dich dessen versiehst, im andern Fall aber wirst du im Besitz einer Frau sein, wie dein Herz sie verlangt.«

Der Prinz küßte hierauf der Alten voll Freude die rauhe Hand, die dem Rücken eines Stachelschweines glich, verabschiedete sich alsdann und reiste ab. An der Meeresküste angelangt, schiffte er sich nach den Säulen des Herkules ein, gelangte in das mare nostrum und landete endlich nach tausendfachen Stürmen und Gefahren eine Tagereise weit von seiner Heimat. Sobald er nun in einem anmutigen Gehölz angelangt war, wo das Laubdach den Wiesengrund beschattete, damit er nicht von der Sonne gesehen würde, ließ er sich bei einer Quelle, die mit kristallener Zunge die Vorübergehenden herbeirief, sich zu erquicken, auf einem prächtigen Teppich von Rasen und Blumen nieder, zog das Messer aus der Scheide und schnitt die erste Zitrone auseinander, aus der schnell wie der Blitz eine wunderschöne Jungfrau, weiß wie Milch und rot wie eine Erdbeere, hervorkam, welche alsbald zu dem Prinzen sagte: »Gib mir zu trinken.« Dieser aber saß mit offenem Munde da, so verwundert und verdutzt, daß er nicht schnell genug das Wasser darreichte und die Jungfrau ebenso rasch verschwand, als sie erschienen war. Ob nun dies der Prinz wie einen Schlag auf den Magen fühlte, mag der beantworten, welcher sein Glück schon in Händen hatte und es dennoch verlor. Als er hierauf die zweite Zitrone durchschnitt, ging es ihm ebenso, und dies war der zweite Genickfang für den Prinzen, der nun seine Augen in zwei Quellen verwandelte und mit der, an welcher er saß, um die Wette Tropfen auf Tropfen, Welle auf Welle, Strom auf Strom hervorsprudeln ließ und ihr in nichts nachgab, wobei er anfing zu jammern und ausrief: »Was bin ich doch für ein Tölpel, für ein Einfaltspinsel! Zweimal habe ich mir sie entschlüpfen lassen, als wären mir die Hände gebunden gewesen (hol mich der Teufel!) und ich sitze da, wie aus Blei gegossen, während ich hätte hurtig sein sollen wie ein Windspiel! Meiner Treu, das war einmal brav gemacht! – Doch nur Mut, noch ist eine dritte da, und aller guten Dinge sind ja drei; entweder gibt mir dieses Mal das Messer die Fee, oder lebendig ich nimmer aufsteh!«

So sprechend durchschnitt er die dritte Zitrone, aus der hierauf die dritte Fee hervorkam, welche wie die beiden ersten zu dem Prinzen sagte: »Gib mir zu trinken!« Dieser reichte ihr alsbald Wasser dar, und sogleich sah er eine Jungfrau vor sich stehen, weiß und zart wie ein frischer Käse mit roten Streifen, daß sie aussah wie ein Abruzzo-Schinken und eine Preßwurst aus Nola, ein Wunder, das man noch nie in der Welt gesehen, eine Schönheit, wie sie noch nie dagewesen, eine Weiße ohnegleichen, eine Anmut, größer als man sich denken kann; auf ihre Haare hatte Zeus Gold herabgeregnet, und Amor machte daraus die Pfeile, mit denen er die Herzen durchbohrt; ihre Wangen hatte Amor rot angestrichen, damit dort irgendein Unschuldiger an dem Galgen des Verlangens hängenbliebe; in ihren Augen hatte die Sonne zwei Feuerwerkslunten angebracht, damit in der Brust dessen, der sie sähe, der Zunder Feuer finge und die Schwärmer und Raketen der Seufzer emporführen; über ihre Lippen war Venus hingezogen und hatte den Rosen derselben ihre Farbe verliehen, damit sie mit ihren Dornen die Seelen tausend Liebender verwundeten; auf ihren Busen hatte Juno Milch aus ihrer Brust gedrückt, um damit die Sehnsucht und Lust der Menschen zu stillen; mit einem Wort, sie war so wunderschön von Kopf bis auf die Füße, daß man sich nichts Holdseligeres denken konnte, und der Prinz, der gar nicht wußte, wie ihm geschah, ganz außer sich diese so reizende Geburt einer Zitrone, diesen so anmutigen Schnitt einer Frauengestalt betrachtete, die durch den Schnitt einer Frucht hervorgebracht war, so daß er bei sich selbst sprach: »Schläfst du, oder bist du wach, Ciommetiello? Sind deine Augen bezaubert oder bist du blind? Was für ein weißes Geschöpf ist da aus einer gelben Schale, was für ein süßer Teig aus der Säure einer Zitrone, welch ein schöner Schmetterling aus einer Puppe hervorgekommen?« Als er jedoch zuletzt sah, daß er nicht träumte, und daß alles Wirklichkeit war, schloß er die Fee in seine Arme, küßte sie hundert und aberhundertmal auf das herzlichste und nach unzähligen schmeichelnden Liebesworten, die sie zueinander sprachen, Worte, die gleich einem Canto fermo durch die zuckersüßen Küsse akkompagniert wurden, sprach er zu ihr: »Ich will dich, meine geliebte Braut, jetzt nicht ohne den Prunk, der für deine Schönheit ziemt, und ohne das Gefolge, das einer Königin zukommt, in den Palast meines Vaters bringen; darum steige auf diese Eiche, wo die Natur, als wüßte sie, wessen wir bedürfen, ein Versteck in Gestalt eines Kämmerchens angelegt hat, und erwarte dort meine Rückkehr; denn ich fliege in größter Eile zu dir zurück, und ehe du dich dessen versiehst, hole ich dich mit solcher Kleidung für dich und solchem Gefolge ab, wie es für unsern Rang sich ziemt«; nach welchen Worten er sich von ihr auf die gehörige Weise verabschiedete und sie verließ.

Inzwischen wurde eine Mohrensklavin mit einem

Kruge an jene Quelle nach Wasser geschickt, und da sie zufällig in den Wellen das Abbild der Fee erblickte, so glaubte sie, daß sie selbst es wäre, und rief daher ganz erstaunt aus: »Was ist das, arme Lucia? Du sein so schön, und Wasser holen gehn? Das darf nicht länger geschehn!« So sprechend, zerbrach sie den Krug und kehrte nach Hause zurück. Als die Gebieterin sie fragte, was sie da getan hätte, antwortete sie: »Ich an die Quelle gegangen sein und Krug zerbrochen an einem Stein.« Die Gebieterin nahm diese Lüge hin und gab ihr am andern Tage ein schönes Faß, das sie an derselben Quelle mit Wasser füllen sollte; sobald sie aber wieder hinkam und wiederum jene Schönheit im Wasser abgespiegelt sah, sprach sie mit einem lauten Seufzer: »Ich nicht breitmäulige Mohrin sein, ich nicht Brentgans sein; ich gar schön und reizend bin, und trag ein Faß zum Brunnen hin?« So sagend, zerbrach sie, bums, auch das Faß in tausend Granatstücke, kehrte brummend nach Hause zurück und sprach zu ihrer Herrin: »Kommt Esel fürbaß, stößt mir ans Faß, auf die Erd fällt das, bricht entzwei, vorbei der Spaß.« Als die arme Frau dies hörte, riß ihr der Geduldsfaden; sie ergriff daher einen Besenstiel und prügelte die Sklavin dermaßen durch, daß diese es ein paar Tage lang empfand; darauf gab sie ihr einen Schlauch und sprach: »Jetzt lauf und brich den Hals, du Lumpenliese, du Säbelbein, du schwarzer Mistfinke, lauf und trödle mir nicht, und drehe dich nicht lange hin und her, sondern bring mir rasch diesen Schlauch voll Wasser wieder; wenn nicht, so zerdresche ich dich ganz verzweifelt und haue dich zusammen wie Kraut und Rüben.« Die Sklavin lief fort wie gebrüht, da sie den Blitz gefühlt hatte und nicht erst den Donner abwarten wollte; während sie aber den Schlauch füllte, erblickte sie wiederum die schöne Gestalt im Wasser und sprach: »Ich Närrin bin, wenn ich Wasser schöpfe; besser ist auf eigene Faust leben; das kein Gesicht ist zum Totprügeln und einer bösen Gebieterin dienen.« So sprechend, nahm sie eine große Haarnadel und fing an, den Schlauch dergestalt zu durchstechen, daß er am Ende einem freien Gartenplatz mit darunterfließendem Wasser glich, das aus hundert kleinen Springbrunnen hervorsprudelt, und die Fee bei diesem Anblick in ein lautes Lachen ausbrach. Als nun die Sklavin dies vernahm und daher emporsah, erblickte sie die versteckte Fee und sagte bei sich selbst: »Du also Ursach, daß ich geprügelt? Aber warte nur!« Hierauf sprach sie zu jener: »Was machen da oben, schönes Mädchen?« Und die Fee, welche die Freundlichkeit selbst war, gab alles von sich, was sie im Leibe hatte, ohne auch nur ein Titelchen von alledem auszulassen, was sich zwischen ihr und dem Prinzen zugetragen hatte, und fügte hinzu, daß sie stündlich und augenblicklich seine Ankunft mit Kleidern und Gefolge erwarte, um sich mit ihm in das Reich seines Vaters zu begeben und dort mit ihm ein glückliches Leben zu führen. Sobald die boshafte Sklavin dies hörte, dachte sie, sie könnte der Fee diesen schönen Preis abgewinnen, und sagte daher zu ihr: »Da du Bräutigam erwarten, laß mich hinaufkommen, dir Haare kämmen und dich schöner machen.« – »Ei, sehr gern, sei mir tausendmal willkommen«, versetzte die Fee und reichte der Sklavin ihre weiße Hand, welche, von den schwarzen Krallen der Mohrin gepackt, aussah wie ein Kristallspiegel mit einem Rahmen von Ebenholz. Die Sklavin kletterte nun auf den Baum, und indem sie anfing, das Haar der Fee in Ordnung zu bringen, stach sie ihr eine große Nadel in die Schläfe. Kaum aber fühlte diese den Stich, so rief sie aus: »Taube, Taube!« und verwandelte sich sogleich in eine Taube, worauf sie sich emporschwang und davonflog. Die Mohrin zog sich nun ganz aus, wickelte die Lumpen und Fetzen, die sie auf dem Leibe trug, in ein Bündel zusammen und schleuderte sie, so weit sie konnte, von sich, sie selbst aber blieb splitternackt auf dem Baum, so daß sie aussah wie eine Bildsäule aus Gagat in einem Gehäuse von Smaragd.

Inzwischen kehrte der Prinz mit einem zahlreichen Gefolge wieder, und als er statt des Eimers Milch, den er zurückgelassen, ein Faß Kaviar vorfand, blieb er eine Zeitlang wie versteinert stehen; endlich jedoch rief er aus: »Wer hat mir diesen Tintenklecks auf das Postpapier gemacht, auf welches ich meine glücklichsten Tage zu schreiben gedachte? Wer hat mir das frischgeweißte Haus mit Trauer behangen, in welchem ich ein fröhliches Leben zu führen vermeinte? Wer läßt mich diesen Probierstein da finden, wo ich ein Silberbergwerk zurückließ, das mich reich und glücklich machen sollte?« Sobald nun die schlaue Sklavin das Staunen des Prinzen wahrnahm, sprach sie zu ihm: »Wundere dich nicht, mein Prinz, denn ich in eine Mohrin verzaubert und aus einem Weißgesicht ein Schwarza... worden bin.« Der arme Prinz, welcher sah, daß der Sache nicht abzuhelfen war, ließ den Kopf sinken und verschlang diese bittere Pille; hierauf hieß er die Mohrin herabsteigen, kleidete sie von Kopf bis Fuß in neue Gewänder, und traurig und betrübt, niedergeschlagen und bestürzt trat er mit ihr den Rückweg in die Heimat an, woselbst sie von dem König und der Königin, die ihnen sechs Meilen weit entgegengekommen waren, mit derjenigen Freude empfangen wurden, mit welcher der Eingekerkerte das Urteil: ›Suspendatur‹ empfängt, indem sie nämlich wahrnahmen, welch eine Wahl ihr närrischer Sohn getroffen, der so lange und so weit in der Welt umhergeirrt war, um eine weiße Taube zu finden, und nun eine schwarze Krähe nach Hause gebracht hatte. Da sie jedoch die Sache nicht ändern konnten, so traten sie die Krone ihren Kindern ab und setzten den goldenen Dreifuß auf jenes Kohlengesicht.

Während nun so gewaltige Feste und prächtige Bankette angeordnet wurden und die Köche Gänse rupften, Ferkel schlachteten, Zicklein abzogen, Braten begossen, Töpfe abschäumten, Fleischklöße hackten, Kapaunen spickten und tausend andere leckere Bissen bereiteten, kam an ein Fenster der Küche ein schönes Täubchen und sprach: »O Koch in der Küche, o liebster Koch! Wie es dem König und der Mohrin geht, sag mir doch!« Der Koch achtete zwar anfangs wenig darauf, da aber die Taube ein zweites und drittes Mal wiederkehrte und die nämlichen Worte wiederholte, eilte er in den Speisesaal, um dieses Wunder mitzuteilen, worauf die Mohrin, welche recht wohl merkte, wer die Taube war, sie sogleich zu ergreifen, zu schlachten und zu braten befahl. Der Koch kehrte also in die Küche zurück, und es gelang ihm auch wirklich, sie zu fangen; er tat hierauf, wie ihm von der Schwarzen geboten war, brühte die Taube ab, rupfte sie und schüttete das Wasser davon und die Federn von einer Galerie aus auf ein Gartenbeet, aus welchem nach kaum drei Tagen ein schöner Zitronenbaum hervortrieb und dann rasch emporwuchs.

So geschah es nun, daß der König, als er einmal zufällig an ein Fenster trat, welches auf den Garten hinausging, diesen Baum, den er noch nie gesehen, erblickte und den Koch rufen ließ, um ihn zu fragen, wann und von wem er gepflanzt worden wäre. Indem er also von Meister Kochlöffel vernahm, wie die Sache sich verhielt, fing er an Verdacht zu schöpfen und befahl daher bei Todesstrafe, den Baum nicht anzurühren, vielmehr ihn auf das sorgfältigste zu pflegen. Nach einigen Tagen nun zeigten sich drei sehr schöne Zitronen, denen ähnlich, die der König von der Alten empfangen hatte; und sobald sie größer geworden waren, pflückte er sie ab, schloß sich mit einer großen Schale Wasser in einem Zimmer ein und fing an, mit demselben Messer, das er noch immer an der Seite trug, die Zitronen durchzuschneiden. Zwar ging es ihm mit der ersten und zweiten Fee ebenso wie es ihm das erste Mal ergangen war; als er jedoch die dritte Zitrone durchgeschnitten und der Fee, welche herauskam, ihrem Verlangen gemäß zu trinken gegeben hatte, stand vor ihm dieselbe Jungfrau, die er auf dem Baume gelassen, und welche ihm nun das ganze schändliche Verfahren der Mohrin mitteilte. Wer könnte nun wohl den allerkleinsten Teil der Wonne schildern, die der König bei diesem glücklichen Ereignis empfand, wer das Singen und Springen, das Jubeln und Jauchzen desselben beschreiben? Denn er schwamm in einem Meer von Freude, der Himmel hing ihm voll Geigen, und die Stube wurde ihm zu eng. Er drückte daher die Fee in seine Arme, ließ sie auf das herrlichste ankleiden und führte sie dann an der Hand in den großen Saal, woselbst sich der ganze Hof und die vornehmsten Leute der Stadt befanden, um das Hochzeitsfest durch ihre Gegenwart zu schmücken. Von diesen also befragte der König jeden einzelnen und sprach: »Saget mir, was würde der für eine Strafe verdienen, welcher dieser schönen Jungfrau ein Leides zufügte?« Worauf der erste erwiderte, daß er ein hänfenes Halsband, ein zweiter, daß er ein Grabmal von Steinen, ein dritter, daß er eine Musik mit einem Schlegel auf den Magen, ein vierter, daß er einen Schluck Schierlingssaft, ein fünfter, daß er einen Mühlstein als Busennadel, und der eine, daß er dies, und der andere, daß er jenes verdienen würde. Als er nun zuletzt die schwarze Königin herbeirief und die nämliche Frage an sie richtete, antwortete sie: »Er verdienen, verbrannt werden und Asche in die Luft streuen.« Kaum vernahm der König nun diese Antwort, so rief er aus: »Du hast dir selbst den Strick gedreht, dein Grab gegraben, das Messer geschliffen und das Gift gemischt, denn niemand hat ihr soviel Leides zugefügt als du, nichtswürdige Betze.

Weißt du wohl, daß dies die schöne Jungfrau ist, die du mit der Haarnadel durchbohrt? Weißt du wohl, daß sie das schöne Täubchen ist, das du hast schlachten und im Tiegel braten lassen? Was denkst du nun hierzu, Liese, he? Jetzt magst du sagen und tun, was du willst, es hilft dir nichts; du hast dir selbst den Brei angerührt; wie du mir, so ich dir, wer andern eine Grube gräbt, fällt selbst hinein.« So sprechend ließ er die Mohrin alsbald ergreifen und lebendig auf einen großen Holzschober setzen, und nachdem dieser angezündet und sie zu Asche verbrannt war, streute man diese von der Zinne des Schlosses in alle vier Winde, wodurch wiederum das Sprichwort wahr wurde:

»Wer Butter auf dem Kopfe hat, gehe nicht
in die Sonne.«

50

Fünfter Tag

Zehntes Märchen

»SCHLUSS DER EINLEITUNG«

Zoza erzählt die Geschichte ihrer Leiden. Die Mohrensklavin fühlt sich getroffen und sucht sie zu unterbrechen, damit sie ihre Erzählung nicht beende. Der Prinz aber will diese ihr zum Trotz durchaus zu Ende hören, und nachdem er den Verrat der Mohrin entdeckt hat, läßt er sie trotz ihrer Schwangerschaft töten und heiratet Zoza.

Alle hörten mit gespitzten Ohren dem Märchen Ciommetellas zu und lobten zum Teil die Geschicklichkeit, mit der sie dasselbe erzählt hatte, zum Teil aber murrten sie über ihre Unklugheit, daß sie in Gegenwart einer Mohrin die Missetaten einer andern Mohrin dem Tadel preisgegeben, und sagten, daß

Ciommetella den allgemeinen Frohsinn gestört und sich in große Gefahr gebracht habe. Lucia aber war während der ganzen Erzählung sehr übel zumute gewesen, und sie hatte sich immer hin und her gerückt, so daß man an der Unruhe ihres Körpers deutlich den Sturm ihrer Seele wahrnahm, indem sie nämlich in den Schandtaten einer andern Sklavin ein leibhaftes Abbild ihrer eigenen erkannte, und gern hätte sie die ganze Gesellschaft entlassen; teils aber, weil sie durch die von der Puppe entflammte Lust die Märchen ebensowenig missen konnte, als ein von der Tarantel Gestochener die Musik missen kann, und teils, um dem Prinzen keinen Anlaß zum Verdacht zu geben, biß sie in den sauern Apfel, indem sie sich jedoch vornahm, bei günstiger Gelegenheit gehörige Rache zu nehmen. Thaddäus aber, der immer größern Gefallen an diesem Zeitvertreib fand, winkte nun der Zoza, daß sie beginnen sollte, worauf diese erst einen schönen Knicks machte und dann also anfing:

»Die Wahrheit, gnädiger Prinz, ist immer die Mutter des Hasses gewesen, und daher wollte ich nicht, daß ich irgend jemand von den Anwesenden beleidigte, indem ich eurem Befehl Folge leiste; denn da ich nicht geschickt genug bin, Geschichten zu ersinnen und Märchen zu erdichten, so sehe ich mich teils durch Zufall, teils durch meine Gewohnheit dazu gezwungen, die Wahrheit zu erzählen. Wenngleich nun aber auch das Sprichwort sagt: ›Mit der Wahrheit kommt man stets am besten durch‹, so fürchte ich dennoch, daß das, was ich sagen werde, vielleicht euren Zorn erwecke.« –

»Sage, was du willst«, versetzte Thaddäus, »denn aus einem so schönen Munde, wie der deine ist, kann nur Zucker und Honig kommen.« Diese Worte waren Dolchstiche für die Mohrin, und die Gesellschaft würde dies auch wahrgenommen haben, wenn die schwarzen Gesichter ebenso wie die weißen das Buch der Seele wären, und gern hätte sie einen Finger ihrer Hand darum gegeben, die ganzen Geschichten loszusein, da ihr so schwarz vor den Augen wurde, wie die Farbe ihres Gesichtes war, und sie fürchtete, daß die vorhergehende Erzählung nur der Blitz, auf den der Donnerschlag, nur der schlimme Morgen, auf den der noch schlimmere Tag folgen sollte, gewesen wäre. Zoza aber fing inzwischen an, die ganze Gesellschaft durch die Anmut ihrer Worte zu bezaubern, indem sie alle ihre Leiden von Anfang bis zu Ende schilderte und bei ihrer angebornen Traurigkeit begann, dem unglücklichen Vorzeichen dessen, was sie späterhin erdulden sollte, da sie schon von der Wiege an die bittere Wurzel aller ihrer Drangsale bei sich trug, welche wegen eines unwillkürlichen Lachens sie so viele Tränen auszuströmen zwangen; hierauf erwähnte sie die Verwünschung der alten Frau, ihr eigenes mühseliges Umherwandern, ihre Ankunft bei dem Brunnen, ihr bitterliches Weinen und endlich den verräterischen Schlaf, der die Ursache ihres ganzen Unglücks war.

Als nun die Mohrin diese umständliche Erzählung vernahm und merkte, wie schlimm es mit ihr stand, rief sie aus: »Stille, den Mund halten, sonst mir in den Leib schlagen und kleinen Georg durchprügeln.« Dem Prinzen, dem es wie Schuppen von den Augen fiel, riß hier die Geduld, er warf die Maske ab und sprach von der Leber weg, indem er sagte: »Laß sie ganz auserzählen, und komm mir nicht wieder mit dem kleinen oder mit dem großen Georg; denn ich habe mich lange genug dadurch an der Nase herumführen lassen, und wenn mir der Senf in die Nase fährt, so wäre es für dich besser, du wärest nimmer geboren.« Hierauf gebot er Zoza, daß sie seiner Frau zum Trotz fortfahren solle, und diese, die nur einen Wink dazu erwartete, erzählte weiter die Auffindung des Kruges und den Betrug der Mohrin, durch den diese sie ihres Glückes beraubt hatte, und indem sie so sprach, fing sie an, so heftig zu weinen, daß keiner der Anwesenden sich der tiefsten Rührung erwehren konnte. Thaddäus, welcher aus den Tränen Zozas und aus dem Stillschweigen der Mohrin, welche verstummt dasaß, die Wahrheit dessen, was jene sagte, ersah und deutlich erkannte, überschüttete Lucia mit einem solchen Strom von Schmähungen, wie man sie keinem Esel sagt, und nachdem er sie dazu gebracht, mit eigenem Munde ihre hinterlistige Schandtat zu gestehen, befahl er, sie lebendig bis an den Hals in die Erde zu vergraben, damit sie so eines qualvollen Todes sterbe; Zoza aber umarmte er herzlich und erwies ihr als seiner fürstlichen Gemahlin jede mögliche Ehre. Hierauf ließ er den König von Buschtal von dem Vorgefallenen unterrichten und ihn zu dem erneuten Hochzeitsfeste einladen, mit welchem die hohe Würde der Sklavin sowie das Erzählen der Märchen ihr Ende fanden, und wünsche ich nur, daß euch diese wohl bekommen mögen; denn was mich betrifft, so verlasse ich sie nur ungern, da sie mir gar zu gut geschmeckt haben.

Ende der Märchen

Anmerkungen

FÜNFTER TAG

Seite 13: *Das verlangte Liedchen*

Da eine metrische Übersetzung desselben sehr schwierig, zugleich aber auch der Lohn ein sehr geringer gewesen sein würde, so haben wir es ausgelassen. Es enthält das sich Lossagen eines Liebhabers, dem die Augen aufgegangen sind, von seiner bisherigen Geliebten und besteht aus lauter Sprichwörtern. Es lautet im Orig. wie folgt:

Si te credisse dareme martiello
E che aggia filatiello,
Ca faie la granne, e ncriccheme lo naso
Vá figlia mia, ca Marzo te n'ha raso.
Passaie lo Tiempo, che Berta filava,
E che l'Auciello arava,
Chiù non sento d'Ammore o frezza o sciamma
Spelata è Patria, mo non c'è chiù mamma.
Da c'hanno apierto ll'uocchie li gattille,
So scetate li grille,
Si faie niente speranza a sse bellizze:
Va ca n'aje scesa, quanto curre, e mpizze.
Aggio posta la mola de lo sinno
Nè cchiù mme movo a zinno,
E già conosco da la fico l'aglio,
Non nce penzare cchiù, ca non c'è taglio.

Seite 14: *Daß der Handwerker den Handwerker etc.*

Die Ausgabe von 1788 hat hier che l'artesciano lo chiavetiero, die von 1674 aber vollständiger »che l'artesciano nmidia l'artesciano, lo chiavettiero lo chiavettiero ecc. Die ganze Stelle ist übrigens eine Nachahmung von Hesiods Op. et dies v. 25 und 26:

καὶ κεραμέυς κεραμεῖ κοτέει, καὶ τέκτονιτέκτων
καὶ πτωχὸς πτωχῷ φθονέει καὶ ἀοιδός ἀοιδῷ.

Seite 15: *Kugel der Armut.* Ein vom Billardspiel hergenommenes Bild.

Seite 18: *Als Reinigungsmittel*

Bei Rabelais I. I, ch. 13, welches von den verschiedenen Arten von torche-cul handelt, sagt Gargantua: Mais en concluant, ie dy et maintiens, qu'il n'y a tel torchecul, que d'un oison bien dumeté, pourveu qu'on luy tienne sa tète entre les jambes. Car vous sentez au trou du cul une volupté mirifique tant par la douceur d'iceluy dumet, que par la chaleur temperée de l'oyson, laquelle facilement est communiquée au boyau culier et autres intestins, jusques à venir à la region du coeur et du cerveau.

Et ne pensez que la beatitude des Heroes et des Semidieux, qui sont par les champs Elisiens soit en leur Asphodèle ou Ambrosie ou Nectar, comme disent ces vieilles icy. Elle est (selon mon opinion) en ce qu'ils se torchent le cul d'un oyson. Et telle est l'opinion de Maistre Jean d'Escosse. Wir führen diese Stelle deswegen in ihrer ganzen Ausführlichkeit an, weil wir glauben, daß sie wohl Basile veranlaßt haben kann, die gewöhnlich in diesem Märchen vorkommende Puppe in eine Gans zu verwandeln.

gefiederte Salmacis. S. ist eine Nymphe, die sich in Heraphrodithos verliebt. Sie sprang in den Brunnen, in welchem H. badete, umarmte ihn gegen seinen Willen und wurde durch die Gunst der Götter untrennbar mit ihm vereint. Vgl. Ovid, Metamorphosen 4, 285 ff.

Seite 19: *Aristoteles*

Wahrscheinlich nur deswegen erwähnt, weil bekanntlich der zweite Teil eines seiner Werke (der Analytica nämlich) den Namen posteriora trägt und dies ein Wortspiel abgibt.

Seite 25: *Verdächtigen Orten*

nämlich von Osten, von der Levante, da den Schiffen, die von dorther kommen, vor abgehaltener Quarantäne keine freie Kommunikation (Pratica) mit dem Lande, hier aber dem Sonnenlicht kein Zutritt in den dunkeln Wald gestattet wird.

Seite 26: *Feind der Franzosen, Ärger der Hirten ... Hol' dich der März*

Der Monat März ist, wie das Vocab. s. v. Marzo bemerkt, für die mit venerischen Krankheiten Behafteten und für verschiedene Arten Tiere sehr gefährlich und oft todbringend. Daher die Redensart: Marzo nne l'ha raso, März hat ihn ausgestrichen, d. h. er ist tot;

wodurch auch die Verwünschung: »va ca Marzo te n'ha raso, mit dir ist's vorbei, du bist ein Kind des Todes« erklärt wird, welches wir bald nachher mit »Hol dich der März« übersetzt haben.

Seite 27: *Ein Monat, von dessen verderblichem Treiben das Sprichwort zeugt: »Märzschnee tut der Saat weh!«*

Im Or. Meso, che quanno (i. e. quando) vuoje dare a uno lo titolo maggiore de presentuso (i. e. presuntuoso), se le dice; che cura Marzo?

Seite 32: *König von Zypern.* Pygmalion. Vgl. Ovid, Metamorphosen 10, 243 ff.

Seite 33: *Pintosmalto,* zu deutsch: Schmelzgemalt.

Seite 34: *Enije, denije etc.*

und Ringel, Ringel etc. Im Or. anola tranola, pizze fontanola und tafars e tammurro, pizze ngongolo e cemmino. Diese beiden nichtssagenden Sprüche (und wahrscheinlich auch das vorhergehende triche, varlacche la casa chiove) sind zweien Kinderspielen entlehnt, die in der Einleitung des zweiten Tages erwähnt werden und von denen wir das zweite dort »Podex und Pauke« (welches die beiden ersten Wörter eigentlich bedeuten) übersetzt haben.

Seite 44: *Krempel.* Kardätsche, Wollkamm.

Aurora

Der bejahrte Geliebte ist Tithon, der zwar von Zeus die Gabe des ewigen Lebens, aber nicht die der ewigen Jugend erhalten hatte.

Seite 59: *Medeaherz*

Medea erwürgte ihre beiden mit Jason gezeugten Kinder vor dessen Augen.

Seite 61: *Charon*

Fährmann, der die Toten an das Tor des Hades bringt.

Seite 66: *Abt*

Im Or. Santa Croce. Wir führen dies nur an, um daran zu erinnern, daß auch im Englischen die Fibel Christ-cross-row heißt, weil sich zu Anfang derselben ein Kreuz befindet.

Seite 69: *Cession sämtlicher Güter*

Im Or. Cessione de li bene; auch Zita bona genannt. Da sich sonst keine paßliche Gelegenheit bietet, so wollen wir auf folgende höchst seltsame Sitte aufmerksam machen, die im Vocabol. unter letztgenanntem Ausdruck erwähnt wird: »Zita bona. Corrotto da cedo bonis, formola nota della cessione de'beni. Si trasferisce a dinotar il cader le brache. –– La cagione di questo traslato è un'antica, e costante tradizione tra noi, che nella semplicità de' costumi de' nostri maggiori, per darsi un castigo d'ignominia a coloro, che si ammettevano al miserabile beneficio della cessione de' beni, si fosse usato obbligargli a salir su d'una colonetta in mezzo alla pubblica piazza del Palazzo de' Tribunali, ed ivi calarsi i calzoni, e mostrando il deretano ignudo, dire tre volte: Chi ha d'avere, si venga a pagare. Esiste la colonetta; esiste la legge di dovervisi salir sopra da' decottori: ma non esiste l'uso di calarsi le brache, anzi non se ne trova più traccia neppur nelle nostre antiche prammatiche. Forse fu creduta immodestia; forse parve egualmente insulto eccessivo a' creditori, che soverchia umiliazione ai debitori.« Von dieser ehemaligen Sitte kommt auch die Redensart: mostrare lo culo a la colonna so viel als far cessione de' beni. Siehe das Vocab. s. v. appuzare. Ein ähnlicher Gebrauch bestand in ältern Zeiten auch in Florenz. »Coloro i quali fallivano, o rifiutavano l'eredità del padre, andavano nel mezzo di Mercato Nuovo (luogo dove si radunavano i Mercanti per negoziare) e quivi era ed è ancora una gran lastra di marmo tonda ... e sopra detta lastra posavano tre volte le parti deretane a vista del popolo, che nell'ora che si dovea fare tal funzione, era ivi radunato. E questo atto assicurava la loro persona dalle molestie per causa di debito, nè potevano i creditori molestare se non la roba, la quale s'intendeva ceduta tutta a lor favore.« Minucci. Siehe Rosinis Luisa Strozzi, Pisa 1833 vol. II, c. 13 p. 145 n.

Eine andere nicht minder eigentümliche Sitte wollen wir bei dieser Gelegenheit gleichfalls anführen, obwohl sie mit der vorhergehenden in keiner näheren Verbindung steht. Es heißt nämlich im Vocabol. s. v. Potechella: Ein kleiner Laden. Fare na potechella bedeutet: »einen großen Zank anfangen«, wie er gewöhnlich zwischen den Leuten aus den untern Klassen und den Krämern entweder über das Gewicht oder die Beschaffenheit oder den Preis der Eßwaren stattfindet. Diese Erbitterung zwischen dem Volke und den Verkäufern von Lebensmitteln schreibt sich noch aus der Zeit Masaniellos her und war die Hauptveranlassung zu diesem Volksaufruhr, der magnis animis parvis consiliis begonnen wurde. Um nun das Volk zufriedenzustellen, wurden seit jener Zeit mehrere höchst seltsame Gesetze gegeben, z. B. daß der Krämer, wenn er das Papier, worin er die Ware einschlägt, mitwiegen will, die Mütze abnehmen und sie so lange in der Hand halten muß, bis er den Käufer abgefertigt hat. Dies nennt man far l'obbligazione, und wenn der Käufer es verlangt, muß der Krämer dieser Verpflichtung nachkommen; denn wenn er sich bedecken will, muß er ohne Papier das richtige Gewicht geben.

Seite 79: *Hundegrotte*

Grotte nahe bei Neapel, in deren Wasser man Tiere wirft, um sie zu betäuben; anschließend werden sie in den See von Agnago geworfen, um wieder zu erwachen.

Für Geld etc.

Dies ist jedoch keineswegs der Fall, da die Söhne ihre Künste proprio Marte erlernt haben.

Seite 81: *Nennillo und Nennella*

Eigentlich Verkleinerungsformen von ninno, das Kind, span. niño, also wörtlich »das Knäblein und das Mägdlein«.

Seite 84: *Hatten die Kinder Angst*

Im Orig. li Nennille, o fosse la paura etc., d. h. die Kinder, entweder aus Furcht usw. – Hier muß ein anderes mit o »oder« anfangendes Satzglied entweder durch einen Druckfehler oder durch eine Nachlässigkeit des Schriftstellers ausgefallen sein.

Rodomont. König von Sarza in den Rolandsepen von Boiardo und Ariost.

Seite 91: *Cenzullo*

heißt in den Märchen selbst, wo er übrigens nur einmal mit Namen genannt wird, Ciommetiello.

Seite 92: *Kundmann*. Kunde.

Seite 99: *Venus*

Im Or. Venere co lo tiempo sujo, d. h. Venus mit ihren Katamenien.

Seite 101: *Brentgans*. Wildgans.

Seite 104: *Suspendatur.* Formel für die Verurteilung zum Galgen.

Seite 108: *Und sucht sie zu unterbrechen*

Im Or. fa fuorfece, fuorfece. Wir wollen hier die im Orig. gegebene Erklärung dieser Redensart nebst dem dazu gehörigen Geschichtchen folgen lassen. »Fuorfece, die Schere. Fa fuorfece, fuorfece, eine sprichwörtliche Redensart, wodurch man andeutet, daß jemand durchaus schwatzen und die Lippen in einem weg gleich einer Schere auf- und zumachen will; welches Sprichwort man mit einer Gebärde der Hand begleitet, wobei man den Zeige- und Mittelfinger nach Art einer Schere in Bewegung setzt. Man erzählt nun, daß ein Ehemann von seiner Frau, die alles besser wissen wollte als er und unaufhörlich schwatzte, im höchsten Grade gepeinigt, sie an den Strick eines Brunnens band, und während er ihr drohte, sie zu ersäufen, wenn sie nicht aufhörte, sie langsam in denselben hinunterließ, indem er ihr Zeit lassen wollte, anderen Sinnes zu werden; die Frau jedoch rief ohne Aufhören: »Ich will immer Schere, Schere machen.« Endlich war sie ganz unter dem Wasser und konnte daher den Mund nicht mehr öffnen; gleichwohl hob sie die Hand empor und ahmte mit den Fingern die oben erwähnte Gebärde nach. Da nun ihr Mann sah, daß die Natur sich nicht ändern läßt, so gab er nach, zog sie wieder heraus und lebte fortan mit ihr in Frieden, indem er stets bei sich selbst sagte: »Durum, sed levius fit patientia quidquid corrigere est nefas.

Seite 109: *Lucia aber war während der ganzen Erzählung sehr übel zu Mut gewesen*

Im Or. heißt es wörtlich: »Lucia aber benahm sich während der ganzen Erzählung wirklich wie eine Lucia«; Anspielung auf die Redensart: »far cierne Lucía, sich hin- und herdrehen, zaudern«. – Übrigens wird die Sklavin in dem ganzen Pentamerone nur hier und dann noch einmal gegen Ende des Buches mit Namen genannt.

ANHANG

Nachbemerkung

Felix Liebrechts Anmerkungen sind unverändert übernommen worden, auch dort, wo sie ein wenig weitschweifig und umständlich sind, weil sie mir lehrreich und oft vergnüglich erscheinen. In einigen Fällen habe ich offensichtliche Irrtümer beseitigt bzw. fehlende Informationen ergänzt. Über das von Liebrecht Geleistete hinaus habe ich zu erklären versucht, was Liebrecht zu erklären nicht gelungen ist, oft aber auch nur angemerkt, was Liebrecht der Bildungsgrundlagen des 19. Jahrhunderts wegen allzu selbstverständlich erschien, heute aber zum Gemeingut des Gewußten nicht mehr gehört.

W. B.

Exkurs

Über den Ursprung und die Bedeutung der Redensart »Die Feige weisen«

Es ist bekannt, daß schon seit den ältesten Zeiten von den mancherlei Arten der Zauberei ganz besonders die Beschreiung und die Bezauberung durch den bösen Blick (gr. βασκάνιον, βασκανία, und davon lat. fascinum, fascinatio*) gefürchtet wurde und zum Teil auch noch wird. Diese Furcht aber hatte, wie gleichfalls bekannt, ihren Grund hauptsächlich in der herrschenden Vorstellung von dem Neid der Götter und Menschen, dem man eine ganz besondere Kraft zuschrieb und daher durch verschiedenartige Mittel zuvorzukommen oder dessen Wirksamkeit zu brechen suchte.

Dies geschah nun teils durch Worte, wie z. B. bei den Römern, wenn man sich selbst lobte, der Ausruf praefiscine oder praefiscini in Gebrauch war, entstanden aus prae (hier gleich sine nach Charis. cap. de Praepos.) und fascinum, also »ohne Beschreiung«,

* Auch findet sich der dem Deutschen entsprechende Ausdruck ὀφθαλμός πονηρός in folgender interessanter Stelle bei Chrys. t. 3. p. 320. βόρβορον αἱ γυναῖκες ἐν τῷ βαλανείῳ λαμβάνουσι τροφοὶ καὶ θεραπαινίδες καὶ τῷ δακτύλῳ χρίσασαι, κατὰ τοῦ μετώπου τυποῦσι τοῦ παιδίου κἄν ἔρηταί τις. τί βούλεται ὁ βόρβορος, τί δὲ ὁ πηλός; ὀφθαλμὸν πονερόν ἀναστρέφει, φασὶ, καὶ βασκανίαν καὶ φθόνον. cf. Ev. Matth. 20, 15. Auch gebrauchte man oft den Ausdruck ὀφθαλμός βάσκανος, z. B. Plutarch in der gleich anzuführenden Stelle.

ferner die Redensart absit invidia verbo, und bei den Griechen die Formeln προσκυνῶ τῆν Νέμεσιν (s. Bergler zu Alciphr. Epist. 1, 33), προσκυνῶ τὴν Ἀδράστειαν, ἀπείη δὲ ἡ Αδράστεια, Ἀδράστεια φίλη, Ἀδραστείας νόμος s. θεσμός (s. Steph. Thes. ed. Didot s. v. Ἀδράστεια), indem nämlich diese Göttin (auch copulate Ἀδράστεια Νέμεσις genannt, Steph. Thes. l. c.) in dieser Beziehung, wie wir wissen, vorzugsweise gefürchtet wurde, daher auch Plin. h. n. 28, 5, in. sagt: cur et fascinationibus adoratione peculiari occurrimus alii, Graecam Nemesin invocantes? woraus hervorgeht, daß auch die Lateiner sie bei der Furcht vor Beschreiung anriefen. Zur Abwendung der Faszination aber, welche man zuweilen unwillkürlich und sogar an sich selbst ausüben konnte*, bediente man sich mancherlei Mittel**, von

* Plut. Quaest. Conviv. 1. 5. quaest. 7. καὶ φίλους καὶ οἰκείους, ἔνιοι δὲ καὶ πατέρας ἔχειν ὀφθαλμὸν βάσκανον ὑπολαμβάνουσι ὥστε μὴ δεικνῦναι τὰς γυναῖκας αὐτοῖς τὰ παιδία μηδὲ πολύν ἐᾷν χρόνον ὑπὸ τῶν τοιούτων χαταβλέπεσθαι. πῶς οὖν ἔτι δόξει φθόνον τὸ πάθος εἶναι; τί δὲ, ὦ πρὸς τοῦ Διός, ἐρεῖς περί τῶν ἑαυτοὺς καταβασκαίνειν λεγομένων; καὶ γὰρ τοῦτο ἀκήκοας. εἰ δὲ μὴ, πάντως ταῦτα ἀνὲγνωκας.

Καλαὶ μὲν ποτ ἔσαν καὶ αἱ φόβαι Εὐτελίδαο
Ἀλλ' αὐτὸν βασκαίνεν ἰδὼν ὀλοφώϊος ἀνήρ
Δινήεντι ποταμῷ. τὸν δ αὐτίκα νοῦσος ἀεικής

Ὁ γὰρ Εὐτελίδας λέγεται καλὸς ἑαυτῷ φανεὶς καὶ παθών τι πρὸς τήν ὄψιν, ἐκ τούτου νοσῆσαι καὶ τὴν εὐεξίαν μετὰ τῆς ὥρας ἀποβαλεῖν.

** Lat. amuleta, nodi, vincula, im Mittellatien brevia, ligaturae, alligaturae, suballigaturae, ligamenta, obligamenta, obligationes; gr. ἀλεξιφάρμακα, ἀποτρόπαια, φυλακτήρια, περίαπτα, πε-

denen wir als hierher gehörig nur die Anwendung von Figuren der Geschlechtsteile erwähnen, daher in späterer Zeit in dieser Beziehung der Feldgott Priapus und dessen Symbol, der Phallus, sehr angesehen waren. Die für uns anstößigen Sinnbilder der Fruchtbarkeit aus der alten Religion wurden, wie Voß zu Virg. Georg. 4, 111 bemerkt, später auch als Abwehrungen des neidischen Blicks, den man für schädlich hielt (Virg. Ecl. 3, 103), ausgelegt; vielleicht weil man glaubte, daß durch die Obszönität der Figur das Auge sich unwillkürlich abwende, cf. Plut. an der angeführten Stelle: διὸ καί τὸ (ich möchte lieber τι lesen) τῶν λεγομὲνων προβασκανίων γένος οἴονται πρὸς τὸν φθόνον ὠφελεῖν, ἑλκομένης διὰ τὴν ἀτοπίαν τῆς ὄψέως, ὥστε ἧττον ἐπερείδειν τοῖς πάσχουσι (vgl. jedoch weiter unten). Daher wurde auch der Phallus wegen dieser großen Wirksamkeit in der Abwehr der Beschreiung, lat. fascinum, selbst auch mit diesem Ausdruck bezeichnet und vielfach in Anwendung gebracht; wir finden ihn vor Gärten und Haustüren aufgehängt (Pl. h. n. 19. 4. s. 19. horto et foco contra invidentium effascinationes dicari videmus in remedio satyrica signa), Triumphatoren haben ihn unter ihrem Triumphwagen hängen, und Kinder, welche ganz besonders als der Faszination ausgesetzt galten*, tra-

ριάμματα, ἀβάσκαντα, βασκάνια und προβασκάνια, vgl. Ersch und Gruber s. v. amuletum.

* Plut. 1. c. γινώσκομεν γὰρ ἀνθρώπους τῷ καταβλέπειν τὰ παιδία μάλιστα βλάπτοντας vgl. Alex. Aphr. Probl. 2, 53. διὰ τί τινὲς βασκαίνουσι, καὶ μάλιστα παίδας;

gen ihn unter dem Namen praebia, bulla, lorum, aus mancherlei Stoffen gefertigt um den Hals*, ja, eine besondere Gottheit verdankt ihm Wesen und Namen, nämlich der Fascinus, von dem daher Plin. h. n. 28, 4. s. 7 fragt: Fascinus imperatorum quoque non solum infantium custos, qui Deus inter sacra Romana a Vestalibus (!) colitur; et currus triumphantium, sub his pendens, defendit medicus invidiae. Besonders aber fürchtete man wegen ihres bösen Blickes Männer und Frauen mit doppeltem Stern in jedem Auge; auch ganze Völkerschaften waren wegen ihrer Kraft des Beschreiens übel berüchtigt**.

Aber auch unter den Völkern der neuen Zeit findet

* Cf. Varro de L. L. 7, 97. ed. Mueller: pueris turpicula res in collo quaedam suspenditur, ne quit obsit, bonae scaevae causa scaevola appellata; vgl. auch Macrob. Sat. 1, 6: »Nonnulli credunt ingenuis pueris attributum, ut cordis figuram in bulla ante pectus annecterent.«

** Pl. h. n. 7, 2. In eadem Africa familias quasdam effascinantium, Isigonus et Nymphodorus; quorum laudatione intereant probata, arescant arbores, emoriantur infantes. Esse ejusdem generis in Triballis et Illyriis adjicit Isigonus, qui visu quoque effascinent, interimantque quos diutius intueantur, iratis praecipue oculis; quod eorum malum facilius sentire puberes. Notabilius esse, quod pupillas binas in oculis singulis habeant. Hujus generis et feminas in Scythia, quae vocantur Bithyae, prodit Apollonides. Pylarchus et in Ponto Thibiorum genus, multosque alios ejusdem naturae, quorum notas tradit in altero oculo geminam pupillam; in altero equi effigiem... Feminas quidem omnes ubique visu nocere quae duplices pupillas habeant, Cicero quoque apud nos auctor est. Vgl. über das ähnliche Volk der Telchiner bes. Höcks Kreta p. 345 ff.

sich, wie bereits bemerkt, dieser Glaube an Beschreiung u. dgl. sowie an Mittel, welche dieselbe abwehren sollen. Wir Deutschen kennen den »bösen Blick«, die Portugiesen das olho mao, die Spanier das mal de ojo, die Engländer und namentlich die an dergleichen Kenntnissen sehr reichen Schotten das evil eye, ganz besonders aber die Italiener und unter diesen wieder vorzüglich die Neapolitaner das mal' occhio, welche letztere aus Furcht vor demselben alle Augenblicke ausrufen »li mal' uocchie no me pozzano, d. h. der böse Blick möge mir nichts anhaben können«; so wie sie auch zur Abwehr desselben eine Gebärde machen, die darin besteht, daß sie die Spitze des Daumens zwischen den Zeige- und Mittelfinger der geschlossenen Hand stecken. Dies heißt far la fico, im gewöhnlichen Italienisch far la fica, und ist eigentlich eine Gebärde des Spottes, dient aber in diesem Falle als eine sich selbst oder einem andern angetane Verhöhnung zur Abwendung der Faszination und als Besänftigung der im Volk ohne dessen deutliches Bewußtsein fortlebenden Nemesis; so wie auch der Gebrauch des Phallus als Amulett bei den Alten, der sich übrigens noch unter den heutigen Italienern erhalten hat (siehe z. B. Forcellini s. v. fascinum), vielleicht in dieser Selbstverhöhnung seinen Ursprung gehabt haben mag (vgl. jedoch oben); daher auch die Neapolitaner, wenn diese Gebärde die Beschreiung von einem Freunde abwehren soll, dieselbe, um ihn nicht wirklich zu kränken oder zu beleidigen, unter dem Mantel machen. So heißt es in der fünften Ekloge (Terpsichore) unseres Basile, nachdem das große Glück eines jungen Mannes und der dadurch bei vielen erregte Neid geschildert worden ist:

Frate, le voglio fare
Na bella fico sotto a lo mantiello,
Azzò che lo mal' uocchio no le pozza.

Und in der achten Ekloge (Urania) heißt es:

Comme staje galante
E comme staje polito,
Pare no signoriello;
Ecco na fico sott' a lo mantiello.

Es bedeutet aber diese Gebärde eine als Spott beabsichtigte und daher zur Abwehr der Faszination sehr passende Vorstellung des cunnus*; dieser heißt nun im gewöhnlichen Italienisch unter anderem auch fica, woher die Bezeichnung der in Rede stehenden Gebärde durch die Redensart far la fica. Letzteres Wort ist seiner

* Dieser wird auch sonst auf ähnliche Weise abgebildet; so besteht z. B. das Zeichen desselben, Ioni genannt, welches, so wie das Lingam als Symbol des Siva, ebenso als Sinnbild seiner Gemahlin Dêvi oder Bhavanî verehrt und mit Kuhmist auf die Stirn der Priester gezeichnet wird, aus einem offenen Dreieck, in dem sich ein Punkt befindet. Auf ähnliche Weise ist aber der Cunnus auch noch in neuerer Zeit der Welt abgebildet gezeigt worden. Die den numismatischen Kuriositätensammlern wohlbekannten Coselgulden nämlich, welche König August von Polen in den Jahren 1706 und 1707 schlagen ließ, verdanken bekanntlich ihren Ursprung einer Wette desselben mit seiner Geliebten, der Gräfin Cosel, daß er nämlich ihren cunnus auf einer Münze abbilden könne, was sie verneinte. Das Gepräge der Rückseite zeigt nun zwei Schilder, die so gegeneinander gekehrt sind, daß sie eine längliche Öffnung bilden, in deren Mitte ein Punkt ist.

Abstammung nach wahrscheinlich gleichbedeutend mit fico, die Feige, denn so heißt, und zwar im gen. fem. la fico, sowohl die Frucht als auch die angeführte Gebärde, wie bereits oben erwähnt, auch jetzt noch in der Neapolitanischen Mundart; und im älteren gemeinen Italienisch wurden beide Formen promiscue gebraucht; so z. B. bei Bojardo Orl. inam. c. 34 st. 42.

Marfisa il segue, e gridando il minaccia,
Ghiotton dicendo, e ti costerà cara;
Egli (sc. Brunello) si volta, e falli un fico in faccia
ecc.

und ebendas. c. 39. st. 58.

Ella (sc. Marfisa) seguito l'ha sin a quel giorno
E d'impiccarlo sempre lo minaccia;
Ei la beffava ogn'ora con gran scorno,
E cento fiche le havea fatto in faccia.

Auch im Mittellatein übersetzte man den Ausdruck durch facere ficham und facere ficum*, und ebenso bedeutet im Griechischen σῦκον sowohl die Feige als den cunnus (z. B. Aristoph. Pax. v. 1342). Von den Italienern nun nahmen einige andere Völker wahr-

* Ficham facere (it. far le fiche etc.) medium unguem ostendere, signum derisionis et contemtus. Stat. Palav. I. 2. c. 12. p. 85. Ordinatum est quod si aliqua persona contra Dominum Deum nostrum vel Dominam sanctam Mariam ejus matrem vel aliquem ex sanctis per Ecclesiam veneratis Ficham fecerit, pro qualibet vice puniatur et condemnetur in libris quinque.
Ficus facere. Eadem notione. Litt. remiss. anno 1449 in Reg. 180 Chartoph. reg ch. 47. Dictus de Remato cum ambabus suis manibus fecit ficus dicto Sermes eum despectando, dicendo sibi: Je t'en fau la figua et t'en despiege. Siehe Ducange, ed. Henschel s. vv.

scheinlich die erwähnte Gebärde an und übersetzten den italienischen Ausdruck vielleicht aus Unachtsamkeit wegen des Gleichklangs von fica und fico oder des Anstandes halber durch »Feige«; so sagt man im Französischen faire la figue, im Deutschen »die Feige (oder den Daumen) weisen«, im Englischen to give the fico oder to fig; die Portugiesen und Spanier eigneten sich das Wort in seiner unveränderten Form zu, obwohl es so bei ihnen ursprünglich nichts bedeutete und erst durch die Aufnahme eine Bedeutung erhielt; im Spanischen nämlich sagt man hazer la higa (f geht bekanntlich im Spanischen häufig in h über), und im Portugiesischen dar huma figa; und da beide Völker gleichfalls den durch Beschreiung und bösen Blick verursachten Schaden, bei ihnen quebranto genannt, gar sehr fürchten, so hängen sie zur Abwehr desselben, gemäß der, wie wir oben gesehen, bei mehreren Völkern herrschenden Gewohnheit, namentlich den Kindern obszöne Figuren um den Hals, welche sie gleichfalls spanisch higas und portugiesisch figas nennen, weswegen diese Wörter auch geradezu für »Amulett« gebraucht werden; da ferner diese Figuren gewöhnlich aus Gagat, span. azabache, gemacht sind, so bedeutet der Ausdruck azabaches gleichfalls »Amulette«. (Siehe eine Note des Grafen Casa-Valencia zu Don Quijote, parte I, c. 32, Ausgabe von Ideler vol. V, p. 422.) Die Neugriechen hingegen bezeichnen mit ebenso großer Natürlichkeit wie die Italiener die in Rede stehende Gebärde durch den Ausdruck γειλοκοπῶ, zusammengesetzt aus γεῖλος, cunnus, und κοπῶ i. e.

κόπτω, etwa wie auch wir sagen »ein Schnippchen schlagen«.

Wir sehen also, daß der deutsche Ausdruck »die Feige weisen« mit der Figur einer wirklichen Feige nichts zu schaffen hat, wie er aber gleichwohl damit zusammenhängt; so wie andererseits die englischen Redensarten: I do not care a fico und a fig for... »es ist mir ganz gleichgültig, ich kümmere mich nicht im geringsten um...« und die italienische »non vale un fico, es ist keinen Pfifferling wert« gleichfalls nichts mit einer Feige zu tun haben, da diese Frucht namentlich in England zu den ausländischen und daher selteneren und teuerern gehört; vielmehr beziehen sie sich auf die Gebärde fica, welche, wie wir gesehen, im älteren gemeinen Italienisch auch fico hieß; so wie man denn auch im Spanischen die Redensart hat: no dar por una cosa dos higas, wodurch das eben Gesagte auf das deutlichste bestätigt wird.

Es erhellt nun aber aus dem Bisherigen, daß Adelung in seiner Erklärung der in Rede stehenden Redensart sich mehrfach geirrt hat. Er sagt nämlich: »Einem die Feige weisen, d.i. einem mit geballter Faust drohen, ist ein im Oberdeutschen üblicher, vermutlich aus dem Italienischen mostrar oder far le fiche ad uno entlehnter Ausdruck, welcher von der Ähnlichkeit der Faust mit der Frucht des Feigenbaumes hergenommen sein soll. Im Spanischen lautet dieser Ausdruck hazer la higua (l. higa, Adelung hat sich hier durch die bei Carpentier vorkommende, oben erwähnte, altfranzösische Redensart: je t'en fau la figua, die ihm vorschwebte, geirrt), im Französischen faire la figue, und im mittleren Latein bei Carpentier ficham facere und ficus facere, wo es aber auch ein Verhöhnen durch Aufhebung des mittelsten Fingers bedeutet und als eine Injurie verboten wird.« Adelung übersah also bei seiner Erklärung dieser Redensart und Gebärde fast die Hauptsache, nämlich das Durchstecken des Daumens, und weil die so geschlossene Faust dem zu Verhöhnenden natürlich entgegengehalten wird, so faßte er diese Gebärde als eine Drohung, die aber gar nicht darin liegt, ebensowenig wie eine geballte Faust einer Feige ähnlich sieht.

Was nun die oben aus dem Henschelschen Ducange angeführte und von Adelung erwähnte Erklärung der mehrerwähnten Redensart betrifft, deren Worte (medium unguem ostendere) dem Juvenal (10, 53) entlehnt sind, so ist sie entweder gleichfalls unrichtig oder unvollständig; letzteres nämlich, wenn man annehmen will, daß ein bloßes Ausstrecken des Mittelfingers, um jemand zu verhöhnen, gleichfalls durch den Ausdruck ficham facere bezeichnet wurde. Auch diese Gebärde hatte dann gewiß eine, wie wir bereits gesehen, zur Verspottung passende obszöne Bedeutung; denn verpus (im späten Latein »der Mittelfinger«) a verpa dicitur, quia, si solus exeratur, reliquis digitis compressis, referat verpam sive veretrum; v. Vossii Etymol. Ling. Lat. s. v. Verpus. vgl. zu Juvenal l. c. Die Erklärung, welche Ménage in seinem Diction. de la Langue française s. v. figue von dem Ausdruck Juvenals an dieser Stelle (medius unguis) gibt, daß er nämlich la moitié de l'ongle bedeute, ist offenbar unrichtig, so wie auch das Geschichtchen, welches er über den Ursprung der italienischen Redensart far la fica anführt, in *dieser* Beziehung wenigstens durchaus keine Beachtung verdient; wohingegen der Graf Casa-Valencia in der angeführten Note zum Don Quij. viel richtiger sagt: la higa y la idea de la fascinacion nos viene de los Romanos.

Schließlich noch die Bemerkung, daß die oft erwähnte Gebärde zuweilen mit beiden Händen zugleich gemacht wird; daher auch im Italienischen promiscue sowohl far la fica als auch le fiche und im Deutschen »die Feige« und »die Feigen weisen«. Siehe auch das obige Zitat aus Ducange s. v. ficus facere, wo es heißt: cum ambabus suis manibus fecit ficus.

Verzeichnis
der Abkürzungen von Eigennamen

Wir lassen schließlich ein alphabetisches Verzeichnis der im Pentamerone vorkommenden, oft sehr unkennbaren Abkürzungen von Eigennamen nebst deren Erklärungen folgen, indem wir nur noch bemerken, daß auch von diesen Corteses Brief an Messer Uneco eine scherzhafte Zusammenstellung enthält. Eine Schöne nämlich, voll Zorn über einen ihr gemachten Liebesantrag, ruft ihre Freunde und Vettern, die sich in der Nähe aufhalten, mit folgenden Worten herbei: »Zu Hilfe, zu Hilfe, Mase, Masiello, Masone, Masuccio, Micco, Mineco, Menecone, Menechiello, Menecuccio, Miccone, Miccuccio, Titta, Peppo, Millo, Pompeo, Cola, Coluccio, Colello, Rienzo, Renzone, Renzullo, Janne, Janniello, Tonno, Antoniello, Antoniuccio, Antuono, Cicco, Ciccone, Ciccariello, Jacovuccio, Jacovone, Jacoviello, Jacovo.«

Bella für Isabella
Betta f. Elisabetta
Biasillo f. Biaso, Blasius
Cecca, Ceccarella, Ceccuzza } f. Francesca
Cecco, Ceccariello, Cecchitiello, Ceccone, Cicco } f. Francesco

Cienzo
Cenzullo } für Vincenzo
Cenzone
Cenzolla, Fem. von Cenzullo
Cianni f. Giovanni, Johann
Cianna f. Giovanna
Cice f. Beatrice
Cilla } f. Giulia, Julie
Ciulla
Ciullone f. Giulio, Julius
Ciommo, } f. Geronimo, Hieronymus
Ciommetiello
Ciommetella, Fem. des vorhergehenden
Cola f. Nicola
Fonzo f. Alfonso
Ghiacova f. Ghiacoma, Jakobine
Ghiacuccio f. Chiacovo, Jakob
Grazolla f. Grazia
Grazullo f. Grazio
Ghiennarone } f. Gennaro, Januarius
Jennariello
Jacovuccio f. Jacovo, Jakob
Jannuccio f. Giovanni, Johann
Janetella f. Giovanna
Lella } f. Lelia u. dies f. Aurelia u. Angiolella
Lilla
Lise f. Liseo, Eliseo
Lollo f. Gregorio
Luccio f. Lucio, Lucius u. Carluccio, Carlo, Carl
Marchetta, Fem. von Marco, Marcus

Marcuccio f. Marco
Mase f. Tomaso
Meneca
Menechella } f. Dominica
Menecuccio
Micco
Miccone
Minecco } f. Dominico
Meo
Miuccio } f. Bartolomeo
Milla f. Camilla
Millo
Milluccio } f. Camillo
Miuccio, siehe Meo
Nardo
Nardiello } f. Leonardo
Nella f. Antonella
Nora f. Eleonora
Nuccia f. Annuccia, Anna
Nuccio f. Antonuccio und Jannuccio
Nufriello f. Onufriello, Onuphrius
Pascuzza f. Pascadozia
Peppo
Pippo
Peppone
Pone } f. Gioseppo, Joseph
Popa
Puccia } f. Gioseppa
Petrullo f. Pietro
Renzone f. Lorenzo

Rita f. Margherita
Semmone f. Simone
Semmonella, Fem, des vorhergehenden
Titillo } f. Tito, Titus
Tittone }
Tolla f. Vittoria
Tore f. Salvadore
Zeza } f. Lucrezia
Zoza }

Basile-Grimm-Konkordanz

1. Der wilde Mann	36. Tischchen deck dich (I, 218)
2. Der Heidelbeerzweig	76. Die Nelke (II, 64)
3. Pervonto	54a. Hans Dumm (nur in der Urfassung)
4. Vardiello	32. Der gescheite Hans (I, 205) 185. Der arme Junge im Grab (III, 184)
5. Der Floh	85b. Prinzessin mit der Laus (nur in der Urfassung) 71. Sechse kommen durch die ganze Welt (II, 51)
6. Die Aschenkatze	21. Aschenputtel (I, 153)
7. Der Kaufmann	60. Die zwei Brüder (I, 347)
8. Das Ziegengesicht	3. Marienkind (I, 43)
9. Die bezauberte Hirschkuh	60. Die zwei Brüder (I, 347)
10. Die geschundene Alte	(keine Parallele)
11. Petrosinella	12. Rapunzel (I, 97)
12. Verdeprato	88. Das singende springende Löweneckerchen (II, 115)
13. Viola	(keine Parallele)
14. Gagliuso	33a. Der gestiefelte Kater (nur in der Urfassung)
15. Die Schlange	88. Das singende springende Löweneckerchen (II, 115)
16. Die Bärin	65. Allerleirauh (II, 28)
17. Die Taube	12. Rapunzel (I, 97) 113. De beiden Künigeskinner (II, 250)
18. Die Küchenmagd	53. Sneewittchen (I, 300)
19. Das Hängeschloß	88. Das singende springende Löweneckerchen (II, 115)
20. Der Gevatter	61. Das Bürle (II, 9)

21. Cannetella	(keine Parallele)
22. Das Mädchen ohne Hände	31. Das Mädchen ohne Hände (I, 198)
23. Viso	(keine Parallele)
24. Sapia Liccarda	(keine Parallele)
25. Der Mistkäfer	104a. Die treuen Tiere (nur in der Urfassung)
26. Der Knoblauchgarten	67. Die zwölf Jäger (II, 37)
27. Corvetto	126. Ferenand getrü un Ferenand ungetrü (II, 309)
28. Der Dummling	71. Sechse kommen durch die ganze Welt (II, 51)
29. Rosella	113. De beiden Künigeskinner (II, 250)
30. Die drei Feen	13. Die drei Männlein im Walde (I, 103)
31. Der Hahnenstein	104a. Die treuen Tiere (nur in der Urfassung)
32. Die beiden Brüder	(keine Parallele)
33. Die drei Tierbrüder	197. Die Kristallkugel (III, 241)
34. Die sieben Schwarten	14. Die drei Spinnerinnen (I, 110)
35. Der Drache	(keine Parallele)
36. Die drei Kronen	71. Sechse kommen durch die ganze Welt (II, 51)
37. Die beiden Kuchen	24. Frau Holle (I, 168) 135. Die schwarze und die weiße Braut (III, 25) 89. Die Gänsemagd (II, 123)
38 Die sieben Tauben	9. Die zwölf Brüder (I, 81)
39. Der Rabe	6. Der getreue Johannes (I, 64)
40. Bestrafter Hochmut	52. König Drosselbart (I, 295)
41. Die Gans	(keine Parallele)
42. Die Monate	13. Die drei Männlein im Walde (I, 103)

43. Pintosmalto	88. Das singende springende Löweneckerchen (II, 115)
44. Die goldene Wurzel	ebenso
45. Sonne, Mond und Talia	50. Dornröschen (I, 286)
46. Sapia	(keine Parallele)
47. Die fünf Söhne	129. Die vier kunstreichen Brüder (II, 324)
48. Nennillo und Nennella	11. Brüderchen und Schwesterchen (I, 90)
49. Die drei Zitronen	(keine Parallele)

Die Zahlen in Klammern beziehen sich auf die dreibändige Ausgabe der Kinder- und Hausmärchen, gesammelt durch die Brüder Grimm (insel taschenbuch 112/113/114)

Nachwort

Seit eineinhalb Jahrhunderten wachsen die deutschen Kinder mit den Grimmschen Märchen auf. Ein richtiges Märchen, das bleibt für sie ein Leben lang, was sie in früher Jugend vorgelesen oder erzählt bekommen haben. Eigentümlich deutsch kommt ihnen das vor, und älter als alles, was sie später kennenlernen. So war es auch gemeint von den Märchenbrüdern, die versicherten, aus dem Schoße des Volkes selbst vernommen zu haben, was sie getreulich aufgezeichnet hätten, als ein Gut aus grauer Vorzeit.

Ganz so war es freilich nicht gewesen. Als sie Märchen zu sammeln begannen, angeregt durch Clemens Brentano, schauten sie nicht dem Volke aufs Maul, sondern suchten in alter Literatur nach Zeugnissen, die sie dem Freunde mitteilen könnten. Erst später kamen sie mit Erzählerinnen zusammen, deren Herkunft und Bildung sie allerdings eher verschleierten. Sie haben mit dem Gehörten recht frei geschaltet, und wenn auch ihre Absicht gewesen sein mag, durch größere oder geringere Veränderungen dem näher zu kommen, was sie für das Ursprüngliche hielten, so haben sie doch nicht vermeiden können, daß ihre Märchen von Fassung zu Fassung immer kunstvoller wurden; sie haben aus nicht immer sinnreich Überliefertem Literatur gemacht. Aber das haben sie nicht wahrhaben wollen.

Dieser deutsche Märchenton, der die halbe Welt in seinen Bann gezogen hat, war keineswegs von Beginn an da. Er ist das Werk vor allem Wilhelms. Auf uns wirkt er wie ein Stück Natur, das seinen Kunstcharakter kaum mehr erkennen läßt. Aber schon bevor auch nur der erste Band der Kinder- und Hausmärchen erschienen war, bemerkte Achim von Arnim: ›Ich glaube es Euch nimmermehr, selbst wenn Ihr es glaubt, daß die Kindermärchen von Euch so aufgeschrieben sind, wie Ihr sie empfangen habt, der bildende, fortschaffende Trieb ist im Menschen gegen alle Vorsätze siegend und schlechterdings unaustilgbar. Gott schafft und der Mensch, sein Ebenbild, arbeitet an der Fortsetzung seines Werkes.‹ Das hörten die Brüder nicht gern, da ihnen an der strikten Unterscheidung von Natur- und Kunstpoesie gelegen war. Sie glaubten, daß das Volk selbst die Märchen geschaffen habe, und alle ihre Anstrengungen richteten sich darauf, der ursprünglichen Volksschöpfung so nahe wie möglich zu kommen. Was das ›Volk‹ freilich angeht, so galt ihr Eifer weniger ihm selbst in seiner realen Daseinsform als vielmehr ihrer idealtypischen Vorstellung von ihm.

Ihr wichtigstes Modell ist sicherlich Philipp Otto Runges Aufzeichnung des Märchens ›Von den Fischer un syne Fru‹ gewesen, ein Erzeugnis ganz ungewöhnlichen Kunstverstandes, das mit dem berühmt gewordenen, von den Grimms oft erst später eingefügten ›dar was mal eens‹ anhebt. ›Es war einmal‹, so glauben wir seitdem, muß am Anfang des Märchens stehen, das von so weit zurückliegenden Zeiten berichtet, einfach und unanstößig, wenn auch oft grausam.

Indessen können Märchen auch ganz anders erzählt werden, was wir spätestens merken, wenn wir den Sprung von unseren vermeintlichen Kinder- und Hausmärchen zu den Märchen von der Tausendundeinen Nacht wagen. Mag da immer Gemeinsames sein, der trauliche oder betuliche Ton, der Zuschnitt auf das Kindergemüt ist dort nicht zu finden, und die These, auch dort sei das Volk selbst am Werke gewesen, wenn auch ein ganz anderes, wäre mehr als kühn. Und damit beginnen die Schwierigkeiten.

Wie alt ist das Märchen? Die Brüder Grimm selbst haben darüber nichts Genaueres gesagt, aber unter ihrem Einflusse ist seine Entstehung in immer fernere Vorzeit zurückverlegt worden bis hin zu der These, es sei im Neolithikum im östlichen Mittelmeerraum entstanden, Wandergut also, und auch als deutsches Märchen nicht genuin deutsch. Natürlich, je älter man das Märchen macht, desto mehr muß, da Namen nicht überliefert sind, das anonyme Volk ins Spiel kommen. Dem steht ein Satz von Eduard Hoffmann-Krayer entgegen, der sich nach dem Verblassen des Volkstumswahns nicht mehr ganz so radikal ausnimmt: ›Die Volksseele produziert nicht, sie reproduziert.‹ Befreit von einem idealistischen Dichterbilde, stellen sich uns die Widersprüche weniger empfindlich dar. Sobald Literatur nicht mehr allein als das gesehen wird, was Homer oder Virgil, Dante oder Goethe geschaffen haben, steht nichts der Ansicht entgegen, daß der aus vielen Gründen namenlose Erfinder von Märchen eine Individualität gewesen ist, die auf ihre Weise Kunst hervorgebracht hat, bisweilen vielleicht auch für ein anderes Publikum als das Epen oder Gedichte hörende.

Wenn der Weg zum Volk und seiner langen Vergangenheit nicht mehr gegangen werden muß, wird der Weg in die überschaubare Geschichte frei. Brauchen wir nicht länger das uralte Alter, können wir fragen, seit wann wir überhaupt Märchen, die diesen Namen verdienen, kennen. Da zeigt sich, daß die Märchen jung zu sein scheinen und nicht bloß in den Wäldern Germaniens unbekannt waren. Vor dem sechzehnten Jahrhundert ist wenig von ihnen zu bemerken, und nicht viel früher als in der Kreuzzugszeit dürften sie vom Mittelmeerraum über Italien ihren Einzug in Europa gehalten haben.

Zwei Italiener stehen am Beginn dessen, was allenfalls Sammlung genannt werden könnte. Der Venezianer Straparola und der Neapolitaner Basile, nicht zufällig, wenn man sich klarmacht, welche Rolle diese beiden Städte für den Handelsverkehr der Neuzeit besaßen. Die großen Schiffahrtswege von den gegenüberliegenden Küsten führten hierhin oder dahin. Und mit den Schiffen scheinen auch die Märchen gekommen zu sein. Wo Straparola wirkliche Märchen erzählt, hat er sie nie aus der Literatur, sondern er hat sie gehört, hat sie erzählen gehört. Nicht anders so viele Jahrzehnte später Giambattista Basile, dessen ›Märchen aller Märchen‹ nicht nur der erste Höhepunkt des europäischen Märchens, sondern der Höhepunkt dieses Märchens überhaupt ist.

Über Basiles Leben sind wir nicht sonderlich gut informiert. Sein Geburtsdatum (wohl 1575) ist so unsicher wie sein Bildungsgang. Er hat ganz Italien durchstreift und ist dann wie so viele seinesgleichen in die Militärdienste Venedigs getreten, etwa im Alter von dreißig Jahren. Glaubt man seinen Worten, so hat er an Neapel über das gewohnte Maß hinaus gehangen; er hat es aber auch besser gekannt und erforscht, ihm für seine Schriftstellerei mehr verdankt als andere: ›Jetzt muß ich dich, mein geliebtes Neapel, verlassen, wer weiß, ob ich euch je wiedersehen werde, ihr Ziegeln von Zucker, ihr Mauern von Marzipan! Wo die Steine von wirklichem Manna, die Balken von Zuckerrohr, die Türen und Fenster von Blätterkuchen sind!‹

Von Venedig aus wird er auf Kreta und Korfu eingesetzt, die beide damals zu Venedig gehörten. Er lernt Griechenland kennen und kehrt schließlich 1608 nach Neapel zurück. 1609 veröffentlicht er seine ersten Gedichte. Von 1612 bis 1613 dient er am Hofe Ferdinando Gonzagas in Mantua und geht dann wieder in seine Heimat zurück, wo er im Verwaltungsdienst als *governatore regio* beschäftigt wird. Die Höfe, meist kleine, wechselt er häufig. Sein vorletzter Gönner ist der Herzog von Alba, von 1622–1629 Vizekönig von Neapel, sein letzter Galeazzo Pinelli. Am 23. Februar 1632 stirbt er unerwartet.

Er hat als Gelegenheitsdichter gearbeitet, als Hofpoet, immer in den Grenzen des Üblichen, Eklogen verfaßt und Schäferdichtungen, eine Versfassung von Heliodors ›Äthiopischen Geschichten‹, die wenig früher Cervantes zu seinem ›Persiles‹ angeregt hatten. Das alles ist vergessen. Aber im Jahre 1615 geschieht etwas Entscheidendes. Sein Jugendfreund Giulio Cesare Cortese löst sich von dem Zwange der toskanischen Literatursprache und bedient sich für seine ›Vaiasseide‹ des neapolitanischen Dialekts, der bis dahin allenfalls auf dem Theater eine geringe Rolle gespielt hatte. Cortese war ein Mann voller Selbstgefühl, der sich mit der literarischen Vorherrschaft der Florentiner nicht abfinden mochte. Zur selben Zeit begann auch Basile sich des Dialekts zu bedienen, wenn auch radikaler als Cortese. Er suchte sich, sagt Benedetto Croce, ›seine Wörter und Sätze bei dem niedersten Volke‹. Ob er dort auch seine Märchen gehört hat, weiß niemand, nicht einmal, ob er sie alle aus Neapel selbst hat. Genausogut können ihm einige aus Venedig oder den Inseln zugekommen sein. Seine Anleihen bei Straparola, mit dem er formal nicht das geringste zu tun hat, sind jedenfalls sehr gering.

Wir wissen auch nicht, wann er mit dem ›Märchen aller Märchen‹ begonnen hat, vermutlich aber schon vor den zwanziger Jahren. Man hat das daraus geschlossen, daß Quevedo, der sich von 1616–1620 in Neapel aufgehalten hat und wie Basile Mitglied der *Accademia degli Oziosi* war, im Jahre 1626 einige Prosaseiten mit dem Titel ›El cuento de los cuentos‹ verfaßt hat, der nur von Basile stammen konnte. Die letzte Hand an sein Werk hat Basile nie gelegt; es ist erst nach seinem Tode veröffentlicht worden, als ›Pentamerone‹, und das nicht ohne Grund.

Hat das ›Märchen aller Märchen‹ auf der einen Seite seinen geschichtlichen Ort als Märchenwerk, das nicht nur in Italien, sondern auch in Deutschland weitergewirkt hat, bei Wieland und vor allem bei Brentano, der für seine ›Italienischen Märchen‹ daraus geschöpft hat – und das war derselbe Brentano, der mit seiner festen Vorstellung vom Märchen als Kunstform die Brüder Grimm zum Sammeln anregte –, so hat es auf der andern Seite seinen Platz in der Geschichte der italienischen Erzählliteratur, indem dieser ›Pentamerone‹ eine Entwicklung beschließt, die Boccaccio mit seinem ›Decamerone‹ eröffnet hatte. Der ›cunto de li cunti‹ ist ein Anti-Dekameron.

Während sich bei Boccaccio sieben Frauen und drei Männer zur Zeit der großen Pest in einer Kirche verabreden, sich die Zeit mit Geschichtenerzählen zu vertreiben, Frauen und Männer, die sich allesamt als schön und edel erweisen, auch wenn ihre Geschichten von dem einen oder anderen für frivol gehalten werden, kommt bei Basile eine Gruppe monströs häßlicher Weiber zusammen: die lahme Zeza, die krumme Cecca, die kropfige Meneca, die großnäsige Tolla, die bucklige Popa, die geifernde Antonella, die breitmäulige Ciulla, die schiefmäulige Paola, die grindige Ciommetella und die stumpfnäsige Ghiacova. Nur der Prinz Thaddäus und seine spätere Frau Zoza, um derentwillen der Pentamerone veranstaltet wird, sind schön wie die Protagonisten der hohen Literatur seit eh und je.

Bei Boccaccio ist der Rahmen nichts weiter als das Vehikel, die hundert unterschiedlichen Erzählungen zusammenzuhalten; bei Basile dagegen schließen sich Anfang und Ende zusammen, da die letzte Geschichte, die Geschichte Zozas, an den Beginn anknüpft und die fünfzig Märchen keine andere Funktion haben, als Zoza an ihr Ziel zu bringen: die Hochzeit mit Thaddäus, so wie die Märchen aus Tausendundeiner Nacht von Schehrezâd genutzt werden, den Kalifen Harûn er-Raschîd von seinen Tötungsabsichten abzuhalten und ihn endlich zu gewinnen.

Formal schließt sich Basile eng an sein Vorbild, aber nicht nur daß er an die Stelle von Geschichten Märchen setzt, nicht nur daß er die toskanische Literatursprache durch seinen Dialekt ersetzt hat, die Art der Mitteilung selbst könnte nicht unterschiedlicher sein. Dennoch hat er nirgends den Anspruch, was er schreibe, sei auch hohe Literatur, verraten. Diese Märchen sind keine Kindergeschichten, sie bewegen sich trotz ihrer gewollten Derbheit immer in einer Welt, die ohne klassische Bildung, ohne die Tradition antiker und italienischer Poesie nicht verstanden werden kann. Sie sind allem Anschein zuwider selbstverständlich Bildungsdichtung.

Für Basile sind Märchen nicht eine eigene, etwa unterliterarische Gattung, eine ›einfache Form‹ im Gegensatz zur hohen, sondern sie sind schlicht und recht Literatur, in die wie stets problemlos andere, ältere Literatur eingehen kann. So undenkbar in den Kinder- und Hausmärchen ›Zitate‹ wären, so selbstverständlich sind sie im ›Märchen aller Märchen‹, das wimmelt von Anspielungen auf Homer und Virgil und

Ovid, aber auch den klassischen Italienern einen unübersehbaren Platz einräumt. Diese Märchen fügen sich durch die Aufnahme von tradiertem Literaturgut selbst der literarischen Tradition ein, es spielt in ihnen die europäische Tradition eine Rolle vergleichbar etwa der, die der Koran in Tausendundeiner Nacht spielt.

Ihre Anziehung verdanken sie einer Art Schwarz-Weiß-Malerei, in der die Kontraste aufs schärfste herausgearbeitet sind, so daß auf eine Metaphernflut im üppigsten poetischen Stile des späten Manierismus unmittelbar unverstellte Vulgarismen stoßen, ebenso wie Tag und Nacht, Glück und Schmerz, Schön und Häßlich so gegeneinandergesetzt sind, daß es ohne gewollten Schock nicht abgeht. Die Technik Basiles besteht darin, das Häßliche etwa mit einer Leidenschaftlichkeit zu schildern, daß es dem Schönen in nichts nachsteht. Wenn er die Häßlichkeit alter Weiber benennt: ›schiefe, borstige Brauen, dicke, senkrechte Augenlider, welke, verdrehte Augen, gelbsüchtige, faltige Gesichter, einen aufgesperrten, verzogenen Mund und kurzum Bärte wie Kälber, eine haarige Brust, bucklige Schultern, welke Arme, verdrehte, wankende Säbelbeine und krumme Füße‹, dann bedient er sich der Technik des Antipetrarkismus, in der Francisco Berni seine wurstfingrige Schöne besungen hatte.

Geht es aber um eine Schöne, dann reihen sich die Metaphern auf ganz ähnliche Weise: ›er erblickte die Blume der Frauen, das Wunder der Schönheit, den Spiegel und Augapfel der Venus, den reizendsten

Zauber Amors, erblickte ein Püppchen, ein liebliches Täubchen, eine Fata Morgana, ein herrliches Gemälde, ein goldenes Geschmeide, erblickte eine Herzensjägerin, ein Falkenauge, einen Vollmond, ein Taubenmäulchen, einen Bissen für einen König, ein wahres Juwel.‹ Die Üppigkeit der Reihungen ist gleichzeitig schwelgerisch und ironisch, das Übermaß zeigt an, daß alles gesagt werden könnte, und führt wieder auf den Kern zurück. Basile nimmt seine Märchen nicht sonderlich ernst, er spielt mit ihnen, wenn auch so kunstvoll wie möglich.

Man kann sehen, wie die triadische Reihung sein bevorzugtes Stilmittel ist, gleichgültig, ob es sich um einen entblößten Hintern handelt, um ein Fratzengesicht oder um eine angebetete Schöne. Wo ihm die Triade nicht genügt, fährt er immer weiter fort bis zu Endlosreihungen, in denen etwa seitenlang immer ein Sprichwort an das andere gefügt wird – im Angesicht des Todes, wohlgemerkt.

Allen Lesern sind die unendlich wechselnden Metaphern für den Morgen und den Abend aufgefallen, die genauso in gewohnten Bahnen gehen können, wie sie Neuland erobern. In solchen Alltagsmetaphern schüttet die Nacht ihre schwarzen Kleider aus, um sie vor den Motten zu bewahren – das heißt, es wird Tag –, oder Aurora breitet ihre rote Bettdecke zum Fenster des Ostens hinaus, um die Flöhe auszuschütteln. So kann die Sonne die Stoppelfelder des Himmels in Brand stecken oder den Laden ihrer Strahlen schließen und der Dunkelheit kein Licht mehr verkaufen. Diese letzte Metapher lenkt jedoch die Aufmerksamkeit auf ein Gebiet, das Basile ganz eigen zu sein scheint: zu Metaphern aus dem Bank- und Handelswesen. Von der Bank der Sterne ist die Rede, von der Hauptbank echter Schönheitskapitalien, von der Börse des Mundes, von der Auktion der Jahre, Liebeskonten werden saldiert, die Bank der Schönheit ist bankrott, der Schlaf stellt Schuldforderungen und erhebt Steuern.

Dahin gehören auch Metaphern wie die vom Zollhaus des Todes, dem Privilegienarchiv der Natur, dem Gerichtshof des Himmels, dem Sitzungszimmer der Nachsicht und all die Reihungen, in denen von Verzeichnissen, Registern, Vorratshäusern, Magazinen, von Protokollen, Archiven, Generalregistern und so viel Verwandtem die Rede ist. Die wirkliche Welt des Frühkapitalismus mit ihren rechtlichen und ökonomischen Formalien hat durch Basile Einzug in die Bildersprache der Literatur gefunden. Sie bietet sozusagen dem Märchen Paroli, verwandelt den fremden, fabelhaften Stoff in Geschichten, die nicht länger in unbekannten Ländern oder fremder Natur spielen, sondern auf den Straßen von Neapel.

Gewiß, da sind die zahllosen Königreiche, da ist auch das Bauernland, aber im Grundton sind Basiles Märchen städtisch und auch darin verschieden von den Märchen der Brüder Grimm. Wie diese dagegen erzählen sie von Entbehrtem, von reichlichem Essen und Trinken, von viel Geld und von sehr schönen Frauen und davon, daß das Erringenswerte mit menschlichen Kräften von der Mehrzahl der Menschen nicht errungen werden kann. Sie leben von der Existenz einer nicht realen Welt mitten in der realen, die ihrerseits nirgends verdeckt wird.

Es macht für die Absicht Basiles keinen Unterschied, ob er vom Falken der Seele und der Wachtel des Schmerzes spricht, vom Buch des Herzens, der Sterne, der Seele und der Anmut, oder ob er sich der drastischsten Metaphern aus der Sexualspähre bedient, wo er ganz eindeutig und entgegen aller Erwartung ein junges Mädchen als Rose ohne Stachel bezeichnet (es hat sich als Junge verkleidet) – und das ist erst der Anfang zahlloser Wortspiele, die alle das Gleiche meinen – oder wo er, Messer und Penis in eins setzend, die beiden als Instrument des Todes und des Lebens anführt. An Skatologischem ist das ›Märchen aller Märchen‹ auffällig reich, gleich von Beginn an, wo die Bettlerin aus Wut, daß man ihr den Topf zerschlagen hat, den Rock lüpft.

Es ist aber nicht nur durch Wendungen des Volkes der Bezug zum Alltag des Seicento hergestellt. Der Großtürke und die Türkensklavinnen mit ihrer gebrochenen Sprechweise zeugen davon. Entscheidender, in literarischer Hinsicht, ist das Motiv der Melancholie Zozas, durch die alles erst seinen Lauf nimmt, und die Kritik am Hofleben, die nicht nur eigene Erfahrungen widerspiegelt, sondern ein Thema aufnimmt, das hundert Jahre zuvor seine berühmteste Formulierung in Guevaras ›Menosprecio de corte y alabanza de aldea‹ gefunden hat. ›Haltet euch fern – kann er sagen – von den Vornehmen; denn die Liebe der Hohen ist des

Morgens rot, des Abends tot, darum räumet lieber Abtritte aus, als daß ihr bei Hofe dienet, wo alle Dienste unfruchtbar, alle Pläne erfolglos und alle Hoffnungen leer sind, wo man schwitzt unbemitleidet, läuft ohne Erholung, zu Bett geht ohne Licht, schläft ohne Ruhe und ißt ohne Behagen.‹

Solche Sprache kennen unsere Märchen nicht, aber wenn wir Basile lesen, lesen wir gleichzeitig unsere Kinder- und Hausmärchen. Nicht wegen des ›es war einmal‹, das bei Basile wohl zum ersten Mal vorkommt, sondern der Märchen selbst wegen, die fast alle gänzlich oder in Stücken in unserer altvertrauten Sammlung wiedererscheinen. Diesen Zusammenhang kann man sich bei gutem Willen nur durch Wanderung erklären, aber nicht mehr so wie die Brüder Grimm und ihre Nachfolger bis hin zur Finnischen Schule durch uralte Erzählstoffe, die längst in Deutschland verbreitet waren und in literarischer Form auch Italien erreicht hätten, sondern durch Wanderung fast gleichzeitig mit ihrer literarischen Fassung oder danach.

Wenn wir das Märchen von Petrosinella mit dem vom Rapunzel vergleichen, müssen wir uns klarmachen, wie stark die Brüder Grimm in den eigenen Text eingegriffen haben. In der ersten Fassung spricht Rapunzel noch: ›Sag Sie mir doch, Frau Gothel, meine Kleiderchen werden mir so eng und wollen nicht mehr passen.‹ Das schien für Kinder nicht züchtig genug, und so verriet sich später Rapunzel durch die Bemerkung, daß die Hexe so viel schwerer hochzuziehen sei als der junge Königssohn. Jacob Grimm hat in seinem Vorwort zu Liebrechts Übersetzung, das die reine Distanzierung ist, beklagt, daß Liebrecht nicht alles Anstößige niedergehalten habe, und bemerkt, daß ›wir andere Begriffe von Anstand hinzubringen‹, Begriffe einer ungewöhnlich prüden und heuchlerischen Zeit, die kaum klare Vorstellungen von dem hatte, was die Phantasie von Kindern beschäftigt.

Wo es bei den Grimms heißt: ›Wenn sie nun die Stimme der Zauberin vernahm, so band sie ihre Zöpfe los, wickelte sie oben um einen Fensterhaken, und dann fielen die Haar zwanzig Ellen tief herunter, und die Zauberin stieg daran hinauf‹, steht bei Basile: ›Dort nun wurde Petrosinella von der Hexe in einen von ihr hervorgezauberten Turm gesperrt, der weder Türen noch Treppen und nur ein Fensterchen hatte, durch welches die Hexe vermittels der überaus langen Haare Petrosinellas wie ein Matrose auf den Wanten hinauf- und hinabzusteigen pflegte‹. Daß es sich um einen ›Liebeshandel‹ handelt und daß der Prinz in reichem Maß von jener »Petersilienbrühe Amors« genoß, Basile braucht das nicht zu verschweigen.

Märchen, kann man daraus lernen, sind nicht zeitlos; sie haben immer die Farbe der Zeit, in der sie aufgezeichnet worden sind, auf die künstliche Weise von Basile oder den Brüdern Grimm oder auf die kunstlosere neuerer Sammler, die Feldforschung betreiben. Ganz sicherlich haben die Brüder Grimm, ihren Vorurteilen und dem Restaurationscharakter ihrer Zeit entsprechend, aus den ihnen bekanntgewordenen Märchen etwas sehr Eigenes und Unvergleichliches gemacht, aber die Form, die sie den Märchen gegeben haben, muß nicht die einzige sein und ist nicht die einzige. Basile hat anderes aus ihnen gemacht, bevor es eine Volkskunde gab. Daß wir ihn so lesen können, wie wir ihn haben, verdanken wir freilich doch wieder der Volkskunde, einem ihrer frühen Anhänger.

Felix Liebrecht war angeregt worden durch die Anmerkungen zu den Kinder- und Hausmärchen, in denen der Ruhm Basiles erklang. Er ist der erste gewesen, der eine Übersetzung des ›Märchen aller Märchen‹ gefertigt hat, die das Original wiedererkennen läßt. Andere sind ihm gefolgt, in anderen Sprachen, aber wohl nur Croces Übersetzung ins Italienische kann es mit ihm aufnehmen. Sie ist die genauere und zuverlässigere, aber selbst dort, wo Liebrecht geirrt hat, bleibt er Basile näher als Spätere. Er war, wie seine Anmerkungen zeigen, ein rechter Zettelkastenmann und gilt in seinem Fache nur noch wenig, was nicht ganz gerecht erscheint. Er hat zwar lange in Breslau, München und Berlin studiert, aber nie ein Examen abgelegt. Alexander von Humboldt hat sich seiner angenommen und ihm schließlich eine Stelle in Lüttich verschafft, wo er wenige Jahre nach der Veröffentlichung seiner Basile-Übersetzung von 1849–1867 deutsche Literatur gelehrt hat. Im Alter vom 78 Jahren ist er 1890 gestorben.

Walter Boehlich

Inhalt

FÜNFTER TAG

Das Märchen aller Märchen (Lo cunto de li cunti) von Giambattista Basile (1575–1632) erschien erstmals in den Jahren 1634–1636. Der Titel *Der Pentamerone,* der seit der Ausgabe von 1674 gebraucht wurde, bezieht sich auf die Einteilung der Sammlung in fünf Tage, stammt aber nicht von Basile.

»Hat das *Märchen aller Märchen* auf der einen Seite seinen geschichtlichen Ort als Märchenwerk, das nicht nur in Italien, sondern auch in Deutschland weitergewirkt hat, bei Wieland und vor allem bei Brentano, der für seine *Italienischen Märchen* daraus geschöpft hat, so hat es auf der andern Seite seinen Platz in der Geschichte der italienischen Erzählliteratur, indem dieser *Pentamerone* eine Entwicklung beschließt, die Boccaccio mit seinem *Decamerone* eröffnet hatte. Der *cunto de li cunti* ist ein Anti-Dekameron.

Während sich bei Boccaccio sieben Frauen und drei Männer in einer Kirche während der Pestzeit verabreden, sich die Zeit mit Geschichtenerzählen zu vertreiben, Frauen und Männer, die sich allesamt als schön und edel erweisen, auch wenn ihre Geschichten von dem einen oder anderen für frivol gehalten werden, kommt bei Basile eine Gruppe monströs häßlicher Weiber zusammen. Nur der Prinz Thaddäus und seine spätere Frau Zoza, um derentwillen der Pentamerone veranstaltet wird, sind schön wie die Protagonisten der hohen Literatur seit eh und je.

Bei Boccaccio ist der Rahmen nichts weiter als das Vehikel, die hundert unterschiedlichen Erzählungen zusammenzuhalten; bei Basile dagegen schließen sich Anfang und Ende zusammen, da die letzte Geschichte, die Geschichte Zozas, an den Beginn anknüpft und die fünfzig Märchen keine andere Funktion haben, als Zoza an ihr Ziel zu bringen: die Hochzeit mit Thaddäus, so wie die Märchen aus Tausendundeiner Nacht von Schehrezâd genutzt werden, den Kalifen Harûn er-Raschîd von seinen Tötungsabsichten abzuhalten und ihn endlich zu gewinnen.« Walter Boehlich

insel taschenbuch 354

Basile

Das Märchen aller Märchen

GIAMBATTISTA BASILE
DAS MÄRCHEN ALLER MÄRCHEN

›Der Pentamerone‹

Erster Tag
Deutsch von Felix Liebrecht
Herausgegeben und mit einem Nachwort versehen von Walter Boehlich
Insel Verlag

Die Illustrationen sind der Ausgabe von 1794 (Neapel) entnommen.
Die Vorlagen stellte freundlicherweise
die Österreichische Nationalbibliothek in Wien zur Verfügung.

insel taschenbuch 354
Erste Auflage 1982

Vertrieb durch den Suhrkamp Taschenbuch Verlag
Umschlag nach Entwürfen von Willy Fleckhaus
Satz: Fotosatz Otto Gutfreund, Darmstadt
Druck: Nomos Verlagsgesellschaft, Baden-Baden
Printed in Germany

ERSTER TAG

EINLEITUNG

Es ist ein bewährtes Sprichwort von altem Schrot und Korn, daß, wer da sucht, was er nicht soll, findet, was er nicht will, und gleichermaßen, daß, wer andern eine Grube gräbt, selbst hineinfällt. So erging es auch einer zerlumpten Mohrensklavin, welche nie Schuhe an den Füßen gehabt hatte und eine Krone auf dem Kopfe tragen wollte; da nun aber doch der gerade Weg der beste ist und man endlich für alle Dinge einmal büßen muß, so geschah es zuletzt, daß die Sklavin, weil sie auf ungerechtem Wege sich das, was ihr nicht zukam, angemaßt hatte, dafür hart gestraft wurde und, je höher sie gestiegen war, desto tiefer hinabstürzte, wie hier sogleich erzählt werden soll.

Es war nämlich einmal ein König von Buschtal, welcher eine Tochter namens Zoza hatte, die man, gleich einem zweiten Zoroaster oder Heraklit, niemals lachen sah, weswegen der traurige Vater, der keine andere Freude auf Erden besaß als dieses sein einziges Kind, nichts unversucht ließ, um ihren Trübsinn zu verbannen, und um sie aufzuheitern, bald Seiltänzer, bald Reifenspringer, bald Gaukler, bald Hanswürste, bald Taschenspieler, bald starke Herkulesse, bald Hunde, welche Kunststücke machten, bald Esel, die aus Gläsern tranken, bald Tänzer, bald das, bald jenes kommen ließ. Es war aber alles umsonst; denn selbst nicht das Rezept eines Wunderdoktors, noch das sardinische Kraut, noch ein Stich in den Unterleib hätte sie dazu bringen können, auch nur ein klein wenig den Mund zum Lächeln zu verziehen, so daß der arme Vater, der nun gar nicht mehr wußte, was er tun sollte, um noch den letzten Versuch zu machen, vor dem Tor seines Palastes einen Springbrunnen von Öl in der Absicht errichten ließ, damit die Leute, welche in großer Menge gleich einem Ameisengewühl dort vorüberzuwimmeln pflegten, genötigt wären, um sich nicht die Kleider durch das emporspritzende Öl zu beflecken, wie die Heuschrecken zu hüpfen, wie die Böcke zu springen und wie die Hasen zu rennen, und damit auf diese Weise bei dem Gleiten und Stoßen und Drängen derselben sich vielleicht etwas zutragen möchte, worüber die Prinzessin zu lachen anfinge.

Als nun dieser Springbrunnen errichtet war und Zoza eines Tages so sauer wie Essig aussehend am Fenster stand, kam eine alte Frau herbei, welche sich mit einem Schwamm, den sie in das Öl tauchte, ein mitgebrachtes Töpfchen vollfüllte. Während aber die pfiffige Alte dies mit der größten Geschäftigkeit tat, warf ein mutwilliger Hofpage sie mit einem Steine und zielte so genau, daß er gerade den Topf traf und ihn in tausend Scherben zerschmiß, weswegen die alte Frau, welche keinen Spaß verstand und Haare auf den Zähnen hatte, sich sogleich gegen den Pagen hinwandte und ihm zurief: »Schmutzfinke, Laffe, Dreckpeter, Bettpisser, Bocksnarr, Hundejunge, Galgenstrick, Maulesel, schwindsüchtiger Klapperbein, auf dem sogar die Flöhe den Husten haben, wenn dich doch die Pestilenz holte; wenn doch deine Mutter von dir nichts als Böses hören möchte, so daß ihr grün und blau vor den Augen würde; wenn du doch zwei Fuß kaltes Eisen usw. in den Leib bekämst oder auch ein hänfnes Halsband um den Nacken, damit ja kein Tropfen deines Blutes verlorengehe; hol dich alle tausend Schwerenot mit allem, was drum und dran hängt, und das lieber heut als morgen, so daß du mit Stumpf und Stiel ausgerottet werdest, du Schelm, du Lump, du Hurensohn, du Gaudieb!«

Der junge Fant, der noch wenig Bart und noch viel weniger Klugheit besaß und diesen Strom von Schimpfreden vernahm, bezahlte sie mit gleicher Münze und sagte: »Wird sie nicht bald aufhören, alte Vettel, Großmutter des Teufels, Höllengabel, Kinderwürgerin, alte Sau, Schweineliese?« Die Alte, welche sich so derbe Dinge sagen hörte, wurde darüber so zornig, daß sie alle Zügel der Geduld verlor, aus dem Stalle der Langmut herausstürzte und, sich den Vorhang vor der Hinterbühne aufhebend, die Waldszenerie den Blicken der Zuschauer preisgab, so daß Silvio wohl hätte ausrufen können: »Gehet hin und blaset wach die Schläfer«, und auch Zoza, als sie dieses Schauspiels ansichtig ward, wurde von solcher Lachlust ergriffen, daß sie darüber beinahe in Ohnmacht fiel.

Als die Alte sich auf diese Weise traktieren sah, geriet sie in so große Wut, daß sie, mit einem wahrhaften Fratzengesicht zu Zoza gewandt, ihr zurief: »So wünsche ich denn, daß dir nimmer auch nur das geringste Stückchen von einem Ehemann zuteil werde, es sei denn, daß du den Prinzen von Rundfeld bekommst.« Sobald Zoza diese Worte hörte, ließ sie die Alte rufen und wollte durchaus von ihr wissen, ob die Rede derselben eine Verwünschung oder nur eine Schmähung enthalten hätte, worauf die Alte erwiderte: »So wisse denn, daß der Prinz, den ich vorhin erwähnt habe, Thaddäus heißt, wunderschön ist und durch die Verwünschung einer Fee des Lebens beraubt sowie außerhalb der Stadt in ein Grab gelegt worden ist, dessen Steininschrift besagt, daß diejenige Frau, welche in drei Tagen den an dem Orte selbst an einem Haken aufgehängten Krug voll zu weinen vermöchte, den Prinzen wieder ins Leben rufen und zum Ehegemahl nehmen kann. Weil es nun aber unmöglich ist, daß zwei Menschenaugen so viel Wasser zu lassen imstande wären, daß sie einen so großen Krug, der beinahe einen halben Eimer faßt, vollmachen können, außer etwa die der Egeria, welche, wie man sagt, sich zu Rom in eine Tränenquelle verwandelt hat, so habe ich dich, weil ich mich von euch beiden so sehr verspottet und verhöhnt gesehen, auf diese Weise verwünscht und bitte den Himmel, daß er mir für den erduldeten Schimpf diese Rache an dir gewähren möge.«

Nachdem die Alte dies gesagt, eilte sie aus Furcht vor einer Tracht Prügel die Stufen der Treppe hinunter; Zoza aber begann von Stund an auf jede mögliche Weise und immer wieder von neuem über die Worte der Alten nachzudenken, da sie ihr gar sehr in den Kopf gefahren waren und ihr denselben zu einer wahren Gedanken- und Zweifelsmühle hinsichtlich dieses Vorfalls gemacht hatten. Endlich riß sie sich mit einer gewaltsamen Anstrengung aus dieser Geistesverwirrung, welche den Sinn und Verstand des Menschen zu blenden und umdunkeln pflegt, und, nachdem sie einen tiefen Griff in die Goldsäcke des Vaters getan, verließ sie heimlich den Palast und ging immer weiter, bis sie an das Schloß einer Fee gelangte. Vor dieser nun schüttete sie die Bürde ihres Herzens aus, und da die Fee mit einer so schönen Jungfrau, welche durch ihre Jugend und ihre übermächtige Liebe für einen unbekannten Gegenstand wie mit Sporen den größten Gefahren entgegengetrieben wurde, das tiefste Mitleid empfand, so gab sie ihr einen Empfehlungsbrief an eine Schwester, auch eine Fee. Von dieser wurde sie wieder sehr freundlich empfangen, und am darauffolgenden Morgen, um die Zeit, wann die Nacht durch die Vögel ausrufen läßt, ob jemand einen verlorenen Haufen schwarzer Schatten gesehen, denn er solle eine gute Belohnung erhalten, gab sie ihr eine hübsche Walnuß und sagte: »Hebe diese

Nuß sorgfältig auf und öffne sie nur in der größten Not«; zugleich empfahl sie die Prinzessin an eine andere Schwester, bei welcher sie denn auch nach langer Reise anlangte und mit gleicher Liebe empfangen wurde. Auch von dieser erhielt sie am darauffolgenden Morgen einen Brief und eine Kastanie nebst derselben Ermahnung, die sie mit der Nuß bekommen. Nachdem sie wiederum lange gegangen war, kam sie bei dem Schloß der Fee an, welche ihr tausendfache Freundlichkeit erwies und den nächsten Morgen der Prinzessin, als sie Abschied nahm, eine Haselnuß mit derselben Warnung, sie nie zu öffnen, einhändigte, es sei denn, daß die größte Not sie dazu dränge.

Mit diesen Geschenken nun machte Zoza sich so schnell als sie konnte auf den Weg und durchreiste so viele Länder und durchzog so viele Wälder und Flüsse, daß sie nach sieben Jahren, gerade um die Tageszeit, wann die Sonne, von den Trompeten der Hähne aufgeweckt, gesattelt hat, um die gewöhnlichen Stationen zu durchreiten, fast lahm in Rundfeld anlangte. Vor ihrem Eintritt in die Stadt aber erblickte sie ein Marmorgrab und daneben einen Springbrunnen, welcher aus Kummer darüber, sich in einem Gefängnis aus Porphyr zu sehen, helle Kristalltränen vergoß. Die Prinzessin nahm den Krug, der dort aufgehängt war, herab, und nachdem sie sich denselben auf den Schoß gesetzt, fing sie an, mit der Quelle um die Wette zu weinen. Da sie nun niemals ihre Augen von der Öffnung des Kruges wegwandte, so war er in weniger als zwei Tagen schon bis zu zwei Finger in den Hals hinauf voll geworden, so daß nur noch andere zwei Finger fehlten und er war angeschwippt bis an den Rand. Jedoch von so vielem Weinen ermüdet, wurde sie wider Willen vom Schlafe überwältigt, so daß sie sich gezwungen sah, ein paar Stunden lang unter dem Zelt der Augenlider zuzubringen.

Eine verschmitzte Mohrensklavin jedoch, welche oft mit einem Fasse zu dem Springbrunnen nach Wasser kam, den Inhalt der Grabschrift auch sehr genau kannte, da man überall davon redete, und Zoza immer so sehr weinen sah, als wenn sie in einem fort zwei Tränenbäche ausströmte, beobachtete sie stets auf das Genaueste und wartete ab, bis der Krug voll genug wäre, um den nötigen Rest dann selbst betrüglicher Weise hinzuzuweinen und so die Prinzessin auf dem Trocknen sitzen zu lassen. Als sie sie daher jetzt eingeschlafen sah, machte sie sich die günstige Gelegenheit zunutz, stibitzte ihr geschickt den Krug fort und, die Augen darüber haltend, füllte sie ihn in eins, zwei, drei bis oben hinauf; und kaum hatte das Tränenwasser den Rand erreicht, als auch der Prinz, wie aus tiefem Schlaf erwachend, aus dem Sarg von weißem Marmor emporstieg, jene schwarze Fleischmasse ergriff, sie in seinen Palast trug und unter großen Festen und Feuerwerken sich mit ihr vermählte.

Zoza aber, sobald sie erwachte und den Krug und zugleich mit demselben auch ihre Hoffnungen verschwunden sowie den Sarg geöffnet sah, fühlte sich das Herz so zusammengepreßt, daß sie nahe daran war, die Bürde der Seele am Zollhause des Todes abzulegen.

Zuletzt jedoch, als sie wahrnahm, daß das Geschehene nicht ungeschehen gemacht werden und sie keinen andern als ihre eigenen Augen anklagen konnte, welche das Schäfchen ihrer Hoffnung schlecht gehütet hatten, begab sie sich langsamen Schrittes in die Stadt, und nachdem sie daselbst von dem Hochzeitsfeste des Prinzen und des herrlichen Weibsbildes, das er geheiratet, Kenntnis erlangt, fiel ihr sogleich ein, wie die Sache sich wohl verhalten mochte, und seufzend sagte sie zu sich selbst, daß zwei unselige Dinge schuld ihres Unglücks wären, der Schlaf nämlich und eine Mohrensklavin.

Um jedoch alles mögliche gegen den Tod zu versuchen, gegen den jedes Geschöpf, soviel es nur irgend kann, sich zu schützen bemüht ist, mietete sie ein schönes Haus geradeüber dem Palast des Prinzen, von wo sie, wenn sie den Abgott ihres Herzens selbst nicht sehen konnte, wenigstens doch die Mauern betrachtete, welche das von ihr so ersehnte Gut einschlossen. Als sie indes eines Tages von Thaddäus, der einer Fledermaus gleich stets die schwarze Nacht der Mohrensklavin umflog, erblickt worden war, wurde dieser gleichsam zum Adler, indem er seine Augen unverwandt auf die Gestalt Zozas gerichtet hielt, die ihm wie das Privilegienarchiv der Natur, wie ein Modell aller Schönheitsregeln erschien. Sobald die Mohrin dies wahrnahm, gebärdete sie sich wie besessen, und da sie schon von Thaddäus schwanger war, drohte sie ihm, indem sie sagte: »Wenn du nicht vom Fenster gehen, ich mir mit der Faust in den Leib schlagen und kleinen Georg prügeln.« Thaddäus, welcher seinen Sprößling sehnlichst erwartete, zitterte wie Espenlaub, um ihr nur ja keinen Verdruß zu machen, und riß, gleich als wäre es die Seele aus seinem Leibe, so sich selbst von dem Anschaun Zozas los.

Als diese nun auch diese geringe Stütze ihrer schwachen Hoffnung sich entzogen sah und nicht wußte, was sie in dieser äußersten Not anfangen sollte, erinnerte sie sich der Geschenke der Feen und öffnete zuerst die Walnuß, aus welcher alsbald ein Zwerglein klein und niedlich wie ein Püppchen heraussprang, das artigste Dingelchen, das man je in der ganzen Welt gesehen. Es setzte sich hierauf auf das Fenster und fing an mit so vielen Figuren, Trillern und Läufern zu singen, daß es die größten Sänger übertraf und sogar die Königin der Vögel hinter sich ließ. Indem aber die Mohrin zufällig das Zwerglein sah und hörte, bekam sie ein so großes Verlangen, es zu besitzen, daß sie sogleich Thaddäus rufen ließ und zu ihm sagte: »Wenn ich jenes Sängerlein nicht bekommen, welches dort trillert, ich mir mit der Faust in den Leib schlagen und kleinen Georg prügeln.« Der Prinz nun, welcher ganz gehörig unter dem Pantoffel jener schwarzen Hexe stand, schickte sogleich zu Zoza und ließ sie fragen, ob sie das Zwerglein verkaufen wollte; sie gab jedoch zur Antwort, daß sie keine Händlerin wäre, daß es jedoch dem Prinzen zu Diensten stände, wenn er es als Geschenk annehmen wollte; und da Thaddäus es sich eifrig angelegen sein ließ, seine Frau bei guter Laune zu erhalten, damit sie glücklich des Kindes genese, so nahm er das Anerbieten an.

Als indes nach vier Tagen Zoza auch die Kastanie geöffnet hatte, flog eine Gluckhenne mit zwölf Küchlein hervor, alle aus purem Golde, und setzte sich mit ihnen auf das nämliche Fenster. Auch diese sah die Mohrin und empfand das größte Gelüste nach ihnen, so daß sie Thaddäus kommen ließ und, die schönen Tierchen ihm zeigend, zu ihm sagte: »Wenn jene Henne nicht bekommen, ich mir mit der Faust in den Leib schlagen und kleinen Georg prügeln«, und Thaddäus, der sich von dieser Betze wie am Gängelband leiten und an der Nase herumführen ließ, schickte hinwiederum zu Zoza und ließ ihr, was sie nur irgend wollte, als Preis für die so schöne Henne anbieten, erhielt jedoch dieselbe Antwort, daß er sie wohl zum Geschenk, aber nimmer und unter keinen Umständen für einen Kaufpreis erhalten würde. Da er nun nicht anders konnte, so mußte er schon seine Bescheidenheit vor der Not schweigen lassen, und indem er das schöne Geschenk ohne irgendeinen Ersatz dafür in Empfang nahm, sich von der Freigebigkeit eines Weibes besiegt erkennen, obwohl doch sonst die Frauen so geizig zu sein pflegen, daß ihnen alle Barren Indiens nicht genügen würden.

Nach wiederum vier Tagen öffnete Zoza nun auch die Haselnuß, aus welcher eine goldspinnende Puppe hervorkam, ein wahrhaft wunderbares Ding, welches nicht sobald an das nämliche Fenster gestellt wurde, als die Mohrin es sogleich bemerkte und zu Thaddäus sagte: »Wenn du mir nicht Puppe verschaffen, ich mir mit der Faust in den Leib schlagen und kleinen Georg prügeln.« Thaddäus, der sich von seinem übermütigen

Weibe herumdrehen ließ wie eine Weife, indem sie ihn gänzlich unterbekommen hatte und mit ihm machte, was sie wollte, brachte es gleichwohl nicht über das Herz, zu Zoza nach der Puppe zu schicken, und ging lieber selbst zu ihr, da er überdies des Sprichwortes eingedenk war: »Der beste Bote bist du selbst« und »Wer da will, gehe, und wer da nicht will, schicke«, sowie des andern: »Wer Fische essen will, fange sie selbst.« Während er nun Zoza höflichst für seine Keckheit wegen der ungehörigen Gelüste einer Schwangern um Verzeihung bat, tat Zoza, welche bei dem Anblick der Ursache aller ihrer Leiden vor Entzücken fast außer sich geriet, sich alle mögliche Gewalt an, selbst zu schweigen und dagegen von ihm sich ja recht lange bitten zu lassen und so die Gegenwart ihres Gebieters, den eine häßliche Mohrin ihr geraubt, länger zu genießen. Endlich jedoch überreichte sie ihm die Puppe, so wie sie es auch mit den andern Dingen getan, nachdem sie indessen vorher erst das Dingelchen gebeten, daß es in der Mohrin die Lust, Geschichten erzählen zu hören, erwecken möchte. Thaddäus, welcher sich im Besitz der Puppe sah, und zwar ohne auch nur einen von den 120 mitgebrachten Karlinen ausgegeben zu haben, fühlte sich von so viel Freundlichkeit wie beschämt und bot Zoza als Vergeltung für so viele Zuvorkommenheit sein Reich und sein Leben an.

In den Palast zurückgekehrt, übergab er die Puppe seiner Frau, und diese hatte sie nicht sobald auf den Schoß gesetzt, um damit zu spielen, als auch die Puppe dieselbe Wirkung hervorbrachte wie einst Amor, als er, unter der Gestalt des Askanius im Schoß der Dido sitzend, ihr das Herz entflammte; denn die Mohrin wurde von einem so heftigen Verlangen, Geschichten erzählen zu hören, ergriffen, daß sie nicht zu widerstehen vermochte und fürchtete, daß es ihr sogleich unrichtig ergehen könnte. Sie rief daher ihren Gemahl und sprach zu ihm: »Wenn nicht Leute kommen und Geschichten erzählen, ich mir mit der Faust in den Leib schlagen und kleinen Georg prügeln.« Thaddäus, um diesen Blutegel zu beschwichtigen, ließ alsbald öffentlich ausrufen, daß alle Frauen seines Landes an einem bestimmten Tage erscheinen sollten, an welchem auch wirklich beim Aufgang des Morgensterns, der Aurora täglich aufweckt, damit sie die Wege, die der Sonnengott zu durchziehen hat, instand setze, alle sich an dem bezeichneten Orte einfanden.

Da Thaddäus aber es für töricht hielt, um einer Grille seiner Frau willen so viel Weibervolk von ihren Beschäftigungen abzuhalten, und ihm außerdem beim Anblick eines so zahlreichen Haufens derselben nicht ganz wohl zumute war, so wählte er bloß zehn von den Besten der Stadt, die ihm die gescheitesten und beredtesten zu sein schienen; dies waren nämlich: die lahme Zeza, die krumme Cecca, die kropfige Meneca, die großnäsige Tolla, die bucklige Popa, die geifernde Antonella, die breitmäulige Ciulla, die schiefmäulige Paola, die grindige Ciommetella und die stumpfnäsige Ghiacova, welche zehn, nachdem die übrigen alle entlassen waren, sich mit der Mohrin, die den Thronhimmel verließ, erhoben und sich ganz gemächlich nach einem Garten begaben, wo die laubreichen Zweige so verschlungen waren, daß die Sonne trotz der Gewalt ihrer Strahlen nicht durchzudringen vermochte, und nachdem sie sich unter einem von Weinlaub gebildeten Zeltdach niedergelassen, mitten unter welchem ein großer Springbrunnen sprudelte, der als Schulmeister der Hofdamen sie alle Tage gehörig im Übersprudeln böser Reden zu unterrichten pflegte, fing Thaddäus also zu reden an:

»Es gibt auf der Welt nichts Herrlicheres, meine hochgeehrten Frauen, als zu vernehmen, wie es andern Leuten geht oder gegangen ist, und nicht ohne guten Grund setzte jener große Philosoph das größte Glück des Menschen in das Anhören schöner Erzählungen; denn indem man seine Aufmerksamkeit angenehmen Dingen zuwendet, verfliegt der Kummer, werden die lästigen Gedanken verbannt und das Leben verlängert. Das Verlangen danach macht also, daß der Handwerker die Werkstätte, der Kaufmann seine Geschäfte, die Rechtsgelehrten ihre Prozesse und die Krämer ihre Läden verlassen, und in den Barbierstuben, und wo sonst Leute auf der Straße zum Plaudern zusammentreten und einander erlogene Neuigkeiten und erdichtete Nachrichten und Zeitungen mitteilen, mit offenem Maule zuhören. Ich muß daher meine Frau entschuldigen, welche sich die seltsame Grille, Geschichten erzählen zu hören, in den Kopf gesetzt hat, und wenn es euch daher gefällig ist, dem Verlangen der Prinzessin Genüge zu leisten und das Ziel meiner Wünsche gerade in der Mitte zu treffen, so möget ihr so freundlich sein, daß, während dieser drei oder vier Tage, die es noch dauern wird, bis sie die Bürde ihres Leibes abgelegt, jede von euch jeden Tag eine solche Geschichte erzähle, wie die alten Weiber sie zur Unterhaltung der kleinen Kinder zu erzählen pflegen, indem ihr euch immer hier an diesem Orte einfindet, wo wir nach eingenommenem, reichlichem Mahle dann den ganzen Tag hindurch schwatzen und am Schlusse desselben jedesmal einige meiner Brotdiebe ein ländliches Zwiegespräch aufführen können; so werden wir unsere Zeit fröhlich und guter Dinge zubringen, indem wir bedenken, daß nach dem Tode doch alles vorbei ist.«

Nach diesen Worten nickten alle der Aufforderung des Thaddäus Beifall zu, und da unterdes die Tische gedeckt und die Speisen aufgetragen waren, so fingen sie an, tüchtig zuzugreifen. Nachdem nun ihr Appetit vollkommen gestillt war, winkte der Prinz der lahmen Zeza, daß sie den Anfang machen sollte, worauf diese sich vor dem Prinzen und dessen Gemahlin auf das tiefste verbeugte und also zu reden anfing.

I

Erster Tag

Erstes Märchen

»DER WILDE MANN«

Anton von Maregliano wird wegen seiner gewaltigen Dummheit von der Mutter aus dem Hause gejagt und tritt in den Dienst eines wilden Mannes. Er will hierauf die Seinigen besuchen und wird von seinem Herrn mehrere Male beschenkt, läßt sich aber immer wieder von einem Gastwirt betrügen. Zuletzt gibt der wilde Mann ihm einen Knittel, welcher Antons Dummheit züchtigt, den Wirt für seine Schelmenstreiche büßen läßt und Antons Vaterhaus mit Reichtümern anfüllt.

Der, welcher gesagt hat, daß Frau Fortuna blind ist, war weiser als Salomo, denn sie macht wahrhaftig Streiche wie ein Blinder und hebt Leute empor, die man aus keinem Bohnenfelde jagen würde; hingegen stürzt sie urplötzlich Personen zu Boden, welche die Blume der Menschheit sind, wie ihr dies sogleich vernehmen werdet.

Es war einmal in Maregliano eine wackere Frau namens Masella, die außer sechs unverheirateten Töchtern, welche lang waren wie die Hopfenstangen, einen so einfältigen, tölpelhaften Sohn hatte, daß ihm sogar der Schnee zu hart war, um einen Schneeball daraus zu machen, und er der wahre Gimpel aller Gimpel schien, weswegen auch kein Tag vorüberging, wo die Mutter nicht zu ihm sagte: »Was machst du denn in unserm Hause, verdammter Schlingel? Pack dich, du Klotz; marschier, du Pinsel; fort mit dir, du Unheilstifter; geh mir aus den Augen, du Bärenhäuter. Denn du bist mir in der Wiege ausgetauscht, und statt eines hübschen Kindchens, Püppchens, Täubchens ist mir ein solcher Dummerjan, ein solcher Einfaltspinsel hineingelegt worden, wie du bist.« Aber mit allen diesen Reden brachte Masella nichts zustande, denn es ging ihm zu einem Ohr hinein und zum andern hinaus.

Da nun die Mutter sah, daß keine Hoffnung vorhanden war, daß aus Anton (denn so hieß der Sohn) irgend einmal etwas würde, ergriff sie eines Morgens, nachdem sie ihm den Kopf, und zwar ohne Seife, gehörig gewaschen hatte, einen tüchtigen Knüppel und fing an, ihm damit das Wams nach Noten auszuklopfen. Als Anton sich so ganz unerwartet durcharbeiten, krempeln und walken sah, riß er aus, sobald er ihr entkommen konnte, und lief so weit und so lange, bis er gegen

Sonnenuntergang, um die Stunde, da man anfing, in den Läden der Luna die Lichter anzuzünden, am Fuße eines Berges anlangte, der so hoch war, daß er mit dem Himmel zusammenstieß. Hier sah er auf dem Stumpf einer Pappel neben einer Grotte aus Bimsstein einen wilden Mann sitzen. O steh mir bei, wie häßlich sah der aus! Er war ein ganz kleiner Knirps und nicht größer als ein Zwerg; er hatte aber einen Kopf, dicker als ein indischer Kürbis, eine blattrige Stirn, die Augenbrauen zusammengewachsen, verdrehte Augen, eine platte Nase mit zwei Nasenlöchern, die zwei Kloaken schienen, einen Mund so groß wie eine Kelter, aus welchem zwei Hauer hervorragten, die ihm bis an die Fußspitzen gingen, eine zottige Brust, Arme wie eine Garnwinde, Beine wie eine Bogenwölbung und Füße so flach wie die einer Gans; mit einem Wort, er schien ein Popanz, ein Teufel, ein häßliches Fratzengesicht und ein wahres Schreckgespenst, das selbst einen Roland hätte in Angst setzen, einem Skanderbeg den Mut rauben und einen Steifbettler abschrecken können. Anton aber, der nicht so leicht vor etwas in Furcht geriet, verneigte sich und sagte zu ihm: »Gott grüß euch, Herr; wie geht es euch, was macht ihr? Kann ich euch womit dienen? Wie weit ist es noch bis zu dem Orte, wohin ich zu gehen habe?« Sobald der wilde Mann diese ungereimte Rede hörte, fing er an zu lachen, und weil ihm dieser sonderbare Patron gefiel, fragte er ihn: »Willst du in meinen Dienst treten?«, worauf Anton erwiderte: »Was wollet ihr den Monat?« »Diene mir nur ordentlich«, antwortete der wilde Mann, »dann werden wir schon miteinander fertig werden, und du sollst bei mir ein lustiges Leben führen.« Als der Handel auf diese Weise geschlossen war, trat Anton in den Dienst des wilden Mannes, wo es Essen in Hülle und Fülle gab und mit der Arbeit auch nicht weit her war, so daß in weniger als vier Tagen Anton feist wurde wie ein Türke, rund wie eine Tonne, mutig wie ein Hahn, rot wie ein Krebs, grün wie Knoblauch, so mager wie ein Walfisch und mit einem Wort so dick und fett, daß er nicht aus den Augen sehen konnte.

Es waren aber noch keine zwei Jahre vergangen, als ihm die guten Bissen zuwider wurden und er ein großes Gelüst bekam, einmal wieder eine Fahrt nach Hause zu machen, und indem er an die Heimat dachte, wäre er fast auf der Stelle davongelaufen. Der wilde Mann, der ihm ins Herz schaute, sah ihm an der Nase die Unruhe seines Hintern an, indem Anton sich hin- und herdrehte, als wenn er mit dem Allerwertesten auf Nadeln gesessen hätte; er rief ihn daher beiseite und sprach zu ihm: »Lieber Anton, ich weiß, daß du großes Verlangen hast, die Deinigen zu sehen, und da ich dich so herzlich liebe wie mich selbst, so bin ich's zufrieden, daß du einmal zu ihnen reisest und deinen Wunsch befriedigest. Nimm also diesen Esel, der dir die Mühseligkeiten des Zufußgehens ersparen wird, aber sieh dich vor, daß du nie zu ihm sagest: ›arre cacaurre‹; denn bei der Seele meines Großvaters, es möchte dir leid tun.« Anton nahm den Langohr, hing, ohne selbst nur Adieu zu sagen, seine Beine über denselben und fing an, darauflos zutraben; er war aber noch nicht hundert

Schritte vorwärtsgekommen, als er auch schon von dem Grauen abstieg und sogleich sagte: ›Arre cacaurre‹; und kaum hatte er den Mund geöffnet, als auch schon Langohr anfing, Perlen, Rubine, Smaragde, Saphire und Diamanten, alle so groß wie die Walnüsse, von hinten von sich zu geben. Anton sperrte das Maul weit auf, starrte die herrliche Ausleerung, den prächtigen Abgang und den kostbaren Durchfall des Eseleins an und füllte mit großer Herzenslust seinen Quersack mit den Edelsteinen voll. Hierauf fing er wieder an, in einem tüchtigen Trabe zu reiten und gelangte endlich zu einem Wirtshaus, woselbst er, sobald er abgestiegen, zu dem Wirte vor allen Dingen sagte: »Hurtig, bindet mir diesen Esel an die Krippe und schüttet ihm gehörig vor; hütet euch aber, zu ihm zu sagen: ›Arre cacaurre‹, denn es möchte euch leid tun; und hebet mir auch diese Sächelchen hier sorgfältig auf.« Als der Wirt, der sein Handwerk gehörig verstand und ein schlauer, durchtriebener, pfiffiger Schelm war, so ganz unversehens diese Rede vernahm und die Edelsteine erblickte, welche strahlten wie die liebe Sonne, ergriff ihn die Neugier zu sehen, was diese Worte bedeuteten. Nachdem er also Anton gut zu essen und, so viel er wollte, zu trinken gegeben hatte, steckte er ihn zwischen einen Sack und eine Bettdecke, lief, sobald er ihn die Augen schließen sah und im tiefsten Basse schnarchen hörte, nach dem Stalle und sagte zu dem Esel: »Arre cacaurre«, worauf dieser denn auch durch das Klistier dieser Worte die gewöhnliche Operation vornahm, indem ihm der Hintere von Goldklumpen und Juwelenhaufen überlief. Kaum nahm der Wirt diese köstliche Ausleerung wahr, so faßte er den Entschluß, den Esel auszutauschen und so jenem Bauerntölpel von Anton einen Streich zu spielen, ihn zu hintergehen, anzuführen, zu betrügen, zu beluchsen, zu prellen, zu berücken, hinters Licht zu führen und einem solchen Hansnarren, Schöps, Pinsel, Gimpel, Dummerjan wie jener, der ihm in die Hände gelaufen war, die Augen gehörig auszuwischen. Als daher Anton zur Zeit, wann Aurora ganz rot vor Scham an das Fenster des Ostens tritt, um den Nachttopf ihres alten Ehekrüppels auszugießen, erwacht war, sich die Augen mit den Händen gerieben, sich eine halbe Stunde lang gedehnt und gereckt und ein schockmal nach Art eines Zwiegesprächs gegähnt und gefistet hatte, rief er den Wirt und sagte zu ihm: »Kommt her, Kamerad; kein Kredit, lange Freundschaft; *wir* sind Freunde, unsere Beutel Feinde; drum macht mir die Rechnung, denn ich will bezahlen.« So summieren sie denn zusammen, soviel für Brot, soviel für Wein, das für Suppe, das für Fleisch, fünf für Stallgeld, zehn für das Nachtlager und fünfzehn das Frühstück und Biergeld, worauf Anton die Spieße aufzählt, den falschen Esel nebst seinem Quersack voll Bimsstein statt der kostbaren Juwelen in Empfang nimmt und über Hals und Kopf nach dem Wohnort seiner Mutter eilt. Ehe er aber noch einen Fuß ins Haus setzte, fing er schon an, aus vollem Halse zu schreien wie ein Zahnbrecher: »Komm schnell herbei, Mutter, komm ganz schnell; denn wir sind jetzt reich; mach Tischtücher zurecht, breite Laken aus, lege Decken auf die

Erde; denn du wirst Schätze sehen.« Die Mutter außer sich vor Freude öffnet also einen großen Kasten, in welchem die Ausstattung ihrer heiratsfähigen Töchter lag, zieht ganz feine Laken, die man wegblasen hätte können, Tischtücher, die noch nach der Wäsche rochen, und Bettdecken, die einen bis über die Nase verhüllten, hervor und breitet sie alle säuberlich auf die Erde. Alsdann wird der Esel darauf gestellt, und Anton fängt an, sein »arre cacaurre« anzustimmen; aber arre cacaurre du nur immerzu; denn der Esel kümmerte sich gerade so viel um diese Worte als um den Klang der Laute. Gleichwohl wiederholte Anton diese Worte noch drei- oder viermal, da aber alles in den Wind geredet war, ergriff er einen tüchtigen Knüppel und fing an, das arme Tier so zu bearbeiten, gerbte und drosch und walkte es dergestalt durch, daß dem armen Grauen die Hintertür aufsprang und durch dieselbe ein gelber Fladen auf die weißen Tücher geflogen kam. Als die arme Masella den Esel auf diese Weise überlaufen und statt in ihr armes Haus einen Strom von Reichtümern einen zwar allerdings reichen aber derartigen Strom sich ergießen sah, daß er dasselbe hätte ganz verpesten können, ergriff sie einen Knittel, und ohne daß sie Anton Zeit ließ, auch noch seine Bimssteine zu zeigen, fütterte sie ihn mit einer solchen Prügelsuppe, daß er sich eilends wieder zurück zu dem wilden Manne auf den Weg machte. Sobald er dort mehr im Trabe als im Schritt angekommen war, erhielt er von dem wilden Manne, der durch seine Zauberkünste alles und daher auch wußte, daß Anton sich von einem Gastwirt hatte überlisten lassen, eine tüchtige Tracht Schläge, indem ihn sein Herr dabei einen unverständigen, dummen, albernen, blödsinnigen Tagedieb, einen Strohkopf, einen Tölpel, eine Schafsnase, einen Stoffel, einen ausgemachten Narren, einen Erzgimpel, einen Hans Papp nannte, der sich für einen Juwelen machenden Esel eine Bestie hatte anbinden lassen, die eine Überfülle von pomeranzenfarbigem Quarkkäse von sich gab. Anton verschluckte jedoch diese bittere Pille und schwor, daß er sich nie wieder, nein, nie wieder von einem lebenden Wesen würde eine Nase drehen und hinters Licht führen lassen.

Kaum war aber ein anderes Jahr vorüber, als ihn wieder dieselbe Lust plagte und er fast vor Sehnsucht, die Seinigen wiederzusehen, vergangen wäre. Der wilde Mann, der häßlich von Ansehen, aber schön von Herzen war, gab ihm Erlaubnis zur Reise und schenkte ihm außerdem eine hübsche Serviette, indem er hinzufügte: »Bringe dies deiner Mutter, sieh dich aber vor, daß du nicht wieder solch ein Rindvieh bist und es machst wie mit dem Esel, und ehe du nicht zu Hause anlangst, sage ja nicht: ›Tu dich auf und tu dich zu, Serviette‹; denn wenn dir darüber etwas Schlimmes widerfährt, so ist es dein Schaden; jetzt geh mit Gott und komme bald wieder.« Anton machte sich also wieder auf den Weg, aber nicht weit von der Höhle legte er alsbald das Tellertuch auf die Erde und sagte: »Tu dich auf und tu dich zu, Serviette«, worauf diese sich sogleich auftat und in ihrem Innern so viel Pracht und Herrlichkeiten und Schmucksachen sehen ließ, wie man gar nicht glauben kann. Als Anton dies wahrnahm, sagte er rasch: »Tu dich zu, Serviette«, und unverzüglich verbarg sie wieder alles in sich. Anton zog alsdann wieder weiter nach demselben Wirtshause und sagte zum Wirt: »Da, hebet mir diese Serviette auf und saget ja nicht: ›Tu dich auf und tu dich zu, Serviette‹.« Der Wirt, der ein durchtriebener Schelm war, erwiderte hierauf: »Seid ganz ohne Sorge«, gab ihm tüchtig zu essen, trank ihm so lange zu, bis er benebelt war, und brachte ihn dann hurtig zu Bette; alsdann nahm er die Serviette und sagte: »Tu dich auf, Serviette«, welche denn sich auch sogleich auftat und so viele Kostbarkeiten zeigte, daß der Wirt vor Erstaunen ganz außer sich geriet. Er suchte daher eine andere, dieser ähnliche Serviette heraus, die er Anton, als er des Morgens aufgestanden war, auch wirklich anschmierte. Dieser nun langte tüchtig darauf losstiefelnd in dem Hause seiner Mutter an und rief alsbald aus: »Diesmal, meiner Treu, werden wir gewiß unsere Armut zum Teufel jagen; diesmal gewiß die Lumpen, den Plunder und den ganzen Trödelkram aus dem Hause werfen«, zugleich breitete er die Serviette auf der Erde aus und fing an zu sagen: »Tu dich auf, Serviette.« Aber er hätte diese Worte bis zum andern Morgen wiederholen können und hätte nur seine Zeit damit verloren, denn er brachte nichts zuwege, auch nicht das mindeste. Da er nun sah, daß es ihm nicht nach Wunsch ging, sagte er zu der Mutter: »Hol's der Kuckuck, der Wirt hat mir wieder diesen Quark angeschmiert; aber warte nur, Schelm, du sollst mir das bezahlen, es wäre dir besser, du wärst nie geboren, besser, du wärest als Kind überfahren worden. Ich will das Liebste, was ich habe, verlieren, wenn ich ihn nicht beim nächsten Einkehren in seinem Wirtshause zu Brei haue.« Als die Mutter diesen neuen Eselsstreich vernahm, erglühte sie von Wut und sagte: »Daß du doch den Hals brächest oder dir das Genick abstürzest, du Unglückssohn; scher dich zum Teufel; denn du bist mir zuwider wie eine Spinne, ich kann dich nicht ansehen, ohne daß mir übel wird, und ich bekomme den Krampf immer, wenn du mir zwischen die Füße kommst. Mach ein Ende und laß dir dünken, daß dieses Haus in Flammen steht, denn ich schüttele mir die Kleider aus und betrachte dich gar nicht als meinen Sohn.« Der arme Anton, welcher den Blitz sah und den Donner nicht abwarten wollte, senkte den Kopf, riß aus, gleich als hätte er etwas gestohlen, und kam über Hals und Kopf rennend bei dem wilden Manne an. Kaum sah dieser ihn so traurig und niedergeschlagen anlangen, so ließ er ein neues Donnerwetter über ihn ergehen, indem er sagte: »Ich weiß nicht, was mich abhält, dir eine Laterne anzustecken, du Vielfraß, Fiestpeter, Dummbart, nichtsnutziger Schlingel, Plappermühle, Plaudermatz, der du wie eine Gerichtstrompete alles öffentlich ausrufst, ausspeiest, was du im Leibe hast, und auch nicht einmal junge Schoten bei dir behalten kannst; wenn du im Wirtshaus dein Maul gehalten hättest, so wäre dir das nicht widerfahren, was dir widerfahren ist; weil du deine Zunge wie einen Mühlstein gebraucht hast, hast du dir das Glück zermahlen, das dir aus meinen Händen zuteil geworden war.«

Anton stand da wie ein abgebrühter Pudel und hörte still und geduldig diese Musik an; als er aber noch andere drei Jahre im Dienste des wilden Mannes ruhig zugebracht und so wenig an seine Heimat gedacht hatte als daran, Graf zu werden, bekam er doch wieder einen Fieberanfall, und wiederum setzte er es sich in den Kopf, die Seinigen einmal zu besuchen. Er bat deswegen den wilden Mann um Erlaubnis, welcher denn auch, um den lästigen Tölpel loszuwerden, ihn gehen ließ und ihm einen sehr schön gearbeiteten Stock mit den Worten schenkte: »Nimm diesen Stock zum Andenken von mir, hüte dich aber zu sagen: ›Steh auf, Prügel‹ oder ›leg dich nieder, Prügel‹, denn sonst beneide ich dich nicht um das, was geschehen würde.« Anton nahm den Stock und antwortete: »Seid ganz ohne Sorgen, ich habe den Schleifstein des Verstandes eingeschraubt und weiß recht gut, wieviel zwei mal zwei ist; ich bin kein Kind mehr; denn wer Anton etwas weismachen will, muß früh aufstehen.« »Eigenlob stinkt«, erwiderte der wilde Mann, »gesagt ist leichter als getan; was ich sehe, glaube ich; wenn du nicht taub bist, so mußt du mich verstanden haben, und wer sich raten läßt, dem ist auch zu helfen.«

Während nun der wilde Mann noch immer zu reden fortfuhr, war Anton schon auf dem Wege zu seiner Mutter; er hatte aber noch keine halbe Meile hinter sich, als er auch schon sagte: »Steh auf, Prügel.« Dies wirkte jedoch nicht wie gewöhnliche Worte, sondern wie ein Zauberspruch; denn gleich als wäre der Stock von einem bösen Geiste besessen gewesen, gerade so fing er auch urplötzlich an, dem unglücklichen Anton den Rücken dergestalt zu bearbeiten, daß die Schläge wie in Strömen herabregneten und einer nicht den andern erwartete. Als der arme Schelm sich so zerbleut und durchgegerbt sah, sprach er rasch: »Leg dich nieder, Prügel«, worauf auch sogleich der Prügel abließ, auf dem Rücken Antons aufzuspielen, und dieser, auf seine Kosten gewitzigt, ausrief: »Nun weiß ich, was ich zu tun habe, und, meiner Treu, es soll nicht ungetan bleiben; noch ist der nicht zu Bett, dem es heute abend noch sehr schlimm ergehen wird.« Dies sagend, kommt er bei dem gewöhnlichen Wirtshaus an, wo er mit der größten Freundlichkeit von der Welt empfangen wird. Kaum angelangt, sagt er zu dem Wirt: »Da nehmt diesen Stock und hebet mir ihn gut auf; hütet euch aber, daß ihr nicht etwa saget: ›Steh auf, Prügel‹, denn wenn es euch übel bekommt, versteht mich wohl, so beschwert euch nicht über den Anton; ich kann dann nichts dafür und wasche mich zum voraus von aller Schuld rein.« Der Wirt, voll der größten Freude über diesen dritten Glücksfang, läßt Anton tief in die Schüssel greifen und noch tiefer ins Glas gucken, und nachdem er ihn zu Bett gebracht, eilt er mit seiner Frau, die er zu dem schönen Fest herbeigerufen, zu dem Stock und sagt: »Steh auf, Prügel.« Dieser fängt denn auch sogleich an, die Hinterseite des Wirtes und seiner Ehehälfte heimzusuchen, und tick hier, tack da, fährt er wie der Blitz hin und her, so daß sie, sich so kläglich und jämmerlich zugerichtet sehend, immer mit dem Prügel hinter sich Anton aufzuwecken liefen und ihn um

Barmherzigkeit anflehten. Als dieser nun wahrnahm, daß die Sache ganz nach Wunsch ging und die Makkaroni im Käse und den Kohl im Speck sah, sagte er: »Da ist nicht zu helfen; ihr müßt euch nun einmal dazu bequemen, totgeprügelt zu werden; es sei denn, daß ihr mir meine Sachen wiedergebt.« Der Wirt, von Schlägen fast zermalmt, rief alsbald aus: »Nehmt alles, was ich habe, nur befreiet mich von diesem Dreschflegel«, und um Anton sicherzustellen, ließ er auch wirklich alles herbeiholen, was er ihm früher abgeluchst hatte. Sobald Anton das seinige wieder in seiner Gewalt sah, sagte er: »Leg dich nieder, Prügel«, und dieser hörte auch sogleich auf und sank herab. Anton nahm nun den Esel sowie die andern Sachen und begab sich damit zu seiner Mutter, und nachdem er daselbst mit der Serviette einen sehr gelungenen Versuch angestellt und das Hintergestell des Esels eine Generalprobe hatte halten lassen, saß er von der Zeit an ganz warm, verheiratete seine Schwestern, machte seine Mutter zur reichen Frau und bezeugte so die Wahrheit des Sprichworts:

»Den Narren und Kindern steht der Himmel bei.«

2

Erster Tag

Zweites Märchen

»DER HEIDELBEERZWEIG«

Eine Bäuerin von Miano gebiert einen Heidelbeerzweig. Ein Prinz verliebt sich in denselben, worauf der Zweig sich in eine sehr schöne Fee verwandelt. Der Prinz geht aus und läßt den Zweig, nachdem er ein Glöckchen angebunden, zu Hause. Einige schlechte Weibsbilder, hierüber eifersüchtig, dringen in das Gemach des Prinzen, berühren den Zweig, und indem hierauf die Fee erscheint, töten sie dieselbe. Der Prinz kehrt nach Hause zurück, findet diese Bescherung und will vor Schmerz fast sterben. Da er jedoch durch ein höchst seltsames Ereignis wieder in den Besitz der Fee gelangt, läßt er die Weibsbilder hinrichten und heiratet die Fee.

Mäuschenstill waren alle, solange Zeza erzählte; sobald sie aber zu sprechen aufgehört, entstand ein lautes Geplauder, und das Gerede von den Ausleerungen des Esels und dem bezauberten Prügel wollte gar kein Ende nehmen; und manche von den Gegenwärtigen sagten, daß, wenn es einen Wald von dergleichen Stöcken gäbe, mehr als ein Schelm weniger einfältig und mehr als einer viel pfiffiger sein würde, und daß es heutzutage wohl ebenso wenig Esel wie jenen, als sonst etwas dieser Art gebe. Nachdem man nun aber eine Zeitlang über diesen Gegenstand hin und her gesprochen, befahl der Prinz der Cecca, daß sie in der Erzählung der Märchen fortfahren solle, worauf sie also begann:

Wenn der Mensch bedächte, wieviel Schaden, Unheil und Verderben durch die verdammten, liederlichen Weibsbilder erfolgt, so würde er die Nähe einer unzüchtigen Frau mehr fliehen als die einer giftigen Schlange und seine Ehre nicht für den Auswurf der Bordelle, sein Leben für ein ganzes Hospital von Krankheiten und sein Hab und Gut für Huren hingeben, die nicht einen Pfifferling wert sind und ihm nichts anderes zu genießen geben als Wermutpillen aus Leid und Ärger, wie ihr hören werdet, daß es einem Prinzen erging, der sich auch an jenes Gezücht gehängt hatte.

Es wohnte einmal in dem Dorfe Miano ein Ehepaar, welches auch nicht die geringste Spur von Kindern hatte und gleichwohl sehnsüchtig wünschte, einen Erben zu besitzen, daher besonders die Frau immer zu sagen pflegte: »Herr Gott im Himmel, wenn ich doch nur etwas gebären möchte, und wäre es auch nur ein Heidelbeerzweig.« So oft aber wiederholte sie diese Rede und so lange belästigte sie den Himmel mit diesen Worten, daß der Leib ihr endlich schwoll, der Bauch sich rundete und er nach neun Monaten, statt der Mutter ein Knäbchen oder Mägdlein in den Arm zu legen, aus den elysäischen Gefilden des Leibes einen hübschen Heidelbeerzweig hervorsandte. Diesen nun pflanzte die Bäuerin mit großer Freude in einen mit vielen schönen Zieraten versehenen Blumentopf, stellte ihn ans Fenster und pflegte ihn früh und spät mit mehr Sorgfalt als der Pächter ein Kohlfeld, aus dem er die Pacht des Gartens herauszubringen hofft. Als aber einmal der Sohn des Königs auf die Jagd gehend dort vorüberkam, wurde er auf diesen schönen Zweig so ungeheuer versessen, daß er die Bäuerin bitten ließ, sie möchte ihm denselben doch verkaufen, sollte es ihm auch ein Auge kosten. Nach vielfachen abschlägigen Antworten und Weigerungen von den Anerbietungen verlockt, von den Versprechungen gereizt, von den Drohungen erschreckt und von den Bitten besiegt, gab sie ihm den Blumentopf, bat ihn jedoch, ihn sorgfältig zu bewahren, da sie denselben mehr liebte, als wäre er ihr eignes Kind, und ebenso große Zuneigung für ihn fühle, als wäre er aus ihrem Mutterleibe entsprossen. Der Prinz ließ mit der größten Freude von der Welt den Blumentopf in sein eigenes Zimmer tragen und auf einen Balkon setzen, woselbst er ihn stets eigenhändig pflegte und begoß. So geschah es nun einmal, daß, als der Prinz eines Abends zu Bett gegangen war und die Lichter ausgelöscht hatte, und alle Welt sich schon zur Ruhe begeben und im ersten Schlafe lag, er jemand leise durch das Zimmer schleichen und tappend auf das Bett losgehen hörte und daher dachte, es wäre irgendein Kammerdiener, der ihm die Taschen ausleeren, oder ein Hauskobold, der ihm die Decke vom Leibe ziehen wolle. Als entschlossener Mann jedoch, der auch vor dem schlimmsten Teufel keine Furcht hatte, tat er, als ob er schliefe, und wartete ab, was das Ende sein würde. Da er aber, beim weiteren Herankommen des Geräusches die Hand ausstreckend, einen glatten Gegenstand erfaßte und statt, wie er dachte, die Spitzen eines Stachelschweines zu packen, etwas berührte, das sich zarter und weicher anfühlte als Wolle aus der Berberei, milder und sanfter als der Schwanz eines Murmeltiers, geschmeidiger und elastischer als Stieglitzfedern, sprang er gerade darauf los, faßte, da er es für eine Fee hielt, wie auch wirklich der Fall war, diese so fest wie ein Polyp, und indem sie beide keinen Laut von sich gaben, fingen sie an, das Liebesspiel zu spielen. Ehe jedoch die Sonne gleich einem Arzt ihre Besuche bei den matten und kranken Blumen abzustatten begann, erhob sich die Fee und verschwand, indem sie den Prinzen ganz berauscht von den gehabten Genüssen, voll von Neugier und außer sich vor Erstaunen zurückließ. Nachdem aber die Sache auf diese Weise sieben Tage lang war fortgetrieben worden, so brannte und glühte er vor Verlangen zu wissen, was ihm da für ein Glück so unversehens von den Sternen zugesandt worden und was für ein mit den Freuden der Liebe beladenes Schiff in seiner Lagerstätte eingelaufen wäre. Während daher in einer Nacht das schöne Kind Ninnei machte, wand er sich eine ihrer Haarflechten fest um die Hand, damit sie ihm nicht entfliehen könne, rief hierauf einen Kammerdiener, und nachdem die Lichter angezündet worden, erblickte er die Blume der Frauen, das Wunder der Schönheit, den Spiegel und Augapfel der Venus, den reizendsten Zauber Amors, erblickte ein Püppchen, ein liebliches Täubchen, eine Fata Morgana, ein herrliches Gemälde, ein goldenes Geschmeide, erblickte eine Herzensjägerin, ein Falkenauge, einen Vollmond, ein Taubenmäulchen, einen Bissen für einen König, ein wahres Juwel, gewahrte mit einem Wort einen Anblick, um außer sich vor Erstaunen zu geraten. Als er denselben nun eine Zeitlang genossen hatte, rief er aus: »Jetzt lasse dich ja nicht mehr sehen, zyprische Göttin, schlinge dir einen Strick um den Hals, o Helena, kehre nach Criosa zurück, o Sciorella; ja, gehet nur immer hin, wo ihr hergekommen seid; denn eure Schönheit ist nur Kaff im Vergleich zu dieser Schönheit mit zwei Sonnen, zu dieser vollendeten, vollkommenen, gediegenen, handgreiflichen Schönheit, zu diesen holden, lieblichen, anmutigen, wundersamen, außerordentlichen Reizen, in denen man keinen Tadel findet, keinen Makel antrifft. O Schlaf, trauter Schlaf, häufe Mohn auf die Augen dieses köstlichen Edelsteins und verdirb mir nicht die Freude, alles anzuschauen was ich wünsche, anzuschauen diesen Triumph der Schönheit! Ihr schönen Flechten, die ihr mich gefesselt, ihr schönen Augen, die ihr mich von Liebesfeuer erbrennen machet, ihr schönen Lippen, die ihr mich mit Wonne erfüllet, du schöne Hand, die du mich verwundest, wo, in welcher Wunderwerkstätte der Natur wurde diese lebende Statue geschaffen? Welches Indien gab das Gold her, um diese Haare zu weben? Welches Äthiopien das Elfenbein, um diese Stirn zu bilden? Welcher Schacht die Karfunkel, um diese Augen zu schaffen? Welches Tyrus den Purpur, um dieses Antlitz zu malen? Welcher Orient die Perlen, um diese Zähne zu drechseln? Von welchen Bergen nahm man den Schnee, um ihn auf diese Brust zu streuen? Einen Schnee, welcher wider den Lauf der Natur die Blumen pflegt und die Herzen erwärmt!« Und indem er dieses ausrief, umschlang er sie wie eine Rebe, um sein Verlangen zu stillen. Während er sie nun so in seinen Armen hielt, erwachte sie aus dem Schlaf und antwortete mit einem holdseligen Gähnen auf die Seufzer des verliebten Prinzen, welcher, sie wach sehend, sie also anredete: »O du meine einzige Seligkeit, wenn ich vor Staunen außer mir war, als ich diesen Tempel der Liebe erblickte, da er noch nicht von Kerzen erhellt glänzte, wie wird es mir jetzt ergehen, wo du zwei Leuchten angezündet hast? O ihr schönen Augen, die ihr mit einem kleinen Trumpf des Lichts die Bank der Sterne sprenget, ihr, ihr allein habet mir mein Herz verwundet und ihr allein könnet wie frische Eier ein Eiweißpflaster darauf legen! Und du, meine schöne Ärztin, hab Mitleid, ja, hab Mitleid mit einem Liebeskranken, welchen das Fieber gepackt hat, weil er aus der Finsternis der Nacht an das Licht dieser Schönheit getreten ist; lege mir die Hand auf die Brust, fühle mir den Puls, verschreibe mir ein Rezept! – Aber wozu verlange ich Rezepte, o du mein teuerstes Gut? Setze mir mit deinem schönen Mund fünf Schröpfköpfe auf meine Lippen; ich verlange keine andere Einreibung als ein Streicheln dieses Händchens; denn ich weiß gewiß, daß ich durch das Kordial deiner Anmut und durch die Heilkräuter deiner Zunge meine Gesundheit und mein Leben wiedererlange!« Bei diesen Worten rötete sich das schöne Angesicht der Fee wie Feuersglut, worauf sie also sprach: »Nicht soviel Lobeserhebungen, mein Prinz, ich bin nur deine Magd und, um vor deinem Angesicht zu dienen, würde ich alles tun, und halte es für ein großes Glück, daß dieses in einen Topf aus Ton gepflanzte Heidelbeerreis ein Lorbeerzweig geworden ist, aufgesteckt an der Herberge eines Herzens von Fleisch, eines Herzens, in welchem so viel Größe und Tugend wohnt.« Der Prinz, welcher bei diesen Worten wie ein Talglicht schmolz, umarmte sie von neuem, besiegelte den Brief mit einem Kusse und sprach, indem er ihr die Hand gab: »Hier hast du mein Wort darauf, du sollst meine Gemahlin, die Gebieterin meines Zepters sein und die Schlüssel meines Herzens besitzen, wie du auch das Steuerruder meines Lebens regierst!« Nach diesen und vielen hundert andern Artigkeiten und Gesprächen erhoben sie sich vom Lager und versuchten, ob ihr Magen etwas vertragen könnte, so wie sie denn auch diese Zusammenkünfte noch eine Zeitlang fortsetzten.

Da aber das Schicksal gern dem Menschen das Spiel verdirbt, Ehen trennt, immer die Genüsse Amors hindert und stets den Freudenstörer der Liebenden macht, so geschah es, daß der Prinz zur Jagd auf einen mächtigen Eber, welcher in jener Gegend große Verheerungen anrichtete, eingeladen wurde und sich daher genötigt sah, seine Gemahlin oder, um richtiger zu sagen, zwei Dritteile seines Herzens zurückzulassen. Da er sie aber mehr liebte als sein Leben und sie schöner sah als alle Schönheit der Liebesgöttin und aus dieser Schönheit für ihn das bittere Unkraut der Eifersucht emporwuchs, welches ein Sturm in dem Meer der Liebeswonne ist, ein Platzregen auf die Wäsche der Liebesseligkeiten, ein Stück Ruß, welches in das fette Gericht der Liebesfreuden fällt, jenes Unkraut, sage ich, welches eine stechende Schlange, ein nagender Wurm, eine giftige Galle, ein starr machender Frost ist, das Unkraut, meine ich, durch welches das Leben immer in Ungewißheit schwebt, der Geist voll Unruhe, das Herz voll Angst ist, so rief er die Fee und sprach zu ihr: »Ich sehe mich gezwungen, Trauteste, zwei oder drei Nächte abwesend zu sein; Gott weiß, mit welchem Schmerz ich von dir, die du meine Seele bist, mich trenne, und der Himmel auch weiß, ob nicht, bevor ich von dir reise, auch der Faden meines Lebens reißt; da ich nun aber einmal nicht umhin kann, meinem Vater zu willfahren, so muß ich dich schon verlassen und bitte dich daher bei aller Liebe, die du für mich hegst, daß du dich in den Blumentopf begebest und nicht eher denselben verlassest, als bis ich wiederkehre, welches sobald als möglich geschehen wird.« »Dies will ich sehr gern tun«, erwiderte die Fee, »denn ich mag, will und kann dem nicht widersprechen, was du von mir verlangst. Gehe daher im Geleite jeglichen Glückes von hinnen; denn ich bleibe immer die deine. Erweise mir jedoch den Gefallen, daß du an der Spitze des Heidelbeerzweiges ein Glöckchen mit einer seidenen Schnur befestigt zurücklassest, und wenn du wiederkehrst, so ziehe die Schnur; denn ich werde dann sogleich heraustreten und sagen: ›Hier bin ich.‹« Dies tat denn auch der Prinz; rief außerdem noch den Kammerdiener herbei und sprach zu ihm: »Komm her, Bursche, komm her, sag ich, tu die Ohren auf und gib wohl acht; jeden Abend mache mir mein Bett, als wenn ich selbst darin schlafen wollte; begieße jeden Morgen diesen Blumentopf und sei ja vorsichtig; denn ich habe die Blätter gezählt, und wenn bei meiner Rückkehr auch nur eins fehlt, so bringe ich dich auf den Weg alles Fleisches!« Nachdem er dies gesagt, stieg er zu Pferde und begab sich wie ein Hammel, der zur Schlachtbank geführt wird, auf den Weg, um einem wilden Schweine nachzujagen.

Inzwischen geschah es, daß sieben liederliche Weibsbilder, welche der Prinz sich hielt und die da wahrgenommen, daß er in der Liebe zu ihnen lau, ja kalt geworden war und aufgehört hatte, ihr Saatfeld zu bestellen, den Verdacht faßten, daß er wohl durch irgendeinen andern Liebeshandel die alte Freundschaft vergessen haben müßte. Um daher der Sache auf die Spur zu kommen, ließen sie einen Arbeiter holen, welcher ihnen für ein gutes Stück Geld einen unterirdischen Gang von ihrem Hause bis in das Zimmer des Prinzen grub. Durch diesen Gang nun machten sich diese wandelnden Spitäler rasch auf den Weg, um nachzusehen, ob irgendeine neue Liebschaft, irgendeine andere Schürze ihnen die Ernte geraubt und ihren Kunden bezaubert hätte, fanden indes niemand; sie öffneten hierauf das Fenster, und indem sie den so schönen Heidelbeerzweig erblickten, pflückten sie jede ein Blatt davon, die jüngste aber brach die ganze Spitze ab, an der das Glöckchen hing. Kaum jedoch war dies berührt, so fing es an zu klingeln; daher die Fee, welche glaubte, daß es der Prinz wäre, ohne Verzug heraustrat. Sobald die abscheulichen Vetteln diese bezaubernde Gestalt erblickten, fielen sie über sie her, indem sie ausriefen: »Du also leitest auf deine Mühle das Wasser unserer Hoffnungen? Du also hast uns den hübschen Rest der Zuneigung des Prinzen durch allerlei Künste weggezaubert? Du also bist das saubere Mensch, die uns unsern Braten weggeschnappt? Ei tausendmal willkommen; du kommst uns wie gerufen! Es wäre dir wohl besser gewesen, deine Mutter hätte dich nimmer in die Welt gesetzt! Potz Wetter, bist du auch fix und hast du dich immer schnell aus dem Staube gemacht, aber heute bist du doch einmal auf den Sand geraten! Traun, du warst länger als neun Monate Hänschen im Keller, wenn du uns diesmal entwischest.« Dies sagend, gaben sie ihr mit einem Knüppel einen tödlichen Schlag auf den Kopf, und indem sie hierauf den Leichnam in fünf Teile teilten, nahm jede einen davon für sich. Nur die jüngste wollte an dieser Grausamkeit nicht teilnehmen, vielmehr von den Mitschwestern aufgefordert, ebenso zu tun wie sie, verlangte sie nichts als eine Locke des

Goldhaares; worauf sie alle über Hals und Kopf davoneilten.

Inzwischen kam der Kammerdiener, um, wie sein Gebieter ihm befohlen, das Bett zu machen und den Blumentopf zu begießen, und als er diese Bescherung erblickte, wäre er fast gestorben vor Schreck. Er biß sich daher wie wahnsinnig in die Hände, klaubte alsdann die Überbleibsel des Fleisches und der Knochen auf, und nachdem er das Blut von der Erde zusammengekratzt, häufte er alles in den Blumentopf aufeinander. Hierauf begoß er diesen, machte das Bett, verschloß die Tür, legte den Schlüssel unter die Schwelle und nahm alsdann, so schnell er konnte, Reißaus.

Sobald aber der Prinz von der Jagd zurückgekehrt war, zog er die seidene Schnur und klingelte; aber klingle du nur immer bis in alle Ewigkeit, alles umsonst! Er hätte mit Glocken läuten können, die Fee war und blieb taub. Er ging daher geraden Weges nach seinem Zimmer, und da er nicht in der Laune war, seinen Kammerdiener zu rufen und sich den Schlüssel geben zu lassen, so stieß er mit den Füßen an die Tür, zerschmetterte sie in tausend Stücke, ging hinein, öffnete das Fenster, und indem er den Blumentopf seiner Zierde beraubt sah, fing er an, sich die Haare zu zerzausen, laut zu schreien und zu weinen und auszurufen: »Wehe mir Armen, mir Unglücklichen, mir Jammervollen; wer hat mir diesen bösen Streich gespielt? Wer hat mich so abgetrumpft? O ruinierter, verbannter, zunichte gemachter Prinz, o du mein entlaubter Heidelbeerzweig, o meine verlorene Fee, o mein unheilvolles

Leben, o ihr in Rauch aufgegangenen Freuden, o ihr zu Wasser gewordenen Seligkeiten! Was wirst du nun anfangen, du trübseliger Hans Papp? Was wirst du anfangen, Unglückskind? Springe doch über den Graben! Mache dich aus dieser Tinte! Du hast jedes Gut verloren und schneidest dir den Hals nicht ab? Du bist jedes Schatzes beraubt und machst dir den Garaus nicht? Du bist um dein Leben betrogen und willst nicht himmeln? Wo bist du, ach, wo bist du, mein geliebter Heidelbeerzweig? Welches Herz, härter als ein Kieselstein, hat mir diesen schönen Blumentopf vernichtet? O verwünschte Jagd, wie hast du mich aus jeder Freude verjagt! Ach, ich bin verloren, ich bin ein Kind des Todes, mit mir ist es vorbei, meine Tage sind gezählt; durch nichts kann ich mir das Leben retten, da mein Leben mir geraubt ist; ich muß nun schon alle viere von mir strecken; denn ohne mein einziges Gut wird mir der Schlaf zur Qual, die Speise zu Gift, das Vergnügen zu Wermut und das Leben zur Rhapontik werden.«

Diese und noch viele andere Worte, welche die Steine hätten erweichen können, rief der Prinz aus, und nach langem Jammern und bitteren Klagen und voll von Schmerzen und mit betrübtem Herzen, und indem er nie ein Auge zum Schlafen zutun noch je den Mund zum Essen auftun konnte, gab er sich so sehr dem Kummer hin, daß sein Angesicht, welches früher dem orientalischen Mennig glich, jetzt wie Operment aussah und der Schinken der Lippen sich in verdorbenen Speck verwandelte.

Als nun aber die Fee, welche aus den in den Blumentopf gelegten Überbleibseln von neuem emporgewachsen war, das Wehklagen und Haarausraufen ihres armen Geliebten wahrnahm, und wie er in einem Handumdrehen die Farbe eines kranken Spaniers, einer giftigen Eidechse, des Saftes von Weißkraut, eines Gelbsüchtigen, einer Zitronenbirne, des Steißes einer Feigenschnepfe und eines Herbstlaubes angenommen hatte, so empfand sie tiefes Mitleid mit ihm, und indem sie plötzlich aus dem Blumentopf hervorkam, wie der Schimmer eines Lichtes aus einer Diebslaterne, trat sie vor Hans Papp, schloß ihn fest in ihre Arme und sagte zu ihm: »Genug, genug, mein Prinz, höre auf, laß ab von diesen Klagen, trockne deine Tränen, beschwichtige deinen Kummer, glätte deinen Mund, hier bin ich, munter und gesund, trotz jenen Vetteln, die mir den Kopf zerspalten haben und mit meinem Fleisch ebenso verfahren sind wie Medea mit dem ihres armen Bruders.« Als der Prinz diese Erscheinung so ganz unerwartet vor sich hintreten sah, da erwachte er wieder vom Tode zum Leben, die Farbe kehrte ihm in die Bakken, die Wärme in das Blut und der Atem in die Brust zurück, und nach immer erneutem Herzen und Liebkosen und Schmeicheln und Streicheln, womit er die Fee empfing, wollte er alles, was vorgefallen, von Anfang bis zu Ende wissen. Nachdem er nun erfahren hatte, daß der Kammerdiener unschuldig war, ließ er ihn zurückkommen und veranstaltete hierauf mit Bewilligung des Vaters ein großes Fest, bei dem er sich mit der Fee vermählte. Alle Prinzen des Königreichs wurden dazu von ihm eingeladen, besonders aber wollte er, daß die sieben Hexen, welche jenes Milchlämmchen abgeschlachtet hatten, sich dabei gegenwärtig befänden, und nachdem das Schmausen ein Ende genommen, fragte er alle Gäste der Reihe nach, was wohl derjenige verdiente, welcher diesem schönen Kinde etwas zuleide täte, und wies dabei auf die Fee, welche so reizend aussah, daß sie die Herzen durchbohrte wie ein Tausendsassa, die Seelen an sich zog wie eine Winde und sich Liebe erzwang wie mit Gewalt. Nun aber geschah es, daß alle die, welche bei Tische saßen, und der König zuerst, sagten, und zwar der eine, daß einem solchen der Galgen zukomme, ein anderer, daß er das Rad, ein anderer, daß er glühende Zangen, ein anderer, daß er einen Sturz vom Felsen, wieder ein anderer, daß er diese und noch ein anderer, daß er jene Strafe verdiene. Als nun die Reihe zu sprechen zuletzt an die sieben sauberen Hechte kam, die freilich an diesem Gespräch keinen sehr großen Gefallen fanden und eine schlimme Nacht voraussahen, antworteten sie dennoch, weil da, wo der Wein perlt, auch die Wahrheit zu weilen pflegt, daß, wer es über das Herz brächte, diese Quintessenz der Liebesfreuden auch nur anzurühren, in einer Kloake lebendig begraben zu werden verdiente. Nachdem sie mit ihrem eigenen Munde diesen Ausspruch getan, rief der Prinz aus: »Ihr selbst habt über euch den Stab gebrochen, ihr selbst habt euch das Urteil gefällt, mir liegt es nun nur noch ob, daß ich eure Entscheidung ausführen lasse, denn ihr seid es, die mit dem Herzen eines Mohren, mit der Grausamkeit einer Medea aus diesem schönen Kopfe einen Pfannkuchen gemacht und diese schönen Glieder wie Wurstfleisch zerhackt haben. Darum hurtig, hurtig, keine Zeit verloren, werfet sie jetzt gleich, wie sie es gesagt, in eine Kloake, damit sie dort ihr Leben elendiglich beschließen.« Nachdem dieser Befehl rasch war befolgt worden, verheiratete der Prinz die jüngste dieser Weibsbilder mit dem Kammerdiener, indem er sie mit einer reichen Mitgift beschenkte; den Eltern des Heidelbeerzweiges aber gewährte er ein sorgenfreies Auskommen, worauf er mit der Fee ein frohes und fröhliches Leben führte. So endeten jene Teufelskinder auf qualvolle Weise ihr Leben und bewährten aufs neue das Sprichwort unserer weisen Vorfahren:

»Wie man's treibt, so geht's.«

3

Erster Tag

Drittes Märchen

»PERVONTO«

Pervonto, ein Erztölpel, geht in den Wald, um ein Reisbündel zu machen, erweist sich freundlich gegen drei junge Leute, die auf dem freien Felde schlafen, erhält dafür eine gewisse Zauberkraft und, von der Tochter des Königs verspottet, verwünscht er sie, daß sie von ihm schwanger würde, welches auch geschieht. Als nun der König erfährt, daß Pervonto der Vater der Kinder sei, läßt er ihn mit diesen und seiner Tochter in ein Faß stecken und ins Meer werfen; vermöge seiner Zauberkraft aber rettet Pervonto sich aus der Gefahr, verwandelt sich in einen schönen Jüngling und wird König.

Alle legten große Freude über das dem Prinzen so unerwartet zuteil gewordene Glück und die den bösen Weibsbildern auferlegte Strafe an den Tag; endlich aber ließ das Schwätzen nach, und da Meneca an der Reihe war, fing sie an zu erzählen wie folgt: Das Gute bleibt nie unbelohnt; wer Dienste säet, erntet Erkenntlichkeit; wer Freundlichkeit pflanzt, sieht Liebe emporsprossen; das einem empfänglichen Herzen erwiesene Wohlwollen ist nie unfruchtbar, sondern gebiert Dankbarkeit und erzeugt betätigte Gunst. Beweise hiervon sieht man im Menschenleben alle Tage, und ein Beispiel werdet ihr in der Erzählung vernehmen, die ich schon auf den Lippen habe, um sie euch mitzuteilen.

Eine wackere Frau in Casoria, namens Ceccarella, hatte einen Sohn, welcher Pervonto hieß und der größte Schöps, der einfältigste Tölpel und der ausgemachteste Dümmling war, den die Welt jemals hervorgebracht. Hierüber nun erschien der armen Mutter alles so schwarz wie ein Küchenhandtuch und tausendmal des Tages verwünschte sie die Knie, welche diesem Erzgimpel die Tür zu dieser Welt aufgemacht hatten; denn er taugte auch nicht einmal, den Hund vom Ofen zu locken, und die unglückliche Frau mochte rufen und schreien soviel sie wollte, der Bärenhäuter rückte und rührte sich nicht, um ihr auch nur den allergeringsten Dienst zu verrichten. Endlich jedoch, nachdem der Blitz tausendmal auf seinem Schädel eingeschlagen, sie ihm tausendmal den Kopf gewaschen, und nach tausendfachem Hin- und Herreden und Zanken brachte sie ihn eines Tages dazu, nach einem Reisbündel in den Wald zu gehen, indem sie zu ihm sagte: »Es ist jetzt Zeit, daß wir einen Bissen zu uns nehmen, lauf daher und hole Holz und vergiß unterwegs nicht, was du vorhast, und komme bald wieder; denn wir wollen ein paar aufgeklaubte Kohlstrünke kochen, um unser ärmliches Leben zu fristen.« Der Faulpelz von Pervonto ging zwar fort, ging aber wie einer, der nichts zu versäumen hat; freilich ging er, bewegte sich aber so langsam, als wäre er eine Elster, als träte er auf Eier, und als zählte er die Fußtritte, indem er ganz gemächlich und bedächtig und Schritt vor Schritt einhertrödelte und den Weg nach dem Walde zur Beherzigung des Sprichwortes benutzte: »Langsam kommt auch zum Ziele.« Als er nun so auf einem freien Felde anlangte, das von einem Fluß durchströmt wurde, welcher über die Unbescheidenheit der ihm den Weg verhindernden Steine murrte und brummte, traf er drei junge Leute an, die sich den Rasen zur Matratze und einen Feldstein zum Kopfkissen genommen hatten und unter der Mittagsglut der Sonne, welche sie mit ihren senkrechten Strahlen durchbriet, wie tot schliefen. Sobald Pervonto diese armen Menschen erblickte, welche sich inmitten eines feurigen Kalkofens zu einer Wasserquelle verwandelt hatten, so fühlte er Mitleid mit ihnen und hieb einige Baumzweige ab, aus denen er ihnen eine hübsche Laube machte. Bald darauf erwachten die Jünglinge, welche Söhne einer Fee waren, und indem sie die Freundlichkeit und Dienstfertigkeit Pervontos wahrnahmen, verliehen sie ihm die Zauberkraft, daß alles, was er wünschte, erfüllt würde. Hierauf setzte Pervonto seinen Weg nach dem Walde fort und machte daselbst ein so ungeheuer großes Reisbund, daß es eine Winde erfordert hätte, um es fortzuschleppen. Da er nun sah, daß gar nicht daran zu denken war, es auf den Schultern wegzubringen, so hockte er rittlings darauf nieder, indem er ausrief: »Tausend noch einmal, wenn dieses Bund mich doch wie ein Pferd forttragen möchte.« Kaum hatte er dies gesagt, so setzte das Bund sich in Trab wie ein Andalusier und machte, vor dem Palast des Königs angelangt, Volten und Kurbetten zum Erstaunen. Als die Hoffräulein, die am Fenster standen, dieses Wunder erblickten, so riefen sie rasch die Tochter des Königs, namens Vastolla, herbei, welche, vom Fenster aus die Touren des Reisbundes und die Sprünge der Holzknüppel wahrnehmend, in ein lautes Lachen ausbrach, obwohl sie stets so trübsinnig zu sein pflegte, daß sich niemand erinnerte, sie jemals lachen gesehen zu haben. Sobald Pervonto bemerkte, daß man ihn verhöhnte, rief er aus: »Zum Wetter, Vastolla, ich wünsche, daß du von mir schwanger werden möchtest«, und dies sagend, setzte er dem Reisbund die Fersen in den Leib und langte bald darauf im Türkengalopp zu Hause an, indem eine so große Schar von Straßenbuben mit Heulen und Hohngeschrei hinter ihm herlief, daß, wenn seine Mutter nicht rasch die Tür des Hauses zugemacht hätte, er einem Hagel von Zitronen und Kohlstrünken erlegen wäre.

Vastolla aber merkte an gewissen seltsamen Gelüsten und Übelkeiten, daß es mit ihr nicht richtig stände, und bemühte sich, ihre Schwangerschaft solange als möglich zu verheimlichen; da sie indes den Leib, der da anschwoll wie eine Tonne, nicht mehr verbergen konnte, so merkte der König den Braten, und nachdem er einen Höllenspektakel gemacht, berief er seinen Rat und sprach: »Ihr wisset gewiß, daß der Mond meiner Ehre *cornua* bekommen und daß, um die Chronik oder vielmehr *Cornik* meiner Schande zu schreiben, meine Tochter mich mit endlosem Stoff versehen hat, daß mit einem Wort sie, um mir das Herz zu beschweren, sich hat den Leib beschweren lassen; darum sprechet, ratet mir. Ich wäre der Meinung, daß man sie lieber das Leben von sich zu geben zwänge, bevor sie einen Bankert von sich gibt; ich hätte Lust, sie eher die Schmerzen des Todes als die der Geburt empfinden zu lassen; ich wünschte lieber, daß sie aus der Welt reise, ehe sie ein Reis und Sprößling in die Welt setzt.« Die Räte, welche wohl mehr Öl als Wein genossen haben mochten, erwiderten hierauf folgendes: »Allerdings verdient sie eine große Strafe, und aus dem Horn, das sie euch aufgesetzt, müßte man den Griff des Messers machen, womit man ihr das Leben nähme. Wenn wir sie aber jetzt während ihrer Schwangerschaft töten, so wird zugleich jener Freche der Strafe entwischen, der, um euch mit Kummer jeder Art zu hetzen, sich solcher Hörner gegen euch bedient, um euch in einen Kampf von Leiden zu stürzen, euch zu einem gehörnten Kämpen gemacht und, um euch einen wahren Traum der Schande träumen zu lassen, euch durch das Tor von Horn geführt hat. Wir wollen also das Ende abwarten und zu erfahren suchen, welches die Wurzel dieser Schmach gewesen ist, dann aber *cum grano salis* bedenken und beschließen, was wir zu tun haben.«

Als der König sie auf so verständige und einleuchtende Weise reden hörte, ließ er sich ihren Rat gefallen. Er bezwang daher seinen Zorn und sprach: »Wir wollen in der Tat das Ende des Dinges abwarten.« Dem Willen des Himmels gemäß aber kam endlich die Stunde der Geburt heran, und nach einigen leichten Wehen warf sie bei dem ersten Blasen der Hintertrompete, bei dem ersten Wort der Hebamme, bei dem ersten Druck des Leibes der Wehmutter zwei Knaben wie goldene Äpfel in den Schoß. Der König, welcher noch immer voll Unwillen war, berief jetzt wiederum die Räte zusammen und sprach zu ihnen: »Meine Tochter hat nun endlich geboren, und es ist Zeit, ihr mit Knüppeln beizustehen.« »Nein«, erwiderten diese weisen Greise (und zwar immer, um Zeit zu gewinnen), »wir wollen warten, bis die Schelme heranwachsen, um an ihnen die Physiognomie des Vaters zu erkennen.« Der König, welcher, um nicht krumm zu schreiben, auch nicht eine Zeile ohne das Linienblatt des Rates zu machen pflegte, zuckte die Schultern, hatte Geduld und wartete, bis die Enkel sieben Jahre alt waren, zu welcher Zeit die Räte, von neuem aufgefordert, die Sache gehörig zu erwägen und den Nagel auf den Kopf zu treffen, durch einen unter ihnen antworteten: »Da ihr, Herr König, eure Tochter nicht habet ausforschen und erfahren können, wer der Falschmünzer gewesen, der an eurem Bilde die Krone verfälscht hat, so wollen wir bald den Makel fortschaffen. Befehlet also, daß ein großes Gastmahl veranstaltet werde, und daß bei demselben jeder Vornehme und Edle dieser Stadt erscheine.

Wir wollen dann wohl aufpassen und mit Luchsaugen danach spähen, zu wem die Kleinen, von der Natur getrieben, sich am liebsten wenden; denn der ist ohne weiteres der Vater, und wir schaffen ihn dann so schnell beiseite wie einen Haufen Kot.« Dieser Rat gefiel dem König; er veranstaltete ein Gastmahl, lud alle Personen von Geburt und Stande ein, und nachdem man gespeist, ließ er sie in eine Reihe stellen und dann die Kinder bei ihnen vorbeiführen. Diese aber kümmerten sich so wenig um jene Leute wie der Esel um die Leier, so daß der König sich schwer erboste und in die Lippen biß, und obwohl es ihm nicht an andern und weitern Schuhen fehlte, dennoch, da ihn gerade dieser Schuh des Ärgers sehr drückte, mit dem Fuß auf den Boden stampfte. Die Räte aber sprachen zu ihm: »Nur Geduld, Euer Majestät, bezähmet euren Unmut; denn morgen veranstalten wir ein anderes Gastmahl, laden aber keine Leute von hohem Range mehr, sondern nur von niedrigem Stande. Vielleicht werden wir, da die Weiber sich immer an das Schlechte hängen, unter Messerschmieden, Paternosterhändlern und Kammachern die Wurzel eures Zorns entdecken, da wir sie nicht unter den Kavalieren ausfindig gemacht haben.« Die Rede gefiel dem Könige, und er befahl ein zweites Bankett zu veranstalten, bei welchem vermöge öffentlicher Bekanntmachung alles Gesindel und gemeine Pack, alle üblen Subjekte, Schelme, Galgenstricke, Taugenichtse, Herumtreiber, Lumpenkerle, Halunken, Bettelhunde und Leute mit Schurz und Holzschuhen, die nur irgend in der Stadt waren, sich zusammenfanden und, wie die Grafen an einer langen, langen Tafel Platz nehmend, anfingen, tüchtig einzuhauen. Ceccarella nun, welche die Bekanntmachung gleichfalls vernommen hatte, drang ohne Unterlaß in Pervonto, daß er sich bei dem Festgelag einfinden sollte, und brachte ihn auch wirklich endlich dazu, daß er sich zu der Fresserei begab. Kaum aber war er daselbst angelangt, als jene zwei hübschen Buben sich zu beiden Seiten an ihn klammerten und ihn über alle Maßen mit Schmeicheleien und Liebkosungen überhäuften. Als der König dies wahrnahm, so fing er an, sich den Bart auszuraufen, daß der Gewinn dieses Leckerbissens, der Treffer dieses großen Loses einem gar so *sehr* häßlichen Fratzengesicht zuteil geworden, welches, wenn man es nur sah, Ekel und Brechen erweckte; denn außerdem, daß Pervonto einen struppigen Kopf, triefige Augen, eine Papageinase und ein gewaltiges Maul hatte, war er auch noch barfuß und so zerlumpt, daß man auch, ohne den Fioravanti zu lesen, eine Ansicht der Heimlichkeiten haben konnte, weswegen der König nach einem tiefen Seufzer also sprach: »Was hat nur das Nickel von meiner Tochter veranlaßt, daß sie sich an dieses abscheuliche Ungeheuer gehängt? Was hat sie nur angewandelt, daß sie sich mit diesem Lumpenhund eingelassen? O du infame, verschmitzte Bestie, was sind das für Metamorphosen? Du machst dich um eines Schweines willen zur Betze, damit ich zum Widder werde? – Jedoch wozu warte ich, wozu zögere ich noch? Sie werde bestraft, wie sie es verdient; sie leide die Züchtigung, die ihr ihr auferleget, und schaffet sie mir aus den Augen; denn ich kann sie nicht länger ansehen.«

Die Räte beratschlagten also und kamen endlich darin überein, daß sowohl sie als der Übeltäter und die beiden Kinder in ein Faß gesteckt und ins Meer geworfen würden, damit sie, ohne daß der König sich die Hände mit seinem eigenen Blute befleckte, den Schlußpunkt ihres Lebens machen sollten. Das Urteil war nicht sobald gefällt, als auch das Faß schon erschien, in welches man sogleich alle vier hineinpackte; ehe man es jedoch zumachte, hatten einige Kammerfräulein der Vastolla, welche weinten, als ob sie der Bock gestoßen, ein Tönnchen mit Rosinen und trocknen Feigen hineingeworfen, damit sie, wenn auch nur auf kurze Zeit, etwas zu leben hätte. Kaum war aber der Deckel des Fasses aufgenagelt, so wurde es auch fortgeschafft und ins Meer geworfen, in welchem es vom Winde getrieben bald da bald dort umherschwamm. Vastolla inzwischen weinte aus ihren Augen ununterbrochene Tränenströme und sagte zu Pervonto: »Wie groß ist doch unser Unglück, daß wir die Wiege des Bacchus zum Sarge bei unserm Tode haben! Ach, wenn ich doch nur wenigstens wüßte, wer meinen Leib vorgehabt und mich so in diesen Kerker gebracht hat! Ach leider bin ich angebohrt worden, ohne auch nur zu wissen, wie. Sprich, Krokodil, sprich, welchen Zauber und welche Rute hast du gebraucht, mich in die Reifen dieses Fasses einzusperren? Sage, sage mir doch, welcher Teufel dich trieb, mir den unsichtbaren Zapfen einzuschrauben, damit ich keine andere Öffnung vor

Augen habe, als ein schwarzes Spundloch?« Pervonto, welcher bis dahin sich taub gestellt hatte, antwortete endlich: »Gib mir Feigen und Rosinen, so will ich dir dienen.« Um nur etwas aus ihm herauszubringen, gab ihm Vastolla eine Handvoll von beiden: und als er nun den Kropf voll hatte, erzählte er ihr haarklein, wie es ihm mit den drei Jünglingen, dann mit dem Holzbund und zuletzt mit ihr selbst ergangen war, daß nämlich, weil sie ihn behandelt als Gauch, er ihr gefüllt den Bauch. Sobald das arme Ding dies vernahm, faßte sie wieder Mut und sagte zu Pervonto: »Wollen wir denn, Freund, unser Leben in diesem Fasse auslaufen lassen? Warum machst du denn nicht, daß sich dieses Gefäß in ein schönes Schiff verwandle, damit wir dieser Gefahr entrinnen und in einen sichern Hafen einlaufen?«, worauf Pervonto erwiderte: »Gib mir Feigen und Rosinen, so will ich dir dienen«, und Vastolla füllte ihm alsdann den Schlund, damit er öffne den Spund, und gleich einer Karnevalsfischerin fischte sie ihm mit Feigen und Rosinen die Worte frisch aus dem Munde, worauf mit einem Male, indem Pervonto das sagte, was Vastolla wünschte, das Faß sich in ein Schiff verwandelte, mit allem zur Fahrt notwendigen Tauwerk und allen Matrosen, die zur Bedienung des Fahrzeugs erforderlich waren, und alsbald sah man den einen die Brassen anziehen, einen andern die Taue schießen, einen dritten das Steuer regieren, einen vierten die Segel stellen, einen fünften den Mast erklettern, einen sechsten »Links rum«, einen siebenten »Rechts rum« rufen, einen achten die Trompete blasen, einen neunten das Geschütz abfeuern, und einen das, den andern jenes tun, so daß Vastolla sich ganz über Bord fühlte und in einem Freudenmeer schwamm. Da es nun schon um die Zeit war, wo der Mond mit der Sonne »Kämmerchen vermieten« zu spielen anfängt, sagte Vastolla zu Pervonto: »Mache doch, schöner Jüngling, daß dieses Schiff sich in einen schönen Palast verwandle; denn wir werden dann sicherer sein. Du weißt ja, daß man zu sagen pflegt: ›Lobe das Meer und halte dich ans Land.‹« Pervonto erwiderte: »Gib mir Feigen und Rosinen, so will ich dir dienen«, worauf sie sogleich ihm das Verlangte zukommen ließ und Pervonto, den Mund sich füllend, auch ihren Wunsch erfüllte. Da mit einem Male stieß das Schiff ans Land und verwandelte sich in einen vollständig ausgeschmückten Palast, welcher mit so vielem Gerät und so großer Pracht angefüllt war, daß er nichts zu wünschen übrigließ, weswegen Vastolla, die unlängst ihr Leben für einen Dreier hingegeben hätte, nun nicht mit der vornehmsten Dame in der ganzen Welt getauscht haben würde, indem sie sich wie eine Königin empfangen und bedient sah. Als Schlußstein ihres ganzen, so günstigen Glückswechsels drang sie nun noch in Pervonto, sich die Gnade auszubitten, daß er schön und jung werde, damit sie einander hinfort in Freuden genießen könnten; denn obwohl das Sprichwort sage: »Besser ein Schwein zum Mann, als einen Kaiser zum Geliebten«, so würde sie es doch für das größte Glück auf Erden halten, wenn seine äußere Gestalt sich verwandelte; worauf sowohl Pervonto dieselbe Bedingung stellte wie früher und sprach: »Gib mir Feigen und Rosinen, so will ich dir dienen«, als auch Vastolla alsbald der Hartleibigkeit der Worte Pervontos durch das Laxiermittel der Feigen Abhilfe leistete, und kaum hatte er das Wort gesprochen, so verwandelte er sich aus einem Wiedehopf in eine Nachtigall, aus einem Popanz in einen Narziß, aus einer Vogelscheuche in ein Püppchen. Da Vastolla dies sah, geriet sie vor Freude fast außer sich, und indem sie ihn fest in die Arme schloß, lief ihr vor Wonne der Mund über.

Um dieselbe Zeit geschah es, daß der König, welchen von dem Tage an, wo ihm jenes Unglück widerfahren war, jede Fliege an der Wand geärgert hatte, von seinen Hofleuten zur Zerstreuung auf die Jagd geführt wurde. Auf dieser überfiel ihn die Nacht, und indem er durch ein Fenster jenes Palastes ein Licht schimmern sah, schickte er einen Diener ab, um anzufragen, ob man ihn beherbergen wolle. Er erhielt die Antwort, daß er nicht nur einer Flasche den Hals brechen, sondern, wenn es ihm beliebte, ein ganzes Faß ausleeren könne, so daß er sich alsobald mit seinem Gefolge in den Palast begab. Während er nun die Treppe hinaufstieg und die Zimmer durchschritt, sah er auch nicht ein einziges lebendiges Wesen, ausgenommen die beiden Knaben, die um ihn herumsprangen und dabei riefen: »Großvater, Großvater, Großvater!« Der König, verwundert, erstaunt und verdutzt, stand da wie bezaubert, und nachdem er sich vor Müdigkeit bei einem Tische niedergesetzt, sah er alsbald von unsichtbarer Hand ein damastenes Tischgedeck auflegen und Schüsseln voll Braten und Zubehör erscheinen, so daß er wie ein wirklicher König speiste und trank, während jene zwei hübschen Knaben ihn bedienten, und solange er bei Tische war, eine Musik von Pfeifen und Schellentrommeln ununterbrochen ertönte, deren Lieblichkeit ihn bis in die Fußspitzen durchdrang. Kaum war er nun mit dem Essen fertig, so stand plötzlich vor ihm ein Bett aus lauter Goldschaum, in das er, nachdem er sich die Stiefel hatte ausziehen lassen, sich unverweilt legte, welchem Beispiel auch seine sämtlichen Hofleute folgten, die gleichfalls an hundert in den übrigen Zimmern aufgestellten Tafeln tüchtig zugegriffen hatten. Als aber der Tag anbrach und der König beim Fortgehen die beiden Kleinen mit sich nehmen wollte, so erschien Vastolla nebst ihrem Manne, warf sich ihm zu Füßen und bat ihn um Gnade, indem sie ihm ausführlich erzählte, wie es ihr von Anfang an ergangen war. Da nun der König sah, daß er zwei Enkel wie die Perlen und einen Schwiegersohn wie einen Edelstein gefunden, so umarmte er beide, trug sie fast schwebend in die Stadt und veranstaltete daselbst große Feste, welche um dieses großen Fundes willen viele Tage dauerten, wobei er wider seinen Willen gestand, daß

»der Mensch denkt, Gott lenkt«.

4

Erster Tag

Viertes Märchen

»VARDIELLO«

Vardiello spielt seiner Mutter durch seine Dummheit unzählige schlimme Streiche und verliert ihr endlich ein Stück Leinwand. Indem er dies nun auf einfältige Weise wiedererlangen will, wird er unvermutet reich.

Sobald Meneca ihre Erzählung beendet hatte, die wegen der Fülle unterhaltender Ereignisse, durch welche die Aufmerksamkeit der Zuhörer im höchsten Grade war gefesselt worden, nicht weniger schön als die vorhergehende geschienen, fuhr Tolla auf Befehl des Prinzen fort und begann, ohne Zeit zu verlieren, folgendermaßen zu reden:

Wenn die Natur den Tieren das Bedürfnis der Kleidung und die Notwendigkeit, sich für Geld Nahrung anzuschaffen, auferlegt hätte, so ginge ohne Zweifel das vierfüßige Geschlecht dabei zugrunde. Indem sie nun aber ihre Speise ohne große Mühe finden und ohne Gärtner, der sie pflücke, ohne Käufer, der sie einkaufe, ohne Koch, der sie zubereite, und ohne Vorschneider, der sie zerlege, schützt sie zugleich ihr eignes Fell vor Regen und Schnee, ohne daß der Kaufmann ihnen Tuch gebe, der Schneider die Kleider mache und der Lehrjunge ein Biergeld verlange. Dem Menschen jedoch, welcher Verstand besitzt, hat die Natur diese Bequemlichkeiten nicht verleihen wollen; denn er weiß sich selbst das, was er braucht, zu verschaffen, und dies ist auch die Ursache, warum man die Klugen gewöhnlich arm und die Dummbärte reich sieht, wie ihr aus dem Märchen, das ich euch jetzt gleich erzählen werde, entnehmen könnet.

Grannonia von Aprano war eine Frau von sehr großer Klugheit, besaß aber an ihrem Sohne, namens Vardiello, den einfältigsten Tropf jener Gegend. Die Augen seiner Mutter sind jedoch wie behext und sehen gewöhnlich ganz falsch; daher hegte sie für ihn eine äußerst blinde Liebe und schmeichelte und streichelte ihn, als wäre er das schönste Geschöpf der Welt gewesen. Nun hatte aber Grannonia eine Gluckhenne, welche Küchlein ausbrütete, aus denen, wie sie große Hoffnung hegte, ihr ein hübscher Gewinn erwachsen und ihr Glück hervorsprießen sollte. Indem sie nun einmal notwendig ausgehen mußte, rief sie ihren Sohn und sprach zu ihm: »Gib wohl acht, mein lieber Goldjunge, was ich dir sage: laß mir die Gluckhenne ja nicht aus den Augen, und wenn sie fortlaufen will, um zu picken, so paß auf und jage sie in den Steig zurück; denn sonst werden die Eier kalt und wir haben dann weder Eier noch Hühnchen.« »Laß mich nur machen«, erwiderte Vardiello, »du hast zu keinen tauben Ohren gesprochen.« »Noch etwas«, fuhr die Mutter fort, »sieh, mein Herzenssöhnchen, in dieser Kammer steht ein Topf mit gewissen giftigen Sachen; hüte dich, daß dich die böse Sünde des Naschens nicht antreibt, davon zu kosten; denn dann wäre es um dich geschehen.« »Das sei fern von mir«, erwiderte Vardiello, »Gift lockt mich nicht an; du hast aber klug getan, daß du mir die Warnung erteilt; denn wäre ich daran geraten, so hätte ich alles mit Stumpf und Stiel aufgegessen.«

Hierauf ging die Mutter fort, und Vardiello blieb zurück, welcher sodann ohne Zeitverlust in den Garten ging, um Gruben zu machen und sie mit Zweigen und Erde zu bedecken, damit die kleinen Obstdiebe sich darin fingen. Da er aber bei der besten Arbeit war, bemerkte er, daß die Glucke aus der Stube gelaufen kam, und fing daher an zu rufen: »Husch, husch, fort hier, geh dort«; aber sie achtete nicht auf ihn, weswegen Vardiello, da er sah, daß die Henne auf ihren Kopf bestand, anfing mit den Füßen zu stampfen, und nach dem Fußstampfen die Mütze nach ihr zu werfen, und nach der Mütze einen Knüttel, der sie auch gerade auf den Kopf traf, ihr den Garaus machte und das Lebenslicht ausblies.

Als Vardiello das angerichtete Unheil wahrnahm, so

dachte er daran, dem Schaden so gut als möglich Abhilfe zu leisten, und aus der Not eine Tugend machend, ließ er die Hosen nieder und setzte sich auf die Eier, fabrizierte aber, indem er sein Hinterteil plötzlich einer gewissen Bürde entledigte, einen Eierkuchen von zwiefacher Gestalt. Indem er nun sah, was er angerichtet hatte, war er nahe daran, mit dem Kopf gegen die Mauer zu rennen; endlich jedoch, da ja jeder Schmerz mit der Zeit nachläßt und sein Magen ihn ungestüm mahnte, beschloß er, die Henne zu verschmausen; er rupfte sie daher, steckte sie an einen Spieß, machte ein großmächtiges Feuer und fing an, sie zu braten; worauf er, da sie in kurzer Zeit gar wurde, und um alles in gehöriger Weise anzurichten, ein reines Tischtuch über einen alten Kasten deckte und dann mit einem Krug in den Keller stieg, um sich einen Schoppen zu holen.

Während er jedoch mitten im besten Anzapfen war, hörte er einen Lärm, einen Spektakel, ein Getöse im Hause als wie von einer Koppel Pferde, und als er ganz bestürzt den Kopf umdrehte, sah er, wie eine große Katze die Henne mitsamt dem Spieß erwischt hatte und eine andere ihr miauend nachjagte, um ihren Anteil zu erhaschen. Um dies wiedergutzumachen, stürzte sich Vardiello wie ein losgelassener Löwe auf die Katzen, ließ jedoch vor großer Eile den Hahn des Weinfäßchens aufgedreht, und nachdem er die Bestien in alle Winkel des Hauses umhergejagt, setzte er sich zwar wieder in den Besitz der Henne, das Fäßchen jedoch war inzwischen ganz ausgelaufen. Sobald nun Vardiello zurückkehrte und die schöne Bescherung wahrnahm, lief auch ihm beinahe das Faß der Seele durch die Spundlöcher der Augen aus, endlich jedoch, nachdem er sich lange den Kopf darüber zerbrochen, wie er den Schaden wiedergutmachen sollte, damit die Mutter die Verheerung nicht bemerke, nahm er einen bis an den obersten Rand gefüllten, dicht gepfropften, festgedrückten, angestopften Sack Mehl und schüttete ihn auf die Weinsuppe.

Als er jedoch trotz alledem die stattgehabten Unglücksfälle an den Fingern herzählte und bedachte, daß er durch diese Masse von Eseleien, die er begangen, in der Gunst der Mutter gänzlich das Spiel verloren haben müßte, faßte er den herzhaften Entschluß, sich vor derselben nicht mehr lebendig sehen zu lassen. Er fiel daher über den Topf mit eingemachten Nüssen her, von dem ihm die Mutter gesagt, daß er Gift enthielte, und hörte nicht auf, einzuhauen, als bis sich der Boden des Topfes zeigte, worauf er, nachdem er sich so den Bauch gehörig angefüllt, sich in einen Backofen verkroch.

Bald nachher kam nun die Mutter nach Hause und pochte eine lange Zeit; als sie jedoch sah, daß ihr niemand aufmachte, stieß sie die Tür mit einem Fußtritt auf und rief, in das Haus tretend, ihren Sohn mit lauter Stimme. Da ihr indes keine Seele antwortete, ahnte sie ein großes Unglück, und indem sie in ein lautes Jammern ausbrach, fing sie an noch viel stärker zu rufen: »Vardiello! Vardiello! Bist du denn taub, daß du nicht hörst? Bist du denn lahm, daß du nicht gelaufen kommst? Hast du denn den Pips, daß du nicht antwortest? Wo steckst du denn, du Galgengesicht? Wo bist du denn hingekommen, böser Bube? O hätte ich dich doch gleich erstickt, als ich dich herausgedrückt.« Als Vardiello dies Gekreisch vernahm, rief er endlich mit kläglicher Stimme: »Hier bin ich, ich stecke im Ofen, und du wirst mich nicht wiedersehn.« »Warum?« fragte die arme Frau. »Weil ich mich vergiftet habe«, erwiderte der Sohn. »Herrgott«, rief Grannonia aus, »wie hast du denn das angefangen? Was hast du für einen Grund gehabt, diesen Selbstmord zu begehen, und wer hat dir das Gift gegeben?« Worauf ihr Vardiello all die schönen Dinge, die er ausgeführt, der Reihe nach erzählte, und daß er um dessentwillen sterben und sich nicht mehr der Gefahr ähnlicher Streiche in der Welt aussetzen wollte.

Sobald nun die Mutter ihn ausgehört, wurde ihr übel und weh zumute, und sie hatte außerdem noch Not, dem Vardiello seine schwermütige Grille aus dem Kopf zu treiben; da sie jedoch ganz vernarrt in ihn war, so gab sie ihm endlich noch einige andere süße Sachen zu essen und brachte ihn durch diese zu der Überzeugung, daß die eingemachten Nüsse kein Gift, sondern nur eine Magenstärkung waren.

Nachdem sie ihm nun so mit guten Worten zugesprochen und ihn mit tausend Liebkosungen überhäuft hatte, zog sie ihn aus dem Ofen, gab ihm ein Stück Leinwand und sagte zu ihm, er solle es verkaufen gehen, indem sie ihm zugleich den Rat erteilte, sich bei diesem Handel nicht mit Personen von vielen Worten einzulassen. »Schon gut«, sagte Vardiello, »habe nur keine Furcht und laß mich nur machen«, nahm darauf die Leinwand und trollte mit derselben nach Neapel, woselbst er in den Straßen umhergehend ausrief: »Wer kauft Leinwand, Leinwand!« Soviele ihn aber auch fragen mochten: »Was ist das für Leinwand?«, allen antwortete er: »Wir passen zueinander nicht, du machst mir zuviel Worte«, und wenn ihn jemand fragte: »Wie teuer verkauft ihr die Leinwand?«, so nannte er ihn einen Schwätzer, der ihn betäube und ihm den Kopf zerhämmere. Zuletzt erblickte er in dem Hofe eines wegen Gespenstern unbewohnten Hauses eine Bildsäule aus Stuck und daneben eine Bank, auf welche der arme Bursche, der, vom vielen Umherlaufen ermüdet, fast seine Füße nicht mehr fühlte, sich niedersetzte. Da er nun in dem ganzen Hause, welches wie geplündert aussah, kein einziges lebendes Wesen wahrnahm, so sagte er höchlich verwundert zu der Statue: »Höre, Kamerad, wohnt niemand in diesem Hause?« Und indem er lange Zeit vergeblich gewartet hatte, bis sie ihm antworten würde, so schien sie ihm endlich fürwahr eine Person von sehr wenig Worten, daher er wiederum zu ihr sprach: »Willst du diese Leinwand kaufen? Du sollst sie billig haben!« Als nun die Bildsäule noch immer nichts erwiderte, begann er aufs neue: »Meiner Treu, ich habe meinen Mann gefunden! – Da nimm sie hin und sieh dir sie an und gib mir dafür, was du willst; denn morgen hole ich mir die Moneten.« Dies sagend, ließ er die Leinwand an dem Orte, an welchem er gesessen, liegen, von wo sie das erste Menschenkind, welches um irgendeines dringenden Bedürfnisses willen in den Hof trat, über den unerwarteten Fund erfreut, mit sich fortnahm.

Sobald nun Vardiello, ohne Leinwand nach Hause zurückkehrend, der Mutter den geschlossenen Handel mitgeteilt hatte, wäre diese fast in Ohnmacht gefallen und rief endlich aus: »Wann wird doch endlich einmal dein Gehirn in Ordnung kommen? Erinnere dich doch, bedenke doch, wie viele schlimme Streiche du mir schon gespielt hast! Aber ich selbst messe mir die Schuld bei, weil ich aus purer Affenliebe dir nicht gleich anfangs gegeben habe, was dir zukam; und jetzt sehe ich ein, daß ein mitleidiger Arzt nur die Wunde unheilbar macht; du wirst es jedoch so lange treiben, bis du einmal übel bei mir ankommst, und dann werden wir eine lange Rechnung abmachen.« »Nur ruhig, liebe Mutter«, antwortete Vardiello, »es ist lange nicht so schlimm, als es aussieht! Verlangst du etwa mehr als funkelnagelneue Taler, und glaubst du etwa, ich sei so ein einfältiger Tropf und wisse nicht, was ich tue? Warte nur bis morgen, dann wirst du schon sehen; es ist ja nicht mehr so lange hin, und dann gib genau acht, ob ich wirklich so sehr auf den Kopf gefallen bin.«

Kaum war also der Morgen erschienen und die Schatten der Nacht, von den Häschern der Sonne verfolgt, aus dem Lande geflohen, so begab sich Vardiello eilig nach dem Hofraum, in welchem die Bildsäule stand, und sagte zu ihr: »Guten Tag, Freund, wäre es dir wohl gefällig, mir die paar Dreier zu geben und mir die Leinwand zu bezahlen?« Da er jedoch sah, daß die Statue keinen Laut von sich gab, ergriff er einen großen

Kiesel und warf ihn aus allen Kräften mit der Spitze gerade auf die Brusthöhle, so daß er der Bildsäule eine Ader zersprengte, sich selbst aber zur vollen Gesundheit verhalf; denn indem einige Steine herunterfielen, entdeckte er durch die Öffnung einen Topf voll mit Goldtalern, welchen er alsbald mit beiden Händen packte und damit über Hals und Kopf nach Hause rannte, wobei er einmal über das andere rief: »Mutter, Mutter, sieh doch die große Menge roter Feigbohnen, diese große, große Menge.« Sobald die Mutter die Taler erblickte, sagte sie zu ihm, da sie fürchtete, er würde den Vorfall den Leuten erzählen, er solle vor der Tür stehenbleiben, bis der Milch- und Käsemann vorüberkäme; denn sie wolle ihm für einen Dreier Milch kaufen. Vardiello in seiner Einfältigkeit setzte sich vor der Türe nieder, und die Mutter ließ länger als eine halbe Stunde lang mehr als sechs Maß Rosinen und trockne Feigen durch das Fenster herabregnen, worüber er laut zu schreien anfing: »Mutter, Mutter, gib Becken her, stelle Töpfe auf, mache Tonnen zurecht; denn wenn dieser Regen lange fortdauert, dann werden wir reich«, und nachdem er sich so den Bauch gehörig vollgefüllt hatte, ging er schlafen.

Es geschah nun eines Tages, daß, da zwei Tagelöhner, die das wahre Futter der Gerichtshöfe sind, wegen eines auf der Erde gefundenen Goldtalers gegeneinander klagten, Vardiello dazukam und sagte: »Was seid ihr doch für Erzesel, daß ihr wegen einer Feigbohne, wie diese da, miteinander prozessiert; in meinen Augen wenigstens gelten sie für nichts; denn ich habe davon einen ganzen Topf voll gefunden.« Als die Richter dies hörten, machten sie große Augen, examinierten ihn genauer und fragten, wie, wann und wo er diese Taler gefunden; worauf Vardiello antwortete: »Ich habe sie in einem Palast im Leibe eines stummen Menschen gefunden an dem Tage, als es Rosinen und trockene Feigen regnete.« Kaum hatte der Gerichtshof diese tolle Ungereimtheit vernommen, so merkte er gleich, wie es mit Vardiello stand, und befahl als kompetente Behörde desselben, ihn in ein Narrenhaus zu sperren. –

So machte die Dummheit des Sohnes die Mutter zur reichen Frau, und die Klugheit der Mutter machte die Eselsstreiche des Sohnes wieder gut, wodurch man ganz deutlich sieht:

»Ist gut des Schiffes Steuermann,
Stößt's selten an einen Felsen an.«

5

Erster Tag

Fünftes Märchen

»DER FLOH«

Ein König, der nicht viel Grütze im Kopfe hat, füttert einen Floh bis zur Größe eines Hammels auf, läßt ihm dann die Haut abziehen und bietet seine Tochter dem zur Belohnung, der da wüßte, was für eine Haut dies sei. Ein wilder Mann erkennt sie am Geruch und führt die Prinzessin fort; diese wird jedoch von den sieben Söhnen einer alten Frau durch ebensoviele Zauberkünste befreit.

Der Prinz und die Mohrin barsten fast vor Lachen über die Albernheit Vardiellos und bewunderten die Klugheit seiner Mutter, die seine einfältigen Streiche voraussah und wiedergutzumachen verstand. Nachdem jedoch das Schwatzen ein Ende genommen und Popa aufgefordert worden war, ihre Geschichte zu erzählen, begann sie folgendermaßen:

Ein unüberlegter Entschluß führt immer seine Züchtigung unvermeidlich mit sich; denn vor getan und nach gedacht, hat manchem schon groß Leid gebracht; wie dies der König von Hochberg erfuhr, der durch eine Unüberlegtheit ohnegleichen einen erzdummen Streich beging, indem er seine Tochter und die Ehre derselben in die größeste Gefahr stürzte.

Als nämlich einmal der König von Hochberg von einem Floh gebissen wurde und er ihn hierauf mit ganz besonderer Geschicklichkeit gefangen hatte, bemerkte er, daß der Floh so hübsch und stattlich war, daß er sich ein Gewissen daraus hätte machen müssen, ihn auf dem Schafott des Nagels vom Leben zum Tode zu bringen. Er steckte ihn daher in eine Flasche, und indem er ihn alle Tage mit dem Blute seines eigenen Armes fütterte, wuchs der Floh so gedeihlich heran, daß er ein anderes Quartier beziehen mußte und nach Verlauf von sieben Monaten größer und feister wurde als ein Hammel. Da nun der König dies sah, ließ er ihm die Haut abziehen, dieselbe dann gehörig gerben und hierauf öffentlich ausrufen, daß, wer da wüßte, von was für einem Tiere das Fell sei, die Tochter des Königs zur Frau bekommen sollte.

Sobald diese Bekanntmachung ergangen war, strömten die Leute haufenweise herbei und kamen von allen Enden der Welt, um diese Preisfrage zu lösen und ihr Glück zu versuchen; der eine sagte, die Haut wäre von einer Meerkatze, der andere von einem Luchs, ein dritter von einem Krokodil und der von dem und jener von jenem Tiere; alle aber waren auf dem Holzwege und keiner traf den Nagel auf den Kopf. Zuletzt jedoch meldete sich zu dieser Untersuchung auch ein wilder Mann, der das mißgeschaffenste Wesen auf der ganzen Welt schien, so daß schon der bloße Anblick desselben auch den Unerschrockensten in Zittern und Beben und Angst und Schrecken hätte versetzen können. Kaum war er nun angelangt und hatte die Haut gehörig beguckt und berochen, so traf er sogleich auch das Rechte auf ein Haar, indem er ausrief: »Dies ist die Haut des Großmeisters aller Flöhe!« Obwohl nun der König einsah, was für einen Bockstreich er gemacht, wollte er dennoch sein Wort nicht brechen und ließ seine Tochter Porziella herbeirufen. Diese hatte ein Gesicht wie Milch und Blut, war schlank wie eine Tanne, und wer sie sah, verschlang sie mit den Augen, so schön war sie! Zu ihr nun sagte der König: »Du weißt, liebe Tochter, was ich habe bekanntmachen lassen, und weißt auch, was für ein Wortsmann ich bin; kurz und gut, ich kann mich meinem Versprechen nicht entziehen; König oder Bettler, das Wort ist gegeben, und gehalten muß es werden, wenn mir auch dabei das Herz bricht; wer hätte aber auch denken können, daß dieses große Los einem wilden Manne zufallen würde? Da sich jedoch ohne den Willen des Himmels nicht einmal ein Blatt auf dem Baume rührt, so müssen wir glauben, daß diese Heirat zuerst dort oben und dann hier unten geschlossen worden ist. Habe also Geduld, sei ein gutes Kind und widersetze dich deinem Vater nicht; mein Herz sagt es mir voraus, daß du gute Tage haben wirst; denn schon oft sind unter einem Haufen roher Feldsteine große Schätze gefunden worden.«

Als Porziella diesen unseligen Beschluß vernahm, so erloschen ihr die Augen, das Gesicht erblich, die Lippen erschlafften, die Beine zitterten, und sie war nahe daran, den Falken der Seele der Wachtel des Schmerzes nachsteigen zu lassen. Endlich jedoch brach sie in Tränen aus und sprach, ihre Stimme erhebend, also: »Was habe ich denn Böses verbrochen, daß du mich so hart büßen lässest? Worin habe ich mich denn gegen dich so sehr vergangen, daß du mich der Gewalt dieses Scheusals überlieferst? Unglückliche Porziella! Jetzt mußt du wie ein Wiesel der Kröte in den Rachen laufen, jetzt wie ein armes Lämmchen die Beute eines Werwolfs werden! Ist dies die Zuneigung, die du zu deinem Blute hegst? Dies die Liebe, die du für eine Tochter zeigst, welche dich immer den Augapfel ihrer Seele genannt hat? So reißest du dir die aus deinem Herzen, welche ein Teil deiner selbst ist? So verstößest du die, welche die Freude deiner Augen ausmacht? O Vater, grausamer Vater, du bist gewiß nicht von menschlichem Geschlecht entsprossen, sondern die Ungeheuer der Tiefe haben dich gezeugt, und wilde Katzen dich gesäugt! Aber warum nenne ich Geschöpfe des Meeres und der Erde, da ja jedes Tier seine Jungen liebt? Nur dir allein ist dein Kind zuwider, nur du allein hassest und verabscheuest deine Tochter! Wieviel besser wäre es für mich gewesen, wenn meine Mutter mich erwürgt hätte, die Wiege mir zum Leichenbett, die Brust der Amme zum

Giftbecher, die Windeln zum Strick und die Klapper, die man mir um den Hals hing, zum Mühlstein geworden wäre, da ich so unglücklich sein sollte, diesen unseligen Tag zu erleben, und mich von Harpyienklauen geliebkost, von den Tatzen eines Bären umarmt, von den Hauern eines Schweines geküßt zu sehen!«

Porziella wollte noch weiter in ihren Klagen fortfahren, als der König voller Zorn sie unterbrach und ausrief: »Nur nicht so bitter, denn der Zucker ist teuer, nur sachte, denn der Krug geht so lange zu Wasser, bis er bricht; halt ein, denn schon kommt Hefe; husch und muckse nicht mehr, denn wenn du es zu bunt machst, so kriegst du was aufs Maul; was ich tue ist wohlgetan; will das Kücklein klüger sein als die Henne? Mach ein Ende und halte deinen Mund und sieh dich vor, daß mir nicht die Galle steigt; denn wenn ich dich erst unter meine Hände kriege, so bleibt auch kein gesunder Fetzen an dir, und du mußt hier auf der Stelle ins Gras beißen! Du dumme Liese du, willst du die Hosen anhaben und deinem Vater Gesetze vorschreiben? Seit wann ist es Mode, daß ein Ding, das noch nicht trocken hinter den Ohren ist, sich meinem Willen widersetzt? Nun hurtig ihm die Hand gegeben, und jetzt gleich in diesem Augenblick mache dich auf den Weg nach seinem Hause; denn ich will auch keine Minute länger so eine unverschämte, freche Krabbe vor meinen Augen haben!«

Als nun die unglückliche Porziella sah, daß sie keine Wahl weiter hatte, faßte sie mit dem Gesicht einer armen Sünderin, mit den Augen einer Besessenen, mit dem Munde einer, die Teufelsdreck gegessen, mit dem Herzen einer, die sich zwischen dem Block und dem Beile befindet, den wilden Mann bei der Hand und wurde von ihm ohne irgendeine andere Begleitung in einen Wald geschleppt, wo die Bäume die Flur überdachten, damit sie nicht von der Sonne entdeckt würde, die Bäche darüber wimmerten, daß sie, gezwungen im Dunkeln zu gehen, sich an die Steine stießen, die wilden Tiere, ohne Eintrittsgeld zu zahlen, sich lustigmachten und sicher in dem Dickicht umherstreiften, und wo nie ein Mensch hingelangte, wenn er nicht den Weg verloren hatte. An diesem Orte nun, der schwarz war wie ein ungefegter Schornstein und entsetzlich wie das Antlitz der Hölle, befand sich das Haus des wilden Mannes, inwendig mit Knochen von Menschen, die er aufgefressen, überall austapeziert. Nun denke sich eine ehrliche Christenseele, wie der armen Porziella zumute wurde, das Zittern und Beben, die Herzensangst, die Furcht, den Schrecken, das Entsetzen und das Grauen, welches das arme Mädchen empfand; fürwahr, auch kein Tropfen Blut blieb ihr in den Adern. Dies war aber noch gar nichts, noch nicht der tausendste Teil im Vergleich zu dem, was noch kommen sollte, denn zum Frühstück gab's Erbsen und zum Abendbrot Bohnen mit Schnecken. Der wilde Mann ging daher auf die Jagd und kehrte ganz beladen mit Vierteln geschlachteter Menschen zurück, worauf er sagte: »Du kannst dich nun nicht mehr beklagen, daß ich dich nicht gehörig füttere; hier hast du einen gehörigen Vorrat von Lebensmitteln, nimm und schmause und habe mich lieb;

denn eher soll der Himmel auf die Erde fallen, ehe ich es dir an Speise und Trank fehlen lasse!« Die arme Porziella jedoch fing an, sich zu übergeben wie eine schwangere Frau, und kehrte ihr Gesicht nach der andern Seite weg. Als der wilde Mann dies bemerkte, rief er aus: »Dies heißt wahrhaftig, den Schweinen Perlen vorwerfen! Das hat aber nichts zu sagen, gedulde dich nur bis morgen früh; denn ich bin zu einer Jagd auf wilde Schweine eingeladen worden und werde dir ein paar mitbringen, dann wollen wir mit unsern Vettern einen tüchtigen Hochzeitsschmaus veranstalten, um unser Beilager mit größester Lust zu feiern«, und so sprechend, begab er sich in den Wald.

Indem nun Porziella in Tränen gebadet am Fenster stehen blieb, kam zufällig eine alte Frau bei dem Hause vorüber, welche, von einem heftigen Hunger geplagt, Porziella um etwas zu essen bat, worauf diese erwiderte: »Ach liebe Frau, Gott fürwahr weiß, daß ich mich in der Gewalt des ärgsten Teufels befinde, der mir nichts anderes ins Haus bringt als Menschenviertel und Stücke von Erschlagenen, so daß ich selbst nicht begreife, wie ich diesen grauenhaften Anblick nur ertragen kann, und das elendeste Leben verbringe, das jemals eine Christenseele verbracht hat, und doch bin ich eine Königstochter, habe alle Tage Speck mit Klößen gegessen und alle Tage meines Lebens in Hülle und Fülle zugebracht.« Und während sie so sprach, fing sie an zu weinen wie ein Kind, dem man das Vesperbrot nimmt, so daß es die alte Frau jammerte und sie sagte: »Sei guten Mutes, mein schönes Kind, zerstöre dir deine Schönheit nicht durch Weinen; denn deine Rettung ist gewiß, und ich bin bereit, nach Kräften dazu beizutragen. Jetzt aber höre wohl zu, was ich dir sage: Ich habe sieben Söhne, wie die Eichen, wie die Riesen, Mase, Nardo, Cola, Micco, Petrullo, Ascaddeo und Ceccone, welche mehr können als Brot essen, und besonders Mase, der immer, wenn er sich mit dem Ohr auf die Erde legt, alles, was dreißig Meilen davon geschieht, auf das Genaueste hört und erkundet; Nardo macht jedesmal, wenn er spuckt, ein großes Seifenmeer; Cola macht jedesmal, wenn er ein Stückchen Eisen hinwirft, ein Feld von geschliffenen Schermessern; Micco, wenn er ein Spänchen hinwirft, macht einen dichten Wald; Petrullo macht immer, wenn er einen Wasserstrahl auf die Erde spritzt, einen gewaltigen Strom; immer wenn Ascaddeo einen Stein hinwirft, so steht mit einemmal ein sehr fester Turm da, und Ceccone schießt mit der Armbrust so genau, daß er auf eine Meile weit das Auge eines Huhnes trifft. Mit Hilfe dieser meiner Söhne also, die sehr freundlich und dienstfertig sind und Mitleid mit dir haben werden, will ich mir Mühe geben, dich aus den Klauen des wilden Mannes zu befreien; denn dieser leckere Bissen ist nicht für den Hals eines solchen Ungeheuers.«

»Was du tun willst, tu bald«, erwiderte Porziella, »denn das Scheusal von meinem Manne ist jetzt gerade nicht zu Hause, so daß wir Zeit hätten, uns auf die Beine zu machen und Reißaus zu nehmen.« – »Das ist heute abend nicht mehr möglich«, versetzte die Alte, »denn ich wohne gar sehr weit von hier. Doch verlasse dich darauf, daß morgen früh ich und meine Söhne miteinander hier sein werden, um dich aus deiner Not zu erretten.«

Nach diesen Worten ging sie fort, und Porziella brachte die Nacht mit freudigem Herzen zu. Sobald nun die Vögelein der Sonne ein »Vivat hoch!« zu bringen anfingen, da erschien auch die Alte mit ihren sieben Söhnen, und mit Porziella in ihrer Mitte machten sie sich auf den Weg nach der Stadt. Sie waren aber noch keine halbe Meile weit entfernt, als Mase, sich mit dem Ohr auf die Erde legend, ausrief: »Heda, holla, aufgepaßt, der Fuchs kommt. Der wilde Mann, weil er seine Frau bei seiner Nachhausekunft nicht gefunden, jagt uns jetzt spornstreichs nach.« Kaum vernahm dies Nardo, so spie er auf die Erde und machte ein Seifenmeer. Als nun der wilde Mann an dasselbe gelangte und diese Seifensiederei sah, so lief er rasch nach Hause zurück, nahm einen Sack mit Kleie und streute sich denselben immerfort so lange vor die Füße, bis er mit großer Mühe dieses Hindernis überwunden hatte.

Mase aber legte sich von neuem mit dem Ohr auf die Erde und rief: »Vorgesehen, Freunde, jetzt kommt er«, worauf Cola ein Stückchen Eisen auf die Erde warf, und sogleich kam ein Feld von Schermessern zum Vorschein. Der wilde Mann jedoch, der sich auf diese Weise den Paß verrannt sah, lief noch einmal nach Hause, bedeckte sich von Kopf zu Fuß mit Eisen, so daß er, zurückgekehrt, auch über diesen Aufenthalt weg kam. Mase aber legte sich von neuem mit dem Ohr auf die Erde und rief: »Hurtig, hurtig ins Gewehr! Der wilde

Mann wird bald hier sein; denn er läuft so rasch, als wenn er Flügel hätte.« Worauf Micco alsbald durch seinen Span mit einemmal einen ganz entsetzlichen, undurchdringlichen Wald hervorwachsen ließ. Kaum jedoch langte der wilde Mann an diesem schwierigen Paß an, so ergriff er ein Jagdmesser, welches er an seiner Seite hängen hatte, und fing an, rechts und links Eichen und Pappeln niederzuhauen und hier Tannen, dort Fichten auf die Erde zu strecken, so daß er mit vier oder fünf Streichen den ganzen Wald weggeräumt hatte. Mase aber, der die Ohren steifhielt, erhob seine Stimme von neuem und rief: »Wir müssen machen, daß wir fortkommen; denn der wilde Mann jagt heran so rasch wie ein Vogel, und schon seh ich ihn hinter uns.« Worauf Petrullo, sobald er dies wahrnahm, aus einer Quelle, die aus steinerner Schale ihre Wasserstrahlen emporsandte, einen Schluck Wasser in den Mund nahm, ihn auf die Erde spritzte und auf der Stelle einen breiten Strom zum Vorschein brachte. Als der wilde Mann diesen neuen Querstrich sah und wahrnahm, daß er nicht sobald ein Loch machte, als jene es auch schon wieder zustopften, so zog er sich splitternackt aus und schwamm mit den Kleidern auf dem Kopfe an das andere Ufer hinüber. Mase, der überall hinhorchte, vernahm die Fußtritte des wilden Mannes und sagte: »Mit unsern Sachen fängt es an, schlecht zu stehen; denn schon höre ich das Stampfen seiner Füße so nahe, daß der Himmel uns helfen möge. Doch wollen wir aufpassen und diesem Sturm Trotz bieten; wenn nicht, so ist es mit uns vorbei.« – »Seid ganz ohne Furcht«, sprach

Ascaddeo, »ich werde dem Lumpenhund schon zeigen, mit wem er es zu tun hat«, und während er dies sagte, warf er einen Stein auf die Erde, worauf plötzlich ein Turm dastand, in welchem sie ohne Zaudern Zuflucht suchten, indem sie die Tür desselben hinter sich verrammelten. Sobald aber der wilde Mann anlangte und sah, daß sie sich in Sicherheit gebracht hatten, lief er nach Hause, ergriff eine Winzerleiter und eilte mit dieser auf den Schultern zum Turm zurück. Mase, der immer die Ohren spitzte, hörte von fern die Ankunft des wilden Mannes und sprach: »Jetzt sind wir mit unsern Hoffnungen ganz und gar zu Ende; auf Ceccone beruht die letzte Zuflucht unseres Lebens; denn der wilde Mann kommt wieder, und zwar voller Wut. Das Herz pocht mir schon vor Furcht, und ich sehe bereits voraus, wie schlimm es uns ergehen wird.« – »Du machst dir wohl schon vor Angst in die Hosen«, erwiderte Ceccone, »laß du mich nur sorgen und gib acht, was für ein Kerl ich bin.« Während er dies sagte, legte der wilde Mann bereits die Leiter an und fing an hinaufzuklettern; Ceccone aber zielte scharf und traf ihn mit einem Bolzen dergestalt; daß jener wie eine Birne auf die Erde hinabpurzelte. Alsdann ging Ceccone hinaus und schnitt dem wilden Mann mit seinem eigenen Messer, welches er an der Seite trug, den Hals ab, als wäre er von Quarkkäse gewesen. Sie brachten hierauf den Kopf mit großer Freude zum König, welcher es schon hundertmal bereut hatte, daß er seine Tochter einem wilden Manne gegeben, und sich nun ganz glücklich fühlte, sie wiederzubekommen. Es dauerte auch nicht lange, so war für sie ein stattlicher Bräutigam gefunden, während der König nicht vergaß, die alte Frau nebst ihren sieben Söhnen, die seine Tochter aus einer so unglücklichen Lage errettet hatten, mit Reichtümern zu überhäufen. Zugleich aber erkannte er auch sein Vergehen gegen Porziella an, die er aus purem Eigensinn in eine solche Gefahr gestürzt, indem er törichterweise das Sprichwort vergaß:

»Man muß den Teufel nicht an die Wand malen.«

6

Erster Tag

Sechstes Märchen

»DIE ASCHENKATZE«

Lucrezia tötet auf Antrieb ihrer Hofmeisterin ihre Stiefmutter, indem sie hofft, daß, wenn ihr Vater nur erst die Hofmeisterin zur Frau hätte, sie dann von dieser besser behandelt werden würde; sie wird jedoch in die Küche gesteckt. Nach vielfachen Schicksalen heiratet sie indes durch Hilfe der Feen einen König.

Wie die Bildsäulen saßen die Anwesenden da bei Anhörung des Märchens vom Floh und erklärten sämtlich den König Dummbart für einen großen Esel, weil er sein eigen Fleisch und Blut sowie die Erbfolge seines Staates um einer solchen Kleinigkeit willen in so große Gefahr gestürzt. Nachdem sie jedoch alle ihren

Redestrom gehemmt hatten, ließ Antonella den ihren auf folgende Weise laufen: In dem Meer der Bosheit ist der Neid oft sehr schlimm angekommen: und statt einen andern ertrinken zu sehen, stürzt er entweder selbst ins Wasser oder scheitert an einer Klippe; wie es auch gewissen Mädchen erging, von denen ich euch im Begriff bin zu erzählen.

Es war nämlich einmal ein Prinz, welcher seine Frau durch den Tod verloren hatte, seine Tochter aber so herzinniglich liebte, daß er nur mit ihren Augen zu sehen pflegte. Für diese nun hielt er eine Hofmeisterin, welche ihr alle möglichen Spiele und Possen lehrte und so viel Zuneigung bewies, daß man es mit Worten gar nicht sagen kann. Da aber ihr Vater sich wieder verheiratete und eine verteufelt böse Sieben zur Frau nahm, so fing dieses verwünschte Weib an, ihrer Stieftochter herzlich gram zu werden und ihr so saure Mienen, schiefe Gesichter und grimmige Augen zu machen, daß das arme Kind vor Schreck ganz außer sich geriet und sich stets bei ihrer Hofmeisterin über die schlechte Behandlung, die ihr von der Stiefmutter widerfuhr, bitter beklagte und sagte: »Ach lieber Himmel, hättest du denn nicht meine Mutter sein können, die du mich immer mit so vielen Schmeicheleien und Liebkosungen überhäufst?« So oft nun wiederholte sie diese Reden, bis die Hofmeisterin sich dieselben zu Herzen nahm und, vom Teufel geblendet, einmal zu ihr sagte: »Wenn du meinem einfältigen Rat folgen willst, so will ich dein Mütterchen sein und dich liebhaben wie meinen Augapfel.« Sie wollte noch weiter fortfahren, als

Lucrezia (denn so hieß die Prinzessin) einfiel: »Verzeihe mir, wenn ich dich unterbreche, jedoch weiß ich, daß du mich liebst, darum husch und kein Wort weiter, vielmehr lehre mich nur das Mittel, wie ich mir helfen kann, schreibe du und ich will unterzeichnen.« – »Nun, wohlan«, erwiderte die Hofmeisterin, »gib wohl acht und tu die Ohren auf, und dein Wunsch wird erfüllt sein, du wirst selbst nicht wissen wie. Wenn Papa ausgeht, so sage zur Mutter, du wünschest eines von den alten Kleidern zu haben, die sich in der Hinterstube in dem großen Kasten befinden, damit du das, welches du trägst, schonen könntest. Da sie dich nun gern in lauter Lumpen und Fetzen gehüllt sehen möchte, so wird sie auch sogleich den Kasten öffnen und sagen: ›Halte den Deckel‹; du aber schlage ihn, während sie darin herumsucht, unvermutet zu und brich ihr auf diese Weise das Genick. Wenn nur erst dies geschehen ist, so weißt du wohl, daß dein Vater dir zuliebe das Blaue vom Himmel holen würde, wenn er könnte; daher bitte ihn, wenn er dich liebkost, daß er mich heirate; denn dann freue dich, du sollst immer die Gebieterin meines Lebens sein.«

Sobald Lucrezia dies hörte, schien ihr jede Stunde tausend Jahre zu dauern, bis sie den Rat der Hofmeisterin vollständig ins Werk gesetzt, worauf sie nach der gehörigen Trauerzeit um die Stiefmutter in den Vater zu dringen begann, daß er sich doch mit der Hofmeisterin verheiraten möchte. Anfangs nun scherzte der Prinz darüber, das Töchterlein jedoch schoß so lange bei dem Ziele vorbei, bis sie es endlich traf; denn er gab zuletzt den Bitten Lucrezias nach und veranstaltete bei seiner Verheiratung mit Carmosina (so hieß die Hofmeisterin) ein großes Hochzeitsfest.

Während aber das junge Volk beim Tanze war und Lucrezia zufällig auf einem Balkon stand, kam ein Täubchen herbeigeflogen, setzte sich auf eine Mauer und sprach zu ihr: »Wenn du nach irgend etwas Verlangen haben solltest, so lasse es nur die Feentaube auf der Insel Sardinien wissen; denn dann wirst du es gleich bekommen.«

Fünf bis sechs Tage lang nun überhäufte die neue Stiefmutter Lucrezien mit Liebkosungen, indem sie dieselbe bei Tische an den besten Platz setzte, ihr die besten Bissen zukommen ließ und die besten Kleider anzuziehen gab.

Kaum jedoch war die erste Zeit vorüber, so vergaß und verbannte sie gänzlich jede Dankbarkeit für den empfangenen Dienst (wehe dem, der einen schlimmen Herrn hat!), fing an ihre Töchter, die sie bis dahin verborgen gehalten, hervorzuziehen und brachte es bei ihrem Manne so weit, daß er die Stieftöchter liebgewann und sein eigenes Kind ganz und gar hintansetzte, so daß Lucrezia, immer mehr und mehr vernachlässigt und immer tiefer sinkend, am Ende aus den Staatszimmern in die Küche, von dem Thronhimmel an den Herd, von den seidenen und goldenen Prachtgewändern zu dem Scheuerwisch und von dem Zepter zum Bratspieß kam, und nicht nur den Stand, sondern auch den Namen änderte, da sie nicht mehr Lucrezia, sondern Aschenkatze genannt wurde.

Es ereignete sich nun einmal, daß der Prinz, ihr Vater, in Staatsangelegenheiten nach Sardinien reisen mußte und von den Stieftöchtern, welche Imperia, Calamita, Sciorella, Diamante, Colommina und Cascarella hießen, jede einzeln fragte, was er ihnen von der Reise mitbringen solle; worauf die eine sich prächtige Kleider wünschte, die andere schönen Kopfschmuck, die dritte Schminke, die vierte Spielwerk zum Zeitvertreib, kurzum die eine das, die andere jenes. Zuletzt sagte er, gleichsam wie zum Spott, zu seiner Tochter: »Und was möchtest du denn gern haben?«, worauf sie erwiderte: »Nichts anderes, als daß du die Feentaube von mir grüßest und ihr sagest, sie solle mir doch etwas schicken, und daß, wenn du dies vergissest, du dich nicht mögest vom Flecke rühren können. Vergiß nicht, was ich dir sage; denn wie du tun wirst, so wird's dir gehen.« Der Prinz reiste darauf ab, verrichtete seine Geschäfte in Sardinien, kaufte alles ein, was die Stieftöchter sich gewünscht hatten, aber Lucrezia vergaß er gänzlich. Sobald er sich indes eingeschifft hatte und in See gehen wollte, konnte man das Fahrzeug auf keine Weise aus dem Hafen bringen, so daß es schien, als würde es von einem Saugefisch zurückgehalten. Der Patron des Schiffes, der fast in Verzweiflung geriet, legte sich ganz ermattet schlafen und sah im Traum eine Fee, welche zu ihm sagte: »Weißt du auch, warum das Schiff nicht aus dem Hafen kann? Weil der Prinz, den du an Bord hast, seiner Tochter sein Versprechen gebrochen und sich aller andern, nur nicht seines eigenen Blutes erinnert hat.«

Alsobald erwachte der Patron und erzählte seinen Traum dem Prinzen, welcher ganz beschämt über den Bruch des Versprechens, das er geleistet, sich nach der Feengrotte begab und, den Gruß seiner Tochter ausrichtend, hinzufügte, man möchte ihr doch etwas schicken, worauf unversehens eine wunderschöne Jungfrau aus der Höhle hervortrat, welche zu ihm sagte, daß sie seiner Tochter für das freundliche Angedenken, in welchem diese sie hielte, bestens danke und sie bitte, sie solle nur ihr zuliebe immer froh und fröhlich sein. Zugleich auch gab sie ihm einen Dattelzweig, eine Hacke, einen kleinen Eimer, alles von Gold, und ein seidenes Handtuch, indem sie bemerkte, das eine wäre zum Behacken und das andere zum Begießen des Zweiges. Der Prinz nahm hierauf, ganz verwundert über das Geschenk, von der Fee Abschied, kehrte nach Hause zurück, und nachdem er unter die Stieftöchter die gewünschten Sachen ausgeteilt, gab er zuletzt auch seiner Tochter die von der Fee erhaltenen Geschenke. Diese war vor Freude ganz außer sich, pflanzte den Dattelzweig in einen schönen Blumentopf, pflegte und behackte ihn und trocknete ihn mit dem seidenen Handtuch morgends und abends, so daß er schon nach vier Tagen bis zur Höhe einer Frau emporgewachsen war und eine Fee aus demselben hervortrat, welche Lucrezia fragte: »Was wünschst du dir?«, worauf diese antwortete, daß sie gern manchmal ohne Wissen ihrer Schwestern aus dem Hause gehen möchte. »So komme denn«, erwiderte die Fee, »jedesmal, wenn du diesen Wunsch hegst, an den Blumentopf und sprich:

›O Dattelbaum du, du goldene Gabe,
Den stets ich mit goldenem Spaten umgrabe,
Mit Wasser aus goldenem Eimer auch labe,
Getrocknet mit seidenem Handtuch auch habe,
Zieh *dich* doch jetzt aus
Und *dich* putz heraus.‹

Wenn du dich aber ausziehen willst, so ändere die letzten Verse und sage:

›Zieh *mich* doch jetzt aus
Und *dich* putz heraus.‹«

Sobald daher der nächste Festtag erschienen und die Töchter der ehemaligen Hofmeisterin ausgegangen waren, ganz geschniegelt und gebügelt, ganz schimmernd und flimmernd, ganz Bänder und Gewänder und befalbelte Ränder, während Blumen und Düfte parfümierten die Lüfte, und tausend von Dingen sie noch umfingen, eilte Lucrezia rasch zu dem Blumentopf, und nachdem sie die ihr von der Fee gelehrten Worte ausgesprochen, sah sie sich plötzlich wie eine Königin ausgeschmückt und auf einem Zelter sitzend, dem zwölf schmucke, zierliche Pagen folgten, worauf sie sich ebendahin begab, wohin ihre Schwestern gegangen waren, denen beim Anblick der Schönheit dieses holden Täubchens förmlich der Mund wässerte vor Verlangen, so auszusehen wie sie.

Der Zufall fügte es nun aber so, daß sich in derselben Gesellschaft gerade auch der König jenes Landes befand, welcher, von der ungemeinen Schönheit Lucrezias beim ersten Blick bezaubert, einem vertrauten Diener auftrug, daß er zusehen solle, wie er über diese fremde Jungfrau etwas Näheres erfahren könne, wer sie nämlich wäre und woher sie käme. Der Diener ging ihr nun zwar sogleich auf dem Fuße nach; Lucrezia aber, welche den Späher bemerkte, warf eine Handvoll Goldtaler, welche sie sich von dem Dattelbaum zu diesem Behuf hatte geben lassen, hinter sich. Jener steckte sich sogleich die Laterne an und vergaß, dem Zelter zu folgen, um sich lieber die Hände mit Füchsen zu füllen, worauf Lucrezia in aller Geschwindigkeit in ihr Haus trat und daselbst, wie die Fee sie gelehrt, sich auskleidete. Bald darauf kamen auch ihre Hexen von Schwestern heim und erzählten ihr, um sie zu ärgern, von den tausend hübschen Sachen, die sie gesehen.

Inzwischen kehrte der Diener zu dem König zurück und teilte ihm mit, wie es sich mit den Goldtalern zugetragen hatte, worauf dieser in einen heftigen Zorn geriet, den Diener schmähte, daß er um ein paar lumpiger Dreier willen den Wunsch seines Herrn unerfüllt gelassen, und ihm scharf ansagte, daß er am nächsten Feste sich ja jede erdenkliche Mühe geben solle zu erfahren, wer jene schöne Jungfrau wäre und wo jener seltene Vogel sein Nest habe.

Das nächste Fest erschien, und die Schwestern, im vollsten Staat das Haus verlassend, ließen Lucrezia am Herde zurück; diese jedoch lief sogleich zu dem Dattelbaum, und nachdem sie die bewußten Worte gesagt, traten aus demselben mit einemmal eine Anzahl Zofen, die eine mit einem Spiegel, die andere mit einem Fläschchen Kürbiswasser, eine dritte mit einem Brenneisen, eine vierte mit einem Schminktöpfchen, eine fünfte mit einem Kamm, eine sechste mit Nadeln, eine siebente mit den Kleidern und wieder eine andere mit den Brust- und Halsketten, und nachdem sie Lucrezia so glänzend geschmückt hatten, daß sie leuchtete wie eine Sonne, setzten sie sie in eine sechsspännige Karosse, welche von Lakaien und Pagen in voller Livree begleitet wurde. Nachdem sie nun an demselben Ort, wo sie am vorhergehenden Feste gewesen, angelangt war, vergrößerte sie das Staunen in den Herzen der Schwestern und das Feuer in der Brust des Königs. Sobald sie sich wieder fortbegeben hatte und bemerkte, daß der Diener des Königs ihr nachging, warf sie, um von diesem nicht ausgespäht zu werden, eine Handvoll Perlen und Edelsteine hinter sich, welche jener wackere Mann für gar nicht zu verachten hielt, so daß er zurückblieb, um sie aufzuklauben, und Lucrezia Zeit gewann, unbemerkt nach Hause zu gelangen und sich auf gewöhnliche Weise zu entkleiden. Nach langer, langer Zeit erst kehrte der Diener zu dem König zurück, welcher ihn auf folgende Weise anfuhr: »So wahr ich lebe, wenn du mir diese Jungfrau nicht ausfindig machst, so kriegst du eine derbe Tracht Prügel und so viele Fußtritte in den Hintern, wie du Haare in deinem Barte hast.« Das nächste Fest erschien, die Schwestern gingen wieder aus, und Lucrezia trat vor den Dattelbaum, worauf sie nach Wiederholung des Zauberspruches auf das prächtigste angekleidet und alsdann in einen goldenen Wagen gebracht wurde, den so viele Diener umringten, daß der ganze Aufzug dem eines auf einem öffentlichen Spaziergang arretierten, von Bütteln umringten Freudenmädchens glich. Nachdem sie nun bei ihren Schwestern den gewöhnlichen Neid erweckt hatte, begab sie sich wieder fort, von dem Diener des Königs begleitet, der sich wie mit doppeltem Zwirn an ihren Wagen annähte. Als sie nun sah, daß er immer hinter ihr herkam, so rief sie: »Fahr zu, Kutscher«, worauf der Wagen mit solcher Schnelligkeit davonjagte und ihre Eile so groß war, daß ihr ein Pantoffel entfiel, und zwar einer der niedlichsten, die man je gesehen. Da nun der Diener den dahinfliegenden Wagen nicht erreichen konnte, so hob er den Pantoffel von der Erde auf und brachte ihn dem Könige, indem er ihm zugleich erzählte, wie es ihm ergangen war. Der König nahm den Pantoffel in die Hand und sprach: »Wenn der Grundbau so schön ist, wie wird erst das Haus aussehen? O schöner Leuchter, auf dem sich das Licht befand, welches mich entzündet; o Dreifuß des schönen Kessels, in welchem das Leben siedet; o du schöner Kork, befestigt an die Angelschnur Amors, mit welcher er meine Seele gefangen hat, sieh, hier umarme ich dich und drücke dich an mein Herz, und wenn ich auch den Baum nicht erreichen kann, so bete ich doch die Wurzeln an, wenn ich auch den Knauf nicht haben kann, so küsse ich doch das Fußgestell! Bisher warst du das Gefängnis eines weißen Fußes, jetzt bist du die Fessel eines unglücklichen Herzens; du erhöhtest um anderthalb Zoll die Tyrannei meines Lebens und durch dich auch wächst um ebensoviel die Wonne meines Lebens, solang ich dich besitze und bewahre.«

Nachdem er dies gesprochen, rief er seinen Sekretär,

ließ einen Trompeter kommen und hierauf »Tu, Tu« eine öffentliche Bekanntmachung ergehen, daß alle Frauen des Landes sich bei einem gewissen Feste und Bankett einfinden sollten, das er sich in den Kopf gesetzt zu veranstalten. Als daher der bestimmte Tag erschien, o du mein Himmel, was für ein Geschmause und Gejubel gab es da, woher kamen nur alle die Pasteten und Torten, woher die Braten und Fleischklöße, woher die Makronen und das Zuckerwerk? Denn sie waren in so großer Menge vorhanden, daß man ein vollständiges Heer damit hätte speisen können.

Sobald nun die Frauen alle angelangt waren, vornehme und geringe, reiche und arme, alte und junge, schöne und häßliche und sämtlich im besten Putz, und man erst tüchtig geschmaust hatte, so probierte der König einer jeden der Eingeladenen, ohne auch nur *eine* zu übergehen, den Pantoffel an, um zu sehen, welcher er so gut und genau passe, daß er an der Form des Pantoffels das, was er suchte, zu erkennen vermöchte; er fand aber keinen passenden Fuß und war nahe daran, zu verzweifeln. Gleichwohl gebot er Stillschweigen und sprach: »Kommet morgen wieder und esset mit mir eine Suppe; doch bitte ich auch, daß ihr kein einziges Frauenzimmer zu Hause lasset, und sei sie, wer sie wolle.« Hierauf sagte zu ihm der Prinz: »Ich habe zwar noch eine Tochter, allein sie steckt immer hinter dem Herde, und es fehlt ihr so gänzlich an aller Zierlichkeit der Gestalt und Sitten, daß sie es nicht verdient, an eurem Tische zu essen.« – »Schon gut«, sagte der König,

»gerade sie soll vor allen andern kommen, denn so wünsche ich es.«

So nun schieden sie, und am darauffolgenden Tage fanden sich wiederum alle ein, und zugleich mit den Töchtern Carmosinas kam auch Lucrezia. Kaum wurde diese von dem König erblickt, so schien sie ihm auch sogleich die zu sein, welche er suchte; jedoch hielt er seine Empfindungen fürs erste noch zurück. Nachdem aber die Kinnbackentätigkeit der Anwesenden ihr Ende gefunden, wurden wieder die Proben mit dem Pantoffel angestellt, und nicht sobald näherte letzterer sich Lucreziens Fuß, als er gleich dem Eisen, welches auf den Magnet losfährt, von selbst an den Fuß dieses Herzblattes Amors fuhr. Kaum nahm dies der König wahr, so eilte er auf sie los, um ihr aus seinen Armen eine Presse zu machen, bat sie, sich unter dem Thronhimmel niederzulassen, und setzte ihr alsdann die Krone aufs Haupt, worauf alle Anwesenden vor ihr, als vor ihrer Königin, Knickse und Reverenzen zu machen anfingen. Als ihre Schwestern dies sahen, so barsten sie fast vor Ärger, und da sie nicht gesonnen waren, dieses Herzeleid länger mitanzusehen, so schlichen sie sich ganz heimlich und still nach Hause, indem sie sich wider Willen gestehen mußten, daß:

»In gar großer Narrheit lebt,
Wer den Sternen widerstrebt.«

7

Erster Tag

Siebentes Märchen

»DER KAUFMANN«

Cienzo wirft einem Königssohn ein Loch in den Kopf, flieht aus seiner Heimat und befreit die Prinzessin von Narrenland von einem Drachen. Nach mancherlei Ereignissen heiraten sie sich; worauf Cienzo von einem Weibe bezaubert, jedoch von seinem Bruder befreit und dann aus Eifersucht von demselben getötet wird. Unschuldig befunden, erhält er durch ein gewisses Kraut das Leben wieder.

Man könnte sich unmöglich vorstellen, wie sehr einem jeden das endliche Glück Lucrezias zu Herzen ging, und obwohl sie die günstigen Fügungen des Himmels hinsichtlich derselben höchlich priesen, so tadelten sie doch ebensosehr die geringe Strafe ihrer

Stiefschwestern, da ihnen für den Hochmut keine Züchtigung zu stark und für den Neid keine Heimsuchung zu schwer schien. Während nun hierüber vielerlei geflüstert wurde, legte der Prinz Thaddäus sich den Zeigefinger der rechten Hand auf den Mund und deutete ihnen so an, daß sie schweigen sollten, worauf sie alle auf einmal verstummten, als wenn sie den Wolf gesehen hätten, oder wie ein Schulknabe, der mitten im besten Plaudern unvermutet den Lehrer neben sich erblickt. Der Prinz winkte alsdann der Ciulla, daß sie anfangen sollte, und diese begann wie folgt:

Die Leiden des Menschen sind meistenteils nur Spaten und Schaufeln, welche ihm zu einem unerwarteten Glück den Weg bahnen, und mancher Mensch verwünscht den Regen, der ihm den Kopf naß macht, und weiß nicht, daß er ihm Überfluß bringt, mit dem er den Hunger verbannen kann, wie sich dies auch an einem Jünglinge zeigte, dessen Geschichte ich euch jetzt erzählen will.

Es war nämlich einmal ein steinreicher Kaufmann namens Antoniello; dieser hatte zwei Söhne, welche Cienzo und Meo hießen und einander so ähnlich sahen, daß man sie nicht voneinander unterscheiden konnte. Es geschah nun einmal, daß Cienzo, der ältere von den beiden, mit dem Sohn des Königs von Neapel auf dem Meeresufer spielte, und während sie sich mit Steinen bombardierten, ihm ein Loch in den Schädel warf. Hierüber geriet Antoniello in den größten Zorn und sagte zu seinem Sohne: »Bravo, das war hübsch getan; das war einmal ein Kapitalstreich; des kannst du dich überall rühmen und froh und fröhlich sein, denn jetzt hast du alles, was du brauchst! – Wie, dem Sohn des Königs hast du ein Loch in den Kopf geschmissen? Und hast gar nicht bedacht, was du eigentlich tatst, du Schafsgesicht? Wie wird es dir nur jetzt ergehen? Nicht drei Pfennige wollte ich wetten, daß du dir nicht einen sehr schlimmen Brei eingerührt hast, und wenn du auch wieder in das Loch zurückkröchest, aus dem du hervorgekommen bist, so möchte ich dir dennoch dafür nicht bürgen, daß die Hände des Königs dich nicht auch dort erreichen könnten; denn du weißt wohl, Leute wie der haben lange Beine und gelangen überallhin; darum wird auch er dir eine fatale Stänkerei anrichten.«

Nachdem nun der Vater dies und noch tausend andere Dinge immer wieder von neuem gesagt hatte, antwortete Cienzo: »Ich habe, Herr Vater, immer sagen hören: ›Lieber verklagt als kuriert!‹ Wäre es nun nicht schlimmer gewesen, wenn jener *mir* den Kopf zerschlagen hätte? Überdies hatte er angefangen, wir sind auch noch jung, und der Kasus ist daher streitig; abgesehen davon, daß ein erstes Vergehen nicht so streng bestraft wird und der König ein vernünftiger Mann ist. Schlimmstenfalls aber, was kann er mir denn so großes tun? Kommt man mir so, so komm ich so, und helfe ich mir nicht auf diese Weise, so helfe ich mir doch auf jene; wo sich's gut lebt, da ist man so gut wie zu Hause, und bange machen hilft nicht.«

»Was er dir tun kann?« erwiderte der Vater, »er kann dich über Hals und Kopf aus der Welt schaffen, kann dir eine Veränderung der Luft vorschreiben, kann dich zu einem Schulmeister machen mit einem 24 Schuh langen Lineal, damit du den Fischen Stockschillinge gebest, auf daß sie reden lernen; er kann dich auch mit einem drei Fuß langen eingeseiften Halsband hinschikken, damit du dich mit Wittib Dreibein lustig machest, statt aber das Frauchen bei der Hand zu fassen, mit den Füßen in der Luft tanzest. Trödle also nicht so lange, als wüßtest du nicht, was du tun sollst, sondern mache dich stehenden Fußes auf den Weg, damit man über dich weder etwas Neues noch etwas Altes höre und du nicht am Ende mit dem Fuße hängen bleibst. Besser ein Vogel im Freien als im Käfig. Hier ist Geld, nimm dir auch eins von den zwei gefeiten Pferden, die ich im Stalle habe, und auch den gefeiten Hund und warte nicht länger; denn besser ist es, Fersengeld zu zahlen, als mit gleicher Münze bezahlt zu werden; besser ist es, die Beine über den Buckel zu nehmen, als den Hals zwischen zwei Beinen zu haben; besser ist es, die Füße ordentlich auszustrecken, als sich von drei Fuß Hanf ausstrecken zu lassen; such nur den Ranzen hervor, oder man kriegt dich beim Ohr.«

Cienzo bat nun den Vater um seinen Segen, setzte sich dann aufs Pferd und, das Hündchen unter den Arm nehmend, fing er aus der Stadt zu reiten an; sobald er aber das Capuanische Tor hinter sich hatte, kehrte er sich nach der Stadt um und rief aus: »Sieh, jetzt muß ich dich, mein geliebtes Neapel, verlassen, wer weiß, ob ich euch je wiedersehen werde, ihr Ziegeln von Zucker, ihr Mauern von Marzipan! Wo die Steine von wirklichem Manna, die Balken von Zuckerrohr, die Türen und Fenster von Blätterkuchen sind! Ach, schönster Pennino, indem ich mich von dir trenne, fühle ich meine Brust wie vom Apennin beschwert; indem ich dich verlasse, großer Platz, beengt sich mir der Atem; indem ich mich von dir entferne, Rüsterplatz, rüste ich mich beinah zum Tode; indem ich von euch scheide, ihr Lanzieren, ist's mir, als bekäme ich einen Katalonischen Lanzenstich; indem ich mich von dir losreiße, Forcella, so ist mir, als ob mir jemand mein Leben fortzöge! Wo werde ich noch einen solchen Hafen finden, o du freundlicher Hafen alles Glückes der Welt? Wo noch einen solchen Maulbeerplatz, auf welchem die Lämmchen der Liebesgöttin stets vor lauter Fröhlichkeit scherzen und hüpfen? Wo noch ein solches Loch, diesen Aufenthalt aller tugendsamen Menschen? Wo noch eine solche Loggia, wo die Fülle logiert und die Luft sich niederläßt? Ach, auch von dir kann ich mich nicht entfernen, mein trauter Lavinaro, ohne daß heiße Tränen gleich der Lava meinen Augen entströmen! Ich kann dich nicht verlassen, o Markt, ohne mir viel Herzeleid einzukaufen! Ich kann dir kein Lebewohl sagen, schöne Chiaja, ohne die schmerzlichsten Klagen! Lebe wohl, Pastinak und Kohl! Lebet wohl, ihr Pfann- und Hirsekuchen! Lebet wohl, ihr Broccoli und Thunfische! Lebet wohl, ihr Fleischklöße und Karbonaden! Lebe wohl, du Blume der Städte, du Zier Italiens, du Schmuck Europas, du Spiegel der Welt! Lebe wohl, Neapel, du Nonplusultra, wo die Tugend ihre Grenzen und die Anmut ihre Markscheide aufgerichtet hat! Ich scheide nun, um für immer der Kräutersuppen beraubt zu leben; ich ziehe hin aus diesem herrlichen Wohnsitz; ihr Kohlstrünke, ich muß euch jetzt auf ewig verlassen!«

Während er nun so sprach und einen Winter von Tränen mit einer Sommerglut von Seufzern ausströmte, zog er immer weiter fort, bis er am ersten Abend in der Gegend von Cascano in einem Walde anlangte, welcher das Gespann der Sonne von seinem Umkreise fernhielt und sich lieber an der Stille und dem Schatten erfreute. Hier nun stieß er auf ein altes Haus am Fuße eines Turmes, an dessen Tor er pochte; da aber der Herr desselben aus Furcht vor Räubern und wegen der schon hereingebrochenen Nacht nicht öffnen wollte, so sah sich der arme Cienzo gezwungen, in dem verfallenen Hause zu bleiben. Er ließ daher das Pferd gefesselt auf einer Wiese weiden, sich selbst aber warf er mit dem Hündchen zur Seite auf etwas Stroh nieder, das er vorfand. Kaum aber hatte er die Augen zugetan, so wurde er von dem Bellen des Hündchens geweckt und hörte in dem Hause leise Fußtritte. Mutig und unerschrokken, wie er war, ergriff er seine Fuchtel und fing an, im Dunkel wütend um sich zu hauen; da er aber merkte, daß er niemand traf und eitle Lufthiebe führte, so streckte er sich wiederum auf sein Lager hin. Einige Augenblicke darauf indes fühlte er sich ganz sachte am Fuße gezogen und sprang daher, die Plempe von neuem ergreifend, noch einmal auf, indem er ausrief: »Holla, Patron, du kujonierst mich doch zu sehr. Laß diese Späße sein und zeige mir lieber, ob du Courage hast; komm nur immer her und kühle dein Mütchen; denn du hast deinen Mann gefunden.« Bei diesen Worten vernahm er ein schallendes Gelächter und hierauf eine Stimme unter sich, welche sagte: »Steige zu mir herunter, und dann werde ich dir sagen, wer ich bin.« Cienzo verlor den Mut nicht, sondern erwiderte: »Warte ein wenig, ich komme schon«, und tappte dann so lange umher, bis er eine Leiter fand, die in einen Keller hinabführte. In diesen stieg er hinab und erblickte daselbst eine angezündete Lampe und drei gespensterartige Gestalten, welche ein lautes Klagegeheul erhoben, indem sie ausriefen: »O weh, du schöner Schatz, jetzt müssen wir dich verlieren.« Als Cienzo dieses Wehgeschrei vernahm, fing auch er der Gesellschaft wegen zu jammern an, und nachdem dieses Weinen und Klagen eine Zeitlang gedauert und der Mond bereits die Sauce seiner Strahlen mitten über die Himmelspastete ausgegossen hatte, sagten diejenigen, welche das Jammergeschrei ausstießen, endlich zu Cienzo: »Nimm jetzt diesen Schatz, welcher nur für dich bestimmt ist, und sieh zu, daß du dir ihn auch zu bewahren verstehest!« Worauf sie verschwanden, so daß Cienzo auch nicht die geringste Spur davon zu entdecken vermochte, wo sie hingekommen waren. Sobald er nun durch ein Loch in der Mauer die Sonne erscheinen sah, wollte er wieder hinaufsteigen, konnte aber die Leiter nicht finden und fing daher so laut zu schreien an, daß der Herr des Turmes, welcher in das verfallene Gemäuer getreten war, um daselbst ein Bedürfnis zu verrichten, ihn hörte, und nachdem er ihn gefragt, was er da unten mache, und den Verlauf der Sache gehört hatte, eine andere Leiter herbeiholte, auf welcher er hinabstieg. Sie entdeckten nun einen großen Schatz, von welchem Cienzo, als jener ihm seinen Anteil geben wollte, jedoch durchaus nichts annahm, sondern nur mit seinem Hündchen im Arm das Pferd bestieg und hierauf fortritt.

Nach einiger Zeit nun gelangte er in einen so öden und grausigen Wald, daß einem gar schauerlich zumute wurde, so dunkel war er, und traf daselbst am Ufer eines Flusses, der dem Schatten zu Gefallen, in den er sich verliebt hatte, in den Wiesen wie eine Schlange umherlief und über die Steine hinwegsprang, eine Fee an, welche von einer Schar Räuber umringt war, die ihr die Ehre zu rauben versuchten. Als Cienzo die Nichtswürdigkeit dieser Schelme wahrnahm, ergriff er seinen Degen und richtete unter ihnen ein fürchterliches Gemetzel an, so daß die Fee voll Erkenntlichkeit über diese tapfere Tat ihm tausendmal dankte und ihn nach ihrem nicht weit entfernten Palast einlud, woselbst sie ihm den ihr erwiesenen Dienst vergelten wollte. Cienzo jedoch sagte bloß: »Schönsten Dank, ist gar keine Ursach, ein andermal bin ich so frei, jetzt habe ich Eile; denn ich habe etwas Wichtiges zu tun«, und empfahl sich hierauf.

Nachdem er nun wieder ein gutes Stück Weges zurückgelegt hatte, langte er bei dem Palast eines Königs an, welcher ganz schwarz ausgeschlagen war, so daß es einem im Herzen wehtat, ihn anzuschauen, und als Cienzo nach der Ursache dieser Trauer fragte, erfuhr er, daß in jenem Lande ein Drache mit sieben Köpfen seinen Wohnsitz aufgeschlagen hatte, der schrecklichste, den man je in der Welt gesehen, mit einem Kamm wie ein Hahn, dem Kopf einer Katze, Augen wie brennendes Feuer, einem Rachen wie ein korsischer Bullenbeißer, mit Flügeln wie eine Fledermaus, mit den Krallen eines Bären und dem Schweif einer Schlange. Dieser Drache aber verschlang täglich einen Christenmenschen, und da dies bis zu jenem Tage fortgedauert hatte, so war unglücklicherweise dieser Treffer auf die Tochter des Königs, namens Menechella, gefallen, und deswegen nun fand dieses Jammern und Klagen in dem königlichen Hause statt, indem das lieblichste Geschöpf jenes Landes von einem so entsetzlichen Tiere verschlungen und verzehrt werden sollte. Als Cienzo dieses vernommen, trat er beiseite und sah Menechella in Trauergewändern herbeikommen, begleitet von allen Edelfrauen des Hofes und allen Weibern der Stadt, welche die Hände zusammenschlugen und sich die Haare büschelweise ausrauften, während sie das Geschick des armen Mädchens beweinten und ausriefen: »Wer hätte es geahnt, daß diese unglückliche Jungfrau der Güter des Lebens in dem Leibe dieses häßlichen Ungeheuers beraubt werden würde? Wer hätte es geahnt, daß dieses schöne Vögelein den Bauch eines Drachen zum Käfig erhalten, wer es geahnt, daß dieser schöne Engel die Fülle seines Lebensfadens in diesem unseligen Kerker abspinnen sollte?« Während sie nun dieses ausriefen, kam plötzlich aus einer Höhle der Drache hervor – Herr du mein, wie häßlich war er nicht! So sehr, daß die Sonne sich vor Furcht hinter den Wolken verkroch, der Himmel sich verfinsterte und die Herzen aller jener Leute wie die Mumien zusammenschrumpften; ja, so groß war das Zittern und Beben, daß sie samt und sonders nahe daran waren, sich zu verunreinigen. Cienzo aber, der dies alles mit ansah, ergriff seinen Degen und ritz, ratz hieb er dem Drachen einen Kopf ab, daß er auf der Erde hinrollte. Sobald indessen der Drache sich den Hals an ein gewisses, nicht weit davon wachsendes Kraut gerieben hatte, sprang ihm sogleich wieder der Kopf an, wie eine Eidechse, die sich wieder mit ihrem Schwanz vereint. Nicht sobald jedoch nahm Cienzo dies wahr, so rief er aus: »Wer nicht wagt, gewinnt nicht!« Biß alsdann die Zähne zusammen und versetzte dem Drachen einen dermaßen furchtbaren Streich, daß er ihm alle sieben Köpfe rein abhieb und diese von dem Halse fortrollten wie die Erbsen von der Kelle. Hierauf schnitt er ihnen die Zungen aus, steckte sie zu sich, schleuderte dann die Köpfe eine Meile weit von dem Rumpfe fort, damit sie nicht noch einmal mit demselben zusammenwüchsen, und nachdem er sich eine Handvoll von dem Kraut, das den Kopf des Drachen wieder mit dem Hals desselben verbunden hatte, abgepflückt, schickte er Menechella in den Palast ihres Vaters zurück, während er selbst in einem Wirtshause einkehrte.

Als nun der König seine Tochter erblickte, so bezeigte er eine unglaubliche Freude, und sobald er erfahren, wie sie war errettet worden, ließ er auf der Stelle öffentlich bekanntmachen, daß wer den Drachen getötet hätte, sich ihm vorstellen und von ihm seine Tochter zur Frau erhalten sollte. Ein nichtswürdiger Schelm von einem Bauern nun hob die Köpfe des Drachen auf, trat damit vor den König und sprach zu ihm: »Durch mich ist Menechella gerettet worden, diese Hände haben dein Reich von einem so großen Unheil befreit. Hier hast du die Köpfe, sie sind Zeugen meines Mutes und meiner Stärke, dafür erfülle nun auch jetzt dein Versprechen.« Kaum vernahm der König diese Worte, so nahm er sich die Krone vom Haupte und setzte sie dem Bauern auf den Kopf, so daß dieser sich ausnahm wie der abgehauene Kopf eines Banditen auf einer Schandsäule. Das Gerücht von diesem Vorfall nun verbreitete sich durch die ganze Stadt, bis es endlich auch Cienzo zu Ohren kam, welcher hierauf bei sich selbst sagte: »Fürwahr, ich bin ein großer Dummbart! Ich hatte das Glück bei den Haaren und habe es mir aus den Händen entwischen lassen! Denn da will mir einer die Hälfte des Schatzes geben, und mir liegt so wenig daran wie dem Deutschen am kalten Wasser; eine Fee will mir in ihrem Palaste viel Gutes erweisen, und ich kümmere mich so wenig darum wie der Esel um die Musik, und jetzt wieder werde ich zur Krone berufen, und ich stehe da wie eine Besoffene mit ihrer Spindel und sehe es mir ruhig mit an, wie ein Schelm mir zuvorkommt und ein betrügerischer falscher Spieler mir diesen schönen Stich aus der Hand nimmt.« Indem er dies sagte, nimmt er ein Tintenfaß, ergreift eine Feder, legt Papier vor sich hin und fängt an zu schreiben: »An den schönsten Edelstein unter den Frauen, die Prinzessin Menechella von Narrenland. Da ich Dir durch die Gnade des Himmels das Leben gerettet habe und nun höre, daß sich ein anderer meine Taten widerrechtlich zuschreibt, ein anderer sich den Preis anmaßt, den ich mir errungen, so kannst Du den König von der Wahrheit unterrichten und es hindern, daß ein anderer die Suppe verzehre, die ich eingerührt. So ziemt es sich, für Deine königliche Gnade zu handeln und meiner tapfern Skanderbegsfaust die verdiente Belohnung zu verleihen. Schließlich küsse ich Dir Deine zarten Hände. Geschrieben im Wirtshaus zum goldenen Nachttopf, heute am Sonntage.«

Nachdem er diesen Brief geschrieben und mit gekautem Brot zugesiegelt hatte, steckte er ihn seinem Hündchen in das Maul und sagte zu ihm: »Lauf schnell und bringe dies der Tochter des Königs, gib es aber ja keinem andern, sondern nur zu Händen jenes Engelgesichtes.« Der Hund lief wie im Fluge nach dem königlichen Palast bis in den Saal hinauf, woselbst er den König antraf, der noch mit dem Bauernlaffen viele Komplimente machte. Als er nun das Hündchen mit dem Brief im Maule ankommen sah, befahl er, daß man ihm denselben abnehme, jedoch wollte es ihn niemand geben, sondern sprang zu Menechella hin und legte ihn in ihre Hände nieder. Diese erhob sich hierauf von ihrem Sitze, und indem sie sich vor dem Könige verbeugte, überreichte sie ihm den Brief, damit er ihn lese, welches dieser auch tat. Sobald er fertig war, befahl er, daß man dem Hündchen nachgehen und zusehen solle, wohin es hinginge, und dann den Herrn desselben vor ihn zu bringen. Es gingen also zwei Hofleute dem Hündchen nach und gelangten zu dem Wirtshause, woselbst sie Cienzo fanden und ihn von dem Befehl des Königs, ihn in den Palast zu begleiten, in Kenntnis setzten. Vor den König geführt, wurde er nun von ihm gefragt, wie er sich rühmen könnte, den Drachen getötet zu haben, da doch der Mann, welcher sich mit der Krone auf dem Haupte neben ihm befände, ihm die Köpfe desselben überbracht hatte, worauf Cienzo erwiderte: »Dieser Bauernkerl verdient eher eine Mütze von Packpapier als eine Krone, da er so unverschämt gewesen ist, dir ein X für ein U zu machen. Damit du dich aber davon überzeugest, daß ich wirklich diese Tat verrichtet habe und nicht dieser Dummbart, so lasse die Köpfe des Drachen herbeiholen, von denen keiner als Beweis für ihn gelten kann; allen nämlich fehlen die Zungen, die ich, um dich von der Wahrheit meiner Aussage zu überführen, hier mitgebracht habe.« Indem er dies sagte, zog er die Zungen hervor, so daß der Bauer ganz verdutzt dastand und nicht wußte, wie ihm geschah, und um so mehr, als Menechella ausrief: »Ja, dies ist mein Erretter! Du nichtswürdiger Bauernhund aber hast mir einen schönen Streich spielen wollen.« Kaum vernahm der König diese Worte, so riß er diesem Dreckfinken die Krone vom Kopf, setzte sie Cienzo auf und wollte jenen auf die Galeeren schicken; Cienzo jedoch bat ihn um die Gunst, die Frechheit desselben durch Begnadigung beschämen zu dürfen. Hierauf wurde ein großes Gastmahl veranstaltet, bei dem alle wie die vornehmen Herren schmausten, und nach Beendigung der Tafel ging Cienzo mit seiner Braut in einem noch frisch nach der Wäsche duftenden Bette schlafen, woselbst er die Trophäen des über den Drachen errungenen Sieges errichtete und triumphierend in das Kapitol der Liebe einzog.

Sobald aber der Morgen erschien und die Sonne, mit dem zweihändigen Schwerte des Lichtes unter den Sternen umherfahrend, ausrief: »Zurück, ihr Gesindel«, sah Cienzo, indem er sich an einem Fenster ankleidete, geradeüber ein schönes Mädchen stehen und sagte daher, zu seiner Frau gewandt: »Was ist das für ein hübsches Ding, die da hier gegenüber steht?« – »Was soll das bedeuten?« erwiderte Menechella: »Wo guckst du hin? Hat dich etwa ein böses Gelüst ergriffen? Bist du des Fettes überdrüssig und genügt dir das Fleisch nicht, das du im Hause hast?« Cienzo ließ bei diesen Worten den Kopf sinken wie eine Katze, die einen Schaden angerichtet hat, und erwiderte nichts; indem er sich aber stellte, als hätte er einen Gang zu gehen, verließ er den Palast und schlich sich in das Haus jenes schönen Mädchens, welche wirklich ein gar herrlicher Bissen war; denn sie sah aus wie der frischeste Quarkkäse und wie ein Zuckerteig, sie drehte nie das Brenneisen der Augen, ohne in den Herzen Liebesblasen zu ziehen, sie öffnete nie den Waschkessel der Lippen, ohne die Seelen mit heißem Wasser zu begießen, und sie bewegte ihren Fuß nicht, ohne denen, die an dem Seil der Hoffnung schwebten, tüchtig auf die Schultern zu treten. Außer so vielen Reizen jedoch besaß sie auch noch eine besondere Zauberkraft, durch welche sie, wenn sie nur immer wollte, die Männer mit ihren Haaren band, fesselte, behexte und bezauberte, wie dies auch mit Cienzo der Fall war, welcher kaum den Fuß in ihr Haus gesetzt hatte, als er auch schon wie ein Füllen eine Sprungkette an den Beinen hatte.

Während dieser Zeit hatte Meo, Cienzos jüngerer Bruder, da dieser gar nichts von sich hören ließ, es sich in den Kopf gesetzt, ihn aufzusuchen. Er bat daher seinen Vater um Erlaubnis dazu und erhielt von ihm gleichfalls ein Pferd und ein gefeites Hündchen. Indem nun so Meo fortzog, langte er eines Abends bei dem Turme an, wo Cienzo gewesen war und dessen Herr, ihn für den Bruder haltend, ihn mit der größten Zuvorkommenheit der Welt empfing. Da Meo die Umstände sah, die jener mit ihm machte, fiel ihm ein, daß wohl sein Bruder dagewesen sein möchte, und hoffte, deswegen auch ihn aufzufinden. Sobald daher der Mond, dieser Feind der Dichter, der Sonne den Rücken wandte, machte er sich auf den Weg und langte hierauf bei der Fee an, welche ihn gleichfalls für Cienzo hielt und ihn auf das freundlichste aufnahm, indem sie immer die Worte wiederholte: »Sei herzlich willkommen, mein hübscher Jüngling, der du mir das Leben gerettet hast.« Meo indes dankte ihr für ihre Güte, indem er sagte: »Verzeihet, wenn ich mich nicht bei euch aufhalte, denn ich habe Eile, jedoch auf Wiedersehen bei meiner Rückkehr«, und voll Freude, überall Spuren von seinem Bruder anzutreffen, setzte er seine Reise immer weiter fort, bis er in dem Palaste des Königs gerade an dem Tage anlangte, da Cienzo von den Haaren der Fee war gefesselt worden. Als daher Meo in den Palast trat, wurde er von den Dienern mit großer Ehrfurcht empfangen und von der jungen Frau voller Zärtlichkeit umarmt, indem sie ausrief: »Der Himmel stehe mir armen Weibe bei! Des Morgens gehst du fort, und des Abends kommst du wieder! Wenn aber alle andern Vögel Futter suchen, so bleibt doch wenigstens der Zeisig im Nest! Wo bist du denn so lange gewesen, mein allerliebster Cienzo? Wie kannst du nur so lange von deiner Menechella fortbleiben? Du hast mich dem Drachen aus den Zähnen gerissen und schleuderst mich jetzt der Eifersucht in den Rachen, es sei denn, daß du mich auf immer des Lichtes meiner Augen beraubst, die ja aber die deinen sind!« Meo, welcher nicht auf den Kopf gefallen war, dachte sich sogleich, daß dies die Frau seines Bruders sein müßte, und indem er sich zu Menechella wandte, entschuldigte er sich wegen seiner Abwesenheit, worauf sie sich herzlich umarmten und zu Tisch gingen. Sobald aber der Mond gleich einer Gluckhenne die Sterne zum Aufpicken des Taues herbeirief, gingen sie schlafen, wobei jedoch Meo die Ehre seines Bruders nicht beflecken wollte, sich wegdrehte und das Bettuch zwischen sich und seine Schwägerin legte, um sie nicht zu berühren. Als letztere indes diese neue Einrichtung sah, sagte sie zu ihm mit verdrießlicher Miene und einem wahren Stiefmuttergesicht: »Seit wann ist das Mode, lieber Mann? Was für ein Spiel spielen wir denn da? Was sind das für Einfälle? Sind wir etwa streitsüchtige Grenznachbarn, daß du unser Lager so genau abteilst? Sind wir vielleicht zwei feindliche Heere, daß du diesen Graben ziehst? Oder sind wir etwa ein Paar wilde Pferde, daß du diesen Verschlag aufrichtest?« Meo, der immer eine Antwort zur Hand hatte, erwiderte darauf: »Sei nicht böse über mich, mein Schatz, sondern über den Doktor, der mir eine Purganz verordnet und daher eine strenge Diät vorgeschrieben hat, außerdem daß ich von der Jagd ermattet und daher zu anderer Arbeit untüchtig bin.« Menechella nun, die sehr leichtgläubig war, ließ sich dies weismachen und schlief ein.

Um die Stunde aber, wo die Nacht, von der Sonne scharf verfolgt, die Morgendämmerung dazu benutzt, um ihr Bündel zu schnüren, trat Meo, während er sich ankleidete, an das nämliche Fenster, an dem der Bruder beim Anziehen gestanden hatte, und erblickte dasselbe Mädchen, in deren Netz Cienzo gefallen war, so daß er, von Wohlgefallen an ihr ergriffen, zu Menechella sagte: »Was ist das da für ein Frauenzimmer, die da drüben am Fenster steht?« Worauf diese voll Verdruß antwortete: »Darauf also ist dein Sinn gerichtet? Wenn die Sachen so stehen, dann weiß ich, woran ich bin! Auch gestern schon hast du mich mit diesem Fratzengesicht geärgert, und ich fürchte nur gar zu sehr, daß die Zunge dorthin fühlt, wo der Zahn weh tut. Du solltest mich doch einigermaßen respektieren, denn am Ende bin ich ja doch eine Königstochter, und jedes Häufchen Kot hat doch seinen Rauch. Nicht ohne Grund also hast du heute nacht mir den Rücken zugekehrt und mit mir einen doppelten Adler gemacht; jetzt versteh ich die Sache; du beobachtest Diät in meinem Bette, um bei andern zu schwelgen! Aber wenn ich dahinterkomme, will ich einen Mordsspektakel machen, so daß die Späne durch die Luft fliegen sollen.« Meo jedoch, der nicht so leicht die Fassung verlor, besänftigte sie wieder durch vieles Zureden, indem er wiederholt sagte und zuschwur, daß er auch für das schönste Frauenzimmer der Welt seinem Weibe nicht untreu werden würde, und daß er sie lieb habe wie seinen Augapfel. Ganz getröstet durch diese Worte, begab sich Menechella in ihr Kabinett, um sich von ihren Kammerfrauen den Spiegel vorhalten, das Haar machen, die Augenbrauen färben, das Gesicht schminken und, mit einem Wort, sich vollständig schmücken zu lassen, damit sie so in den Augen dessen, den sie für ihren Gemahl hielt, desto schöner erscheine.

Meo aber, in welchem die Worte Menechellas den Verdacht erregt hatten, daß Cienzo sich bei jenem Mädchen aufhielte, nahm inzwischen sein Hündchen, verließ den Palast und begab sich in das Haus derselben, wo er kaum eingetreten war, als sie auch schon ausrief: »Bindet diesen Mann, meine Haare!« Allein Meo verlor keine Zeit und entgegnete: »Hurtig mein Hündchen und friß dies Weibsbild auf!« Worauf der Hund sie ohne weiteres wie ein Eidotter verschluckte. Meo trat nun weiter ins Haus und fand seinen Bruder wie bezaubert dastehen; sobald er ihm aber zwei Haare des Hündchens aufgelegt hatte, schien Cienzo wie aus einem tiefen Schlaf zu erwachen. Hierauf erzählte er ihm alles, was ihm auf der Reise und zuletzt in dem Palaste des Königs zugestoßen war, wie er ferner, von Menechella für seinen Bruder gehalten, bei ihr geschlafen hatte, und eben wollte er ihm weiter mitteilen, wie er das Bettuch zwischen sich und die Schwägerin gelegt, als Cienzo, wie vom Teufel angetrieben, einen alten Degen ergriff und ihm den Kopf abhieb wie einer Gurke. Bei diesem Lärm erschienen jedoch der König und dessen Tochter, und da letztere sah, daß Cienzo einen ihm sehr ähnlichen Mann getötet hatte, fragte sie ihn nach der Ursache, worauf er erwiderte: »Frage dich selbst, du, die du bei meinem Bruder geschlafen hast, indem du ihn für mich hieltest, deswegen habe ich ihm den Garaus gemacht.« – »Ach«, versetzte Menechella, »wie viele werden doch unverdienterweise getötet! Das war einmal eine tapfere Tat! Du verdientest wahrlich nicht einen so wackern Bruder, da er, mit mir in einem Bette liegend, auf die züchtigste Weise sich von mir kehrte und mich auch nicht einmal berührte.«

Als Cienzo dies vernahm, bereute er auf das Bitterste eine so große Übereilung, welche die Tochter eines unüberlegten Sinnes und Mutter einer schweren Untat gewesen war, und zerfleischte sich das Gesicht vor Schmerz. Jedoch erinnerte er sich plötzlich des ihm vom Drachen gezeigten Krautes, rieb es auf den Hals des Bruders, welchem sich alsbald der Kopf näherte, und indem er aufs neue mit demselben zusammenwuchs, wurde Meo wieder frisch und gesund. Cienzo umarmte ihn hierauf auf das zärtlichste, und nachdem er ihn wegen seiner übereilten Hitze, und daß er ihn, ohne seine Erzählung zu Ende zu hören, aus der Welt geschafft, um Verzeihung gebeten, fuhren sie alle in einer Kutsche nach dem königlichen Palast zurück, wohin sie auch Antoniello mit seiner ganzen Familie kommen ließen, welcher die volle Gunst des Königs erwarb und in seinem Sohne ein neues Beispiel sah von dem Sprichwort:

»Mehr Glück als Verstand.«

8

Erster Tag

Achtes Märchen

»DAS ZIEGENGESICHT«

Ein Bauernmädchen wird durch die Gunst einer Fee die Gemahlin eines Königs, da sie sich aber gegen die Urheberin ihres Glückes undankbar beweist, so verwandelt ihr diese ihr Gesicht in das einer Ziege. Sie wird von ihrem Gemahl deswegen verschmäht und übel behandelt, auf Anraten eines wackern alten Mannes jedoch demütigt sie sich und bekommt daher ihr früheres Gesicht wieder, so daß sie sich aufs neue die Zuneigung des Königs erwirbt.

Sobald Ciulla ihre unterhaltende Erzählung beendet hatte, fing Paola, an welcher nun die Reihe bei diesem Tanze war, folgendermaßen zu erzählen an:

Alle Übel, die der Mensch begeht, haben irgendeine

Beschönigung anreizenden Zornes oder dringender Not oder blendender Liebe oder halsbrechender Wut. Die Undankbarkeit jedoch hat weder einen wahren noch einen falschen Vorwand, den sie vorschützen könnte, und ist daher ein so schändliches Laster, daß sie die Quelle des Mitleids austrocknet, das Feuer der Liebe auslöscht, den Wohltaten den Weg versperrt und in dem Undankbaren Reue und Verdruß über sich selbst erzeugt, wie ihr dies in der folgenden Erzählung vernehmen werdet:

Es hatte einmal ein Bauer zwölf Töchter, eine immer kleiner wie die andere, da die wackere Ceccuzza, die Mutter derselben, ihm alle Jahre ein Jüngferchen schenkte, so daß der arme Mann, um seine Familie ehrlich zu ernähren, alle Morgen als Tagelöhner auf die Feldarbeit ging und man nicht hätte sagen können, ob der Schweiß, den er vergoß, mehr war als der Speichel, den er sich beim Graben in die Hand spuckte; kurzum jedoch, er verdiente sich durch saure Mühe und Arbeit sein Stückchen Brot, so daß sie nicht vor Hunger zu sterben brauchten.

Als er nun wieder einmal in der Nähe eines Berges schaufelte, der als Spion der andern Berge den Kopf über die Wolken hinausstreckte, um zuzuschauen, was in der Luft vorginge, und an dessen Fuß sich eine tiefe und finstere Höhle befand, daß die Sonne Furcht bekam, hineinzuscheinen, kam aus dieser eine grüne Eidechse hervorgekrochen, die so groß war wie ein Krokodil und den armen Bauern so sehr erschreckte, daß er nicht Kraft hatte davonzulaufen und von der Öffnung des Rachens jener häßlichen Bestie den Schluß seiner Tage erwartete. Die Eidechse jedoch näherte sich ihm und begann folgendermaßen zu reden: »Habe keine Furcht, mein wackerer Mann, denn ich komme nicht, um dir irgendein Übel zuzufügen, sondern nur zu deinem Wohle.«

Sobald Masaniello (denn so hieß der Arbeiter) diese Worte vernahm, so kniete er vor ihr nieder und sprach: »Gnädige Frau, wie heißet ihr doch, ich bin ganz in eurer Gewalt; doch verfahrt, wie es euch ziemt, und habet Mitleid mit mir armen Teufel, der ich zwölf Bälge zu ernähren habe.« – »Deswegen gerade komme ich, um dir zu helfen; drum bringe mir morgen früh das jüngste deiner Mädchen hierher; denn ich will sie wie meine eigene Tochter auferziehen und sie lieb haben wie mein Leben.«

Kaum hatte der arme Vater diese Rede vernommen, so wurde er so bestürzt wie ein falscher Spieler, den man bei seiner Betrügerei ertappt; da er nämlich die Eidechse eins seiner Kinder, und zwar das jüngste, fordern hörte, so glaubte er, daß etwas dahinter stecken müsse und sie dasselbe als Aggregativpille zur Vertreibung des Hungers benutzen wolle, weswegen er bei sich dachte: »Gebe ich ihr mein Töchterlein, so gebe ich ihr meine Seele; verweigere ich sie ihr, so bemächtigt sie sich meines Leibes; bewillige ich sie ihr, so beraube ich mich meines Herzens; widerspreche ich ihr, so saugt sie mir mein Blut aus; sage ich ja, so entreißt sie mir einen Teil meiner selbst; sage ich nein, so schnappt sie mich im Ganzen fort! Wofür entscheide ich mich also? Welchen Entschluß fasse ich? Welchen Ausweg ergreife ich? Ach, wie unselig ist doch mein heutiges Tagewerk, welch ein Unglück ist mir da vom Himmel herabgeregnet!«

Während er nun dies bei sich selbst sprach, begann die Eidechse von neuem: »Entschließe dich schnell und tue, was ich dir gesagt; sonst kommt dir die Sache teuer zu stehen; denn so will ich es, und so soll es auch sein!«

Als Masaniello dieses Urteil vernahm, von dem er an niemand sonst appellieren konnte, ging er ganz traurig nach Hause und so gelb im Gesicht, als wenn er die Gelbsucht gehabt hätte, so daß Ceccuzza, welche ihn so bleich und blaß, so traurig und niedergeschlagen ankommen sah, ihm zurief: »Was ist dir denn zugestoßen, lieber Mann? Hast du mit jemand etwas vorgehabt? Hat man Exekution gegen dich verfügt? Oder ist uns der Esel gestorben?« – »Nichts der Art«, antwortete Masaniello, »sondern eine gehörnte Eidechse hat mich so ins Bockshorn gejagt; denn sie hat mir gedroht, daß, wenn ich ihr nicht unser jüngstes Kindchen bringe, ich es schwer bereuen würde. Deswegen nun dreht mir der Kopf wie eine Weife, und ich weiß nicht, wozu ich mich entschließen soll! Einerseits hält mich die väterliche Liebe und anderseits die Sorge für euch alle zurück. Ferner liebe ich sowohl Renzolla als mein eigenes Leben ganz übermäßig; wenn ich nun der Eidechse diese Zugabe meines Herzens nicht übergebe, so nimmt sie den ganzen Scheffel meines unglücklichen Körpers. Drum rate mir, liebe Ceccuzza, denn sonst ist es vorbei mit mir.«

Da nun seine Frau diese Worte hörte, sprach sie zu ihm: »Wer weiß, lieber Mann, ob diese Eidechse nicht von ganz besonderem Glück für uns, wer weiß, ob sie nicht das gewisse Ende unseres Elendes sein wird? Bedenke doch, daß wir meist selbst schuld unserer Not sind, und gerade dann, wann wir die Augen eines Adlers haben sollten, um das Glück zu erkennen, das uns in die Hände läuft, wie mit Blindheit geschlagen sind und den Krampf in den Fingern haben, statt es zu ergreifen. Drum führe sie nur immer hin, denn es ahnt mir, daß das arme Ding irgendein günstiges Geschick erwartet.«

Diese Worte gefielen dem Masaniello, und gleich am andern Morgen, zur Zeit, wenn die Sonne mit dem Pinsel ihrer Strahlen den von den Schatten der Nacht geschwärzten Himmel weiß anstreicht, nahm er das Mädchen bei der Hand und brachte sie nach der Grotte. Die Eidechse, welche schon aufpaßte, ob der Bauer käme, verließ sogleich ihren Schlupfwinkel, und indem sie das Mädchen in Empfang nahm, gab sie dem Vater einen Sack mit Goldstücken und sprach: »Hier, verheirate deine anderen Töchter mit Hilfe dieser Füchse und sei nur immer guten Mutes; denn Renzolla hat in mir Vater und Mutter gefunden, und sie kann sich gratulieren, daß ihr ein solches Glück zuteil geworden ist.

Masaniello dankte der Eidechse voll Freude, und zu seiner Frau nach Hause zurückgekehrt, erzählte er ihr das Vorgefallene und zeigte ihr die Goldstücke, vermittels deren sie auch wirklich die andern Töchter verheirateten, indem ihnen noch immer genug übrigblieb, um die Mühseligkeiten des Lebens mit Behaglichkeit zu ertragen.

Die Eidechse aber ließ gleich, nachdem sie Renzolla erhalten, einen schönen Palast erscheinen, brachte sie hinein und zog sie mit so vielem Glanz und Prunk auf, daß er auch in den Augen einer Königin hätte königlich erscheinen müssen; ja auch das Blaue vom Himmel wäre Renzolla nicht versagt worden, wenn sie es gewünscht hätte. Sie speiste wie eine Gräfin, ging gekleidet wie eine Prinzessin und war von zahllosen Kammerfrauen umgeben, die sie stets auf das eifrigste bedienten, so daß sie durch diese herrliche Lebensweise, ehe man sich dessen versah, rund wurde wie eine Tonne.

So geschah es nun, daß, als der König des Landes sich einst in jenem Walde auf der Jagd befand, er unversehens von der Nacht überfallen wurde und in dieser Verlegenheit nach dem Palaste, in welchem er ein Licht schimmern sah, einen Diener abschickte, um sich von dem Besitzer desselben ein Nachtlager zu erbitten. Sobald der Diener dort anlangte, erschien vor ihm die Eidechse unter der Gestalt einer Jungfrau und sagte zu ihm nach Anhörung seines Auftrages, daß sein Herr tausendmal willkommen wäre und es nicht an dem Nötigen zu seiner Aufnahme fehlen würde. Demgemäß sah sich der König, welcher sich auf diese Antwort nach dem Palaste begab, wie ein vornehmer Herr empfangen, indem ihm hundert Pagen mit angezündeten Fackeln entgegenkamen, so daß sie sich ausnahmen wie das Leichenbegängnis eines reichen Mannes; andere hundert Pagen trugen die Speisen auf, so daß sie aussahen wie die Spitalwärter, die den Kranken ihre Suppen bringen; hundert andere mit Instrumenten oder vielmehr In-sturm-enten stürmten mit Musik auf die Anwesenden ein; vor allem aber reichte Renzolla dem König mit so viel Anmut zu trinken dar, daß er mehr Liebe als Wein trank. Nach Beendigung der Schmauserei und aufgehobener Tafel ging der König schlafen, und Renzolla selbst zog ihm auf so geschickte Weise die Stiefel von den Füßen und das Herz aus der Brust, daß er fühlte, wie das Gift der Liebe von den Fußspitzen, die ihre schöne Hand berührte, emporstieg und ihm die Seele durchdrang, so daß er, um seinen Tod zu verhindern, sich in den Besitz des Gegengiftes jener Schönheiten zu setzen suchte, und indem er die sie schützende Fee rufen ließ, sie von ihr zur Frau begehrte. Da diese nur auf das Wohl Renzollas bedacht war, so willigte sie nicht nur höchst bereitwillig in seinen Wunsch, sondern gab ihr auch noch eine Aussteuer von sieben Millionen in Gold. Der König kehrte hierauf voll Jubel über dieses Glück mit Renzolla nach Hause zurück, während diese hochfahrend und unerkenntlich für alles, was die Fee an ihr getan, mit ihrem Manne fortzog, ohne auch nur das geringste herzliche Wörtchen an dieselbe zu richten. Als die Fee diese so große Undankbarkeit sah, verwünschte sie Renzolla, daß ihr Gesicht sich in ein Ziegengesicht verwandeln solle, und kaum waren diese Worte gesprochen, so dehnte sich Renzollas Mund in eine Schnauze mit ellenlangem Barte aus, die Backen zogen sich nach innen, die Haut verhärtete sich, das Gesicht bedeckte sich mit Haaren und die zierlich geflochtenen Zöpfe verwandelten sich in spitzige Hörner. Bei diesem Anblick wurde der arme König wie vom Schlage gerührt und wußte nicht, wie ihm geschah, da er eine so wunderholde Schönheit eine so abscheuliche Gestalt annehmen sah, und rief unter Seufzern und Tränen alle Augenblicke aus: »Wo sind die Haare, die mich fesselten? Wo die Augen, die mich durchbohrten? Wo der Mund, der die Falle meiner Seele, der Sprenkel meiner Lebensgeister und das Netz meines Herzens war? Aber wie, soll ich der Mann einer Ziege sein und den Titel Ziegenbock und Hörnerträger erlangen? Würde da nicht der Ehestand für mich zum Wehestand? Nein, nein, mein Herz soll nicht für das Gesicht einer Ziege entbrennen, einer Ziege, die mir für den ewigen Hauskrieg nur mit ausgek . . . Lorbeeren lohnen würde!«

Während er so sprach, langte er in seinem Palast an, sperrte Renzolla mit einer Kammerfrau in eine Küche und gab einer jeden zehn Bund Flachs zum Spinnen, welche Arbeit sie in einer Woche beendet haben sollten. Die Kammerfrau, dem Befehle gehorsam, begann sogleich den Flachs zu hecheln, ihn in Kauten zu teilen, ihn an den Rocken zu befestigen, die Spindel zu drehen, ihn in Strähne zu binden und, mit einem Wort, zu arbeiten wie ein Hund, so daß sie am Sonnabend abend auch wirklich mit der Arbeit fertig war. Renzolla aber, welche sich bisher nicht im Spiegel angesehen hatte und daher noch die nämliche zu sein glaubte, die sie im

Hause der Fee war, warf den Flachs zum Fenster hinaus, indem sie sagte: »Was fällt dem König ein, daß er mir dergleichen Dinge zumutet? Wenn er Hemden braucht, so mag er sich welche kaufen und nicht glauben, mich auf der Straße gefunden zu haben; vielmehr soll er doch bedenken, daß ich ihm sieben Millionen in Gold mitgebracht habe, ich auch seine Frau, nicht aber seine Magd bin, und er mir wegen dieser Impertinenz ein großer Esel zu sein scheint.« Trotz alledem empfand sie, als der Sonnabendmorgen erschien und sie sah, daß die Kammerfrau ihren Teil des Flachses fertig gesponnen hatte, eine gar sehr große Furcht, sich durchgewalkt zu sehen, und machte sich daher auf den Weg nach dem Palaste der Fee, von welcher sie, sobald sie ihre Not vernahm, auf das zärtlichste umarmt wurde und einen Sack voll gesponnenen Flachses erhielt, um ihn dem Könige zu geben und sich so als fleißige Arbeiterin und tüchtige Hausfrau zu zeigen. Renzolla nahm den Sack, ohne auch nur »Schönen Dank« zu sagen, und kehrte in den königlichen Palast zurück, so daß die Fee über das schlechte Betragen dieser Undankbaren ganz außer sich geriet. Nachdem aber der König das Gespinst in Empfang genommen hatte, gab er ihr und der Kammerfrau jeder einen Hund und sagte ihnen, daß sie diese Tiere pflegen und großziehen sollten. Die Kammerfrau nun fütterte den ihren mit Brotkrumen und pflegte ihn überhaupt wie einen Sohn; Renzolla hingegen rief aus: »Diese Grille ist doch wahrlich unerhört! Bin ich denn unter den Türken? Soll ich Hunde kämmen und sie sonst was machen lehren? Und dieses sagend, schleuderte sie den Hund durchs Fenster, so daß ihm dies wohl anders vorkommen mochte als durch einen Reifen zu springen.

Nach einigen Monaten jedoch, als der König nach den Hunden schickte, wurde Renzolla gar übel zumute; sie eilte daher von neuem zur Fee und fand an der Tür derselben einen alten Mann als Türhüter, welcher von ihr wissen wollte, wer sie sei und was sie wolle; worauf Renzolla, da sie diese Frage so unvermutet an sich richten hörte, alsbald erwiderte: »Kennst du mich denn nicht, du Geisbart?« »Kommst du mir so?« antwortete der alte Mann, »das wäre ja, als wenn der Dieb den Häscher verfolgte und ein Esel den andern Sackträger hieße; sieh dich ja vor, denn bei mir kommst du an den rechten Mann! Ich ein Geisbart? Selbst ein Geisbart und noch einmal einer! Denn wegen deines Dünkels verdienst du nicht nur dies, sondern noch viel Schlimmeres! Warte nur, du unverschämtes Ding, ich werde dir gleich ein Licht anstecken und dir zeigen, wozu du es mit deinem Hochmut und deiner Anmaßung gebracht hast!« Und indem er dies sagte, holte er eilig aus einem Kämmerchen einen Spiegel und hielt ihn der Renzolla vor, welche beim Anblick ihres rauhen Angesichts fast die Krämpfe bekommen hätte, denn selbst Rinaldo, als er sich in dem bezauberten Schilde so verwandelt schaute, wurde nicht von so großem Kummer und Schmerz ergriffen wie Renzolla, als sie sich so schrecklich entstellt sah, daß sie sich selbst nicht erkannte; worauf der Greis zu ihr sagte: »Du solltest doch nicht vergessen, daß du ein Bauernmädchen und nur durch die Gunst der Fee Königin geworden bist; aber du schamloses, undankbares Frauenzimmer hast dich wenig erkenntlich für so viel Wohlwollen erwiesen und sie vielmehr geringgeschätzt, ohne ihr auch nur das kleinste Zeichen von Liebe zu geben. Wie man's aber treibt, so geht's, und warte nur, es wird noch ganz anders kommen, denn du bist in die rechte Küche geraten! Sieh doch, wie dein Gesicht verwandelt ist; sieh doch, wozu deine Undankbarkeit dich gebracht hat, denn durch die Verwünschung der Fee hast du nicht allein dein früheres Gesicht, sondern auch deinen Rang verloren! – Wenn du aber mir Geisbart folgen willst, so tritt vor die Fee, wirf dich ihr zu Füßen, raufe dir das Haar aus, zerkratze dir das Gesicht, zerschlage dir die Brust und bitte sie um Verzeihung für dein schlechtes Betragen gegen sie; sie hat ein sehr weiches Herz und wird gewiß Mitleid mit deiner traurigen Lage haben!«

Renzolla, welche einsah, daß der alte Mann so verständig sprach wie ein Buch und den Nagel gerade auf den Kopf traf, tat wie er sie hieß, worauf die Fee ihr nach vielen Umarmungen und Küssen wieder das frühere Aussehen verlieh und sie in einem über und über mit Gold gestickten Kleide und einer von zahlreichen Dienern umgebenen Karosse zum Könige zurückbrachte. Sobald sie nun dieser so schön und prächtig erscheinen sah, gewann er sie wieder so lieb wie sein Leben und hätte sich ohrfeigen mögen, daß er sie so viel Leiden hatte erdulden lassen, obwohl er sich damit entschuldigte, daß sie wegen ihres Ziegengesichts nicht mit Unrecht von ihm verspottet worden war. So nun befand sich Renzolla wieder ganz glücklich, indem sie ihren Mann liebte, die Fee ehrte, sich gegen den Greis dankbar erwies und nie vergaß, was sie an sich selbst erfahren hatte, daß nämlich:

»Ein dankbarer Mut
Tut immer gut.«

9

Erster Tag

Neuntes Märchen

»DIE BEZAUBERTE HIRSCHKUH«

Alfons und Canneloro werden durch ein Zaubermittel geboren; die Königin, Mutter des ersteren, beneidet Canneloro und verwundet ihn am Kopfe. Er zieht daher fort, wird König und erleidet große Gefahren, aus welchen Alfons, der durch eine Quelle und einen Heidelbeerstrauch von seinen Leiden Kenntnis erhält, ihn glücklich befreit.

Mit offenem Munde saßen alle bei Anhörung der so schönen Erzählung Paolas da und äußerten sich endlich dahin, daß der Demütige dem Ball gleiche, der um so höher springt, je heftiger er gegen die Erde geschlagen wird, und dem Bocke, der desto stärker stoße, je weiter er zurückgeht. Sobald indes Thaddäus der

Ciommetella winkte, daß sie an der Reihe wäre, setzte sie ihre Zunge also in Bewegung:

Groß ist ohne Zweifel die Kraft der Freundschaft, da sie uns Mühseligkeiten und Gefahren um des Freundes willen bereitwillig ertragen und Hab und Gut für einen Tand, die Ehre für ein Hirngespinst und das Leben für wertlos erachten läßt, wenn man diese Dinge im Dienst der Freundschaft opfern muß, wie uns die Fabel lehrt, die Geschichte durch zahlreiche Beispiele beweist und ich euch heute in einem Märchen zeigen werde, das meine Großmutter Semmonella (Gott habe sie selig!) zu erzählen pflegte; wenn ihr nur, um mir ein wenig Gehör zu schenken, den Mund schließen und die Ohren spitzen wollet.

Es war einmal ein König von Langelaube, namens Giannone, welcher ein großes Verlangen hegte, Kinder zu bekommen, daher auch immerwährend die Götter anflehte, daß sie doch seiner Frau den Bauch anschwellen möchten, und damit ihm diese Freude von ihnen gewährt würde, war er gegen die Pilger so mildtätig, daß er fast sein ganzes Hab und Gut unter sie verteilte. Da er jedoch sah, daß sich das Ding in die Länge zog und auch keine Idee von Sprößling zum Vorschein kommen wollte, so verschloß er aller Welt seine Tür eisenfest und jagte jeden, der sich näherte, wie mit Pfeilschüssen fort. Ein langbärtiger Einsiedler nun, der von dieser Sinnesänderung des Königs nichts wußte, oder vielmehr sie wußte und ihn davon zurückbringen wollte, begab sich zu Giannone und bat ihn um Herberge in seinem Hause, worauf indes dieser mit finsterer und schrecklicher Miene zu ihm sagte: »Wenn du so gerechnet hast, dann hast du deine Rechnung ohne den Wirt gemacht; die alten Zeiten sind vorbei, die Augen sind mir gehörig ausgewischt worden, und ich bin kein Narr mehr.« Indem ihn aber der Greis nach der Ursache dieser Veränderung fragte, fuhr der König fort: »Weil ich nämlich ein großes Verlangen hegte, Kinder zu bekommen, habe ich jedem, der nur irgend von mir forderte, geschenkt und gegeben und mein ganzes Geld und Gut verschwendet; zuletzt jedoch, da ich sah, daß alles vergeblich war, habe ich mein Verfahren geändert und eine neue Weise angenommen.« – »Wenn's weiter nichts ist«, erwiderte der Greis, »so sei ganz ruhig, denn ehe du dich dessen versiehst, soll deiner Frau der Bauch bis zum Kinn hinaufstehen.« – »Wenn du das zu bewirken vermagst«, versetzte der König, »so verspreche ich dir mein halbes Königreich!«, worauf jener antwortete: »Gib genau acht, was ich dir sage; wenn du nämlich mit Erfolg pflanzen willst, so nimm das Herz eines Meerdrachens und laß es von einer reinen Jungfer kochen, welcher beim bloßen Geruch dieses Gerichts der Leib gleichfalls anschwellen wird, hierauf gib das Herz, wenn es gekocht ist, der Königin zu essen, und du wirst sehen, daß sie alsbald so hoch schwanger werden wird, als befände sie sich im neunten Monat.« »Wie ist das möglich?« versetzte der König, »das scheint mir in Wahrheit doch ein wenig zu hart zum Verdauen.« »Wundere dich nicht gar so sehr«, entgegnete der Alte, »denn wenn du die Mythologie gelesen hast, so mußt du wissen, daß, als einst Juno in den olenischen

Gefilden auf eine Blume trat, ihr der Leib alsbald schwoll und sie einen Sohn gebar.« – »Wenn das so ist«, begann wiederum der König, »so soll unverzüglich ein solches Drachenherz herbeigeschafft werden, und am Ende verliere ich ja auch nichts dabei.« Er schickte daher auf der Stelle hundert Fischer ans Meer, wohl versehen mit Fischgabeln, Streichnetzen, Wurfnetzen, Waten, Reusen, Stricken und Angeln, und diese fuhren und fischten so lange hin und her, bis sie einen Seedrachen fingen, worauf sie ihm das Herz herausrissen und es dem Könige überbrachten. Dieser übergab es einem hübschen Hoffräulein zum Kochen, welche sich damit in ein Zimmer einschloß und das Herz nicht sobald über das Feuer gesetzt hatte, als auch schon ein pechschwarzer Rauch emporstieg, so daß nicht nur diese hübsche Köchin schwanger wurde, sondern auch alle Mobilien im Hause anschwollen und nach einigen Tagen in Wochen kamen, und zwar gebar das Himmelbett eine Wiege, der Kasten ein Kästchen, die Sessel kleine Sesselchen, der Tisch ein Tischchen und der Nachtstuhl ein so hübsches niedliches Nachtstühlchen, daß man es hätte küssen mögen. Kaum aber war das Herz selbst gekocht und von der Königin gekostet, so fühlte sie, wie der Leib sich ihr rundete, und nach vier Tagen brachten sie und das Edelfräulein zu gleicher Zeit jede einen hübschen Knaben zur Welt, welche beiden Kinder einander so ähnlich sahen, daß man sie nicht voneinander zu unterscheiden vermochte. Diese nun wuchsen zusammen in solcher Freundschaft auf, daß sie sich auf keinen Augenblick voneinander trennen konnten, und so groß war die Zuneigung, die sie gegenseitig hegten, daß die Königin, da ihr Sohn mehr Liebe für den Sohn einer Magd als für seine Mutter zu fühlen schien, anfing, einigen Neid zu empfinden und nicht wußte, wie sie sich diesen Splitter aus den Augen ziehen sollte.

Eines Tages nun, als der Prinz mit seinem Gefährten auf die Jagd gehen wollte, ließ er auf einem Kamin in seinem Zimmer ein Feuer anzünden und fing an, Blei zu schmelzen und Kugeln zu gießen, es fehlte ihm jedoch dabei an irgendeinem Gerät und er ging fort, um es zu holen. Inzwischen trat die Königin ein, um zu sehen, was der Sohn vorhabe, und indem sie nur Canneloro, den Sohn des Hoffräuleins, im Zimmer fand, so kam ihr der Gedanke ein, ihn aus der Welt zu schaffen; sie schlug ihm daher, indem sie sich bückte, mit der glühenden Kugelform ins Gesicht und traf ihn über dem Auge dergestalt, daß sie ihm eine böse Kerbe machte. Schon wollte sie ihm einen zweiten Schlag versetzen, als plötzlich ihr Sohn Alfons zurückkehrte, daher sie so tat, als ob sie nur gekommen wäre, um nach ihm zu sehen, und nach einigen gezwungenen Liebkosungen sich entfernte. Canneloro aber, der sich seinen Hut über die Stirn gedrückt hatte, ließ Alfons nichts von dem Vorgefallenen merken und verbiß auch wirklich seinen Schmerz, obwohl er sich von demselben heftig gepeinigt fühlte. Sobald indes der Prinz aufgehört hatte, Kugeln zu machen wie ein Mistkäfer, bat ihn Canneloro um Erlaubnis, ihn verlassen zu dürfen. Als nun Alfons ganz erstaunt über diesen Entschluß ihn nach dem Grund desselben fragte, erwiderte er folgendes: »Dringe nicht weiter in mich, mein lieber Alfons, laß es dir genügen, zu wissen, daß ich mich von dir trennen muß; der Himmel aber weiß, ob, indem ich mich von dir trenne, der du mein Herz bist, die Seele mir aus der Brust flieht, der Geist von meinem Körper scheidet und das Blut meine Adern verläßt. Da es jedoch nun einmal so sein muß, so lebe wohl und gedenke meiner.«

Nachdem sie sich nun hierauf umarmt und viele Tränen vergossen hatten, begab Canneloro sich nach seinem Zimmer, legte dort eine vollständige Rüstung an, gürtete einen Degen um, der zur Zeit, wo das Herz gekocht wurde, von einem andern Degen geboren worden war, zog ein Roß aus dem Stalle und wollte eben den Fuß in den Steigbügel setzen, als Alfons weinend zu ihm trat und ihn bat, ihm doch wenigstens, wenn er ihn wirklich verlassen wollte, irgendein Zeichen seiner Liebe zurückzulassen, welches seinen Schmerz über Canneloros Abwesenheit mildern könnte. Bei diesen Worten ergriff Canneloro einen Dolch, warf ihn auf die Erde, und indem plötzlich eine schöne Quelle hervorsprudelte, sagte er zu dem Prinzen: »Dies ist das beste Andenken, das ich dir hinterlassen kann, denn an dem Lauf dieser Quelle wirst du den Lauf meines Lebens zu erkennen vermögen. Wenn du sie nämlich hell strömen siehst, so wisse, daß mein Leben ebenso hell und heiter ist; wenn du sie trüb siehst, so denke dir, daß ich Leiden erdulde, und wenn du sie versiegt findest (doch das wolle der Himmel nicht!), so sei überzeugt, daß das Öl meiner Lampe ausgebrannt ist und ich der Natur ihren Tribut gezollt habe.« So sprechend ergriff er ferner seinen Degen, hieb mit demselben tief in die Erde, so daß mit einemmal ein Heidelbeerstrauch hervorsproßte, und sprach: »Solange du diesen Strauch grün siehst, so wisse, daß auch ich grüne wie Knoblauch; wenn du ihn welk siehst, so nimm an, daß es auch mir nicht zum besten ergeht, und wenn er ganz eingeht, so hat sich dein Canneloro auf die Strümpfe gemacht, und du kannst für ihn ein Requiem singen lassen.«

Nachdem er dies gesagt, umarmten sie sich von neuem, worauf Canneloro sich auf den Weg begab und nach vielerlei Dingen, die ihm zustießen, die es aber zu lang sein würde wiederzuerzählen, wie zum Beispiel Zänkerei mit Fuhrleuten, Streitigkeiten mit Wirten, Ermordung von Zolleinnehmern, gefährliche Wege, Furcht vor Räubern und dergleichen mehr, endlich nach Langelaube gelangte, zur Zeit, da eben ein schönes Turnier gehalten und dem Sieger die Tochter des Königs als Preis verheißen wurde. An diesem Turnier nun nahm auch Canneloro teil und bewies sich so tapfer, daß er alle andern Ritter, die, um sich Ruhm zu erwerben, von verschiedenen Gegenden herbeigekommen waren, aus dem Sattel hob und Fenizia, die Tochter des Königs, zum Weibe erhielt, bei welcher Gelegenheit man ein großes Fest veranstaltete.

Nachdem er aber einige Monate in Ruhe und Frieden verlebt hatte, ergriff ihn eines Tages das unselige Verlangen, auf die Jagd zu gehen, weswegen der König, dem er dasselbe mitteilte, zu ihm sagte: »Hüte dich, mein lieber Schwiegersohn, daß dich der Böse nicht verblende, sieh dich vor, öffne die Augen, Freund, denn in den umliegenden Wäldern ist ein verteufelter, wilder Mann, der alle Tage seine Gestalt ändert und sich bald in einen Bären, bald in einen Hirsch, bald in einen Esel und bald in dies, bald in das verwandelt und durch tausendfache Listen die Armen, die in seine Klauen fallen, in eine Höhle schleppt und aufspeist. Bedenke also, mein Sohn, was du vorhast; denn wer sich mutwillig in Gefahr begibt, kommt darin um.«

Canneloro aber, der nicht wußte, was Furcht war, kehrte sich nicht an den Rat seines Schwiegervaters, und kaum fegte die Sonne mit dem Reisbesen ihrer Strahlen den Ruß der Nacht fort, so begab er sich auch schon auf die Jagd und gelangte dabei in einen Wald, wo die Schatten unter dem Laubdach der Bäume sich versammelt hielten, um ihre Oberherrschaft zu behaupten und sich gegen die Sonne zu verschwören. Als der wilde Mann ihn kommen sah, verwandelte er sich in eine schöne Hirschkuh, auf welche Canneloro, sobald er sie erblickte, anfing Jagd zu machen, und indem sie von einem Ort zum andern flüchtete, zog sie ihn immer weiter, bis sie ihn endlich in das tiefste Dickicht des Waldes lockte, woselbst sie eine so große Menge Schnee herabfallen machte, daß der Himmel auf die Erde niederzusinken schien. Da sich nun Canneloro gerade an der Höhle des wilden Mannes befand, so suchte er in derselben Zuflucht und, ganz erstarrt vor Kälte, ergriff er einige Holzstücke, die er darin vorfand, zog ein Feuerzeug aus der Tasche und zündete ein großes Feuer an. Während er sich nun an diesem erholte und die Kleider trocknete, erschien die Hirschkuh an dem Eingang der Höhle und sprach: »Erlaubet mir doch, Herr Ritter, daß ich mich ein wenig wärme; denn ich bin halb tot vor Kälte«; worauf Canneloro voll natürlicher Freundlichkeit zu ihr sagte: »Komm nur herein und sei willkommen.« – »Ich möchte gern«, erwiderte die Hirschkuh, »jedoch habe ich Furcht, daß du mich dann tötest.« – »Fürchte nichts«, versetzte Canneloro, »komm auf mein Wort herein.« – »Wenn du willst, daß ich hineinkomme«, entgegnete jene, »so kopple die Hunde, damit sie mich nicht beißen, und feßle das Pferd, damit es nicht gegen mich ausschlage.« Als nun Canneloro die Hunde gekoppelt und das Pferd gefesselt hatte, begann die Hirschkuh von neuem: »Du hast mich allerdings jetzt halb sicher gemacht, jedoch wenn du nicht auch dein Schwert festbindest, so trete ich meiner Seele nicht in die Höhle.« Canneloro, der die Hirschkuh zutraulich zu machen wünschte, band jetzt auch sein Schwert fest, wie die Bauern, wenn sie in der Stadt Degen tragen, aus Furcht vor den Sbirren zu tun pflegen. Da nun der wilde Mann Canneloro wehrlos sah, so nahm er seine eigene Gestalt wieder an, fiel über ihn her, warf ihn, um ihn später aufzufressen, in ein tiefes Loch, das sich unter der Höhle befand, und deckte es mit einem Steine zu.

Sobald aber Alfons, welcher jeden Morgen und Abend den Heidelbeerstrauch und die Quelle besuchte, um zu sehen, wie es seinem Freunde erginge, jenen welk und diese trüb fand, dachte er sich sogleich, daß sein Herzensbruder in einer traurigen Lage sein müsse, und voll Verlangen, ihm Beistand zu leisten, bestieg er, ohne den Vater noch die Mutter um Erlaubnis zu bitten, wohlbewaffnet und in Begleitung zweier bezauberter Hunde ein Roß und zog in der Welt umher, indem er sich so lange bald dahin, bald dorthin wandte, bis er auch nach Langelaube kam, welches er des vermeintlichen Todes Canneloros wegen in tiefster Trauer fand; und nicht sobald war er bei Hofe angelangt, als auch alle durch seine Ähnlichkeit mit Canneloro getäuscht, ihn für diesen hielten und zu Fenizia eilten, um ihr die fröhliche Botschaft zu hinterbringen, worauf diese alsbald die Treppe hinunterstürzte und Alfons umarmend ausrief: »Wo bist du denn so lange gewesen, mein liebster, bester Mann?« Alfons vermutete daher sogleich, daß Canneloro hierhergekommen und wieder fortgezogen wäre, und beschloß deswegen, geschickt nachzuforschen, um von der Prinzessin zu erfahren, wo Canneloro wohl sein könnte. Da er nun sagen hörte, daß dieser sich um der verwünschten Jagd willen einer sehr großen Gefahr ausgesetzt, um so mehr, wenn er etwa gar dem wilden Manne begegnet wäre, der so grausam mit den Leuten verfuhr, so kam er auch gleich zu dem Schluß, daß dort sein Freund stecken müsse. Er ließ sich also gar nichts merken, sondern ging zu Bett, und indem er ein der Diana getanes Gelübde, seine Frau diese Nacht nicht anzurühren, vorschützte, legte er das gezogene Schwert wie eine Scheidewand zwischen sich und Fenizia, voll Ungeduld die

Morgenstunde erwartend, in welcher die Sonne dem Himmel die vergoldeten Pillen eingibt, damit er die Dunkelheit abführe. Kaum war diese aber erschienen, so sprang er auch vom Lager, stieg alsdann, indem ihn weder Fenizias Bitten noch der Befehl des Königs zurückzuhalten vermochte, zu Roß und zog von den bezauberten Hunden begleitet auf die Jagd, wo es ihm ebenso erging wie seinem Freunde. Kaum war er daher in die Höhle getreten und sah die Waffen, die Hunde und das Pferd sämtlich festgebunden, so merkte er auch sogleich, daß hier Canneloro ins Netz gefallen sein müßte, und indem die Hirschkuh auch ihn bat, er möchte doch seine Waffen, Hunde und Pferd festbinden, so hetzte er sie vielmehr auf das Tier los, so daß sie es unverzüglich in Stücke rissen. Während er nun nach irgendeiner Spur von seinem Freunde suchte, hörte er ihn unter der Höhle stöhnen; er schob daher den Stein weg und ließ sowohl Canneloro als die andern alle, die der wilde Mann zur Mästung lebendig begraben hatte, ans Tageslicht hervorkommen. Alfons und Canneloro umarmten sich hierauf mit der größten Freude und begaben sich dann nach Hause, woselbst Fenizia unter den zwei einander so ähnlichen Freunden ihren eigenen Gemahl anfangs nicht herausfinden konnte; sobald indes Canneloro den Hut abnahm und sie die Narbe auf der Stirn erblickte, so drückte sie ihn auf das herzlichste in ihre Arme. Alfons brachte nun einen Monat in jenem Lande unter lauter Lust und Freude zu; hierauf jedoch kehrte er in sein Haus und seine Heimat zurück und nahm einen Brief mit, den Canneloro durch ihn an seine Mutter schrieb, damit sie zu ihm kommen und an seinem Glücke teilnehmen sollte, welches sie denn auch tat. Er selbst aber wollte von Stund an weder von Hund noch Jagd irgend etwas mehr wissen, indem er die Wahrheit des Sprichwortes kennengelernt hatte:

»Wer nicht hören will, muß fühlen.«

10

Erster Tag

Zehntes Märchen

»DIE GESCHUNDENE ALTE«

Der König von Starkenfels verliebt sich in die Stimme einer alten Frau, und durch einen gesaugten Finger betrogen, läßt er diese bei sich schlafen. Indem er aber den Betrug merkt und sie zum Fenster hinauswerfen läßt, bleibt sie an einem Baum hängen und verwandelt sich durch die Zauberei von sieben Feen in eine sehr schöne Jungfrau, worauf sie der König heiratet, während eine Gevatterin, die neidisch auf ihr Glück ist und sich, um auch schön zu werden, lebendig die Haut abziehen läßt, auf diese Weise ums Leben kommt.

Es war niemand in der Gesellschaft, dem die Erzählung Ciommetellas nicht gefallen hätte, und alle empfanden ein außerordentliches Vergnügen, als sie Canneloro errettet und den wilden Mann, der die armen Jäger so kläglich ums Leben brachte, dafür bestraft sahen. Hierauf nun erhielt Ghiacova den Auftrag, diesen Unterhaltungskontrakt auch mit ihrem Siegel zu besiegeln, und sie begann daher, wie folgt:

Das uns Frauen eingepflanzte verwünschte Laster, hübsch zu scheinen, bringt uns so weit, daß wir, um den Rahmen der Stirn zu vergolden, das Gemälde des Antlitzes verderben, um die Falten der Haut zu weißen, die Knochen des Gebisses zerstören und, um die Glieder leuchten zu lassen, die Sehkraft verdunkeln; denn bevor die Stunde erscheint, wo der schuldige Tribut der Zeit gegeben werden muß, kommt der Eiter in die Augen, kommen Runzeln auf dem Gesichte und Fäulnis in die Zähne. Wenn aber schon ein junges Frauenzimmer, welches aus zu großer Eitelkeit diesen Teufelskünsten obliegt, im höchsten Grade tadelnswürdig erscheint, um wieviel mehr Züchtigung verdient nicht eine alte Vettel, die noch mit jungen Mädchen wetteifern will und sich so dem Hohn der Leute und ihrem eigenen Untergang preisgibt, wie ich euch dies in einer Erzählung zeigen werde, wenn ihr mir auf kurze Zeit ein freundliches Gehör leihen wollet.

Es lebten einmal in einem Garten, auf welchen die Fenster des Königs von Starkenfels hinausgingen, zwei alte Weiber, welche der Inbegriff der Widerlichkeiten, das Protokoll der Gebrechen, das Hauptbuch der Häßlichkeit waren und verworrene struppige Haare, eine runzlige, blättrige Stirn, schiefe, borstige Brauen, dikke, senkrechte Augenlider, welke, verdrehte Augen, gelbsüchtige, faltige Gesichter, einen aufgesperrten, verzogenen Mund und kurzum Bärte wie die Kälber, eine haarige Brust, bucklige Schultern, welke Arme, verdrehte, wankende Säbelbeine und krumme Füße hatten, weswegen sie, um mit ihren häßlichen Fratzengesichtern selbst nicht einmal von der Sonne gesehen zu werden, sich in einer Hütte unter den Fenstern jenes Königs vergraben hatten. Dieser nun sah sich von ihnen dergestalt belästigt, daß er keinen Wind lassen konnte, ohne daß diese zänkischen Vetteln sich darüber aufhielten, da sie über die geringste Kleinigkeit brummten und geiferten und sich bald darüber beklagten, daß eine heruntergefallene Jasminblume ihnen die Kahlköpfe verletzt, bald, daß ein zerrissenes Stück Papier ihnen eine Schulter zerschlagen, bald wieder ein bißchen Staub ihnen einen Schenkel gequetscht hätte, so daß der König, als er dieses Übermaß von Verzärtelung wahrnahm, daraus folgerte, daß unter ihm die Quintessenz der Zartheit, das Nonplusultra von Weichheit und das Extrem von Empfindlichkeit wohne. Es ergriff ihn daher ein Verlangen aus dem innersten Herzen und ein Gelüst aus der tiefsten Seele, dieses Wunder zu sehen und über diese Sache ins klare zu kommen, und er fing an, von unten und oben Seufzer auszustoßen, sich zu räuspern, ohne daß er den Katarrh hatte, und, mit einem Wort, sich frei heraus und ohne Rückhalt auszusprechen, indem er sagte: »Wo, o wo verbirgst du dich, du Juwel, Schmuck und Zier der Welt? Komm hervor, komm hervor, o Sonne, erwärme mich, o Kaiserin, laß schauen deine holden Reize, zeige die Lampen der duftreichen Liebesapotheke!

Stecke doch deinen Kopf heraus, du Hauptbank der echten Schönheitskapitalien; sei nicht so geizig mit deinem Anblick, öffne die Türen dem armen Falken, verleihe mir deine Gunst, wenn du sie mir wirklich jemals verleihen willst; laß mich das Instrument schauen, aus welchem diese schöne Stimme ertönt, die Glocke, welche diese Klänge entsendet, gewähre mir den Anblick dieses seltenen Vogels und lasse es nicht geschehen, daß ich gleich den pontischen Schafen mich von Wermut nähre, indem du mir das Anschauen und die Betrachtung deiner Schönheit versagst.«

Diese und noch viele andere Worte rief der König aus, aber er hätte mit allen Glocken läuten können, die alten Weiber hätten ihn doch nicht erhört, da ihre Ohren für ihn verstopft waren. Dadurch wurde indes nur noch mehr Öl ins Feuer gegossen, und der König fühlte sich wie Eisen in dem Ofen des Verlangens erglühen, von der Zange des Gedankens festgehalten und von dem Hammer der Liebespein hämmern, um irgendeinen Schlüssel ausfindig zu machen, mit welchem er das Kästchen jener Juwelen, die ihn vor Sehnsucht sterben machten, öffnen könnte. Er ließ daher nicht ab, sondern fuhr fort, flehende Bitten auszustoßen und immer eindringlicher zu reden, ohne sich jemals einige Ruhe zu gönnen, so daß die alten Vetteln, welche anfangs über die Liebeserklärungen und Verheißungen des Königs voll Ärger und Zorn gewesen waren, endlich beschlossen, diese Gelegenheit sich nicht entschlüpfen zu lassen, um diesen Vogel, der von selbst ins Netz flog, auch darin zu fangen.

Als daher der König wieder eines Tages oben am Fenster ungeduldig wartete, sagten sie zu ihm durch das Schlüsselloch mit leiser Stimme, daß die größte Gunst, die sie ihm nach Verlauf von acht Tagen erweisen würden, nur darin bestehen könnte, daß sie ihn einen einzigen Finger sehen ließen. Der König, der als erfahrener Krieger recht gut wußte, daß man die Festungen nur ellenweise erobert, schlug diesen Antrag nicht ab, indem er das alte Wort: »Nimm, was du bekommst, und fordere mehr« recht gut kannte und hoffte, auch diesen festen Platz, den er belagerte, fingerweise zu erobern, weswegen er diesen peremtorischen Termin des achten Tages bereitwillig annahm, um das achte Wunder der Welt endlich zu schauen.

Die alten Weiber taten unterdes nichts anderes, als daß sie gleich einem Apotheker, der Sirup eingegossen hat, sich die Finger in der Absicht leckten und saugten, damit, wenn der festgesetzte Termin erschiene, die, welche den glattesten hätte, denselben dem Könige zeigen sollte. Dieser befand sich inzwischen wie auf der Folter, indem er die bestimmte Stunde sehnsüchtig herbeiwünschte, um sein Verlangen zu befriedigen, und die Tage zählte, die Nächte ruhelos verbrachte, die Stunden abwog, die Minuten abmaß, die Sekunden belauschte und die Augenblicke berechnete, welche ihm für die Erwartung des ersehnten Glückes als Ziel gegeben waren, sowie bald die Sonne anflehte, daß sie in den Gefilden des Himmels irgendeinen Nebenpfad einschlagen möchte, damit sie auf diese Weise ihren Weg verkürzend vor der gewöhnlichen Stunde den feurigen

Wagen in den Schuppen bringen und die von so langer Fahrt ermüdeten Rosse zur Tränke führen könne, bald wieder die Nacht beschwor, daß sie die Dunkelheit zerstreuen und ihn jenen Tag erblicken ließe, der, solange er ihn nicht sähe, ihn in den Kalkofen der Liebesflammen festbannte, und ein andermal wieder mit der Zeit zankte, daß sie, um ihn zu ärgern, auf Krücken ginge und sich bleierne Schuhe angezogen habe, damit sie die Stunde verzögere, wo die ihm von dem geliebten Gegenstand ausgestellte Verschreibung liquidiert und die zwischen ihnen stipulierte Verpflichtung erfüllt werden sollte. Endlich jedoch erschien mit des Himmels Hilfe der festgesetzte Tag; er begab sich daher an demselben in eigener Person in den Garten und pochte an die Tür, indem er ausrief: »Nanu, nanu!« Worauf eine von den alten Weibern, die bejahrteste von beiden, nachdem sie auf dem Probierstein der Vergleichung gesehen hatte, daß ihr Finger von besserem Gehalt als der ihrer Schwester war, ihn durch das Schlüsselloch steckte und dem Könige zeigte.

Es war dies aber kein Finger, sondern ein zugespitztes Hölzchen, das ihm ins Herz stach; aber auch kein Hölzchen, sondern eine Keule, die ihm einen betäubenden Schlag versetzte! Aber was sage ich Hölzchen und Keule? Es war ein angezündeter Schwefelfaden für den Zunder seines Verlangens, eine brennende Lunte für das Schießpulver seiner Wünsche! Jedoch was sage ich Hölzchen, Keule, Schwefelfaden und Lunte? Es war ein Dorn unter dem Schwanz seiner Gedanken, oder vielmehr eine Purganz von Fingerfeigen, die ihm die

Blähungen der Liebespein mit einem Sturm von Seufzern abtrieb. Der König ergriff hierauf diesen Finger, küßte ihn und rief aus: »O du Behältnis der Süßigkeiten, du Verzeichnis der Freuden, du Register der Liebesprivilegien, um dessenwillen ich zum Vorratshaus der Leiden, zum Magazin der Schmerzen, zum Zollhaus der Qualen geworden bin! Ist es möglich, daß du dich so hart und unerbittlich zeigen willst, daß du dich von meinen Klagen nicht erweichen lässest? Ach mein teuerstes Leben, wenn du mir durch das Loch den Schwanz zeigst, biete mir doch auch das Mäulchen dar, damit wir uns ein Gelee von Genüssen bereiten! Wenn du mir eine Schnecke weisest, o du Meer der Süßigkeit, weise mir doch auch die Austern; laß mich die Augen des wunderholden Falken schauen und ihn an meinem Herzen sich sättigen! Wer sperrt den Schatz deines schönen Antlitzes in einen Abtritt? Wer läßt diese schöne Ware in einer finstern Höhle Quarantäne halten? Wer hält die Gewalt Amors in dieser Hundehütte gefangen? Komm hervor aus dieser Grube, tritt heraus aus diesem Stalle, befreie dich aus diesem Loche, fasse ein Herz, denn ich stehe dir bei; und alles, was ich kann und vermag, ist dir zu Befehl. Wisse nämlich, daß ich ein König bin und nicht etwa ein Lump, vielmehr schaffen und zerstören kann nach meinem Belieben; jener falsche, blinde Sohn eines lahmen Schmiedes und einer gemeinen Metze aber, der über die Zepter eine unbeschränkte Willkür ausübt, will, daß ich dein Sklave sei und als Gnade das erbitte, was ich dir durch eigene Machtvollkommenheit entreißen könnte; denn ich weiß sehr wohl, daß man Venus durch Schmeicheleien und nicht durch Trotz und Gewalt bemeistert.«

Die Alte, welche wußte, wo Bartel Most holt, und eine Erzfüchsin, eine alte Katze und im höchsten Grade schlau, listig und verschlagen war, außerdem aber auch noch bedachte, daß die Bitte eines Höhern so viel ist wie ein Befehl und der Widerstand eines Dieners die cholerischen Säfte im Leibe des Herrn aufrührt, die sich dann in einem Durchfall von Unheil Luft machen, fing an klein beizugeben, und sprach mit einer Stimme wie die einer geschundenen Katze: »Gnädiger Herr, da ihr die Gnade habet, euch der zu unterwerfen, die unter euch steht und es nicht für unwürdig erachtet, euch von dem Zepter zur Kunkel, von dem Palast zu einem Stall, von der königlichen Pracht zu einem Unterrock, von dem Glück zum Elend, vom Söller zum Keller und vom Roß zum Esel herabzulassen, so kann, mag und darf ich mich nicht dem Willen eines so großen Königs widersetzen. Wenn ihr daher diese Verbindung zwischen einem Fürsten und einer Magd, dieses Mosaik von Elfenbein und Pappelholz, diese Inkrustierung von Diamanten und Glaswürfeln wünschet, so bin ich jetzt gleich zu eurem Befehl willig und bereit, indem ich mir nur eine einzige Gnade als erstes Zeichen des Wohlwollens, welches ihr für mich heget, erbitte, daß ihr mich nämlich bei Nacht und ohne Licht in euer Bette aufnehmet, da ich es nicht ertragen könnte, entblößt gesehen zu werden.« Der König, ganz außer sich vor Freude, schwur ihr also mit der Hand auf dem Herzen, daß er dies sehr gern tun würde, und nachdem er nun auf diese Weise eine Schale voll Zucker nach einem Mund voll Teufelsdreck geworfen hatte, ging er von dannen und konnte die Stunde nicht erwarten, wo die Sonne aufhört, die Gefilde des Himmels zu pflügen, damit die Sterne darauf gesäet werden können, um selbst das Feld zu besäen, auf welchem er Freuden scheffelweise und Genüsse nach Zentnern zu ernten hoffte.

Kaum war aber die Nacht erschienen und hatte voll Zorn darüber, so viele Laden- und Mäntelfischer auf den Straßen zu sehen, die Dunkelheit gleichsam eimerweise ausgegossen, so zog die Alte sich alle Runzeln am Leibe zusammen, machte daraus eine einzige, die sie mit einem Bindfaden auf dem Rücken zusammenband, und gelangte alsdann im Dunkeln, von einem Kammerdiener geführt, in das Gemach des Königs, woselbst sie ihre Lumpen rasch abwarf und ins Bett kroch. Als nun der König, welcher wie die Lunte am Zündloch bereit war, sie eintreten und sich niederlegen hörte, so rieb er sich vom Kopf bis auf die Füße mit Moschus und Zibet ein, begoß sich über und über mit wohlriechenden Wassern und stürzte sich hierauf wie ein korsischer Bullenbeißer in das Bett. Der Alten kamen freilich die mannigfachen Salben und Düfte, die der König mitbrachte, wie gerufen, da er auf diese Weise den Atem ihres Mundes, den Bocksgeruch der Achseln und den Gestank noch anderer Dinge nicht gewahr wurde; sobald er sich indes niedergelegt und angefangen hatte zu fühlen, so merkte er beim Betasten den dicken Wulst auf dem Rücken, nahm auch die schlappen Schrotbeutel und die eingefallenen Hinterbacken der Alten wahr und fiel daher ganz wie aus den Wolken; er wollte jedoch für den Augenblick nichts sagen, um zuvor genauer nachzuforschen, sondern tat sich lieber Gewalt an, indem er in einen abscheulichen Hafen einlief, während er an der Küste von Posilippo zu sein glaubte, und in einem elenden Lastschiffe fuhr, während er an Bord einer Galeere zu segeln dachte. Nicht sobald aber wurde die Alte vom ersten Schlaf überfallen, als der König rasch aus einem Schrank von Ebenholz und Silber einen gemsledernen Beutel, in welchem sich ein Feuerzeug befand, hervornahm, eine Lampe anzündete und dann die Bettdecke aufhob; aber statt einer Nymphe erblickte er eine Harpyie, statt einer Huldgöttin eine Furie, statt einer Venus eine Gorgone und geriet hierüber in solche Wut, daß er das Tau abhauen wollte, welches an diesem Schiff befestigt gewesen war, und schnaubend vor Zorn alle seine Diener herbeirief; diese eilten auf das Alarmgeschrei ihres Gebieters wie bei einer Camisade in Hemden herbei und sahen den König auf die Alte loshauen, als wenn er Fleisch hackte, während er ihnen zurief: »Sehet doch einmal, was für einen Streich mir diese Großmutter des Teufels gespielt hat! Denn da ich es mit einem säugenden Kälbchen zu tun zu haben glaubte, so sehe ich ein Mondkalb vor mir; da ich eine zarte Taube gefangen zu haben dachte, finde ich diese Eule in meinen Händen, da ich mir einbildete, einen Bissen für einen König erhascht zu haben, halte ich mir dieses Scheusal, dieses Brechmittel an den Mund. Freilich, so und noch viel schlimmer muß es jedem ergehen, der die Katze im

Sack kauft! – Hat sie mich nun aber auch auf diese Weise übertölpelt, so soll sie doch dafür gehörig büßen; darum ergreift sie rasch, und, wie sie da steht und geht, werft sie zum Fenster hinaus!«

Als die Alte dies hörte, fing sie an, sich mit Händen und Füßen zu verteidigen, indem sie ausrief, daß sie von diesem Urteil appelliere, da sie nur auf sein eigenes, dringendes Flehen in sein Bett gekommen sei, daß sie außerdem hundert Doktoren der Rechte zu ihrer Verteidigung herbeibringen würde, daß ferner nach dem Sprichwort ein altes Huhn gute Brühe gäbe, und daß endlich nach einem andern man nicht den alten Weg für den neuen verlassen solle. Trotz alledem aber wurde sie beim Kopf und bei den Beinen ergriffen und in den Garten hinuntergestürzt, wobei sie indes glücklicherweise mit den Haaren an dem Zweige eines Feigenbaumes hängenblieb und deswegen auch nicht den Hals brach. So geschah es nun, daß am andern Morgen sehr früh, ehe noch die Sonne von dem Gebiet Besitz genommen, das die Nacht ihr abgetreten hatte, bei jenem Garten einige Feen vorüberzogen, welche aus einer gewissen verdrießlichen Laune noch nie weder gesprochen noch gelacht hatten, und als sie jenes Schreckgespenst, das die Schatten der Nacht vor der Zeit verscheucht hatte, an dem Baume hängen sahen, wurden sie von einem solchen baucherschütternden Lachen befallen, daß sie fast geborsten wären und mit herausgestreckter Zunge den Mund eine Zeitlang nicht zu schließen vermochten. Um die Alte nun für diesen herrlichen Spaß zu belohnen, verliehen ihr die Feen jede einen Zaubersegen, indem eine nach der andern ihr wünschte, daß sie jung, schön, reich, vornehm, tugendhaft, von jedermann geliebt und glückselig werden sollte, worauf sie sich entfernten. Die Alte aber befand sich plötzlich auf dem Boden, auf einem Sitz vom schwersten Sammet mit goldenen Fransen, am Fuße desselben Baumes, an dem sie gehangen, und der sich jetzt in einen Baldachin von grünem Sammet mit goldenem Hintergrund verwandelt hatte; ihr Gesicht sah aus wie das eines fünfzehnjährigen Mädchens und so schön, daß alle andern Schönheiten alte Schlurren neben einem niedlichen Schuh und Strümpfchen geschienen hätten; im Vergleich mit dieser Grazie der Paläste hätte man alle andern Grazien für Bewohnerinnen des Trödlerviertels und der Winkelgassen halten müssen; wo diese ihren Trumpf des Scherzes und Kosens ausspielte, würde sie allen andern die Bank gesprengt haben; außerdem war sie auch so geputzt, geschmückt und prunkend wie eine Königin; denn das Gold leuchtete, die Edelsteine blitzten, die Blumen wiegten sich und so viele Diener und Dienerinnen umstanden sie ringsumher, daß es schien, als würde Ablaß ausgeteilt.

Inzwischen hatte sich der König eine Decke umgehängt, ein Paar Pantoffel angezogen und sich dem Fenster genähert, um zu sehen, was aus der Alten geworden war; bei dem überraschenden Anblick aber, der sich ihm darbot, blieb er mit weitaufgesperrtem Maule stehen und betrachtete eine Zeitlang, wie an den Boden gewurzelt, jenes hübsche Stück Menschenfleisch, indem er bald die Haare bewunderte, die zum Teil entfesselt um die Schultern spielten, zum Teil in einen goldenen Knoten geknüpft waren und den Neid der Sonne erweckten, bald seine Aufmerksamkeit auf die Augenbrauen wandte, welche gleich Bogen die Herzen mit ihren Pfeilen durchbohrten, bald die Augen anschaute, welche die Leuchtfeuer Amors zu sein schienen, bald wieder sich von dem Mund entzückt fühlte, in welchem die Grazien wie in einer Liebeskelter Anmut kelterten und den süßen Zyperwein und Malvasier des Entzückens hervorlockten. Anderseits drehte er sich wie ein Wetterhahn, und als wäre er von Sinnen, beim Anblick des schimmernden und flimmernden Schmuckes, den sie am Halse trug, und der reichen Kleiderpracht, die sie umgab, so daß er mit sich selbst zu reden begann und also sprach: »Bin ich im ersten Schlaf oder wache ich? Habe ich meine Sinne oder fasele ich? Bin ich ich selbst, oder bin ich es nicht? Welcher Wurf hat mit dieser schönen Kugel mich, den König, so geschickt getroffen, daß ich sogleich umgepurzelt bin? Es ist vorbei mit mir, es ist um mich geschehen, wenn ich keinen Ausweg finde! – Woher ist doch diese Sonne aufgegangen, wie ist diese Blume emporgesproßt, wie dieses Vögelein ausgekrochen, um mein Herz wie mit Haken an sich zu ziehen? Welches Schiff hat sie hierhergebracht, welche Wolke herabgeregnet? Was für Ströme von Schönheit reißen mich in ein Meer von Qualen?«

Während dieses Selbstgesprächs stürzte er die Treppe hinunter, eilte in den Garten und, vor die neuverjüngte Alte tretend, rollte er sich fast vor ihr auf der

Erde, indem er ausrief: »O mein liebliches Kußmäulchen, o Püppchen der Grazien, o holde Taube von dem Wagen der Venus, siegreicher Köder Amors, wenn du jemals dein Herz wie ein Stück Wäsche im Fluß eingeweicht hast, wenn kein Hundeunrat dir in die Ohren gekommen und kein Schwalbenkot dir in die Augen gefallen ist, so bin ich überzeugt, daß du die Schmerzen und Leiden wahrnehmen und erkennen mußt, welche diese deine Schönheit so plötzlich und unversehens über meine Seele ausgegossen hat, und wenn du auch dem Beuchkessel meines Gesichtes die Lauge nicht ansiehst, die mir im Innersten kocht, der Flamme meiner Seufzer den Kalkofen nicht ansiehst, der mir überall in meinem Leibe brennt, so kannst du doch vermöge deines Verstandes und deiner Klugheit leicht aus deinen Haaren abnehmen, welche Bande mich fesseln, aus deinen Augen, welche Gluten mich verzehren, und aus den roten Bogen deiner Lippen, welche Pfeile mich durchbohren! Verriegle daher nicht die Tür des Mitleids, ziehe die Brücke der Barmherzigkeit nicht auf, verstopfe die Quelle der Gnade nicht, und wenn du mich auch nicht für würdig hältst, das Indult deines schönen Antlitzes zu erwerben, so gewähre mir wenigstens den Geleitsschein freundlicher Worte, den Schutzbrief irgendeines Versprechens und die Anwartschaft guter Hoffnung; denn sonst nehme ich mir mit Gewalt, was du nie wiedererlangen kannst.«

Diese und noch tausend andere Worte kamen ihm aus der tiefsten Brust, so daß sie die neuverjüngte Alte auf das Lebhafteste rührten und sie ihn zuletzt zu ihrem

Gemahl erkor, worauf sie sich erhob, sich an seinem Arme zur Kutsche begab und mit ihm in derselben nach dem königlichen Palaste fuhr. Hier nun wurde alsbald ein sehr großes Gastmahl veranstaltet und dazu alle vornehmen Frauen eingeladen, nicht minder aber auch die Freundin der jungen Alten, welche diese gleichfalls gegenwärtig zu sehen wünschte. Es kostete jedoch gar große Mühe, sie ausfindig zu machen und zu dem Bankett zu bringen, da sie vor großer Furcht sich dermaßen versteckt und verkrochen hatte, daß man keine Spur von ihr entdecken konnte. Als sie aber nach vielem Suchen herbeigeschafft war und nun neben ihrer frühern Genossin, welche sie nur mit genauer Not wiederzuerkennen vermochte, dasaß, fing zwar die ganze übrige Gesellschaft an, tüchtig zuzugreifen; die arme Alte jedoch hatte einen ganz andern Hunger, der sie nagte, indem sie nämlich vor Neid platzte, ihre Gevatterin so jung und schön zu sehen, und sie daher alle Augenblicke am Ärmel zupfte und ihr zuraunte: »Was ist denn mit dir vorgegangen, Schwester, was ist denn mit dir vorgegangen?« Worauf diese antwortete: »Jetzt iß, nachher werde ich dir erzählen.« Der König, der dies bemerkte, fragte seine Braut, ob die Alte etwas verlange, und da sie ihm erwiderte, daß ihre Freundin ein wenig grüne Sauce zu haben wünschte, befahl er sogleich Knoblauchbrühe, gepfefferten Mostrich und zahllose andere Tunken herbeizubringen, um der Alten Appetit zu machen. Diese jedoch, welcher die köstlichste Sauce wie Ochsengalle schmeckte, zog wiederum ihre Freundin am Ärmel, indem sie sie fragte: »Wie hast du es denn angefangen, Schwester, wie hast du es denn angefangen?«, worauf diese entgegnete: »Pst, wir haben ja mehr Zeit als Geld, drum iß nur jetzt, solange du was hast, nachher werden wir schon mehr reden.« Da der König wiederum fragte, was jene denn wolle, versetzte seine Braut, die sich durch diese Fragen so verwickelt sah wie ein Küchlein im Werg und sich gern von dem lästigen Drängen frei gemacht hätte, daß die Alte etwas Süßes zu essen wünsche, und alsbald schneiten von hier die Pastetchen, regnete von da das Zukkerwerk und strömten von dort die Bonbons herbei. Die Alte aber, welche nicht ruhen konnte und der es wie ein Mühlrad im Kopf herumging, fing immer wieder dasselbe Lied an, bis daß ihre verjüngte Freundin keinen andern Ausweg mehr wußte, und um sich jene vom Halse zu schaffen, zu ihr sprach: »Ich habe mir die Haut abziehen lassen, liebe Gevatterin«, worauf die neidische Alte vor sich hinmurmelte: »Nun ist's gut, und du sollst zu keinen tauben Ohren geredet haben; auch ich will mein Glück versuchen, denn ich bin nicht weniger als du, und wenn es mir gelingt, so sollst du nicht allein alles haben, sondern auch ich muß meinen Teil bis auf das kleinste Körnchen abbekommen.«

Indem sie nun dies so vor sich hin sprach und man unterdessen die Tafel aufhob, stellte sie sich, als müßte sie einmal hinausgehen, lief stracks nach einem Barbierladen und sagte zu dem Herrn desselben, während sie mit ihm in ein Hinterstübchen trat: »Hier habt ihr 50 Dukaten, ziehet mir einmal die Haut ab vom Kopf bis zu den Füßen«, worauf der Barbier, der sie für verrückt hielt, erwiderte: »Gehet nur, Gevatterin, ihr seid nicht recht gescheit und solltet eigentlich einen Wächter haben.« – »Du Tor«, versetzte die Alte, »der du dein Glück so von dir stößest; denn außer den 50 Dukaten, die ich dir gebe, sollst du auch, wenn mir eine gewisse Sache gelingt, wie ich es wünsche, der Fortuna das Becken an das Kinn halten; darum ergreif dein Messer und verliere keine Zeit, denn dein Glück ist gemacht.« Nachdem der Barbier noch eine lange Zeit vergeblich widersprochen, protestiert und gestritten hatte, gab er endlich gleichsam der Gewalt nach und schickte sich an, ihrem törichten Verlangen zu willfahren; hierauf ließ er die alte Schachtel auf eine Bank niedersitzen und fing an, sie dermaßen zu schinden, daß sie über und über Blut rieselte und pißte, wobei sie jedoch mutig standhielt, als würde sie nur rasiert, und bloß von Zeit zu Zeit ausrief: »Au, au! Ohne Leiden keine Freuden!« – Indem nun jener auf diese Weise ihr das Fell immer weiter abzog, sie aber stets bei ihrem Ausruf beharrte, strich er die Baßgeige ihres Leibes herunter bis auf das Schalloch des Nabels; bei diesem jedoch ging ihr die Kraft aus, und von hinten einen Abschiedsschuß abfeuernd, bewahrheitete sie auf ihre Unkosten den Vers des Sannazaro:

»Der Neid, mein Sohn, vernichtet sich selbst.«

Diese Erzählung nun endete gerade um die Zeit, wo der Sonne, wie einem relegierten Studenten, eine Stunde Zeit gegeben wurde, um das Quartier des Himmels zu räumen, worauf der Prinz den Fabiello und Ghiacovuccio, von denen der eine sein Garderobenmeister, der andere sein Haushofmeister war, rufen ließ, damit sie den Nachtisch dieses Tages aufwarten sollten. Hurtig auch wie die Häscher waren sie da, der eine in schwarzen, langen Hosen, einem Pluderrock mit Knöpfen, so groß wie die Talerstücke, und einer flachen Kappe, die ihm bis über die Ohren ging, der andere mit einer Tellermütze, einem Wams und Weste und weißen Kniehosen, und indem sie hinter einem Spalier von Heidelbeersträuchern wie hinter einer Kulisse hervortraten, begannen sie ein scherzhaftes ländliches Zwiegespräch, welches sie mit so possierlichen Gebärden und Grimassen begleiteten, daß alle Zuhörer darüber vor Lachen hätten bersten mögen. Um die Stunde aber, wann die Feldarbeiter von den zirpenden Grillen aufgefordert werden, nach Hause zurückzukehren, entließ auch der Prinz die Frauen, indem er ihnen wiederholt einschärfte, daß sie sich wieder am folgenden Morgen einstellen sollten, um die angefangene Weise der Unterhaltung fortzusetzen, während er selbst mit der Mohrin sich in seine Gemächer zurückzog.

Ende des ersten Tages

Anmerkungen

ERSTER TAG

Seite 10: *Tänzer*

Im Or. Lucía canazza, eigentlich ein Tanz, eine Art catubba, bei dem man häufig der Mittänzerin zurief: Lucía, Lucía canazza (etwa: Lucia, du Schelmin); so heißt es in Sgruttendios Tiorba a Taccone, corda 9, a Cecca la Catubba, wo dieser Tanz beschrieben wird:

O Lucía, ah Lucía
Lucía, Lucía mia,
Stiennete, accostate, nzeccate ccà;
Vide sto core ca ride, e ca sguazza;
Auza sso pede, ca zompo, canazza;
Cucurucù,
Zompa mo su;
Vecco ca sauto, ca giro, ca zompo;
Nnante, che zompo,
Zompa Lucía, ch'addanzo io da ccà;
Tubba catubba, e nania nà.
O Lieschen, ach Lieschen,
O Lieschen, Lieschen mein,
Strecke dich, recke dich, komme herbei;
Sieh, wie ich lache und laut jubilier;
Hebe die Füße, du Schelmin, gleich mir;
Kukuruku,
Spring immer zu;
Siehe, ich juchze, ich dreh mich, ich springe;
Vorwärts, ich springe,
Springe nur, Lieschen, ich tanze jetzt da,
Tubba, Catubba und nania na.

Das sardinische Kraut

Eine giftige Art Hahnenfuß (Sardoa herba, Σαρδόνιον, auch ranunculus und βατράχιον genannt), die besonders in Sardinien wachsen und deren Genuß das Gesicht zu einem krampfhaften Lachen verziehen sollte; daher die bekannten Ausdrücke Σαρδόνιος γέλως, Sardonius risus, sardonisches Lächeln. Eine andere Ableitung derselben jedoch siehe bei Zenob. 5, 85. Suid. s. v. Σαρδ. γέλ. cf. Heine zu Apollod. p. 220ff.

Stich in den Unterleib

Bei der Bauchwassersucht, die gewöhnlich von großer Niedergeschlagenheit des Leidenden begleitet ist, wird das Wasser häufig durch eine solche Operation (Paracentese genannt) abgezapft.

Seite 11: *Zwei Fuß kaltes Eisen*

Im Or. te sia data lanzata catalana. Die Neapolitaner scheinen besonders großen Respekt vor den Lanzenstichen der katalonischen Lanzenknechte gehabt zu haben. Die lanzate catalane werden oft erwähnt, so z. B. auch im 7. Märchen.

Seite 12: *Silvio*

Die folgende Stelle ist wahrscheinlich aus einem Schäferspiel, vielleicht dem Pastor fido. (Sie findet sich in der Tat dort: I, 1)

Egeria

Von Diana in eine Quelle verwandelt, da sie Numa Pompilius sehr tränenreich beweinte. vgl. Ovid, Metamorphosen, 15,487ff.

Seite 17: *Die größten Sänger*

Sie werden im Orig. namhaft gemacht, nämlich Gevatter Junno, Pizzillo und der Blinde von Potenza, scheinen aber nur zum Scherz berühmte Sänger genannt zu werden. Der erste derselben wird auch in der Ekloge Clio von Basile erwähnt, wo es heißt:

Nsomma ogne cosa passa,
Decea Compare Junno,
Non c'è cosa durabele a sto munno.

Seite 18: *Betze*. Hündin.

Barren Indiens. Das Gold aus Amerika.

Seite 19: *Weife*. Haspel.

Gelüst

Man hegt in Neapel hinsichtlich der Gelüste schwangerer Frauen mancherlei Aberglauben. Galiani sagt im Vocabul. s. v. Agliarulo, welches eine entzündete Augengeschwulst bedeutet: »Das gemeine

Volk bei uns glaubt, daß dieses Übel denjenigen befalle, der das Gelüst einer schwangeren Frau unbefriedigt läßt. Es gibt unter uns nichts Heiligeres als diese Gelüste, man hat einen unerschütterlichen Glauben daran und erweist ihnen unendliche Ehrfurcht. Doch wird man wohl nie erfahren, was eigentlich dahinter steckt, da nur Frauen schwanger werden. Wenn sich aber einmal ein großer Philosoph, ein Naturforscher, ein Redi, ein Buffon, ein Linné in andern Umständen befände, so möchte man wohl darüber ins klare kommen.

Se viene a scire prena, ed aie golío.
De quarche cosa, tienemente a l'ogna,
O te tocca la nateca.
»Wirst schwanger du und hast nach was Gelüst,
So sieh dir auf die Nägel oder fasse
Dir an den Hintern«

rät eine Frau ihrer Schwiegertochter bei Cortese. Vajasseide c. I. St. 29. »Denn wenn eine Schwangere etwas zu essen wünscht und es nicht bekommt, so kann sie abortieren, oder wenn sie es aus irgendeiner Rücksicht nicht haben will und sich dabei einen Körperteil berührt, so kommt das neugeborene Kind mit der Figur der gewünschten Sache auf dem Teil seines Leibes zur Welt, den sich die Mutter berührt hat«, wie die Anmerkung zu dieser Stelle sagt. Auch bei Bojardo c. 56. St. 28, 29 sagt die Königin Perodia von ihrer verlornen Tochter:

Sotto a la poppa destra forse un dito
Ha per signale una voglia di mora;
D'una mora di gelso, hor mi rammento
Essendo di lei pregna hebbi talento.
Là mi toccai, e ella, come nacque
Sotto la poppa havea quel segno nero, ecc.

Seite 20: *Askanius*. vgl. Virgil, Aeneis I, 685 ff.

Seite 25: *Skanderbeg*. Eigentlich: Herr Alexander, der türkische Name des Georg Kastriota; albanischer Freiheitsheld 1403–1468.

Seite 28: *fisten*. furzen.

Seite 29: *Klang der Laute*. vgl. das lateinische Sprichwort: Asinus ad lyram – zu etwas so ungeeignet sein wie der Esel zum Lautespielen.

Seite 39: *Hauskobold*

Im Or. monaciello, ein Kobold, der in den Häusern viele Schäden und Unruhe anrichten soll. Man denkt sich ihn in eine Mönchskutte gehüllt, und daher wohl der Name, obwohl ihn Farao wie gewöhnlich vom Griechischen ableiten will, z. B. von 'Αελλώ etc.

Seite 40: *zyprische Göttin*. Aphrodite.

Sciorella i. e. Fiorella

Blümlein, die Heldin einer Liebeserzählung, die mir aber sonst unbekannt ist. Sie wird auch noch sonst erwähnt, z. B. im 17. Märchen, wo von dem Prinzen, der vor einer gräulichen Hexe nicht erschrickt, gesagt wird: »Er mußte wohl irgendeine Geschichte von Marco und Sciorella ins Wams genäht tragen«; ferner am Schluß des 2. Märchens der Posilecchejata von Masillo Reppone, wo er von seinem Freunde sagt: »Glücklich war der, welcher ihn zum Freunde haben konnte; denn die Liebe zwischen Pylades und Orestes, zwischen Damon und Pythias, zwischen Patroklus und Achilles, zwischen Euryalus und Nisus und zwischen Marco und Sciorella war nur ein Funke im Vergleich mit der seinigen«; welche ganze Stelle aus Corteses Ciullo e Perna lib. I. p. 138 (in der Ausgabe der Collezione etc.) abgeschrieben ist, wo es heißt: »Nie herrschte so viel Liebe zwischen Pylades und Orestes, zwischen Damon und Pythias, zwischen Patroklus und Achilles, zwischen Euryalus und Nisus und zwischen Marco und Sciorella, als zwischen uns.« – An der vorliegenden Stelle haben übrigens beide Ausgaben: »tornatene a Ceriosa e Sciorella«, es muß aber ohne Zweifel heißen o Sciorella, und so haben wir auch übersetzt.

Seite 42: *Kordial*. Herzstärkung.

Herberge

Anspielung auf die Sitte, Lorbeer- und andere Reiser über den Türen der Wirtshäuser aufzustecken; so wie es auch in Corteses Ciullo e Perna I. II. gleich zu Anfang heißt: »Gerade am 1. Mai, wo in Neapel jedes Haus durch die aufgesteckten Reiser zum Wirtshaus wird etc.

Seite 46: *Legte die Schlüssel unter die Schwelle*

Den Schlüssel beim Weggehen unter der Schwelle oder sonstwo zu verstecken, damit ihn andere Hausgenossen dort finden, ist auch bei uns in den unteren Volksklassen nicht ungewöhnlich.

Seite 47: *Rhapontik*. Rhabarber.

Operment. Arsen.

Seite 48: *Wie Medea mit dem ihres armen Bruders*

Im Orig. »Wie Tefone mit dem armen Mönch (frate)«; ich weiß nicht, worauf dies anspielt.

(Es muß gelesen werden: Tifone, also Typhon, der seinen Bruder Osiris in eine Kiste lockte, sie vernagelte, glühendes Blei in sie hineingoß und sie dann in den Nil warf.)

Seite 55: *Um euch in einen Kampf von Leiden zu stürzen, euch zu einem gehörnten Kämpen gemacht*

Im Orig. »Um euch das grausame Verfahren (politica) des Tiberius zu lehren, euch den Cornelius (Wortspiel mit cornu) Tacitus ins Gedächtnis gerufen hat.«

Tor von Horn. siehe Odyssee 19, 562 und Aeneis 6,894.

Seite 56: *Bei dem ersten Druck des Leibes*

Im Or. eigentlich: »Bei dem ersten Riechen an das Fläschchen«, ebenso sagt auch in der Vajasseide c. 2 St. 2 eine Hebamme zu einer Gebärenden: »Drücke, meine Tochter, hilf dir; rieche an dieses Fläschchen.« Bei dieser Gelegenheit wollen wir einige von Cortese an dieser Stelle und zu Ende des vorhergehenden Gesanges erwähnte Gebräuche der untern Volksklassen in Neapel anführen, welche bei Hochzeiten und Geburten stattfinden. – Was erstere betrifft, so ist besonders die Cammisa de l'annore (das Hemd der Ehre) zu nennen; dies ist la camiccia della donzella, che dopo la prima notte dello sposalizio si ha da mostrare a' parenti degli sposi tinta di sangue per onore e gloria di ambedue. Questa singolar costumanza, introdotta dalla rustica semplicità de' nostri maggiori, resta ancor nel volgo, ed è tanto sagra, che laddove mancasse la verità, si supplirebbe con sangue di piccioni messovi di soppiatto, anzichè restar disonorati gli sposi; s. Vocab. s. v. Cammisa. Diese Sitte stimmt also ganz mit der bei den Arabern, Berbern und anderen Völkern bestehenden überein. – Was die Geburten betrifft, so bestreicht die Hebamme dem Kinde mit dem aus dem abgeschnittenen Nabel hervorspritzenden Blute die Backen, damit es später immer rote Wangen habe, löst ihm die Zunge, schüttet ihm Zucker und Zimt in den Mund, streut dann dem Kinde, wenn es ein Mädchen ist, etwas gestoßenes Salz in den cunnus, ut is suo tempore marito jucundius sapiat, drückt dem Kinde hierauf die Nase mit einem Messer zurecht, bereitet alsdann einen Trank aus gestoßenen Kräutern, den man dem Kinde eingeben soll, damit es auf Lebenszeit von Leibschmerz freibleibe und auch sonst gedeihe, und endlich legt sie es wohl eingehüllt (nach altrömischer Sitte) auf die Erde, auf der man indes einen Teppich ausgebreitet hat, indem sie in Gegenwart aller Vettern und Eingeladenen zum Vater sagt: »Gevatter, hebe dein Kindchen auf, segne es und küsse es.« Dieser tut also und gibt dann das Kind den übrigen, die es herumreichen, bis es endlich auf das Bett der Wöchnerin gelegt wird.

Seite 58: *Fioravanti*

Charlatanischer Arzt des 16. Jahrhunderts, schrieb unter anderem auch il Compendio dei Secreti. Venedig, 1564.

Seite 60: *Karnevalsfischerin*

Während des Karnevals und der dabei gebräuchlichen Maskeraden sieht man zuweilen als Fischerinnen gekleidete Frauenzimmer, die an Angeln Zuckerwerk und dgl. auswerfen.

Seite 61: *Trompete*

Den Trompeter auf Schiffen erwähnt auch Cortese, Ciullo e Perna I. I. p. 139: »Und da die Trompete zu Tische rief usw.«

Seite 63: *Edelstein*

Im Or. fato, ein oft gebrauchtes Wort, bedeutet wahrscheinlich einen jungen, schönen Feensohn, als Masculinum von fata gebildet.

Seite 72: *Wahre Futter der Gerichtshöfe*

Anspielung auf die Prozeßsucht der untern Klassen.

Seite 77: *Wilde Katzen dich gesäugt*

Diese Stelle ist eine Nachahmung von Ilias, 16, 33 sqq. und Aen. 4, 365 sqq. cf. Gellius, 12, 1, 20.

Seite 95: *Freudenmädchen*

Den neapolitanischen Huren war die Spazierfahrt auf öffentlichen

Wegen untersagt. Handelten sie gegen diese Verordnung, wurden sie verhaftet.

Seite 100: *Als wenn sie den Wolf gesehen hätten*

Der Glaube, daß derjenige die Sprache verliere, dessen ein Wolf früher ansichtig wird als er des Wolfes, herrschte schon bei den Alten; vgl. Passow in seinem griech. Wörterbuch s. v. λύκος und die daselbst zitierten Stellen. Sonst bedeutet die Redensart egli ha visto il lupo im Italienischen auch unerschrocken sein; so heißt es bei Bojardo im Kampf zweier Ritter mit einem Riesen:

Ma quei dua Cavallier lo stiman poco,
Che l'uno e l'altro visto il lupo havea,
E stati erano a danza in altro luoco. C. 62 st. 50.

Seite 101: *Als kuriert*

d. i. besser, ich verwunde einen andern und lasse mich verklagen, als daß ich von ihm verwundet werde und mich muß kurieren lassen.

Seite 103: *Pennino*

Ein Stadtteil von Neapel, ebenso wie die folgenden: Großer Platz, Chiazza larga – Rüsterplatz, Chiazza de l'Urmo – Maulbeerplatz oder Straße, Cceuze, so genannt wegen der zahlreich dort wachsenden Maulbeerbäume und seit mehreren Jahrhunderten die Wohnstätte liederlicher Frauenzimmer – Loch Pertuso, ist wahrscheinlich die schon von Boccaccio Giorn. 2 nov. 2 erwähnte Gasse, wo es nämlich heißt: Laonde la fantìcella a casa di costei il condusse, la quale dimorava in una contrada chiamata Malpertugio, la quale quanto sia onesta contrada, il nome medesimo il dimostra – die Straße Lavinaro hat nicht von der Lava ihren Namen (obwohl wir diese in der Übersetzung damit in Verbindung bringen), sondern weil ehemals das von den benachbarten Hügeln stürzende Regenwasser (lava) dort durchströmte; jetzt jedoch hat man letzterm eine andere Richtung gegeben – Markt, Mercato.

Seite 109: *Wie der abgehauene Kopf eines Banditen auf einer Schandsäule*

der nämlich zum Spott mit einer papiernen Krone geschmückt wird. Auch andern Verbrechern pflegt man eine Papiermütze (mitreja, gemein italienisch mitera und davon miterino, Galgenvogel) aufzusetzen, während sie auf einem Esel reitend und vom Henker auf den nackten Rücken gepeitscht, durch die Straßen der Stadt ziehen und ein Trompeter vorangeht, der mit lauter Stimme ihr Verbrechen bekannt macht. cf. Vocabol. s. v. Mitreja. Auf den letzten Teil der Strafe bezieht sich Bojardo c. 55 st. 43, wo es heißt:

E già per tutt' essendo chiaro il giorno,
A gli altri schiavi lo fece legare,
E lor commise che sonando il corno,
Si come a la giustizia si suol fare,
Poi che l'havean condutto alquanto intorno,
Su le forche il dovessero impiccare, ecc.

Eine ähnliche Sitte wird auch schon erwähnt im Barlaam u. Josaphat, s. Boisson. Anecd. vol. IV. p. 41.

Wie dem Deutschen am kalten Wasser

Auf die Trunksucht der Deutschen wird oft angespielt, die Wörter trinche lanze und trincare sind dem Deutschen entlehnt und Giorgio, Georg, welchen Namen jedesmal der Deutsche in Theaterstücken führt, bedeutet zugleich »betrunken (giurgio)«. So heißt es auch in der Einleitung der Posilecchejata: »Drei Dinge sind in schlechten Händen: ein Vogel in den Händen eines Kindes, eine junge Frau in den Händen eines Greises und eine Flasche in den Händen eines Deutschen.«

Seite 114: *Auf die Schultern zu treten*

Anspielung darauf, daß sich in Neapel der Henker den gehängten Verbrechern auf die Schultern zu setzen pflegt, damit sie desto schneller sterben.

Der Himmel stehe mir armen Frau bei usw.

Diese ganze Stelle ist im Original sehr dunkel und wahrscheinlich verdorben.

(Croce vermutet, daß es heißen müsse: Käme doch endlich mein Mann usw.)

Seite 115: *doppelter Adler.* Anspielung auf das Habsburgische Wappen.

Seite 116: *Spiegel vorhalten*

Im Orig. »mit der Glaskugel über die Stirn fahren«; ein ehemals gewöhnliches Toilettenmittel, das Gesicht glatt zu machen; cf. Vocab. s. v. rasa.

Seite 121: *Aggregativpille.* Zur Mischung der Säfte.

Seite 127: *unter den Türken*

So viel wie in der Sklaverei. Anspielung auf die Kaperfahrten der Türken im Mittelmeer, von denen auch Neapel stark betroffen war.

Seite 128: *Rinaldo.* Siehe Tassos Befreites Jerusalem 16, 31.

Seite 133: *Juno in den olenischen Feldern.* Siehe Ovid. Fasti 5, 229 sqq.

Seite 137: *Langetaube*

Hier hat Basile vergessen, daß er diesen Namen dem Geburtsort Caneloros gegeben hat, von welchem dieser ja ausgezogen ist.

Seite 144: *Kommt der Eiter in die Augen usw.*

Wirkungen des häufigen Gebrauchs der Schminke.

Seite 145: *Komm hervor, komm hervor, erwärme mich, o Kaiserin*

Anfangsworte eines später vollständig angeführten Liedchens.

Seite 146: *Öffne die Türen dem armen Falken*

Ein Spiel, das auch gegen Ende der Einleitung des 2. Tages erwähnt wird. Die Spielenden fassen sich nämlich bei den Händen und tanzen im Kreise; einer derselben bleibt jedoch in der Mitte stehen und singt die Verse:

Aprite, aprite porte
A povero Farcone,

oder, wie Cortese in dem Briefe an Messer Uneco sie anführt:

Apere le porte
Ca Farcone vole ntrare,

worauf die Tanzenden die Hände, ohne sich jedoch loszulassen, so hoch als möglich in die Höhe heben und dabei singen:

Le porte stanno aperte
Si Farcone vole entrare.
(Die Türen sind geöffnet,
Der Falke kann herein).

Gelingt es nun dem in der Mitte Stehenden in diesem Augenblick unter den Händen zweier der Tanzenden, ehe sie dieselben sinken lassen, durchzuspringen, so ist er frei; sonst muß er im Kreise bleiben, und der Tanz beginnt von neuem. Falke heißt eben der in der Mitte Befindliche, als wenn er in einem Käfig wäre (dann sollte es aber statt entrare vielmehr uscire heißen). So Galiani Del Dial. Napol. p. 118.

Seite 147: *Gleich den pontischen Schafen*

Siehe Plin. Hist. Nat. 27, 7 (28) in.

Seite 148: *Ein Dorn unter dem Schwanz seiner Gedanken*

Ein von Basile oft gebrauchter Ausdruck. Mutwillige Bauernknaben pflegen nämlich Tieren, um sie zu necken, einen Dorn an den Schwanz zu binden; so heißt es z. B. auch in der von Fernow, Röm. Stud., p. 417ff. angeführten Probe der paduanischen Mundart: »A no catto defferinzia da un inamorò a un de sti bosatieggi manzuoli zovenitti, què un boaruolo, per rire, ghe abbia buttò un gaban su gi nogi, e cazzò un spin sotto la coa, què 'l fa andar roelando de qua e de là senza saer don el vaga o don el suppia.« Zu deutsch: »Ich weiß keinen Unterschied zwischen einem Verliebten und einem dieser wilden jungen Stiere, dem ein Hirtenknabe zum Spaß einen Rock über die Augen geworfen und einen Dorn unter den Schwanz gesteckt hat, so daß das Tier hier und dort umherspringt, ohne zu wissen, wo es geht oder wo es sich befindet.« Vgl. Hudibras P. I C. 2 v. 840, 599.

Fingerfeigen

Art Feigen, die von ihrer Gestalt den Namen haben, da sie langgestreckt sind, wie »der Hals eines Gehängten«; sie haben eine zerrissene Schale, welche aussieht wie »ein Bettlerrock« und schwitzen vielen Saft aus. Man gebraucht sie als Purganz.

Seite 149: *blinder Sohn*. Amor, der Sohn des Vulcan und der Venus.

Seite 151: *Laden- und Mäntelfischer*

d. i. Diebe, welche die Kaufmannsläden ausräumen und den Vorübergehenden die Mäntel vom Leibe reißen.

Seite 152: *Camisade*. Nächtlicher Überfall in Überhemden.

Seite 156: *Schwalbenkot*

Anspielung auf den Glauben des gemeinen Volkes, daß derjenige blind werde, dem Schwalbenkot in die Augen fällt.

(vgl. auch Tobias 2, 11.)

Indult. Gnadenbrief.

Seite 159: *Der Neid, mein Sohn etc.*

Siehe Sannazaros Arcadia. Eclog. 6. v. 13 cf. Hor. Ep. I. 2, 57.

Inhalt

ERSTER TAG

Das Märchen aller Märchen (Lo cunto de li cunti) von Giambattista Basile (1575–1632) erschien erstmals in den Jahren 1634–1636. Der Titel *Der Pentamerone,* der seit der Ausgabe von 1674 gebraucht wurde, bezieht sich auf die Einteilung der Sammlung in fünf Tage, stammt aber nicht von Basile.

»Hat das *Märchen aller Märchen* auf der einen Seite seinen geschichtlichen Ort als Märchenwerk, das nicht nur in Italien, sondern auch in Deutschland weitergewirkt hat, bei Wieland und vor allem bei Brentano, der für seine *Italienischen Märchen* daraus geschöpft hat, so hat es auf der andern Seite seinen Platz in der Geschichte der italienischen Erzählliteratur, indem dieser *Pentamerone* eine Entwicklung beschließt, die Boccaccio mit seinem *Decamerone* eröffnet hatte. Der *cunto de li cunti* ist ein Anti-Dekameron.

Während sich bei Boccaccio sieben Frauen und drei Männer in einer Kirche während der Pestzeit verabreden, sich die Zeit mit Geschichtenerzählen zu vertreiben, Frauen und Männer, die sich allesamt als schön und edel erweisen, auch wenn ihre Geschichten von dem einen oder anderen für frivol gehalten werden, kommt bei Basile eine Gruppe monströs häßlicher Weiber zusammen. Nur der Prinz Thaddäus und seine spätere Frau Zoza, um derentwillen der Pentamerone veranstaltet wird, sind schön wie die Protagonisten der hohen Literatur seit eh und je.

Bei Boccaccio ist der Rahmen nichts weiter als das Vehikel, die hundert unterschiedlichen Erzählungen zusammenzuhalten; bei Basile dagegen schließen sich Anfang und Ende zusammen, da die letzte Geschichte, die Geschichte Zozas, an den Beginn anknüpft und die fünfzig Märchen keine andere Funktion haben, als Zoza an ihr Ziel zu bringen: die Hochzeit mit Thaddäus, so wie die Märchen aus Tausendundeiner Nacht von Schehrezâd genutzt werden, den Kalifen Harûn er-Raschîd von seinen Tötungsabsichten abzuhalten und ihn endlich zu gewinnen.« Walter Boehlich

insel taschenbuch 354

Basile

Das Märchen aller Märchen

GIAMBATTISTA BASILE
DAS MÄRCHEN ALLER MÄRCHEN

›Der Pentamerone‹

Zweiter Tag
Deutsch von Felix Liebrecht
Herausgegeben und mit einem Nachwort versehen von Walter Boehlich
Insel Verlag

Die Illustrationen sind der Ausgabe von 1794 (Neapel) entnommen.
Die Vorlagen stellte freundlicherweise
die Österreichische Nationalbibliothek in Wien zur Verfügung.

insel taschenbuch 354
Erste Auflage 1982

Vertrieb durch den Suhrkamp Taschenbuch Verlag
Umschlag nach Entwürfen von Willy Fleckhaus
Satz: Fotosatz Otto Gutfreund, Darmstadt
Druck: Nomos Verlagsgesellschaft, Baden-Baden
Printed in Germany

ZWEITER TAG

EINLEITUNG

Schon hatte Aurora angefangen, die Räder des Sonnenwagens einzuschmieren, und war durch die Anstrengung, das Fett in den Naben gehörig anzureiben, so rot geworden wie eine Klatschrose, als Thaddäus nach langem Recken und Gähnen aus dem Bette stieg, hierauf auch die Mohrin weckte, und nachdem sie sich beide rasch angekleidet, sich mit ihr in den Garten begab, woselbst sie bereits die zehn Frauen antrafen. Zuvörderst nun ließen alle für sich einige frische Feigen pflücken, die trotz ihres Bettlerrocks, ihres Galgenhalses und ihrer Hurentränen dennoch das Gelüst der sie Anschauenden erweckten; dann aber begannen sie, um die Zeit bis zum Essen auf angenehme Weise hinzubringen, tausenderlei Spiele zu spielen, und vergaßen dabei weder »Hans Niklas«, noch »Stoßrad«, noch »Sieh dich vor, Frau«, noch »Covalera«, noch »Bruder, ich bin verwundet«, noch »Ausruf und Bekanntmachung«, noch »Willkommen, Meister«, noch »Rentinola, liebe Rentinola«, noch »Mach's Faß zu«, noch »Spring hoch«, noch »Stein im Busen«, noch »Seefisch«, noch »Engel«,noch »Anola tranola«, noch »König Keulenträger«, noch »Blinde Katze«, noch »Lampe zur Lampe«, noch »Schieb meinen Vorhang vor«, noch »Podex und Pauke«, noch »Langen Balken«, noch »das Hühnerspiel«, noch »der Alte ist nicht gekommen«, noch »Lade das Faß ab«, noch das »Tragespiel«, noch »Männchen Springauf«, noch das »Räuberspiel«, noch »Pack zu, Pfiffikus«, noch »Komm her, komm her«, noch »Wer hat die Nadel und den Zwirn«, noch »Vögelein, Vögelein, hüt' dich vor dem Kettelein«, noch »Wein oder Essig«, noch »Öffnet, öffnet die Türen dem armen Falken«.

Als aber die Stunde des Magenfüllens erschien, setzten sie sich zu Tisch, und nachdem sie gegessen, sagte der Prinz zu Zeza, daß sie ihre Erzählung anfangen und dabei mit einem guten Beispiel vorangehen solle; worauf sie, die deren so viele im Munde hatte, daß sie überliefen, sie sämtlich zum Kapitel berief und als die beste diejenige auswählte, welche ich sogleich mitteilen werde.

II

Zweiter Tag

Erstes Märchen

»PETROSINELLA«

Eine schwangere Frau ißt einer Hexe die Petersilie aus ihrem Garten weg, und auf der Tat ertappt, verspricht sie ihr das Kind, das sie gebären würde; sie gebiert Petrosinella, welche von der wilden Frau in Empfang genommen und in einen Turm eingesperrt wird. Ein Prinz entführt sie aus demselben, und nachdem beide mit Hilfe dreier Galläpfel der Verfolgung der wilden Frau entkommen sind, wird Petrosinella von dem Prinzen geheiratet.

Mein Wunsch, die Prinzessin auf angenehme Weise zu unterhalten, ist so groß, daß ich die ganze vorige Nacht, in welcher alle übrigen Leute im tiefsten Schlaf begraben lagen, nichts anderes getan habe, als daß ich die alten Kisten und Kasten meines Gehirns durchstöberte, die Schubladen meines Gedächtnisses durchsuchte und unter den Märchen, welche jene gute Seele, die Frau Klara Löchlein, Großmutter meines Oheims (Gott habe sie selig!), zu erzählen pflegte, diejenigen auswählte, die mir am meisten passend zu sein schienen, um euch täglich eine davon aufzutischen; daher ich auch Grund habe zu hoffen (wenn ich mich nicht etwa ganz und gar im Irrtum befinde), daß sie euch viel Vergnügen machen oder, wenn auch nicht als bewaffnete Scharen, um die Langeweile zu verjagen, so doch wenigstens als Trompeten dienen werden, um meine andern Genossinnen anzufeuern, damit sie mit größerer Macht, als meine geringen Kräfte es mir gestatten, ins Feld rücken und durch den Überfluß ihres Geistes den Mangel meiner Worte ersetzen.

Es war einmal eine schwangere Frau, namens Pascadozia, welche von einem Fenster aus, das in den Garten einer Hexe ging, ein Beet Petersilie erblickte und ein solches Gelüst nach derselben bekam, daß sie darüber fast in Ohnmacht fiel und, um es zu befriedigen, die Zeit abpaßte, wann die Hexe ausging, während welcher sie sich eine Handvoll abpflückte. Als aber die Hexe nach Hause zurückkehrte und sich eine Suppe kochen wollte, so merkte sie, daß jemand bei der Petersilie gewesen war, und sprach: »Hol mich der Teufel, wenn ich diesen langfingrigen Schelm nicht kriege und ihn auf seine Kosten lehren will, von seinem Teller zu essen und die Töpfe anderer Leute unangerührt zu lassen.« Indem nun die arme Schwangere zu wiederholten

Malen in den Garten hinabstieg, wurde sie eines Morgens von der Hexe ertappt, welche voll von Wut und Galle zu ihr sprach: »Hab ich dich endlich erwischt, du Diebin, du Spitzbübin? Was für Pacht bezahlst du mir denn für den Garten, daß du mir so ohne weiteres mein Grünzeug wegstiehlst? Meiner Treu, ich werde dich nicht erst nach Rom schicken, damit du dort Buße tun sollst.« Außer sich vor Schrecken fing Pascadozia an, sich zu entschuldigen, indem sie sagte, daß sie weder aus Naschhaftigkeit noch aus Heißhunger sich vom Bösen habe verleiten lassen, diese Unredlichkeit zu begehen, sondern vielmehr, weil sie schwanger wäre, und daß sie fürchte, das Gesicht des Kindes würde ganz mit petersilienähnlichen Malen bedeckt sein, ja sie müsse ihr vielmehr Dank wissen, daß sie ihr nicht eine Augengeschwulst angewünscht habe. »Das ist leeres Gewäsch«, erwiderte die Hexe, »mir mußt du damit nicht kommen. Dein Lebenstermin ist abgelaufen, wenn du mir nicht versprichst, mir das Kind zu geben, mag es nun ein Mägdlein oder ein Knäblein sein.« Um aus der Gefahr, in der sie sich befand, zu entkommen, leistete die arme Pascadozia mit der Hand auf dem Herzen den geforderten Eid und wurde hierauf von der Hexe freigelassen. Als aber die Zeit ihrer Entbindung erschien, gebar sie ein so schönes Töchterlein, daß es eine wahre Freude war, und da es auf der Brust ein niedliches Mal hatte, das wie Petersilie aussah, so erhielt es den Namen Petrosinella. Diese wuchs nun alle Tage zusehends heran und wurde, sobald sie das siebente Jahr erreichte, in die Schule geschickt; immer aber, wenn sie auf der

Straße der Hexe begegnete, sprach diese zu ihr: »Sage zu deiner Mutter, daß sie an das Versprechen denken soll«; und so oft sandte die Hexe Pascadozia diese Hiobsbotschaft, daß die arme Frau voll Verzweiflung dieselbe nicht ferner hören wollte und zu ihrem Töchterchen eines Tages sagte: »Wenn du wieder die alte Frau triffst und sie die Erfüllung des verdammten Versprechens fordert, so antworte ihr: ›Nimm dir, was du haben willst.‹« Als daher Petrosinella, die nichts Böses ahnte, wieder einmal der Hexe begegnete und von ihr dieselbe Rede vernahm, so antwortete sie in der Unschuld ihres Herzens, so wie die Mutter ihr gesagt, worauf die Hexe sie bei den Haaren ergriff und in einen Wald schleppte, welchen die Sonnenrosse niemals betraten, um auf den dunkeln Weideplätzen desselben nicht zu erkranken. Dort nun wurde Petrosinella von der Hexe in einen von ihr hervorgezauberten Turm gesperrt, der weder Türen noch Treppen und nur ein Fensterchen hatte, durch welches die Hexe vermittelst der überaus langen Haare Petrosinellas wie ein Matrose auf den Wanten hinauf- und hinabzusteigen pflegte.

So geschah es nun einmal, daß, als Petrosinella eines Tages während der Abwesenheit der Hexe den Kopf aus jener Öffnung hinaussteckte und ihre Flechten in der Sonne erglänzen ließ, der Sohn eines Prinzen vorüberkam, welcher beim Anblick dieser zwei goldenen Standarten, welche die Herzen zur Anwerbung unter Amors Fahnen herbeiriefen, und des unter den herrlich schimmernden Wellen hervorschauenden Sirenenangesichts sich in so hohe Schönheit auf das sterblichste verliebte. Nachdem er ihr nun eine Bittschrift von Seufzern zugesandt, wurde von ihr beschlossen, ihn zu Gnaden anzunehmen, und der Handel ging so rasch von statten, daß der Prinz freundliches Kopfnicken und Kußhände, verliebte Blicke und Verbeugungen, Danksagungen und Anerbietungen, Hoffnungen und Versprechungen, kosende Worte und Schmeicheleien in großer Menge zugeworfen erhielt. Als sie dies aber so mehrere Tage wiederholt hatten, wurden sie dermaßen miteinander vertraut, daß sie eine nähere Zusammenkunft miteinander verabredeten, und zwar sollte diese des Nachts, wann der Mond mit den Sternen Verstekken spielte, stattfinden, Petrosinella aber der Hexe einen Schlaftrunk eingeben und den Prinzen mit ihren Haaren emporziehen. Sobald dieser Verabredung gemäß die bestimmte Stunde erschienen war und der Prinz sich nach dem Turm begeben hatte, senkten sich auf einen Pfiff von ihm die Flechten herab, welche er rasch mit beiden Händen ergriff und nun rief: »Zieh!« Oben angelangt, kroch er durch das Fensterchen in die Stube, genoß in reichem Maß von jener Petersilienbrühe Amors und stieg, ehe noch der Sonnengott seine Rosse durch den Reifen des Tierkreises springen lehrte, wieder auf der nämlichen Goldleiter hinab, um nach Hause zurückzukehren. Da er nun oftmals diese Besuche wiederholte, so wurde es endlich eine Gevatterin der Hexe gewahr, welche sich um Dinge, die sie nichts angingen, zu bekümmern und ihre Nase in jeden Quark zu stecken pflegte; sie sagte daher zu der Alten, sie solle auf ihrer Hut sein, denn Petrosinella habe mit einem jungen Burschen einen Liebeshandel; sie vermute, die Sache würde dabei nicht stehenbleiben, sie durchschaue alles und wisse, wie es kommen würde; wenn jene sich also nicht vorsehe, möchte wohl Petrosinella, ehe sie es sich dessen versehe, über alle Berge sein. Die Hexe dankte der Gevatterin vielmal für den wohlgemeinten Rat und fügte hinzu, sie wolle schon dafür sorgen, der Petrosinella den Weg zu verlegen, abgesehen davon, daß es ihr ganz unmöglich sein würde zu entfliehen, weil sie dieselbe dermaßen bezaubert habe, daß, wenn sie nicht die drei Galläpfel, welche sich in dem Loche eines Küchenbalkens befänden, in den Händen hätte, alle Bemühungen, sich aus dem Staube zu machen, verloren wären.

Während aber die beiden alten Hexen sich auf diese Weise besprachen, belauschte Petrosinella, welche stets die Ohren spitzte und gegen die Gevatterin Verdacht hegte, ihre ganze Unterredung. Sie ließ daher, sobald die Nacht ihre schwarzen Kleider ausschüttelte, um sie vor den Motten zu bewahren, und der Prinz sich wie gewöhnlich eingestellt hatte, denselben auf die Balken in der Küche steigen und die Galläpfel suchen, welche ihr, wie sie wußte, wegen des ihr von der Hexe angehängten Zaubers unerläßlich notwendig waren. Nachdem sie sie gefunden und sich eine Strickleiter gemacht hatte, stiegen sie beide den Turm hinunter und fingen an, auf dem Wege, der nach der Stadt führte, zu fliehen. Da sie jedoch hierbei von der Gevatterin gesehen wurden, so fing diese an dermaßen zu schreien und die Hexe zu rufen, daß letztere erwachte, hierauf, sobald sie vernahm, daß Petrosinella entflohen wäre, auf derselben Strickleiter, die noch an das Fensterchen gebunden war, hinunterstieg und anfing, den Liebenden nachzueilen. Als diese nun die Hexe schneller als ein freigelassenes Roß hinter sich herlaufen sahen, so hielten sie sich anfangs für verloren; endlich jedoch erinnerte sich Petrosinella der Galläpfel und warf rasch einen auf die Erde, so daß plötzlich ein entsetzlicher korsischer Bullenbeißer erschien, der mit weitgeöffnetem Maul und furchtbar bellend der Hexe entgegenrannte, um sie wie einen einzigen Bissen zu verschlingen. Diese aber, welche mehr List und Kniffe im Kopfe hatte als der leibhafte Teufel, steckte die Hand in die Tasche und zog daraus ein Brötchen hervor, das sie kaum dem Hunde dargereicht hatte, als er den Schwanz sinken und seine ganze Wut fahren ließ, worauf sie von neuem den Fliehenden nachzusetzen begann. Sobald Petrosinella sie wieder nahe herankommen sah, warf sie den zweiten Gallapfel zur Erde, und plötzlich erschien ein furchtbarer Löwe, welcher mit dem Schweif die Erde peitschte, die Mähnen schüttelte und mit ellenweit aufgesperrtem Rachen sich bereit machte, die Hexe zu zermalmen; daher diese sogleich zurückkehrte, einem Esel, der auf einer Wiese weidete, die Haut abzog und, sich diese umhängend, dem Löwen nochmals entgegenging, welcher, in der Meinung, es wäre ein wirklicher Langohr, so große Furcht bekam, daß er sogleich ausriß. Nachdem nun die Hexe solchermaßen diesen zweiten Graben übersprungen hatte, begann sie wiederum die armen Flüchtlinge zu verfolgen, welche an den Fußtritten und der Staubwolke, die sich bis zum Himmel erhob, merkten, daß die Hexe von neuem hinter ihnen her wäre; diese aber hatte aus Furcht, der Löwe könne sie verfolgen, sich die Eselshaut noch nicht abgenommen, so daß, da Petrosinella inzwischen den dritten Gallapfel zur Erde geworfen und auf diese Weise einen Wolf hervorgezaubert hatte, dieser, ohne der Hexe Zeit zu einem neuen Ausweg zu lassen, sie wie einen Esel verschlang. Hierauf legten die Liebenden, von jeder Gefahr befreit, ganz langsam und gemächlich ihren Weg nach dem Reiche des Prinzen zurück, woselbst dieser mit Bewilligung seines Vaters Petrosinella heiratete und beide nach so vielen Leidensstürmen empfanden, daß:

»Nur eine Stund im Port frei von Gefahr,
Läßt bald vergessen manches Sturmesjahr.«

12

Zweiter Tag

Zweites Märchen

»VERDEPRATO«

Nella wird von einem Prinzen geliebt, und dieser begibt sich oftmals durch einen kristallenen Gang zu ihr; da aber dieser von ihren neidischen Schwestern zerbrochen wird, so löst der Prinz vor Gram sich fast ganz auf und ist dem Tode nahe. Nella erfährt durch einen seltsamen Zufall das Mittel, wodurch der Prinz wiederhergestellt werden kann, macht davon Gebrauch, heilt ihn und wird von ihm geheiratet.

Mit so unbeschreiblichem Vergnügen wurde das Märchen Zezas vernommen, daß, wenn es auch noch eine Stunde gedauert hätte, diese den Zuhörern wie ein Augenblick erschienen wäre. Als nun hierauf die Reihe an Cecca kam, so begann sie also zu reden:

Es lohnt wahrlich die Mühe, die Wahrheit des Sprichworts zu erwägen, daß von demselben Holze sowohl Götterstatuen als Galgenbalken, sowohl Königsthrone als Nachtstuhldeckel gemacht werden, so wie auf nicht minder seltsame Weise von einem und demselben Lumpen sowohl das Papier, welches mit Liebesbriefen beschrieben und von schönen Frauen geküßt wird, als auch Arschwische herkommen; ein Umstand, der den gescheitesten Astrologen um seinen Verstand bringen könnte. Dasselbe kann man auch von den Müttern sagen, von welchen oftmals sowohl gute als schlechte, sowohl liederliche als wirtschaftliche, sowohl schöne als häßliche, sowohl neidische als liebevolle, sowohl wie Diana keusche als wie Huren unzüchtige, sowohl unglückliche als vom Glück begünstigte Töchter geboren werden, welche alle, von demselben Stamm entsprossen, doch von einem Charakter sein sollten. Indem ich jedoch die Erwägung dieser Dinge gelehrtern Leuten überlasse, will ich euch nur in bezug auf das, was ich angedeutet, das Beispiel dreier Töchter einer und derselben Mutter anführen, an denen ihr die erwähnte Verschiedenheit der Sitten erkennen werdet, welche die bösen Töchter in einen feurigen Ofen, die gute aber auf den Gipfel des Glücksrades brachte.

Es war einmal eine Mutter mit drei Töchtern, von denen zwei das Unglück so sehr verfolgte, daß ihnen nie etwas gelang, daß alles, was sie sich vornahmen, ihnen mißglückte und alle ihre Hoffnungen ihnen stets zu Wasser wurden; die jüngste aber, namens Nella, hatte aus dem Mutterleibe das Glück mit auf die Welt gebracht, und man konnte glauben, daß bei ihrer Geburt sich alles verband, um ihr das Allerbeste und Auserlesenste zuteil werden zu lassen; denn der Himmel verlieh ihren Augen sein reinstes Licht, Venus begabte sie mit der tadellosesten Schönheit, Amor mit dem höchsten Grade seiner Gewalt, die Natur mit den zierlichsten Sitten; sie verrichtete nie etwas, das ihr nicht nach Wunsch vonstatten gegangen, sie unternahm nichts, das ihr nicht auf das beste gelungen wäre, und sie besuchte nie einen Tanz, den sie nicht mit aller Ehre verlassen hätte, weswegen sie zwar von den Neidhämmeln von Schwestern gehaßt, aber noch viel mehr von allen andern geliebt und geachtet, und zwar von ihren Schwestern unter die Erde gewünscht, aber noch viel mehr von allen andern auf Händen getragen wurde. So geschah es nun, daß ein zauberkundiger Prinz, welcher in jenem Lande wohnte und in dem Meer ihrer Schönheit auf den Fang ausging, so lange den Angelhaken der Liebesbewerbung nach diesem schönen Goldfischlein auswarf, bis er es endlich an den Kiefern der Zuneigung erfaßte und es in seine Gewalt bekam. Damit sie jedoch ohne Wissen der Mutter, welche ein sehr schlimmer Bissen war, miteinander ihre Liebe genießen könnten, so machte der Prinz einen unterirdischen Gang aus Kristall, welcher, obwohl sie vier Meilen voneinander entfernt waren, dennoch von seinem Palast bis unter das Bett Nellas ging, gab ihr dann ein gewisses Pulver und sprach zu ihr: »Jedesmal, wenn du mich wie einen Sperling mit deiner holdseligen Schönheit ätzen willst, wirf etwas von diesem Pulver ins Feuer, alsdann werde ich so schnell wie zu einem Lockvogel durch den Gang zu dir kommen und auf kristallenem Pfade zu dem Genuß deines silbergleichen Antlitzes eilen.«

Dieser Verabredung gemäß verging keine Nacht, wo der Prinz nicht vermittels jenes Ganges das Raus- und Rein- und Geh- und Kommspiel mit Nella gespielt hätte, so daß die Schwestern, welche sie auf das schärfste belauerten und ihre nächtlichen Freuden erspäht hatten, ihr diesen guten Bissen zu rauben beschlossen, und um ihr Liebesgewebe zu zerreißen, den Kristallgang gänzlich zerstörten. Als daher das arme Ding wieder das Pulver ins Feuer warf, um ihrem Geliebten ein Zeichen zu geben, damit er komme, richtete sich dieser, der immer in blinder Hast und ganz nackt herbeizueilen pflegte, an den zerbrochenen Kristallstücken so übel zu, daß es wahres Mitleid erweckte, ihn anzusehen. Indem er nun auf diese Weise nicht weiter vorwärts konnte, kehrte er, zerschlitzt wie die Pumphosen eines Deutschen, nach Hause zurück und ließ, nachdem er sich zu Bett gelegt, alle Doktoren der Stadt herbeirufen; das bezauberte Kristall hatte ihm jedoch so tödliche Wunden beigebracht, daß kein menschliches Mittel Hilfe zu leisten vermochte und der König, durch die verzweifelte Lage seines Sohnes erschreckt, öffentlich bekanntmachen ließ, daß, wer den Prinzen von seinem Übel befreie, wenn es eine Frau wäre, denselben zum Gemahl, wäre es aber ein Mann, die Hälfte seines Reiches erhalten solle.

Sobald Nella, welche sich wegen der Lage des Prinzen in Verzweiflung befand, dies vernahm, färbte sie sich das Gesicht, verkleidete sich und verließ ohne Wissen der Schwestern das Haus, um den Prinzen noch einmal vor seinem Tode zu sehen. Da aber die von dem Sonnengott vergoldete Kugel, mit welcher dieser auf den Fluren des Himmels zu spielen pflegt, ihren Lauf bereits nach dem Westen zu nahm, so wurde Nella in einem Walde ganz nahe bei dem Hause eines wilden Mannes von der Nacht überfallen, daher sie, um etwaige Gefahren zu vermeiden, auf einen Baum stieg, während eben der wilde Mann mit seiner Frau bei offenen Fenstern zu Tisch war, um so die frische Luft zu genießen. Nachdem sie nun die Krüge geleert und die Lampe ausgelöscht hatten, fingen sie an von dem und jenem zu reden, so daß Nella, die fast nicht weiter entfernt war, als die Nase vom Munde ist, alles ganz genau hören konnte und unter anderm auch, wie die wilde Frau zu ihrem Manne sagte: »Was gibt es neues, lieber Zottelbär? Was hört man in der Welt?« Worauf dieser antwortete: »Nicht viel Gutes, liebe Frau, alles geht drüber und drunter und nichts, wie es soll.« »Nun aber doch!« versetzte die Frau, »sage mir, was man hört.« – »Da wäre wohl viel zu erzählen«, erwiderte der wilde Mann, »von all dem Wirrwarr in der Welt; denn man vernimmt Dinge, daß man außer sich geraten möchte, wie Possenreißer herrlich beschenkt, Schelme hochgeehrt, Schurken belohnt, Räuber beschützt und Mörder verteidigt, redliche Männer aber geringschätzt oder vielmehr gar nicht geschätzt werden. Da man aber darüber vor Ärger aus der Haut fahren könnte, so will ich nur das erwähnen, was dem Sohn des Königs zugestoßen ist. Dieser nämlich hatte sich einen kristallenen Gang gebaut, auf welchem er sich immer nackt zu einem hübschen jungen Weibsgesicht zu begeben pflegte, um sich mit ihr die Zeit zu vertreiben; dieser Gang aber ist, ich weiß nicht wie, zerbrochen worden, und indem er nun wieder einmal durchgehen wollte, hat er sich dermaßen zerschnitten, daß, ehe er so viele Löcher zumachen kann, die Lebenskraft ihm ganz ausgelaufen sein wird; der König hat freilich durch öffentlichen Ausruf dem, der ihn heilt, große Versprechungen gemacht, doch ist dies alles nur verlorene Mühe und der Sache nicht abzuhelfen; das beste, was er tun könnte, wäre, die Trauerkleider bereitzuhalten und Anstalten zum Begräbnis zu treffen.«

Als Nella die Ursache der Krankheit des Prinzen vernahm, fing sie an, bitterlich zu weinen, und sprach bei sich selbst: »Was ist das doch für eine verwünschte Seele gewesen, die den Gang, auf welchem mein holdseliger Vogel zu mir kam, zerstört hat, damit auch mir die Gänge meiner Lebensgeister zerstört werden?« Sobald aber die wilde Frau wieder zu reden begann, schwieg Nella ganz mäuschenstill, um wieder zu horchen, worauf jene also sprach: »Ist es wirklich möglich, daß der arme Prinz der Welt entrissen werde und für sein Übel kein Mittel zu finden sei? Ei so mag die ganze Heilkunde sich verstecken, alle Doktoren sollten sich einen Strick um den Hals nehmen und Galen und Mesué ihren Schülern das Lehrgeld wiedergeben, da diese nicht einmal imstande sind, dem Prinzen ein Rezept zu verschreiben, das ihn wieder gesund mache.« – »Stille doch, Mütterchen«, erwiderte der wilde Mann, »die Doktoren brauchen ja keine Heilmittel zu entdecken, die über die Grenzen der Natur hinausgehen. Das ist da nicht etwa eine Windkolik, die mit einem Ölbade abgemacht ist, nicht etwa eine Blähung, die man durch ein Abführungsmittel von Feigen und Mäusekot vertreiben kann, nicht etwa ein Fieber, das durch etwas Medizin und Diät bald vergeht; auch sind es nicht etwa gewöhnliche Wunden, zu deren Heilung bloß etwas Scharpie und Feldzypressenöl nötig ist, denn der Zauber, welcher dem zerbrochenen Kristalle anhing, bringt gerade dieselbe Wirkung hervor wie Zwiebelsaft auf einer Pfeilspitze, durch welchen die Wunde unheilbar wird. Nur ein Mittel könnte ihm das Leben erhalten, aber frage mich nicht weiter danach, denn die Sache ist von Wichtigkeit.« – »Sag mir's nur, alter Großzahn«, versetzte die Frau, »sag mir's nur, wenn ich nicht vor Neugier sterben soll.« – »Nun gut«, antwortete der wilde Mann, »ich will's dir sagen, wenn du mir versprichst, es keinem lebenden Wesen anzuvertrauen, denn es wäre um unser Haus und Leben geschehen.« – »Hab keine Sorge, mein liebes, allerliebstes Männchen«, entgegnete die Frau, »denn eher wird man Schweine mit Hörnern, Affen mit Schwänzen und Maulwürfe mit Augen sehen, als mir ein Wort in betreff dieser Sache über die Lippen kommen.« Nachdem sie nun mit der Hand auf dem Herzen ihrem Manne Verschwiegenheit zugeschworen, sagte er zu ihr: »So wisse denn, daß nichts unter dem Himmel oder auf der

Erde den Prinzen von den Häschern des Todes befreien kann, außer Fett von unserm Leibe; denn wenn man ihm damit seine Wunden bestreicht, so würde seine Seele, die schon aus dem Hause seines Leibes Reißaus nehmen will, in ihrem Gefängnis noch ferner bleiben müssen.«

Sobald Nella dies vernahm, wartete sie ruhig ab, bis die beiden aufhörten zu plaudern, worauf sie von dem Baume stieg und, sich ein Herz fassend, an die Türe des wilden Mannes pochte, indem sie dabei ausrief: »Ach, mein liebster Herr, ach, liebste Frau, schenket doch eine Gabe, ein Almosen, ein Zeichen von Mitleid, ein wenig Barmherzigkeit einer armen Unglücklichen, Elenden, welche vom Schicksal verfolgt, fern von der Heimat, jeder menschlichen Hilfe beraubt, in diesem Walde von der Nacht überfallen worden ist und vor Hunger stirbt«; und dabei pochte sie immer darauf los. Als die wilde Frau sich die Ohren auf diese Weise betäuben hörte, wollte sie ihr ein halbes Brötchen zuwerfen und sie fortschicken; ihr Mann aber, welcher gieriger nach Christenfleisch war als das Eichhörnchen nach Nüssen, der Bär nach dem Honig und die Katze nach Fischen, das Schaf nach Salz und der Esel nach Kleie, sagte zu ihr: »Laß doch das arme Ding hereinkommen; denn wenn sie unter freiem Himmel schläft, könnte sie leicht von Wölfen überfallen werden.« Kurzum, er redete so lange, bis seine Frau die Tür aufmachte, während er mit seinem hinterlistigen Mitleid sie in drei oder vier Bissen zu verschlingen gesonnen war. Aber diesmal hatte er sich stark verrechnet; denn da sowohl er wie seine Frau schwer berauscht waren und daher bald einschliefen, so nahm Nella ein Messer aus einem Schrank, schlachtete damit beide ab und begab sich, nachdem sie alles Fett in ein Gefäß getan, an den Hof des Königs, woselbst sie sich diesem vorstellte und sich erbot, den Prinzen zu heilen. Voll der größten Freude ließ der König sie in das Zimmer seines Sohnes treten, und kaum hatte sie diesen mit dem Fett gehörig eingeschmiert, als sich auch unverzüglich, wie wenn sie Wasser ins Feuer gegossen hätte, die Wunden schlossen und der Prinz so gesund wurde wie ein Fisch. Sobald der König dies sah, sagte er zu dem Sohne: »Dieses wackere Frauenzimmer verdiente wohl, daß ihr die öffentlich verheißene Belohnung zuteil würde und du sie zur Frau nähmest.« Bei Anhörung dieser Worte erwiderte jedoch der Prinz alsbald: »Mit eurem Antrage kommt ihr jetzt zu spät; denn ich habe nicht etwa eine Vorratskammer von Herzen, daß ich deren so viele weggeben könnte, wie ich will. Das meine ist schon verpfändet und eine andere ist Herrin desselben.« Als Nella dies vernahm, antwortete sie: »Du solltest sie lieber ganz vergessen, da sie Ursach deines ganzen Übels gewesen ist.« – »Das haben mir vielmehr ihre Schwestern getan«, versetzte der Prinz, »und sie sollen mir schon dafür büßen.« – »Du liebst sie also wirklich?« begann Nella von neuem, worauf der Prinz entgegnete: »Mehr als mein Leben.« – »Nun denn«, rief Nella aus, »wenn dem so ist, so umarme mich, umschlinge mich, denn ich bin das Feuer deines Herzens.« Da jedoch der Prinz sie wegen ihres gefärbten Gesichtes nicht gleich erkannte, antwortete er: »Du bist eher die Kohle als das Feuer; darum entferne dich, damit du mich nicht schwarz machest.« Nella, welche sah, wie die Sachen standen, ließ sich rasch ein Becken mit frischem Wasser kommen, wusch sich das Gesicht, und indem sie jene Wolke von Ruß verbannte, zeigte sie dem Prinzen die glänzende Sonne, welche von demselben alsbald erkannt wurde, so daß er Nella wie ein Polyp umschlang und sich dann ohne Verzug mit ihr verheiratete; ihre Schwestern aber ließ er in einen feurigen Ofen werfen, damit sie sich wie die Blutegel von dem verdorbenen Blut des Neides in der Asche reinigen und das Sprichwort wahr machen sollten:

»Kein Vergehen ohne Strafe.«

13

Zweiter Tag

Drittes Märchen

»VIOLA«

Viola, von ihren Schwestern beneidet, wird von einem Prinzen angeführt, führt ihn wieder an und wird zuletzt ihnen zum Verdruß von ihm geheiratet.

Allen, welche die Erzählung angehört hatten, drang sie tief ins Herz, und sie priesen laut den Prinzen, daß er die Schwestern Nellas gezüchtigt und die innige Liebe der letztern, welche mit so vieler Mühe seine Krankheit heilte, bis zum Gipfel des Glückes erhoben hatte. Sobald aber Thaddäus das Zeichen gab, daß sie sich ruhig verhalten und Meneca die ihr obliegende Verpflichtung erfüllen sollte, bezahlte diese ihre Schuld auf folgende Weise:

Der Neid ist ein Wind, welcher so stark bläst, daß er die Stützen des Ruhmes tugendhafter Menschen untergräbt und das Saatfeld ihres Wohlergehens zu Boden wirft. Sehr oft jedoch, wann dieser Wind jemand gänzlich zu stürzen vermeint, verhilft er ihm vielmehr früher zu dem erwarteten Glücke, wie ihr in dem Märchen, das ich euch jetzt erzählen will, vernehmen werdet.

Es war einmal ein sehr wackerer Mann, namens Col' Aniello, welcher drei Töchter hatte, Rose, Nelkenblume und Viola, von denen die letztere so schön war, daß sie einem lösenden Liebessirup glich, der die Herzen von allen Leiden befreite, daher es auch geschah, daß Ciullone, der Sohn des Königs, sich sterblich in sie verliebte und jedesmal, wenn er vor der Hütte, in welcher die drei Schwestern arbeiteten, vorüberging, die Mütze abzunehmen und: »Guten Tag, guten Tag, Viola!« zu sagen pflegte, worauf diese dann gewöhnlich antwortete: »Ei guten Tag, Königssohn, klüger als du bin ich schon.« Über diese Worte murrten und brummten nun immer die beiden andern Schwestern, indem sie sagten: »Du bist gar sehr unmanierlich und wirst den Prinzen höchlich erzürnen.« Viola jedoch kehrte sich wenig daran, obwohl die Schwestern sie beim Vater anschwärzten und sagten, daß sie sich zu unverschämt und hochmütig benehme und dem Prinzen ohne Ehrfurcht antworte, als wenn sie ebenso viel wäre wie er, daß sie daher einmal übel ankommen und dafür büßen würde, wie sie es verdiente. Col' Aniello war nun aber ein verständiger Mann und schickte daher

Viola, um jede Veranlassung zu dergleichen Dingen aus dem Wege zu räumen, in das Haus einer Tante namens Backebrot, um ihr bei der Arbeit zu helfen. Als der Prinz auf diese Weise beim Vorübergehen vor dem Hause dort nicht mehr die Zielscheibe seiner Wünsche wahrnahm, so glich er einige Tage lang einer Nachtigall, welche die Jungen nicht mehr im Neste findet und nun, ihren Verlust beklagend, von Zweig zu Zweig hüpft, und so lange spürte er umher, bis er das Haus, in dem Viola jetzt wohnte, ausfindig machte, worauf er alsbald zu ihrer Tante ging und zu ihr sagte: »Du weißt, liebe Frau, wer ich bin und was ich kann und vermag, daher kein Wort weiter hierüber. Nun aber tue mir einen Gefallen, und dann verfüge über mich ganz nach deinem Belieben.« – »In allem, was ich zu tun imstande bin, sehet ihr mich zu eurem Befehle bereit«, antwortete die Alte. – »Ich verlange nichts weiter von dir«, versetzte der Prinz, »als daß du mir Mittel an die Hand gibst, wie ich Viola einen Kuß geben könnte, inzwischen nimm dieses Gold«, worauf die Alte erwiderte: »Um eurem Wunsch nachzukommen, kann ich nichts anderes tun, als daß ich euch, wenn ihr schwimmen wollet, die Kleider halte; jedoch möchte ich nicht gern bei ihr in den Verdacht geraten, als machte ich den Henkel zu diesem Kruge und hätte meine Hand in diesem häßlichen Spiel, so daß ich auf meine alten Tage noch den Ehrentitel ›Schmiedegesell‹ bekäme, weil ich wie ein solcher den Blasebalg handhabe; was ich euch jedoch zu Gefallen tun kann, besteht darin, daß ihr euch in dem Stübchen zur ebenen Erde verstecket, und dann will ich euch Viola unter irgendeinem Vorwand hinunterschicken; da ihr nun so das Tuch und die Schere in der Hand haben werdet, so ist es lediglich eure Schuld, wenn ihr euch nicht nach eurem Wunsch bedient.«

Der Prinz vernahm diese Rede mit großer Freude und verkroch sich, ohne Zeit zu verlieren, in dem Kämmerchen, worauf die Alte unter dem Vorwande, daß sie ein Stück Linnen zerschneiden wollte, zur Nichte sagte: »Sei doch so gut, liebe Viola, und bringe mir aus der Stube unten die Elle.« Viola ging sogleich in das Stübchen, um das Gewünschte zu holen, nahm jedoch beim Hineintreten die Falle wahr, so daß sie rasch die Elle ergriff und dann gewandt wie eine Katze wieder hinaussprang, indem sie den Prinzen mit einer vor Scham doppelt so langen Nase und außer sich vor Ärger zurückließ. Als die Alte sie so schnell wiederkommen sah, vermutete sie, daß dem Prinzen sein Anschlag nicht geglückt wäre, und sprach daher nach einiger Zeit wieder zu Viola: »Geh doch noch einmal hinunter, liebes Kind, und hole mir den Knäuel Zwirn vom Schrank«, worauf Viola hurtig in die Stube sprang, den Zwirn ergriff und wie ein Aal den Händen des Prinzen entschlüpfte. Es dauerte aber nicht lange, so sagte die Alte wiederum: »Wenn du mir nicht die Schere von unten heraufholst, liebe Viola, so nützt mir alle andere nichts«, und wiederum auch hatte Viola einen Angriff auszuhalten, entkam aber, indem sie sich mit aller Gewalt losriß, glücklich aus der Falle, und ohne Verzug zur Alten hinaufsteigend, schnitt sie ihr mit der geholten Schere ein Ohr ab, wobei sie ausrief:

»Hier hast du den Sold für deine Dienstfertigkeit, jede Mühe verdient ihren Lohn; wie du mir, so ich dir, und wenn ich dir nicht auch die Nase abschneide, so geschieht dies nur, damit du den üblen Geruch deines Rufes riechen kannst, du Gelegenheitsmacherin, Kupplerin, Verführerin, Pelzjägerin, Mädchenverlockerin.« So sagend, eilte sie über Hals und Kopf nach Hause, während die Tante minus ein Ohr und der Prinz so voll Scham und Verdruß zurückblieb, daß ihn die Fliege an der Wand ärgerte. Indem er jedoch von neuem bei dem Hause ihres Vaters vorüberzugehen und sie an dem nämlichen Orte wie früher zu sehen pflegte, so stimmte er auch wieder das alte Lied an: »Guten Tag, guten Tag, Viola!« Worauf sie wie ein tüchtiger Diakonus gleichfalls ihr: »Guten Tag, Königssohn, klüger als du bin ich schon!« erwiderte.

Ihre Schwestern glaubten nun aber, diese Unverschämtheit nicht länger ertragen zu können, und kamen daher untereinander überein, sie aus dem Wege zu räumen, und da eins der Fenster ihres Hauses auf den Garten eines wilden Mannes hinausging, so beschlossen sie, den Dorn in ihrem Auge auf diesem Wege fortzuschaffen. Sie ließen daher ein Gebund Zwirn, mit welchem sie an einem Vorhang für die Königin arbeiteten, absichtlich in den Garten hinunterfallen und riefen dann aus: »Herr Gott im Himmel, wir sind ruiniert, denn wir können unsere Arbeit nicht zur gehörigen Zeit fertigmachen, wenn Viola, welche die jüngste und leichteste von uns ist, nicht hinuntersteigt, um den Zwirn heraufzuholen.« Als Viola ihre Schwestern dermaßen betrübt sah, war sie auf der Stelle bereit, und so ließen sie sie denn auch wirklich an einem Strick hinunter, ließen dann aber diesen fallen. Gerade um diese Zeit nun war der wilde Mann in den Garten getreten, um sich darin umzusehen, und da er sich durch den feuchten Boden stark erkältet hatte, so ließ er einen so gewaltigen F... streichen und mit so vielem Geräusch und Getöse, daß Viola vor Furcht laut aufschrie und ausrief: »Mutter, Mutter, Hilfe!« Der wilde Mann drehte sich sogleich um, und da er hinter sich ein hübsches Mädchen erblickte und sich erinnerte, einmal von einem Studenten gehört zu haben, daß die Stuten in Spanien durch den bloßen Wind trächtig werden, so dachte er, daß auch der Wind seines Leibes irgendeinen Baum geschwängert und dieser das reizende Geschöpf geboren hätte; weswegen er sie mit großer Herzlichkeit umarmte und zu ihr sprach: »Geliebte Tochter, Teil meines Körpers, Atem meines Hauches, wer hätte es mir jemals gesagt, daß ich durch eine abgegangene Blähung ein so holdseliges Angesicht ins Leben rufen, wer hätte es mir jemals gesagt, daß die Wirkung einer Erkältung dieses Liebesfeuer erzeugen könnte?« Und indem er diese und noch andere zärtliche, herzinnige Worte äußerte, übergab er Viola drei Feen, damit sie dieselbe unter ihre Obhut nehmen und auf das sorgfältigste pflegen sollten.

Der Prinz aber, welcher Viola nicht mehr sah und über sie auch nicht das allergeringste erfuhr, wurde deshalb von so großer Traurigkeit ergriffen, daß seine Augen anschwollen wie ein Bruchsack, das Gesicht vergilbte, die Lippen erblaßten und er nie einen Bissen, der ihm Kraft, oder Schlaf, der ihm Ruhe verliehen hätte, genoß. Da er sich indes alle erdenkliche Mühe gab und große Belohnungen verhieß, um von Viola nur irgendeine Nachricht zu erhalten, so gelang es ihm endlich durch seine Späher zu erfahren, wo sie sich aufhielt; daher er den wilden Mann zu sich kommen ließ und ihn um die Erlaubnis bat, sich nur einen einzigen Tag und eine Nacht in seinem Garten zu seiner Erholung aufhalten zu dürfen, indem er, wie jener wohl sehen könnte, sich sehr krank befände und ihm ein bloßes Stübchen genüge. Der wilde Mann konnte als Untertan des Vaters dem Prinzen diese kleine Gefälligkeit nicht versagen, vielmehr bot er ihm, wenn *ein* Zimmer nicht genüge, deren alle und selbst sein Leben zu seinem Dienste an, worauf der Prinz ihm herzlich dankte und sich ein Gemach anweisen ließ, welches sich glücklicherweise ganz nahe bei dem des wilden Mannes befand, der mit Viola zusammen in einem Bette schlief. Sobald nun die Nacht erschien und ihren gestirnten Vorhang ausbreitete, trat der Prinz durch die Tür, welche der wilde Mann wegen der heißen Sommernacht und der Sicherheit des Ortes aufgemacht hatte, um frische Luft hereinzulassen, ganz leise in die Stube, und indem er die Seite, auf welcher Viola schlief, ertastete, zwickte er sie zweimal, wodurch sie erwachte und ausrief: »Ach lieber Vater, wie beißen mich die Flöhe!« Der wilde Mann hieß nun zwar Viola sogleich in ein anderes Bett gehen; da aber der Prinz sie wiederum zwickte, Viola wiederum schrie und der wilde Mann sie wiederum bald

Matratzen, bald Bettücher wechseln ließ, so verstrich auf diese Weise die ganze Nacht, bis Aurora die Nachricht hinterbrachte, daß die Sonne noch lebendig wäre, und die Trauerhülle von dem Himmel weggezogen wurde. Kaum war es Tag geworden, so ging auch schon der Prinz bei dem Hause vorüber, und indem er Viola vor der Tür stehen sah, sagte er zu ihr: »Guten Tag, guten Tag, Viola!«, worauf diese wie gewöhnlich antwortete: »Guten Tag, Königssohn, klüger als du bin ich schon!«, der Prinz aber hinzusetzte: »Ach lieber Vater, wie beißen mich die Flöhe!« Viola, die diesen Stich fühlte, vermutete sogleich, daß die Unruhe der vergangenen Nacht durch den Schelm von Prinzen verursacht worden war, daher suchte sie gleich die Feen auf und erzählte ihnen die ganze Sache: »Wenn das Ding so steht«, erwiderten diese, »so wollen wir ihm Trumpf gegen Trumpf setzen und Schach gegen Schach bieten; hat dich dieser Hund gebissen, so soll er wenigstens Haare dabei lassen, und kommt er uns so, so kommen wir ihm so und noch mal so! Lasse dir also nur vom Vater ein Paar mit Schellen besetzte Pantoffel machen und für das übrige uns sorgen, denn wir wollen ihn mit gleicher Münze bezahlen.« Viola, welche vor Verlangen brannte, sich zu rächen, ließ sich ohne Verzug die Pantoffel von dem wilden Mann machen, und indem sie warteten, bis der Himmel sich gleich einer Genuesegin einen schwarzen Schleier vor das Gesicht zog, gingen sie alle vier auf einmal nach dem Palast des Prinzen, wo sie sich sämtlich ungesehen bis in sein Zimmer schlichen und die Feen, sobald er anfing, die Augen zu schließen, ein lautes Getöse machten, Viola aber so heftig mit den Füßen auf die Erde stampfte, daß der Prinz, sowohl hierdurch als durch das Klingeln der Schellen erweckt, gewaltig erschrocken emporfuhr und rief: »Ach, liebe Mutter, liebe Mutter, hilf mir doch!« Und dies wiederholten sie zwei- oder dreimal, worauf sie sich wieder nach Hause schlichen. Am folgenden Morgen nahm der Prinz zuvörderst etwas Zitronensaft und Wurmkraut zu sich und ging dann in dem Garten spazieren, indem er auch nicht einen Augenblick fern von dieser Viola sein konnte, deren Duft ihm so lieblich dünkte, und da er sie in der Türe stehen sah, sprach er zu ihr: »Guten Tag, guten Tag, Viola!«, worauf diese erwiderte: »Guten Tag, Königssohn, klüger als du bin ich schon!« Sobald nun aber der Prinz hinzufügte: »O lieber Vater, wie beißen mich die Flöhe!«, versetzte Viola rasch: »Ach, liebe Mutter, liebe Mutter, hilf mir doch!« Kaum hatte der Prinz diese Rede vernommen, so rief er aus: »Du hast es mir zuvorgetan und hast mich herumbekommen, ich weiche dir und bekenne mich für überwunden; und da ich nun wirklich überzeugt bin, daß du klüger bist als ich, so will ich dich auch ohne weiteres heiraten.« Er ließ daher sogleich den wilden Mann herbeirufen und forderte sie von ihm zur Frau, vernahm aber von diesem, daß er sich nicht in Dinge mischen könnte, die ihn nichts angingen, indem er an demselben Morgen erfahren hätte, Viola sei die Tochter Col'Aniellos, er aber wäre in einem großen Irrtum befangen gewesen, als er diese wohlriechende Blume für den Sprößling eines stinkenden Zephirs hielt. Der

Prinz ließ daher den Vater Violas herbeirufen, teilte ihm das Glück mit, welches seiner Tochter wartete, und veranstaltete dann unter großer Lust und Freude das Hochzeitsfest, durch welches sich wiederum die Wahrheit des Sprichworts bewies:

»Ein schmuckes Mädchen schön und fein
Wird bald ein stattlich Weibchen sein.«

14

Zweiter Tag

Viertes Märchen

»GAGLIUSO«

Gagliuso wird durch Hilfe einer ihm von seinem Vater hinterlassenen Katze ein vornehmer Herr; er beweist sich jedoch undankbar und sieht sich daher sein schlechtes Betragen vorgeworfen.

Unbeschreiblich groß war die Freude, welche alle über das Glück Violas empfanden, zumal da sie durch ihre Klugheit sich selbst ihr günstiges Schicksal geschaffen hatte, trotz alles Widerstrebens ihrer Schwestern, die als Feindinnen ihres eigenen Blutes ihr so viele böse Streiche spielten, um ihr womöglich den Hals zu brechen. Da es aber Zeit war, daß auch Tolla die Steuer, die sie zu entrichten hatte, abtragen sollte, so schüttete sie aus der Börse ihres Mundes die Goldstücke ihrer schönen Worte und bezahlte ihre Schuld durch folgendes Märchen:

Die Undankbarkeit, gnädiger Herr, ist ein rostiger Nagel, welcher, in dem Baum der Dienstfertigkeit geschlagen, ihn verdorren macht, eine zerbrochene Kloake, durch die die Grundlagen der Zuneigung in Fäulnis geraten, und ein Ruß, welcher, in das Gericht der Freundschaft fallend, ihm Geruch und Geschmack benimmt, wie sich dies täglich und so auch in der folgenden Erzählung deutlich erweist.

Es war einmal in meiner geliebten Vaterstadt Neapel ein gar sehr, sehr armer Mann, welcher so luftig, leer und leicht, so dürftig und bloß und so ohne den geringsten Lappen und Lumpen auf dem Leibe war, daß er nackt ging wie eine Laus. Als er nun so weit war, daß er den Sack des Lebens ausschütteln sollte, rief er Oratiello und Pippo, seine Söhne, herbei und sprach zu ihnen: »Ich bin bereits auf Grund der Schuldverschreibung, welche die Natur von mir in Händen hat, vorgefordert worden, und ihr könnt mir, so wahr wir Christen sind, glauben, daß ich diese Kummerhöhle, diesen Leidenskerker mit vieler Freude verlassen würde, wenn ich euch nicht in gar so übler Lage, so von allem entblößt wie die Karthäuser, so arm wie die Kirchenmäuse und ohne den allergeringsten Pfennig, blank wie die Barbierbecken, leicht wie die Federn und trocken wie die Pflaumenkerne zurückließe, so daß ihr nicht so viel habet, als der Hund auf dem Schwanz forttragen kann, und wenn ihr hundert Meilen laufet, euch auch kein Heller aus der Tasche fällt; denn mein Schicksal hat mich dermaßen auf den Mist gebracht, daß es mir am Nötigsten fehlt und ich nicht mehr besitze als zur Stunde, da ich aus dem Mutterleibe kam, daß ich, wie ihr wisset, immerfort vor Hunger gähne und stets ohne Licht schlafen gegangen bin. Trotz alledem will ich euch bei meinem Tode ein Zeichen meiner Liebe zurücklassen, und daher nimm du dir, Oratiello, der du mein erstgeborner Sohn bist, das Sieb, das dort an der Mauer hängt, und du, der du das Nestvögelchen bist, nimm dir die Katze, und gedenkt beide eures Vaters!« Indem er so sprach, fing er an zu weinen und sagte bald darauf: »Lebet wohl, ich gehe schlafen!«

Sobald nun Oratiello die Beerdigungskosten für den Vater zusammengebettelt und ihn hatte begraben lassen, nahm er das Sieb und suchte hier und da Arbeit, um sich seinen Unterhalt zu erwerben, so daß er desto mehr verdiente, je mehr er durchs Sieb durchbrachte; Pippo aber nahm die Katze und sprach: »Da seh einer einmal, was für eine herrliche Erbschaft mein Vater mir hinterlassen hat; ich, der ich selbst nichts zu leben habe, muß nun gar für zwei sorgen! Hat man je ein so unseliges Vermächtnis gesehen? Wenn doch lieber die ganze Erbschaft beim Kuckuck geblieben wäre!« Als nun die Katze dieses Gejammer vernahm, sprach sie zu ihm: »Du beklagst dich über die erlittene Unbill und hast doch mehr Glück als Verstand; denn du weißt nicht, daß ich dich reich machen kann, wann ich nur immer will.«

Sobald Pippo diese Worte hörte, dankte er Sr. Katzlichkeit und empfahl sich ihrem Wohlwollen auf das dringendste, wobei er ihr drei- oder viermal über den Rücken strich, so daß die Katze voll Mitleid über den armen Gagliuso alle Morgen um die Stunde, wann die Sonne mit dem Köder des Lichts an dem goldenen Angelhaken die Schatten der Nacht zu fischen pflegt, sich an das Ufer begab, und wenn sie eine große Muräne oder einen hübschen Goldfisch bemerkte, ihn fing und zu dem Könige brachte, indem sie zu ihm sagte: »Herr Gagliuso, Ew. Majestät ganz untertänigster Diener, schickt euch diesen Fisch in aller Ehrfurcht, obwohl er meint, daß es für einen so großen Herrn nur ein kleines Geschenk ist!« Der König antwortete hierauf der Katze mit einem freundlichen Gesicht, wie man es dem zu machen pflegt, der etwas bringt: »Sage dem unbekannten Herrn, daß ich mich schönstens bedanke.«

Ein anderes Mal wieder lief die Katze nach den Mooren und Gebüschen, und wenn die Jäger einen Auerhahn, eine Schnepfe oder ein Rebhuhn niederschossen, husch, war sie damit fort und überbrachte sie dem König mit denselben Worten; kurz, sie setzte dies so lange fort, bis der König einmal zu ihr sagte: »Ich fühle mich dem Herrn Gagliuso so verpflichtet, daß ich ihn kennenzulernen und mich ihm für die mir erwiesene Zuvorkommenheit dankbar zu erweisen wünsche.« Worauf die Katze erwiderte: »Der Wunsch des Herrn Gagliuso geht nur darauf, sein Gut und Blut für Ew. Majestät daranzusetzen, und morgen früh, sobald die Sonne die Stoppelfelder des Himmels in Brand gesteckt hat, wird er herkommen, euch seine Ehrfurcht zu bezeigen.« Als aber der Morgen erschienen war, begab sich die Katze zum König und sprach: »Herr Gagliuso läßt sich bei Ew. Majestät entschuldigen, daß er nicht erscheinen kann; denn es sind ihm heute nacht einige Kammerdiener davongelaufen, die ihm auch nicht ein einziges Hemde übriggelassen haben.« Kaum hatte der König dies vernommen, so befahl er seinem Garderobenmeister, Herrn Gagliuso eine Anzahl Kleidungsstücke und Wäsche zu überbringen, so daß keine zwei Stunden vergangen waren, als dieser auch schon in Begleitung der Katze nach dem Palast kam und sich von dem König mit Höflichkeiten überhäuft sah, indem letzterer ihn sogar in seiner Gegenwart niedersitzen hieß und ein prächtiges Gastmahl veranstaltete.

Während nun Gagliuso hierbei tüchtig zugriff, wandte er sich ein Mal übers andere zu der Katze und sprach zu ihr: »Liebes Miezchen, sieh mir nur ja zu, daß die paar Lumpen mir nicht wieder aus den Händen schlüpfen!« Worauf die Katze versetzte: »Sei nur ruhig und stopfe dir den Mund, und mache nicht so viel Gerede von dergleichen Bettel!« Und als der König wissen wollte, ob Gagliuso vielleicht etwas verlangte, antwortete die Katze, daß er eine kleine Limone wünsche, daher der König alsbald in dem Garten ein Körbchen voll abpflücken ließ. Gagliuso fing indes bald wieder das Lied von den alten Kleidern und Hemden an, die Katze sagte ihm von neuem, er solle sich den Mund zuspunden, und auch der König fragte ebenso, ob er etwas wünsche, so daß die Katze wie vorher mit einem schnellen Vorwande dem niedrigen Sinn Gagliusos zu Hilfe kommen mußte. Nachdem man endlich zu speisen aufgehört und eine Zeitlang von dem und jenem geplaudert hatte, beurlaubte sich Gagliuso, während jedoch die Katze noch bei dem König zurückblieb und ihm Tugend, Geist und Scharfsinn ihres Herrn, besonders aber seinen großen Reichtum und Grundbesitz pries, welcher sich, wie sie sagte, in der Umgegend von Rom und in der Lombardei weit und breit ausdehnte, so daß sie ihn wohl für würdig hielte, sich mit einem gekrönten Haupte zu verschwägern. Als nun hierauf der König fragte, wie reich er wohl sein könnte, erwiderte die Katze, daß man die beweglichen und unbeweglichen Güter und Geräte dieses Krösus, der selbst nicht wüßte, wieviel er habe, gar nicht zählen könnte; wenn aber der König sich von der Wahrheit dessen, was sie sagte, zu überzeugen wünsche, so möchte er Leute mit ihr über die Grenze schicken, welche sich durch den Augenschein überzeugen sollten, daß kein Reichtum auf der Welt dem seinen gleich käme. Der König ließ daher einige seiner vertrautesten Diener kommen und befahl ihnen, sich auf das sorgfältigste von der in Rede stehenden Sache zu unterrichten, worauf diese denn auch der Katze von Ort zu Ort nachfolgten, da sie nämlich unter dem Vorwand, die notwendigen Erfrischungen für sie an den jedesmaligen Ruheplätzen bereithalten zu lassen, immer voraneilte; sooft sie aber eine Herde Schafe, Kühe, Pferde oder Schweine unterwegs antraf, rief sie den Hütern und Hirten derselben zu: »Heda, aufgepaßt, denn eine Räuberbande plündert alles, was sich auf diesen Feldern hier befindet; wenn ihr jedoch den Händen derselben entkommen und euer Eigentum unangetastet sehen wollet, so saget nur, daß es dem Herrn Gagliuso gehört, dann wird euch kein Haar gekrümmt werden.« Dasselbe sagte die Katze auch in den Gehöften, bei denen sie vorüberkam, so daß die Leute des Königs, wo sie auch immer anlangten, überall dieselbe Leier hörten, denn von allen Dingen, denen sie auf ihrem Wege begegneten, wurde ihnen gesagt, daß sie dem Herrn Gagliuso gehörten; daher sie endlich vom Fragen ermüdet zum König zurückkehrten und demselben Wunderdinge über den Reichtum des Herrn Gagliuso berichteten. Infolgedessen versprach der König der Katze einen hübschen Kuppelpelz, wenn sie eine Heirat zwischen seiner Tochter und Gagliuso zustande brächte; welchen Auftrag diese, wie ein Weberschiffchen hin- und herlaufend, denn auch wirklich ausführte, indem Gagliuso wieder erschien und hierauf sowohl die Tochter des Königs als auch eine sehr große Mitgift in Empfang nahm.

Nach einem mit zahlreichen Festen verbrachten Monate äußerte endlich Gagliuso, er wolle doch nun auch seine junge Frau nach ihrem neuen Wohnsitz bringen, und begab sich demgemäß, vom Könige bis an die Grenze begleitet, nach der Lombardei, woselbst er auf den Rat der Katze eine Anzahl Güter und Ländereien ankaufte und sich zum Baron machen ließ. Da sich nun Gagliuso auf diese Weise steinreich und geehrt sah, dankte er der Katze auf das allerherzlichste, indem er zu ihr sagte, er wisse wohl, daß er ihrer Liebe sein

Leben und seinen Reichtum schulde, und daß die Klugheit einer Katze ihm mehr Gutes erwiesen als der Verstand seines Vaters; sie könne daher ganz nach ihrem Wunsch und Belieben über seine Habe und sein Leben schalten und walten, und er verspräche ihr auf das heiligste, daß, wenn sie einst nach langen Jahren sterben sollte, er ihren Körper einbalsamieren lassen und in einem goldenen Sarge in seinem eigenen Zimmer aufbewahren würde, um die Erinnerung an sie immer vor Augen zu haben. Die Katze hörte ruhig diese Großsprecherei mit an und ließ erst einige Zeit vorübergehen, dann aber streckte sie sich eines Tages der Länge nach in dem Garten auf die Erde und stellte sich tot, so daß die Frau Gagliusos, sobald sie dies bemerkte, ausrief: »Ach liebster Mann, welch ein Unglück! Die Katze ist tot!« – »Wolle Gott, das wäre das größte Unglück, das uns je widerführe«, versetzte Gagliuso, »besser *sie* stirbt als wir!« – »Was fangen wir aber mit ihr an?« fragte die Frau. – »Pack sie beim Beine und wirf sie zum Fenster hinaus«, erwiderte Gagliuso. Kaum hörte jedoch die Katze von dieser herrlichen Belohnung, die sie sich am allerwenigsten vorgestellt hätte, so sprang sie alsbald auf und rief aus: »Ist dies der Dank dafür, daß ich dich den Läusen entrissen habe? Ist dies die Vergeltung dafür, daß du durch meine Hilfe die Lumpen fortgeworfen hast und jetzt einen ganzen Rock trägst? Ist das der Lohn dafür, daß ich dich mit prächtigen Kleidern überhäuft und alle deine Wünsche befriedigt habe, der du vorher ein verhungerter Bettler, welchem das Hemde zu den Hosen heraushing, ja, ein zerrissener, zerlappter, zerlumpter, zerfetzter Haufen von Hadern warst? Aber so geht es gewöhnlich denen, die ihre Perlen den Säuen vorwerfen! Verwünscht sei alles, was ich an dir getan; denn du verdienst nicht einmal, daß man dir ins Gesicht spuckt! Ist das der goldene Sarg, in den du mich legen, dies das herrliche Begräbnis, das du mir veranstalten wolltest? Da diene, arbeite, mühe und schwitze sich einer immer ab, um zuletzt diesen schönen Lohn zu erhalten! Wie beklagenswert ist doch der, welcher seinen Topf an der Hoffnung, die er auf andere setzt, erwärmen will, und wie wahr hat doch der Philosoph gesprochen, welcher sagte, daß, wer wie ein Esel verfährt, auch wie ein solcher behandelt wird, und daß, mit einem Wort, je mehr man tut, man desto weniger Lohn erwarten möge!«

Indem die Katze dies ausrief und dabei ein ganz trauriges Gesicht machte, eilte sie hinaus, und so sehr auch Gagliuso sich bemühte, sie mit der Zunge der Demut zu lecken, gelang es ihm dennoch nicht, sie zur Rückkehr zu bewegen, vielmehr lief sie immer geradeaus, ohne auch nur einmal den Kopf umzudrehen, wobei sie zu wiederholten Malen ausrief:

»Gott hüt uns vor den Hohen, die gefallen,
Sowie vor den gestiegnen Bettlern allen.«

15

Zweiter Tag

Fünftes Märchen

»DIE SCHLANGE«

Der König von Langfeld gibt seine Tochter einer Schlange zur Frau; jedoch entdeckt er, daß es eigentlich ein schöner Jüngling ist, und verbrennt ihm daher den Balg. Indem dieser nun, um zu entfliehen, eine Fensterscheibe durchbricht, verwundet er sich den Kopf, worauf die Tochter des Königs, die sich ihres Geliebten beraubt sieht, das Haus ihres Vaters verläßt. Sie erfährt von einem Fuchs das Geheimnis, wie der Prinz zu heilen sei, tötet dann das Tier auf listige Weise, und dadurch, daß sie mit seinem und verschiedener Vögel Fett die Wunden des Jünglings, welcher der Sohn eines Prinzen ist, bestreicht, heilt sie diesen und lebt dann wieder mit ihm vereint.

Über die Maßen wurde die arme Katze deswegen bemitleidet, daß sie sich gar so übel belohnt gesehen, obgleich einige von den Gegenwärtigen sagten, daß sie sich mit ihren Leidensgefährten hätte trösten können, da es nicht nur ihr allein so ergangen wäre, vielmehr sei die Undankbarkeit heutzutage eine ebenso einheimische und gewöhnliche Krankheit geworden wie die Lustseuche und der Schnupfen, und es gäbe noch gar viele Leute, welche alles mögliche täten und Gut und Blut verschwendeten, um diesem undankbaren Geschlechte zu dienen, sich aber, wenn sie noch eines ganz anderen Lohnes sicher zu sein glaubten als eines goldenen Sarges, zu einem Begräbnis im Hospital bestimmt sähen. Sobald man jedoch Popa zum Sprechen bereit sah, schwiegen die übrigen sämtlich still, worauf sie also begann:

Zu allen Zeiten haben sich diejenigen selbst den größten Schaden zugefügt, welche sich vorwitzigerweise zu sehr um andere Leute kümmerten, wie dies der König von Langfeld beweisen kann, der seine Nase dahin steckte, wo er nicht sollte, und daher seiner Tochter einen üblen Streich spielte, sowie nicht minder seinem Schwiegersohn großes Unheil zufügte, welcher gekommen war, ein Loch zu machen, statt dessen aber selbst Löcher in den Kopf bekam.

Es lebte nämlich einmal eine Bäuerin, welche eifriger danach verlangte, Kinder zu bekommen, als Prozessierende ein günstiges Urteil, Kranke frisches Wasser und Gastwirte den Ablauf der Fastenzeit wünschen; wie fleißig aber auch ihr Mann das Feld bestellen mochte, so hatte sie doch nie die Freude, die gewünschte Fruchtbarkeit zu sehen. Als nun der arme Teufel eines Tages ein Bund dürres Holz aus dem Walde geholt hatte und dies zu Hause aufband, fand er zwischen dem Reisig ein niedliches Schlänglein, bei deren Anblick Sapatella (denn so hieß die Bäuerin) einen tiefen Seufzer ausstieß und ausrief: »Du lieber Himmel! Selbst die Schlangen gebären Schlängchen, und nur ich bin so unglücklich in der Welt, einen so untüchtigen Mann zu haben, daß er, obwohl ein Gärtner, dennoch nicht imstande ist, einen Baum zu pflanzen!« Sobald die Schlange diese Worte vernahm, sprach sie zu Sapatella: »Da du einmal keine Kinder bekommen kannst, so nimm mich an Kindes Statt an; denn das wird dich nicht reuen, und ich werde dich mehr lieben als meine leibliche Mutter.« Sapatella war nun zwar außer sich vor Staunen, als sie eine Schlange reden hörte, jedoch faßte sie wieder Mut und erwiderte: »Wohlan, ich bin es zufrieden, und wäre es auch nur um deiner Freundlichkeit willen, dich so bei mir aufzunehmen, als wärest du zwischen meinen Knien hervorgegangen!« Worauf sie ihr auch wirklich ein Loch zur Lagerstätte anwies und ihr stets von allem, was sie selbst hatte, mit der größten Freundlichkeit von der Welt zu essen gab.

Indem nun das Schlänglein zusehends heranwuchs und schon groß geworden war, sprach es eines Tages zu Cola Matteo, den es wie einen Vater ehrte: »Lieber Papa, ich möchte mich gern verheiraten.« – »Ich bin's zufrieden«, erwiderte Cola Matteo, »wir wollen eine andere Schlange aufsuchen und dann diese ›Winkelheirat‹ vollziehen.« – »Das wäre nicht gut«, versetzte die junge Schlange, »dann würden wir ja ein und dieselbe Sippschaft mit den Nattern und Vipern. Man sieht wohl, daß du ein Tölpel bist und nimmst, was dir in den Wurf kommt. Ich aber will die Tochter des Königs; darum geh stehenden Fußes hin, halte für mich bei dem Könige um seine Tochter an und sage ihm, daß eine Schlange sie verlangt.«

Cola Matteo, der ein einfältiger Tropf war und sich auf Dinge dieser Art eben nicht sehr genau verstand, ging daher ganz getrost zum Könige und richtete seinen Auftrag aus, indem er sagte: »Der Bote ist straflos und erleidet nicht mehr als nur so viel Prügel wie Sand am Meere. So wisse denn, daß eine Schlange deine Tochter zur Frau verlangt und ich zu dir komme als Gärtner, um zu sehen, ob ich vielleicht eine Schlange mit einem Täubchen kopulieren kann.« Der König, welcher Cola Matteo an der Nase ansah, was für ein Pinsel er war, erwiderte darauf, um sich ihn vom Halse zu schaffen: »Geh hin und sage zu der Schlange, daß, wenn sie mir alle Früchte dieses Gartens in Gold verwandelt, ich ihr meine Tochter geben will«; und indem er dabei in ein lautes Lachen ausbrach, entließ er den Boten. Als jedoch dieser der Schlange den erhaltenen Bescheid mitteilte, sprach diese zu ihm: »Morgen früh geh hin, suche alle Fruchtkerne zusammen, die du nur irgend in der Stadt findest, und besäe damit den Garten, dann wirst du dein blaues Wunder sehen.« Sobald nun die Sonne mit ihrem goldenen Besen das Kehricht der Dunkelheit aus den mit Morgentau besprengten Feldern weggefegt hatte, nahm Cola Matteo, der sich auch jeden Quark weismachen ließ und weder zu antworten noch zu widersprechen verstand, einen Korb an den Arm, suchte von Markt zu Markt, von Gasse zu Gasse alle Kerne von Pfirsichen, Aprikosen, Pflaumen, Kirschen, Apfelsinen und Weinbeeren zusammen, begab sich alsdann in den Garten des Königs und streute sie daselbst überall umher, ganz so, wie die Schlange ihm vorgeschrieben, worauf unverzüglich die Bäume zu sprossen begannen und Blätter, Blüten und Früchte sämtlich aus leuchtendem Golde hervortrieben, so daß der König bei diesem Anblick vor Erstaunen außer sich geriet und vor Freude zu zittern anfing.

Als aber Cola Matteo wiederum zum Könige gesandt wurde, um von demselben die Erfüllung seines Versprechens zu fordern, entgegnete dieser: »Nur sachte, mein Freund; denn wenn die Schlange meine Tochter haben will, so verlange ich noch etwas anderes, und zwar, daß sie die ganze Mauer und den Erdboden meines Gartens in Edelsteine verwandle.« Kaum hatte jedoch der Bauer der Schlange diese Antwort hinterbracht, so sprach diese zu ihm: »Geh morgen früh wieder aus, suche alle Scherben zusammen, die du auf der Erde findest, und wirf sie auf die Gänge und die Mauer des Gartens; denn diesen Superklugen will ich schon kriegen.« Sobald daher die Nacht wegen ihres den Dieben geleisteten Vorschubs aus dem Lande gewiesen wurde und am Himmel eben nur noch aus den zerstreuten Schatten der Morgendämmerung ihr Bündel schnürte, nahm Cola Matteo auch wieder einen

Korb unter den Arm und fing an, Scherben von Krügen, Stücke von Blumengefäßen und Stürzen, Böden von Töpfen und Tiegeln, Hälse von Tonflaschen, Henkel von Vasen und Ränder von Becken aufzusuchen, sowie alle zerbrochenen Lampen, zerschlagenen Kruken, geborstenen Häfen und alle Trümmer von irdenem Geschirr, die er auf den Straßen fand, zusammenzuklauben, und verfuhr dann damit, wie die Schlange ihm vorgeschrieben hatte. Da mit einem Male sah er den Garten über und über mit Smaragden und Chalzedoniern bedeckt und mit Rubinen und Karfunkeln ausgelegt, dergestalt, daß der Glanz derselben die Sehkraft innerhalb der Augen festbannte und in das Erdreich des Herzens Staunen pflanzte. Bei diesem wunderbaren Schauspiel blieb der König wie versteinert stehen und wußte nicht, wie ihm geschah; als er indes die erneute Aufforderung der Schlange, ihr sein gegebenes Versprechen zu halten, vernahm, erwiderte er: »Was bis jetzt geschehen, ist alles nur Kaff, wenn die Schlange mir nicht diesen Palast bis oben hinauf mit Gold vollfüllt.« Auch diesen neuen Einfall des Königs hinterbrachte Cola Matteo der Schlange, worauf diese sagte: »Geh hin und nimm ein Bündel Grünzeug und bestreiche damit den Fuß des Palastes; dann, hoffe ich, wird der Nimmersatt wohl zufrieden sein.« Alsbald machte sich Cola Matteo einen gewaltigen Schauerwisch von Kohl, Rübenblättern, Weißkraut, Portulak, Gartenranke und Kerbel, und nachdem er damit den unteren Teil des Palastes gehörig eingerieben, sah er ihn plötzlich wie eine vergoldete Pille leuchten, dermaßen, daß die Armut sich wohl hundert Häuser weit von diesem Sitz des Reichtums hätte zurückziehen sollen. Sobald nun Cola Matteo zum Könige zurückkehrte und im Namen der Schlange um seine Tochter anhielt, ließ dieser, sich jeden Ausweg abgeschnitten sehend, die Prinzessin rufen und sprach also zu ihr: »Liebe Grannonia, um einen Freier, der dich zu heiraten wünscht, zu verspotten, habe ich ihm Bedingungen gestellt, deren Erfüllung mir unmöglich schien; da ich mich aber, ich weiß selbst nicht wie, angeführt und gefangen sehe, so bitte ich dich, wenn du eine gehorsame Tochter sein willst, daß du mich instand setzest, mein Versprechen zu halten, indem du in das einwilligst, was der Himmel verlangt und ich zu tun gezwungen bin.« – »Tuet wie euch beliebt, gnädiger Herr Vater«, versetzte Grannonia, »denn ich werde auch kein Haarbreit von eurem Willen abweichen.« Als der König diese Worte vernahm, sagte er zu Cola Matteo, die Schlange möchte doch kommen, und wirklich erschien diese auch bald nachher auf einem goldenen, von vier gleichfalls goldenen Elefanten gezogenen Wagen bei Hofe. Überall aber, wo sie vorüberzog, liefen die Leute, indem sie eine so große und grauenvolle Schlange durch die Stadt einherfahren sahen, voller Schrecken davon, und als diese endlich in dem Palaste anlangte, so bebten auch dort die Hofleute wie Espenlaub und nahmen Reißaus, so wie nicht minder der König und die Königin, von eiskaltem Entsetzen ergriffen, sich in ihrem Zimmer verkrochen, dergestalt, daß nur allein Grannonia standhielt, und obwohl der Vater wie die Mutter ihr zuschrien: »Fliehe, rette dich, Grannonia, mach fort, Fritze!« sich dennoch nicht vom Flecke rühren wollte, indem sie sagte: »Ich will vor dem Gemahl nicht fliehen, den ihr mir gegeben!« Sobald nun aber die Schlange ins Zimmer kam, umschlang sie Grannonia mit ihrem Schweif und gab ihr eine Anzahl Küsse, so daß der König vor Grauen fast erstarrte, und hätte man ihn zur Ader gelassen, es wäre kein Tropfen Blut herausgekommen. Die Schlange trug alsdann Grannonia in ein anderes Gemach, verschloß die Tür, und indem sie die Haut abstreifte, verwandelte sie sich in einen sehr schönen Jüngling, mit einem Kopf voll goldiger Locken und bezaubernden Augen, welcher hierauf die ersten Früchte seiner Liebe genoß. Wie nun der König die Schlange mit seiner Tochter das Zimmer verlassen und die Tür hinter sich zuschließen sah, sprach er zu seiner Frau: »Der Himmel habe meine gute Tochter selig! Denn die ist ohne Zweifel nicht mehr am Leben, und jene verwünschte Schlange wird sie wie ein Eidotter verschlungen haben.« Während er dies sagte, guckte er durch das Schlüsselloch und wollte sehen, was aus der Tochter geworden wäre; kaum aber hatte er die ungemeine Anmut des Jünglings und die Schlangenhaut, welche auf der Erde dalag, wahrgenommen, so stieß er die Tür ein, sprang nebst seiner Frau in das Zimmer, warf die Haut ins Feuer und verbrannte sie ohne weiteres. Nicht sobald jedoch sah dies der Jüngling, so rief er aus: »Ihr habt mir da einen schönen Streich gespielt, ihr verdammten Schelme!« verwandelte sich alsdann in eine Taube, und indem er durch die

Fenster entfliehen wollte, stieß er einige Male mit dem Kopf an die Scheiben, bis er sie zerbrach, wobei er sich aber so übel zurichtete, daß ihm kein Fleck am Schädel gesund blieb. Grannonia, die sich in demselben Augenblick fröhlich und traurig, glücklich und unglücklich, reich und arm sah, zerkratzte sich das Gesicht und warf ihren Eltern diese Trübung ihrer Freude, diese Vergiftung ihrer Wonne und diesen Raub ihrer Glückseligkeit vor, wogegen sich indes diese damit entschuldigten, daß sie es ja nicht böse gemeint hätten. Grannonia aber jammerte und klagte in einem fort, bis die Nacht herbeikam, um die Lichter des Himmelskatafalks zur Leichenfeier der hingeschiedenen Sonne anzuzünden, und sobald sie alle Bewohner des Palastes zu Bett gegangen sah, nahm sie aus einem Schränkchen allen Juwelenschmuck, den sie besaß, und verließ den Palast durch eine Hintertür in der Absicht, das verlorene Gut so lange zu suchen, bis sie es wiederfände. Sie war aber kaum, vom Mondschein geleitet, aus der Stadt getreten, als sie einem Fuchs begegnete, der sie fragte, ob sie Gesellschaft wünsche, worauf Grannonia antwortete: »Sehr gern, Gevatter; denn ich weiß hier herum gerade nicht den besten Bescheid.« Während sie nun so miteinander weitergingen, kamen sie in einen Wald, wo die Bäume wie die Kinder spielten und sich Häuschen machten, um die Dunkelheit darin zu verstecken. Da die beiden Wanderer bereits von dem Wege ermüdet waren und sich ausruhen wollten, so begaben sie sich unter das Laubdach, wo eine Quelle mit dem umher wachsenden Grase Karneval spielte, indem sie es mit dem Wasser über und über bespritzte, legten sich auf ein Pfühl von weichem Rasen nieder und zahlten der Natur den Zoll, den sie ihr für die Ware des Lebens schuldeten, ohne eher aufzuwachen, als bis die Sonne mit dem gewöhnlichen Feuersignal den Schiffern und Boten das Zeichen gab, daß sie ihren Weg fortsetzen könnten. Sobald sie aber endlich den Schlaf abgeschüttelt hatten, hielten sie sich noch eine Zeitlang auf, um den Gesang der Vögel anzuhören, wobei Grannonia ein großes Wohlgefallen an ihrem Zwitschern und Trillern an den Tag legte, so daß der Fuchs, dies wahrnehmend, zu ihr sagte: »Wenn du nun erst gar verstündest, was sie sagen, wie ich es verstehe, würdest du noch viel größeres Vergnügen empfinden.« Bei diesen Worten ersuchte Grannonia, da alle Weiber von Natur ebenso neugierig als plauderhaft sind, den Fuchs auf das inständigste, ihr doch zu sagen, was er von der Unterhaltung der Vögel gehört hätte, worauf dieser, nachdem er erst hatte wiederholt in sich dringen lassen, um eine desto größere Neugier in bezug auf das, was er erzählen wollte, zu erwecken, ihr sagte, daß die Vögel untereinander von einem dem Sohn des Königs zugestoßenen Unfall sprächen, welcher Prinz nämlich so schön sei wie ein Adonis, und weil er das unzüchtige Verlangen einer verdammten Hexe nicht hätte befriedigen wollen, von ihr verwünscht worden wäre, sieben Jahre lang in eine Schlange verwandelt zu leben, welcher Zeitraum seiner Beendigung schon nahe war, als er sich in die Tochter eines Königs verliebte. Er sei nun eines Tages bei ihr im Zimmer gewesen, während der abgestreifte Schlangenbalg auf der Erde lag, die Eltern der Jungfrau jedoch, die aus Neugier dazugekommen wären, hätten die Haut verbrannt; der Prinz aber, als er in der Gestalt einer Taube fliehen und eine Fensterscheibe durchbrechen wollte, hätte sich so übel zugerichtet, daß er sich am Rande des Grabes befände. Grannonia, welche von ihrem Kohl reden hörte, fragte vor allen Dingen, wer die Eltern dieses Prinzen wären, und ob gar keine Hoffnung mehr vorhanden sei, ihn wieder geheilt zu sehen, worauf der Fuchs erwiderte, daß die Vögel den König von Langtal als seinen Vater genannt und gesagt hätten, es gäbe kein anderes Mittel, die Löcher seines Kopfes so zu verstopfen, daß die Seele nicht durch dieselben hinausschlüpfe, als die Wunden mit dem Blut der nämlichen Vögel, welche dies erzählt, zu bestreichen. Bei diesen Worten kniete Grannonia vor dem Fuchs nieder und flehte ihn an, ihr doch den Dienst zu erweisen, daß er die Vögel finge, damit sie ihnen das Blut abziehen könnte; die Belohnung wolle sie dann getreulich mit ihm teilen. »Nur gemach«, erwiderte der Fuchs, »wir müssen vor allen Dingen die Nacht abwarten, und wenn dann erst die Vögel in ihren Nestern sind, so laß du mich nur machen, ich steige dann auf den Baum und fange mir einen nach dem andern.«

So nun brachten sie den ganzen Tag hin, indem sie sich bald von der Schönheit des Prinzen, bald von der Unüberlegtheit des Vaters der Jungfrau, bald von dem daraus entstandenen Unheil unterhielten, bis unter dem Geplauder der Tag hingeschwunden war und die

Erde einen großen Bogen schwarzen Pappdeckel ausbreitete, um das Wachs von den Kerzen der Nacht aufzufangen. Sobald aber der Fuchs die Vögel auf den Zweigen eingeschlafen sah, stieg er leise hinauf und erwischte nach und nach alle Stieglitze, Auerhühner, Zaunkönige, Finken, Haselhühner, Amseln, Käuzlein, Spechte, Drosseln, Baumhacker, Häher und Fliegenschnäpper, die auf dem Baume waren. Nachdem sie nun dieselben getötet, gossen sie das Blut in ein Fläschchen, welches der Fuchs zur Erquickung unterwegs bei sich führte, wobei Grannonia vor Freude wie im Himmel war; der Fuchs jedoch sagte zu ihr: »Deine Fröhlichkeit, liebe Tochter, ist nur wie die eines Träumenden; denn das ist alles noch gar nichts, wenn du nicht auch mein Blut hast, um damit das der Vögel zu versetzen«; und nach diesen Worten fing er an, Reißaus zu nehmen. Grannonia, welche auf diese Weise alle ihre Hoffnungen zerstört sah, nahm ihre Zuflucht zu den gewöhnlichen Künsten der Frauen, der List und der Schmeichelei, und rief ihm nach: »Du tätest recht, Gevatter Fuchs, dir dein Fell in Sicherheit zu bringen, wenn ich dir nicht so verpflichtet wäre und es nicht noch andere Füchse in der Welt gäbe; da du jedoch weißt, wieviel ich dir verdanke, und auch weißt, daß es hier herum an deinesgleichen nicht fehlt, so kannst du dich immer auf meine Ehrlichkeit verlassen. Mache es also nicht wie die Kuh, welche das Melkfaß umwirft, wenn sie es eben mit Milch angefüllt hat; das Wichtigste hast du ja schon getan, und nun stehst du mitten im besten ab; fürchte nichts, sondern komm zurück und begleite mich nach der Stadt des Königs, dann bin ich dir auch immer mit Leib und Seele ergeben.«

Der Fuchs also, der es nie geglaubt, daß es Fuchsquintessenz gäbe, ließ sich gleichwohl von einem Frauenzimmer beluchsen; denn nachdem er eingewilligt, wieder mit Grannonia weiterzugehen, hatte er kaum fünf Schritte mit ihr gemacht, als sie ihm mit dem Stock, den sie trug, einen solchen Schlag auf den Kopf versetzte, daß er sogleich alle viere von sich streckte, worauf sie ihn vollends tötete, ihm das Blut abzapfte und es in das Fläschchen goß. Dies getan, fing sie an, tüchtig zuzuschreiten, und kam in Langtal an, wo sie sich sogleich nach dem Palast begab und den König wissen ließ, daß sie gekommen wäre, den Prinzen zu heilen. Der König befahl daher, sie unverzüglich vor ihn zu führen, und wunderte sich, ein so junges Mädchen etwas versprechen zu hören, was die besten Ärzte der Welt vergebens versucht hatten; ein Versuch konnte jedoch in keinem Falle schaden, und so sagte er denn, es würde ihm sehr lieb sein, ihr Versprechen verwirklicht zu sehen, worauf Grannonia erwiderte: »Wenn es mir nun gelingt, euren Wunsch zu erfüllen, so verlange ich, daß ihr mir dann aber auch euren Sohn zum Gemahl gebet.« Da der König diesen schon ganz aufgegeben hatte, so versetzte er ohne weiteres: »Wenn du mir ihn wieder frisch und gesund machst, so will ich ihn dir auch zum frischen und gesunden Manne geben; denn es will wahrlich nicht viel sagen, einen Mann der zu geben, die mir einen Sohn wiedergibt.« Sie begaben sich nun in das Zimmer des Prinzen, und kaum hatte sie diesen mit dem Blute bestrichen, so fühlte er sich so wohl und munter, wie wenn er nie krank gewesen wäre. Als Grannonia auf diese Weise den Prinzen in der Tat wieder vollkommen hergestellt sah, so bat sie den König, ihr nun auch sein Wort zu halten, wonach dieser sich zu seinem Sohne wandte und sprach: »Schon habe ich dich fast für tot gehalten, mein lieber Sohn, und dennoch sehe ich dich jetzt wieder lebendig vor mir, so daß ich kaum meinen eigenen Augen zu trauen vermag. Da ich nun aber diesem Mädchen versprochen, dich ihr, wenn sie dich heilte, zum Gemahl zu geben, und der Himmel so gnädig gewesen ist, dich dem Leben wiederzugeben, so erfülle nun auch mein Versprechen um all der Liebe willen, die du für mich hegst; denn die Dankbarkeit fordert es dringend, daß wir diese Schuld bezahlen.« Nicht sobald jedoch vernahm der Prinz diese Worte, als er erwiderte: »Wohl wünsche ich, Herr Vater, daß die Freiheit meines Willens ebenso groß wäre als die Liebe, die ich für euch empfinde, damit ich eurem Verlangen nachkommen könnte. Da ich aber bereits einem andern Mädchen ein Eheversprechen gegeben habe, so werdet weder ihr es gestatten, daß ich dasselbe breche, noch wird meine Heilerin selbst es haben wollen, daß ich der, welche ich liebe, eine solche Unbill zufüge; so wie denn auch ich selbst dies nun und nimmer tun würde.« Als Grannonia diese Rede hörte, empfand sie ein unbeschreibliches Vergnügen darüber, ihr Andenken bei dem Prinzen noch so lebendig zu sehen, und indem ihr Angesicht sich mit Purpur übergoß, sprach sie zu ihm: »Gesetzt aber, ich vermöchte das von euch geliebte Mädchen mir ihr Anrecht auf eure Hand abzutreten, würdet ihr euch dann meinem Wunsche fügen?« – »Nimmer«, erwiderte der Prinz, »nimmer werde ich aus meiner Brust das holdselige Bild meiner Geliebten verbannen! Mag sie mich nun in eine Liebeskonserve verwandeln und konservieren oder in Cassienlatwerge und kassieren, so wird mein Herz und Sinn doch immer unverändert bleiben, und wenn ich auch in Gefahr wäre, meinen Platz an dem Tische des Lebens zu verlieren, so werde ich doch niemals auf diesen Tauschhandel eingehen.« Hier konnte Grannonia sich nicht länger in den Fesseln der Verstellung halten und entdeckte sich dem Prinzen als seine Geliebte; denn das wegen seiner Krankheit ganz verhängte Zimmer und ihre Verkleidung hatten sie ganz unkenntlich gemacht, so daß der Prinz, als er sie endlich wiedererkannte, sie mit unbeschreiblicher Freude umarmte, indem er zugleich dem Vater mitteilte, wer sie wäre und was er für sie erduldet und getan. Hierauf ließen sie auch den König und die Königin von Langfeld holen, und sobald diese erschienen, wurde ein sehr großes und fröhliches Hochzeitsfest veranstaltet, wobei sich alle besonders über den Tölpel von Fuchs lustig machten, und sich wiederum die Wahrheit des Wortes bewies:

»Für der Liebe Freuden
Sind beste Würze Leiden.«

16

Zweiter Tag

Sechstes Märchen

»DIE BÄRIN«

Der König von Rauhenfels will seine eigne Tochter heiraten; diese verwandelt sich jedoch mit Hilfe einer alten Frau in eine Bärin, flieht in die Wälder und kommt in die Gewalt eines Prinzen, welcher sie in einem Garten, wo sie sich das Haar macht, in ihrer eigenen Gestalt sieht und sich in sie verliebt, worauf er sie nach mancherlei Ereignissen zur Gemahlin nimmt.

Die ganze Erzählung Popas machte die Frauen aus vollem Halse lachen, und besonders da, wo es sich zeigte, daß sie Schlauheit genug besäßen, um selbst einen Fuchs zu übertölpeln, waren sie nahe daran zu bersten. In der Tat auch haben die Weiber an jedem Haar ihres Kopfes Listen hundertweise wie die Granaten aufgereiht; denn die Falschheit ist ihre Mutter, die Lüge ihre Amme, die Schmeichelei ihre Lehrerin, die Verstellung ihr Ratgeber und der Betrug ihr Gefährte, wodurch sie die Männer hin- und herdrehen, wie es ihnen gefällt. Wir kehren aber zu Antonella zurück, welche schon voll Verlangen war, zu reden; und nachdem sie ein wenig nachgedacht, als wenn sie ihre Gedanken die Musterung passieren ließe, begann sie also:

Fürwahr, jener weise Mann hatte recht, welcher sagte, daß man einem Befehl voll Galle nicht mit einem Herzen voll Zucker gehorchen könne. Um Gehorsam von richtigem Gewicht zu finden, muß man Gebote von gehörigem Maß erteilen; aus Befehlen, welche nicht geziemen, entspringt Widerstand, welcher nicht nachgibt; und so geschah es auch dem König von Rauhenfels, der seiner Tochter ungeziemende Anträge machte und sie daher zwang, mit Gefahr ihrer Ehre und ihres Lebens zu entfliehen.

Es war nämlich einmal ein König von Rauhenfels, dessen Frau, die wahre Mutter der Schönheit, mitten im besten Lauf ihrer Jahre vom Roß der Gesundheit fiel und sich das Leben brach. Ehe ihr jedoch das Lebenslicht in der Auktion der Jahre ausging, rief sie ihren Gemahl zu sich und sprach: »Ich weiß, daß du mich immer auf das herzlichste geliebt hast, darum beweise mir auch durch die Tat das, worauf mein Dasein bisher beruhte und worin deine Liebe ihren Gipfel finden wird, indem du mir versprichst, dich nie wieder zu verheiraten, es sei denn, daß du eine Frau findest, die so schön ist wie ich; sonst lasse ich eine grauenvolle Verwünschung zurück und trage dir sogar bis in die andere Welt den furchtbarsten Haß nach.« Als der König, welcher seiner Frau über alle Maßen zugetan war, diesen ihren letzten Wunsch vernahm, fing er an, in Tränen auszubrechen, und konnte eine Zeitlang auch nicht das geringste Wörtchen hervorbringen; endlich jedoch hörte er auf zu jammern und sprach zu ihr: »Ehe ich deinem Willen entgegen handle, eher möge mich das Zipperlein plagen und mich übler zurichten, als es je einen andern zugerichtet hat! Glaube doch ja nicht, meine liebe Träumerin, an dergleichen Träumereien, als wenn ich mein Herz einem andern Weibe zuwenden könnte; da ich dich zuallererst mit dem neuen Rock meiner Liebe bekleidet habe und du auch die letzten Lumpen meiner Zuneigung mit dir nehmen wirst.« Während aber der König dies sagte, verdrehte die arme Frau die Augen und streckte alle viere von sich, so daß er, ihr Leben verronnen sehend, nun auch seine Augen von neuem laufen ließ und dergestalt anfing, sich die Brust zu schlagen und laut aufzujammern, daß der ganze Hof herbeilief, wobei der Ärmste in einem fort den Namen jener guten Seele ausrief, das Schicksal, welches sie ihm geraubt, verwünschte und, indem er sich den Bart ausraufte, die Sterne verhöhnte, welche ihm dieses Unglück zugesandt. Da aber auch er gemäß dem Sprichworte: »Schmerzen am Ellbogen und Schmerz um die Frau tun zwar sehr weh, doch vergehen sie bald« und gemäß jenem andern: »Die eine an der letzten Stätte, die andre in dem weichen Bette«

handeln wollte, so war die Nacht kaum auf dem Paradeplatz des Himmels erschienen, um über die Fledermäuse Musterung zu halten, als er auch schon anfing, sich die Sache genauer zu überlegen, und bei sich selbst sprach: »Meine Frau ist nun tot, und ich bin ein unglücklicher Witwer ohne die geringste Hoffnung, jemand anders vor mir zu sehen als die unselige Tochter, die sie mir zurückgelassen hat. Gleichwohl muß ich irgendeinen Schritt tun und etwas ersinnen, um einen Sohn zu bekommen; wie aber fange ich das an? Wie finde ich eine der Schönheit meines verstorbenen Weibes entsprechende Frau? Wenn jede andere im Vergleich zu ihr wie eine Hexe aussieht, so rate mir einer, was zu tun ist. Wo soll ich eine andere mit der Laterne suchen, wo nach einer andern in den Straßen umherrufen, wenn die Natur erst Nardella (Gott habe sie selig) hervorbrachte und dann die Form zerbrach? Weh mir, in welch ein Labyrinth hat sie mich gestürzt! Wozu, Kuckuck, auch war das Versprechen, das sie mir abnahm? – Aber wie? Noch habe ich nicht den Wolf gesehen und fliehe schon? Erst wollen wir doch suchen und dann sehen, wie die Sachen stehen! Sollte es wirklich möglich sein, daß keine andere Eselin in dem Stall wäre als Nardella? Ist es möglich, daß für mich allein die Welt verschlossen sei? Sollte vielleicht eine Teurung, ein Mangel an Weibern eingetreten, oder vielleicht gar der Samen derselben gänzlich untergegangen sein?«

Dies sagend, ließ er sogleich durch den Büttel einen öffentlichen Ausruf und Befehl ergehen, daß alle Weiber der Welt zur Prüfung ihrer Schönheit sich an seinem Hofe einfinden sollten, da er die Schönste zur Frau nehmen und ihr ein Königreich als Morgengabe geben wolle. Sobald nun das Gerücht hiervon sich überallhin verbreitet hatte, war keine einzige Frau in der Welt, die nicht gekommen wäre, ihr Glück zu versuchen, so daß auch nicht die häßlichste Hexe zurückblieb, welche sich nicht eingefunden hätte; denn wenn man nur irgend den Punkt der Schönheit berührt, so gibt es kein Scheusal, das sich nicht für ein Wunder hielte, kein Ungeheuer, welches zurückträte; eine jede bildet sich was ein, eine jede will mehr sein als die andere, und wenn der Spiegel ihnen die Wahrheit sagt, so beschuldigen sie das Glas, daß es schlecht, und das Quecksilber, daß es fehlerhaft aufgelegt sei. Als auf diese Weise die Stadt sich mit Weibern angefüllt hatte, ließ der König sie in Reihe und Glied stellen und fing an, zwischen ihnen durchzugehen, wie es der Großtürke tut, wenn er das Serail betritt, um den besten Genueser Schleifstein auszuwählen und dann daran seine Damaszenerklinge zu wetzen. Indem er nun so von oben bis unten, gleich einem Affen, der nimmer Ruhe findet, hin und her ging und bald die, bald jene von Kopf bis zu Füßen beschaute und musterte, so schien ihm die eine krummstirnig, eine andere langnäsig, eine dritte breitmäulig, eine vierte dicklippig, eine fünfte lang wie eine Hopfenstange, eine sechste kurz wie ein Knirps, eine siebente zu dick, eine achte zu dünn, die Spanierin gefiel ihm nicht wegen ihrer gelbsüchtigen Farbe, die Neapolitanerin sagte ihm nicht zu wegen ihres watschlichen Ganges, die Deutsche kam ihm zu kalt und eisig vor, die Französin zu leichtsinnig und flatterhaft, die Venezianerin mit ihrem hellgelben Haar wie ein Rocken voll Flachs; mit einem Wort, er schickte die eine wegen der einen, die andere wegen der andern Ursache mit einer langen Nase fort, und da er sah, daß hinter so vielen schönen Gesichtern am Ende auch gar nichts gesteckt hatte, er jedoch entschlossen war, sein Gelüst zu stillen, so machte er sich an seine eigene Tochter, indem er sprach: »Wozu suche ich doch in der Ferne, was ich in der Nähe habe? Scheint nicht Preziosa mit ihrer Mutter aus einer Form hervorgegangen zu sein? Ich habe dieses schöne Gesicht in meinem Hause und suche es überall in der Welt umher.« Kaum hatte er jedoch die Tochter von seiner Absicht in Kenntnis gesetzt, so fuhr sie so toll und wütend über ihn her, daß man gar nicht sagen kann, wie sehr; worauf der König voll Zorn ausrief: »Stimme ja diesen hohen Ton herab, oder halte lieber ganz dein Maul und sei bereit, heute abend das eheliche Band mit mir zu knüpfen; denn sonst reiße ich dir allermindestens die Ohren ab.«

Als Preziosa diesen Entschluß vernahm, zog sie sich in ihr Zimmer zurück und bejammerte dort bitterlich ihr trauriges Geschick, wobei sie auch kein Haar auf ihrem Kopfe ganz ließ. Während sie nun so in die heftigsten Klagen ausbrach, kam zufällig eine alte Frau zu ihr, welche zuweilen von Preziosa ein Almosen zu empfangen pflegte und jetzt, indem sie die Prinzessin mehr auf jener als auf dieser Welt antraf und von ihr die Ursache ihres Kummers vernahm, zu ihr sagte: »Fasse Mut, meine Tochter, und verzweifle nicht, denn für jedes

Übel ist ein Kraut gewachsen, nur für den Tod nicht. Jetzt höre mir genau zu. Da dein Vater, der eigentlich ein Esel ist, durchaus heute abend ein Hengst sein will, so nimm dieses Spänchen in den Mund, dann wirst du dich auf der Stelle in eine Bärin verwandeln; mache dich hierauf sogleich aus dem Staube, denn er wird dich nicht zurückzuhalten wagen, und schlage den Weg nach dem Walde ein, woselbst der Himmel seit dem Tage, an dem du geboren wurdest, dir dein Glück aufbewahrt hat. Wann du aber in deiner natürlichen Gestalt, die dir immer verbleiben wird, erscheinen willst, so nimm das Spänchen aus dem Mund, dann wirst du sie sogleich wiedererhalten.« Preziosa umarmte die alte Frau auf das herzlichste, ließ ihr eine Schürze voll Mehl, Schinken und Speck geben und entließ sie alsdann.

Sobald nun die Sonne wie eine bankrotte Hure ihr Quartier zu wechseln begann, ließ der König die Musikanten kommen, hieß alsdann ein großes Gastmahl veranstalten, wozu er alle seine vornehmen Vasallen einlud, und nachdem sie vier bis fünf Stunden lang getanzt hatten, setzten sie sich zur Tafel, nach welcher sich der König mit vollem Bauche zu Bett begab. Indem er aber hierauf seiner Tochter zurief, die Rechnung herbeizubringen, weil er das Liebeskonto saldieren wollte, nahm sie das Spänchen in den Mund, verwandelte sich in eine furchtbare Bärin und begab sich zu ihrem Vater, welcher, über dieses Wunder ganz entsetzt, sich in die Bettdecken einhüllte und vor dem nächsten Morgen nicht wieder den Kopf hervorzustekken wagte.

Inzwischen verließ Preziosa den Palast und machte sich auf den Weg nach dem Walde, in welchem die Schatten der Dunkelheit sich miteinander berieten, wie sie der Mittagssonne irgendeinen Abbruch an ihrer Gewalt zufügen könnten. Dort nun hielt sich Preziosa in der angenehmen Gesellschaft der andern Tiere so lange auf, bis der Sohn des Königs von Schnellwasser in jene Gegend kam, welcher beim Anblick jener Bärin fast vor Furcht gestorben wäre; sobald er sie aber wie ein Hündchen an sich herankriechen, sich an ihn schmiegen und ganz zutraulich mit dem Schwanze wedeln sah, faßte er wieder Mut, und indem er ihr schmeichelte und zu ihr sagte: »Kusch dich, kusch dich, sachte sachte, artig artig, ruhig ruhig, pst pst, mitz mitz«, führte er sie nach Hause, wo er seinen Dienern befahl, sie zu pflegen wie ihn selbst, und sie in einen Garten neben dem königlichen Palast bringen ließ, um sie, immer wenn er Lust hatte, aus einem Fenster sehen zu können.

Als nun einmal alle Hausbewohner ausgegangen und der Prinz allein zurückgeblieben war, trat er, um die Bärin zu betrachten, ans Fenster und bemerkte, wie Preziosa, welche das Spänchen aus dem Munde genommen hatte, um sich die Haare zu machen, sich ihre goldenen Flechten kämmte, so daß er beim Anblick dieser ungewöhnlichen Schönheit vor Erstaunen ganz außer sich geriet, hierauf die Treppen hinunterstürzte und in den Garten lief, während Preziosa, seine Absicht wahrnehmend, rasch wieder den Span in den Mund steckte und ihre Bärengestalt wieder annahm. Sobald aber der Prinz unten anlangte und das nicht fand, was er von oben gesehen hatte, ging ihm dieser fatale Streich so sehr zu Herzen, daß er in eine große Traurigkeit versank und nach vier Tagen in eine schwere Krankheit verfiel, wobei er ohne Unterlaß ausrief: »Liebe Bärin, liebe Bärin.« Indem nun seine Mutter diese Jammertöne vernahm, glaubte sie, die Bärin hätte ihn irgendwie mißhandelt, und befahl daher, sie zu töten; die Diener jedoch, die dem zahmen Tier sehr zugetan waren, welches selbst den Steinen am Wege Liebe abgewann, hatten Mitleid mit demselben, und statt ihm den Garaus zu machen, trugen sie es in den Wald, während sie der Königin berichteten, daß sie demselben das Lebenslicht ausgeblasen hätten. Kaum war dies aber zu den Ohren des Prinzen gekommen, so gebärdete er sich wie unsinnig, sprang krank, wie er war, aus dem Bette, und wollte die Diener in kleine Stücke hauen; nachdem er indes von ihnen den wahren Hergang der Sache erfahren, schwang er sich halbtot auf ein Roß und suchte so lange hin und her, bis er die Bärin wiederfand, worauf er sie wieder zurück nach Hause führte, sie in sein Zimmer brachte und zu ihr sagte: »O du schöner Bissen für einen König, der du in dieses Fell eingehüllt, o du Liebeslicht, welches du in diese rauche Laterne eingeschlossen bist, wozu soll alles dieses geheimnisvolle Wesen, durch welches ich nur immer mehr herunter und am Ende ganz auf den Hund kommen muß? Ich sterbe vor Glutverlangen und Sehnsucht nach deiner Schönheit, und den Beweis davon siehst du auch ganz deutlich, denn ich habe schon um zwei Drittel abgenommen, wie eingekochter Wein, ich bestehe nur noch aus Haut und Knochen, und das Fieber hat sich mit doppeltem Zwirn mir an die Adern genäht. Ziehe also doch den Vorhang dieses stinkenden Felles empor und laß mich dies Schauspiel deiner Schönheiten schauen; nimm doch, ja nimm doch die Blätter von diesem Korbe weg und gewähre mir den Anblick deiner schönen Früchte; hebe auf diese Hülle und gestatte meinen Augen, sich an der Pracht deiner Wunder zu weiden! Wer hat doch in einen aus Haaren gewebten Kerker ein so glattes Geschöpf gesperrt? Wer in einen Schrein aus Leder einen so schönen Schatz geschlossen? Laß mich doch das Mirakel deiner Reize erblicken und nimm als Belohnung alle meine Liebe hin; denn nur dein Bärenfett, teuerstes Wesen, kann die Zusammenziehung der Nerven heilen, an der ich leide.«

Nachdem aber der Prinz vergeblich lange hin und her geredet hatte und sah, daß alle seine Worte verloren waren, streckte er sich wieder aufs Bett und wurde von einem so heftigen Krankheitsanfall ergriffen, daß die Doktoren ihm ein sehr schlimmes Prognostikon stellten und die Mutter, die kein größeres Gut auf Erden hatte als ihn, sich neben sein Bett setzte und sprach: »Woher, mein Sohn, kommt dir dieser Kummer? Was für eine Traurigkeit hat dich da ergriffen? Du bist jung, geliebt, vornehm, reich; was fehlt dir noch? Sprich, denn dem verschämten Bettler bleibt die Tasche leer. Wenn du eine Frau willst, so wähle du nur, denn ich bewirke die Verlobung; nimm du nur, denn ich bezahle. Siehst du denn nicht, daß deine Krankheit auch mich krank macht? *Dir* pocht der Puls durch das Fieber im Blut, *mir* das Herz durch einen Schmerz im Gehirn. Da ich nun keine andere Stütze meines Alters habe als dich, so heitere dich auf, um mein Herz zu erheitern, und stürze nicht das ganze Reich in Klage, dies Haus in Jammer und deine Mutter in das tiefste Weh.« Als der Prinz diese Worte vernahm, erwiderte er: »Nichts anderes kann mir Erleichterung verleihen, als nur allein der Anblick der Bärin; wenn du mich daher gesund sehen willst, so lasse sie bei mir im Zimmer bleiben und keinen andern mich pflegen, keinen andern mir das Bett machen und für mich kochen als nur sie; denn ohne Zweifel werde ich aus Freude darüber in eins, zwei, drei gesund sein.«

Obwohl es nun die Mutter für ungereimt hielt, daß die Bärin den Koch und Kammerdiener ihres Sohnes machen sollte, und fürchtete, daß dieser den Verstand verloren hätte, ließ sie dennoch, um ihn zufriedenzustellen, die Bärin herbeikommen, welche sogleich, nachdem sie sich dem Bette des Prinzen genaht, die Tatze aufhob und dem Kranken den Puls fühlte, so daß die Königin anfing zu lächeln und dachte, sie würde ihm wohl bald die Nase zerkratzen. Sobald aber der Prinz zu der Bärin sagte: »Willst du nicht für mich kochen und mir zu essen geben und mich pflegen, mein kleines Bätzchen?«, so nickte sie mit dem Kopfe, als wenn sie den Antrag annehme. Die Mutter ließ also ein paar Hühner bringen, in dem Krankenzimmer selbst ein Feuer im Kamin anzünden und Wasser zum Kochen beisetzen, worauf die Bärin ein Huhn ergriff, es geschickt rupfte und ausnahm, einen Teil an den Spieß steckte und einen andern auf dem Rost briet, dergestalt, daß der Prinz, dem bisher selbst der Zucker bitter geschmeckt hatte, sich nach diesem Gerichte die Finger leckte. Nachdem er nun aufgegessen hatte, gab sie ihm auch zu trinken, und zwar mit so großer Anmut, daß die Königin sie darüber auf die Stirne küßte, worauf die Bärin, nachdem der Prinz aufgestanden war, um die Klugheit der Ärzte auf die Probe zu stellen, rasch das Bett machte, dann in den Garten lief, eine Serviette voll Rosen- und Zitronenblüten pflückte und sie ihm auf die Kissen streute, so daß die Königin ausrief, die Bärin wäre mehr wert als ein Schatz, und daß ihr Sohn recht und noch einmal recht hätte, ihr so sehr zugetan zu sein.

Alle diese schönen Dienste aber gossen nur noch mehr Öl in das Feuer des Prinzen, und wenn er sich früher lotweise verzehrt hatte, so löste er sich jetzt pfundweise auf, daher er zur Mutter sprach: »Liebste Frau Mutter, wenn ich dieser Bärin nicht einen Kuß geben kann, so entflieht mir der Atem«, worauf die Mutter, die ihn ganz ohnmächtig sah, zur Bärin sprach: »Küsse ihn nur, küsse ihn, mein schönes Tierchen, denn sonst stirbt mir mein armer Sohn!« Indem sich diese nun näherte und der Prinz, sie fest an seine Brust schließend, Mund an Mund gedrückt, sich an ihr gar nicht satt küssen konnte, fiel, ich weiß nicht wie, Preziosa das Spänchen aus dem Mund, so daß der Prinz mit einemmal das schönste Geschöpf der Welt in seinen Armen sah, welches er nun mit den Liebeszangen der

Arme umschloß, während er ausrief: »Du bist gefangen, Schelmin, und entkommst mir nun nicht wieder ohne meinen Willen.« Bei diesen Worten fügte Preziosa die Farbe der Scham zu dem Gemälde der natürlichen Schönheit hinzu und sprach: »Ich bin zwar in deiner Gewalt, doch bitte ich dich, schone meine Ehre; übrigens mache mit mir, was du willst.« Als nun die Königin fragte, wer diese schöne Jungfrau wäre und was sie zu solch einer verwilderten Lebensweise gebracht hätte, erzählte Preziosa ihr der Reihe nach die ganze Geschichte ihrer Leiden, worauf die Königin sie als ein wackeres, ehrbares Mädchen lobte und zu dem Sohne sagte, daß sie nichts dawider hätte, wenn er sie heirate, so daß dieser ihr auf der Stelle den Trauring an den Finger steckte, die Mutter beiden ihren Segen verlieh und alsdann diesen schönen Ehebund mit großen Festen und Illuminationen feierte, Preziosa aber die Geltung des Ausspruches kennenlernte:

»Wie du tust, so lohnt dir Gott.«

17

Zweiter Tag

Siebentes Märchen

»DIE TAUBE«

Ein Prinz erduldet durch den von einer alten Frau gegen ihn ausgestoßenen Fluch großes Leid, welches durch die Verwünschung einer Hexe noch vermehrt wird; endlich übersteht er mit Hilfe der Tochter der Hexe alle Gefahren und heiratet hierauf diese.

Als die Erzählung Antonellas zu Ende geführt und wegen ihrer Schönheit und Anmut und weil sie für ein ehrbares Mädchen von so gutem Beispiel sein könnte, lebhaft gelobt worden war, begann Ciulla, welche jetzt die Reihe traf, auf folgende Weise:

Wer von Geburt ein Prinz ist, darf sich nicht benehmen wie ein Straßenbube; der Vornehme darf dem Geringen kein böses Beispiel geben; denn von dem großen Esel lernt der kleine Stroh fressen. Daher ist es kein Wunder, wenn ihm sonst der Himmel Leiden scheffelweise zuschickt, wie dies einem Prinzen widerfuhr, der sogar nahe daran war, sein Leben zu verlieren.

Es war einmal ungefähr acht Meilen von Neapel in der Nähe der Sümpfe ein Wald von Feigen- und Pappelbäumen, auf welchen zwar die Sonne stets ihre Pfeile abschoß, den sie aber nie durchdringen konnte. In diesem Walde nun stand ein halb verfallenes Häuschen, bewohnt von einer alten Frau, welche ebenso arm an Zähnen als reich an Jahren und ebenso hoch durch ihren Buckel, als in ihrer äußeren Lage heruntergekommen war. Sie hatte Hunderte von Runzeln im Gesicht, viel mehr aber hatte ihr Geldbeutel; denn wenn gleich auf ihrem Kopfe viel Silber glänzte, hatte sie doch nicht den sechzigsten Teil eines Guldens, um sich damit etwas zugute zu tun, so daß sie in den Strohhütten der Nachbarschaft umherbettelte, um ihr Leben zu fristen. Indem man nun aber heutzutage einem verschmitzten Spion eher einen großen Beutel voll Gold zu geben pflegt als einem bedürftigen Armen einen Dreier, so mußte sie manchen Tag umherlaufen, ehe sie ein Gericht Bohnen zusammenbekam, und zwar zu einer Zeit, wo in jener Gegend ein solcher Überfluß herrschte, daß nur wenige Häuser die Größe ihrer Vorräte kannten. Da jedoch ein alter Kessel nicht für Beulen und Löcher, ein altes Pferd nicht für Fliegen, ein gefallener Baum nicht für Axthiebe und, wer den Schaden hat, nicht für Spott zu sorgen braucht, so geschah es auch, daß, als einmal die arme Frau, nachdem sie vorher ihre Bohnen ausgelesen und in einem Topf an das Fenster gestellt hatte, ausgegangen war, um im Walde ein paar Reiser zum Kochen zusammenzusuchen, in der Zeit ihrer Abwesenheit der Sohn des Königs, namens Nard'Aniello, welcher sich gerade auf der Jagd befand, bei dem Hause der Alten vorüberzog und, den Topf am Fenster sehend, große Lust bekam, sich einen Hauptspaß zu machen, indem er nämlich seinen Begleitern vorschlug, eine Belohnung für den zu bestimmen, welcher am richtigsten zielen und den Topf mit einem Stein gerade in die Mitte treffen würde, worauf sie auch wirklich anfingen, den unschuldigen Topf als Zielscheibe zu benutzen, und nach drei oder vier Würfen der Prinz, der ihn am genauesten gefaßt hatte, den Preis davontrug. Die Alte kam jedoch gerade in der Zeit zurück, wo jene sich eben fortbegaben, und als sie dieses große Unglück wahrnahm, fing sie an, sich wie besessen zu gebärden und auszurufen: »Mag er seinen Arm jetzt preisen und sich rühmen, daß er den Topf gestoßen hat, dieser mutwillige Bock, dieser Hurensohn, dessen Gebeine nimmer zur Ruhe kommen mögen, dieser einfältige Bauer, der meine Bohnen zu so ungehöriger Zeit ausgesäet hat. Wenn er nun aber auch mit meiner Not keinen Funken Mitleid gehabt hat, so hätte er doch wenigstens auf sich selbst Rücksicht nehmen, das Wappen seines Hauses nicht so schänden und das, was andere so hoch in Ehren halten, nicht selbst in den Kot treten sollen! Lasset ihn aber nur immer hingehen; denn auf meinen Knien und aus innerster Seele flehe ich den Himmel an, daß er sich in die Tochter irgendeiner Hexe verlieben möge, die ihn auf jede mögliche Weise martere und peinige; daß die Schwiegermutter ihm dergestalt zusetze, daß er sich bei lebendigem Leibe als tot bejammere, und daß er, von der Schönheit der Tochter und den Zaubereien der Mutter gefesselt, niemals entfliehen könne, sondern angebannt bleibe oder vielmehr berste, preisgegeben den Qualen jener häßlichen Harpyie, die ihm ihre Befehle mit dem Prügel in der Hand erteile und das Brot mit Widerwillen zuschneide, dergestalt, daß er mehr als hundertmal die Bohnen beseufze, die er mir jetzt auf die Erde gestreut hat.« Die Verwünschungen der alten Frau nun bekamen alsbald Flügel, mit denen sie stracks in den Himmel flogen, so daß trotz des Sprichwortes: »Die Flüche der Fraun sind ohne Kraft, traun!« und jenes andern: »Verwünschte Pferde gedeihen am besten!« sie dennoch den Prinzen in eine solche Tunke brachte, daß er dabei fast schon auf dem letzten Loche pfiff.

Es waren nämlich kaum zwei Stunden vergangen, so verirrte er sich in dem Walde von seinen Leuten und begegnete einem schönen Mägdlein, welche Schnekken suchte und scherzend zu ihnen sagte: »Schnecke, Schnecke, schnüre, zeig mir deine viere, wenn mir deine vier nicht zeigst, schmeiß ich dich in den Graben, fressen dich die Raben.« Als der Prinz diesen Schrank der größten Kostbarkeiten der Natur, diese Bank der reichsten Depositen des Himmels, dieses Arsenal der furchtbarsten Streitkräfte Amors vor sich erscheinen sah, so wußte er nicht, wie ihm geschah, und indem die

Augenstrahlen jenes runden Kristallgesichts auf den Zunder seines Herzens fielen, entzündete er sich über und über dergestalt, daß er sich in einen Ziegelofen verwandelte, in welchem die Backsteine der Pläne zur Errichtung des Gebäudes seiner Hoffnungen gebrannt wurden. Aber auch Filadora (dies war nämlich der Name des Mägdleins) war nicht viel besser daran, da der Prinz, welcher ein sehr schöner Jüngling war, ihr sogleich das Herz durch und durch bohrte, so daß beide einander mit den Augen um Mitleid anflehten, und wenn auch ihre Zungen den Pips hatten, so glichen doch ihre Blicke den Trompetern eines Rathausturmes, indem sie das Geheimnis der Seele laut verkündeten. Nachdem sie sich nun eine Zeitlang wie mit der Bräune im Halse angesehen hatten, ohne auch nur ein sterbliches Wörtchen äußern zu können, so drehte er endlich den Hahn der Stimme auf und sprach also: »Auf welcher Wiese ist diese Blume der Schönheit entsprossen? Von welchem Himmel ist dieses Rosenwasser der Anmut herabgeregnet? Aus welchem Schacht ist dieser Schatz der Holdseligkeit ans Licht gekommen? O ihr glücklichen Wälder, ihr beneidenswerten Haine, die ihr von dieser Herrlichkeit bewohnt, von dieser Illumination der Liebesfeste erleuchtet werdet! O ihr Haine und Wälder, in denen keine Ruten zu Staubbesen, keine Querbalken zu Galgen, keine Deckel zu Nachtstühlen, sondern nur Türen zu dem Tempel der Schönheit, Balken zu der Wohnung der Grazien und Schäfte zu Liebespfeilen geschnitten werden.« – »Genug, edler Herr«, versetzte Filadora, »machet mich nicht erröten;

denn eure Tugenden, nicht meine Eigenschaften, verdienen diese lobreiche Inschrift, die ihr mir jetzt gewidmet habet; und ich bin ein Frauenzimmer, welches sich selbst mißt, und will nicht, daß ein anderer an mir einen Maßstab anlege. So wie ich aber bin, schön oder häßlich, schwarz oder weiß, mager oder fett, plump oder gewandt, mürrisch wie eine Hexe oder freundlich wie eine Fee, niedlich wie ein Püppchen oder scheußlich wie ein Drache, so bin ich ganz zu deinem Befehl, da deine schöne männliche Gestalt mir das Herz durchbohrt und deine fürstliche Miene mich von einer Seite zur andern durchdrungen hat, so daß ich mich dir von diesem Augenblicke an auf immerdar als Sklavin gefesselt übergebe.« Dies waren nun aber keine Worte, sondern Trompetenstöße, welche alle den Prinzen zur Tafel der Liebesfreuden einluden oder vielmehr ihn mit einem Tutti zu Roß riefen, um sich in den Liebeskampf zu stürzen, und obwohl er sich nur einen Finger des Entgegenkommens gegeben sah, nahm er doch gleich die ganze Hand und küßte den elfenbeinernen Angelhaken, der ihm sein Herz weggefangen hatte, so daß Filadoro bei dieser Zeremonie des Prinzen ein Gesicht bekam wie eine Klatschrose oder vielmehr wie das Farbenbrett eines Malers, indem man darauf eine Mischung von dem Mennig der Scham, dem Bleiweiß der Furcht, dem Grünspan der Hoffnung und dem Zinnober des Verlangens erblickte. Eben aber wollte Nard'Aniello noch weitersprechen, als ihm seine Rede unterbrochen wurde, da nämlich einmal in diesem Leben kein Wein des Genusses ohne Hefen des Verdrusses, keine fette Brühe der Lust ohne Abschaum des Ärgers zu sein pflegt; denn während er gerade mitten im besten war, erschien plötzlich die Mutter Filadoros, eine so häßliche Hexe, daß die Natur sie zum Modell aller Gebrechen geschaffen zu haben schien. Ihre Haare glichen einem Besen von Mäusedorn, der nicht etwa dazu taugte, die Häuser von Ruß und Spinnweben zu reinigen, sondern vielmehr die, welche ihn sahen, mit Angst und Schrecken zu stäupen; ihre Stirn war ein Genueser Schleifstein, an dem sie den Dolch der Furcht schärfte, mit welchem sie die Herzen durchbohrte; die Augen glichen Kometen, welche ein Beben der Beine, eine Eiseskälte des Herzens, ein Grauen des Geistes, ein Entsetzen der Seele und eine Öffnung des Leibes vorherverkündeten; durch ihr Angesicht verbreitete sie Zittern, durch ihren Blick Angst, durch ihre Bewegungen Schrecken, durch ihre Worte Bestürzung. Ihr Maul war mit Hauern besetzt wie das eines wilden Schweines, groß wie ein Schlund, aufgesperrt wie das eines vom Schlage Gerührten, geifernd wie das eines Maultieres; mit einem Wort, von Kopf bis Fuß sah man eine Quintessenz von Häßlichkeit und ein ganzes Hospital von Gebrechen; so daß der Prinz sicherlich irgendein Amulett ins Wams genäht tragen mußte, daß er bei diesem Anblick nicht die Besinnung verlor. Diese Hexe nun packte ihn beim Genick und rief: »Heda, hier ist nichts für dich, du Erzschelm, du Spitzbube, du Dieb!« »Selbst eine Schelmin, selbst eine Diebin!« erwiderte der Prinz, »pack dich, du alte Hexe!« und wollte schon den Degen ziehen, welcher eine echte

Damaszenerklinge war, aber er blieb erstarrt stehen wie ein Schaf, das den Wolf gesehen und sich weder rühren noch piepsen kann, so daß er wie ein Esel am Halfter von der Alten in ihr Haus geführt wurde, woselbst sie, kaum angelangt, zu ihm sprach: »Arbeite mir ja wie ein Hund, sonst stirbst du wie ein Schwein; und als erste Verrichtung grabe mir dieses Stück Land hier neben diesem Hause um und besäe es mir dann; sieh aber ja zu, daß du fertig wirst; denn wenn ich heute abend wiederkomme und die Arbeit nicht ganz getan finde, so fresse ich dich auf.« Hierauf sagte sie noch zur Tochter, daß sie auf die Wirtschaft achten solle, und ging dann zu einer Hexenversammlung in den Wald.

Sobald nun Nard'Aniello sich in solch einer traurigen Lage sah, fing er an, sein Gesicht in Tränenströmen zu baden und sein Schicksal zu verwünschen, das ihn in so großes Unglück gestürzt hatte. Andrerseits tröstete ihn Filadora und sagte zu ihm, er solle guten Muts sein; denn sie wolle selbst ihr Leben daransetzen, um ihm zu helfen; er solle sich über sein Geschick nicht beklagen, welches ihn an einen Ort gebracht, wo er so sehr geliebt würde, und er müsse ihre Liebe eben nicht sehr erwidern, da er sich über dieses Ereignis so sehr verzweifelt zeige, worauf der Prinz erwiderte: »Nicht darüber gräme ich mich, daß ich von dem Pferde auf den Esel gestiegen bin, den königlichen Palast mit diesem Hundeloch, die prächtigen Bankette mit einem Stück Brot, die Schar von Dienern mit Fronarbeit und das Zepter mit einem Grabscheit vertauscht habe, noch daß ich, der ich Heere in Schrecken gesetzt, mich jetzt von einer so häßlichen Vogelscheuche erschreckt sehe; denn all mein Unglück würde ich für ein großes Glück halten, wenn du nur bei mir bist und ich in deinem Anblick schwelgen kann; sondern was mir das Herz durchbohrt, ist, daß ich graben und mir in die Hände spucken muß, der ich es bisher sogar verschmähte, mir eine Schwinde mit Speichel zu befeuchten, und, was noch schlimmer ist, ich soll arbeiten, was ein Gespann Ochsen in einem Tage nicht würde streiten können; wenn ich aber heute abend mein Pensum nicht hinter mir habe, so frißt deine Mutter mich auf, wobei es mich nicht so sehr schmerzen wird, meinen elenden Leib zu verlassen, als mich von deiner Schönheit zu trennen.«

Indem er so sprach, entströmten ihm Seufzer schockweise und Tränen tonnenweise, jedoch Filadora trocknete ihm das Gesicht und sagte: »Glaube nicht, mein teures Leben, daß du ein anderes Erdreich als den Garten der Liebe zu bearbeiten hast; fürchte nicht, daß meine Mutter dir auch nur ein Haar auf deinem Haupte krümme, sondern verlaß dich nur auf Filadora und sei ganz ohne Sorgen, denn wisse, daß ich Zauberkräfte besitze und Wasser gerinnen machen sowie die Sonne verfinstern kann; darum genug, und höre auf zu klagen, vielmehr sei fröhlich und guter Dinge, denn heute abend wird das Stück Land umgegraben und besäet sein, ohne daß jemand eine Hand rühre.« Als Nard' Aniello dieses vernahm, erwiderte er: »Und wenn du, o Schönheit der Welt, wie du sagst, zaubern kannst, warum machen wir uns denn nicht eilig davon? Denn ich will dich in dem Hause meines Vaters wie eine Königin halten«, worauf Filadora versetzte: »Ein gewisser Einfluß der Gestirne hindert für jetzt die Ausführung dieses Rates; jedoch wird er bald vorübergehen und unser Glück zur Hand sein.«

Mit diesen und noch tausend andern Liebesgesprächen verging der Tag, und als die Hexe zurückkam, rief sie die Tochter von der Straße aus und sprach: »Filadora, laß mir doch deine Haare herab!« Denn da das Haus keine Treppe hatte, so stieg sie immer an den Flechten der Tochter empor. Sobald Filadora die Stimme der Mutter hörte, machte sie sich das Haar auf und ließ es hinab, indem sie so für ein ehernes Herz eine goldene Treppe baute, auf welcher die Alte sogleich hinaufstieg und in den Garten eilte; als sie ihn jedoch bestellt fand, geriet sie ganz außer sich vor Wunder, indem es ihr unmöglich schien, daß ein so zarter Jüngling diese Handarbeit verrichtet haben sollte. Kaum war aber am andern Morgen die Sonne aus dem Hause getreten, um sich wegen des in den Flüssen Indiens geholten Schnupfens einige Motion zu machen, so ging auch die Hexe wieder fort und gab Nard'Aniello auf, bis zum Abend sechs Stöße Holz, die sich in einem Keller befanden, viermal durchgespalten fertigzuhauen, sonst wolle sie ihn kleinhacken wie Speck und ihn dann zum Abendbrot als Karbonade zu sich nehmen. Fast wäre der Prinz bei Publizierung dieses Dekrets vor Schreck gestorben, so daß Filadora, ihn totenbleich sehend, ausrief: »Freund, was bist du doch für ein Hasenfuß! Ei du mein Gott, ich glaube gar, du wirst dir noch vor

Angst in die Hosen machen!« – »Und scheint dir das eine Kleinigkeit«, versetzte Nard'Aniello, »von jetzt bis auf den Abend sechs Stöße Holz viermal durchgespalten fertigzuhauen? Wehe mir, eher werde ich mitten durchgespalten werden, um den Schlund dieser unseligen Hexe zu füllen!« – »Fürchte nichts«, entgegnete Filadora; »denn ohne daß du dir die geringste Mühe gibst, wirst du das Holz zur gehörigen Zeit gehörig gespalten finden; inzwischen aber sei nur frohauf und spalte mir nicht meine Seele mit deinen Klagen.« Als nun die Sonne den Laden ihrer Strahlen schloß und der Dunkelheit kein Licht mehr verkaufte, so kehrte auch schon die Alte wieder, ließ sich die gewöhnliche Leiter herabreichen, stieg hinauf, und indem sie das Holz fertig gehauen vorfand, faßte sie den Verdacht, daß vielleicht ihre Tochter ihr dieses Schachmatt böte. Sie sagte daher am dritten Tage, um den dritten Versuch zu machen, zu dem Prinzen, daß er ihr eine Zisterne von tausend Tonnen Wasser reinigen solle, weil sie dieselbe frisch füllen wollte; am Abend aber müßte er fertig sein, sonst würde sie ihn in Ragout oder Fleischklöße verwandeln. Hierauf ging die Alte fort, und Nard' Aniello fing von neuem an zu jammern, bis Filadora, welche sah, daß die Not wuchs und die Alte so unverständig war, den armen Burschen mit so großen Leiden und Bürden zu beschweren, endlich zu ihm sprach: »Sei nur ruhig; wenn erst die Zeit vorüber ist, welche meiner Kunst hemmend in den Weg tritt, wollen wir, ehe noch die Sonne sagt: ›Ich drücke mich!‹ zu diesem Hause: ›Ich empfehle mich!‹ sagen. Soviel ist gewiß, meine Mutter soll heute abend das Nest leer finden, ich aber will dann mit dir gehen und dein Geschick lebend oder tot teilen.« Wie der Prinz diese Worte vernahm, brachen seine Gefühle hervor, und um so leichter, als er vor Angst fast schon geborsten war, und Filadora umarmend, rief er aus: »Du, meine Geliebteste, bist der Leitstern meines von Stürmen gepeinigten Schiffchens, du bist die Stütze meiner Hoffnungen!«

Sobald nun der Abend nahte, grub Filadora in dem Garten, unter welchem sich ein unterirdischer Gang befand, ein Loch in die Erde, und hierauf machten sich beide in der Richtung nach Neapel auf den Weg. Als sie aber bei der Grotte von Pozzuolo anlangten, sagte Nard'Aniello zu Filadora: »Es geht nicht gut an, meine Teure, daß ich dich so zu Fuß und in dieser Tracht in den Palast bringe; erwarte mich daher in diesem Wirtshause; denn ich kehre recht bald mit Pferden, Wagen, Dienern, Kleidern und dergleichen anderem Kram wieder.« Filadora blieb also zurück, er selbst aber setzte seinen Weg nach Neapel fort.

Inzwischen kam die Alte wieder nach Hause, und da Filadora auf ihren gewöhnlichen Ruf nicht antwortete, so faßte sie Verdacht, eilte in den Wald und machte sich dort eine lange Stange, an welcher sie dann wie eine Katze zum Fenster hinauf und ins Haus kletterte. Nachdem sie nun dieses von innen und außen und oben und unten überall durchsucht und niemand gefunden hatte, bemerkte sie endlich das Loch, und sobald sie wahrnahm, daß dieses im Freien mündete, ließ sie sich vor Wut auch kein Haar auf dem Kopfe, wobei sie sowohl die Tochter als den Prinzen verwünschte und den Himmel anflehte, daß bei dem ersten Kuß, den der Geliebte ihrer Tochter empfinge, er sie gänzlich vergessen möchte.

Wir wollen jedoch die Alte ihre gottlosen Paternoster sagen lassen und zu dem Prinzen zurückkehren, welcher in dem königlichen Palast, woselbst man ihn für tot gehalten hatte, anlangend, das ganze Haus in Aufruhr setzte, indem ihm alle Bewohner desselben entgegeneilten und ausriefen: »Ei willkommen, willkommen, tausendmal willkommen! Da ist er ja frisch und gesund! Wie freuen wir uns, ihn wieder bei uns zu sehen!« und noch tausend andere Worte der Liebe mehr. Die Mutter aber kam ihm bis auf die halbe Treppe entgegengeeilt, umarmte ihn auf das freundlichste und rief aus: »Mein teurer Sohn, mein Juwel, mein Augapfel, wo bist du denn gewesen? Warum hast du denn so lange gezögert und uns indessen vor Angst vergehen lassen?« Der Prinz wußte nicht, was er antworten sollte, da er ihr die gehabten Leiden nicht mitteilen wollte; kaum aber hatte die Mutter ihn mit den Vergessenheit bringenden Lippen geküßt, so entschwand auch in demselben Augenblick durch die Verwünschung der Hexe alles, was ihm widerfahren war, seinem Gedächtnis. Als daher die Königin fortfuhr und sagte, daß sie ihn verheiratet zu sehen wünsche, damit er nicht ferner daran dächte, auf die Jagd zu gehen und sein Leben in den Wäldern zuzubringen, versetzte er ohne Zögern: »Wohlan, so sei es! Ich bin bereit, alles zu tun, was meine Frau Mutter wünscht!«, so daß diese voll Freude ausrief: »Gott segne dich, mein lieber Sohn!« Es wurde also festgesetzt, daß binnen vier Tagen ihm seine Braut, eine vornehme Dame aus der Gegend von Flandern, welche unlängst nach Neapel gekommen war, zugeführt werden sollte, während welcher Zeit große Feste und Bankette vorbereitet wurden.

Inzwischen empfand Filadora über die so lange Abwesenheit des Prinzen die größte Unruhe, und da auch sie von den Festen, von denen sich das Gerücht überallhin verbreitete, Wind bekam, so nahm sie eines Abends dem Hausknecht, welcher schon zu Bett gegangen war, die Kleider von seinem Lager, zog sich dieselben an, und statt derselben ihre eigenen zurücklassend, machte sie sich auf den Weg nach der Stadt und dem königlichen Palast, woselbst die Köche, welche während der Zeit der Festlichkeiten Hilfe bedurften, sie als Küchenjungen in Dienst nahmen. Als nun der Morgen des festgesetzten Tages erschienen war und die Sonne auf der Bank des Himmels den ihr von der Natur ausgefertigten, mit Licht besiegelten Gewerbschein zum Verkauf von Geheimmitteln für die Stärkung der Augen vorgewiesen hatte, langte auch die Braut unter Pauken- und Trompetenschall in dem Palast an, worauf alsobald das Festmahl angerichtet wurde und die Gäste sich zur Tafel setzten. Indem aber der Seneschall unter andern Speisen, welche zahllos herbeiströmten, auch eine große englische Pastete anschnitt, welche Filadora eigenhändig gemacht hatte, flog mit einemmal eine so schöne Taube aus derselben hervor, daß die Gäste zuzulangen vergaßen und voll Staunen das wunderniedliche Tier anschauten, welches den Bräutigam mit klagender Stimme also anredete: »Hast du denn Katzengehirn gegessen, o Prinz, daß du die Liebe zu Filadora so rasch vergessen hast? Sind dir die Dienste, die sie dir erzeigt, so schnell aus dem Gedächtnis entschwunden, Undankbarer? Vergiltst du so die Wohltaten, die du von ihr empfangen, Gefühlloser? Hat sie dich nicht aus den Krallen der Hexe befreit, dir dein Leben gerettet und sich selbst dir übergeben? Ist dies nun die Vergeltung, die du der Unglücklichen für die herzinnige Liebe, die sie für dich an den Tag gelegt, erweisest? Ja, sage nur immer, sie möge ihrer Wege gehen; sage nur immer, sie solle sich ihre Gedanken vergehen lassen! Wehe dem Weibe, die den Worten der Männer traut! Denn trotz ihrer Versprechungen beweisen sie nur Grausamkeit, Dienste vergelten sie durch Undankbarkeit und Wohltaten durch Vergessenheit. So hoffte auch die Unglückliche, als dein Weib mit dir unter einem Dache zu leben, jetzt aber sagst du: ›Ein Häuschen weiter‹; sie glaubte schon das Spiel gewonnen zu haben und sieht sich jetzt ›Bête‹ gemacht; sie dachte schon deine Hand zu besitzen und muß nun statt dessen mit einer langen Nase abziehen! Aber geh nur immer hin, vergiß deine Verpflichtungen, leugne deine Schuld, doch mögen die Verwünschungen, welche die Unglückliche aus tiefster Seele über dich ausgestoßen hat, dich in vollstem Maße treffen! Du wirst es dann innewerden, was es bedeutet, ein Lämmchen zu hintergehen, ein Mädchen zu betrügen, eine arme Unschuldige zu berücken, indem du ihr einen solchen Gaunerstreich spielst und ihr Andenken in den Schornstein des Gedächtnisses schreibst, während sie das deinige in das Fleisch ihres Herzens eingegraben hat; sie in den Staub trittst, während sie dich auf Händen trägt, und ihr deine Hinterseite zuwendest, während sie dir wie eine Magd dient! Wenn aber der Himmel nicht vom Star befallen ist, wenn die Götter sich nicht das Spundloch ihrer Ohren zugestopft haben, so müssen sie das Unrecht, das du getan, wohl sehen, und dann wird, wann du es am wenigsten vermutest, die Drohung und der Schlag, der Blitz und der Donner, das Fieber und der Durchfall zu gleicher Zeit kommen! Doch genug, laß es dir nur immer schmecken, schwelge nur immerzu, lebe dir einen guten Tag, mache dich nur mit deiner Braut lustig; denn die arme Filadora, am Hungertuch nagend, wird dir das Feld freilassen, damit du mit deiner jungen Frau in Hülle und Fülle und in Wonne und Freuden prassen kannst!« – Nachdem die Taube diese Worte gesprochen, flog sie zum Fenster so schnell hinaus, daß sie wie der Wind verschwunden war. Der Prinz aber blieb, als er diese Taubenpredigt vernahm, wie versteinert sitzen, bis er sich endlich erkundigte, woher die Pastete gekommen wäre, und von dem Seneschall erfuhr, daß ein Küchenjunge, den man in der dringenden Not angenommen, sie bereitet hätte. Alsobald mußte dieser vor dem Prinzen erscheinen, und kaum war Filadora vor denselben getreten, so warf sie sich ihm zu Füßen und rief unter einem Strom von Tränen nur die Worte aus: »Was habe ich verbrochen?« Der Prinz, welcher durch die Gewalt der Schönheit Filadoras und durch die Kraft der Verwünschung, die auf ihm ruhte, sich der Verpflichtung wieder erinnerte, die er angesichts seiner Geliebten vor dem Tribunal Amors eingegangen war, hob sie sogleich vom Boden auf, ließ sie neben sich niedersitzen und teilte dann seiner Mutter ausführlich mit, wie große Dankbarkeit er Filadora schuldete und was sie für ihn getan und was er ihr versprochen und wie sie alles Mitleid verdiente, so daß die Mutter, welche kein anderes Gut auf Erden hatte als ihren Sohn, zu ihm sprach: »Tu, was dir gut dünkt, wenn nur die Ehre dieser Jungfrau, die ich dir zur Gemahlin auserwählt, nicht darunter leidet und sie ihre Zustimmung nicht versagt.« »Seid unbesorgt«, sagte hierauf diese; »denn die Wahrheit zu sagen, wäre ich nur sehr ungern hiergeblieben; da diese Sache mir aber so ganz wie gerufen kommt, so will ich mit Verlaub nach meinem lieben Flandern zurückkehren und dort die Großväter derjenigen Gläser wieder aufsuchen, aus denen man in Neapel zu trinken pflegt, woselbst ich eine gehörige Lampe anzuzünden gedachte und darüber die Lampe meines Lebens fast verlöschen sah.« Voll der größten Freude bot ihr nun der Prinz ein Schiff und Begleitung an, ließ dann unverzüglich Filadora wie eine Prinzessin ankleiden und nach aufgehobener Tafel die Musikanten kommen, worauf der Tanz begann und ununterbrochen bis zum Abend fortdauerte. Als jedoch die Erde wegen des Leichenbegängnisses der Sonne sich ganz in Trauer gehüllt hatte und die Kerzen angezündet waren, hörte man plötzlich ein lautes Klingen, so daß der Prinz zur Mutter sagte: »Das wird wohl irgendeine hübsche Maskerade zur Ehre des Festes sein; meiner Treu, die neapolitanischen Kavaliere wissen sich zu benehmen und sehen, wenn es Not tut, das Geld nicht an!« Während nun alle in dieser Meinung erwarteten, was da kommen sollte, erschien mit einem Male mitten im Saal eine scheußliche Fratze, die keine drei Schuh hoch, aber dicker als ein Faß war und, vor den Prinzen hintretend, zu ihm sprach: »Wisse, Nard'Aniello, daß deine losen Streiche und dein schlechtes Benehmen über dich alle die Leiden gebracht haben, die du bisher erduldet. Ich aber bin der Geist jener alten Frau, welcher du den Topf zerbrachst, und die deswegen vor Hunger gestorben ist, daher verfluchte ich dich, daß du einer Hexe in die Klauen fallen möchtest, und meine Verwünschungen wurden erhört; durch die Macht dieser schönen Fee jedoch entkamst du aus jener Not und Gefahr, wogegen die Hexe über dich eine neue Verwünschung ausstieß, daß du bei dem ersten Kuß, den du empfingst, Filadora vergessen solltest; so daß sie auch wirklich deinem Gedächtnis entschwand, als deine Mutter dich küßte. Jetzt aber verwünsche ich dich von neuem, daß du immerdar die Bohnen, die du auf die Erde gesäet hast, vor Augen haben mögest, indem dir aus ihnen, wie aus denen des Johannisbrotes, Bockshörner emporwachsen!« So sprechend, verschwand die Gestalt wie Quecksilber, ohne auch nur die geringste Spur zu hinterlassen; die Fee aber, welche den Prinzen bei diesen Worten erblassen sah, sprach ihm Mut ein, indem sie zu ihm sagte: »Fürchte nichts, mein lieber Mann, das ist eitles Gerede, da ist nichts dahinter, und verlasse dich nur auf mich!« Nachdem sie dies gesagt und das Fest beendet war, ging sie mit ihrem Bräutigam zu Bett, und um dem über die neu versprochene Treue ausgestellten Instrument eine größere Kraft zu verleihen, stellte er noch ein Instrument aus, wobei zugleich die frühern Drangsale die gegenwärtigen Freuden noch mehr erhöhten und sie an dem Prüfstein der Erfahrung erkannten, wie wahr das Wort sei: »Vergangene Leiden würzen gegenwärtge Freuden.«

18

Zweiter Tag

Achtes Märchen

»DIE KÜCHENMAGD«

Lisa wird aus einem Rosenblatt geboren und stirbt durch die Verwünschung einer Fee; sie wird hierauf in ein Gemach gestellt, welches die Mutter ihrem Bruder zu öffnen verbietet; sein Weib aber, die aus Eifersucht sehen will, was in der Stube sei, findet Lisa lebendig, zieht ihr Sklavenkleider an und quält sie auf jede mögliche Weise, bis ihr Oheim sie wiedererkennt, seine Frau fortjagt und seine Nichte aufs beste verheiratet.

Der Prinz sagte: »Fürwahr, jeder Mensch muß sich benehmen, wie es ihm zukommt, der Herr als Herr, der Diener als Diener und der Büttel als Büttel; denn so wie ein Straßenbube, der sich wie ein Prinz betragen will, ausgelacht wird, ebenso verliert ein Prinz, der sich wie ein Straßenbube beträgt, in der allgemeinen Achtung.« Nachdem er dies gesagt, wandte er sich zu Paola und forderte sie auf, ihren Lauf zu beginnen, worauf diese sich erst räusperte und den Kopf kratzte und dann also begann:

Die Eifersucht ist, in Wahrheit zu sagen, ein gar schlimmes Gericht, ein Schwindel, der den Kopf drehen macht, ein Fieber, welches das Blut erhitzt, eine Zugluft, die den Leib erkältet, ein Durchfall, der viel Not macht, mit einem Worte eine Krankheit, die den Schlaf raubt, den Appetit benimmt, die Ruhe stört und das Leben verkürzt, eine stechende Schlange, ein nagender Wurm, eine vergiftende Galle, eine verzehrende Kälte, ein durchnässender Regen, ein Unruhstifter in den Liebesfreuden, ein Störenfried in der Liebeslust und ein beständiges Unwetter in dem Meer der Liebesseligkeit, indem nimmer etwas Gutes aus ihr entspringt, wie ihr dies selbst einräumen werdet, nachdem ihr die folgende Erzählung vernommen.

Es war einmal ein Baron von Dunkelwald, dessen noch jugendliche Schwester mit ihren Gespielinnen von gleichem Alter immer im Garten umherzuscherzen pflegte, und indem sie eines Tages eine aufgeblühte Rose fanden, kamen sie überein, daß, wer von ihnen über dieselbe wegspringen könnte, ohne sie irgendwie zu berühren, einen bestimmten Preis davontragen sollte. Während nun so die mutwilligen Mädchen darüber wegzuspringen suchten, stießen alle an, und keine machte es, wie sie sollte; nur Cilla, die Schwester des

Barons, welche ein wenig zurückging, nahm einen solchen Ansatz, daß sie gerade darüber wegkam, und da sie gleichwohl dabei ein Blatt herabstieß, war sie doch so rasch und gewandt, daß sie es unbemerkt von der Erde aufhob, es verschlang und so den Preis davontrug. Es waren aber noch keine drei Tage vergangen, so fühlte sie sich schwanger, worüber sie vor Schmerz fast vergangen wäre, indem sie ja wußte, daß sie sich mit niemand eingelassen noch irgendwo genascht hatte und sich daher gar nicht erklären konnte, wieso ihr der Leib sich rundete. Sie begab sich daher zu einigen ihr befreundeten Feen, welche zu ihr sagten, es unterläge gar keinem Zweifel, daß dies die Folgen des verschlungenen Rosenblattes wären. Cilla bemühte sich daher, ihre Leibesfülle soviel wie möglich zu verbergen, so daß sie, als die Stunde kam, wo sie ihre Bürde ablegen konnte, im geheimen ein hübsches Töchterlein gebar, welches sie Lisa nannte und sogleich zu den Feen sandte. Jede von diesen nun verlieh dem Mägdlein einen Zaubersegen, die letzte von ihnen jedoch, welche rasch herbeieilen wollte, um das Kind zu sehen, verrenkte sich unglücklicherweise den Fuß und stieß aus Schmerz hierüber die Verwünschung aus, daß, wenn Lisa einst in dem Alter von sieben Jahren von der Mutter gekämmt würde, diese ihr aus Vergeßlichkeit den Kamm im Haar steckenlassen und Lisa dadurch sterben sollte.

Sobald daher die bestimmte Zeit da war und sich alles, wie es bestimmt war, zugetragen hatte, so schloß die Mutter, welche über dieses Unglück in die tiefste

Verzweiflung geriet und in die bittersten Klagen ausbrach, endlich den Leichnam ihres Töchterleins in sieben Kristallkisten, setzte diese dann in das entfernteste Gemach des Schlosses und trug den Schlüssel zu demselben stets bei sich in der Tasche. Da ihr jedoch durch den Schmerz, den dieser Unfall ihr verursachte, das Leben bis auf die Hefen verronnen war, so ließ sie den Bruder zu sich kommen und sprach zu ihm: »Ich fühle, lieber Bruder, wie der Tod mich nach und nach mit seinem Haken zu sich zieht, und hinterlasse dir daher den ganzen Trödelkram, den ich besitze, so daß du nun fortan Herr und Besitzer desselben sein wirst. Nur bitte ich dich, mir zu versprechen, daß du das Zimmer, dessen Schlüssel ich dir hier übergebe, niemals öffnen, den Schlüssel selbst aber sorgfältig in deinem Schreibtisch aufheben mögest.« Der Bruder nun, der sie auf das herzlichste liebte, gab ihr das heiligste Versprechen, ihren Wunsch zu erfüllen, worauf sie alsbald sprach: »Lebe wohl, ich segle ab.«

Als sich jedoch ihr Bruder nach Verlauf eines Jahres verheiratet hatte und einst, zur Jagd eingeladen, seiner Frau beim Weggehen die Sorge fürs Haus empfahl, wobei er ihr insbesondere einschärfte, ja nicht das Gemach zu öffnen, zu welchem der Schlüssel in seinem Schreibtische läge, so hatte er kaum den Rücken gekehrt, als auch schon seine Frau, von Verdacht getrieben, von Eifersucht gestachelt und von Neugierde, der natürlichen Mitgift der Weiber, gereizt, den Schlüssel nahm, das Zimmer aufschloß und die Kisten öffnete, durch welche sie das Mägdlein durchscheinen sah.

Diese aber schien zu schlafen und war in der Zwischenzeit mitsamt den Kisten gewachsen, so daß die eifersüchtige Frau beim Anblick dieser schönen Jungfrau alsbald ausrief: »Bravo, meiner Treu! Von außen rein, von innen ein Schwein. – Das also war die Sorge, daß das Zimmer nicht geöffnet werde, damit man nicht den Götzen sehe, den er anbetet und in den Kisten so sorgfältig verwahrt.« So sprechend, packte sie das Mägdlein bei den Haaren und riß sie empor, dergestalt, daß der Kamm darüber zur Erde fiel und Lisa wieder zu sich kam, während sie ausrief: »Mutter, Mutter!« – »Warte nur«, versetzte die Baronin, »ich werde dich schon bemuttern und bevatern!« Und indem sie wütend wurde wie eine Mohrin, bissig wie eine Hündin, die geworfen hat, und giftig wie eine Schlange, schnitt sie ihr sogleich die Haare ab, prügelte sie auf ganz jämmerliche Weise, zog ihr zerlumpte Kleider an, überhäufte sie alle Tage mit Beulen auf dem Kopfe, mit blauen Flecken um die Augen und mit Striemen im Gesicht und schlug ihr den Mund so blutig, daß sie aussah, als hätte sie Kirschsuppe gegessen. Sobald aber der Mann nach Hause kam und sie das Mädchen so mißhandeln sah, fragte er sie, wer dies denn wäre, worauf seine Frau antwortete, es wäre eine Negersklavin, die ihre Base ihr geschickt hätte und deren Starrsinn sie durch Prügelfutter brechen müsse.

Es traf sich nun einmal, daß der Baron in die nächste Stadt zum Jahrmarkt ging und alle Bewohner des Hauses, ohne sogar die Katzen zu übergehen, fragte, was er jedem von ihnen mitbringen sollte, und indem sich der eine dies, der andere das gewünscht hatte, kam er zuletzt auch zu der Küchenmagd; seine Frau jedoch gebärdete sich wie unsinnig und rief aus: »Ja, nicht wahr, auch diese schwarze Vettel gehört mit dazu, sie ist so viel wie wir alle und wir sind nicht mehr als sie! Laß sie doch zu allen Teufeln aus dem Spiel und setze der garstigen Hexe nicht einen solchen Dünkel in den Kopf!« – Der Baron indes, welcher sehr gutmütig war, wollte durchaus, daß auch die Küchenmagd einen Wunsch aussprechen sollte, so daß sie endlich sagte: »Ich will nichts anderes als eine Puppe, ein Messer und ein Stück Bimsstein; wenn du dies aber vergißt, so wünsche ich, daß du über den ersten Fluß, den du unterwegs antriffst, nicht sollst wegkommen können.«

Nachdem nun der Baron alle Sachen außer denen, welche seine Nichte sich gewünscht, eingekauft hatte und an einen Fluß gelangt war, welcher Steine und Bäume vom Gebirge ins Meer trug, gleich als wenn dies daraus seine gewaltigen, wunderbaren Mauern auftürmen sollte, so war es dem Baron nicht möglich, denselben zu passieren. Er erinnerte sich daher der Verwünschung der Küchenmagd, kehrte um, kaufte richtig alles ein und teilte, zu Hause angelangt, die eingekauften Sachen unter die sämtlichen Hausbewohner aus. Sobald aber Lisa ihre Geschenke erhalten hatte, ging sie in die Küche, stellte die Puppe vor sich hin und fing an zu jammern und zu klagen, indem sie diesen zusammengeflickten Lappen die ganze Geschichte ihrer Leiden erzählte, als wenn sie zu einem lebendigen Menschen spräche. Als sie jedoch sah, daß sie ihr nicht antwortete, nahm sie das Messer und sagte, indem sie es an dem Bimsstein schliff: »Jetzt antwortest du mir gleich, wenn nicht, so durchbohre ich mich mit diesem Messer, und dann hat der ganze Spaß ein Ende«, worauf die Puppe, nach und nach wie ein Dudelsack anschwellend, endlich antwortete: »Nun denn, so sage ich dir, daß ich dich besser gehört habe als ein Tauber!«

Indem aber dieses Stück einige Tage so fortspielte und der Baron, dessen Ankleidezimmer dicht neben der Küche lag, wieder einmal diese Klagetöne vernahm, so guckte er durch das Schlüsselloch und sah, daß Lisa der Puppe erzählte, wie ihre Mutter über die Rose hinweggesprungen, das Blatt gegessen und darauf sie geboren hätte, wie sie selbst hierauf mit Zaubersegen begabt, von der Fee verwünscht, mit dem Kamm im Haar gelassen, von dem Totenschlaf ergriffen, in sieben Kisten geschlossen und in das Gemach gesetzt worden, wie hierauf die Mutter gestorben, der Schlüssel dem Bruder übergeben worden, dieser auf die Jagd gegangen und die Eifersucht der Frau erwacht, diese dann gegen den Befehl des Mannes in das Gemach, in welchem sie lag, getreten, ihr selbst das Haar abgeschnitten, sie wie eine Sklavin behandelt und mit noch tausend andern Qualen überhäuft worden wäre, und daß Lisa, indem sie so sprach und weinte, zu der Puppe sagte: »Antworte mir, Puppe, wenn nicht, so töte ich mich mit diesem Messer«, wobei sie das Messer schliff und sich schon durchbohren wollte, als der Baron mit einem Fußstoß die Tür sprengte, ihr das Messer aus der Hand riß und sie, nachdem er die Geschichte umständlicher vernommen und die Jungfrau als seine Nichte umarmt hatte, aus dem Hause zu einer seiner Verwandten brachte, damit sie sich bei derselben ein wenig erholen sollte, denn durch die grausame Behandlung jenes Medeenherzens war sie gar sehr abgekommen.

Als nun Lisa nach einigen Monaten wieder anfing, wie eine Göttin auszusehen, ließ er sie eines Tages in sein Haus kommen, indem er sagte, sie wäre eine Nichte von ihm, veranstaltete alsdann ein großes Gastmahl und hieß nach aufgehobener Tafel Lisa ihre ganze Leidensgeschichte, und wie grausam sie von seiner Frau behandelt worden, erzählen, so daß alle Gäste darüber in Tränen ausbrachen, worauf er seine Frau aus dem Hause jagte und sie zu ihrem Vater zurückschickte, seiner Nichte aber einen Mann gab, der ganz nach dem Wunsch ihres Herzens war, so daß sie deutlich erkannte:

»Ist die Not am größten, ist die Hilf am nächsten.«

19

Zweiter Tag

Neuntes Märchen

»DAS HÄNGESCHLOSS«

Lucia holt Wasser an einem Brunnen und trifft dort einen Mohrensklaven, der sie in einen sehr schönen Palast bringt, wo sie wie eine Königin behandelt wird. Da die neidischen Schwestern ihr nun raten, sie solle doch zusehen, wer des Nachts bei ihr schlafe, so findet sie einen schönen Jüngling, welcher ihr jedoch seine Liebe entzieht und sie fortjagt. Sie irrt hierauf einige Jahre lang verloren und verlassen und hochschwanger umher und langt zuletzt in dem Hause des Geliebten an, wo sie einen Sohn gebiert, nach verschiedenen Vorfällen sich mit jenem versöhnt und seine Frau wird.

Die von der armen Lisa erduldeten Drangsale bewegten das Herz aller zu dem tiefsten Mitleid, und mehreren sogar standen die Augen voll Tränen; denn nichts erregt das Mitgefühl so sehr, als jemand unschuldig leiden zu sehen. Da nun aber jetzt die Reihe an Ciommetella war, den Faden weiter fortzuspinnen, begann sie also:

Der Rat der Mißgunst ist stets der Vater großen Unglückes gewesen, denn unter der Maske des Guten verbirgt er das Angesicht des Verderbens und derjenige, welcher das Glück am Schopf hat, kann sich überzeugt halten, daß immer hundert andere bereit sind, ihm Schlingen vor die Füße zu legen und ihn fallen zu machen, wie dies auch ein Mägdlein erfuhr, welches durch den bösen Rat ihrer Schwestern von der Leiter des Glückes hinabstürzte, so daß nur die Barmherzigkeit des Himmels es hinderte, daß sie sich nicht das Genick brach.

Es war einmal eine Mutter mit drei Töchtern, welche wegen der großen Armut, die in ihrem Hause dermaßen Fuß gefaßt, daß sich darin wie in einer Kloake der Schmutz des Unglücks hoch aufgehäuft hatte, ihre Kinder, um nur ihr Leben zu fristen, betteln schickte. Indem sie nun so eines Morgens einige von dem Koch eines vornehmen Herrn fortgeworfene Kohlblätter auf der Straße fanden und die Mutter sie zu Hause kochen wollte, sagte diese zu jeder von den Töchtern, daß sie dazu etwas Wasser von dem Brunnen holen sollten; jedoch machten sie alle schiefe Gesichter, und keine wollte recht daran, so daß die arme Mutter endlich sprach: »Was du willst, daß getan werde, tue selbst«, und schon im Begriff war, mit dem Kruge zum Brunnen zu gehen, obwohl sie wegen des Alters kaum die Beine vom Flecke bringen konnte; allein Lucia, die jüngste von den Töchtern, sagte darauf: »Gib her, liebe Mutter; denn wenn ich auch nicht stark genug bin, so will ich dir doch diese Mühe abnehmen«, nahm dann den Krug und ging zur Stadt hinaus an den Brunnen, welcher eben den aus Furcht vor der Nacht erschrokkenen Blumen Wasser ins Gesicht spritzte. Hier nun traf sie einen hübschen Mohrensklaven, welcher zu ihr sagte: »Mein schönes Kind, wenn du mit mir in eine nicht weit entfernte Grotte kommen willst, so will ich dir gar viele hübsche Sachen geben«; worauf Luciella, welche sehr freundlich und dienstfertig war, antwortete: »Laß mich erst diesen Krug Wasser meiner Mutter bringen, die auf mich wartet; dann komme ich gleich wieder.« Nachdem sie so das Wasser nach Hause getragen, kehrte sie unter dem Vorwand, noch einige Kohlstrünke zu suchen, zu dem Brunnen zurück und, von dem Sklaven, der sie noch erwartete, geführt, gelangte sie durch eine mit Venushaar und Efeu ausgeschmückte Grotte von Tuffstein in einen unterirdischen, sehr schönen und ganz von Gold blitzenden Palast, woselbst ihr sogleich eine herrliche Tafel hergerichtet wurde, während inzwischen zwei sehr schöne und junge Zofen erschienen, die ihr die wenigen Lumpen, die sie trug, auszogen, sie dafür auf das prächtigste schmückten und dann nach beendetem Mahl in ein ganz mit Gold und Perlen gesticktes Bett brachten, in welches, nachdem die Lichter ausgelöscht waren, sich auch noch jemand legte; und dies dauerte so einige

Tage fort. Endlich jedoch wünschte Lucia ihre Mutter wiederzusehen und sagte dies dem Mohren, welcher in ein Zimmer trat, dort mit jemand sprach und dann mit einem großen Beutel voll Goldstücken zurückkam, den er ihr für ihre Mutter einhändigte, auch solle sie den Weg nicht vergessen, vielmehr recht bald wiederkehren, aber auch zu Hause nicht sagen, wo sie die Zeit über gewesen. Als Lucia nun bei den Ihrigen anlangte und diese sie so schön gekleidet und reich beschenkt sahen, wären sie vor Neid beinahe geborsten, so daß, als sie wieder zurückkehrte, ihre Mutter und Schwestern sie begleiten wollten; sie lehnte jedoch ihre Gesellschaft ab und gelangte wieder durch die nämliche Grotte in denselben Palast, in welchem sie sich aufs neue einige Monate aufhielt, bis sie dasselbe Verlangen empfand und mit denselben Worten und denselben Geschenken entlassen wurde wie früher.

Nachdem sie dies aber drei- oder viermal wiederholt hatte, so daß ihre Vetteln von Schwestern sich vor Neid fast verzehrten, schnüffelten diese häßlichen Harpyien so lange umher, bis sie durch eine Hexe alles, was mit ihrer Schwester vorging, erfuhren und daher, als diese wieder einmal zu ihnen kam, zu ihr sagten: »Wenngleich du uns nichts von der Beschaffenheit deiner Freuden mitgeteilt hast, so mußt du doch wissen, daß uns alles genau bekannt ist, daß nämlich du alle Nacht einen Schlaftrunk erhältst und nicht wahrnehmen kannst, daß ein sehr schöner Jüngling bei dir schläft. Du wirst jedoch dein Glück nie vollkommen genießen, wenn du dich nicht entschließest, den Rat derer, die dir wohlwollen, zu befolgen; du bist ja doch unser Fleisch und Blut, und wir wünschen nur dein Vergnügen und deinen Nutzen. Wenn du daher des Abends schlafen gehst und der Mohr mit dem Schlaftrunk kommt, so sage zu ihm, daß er dir ein Handtuch bringe, um dir den Mund abzutrocknen, und gieße inzwischen geschickt den Wein aus dem Glase, damit du des Nachts wach bleiben kannst, und wenn du dann deinen Mann eingeschlafen siehst, so öffne dieses Hängeschloß, welches wider seinen Willen den Zauber zerstören und dein Glück bis auf den Gipfel emporheben wird.«

Die arme Luciella, welche nicht wußte, daß sich unter diesem Sattel von Samt das Widerrist, unter diesen Blumen eine Schlange und in diesem goldenen Becher Gift befand, glaubte den Worten der Schwestern und tat, als sie in den Palast zurückgekehrt und die Nacht erschienen war, ganz so wie sie jene Schandpfähle geheißen hatten, worauf sie, sobald alles ruhig und still war, mit dem Feuerzeug ein Licht anzündete und neben sich die Blume der Schönheit, einen Jüngling von lauter Lilien und Schnee erblickte. Indem sie nun diese Herrlichkeit anschaute, sagte sie: »Meiner Treu, du sollst mir nicht mehr aus den Händen entkommen«, öffnete daher das Schloß und sah alsbald einige Weibchen herauskommen, welche auf ihren Köpfen viel hübschen gesponnenen Flachs trugen; da nun einer von ihnen eine Strähne herabfiel, rief Luciella, welche ein Muster von Gutmütigkeit, zugleich aber auch uneingedenk des Ortes war, an welchem sie sich befand, mit lauter Stimme jener zu: »Hebet das Garn auf, Jungfer!«, bei welchem Geschrei der Jüngling erwachte und dermaßen zornig darüber wurde, daß Luciella ihn überlistet hatte, daß er sogleich den Mohren rief, ihr die frühern Lumpen wieder anziehen und sie aus dem Palast führen ließ, so daß sie mit der Farbe eines eben aus dem Spital Entlassenen zu den Schwestern zurückkehrte, welche sie jedoch mit schlimmen Worten und noch schlimmern Taten fortjagten.

Die Ärmste fing daher an, in der Welt umherzubetteln, bis sie unter tausendfachen Drangsalen hochschwanger nach einer Stadt namens Langenturm kam und in dem Palast des Königs um eine Zufluchtsstätte flehte, wäre es auch nur auf einem bißchen Stroh; so daß sie auch wirklich von einer gutmütigen Hofdame aufgenommen wurde. Als aber die Stunde da war, wo sie ihre Leibesbürde ablegen sollte, gebar sie einen wunderschönen Knaben, ein wahres Goldpüppchen, und in der ersten Nacht, da er geboren wurde, trat ein schöner Jüngling in das Zimmer und sprach: »Oh! schönstes Söhnchen mein, du beste meiner Freuden, wenn's meine Mutter wüßt, sie würd an dir sich weiden; hüllt dich in Gold, wüsch dich in Gold, wie wärst du zu beneiden; und krähten keine Hähne mehr, nie würd von dir ich scheiden!« Nach welchen Worten er bei dem ersten Krähen des Hahnes wie Quecksilber verschwand. Indem nun die Hofdame, welche dies mitangesehen hatte, den Jüngling alle Nacht wiederkehren sowie dieselben Worte wiederholen hörte, so sagte sie es endlich der Königin, welche, sobald die Sonne gleich einem Arzt alle Sterne aus dem Hospital des Himmels entlassen hatte, den grausamen Befehl ergehen ließ, alle Hähne jener Stadt zu töten und auf diese Weise alle Hennen in einem Augenblick zu verlassenen Witwen zu machen. Als hierauf der Jüngling in der folgenden Nacht wiederkam, erkannte die Königin, welche auf der Lauer lag und die Ohren gewaltig spitzte, ihren eigenen Sohn und umarmte ihn auf das herzlichste, so daß die von einer Hexe dem Prinzen angetane Verwünschung, die darin bestand, daß er fern von seinem Vaterhause umherirren sollte, bis er von seiner Mutter umarmt worden wäre und kein Hahn mehr krähe, in dem Augenblick, wo er sich in den Armen seiner Mutter befand, gelöst und sein Drangsal beendet war. So hatte nun die Mutter einen Enkel und Lucia einen Gemahl, wie sie ihn nur wünschen konnte, bekommen; den Schwestern aber, welche bei der Nachricht von dem jener widerfahrenen Glück so unverschämt waren, sie zu besuchen, wurde Gleiches mit Gleichem vergolten und ihnen in derselben Münze bezahlt, so daß sie zu ihrem großen Schaden erkannten:

»Mißgunst bestraft sich selbst.«

20

Zweiter Tag

Zehntes Märchen

»DER GEVATTER«

Der gichtbrüchige Cola Jacovo hat einen spitzbübischen Gevatter, der ihn ganz aussaugt; indem er ihn nun nicht durch List loswerden kann, so nimmt er sich am Ende das Blatt vom Munde und jagt ihn mit bösen Worten aus dem Hause.

Schön war das Märchen, und auf anmutige Weise wurde es erzählt, so daß vielerlei Dinge dazu beitrugen, daß es gefiel und man es mit Aufmerksamkeit vernahm; da aber jeder Augenblick Unterbrechung, welcher eintrat, die Sklavin auf die Folter spannte und sie heftig peinigte, so drang man in Ghiacova, Hand ans

Werk zu legen; daher diese, um das Verlangen der Zuhörer zu stillen, das Faß ihrer Schnurren und Schnacken anzapfte und also begann:

Die Unverschämtheit, meine Herren und Damen, bringt es stets so weit, daß dem Kaufmann des Verstandes die Elle aus der Hand fällt, dem Baumeister der Bildung der Zirkel falsch geht sowie dem Steuermann der Vernunft der Kompaß zerbrochen wird, und indem sie in dem Erdreich der Unwissenheit ihre Wurzeln schlägt, bringt sie keine andere Frucht hervor als Scham und Schande, wie man dies ja alle Tage sieht; besonders deutlich aber zeigte es sich einst bei einem gewissen, unverschämten Gevatter, wie ich gleich erzählen werde.

Es lebte einmal zu Pomegliano ein gewisser Cola Jacovo, der Mann der Masella Cerneccchia von Resina, ein von Krankheit geplagter, aber steinreicher Mann, der selbst nicht wußte, was er besaß, so daß er die Schweine frei herumlaufen ließ und es ihm niemals an Stroh mangelte. Obwohl er nun aber weder Kind noch Kegel hatte und das Geld mit Scheffeln maß, war er doch so knickerig, daß, man mochte ihn drehen wie man wollte, man ihm dennoch nie auch nur einen roten Heller aus der Tasche lockte; dabei führte er nicht minder für seine eigene Person ein so kärgliches Leben, daß er aussah wie ein abgemagerter Hund, und alles dies, um nur ja recht viel beiseite zu legen und zu sparen. Es kam jedoch jedesmal, wenn er sich zu Tisch setzte, zu seinem großen Ärger und Verdruß, ein vertrackter Gevatter zu ihm ins Haus, der ihm keinen Schritt vom

Leibe ging und der, als wenn er die Glocke im Leibe und die Uhr in den Zähnen hätte, sich immer gerade zur Eßzeit einstellte, zu schwatzen begann und mit grenzenloser Unverschämtheit sich wie eine Klette an ihn hing, dergestalt, daß er ihn auf keine Weise loswerden konnte; und so lange zählte er ihnen die Bissen in den Mund, tischte so lange Späße und Schnurren auf, bis man zu ihm sagte: »Wenn's gefällig ist«, worauf er, ohne sich lange nötigen zu lassen, sich zwischen Cola Jacovo und seine Frau drängte und dann, als wenn er vor Hunger und Gier dem Tode nah, seine Eßlust wie ein Rasiermesser scharf geschliffen und er angehetzt wie ein Jagdhund wäre, ja, als hätte er einen Wolf im Leibe, und mit der geflügelten Schnelligkeit eines vom Gehöft fortgejagten Fuchses sogleich begann, die Hände zu rühren wie ein Pfeifer, die Augen umherzuwerfen wie eine wilde Katze und die Zähne in Tätigkeit zu setzen wie einen Mühlstein, wobei er Kaltes und Warmes hinunterschlang und ein Bissen nicht den andern erwartete. Wenn er sich nun die Backen gehörig gefüllt, den Wanst angestopft, seinen Bauch einer Trommel ähnlich gemacht, die Schüsseln bis auf den Boden geleert und alles rein gefegt hatte, ergriff er einen Krug, saugte, trank, leerte, zechte und soff ihn in einem Zug bis auf den Grund aus und ging dann ohne auch nur: »Adieu« zu sagen seiner Wege, indem er Cola Jacovo und Masella mit einem langen Gesichte sitzen ließ. Da diese nun die Unverschämtheit des Gevatters sahen, der, wie wenn es in einen aufgetrennten Sack ginge, aß und fraß, schluckte und schlang, ausleerte, abräumte, einhieb, einlud, einwamste, einpackte, fortbrachte, verschwinden machte, vernichtete, zerstörte und verheerte dermaßen, daß nichts auf dem Tische blieb, so wußten sie nicht, wie sie sich diesen Blutegel, dieses Zugpflaster, dieses Hosenverunreinigungsmittel, diese Purganz, diese unverschämte Fliege, diese Filzlaus, diesen Folterstrick, dieses Überbein, diesen schweren Mietzins, diese immerwährende Abgabe, diesen Polyp, diesen Igel, diese Bürde, diesen Kopfschmerz vom Halse schaffen sollten, und nimmer wurde es ihnen so gut, daß sie einmal unbelästigt und ohne diese beschwerliche Zugabe, ohne diese endlose Beschwerde essen konnten, bis eines Tages Cola Jacovo erfuhr, daß der Gevatter sich an einen Beamten, der die Stadt verließ, gehängt hatte und daher ausrief: »Gelobt sei der Himmel, daß wir endlich einmal nach hundert Jahren das Glück haben, ohne diesen Henkerknecht die Zähne rühren, die Backen in Trab bringen und einen Bissen unter die Nase stecken zu können; darum will ich mich einmal lustig machen und etwas draufgehen lassen, da man in dieser elenden Welt ja doch nur das genießt, was man durch die Gurgel jagt. Drum zünde rasch ein Feuer an, liebe Frau; denn da wir jetzt gerade freies Spiel haben und nach Herzenslust essen können, so will ich mir irgend etwas Leckeres, irgendeinen delikaten Bissen zuguttun.« Indem er dies sagte, lief er fort, um einen schönen Teichaal, ein Maß feines Weizenmehl und eine Flasche vom besten Wein einzukaufen, worauf er, nach Hause zurückgekehrt, während seine Frau voll geschäftiger Eile einen schönen Kuchen backte, den Aal selbst briet und sich dann, als alles fertig war, mit Masella zu Tisch setzte. Kaum aber hatten sie sich niedergelassen, so klopfte jemand an die Tür, und als Masella ans Fenster trat und den verwünschten Gevatter, den Störenfried ihrer behaglichen Ruhe erblickte, sagte sie zu ihrem Manne: »Niemals, mein lieber Jacovo, kauft man doch ein Pfund Fleisch in dem Scharren der menschlichen Freuden ohne die Knochenbeilage des Verdrusses; man schläft nie auf dem reinen Laken der Zufriedenheit ohne irgendeine Wanze des Ärgers; man trocknet niemals die Wäsche des Genusses ohne den Regen der Unannehmlichkeiten; so ist auch jetzt dieser bittere Bissen uns in die Schüssel gefallen, dieses Dreckessen uns in der Kehle steckengeblieben«; worauf Cola Jacovo alsbald erwiderte: »Verstecke rasch die Sachen, die auf dem Tisch stehen, hebe sie auf, nimm sie fort, schaffe sie weg, damit er sie nicht sieht, und dann öffne die Tür; denn wenn er das Nest leer findet, so wird er vielleicht klug genug sein, bald wieder fortzugehen und uns die paar Bissen Elend aufessen zu lassen.« Während nun der Gevatter die Sturmglocke läutete und Alarm schlug, schob sie den Aal in einen Schrank, die Flasche unter das Bett und den Kuchen zwischen die Kissen. Cola Jacovo aber kroch unter den Tisch und guckte durch ein Loch der Decke, welche bis auf die Erde hinabhing, unter demselben hervor. Der Gevatter hatte jedoch durch das Schlüsselloch alles, was in der Stube vorging, gesehen. Er trat daher, sobald geöffnet wurde, mit angenommener Furcht und Bestürzung hinein und sprach, als Masella ihn fragte, was ihm wäre, folgendermaßen: »Während du mich durch dein langes Zaudern und Trödeln fast um alle Geduld brachtest und ich wie auf glühenden Kohlen stand, indem ich dich erwartete wie eine warme Semmel, damit du mir aufmachen solltest, kroch mir zwischen die Füße eine Schlange, die so furchtbar groß und häßlich war, daß mir noch die Haut schaudert; stelle dir vor, sie war so groß wie der Aal, den du in den Schrank gesetzt hast. Da ich mich nun so in einer so bösen und gefährlichen Lage sah und vor Furcht zitterte, vor Angst bebte und vor Schreck klapperte, hob ich einen Stein auf, der ungefähr so groß war wie die Flasche unter dem Bette, warf ihn der Schlange an den Kopf und machte so einen Kuchen wie der dort zwischen den Kissen; wobei das Untier im Sterben mich anstierte wie der Gevatter da unter dem Tische, so daß mir vor Schreck und Entsetzen alles Blut erstarrt ist.« Bei diesen Worten konnte Cola Jacovo sich nicht länger halten, denn diese Dosis dünkte ihm doch zu stark; er steckte daher den Kopf unter der Decke hervor wie ein Hanswurst, der sich auf der Bühne zeigt, und sprach also zu dem Gevatter: »Wenn die Sachen so stehen, dann hört alles auf! Jetzt habe ich es dick, jetzt komm mir nicht wieder so, jetzt bleibe mir ja vom Leibe! Wenn du etwas zu fordern hast, so verklage mich; wenn ich dir ein Unrecht getan habe, so mache einen Prozeß anhängig; wenn du dich beleidigt glaubst, so vergelte mir Gleiches mit Gleichem; wenn ich dir zu nahegetreten bin, so mache es ebenso, und wenn du dich revanchieren willst, so blase mir den Hobel aus oder tue sonst noch was! – Was für ein Benehmen, welch eine Art und Weise ist denn das von dir? Es scheint wahrhaftig, du hast alle Scham vergessen und willst dir das unsrige mit Gewalt aneignen; du hättest mit dem Finger zufrieden sein und nicht die ganze Hand nehmen sollen; denn jetzt sieht es wirklich schon aus, als ob du uns durch dein unausstehliches Betragen aus dem Hause jagen wolltest! Freilich sagt man: ›Schamlos tut, was er will‹, aber auch: ›Wer selbst nicht klug ist, wird klug gemacht‹, und wenn es dir an Mitteln dazu fehlt, so haben wir Knittel und Knüppel genug; kurzum du weißt ja, daß man sagt: ›Auf einen groben Klotz gehört ein grober Keil‹ und ›Jeder Hahn bleibe auf seinem Mist‹, darum lasse uns ungeschoren. Denn wenn du etwa glaubst, von heute ab das alte Lied fortsetzen zu können, so läufst du dir deine Füße vergeblich ab, du bringst nichts zuwege, verlierst nur Hopfen und Malz und bist am Ende, wo du am Anfang gewesen bist; wenn du dir einbildest, immer so bei mir im Warmen zu sitzen wie bisher, so irrst du dich gar sehr, du hast deinen Teil dahin, mit dir ist es vorbei und du mußt dir diese Gedanken schon vergehen lassen; wenn du denkst, mein Haus ist ein offenes Wirtshaus für deinen unersättlichen Hals, damit er soviel zechen und schlucken kann, als er will, so entschlage dich dieser Hoffnung, laß fahren diesen Irrtum, deine ganze Mühe ist verloren, es ist alles anders und keine Hoffnung mehr vorhanden; doch ist es deine eigene Schuld; du hattest einen Tölpel gefunden, den du wie eine Taube rupftest, hattest einen Esel angetroffen, dem du die Augen auswischtest und lebtest mit einem Wort wie im Schlaraffenland; jetzt aber geh deiner Wege, wir sind geschiedene Leute, dieses Haus ist für dich nicht mehr vorhanden, wir haben nichts mehr miteinander zu schaffen; denn du bist ein Schmarotzer, ein Brotvernichter, ein Tafeldieb, ein Küchenleerer, ein Topfausräumer, ein Tellerlecker, ein Nimmersatt, eine Kloake, der du eine wahre Freßsucht, einen wahren Heißhunger, einen Wolf und einen bodenlosen Abgrund im Leibe hast, der du einen Esel verschlucken, ein Schiff verschlingen und einen Bären verputzen könntest, den heiligen Gral nicht verschonen würdest, dem weder Tiber noch Po genügen und der sich selbst auffressen möchte; gehe nur dem nach, was dir zukommt, gehe Kloaken ausräumen, Lumpen auf den Kehrichthaufen aufklauben, Nägel in den Rinnsteinen suchen, Wachs bei Begräbnissen aufsammeln und Abtritte ausfegen; meinem Hause aber komme ja nicht wieder nahe; denn jeder hat seine eigenen Leiden, jeder hat mit sich selbst zu schaffen, und jeder weiß am besten, wo ihn sein Schuh drückt. Auch brauchen wir deine lahmen Witze, deine hinkenden Geschichtchen, deine abgedroschenen Späße gar nicht länger; und wollen durchaus nichts mehr von dir wissen; darum mußt du nun schon einmal diesen Bissen fahren lassen. Du lockerer Vogel, du Tagedieb, du Bärenhäuter, du Faulpelz, arbeite lieber, lerne ein Handwerk und suche dir einen Meister!« Als der arme Gevatter diesen unaufhaltsamen Wortstrom, dieses Aufplatzen des Geschwüres, diese Krempelei ohne Krempel empfand, so zitterte und bebte er wie ein auf der Tat ertappter Dieb, wie ein verirrter Wanderer, wie ein verunglückter Schiffer, wie eine Hure, die ihren Kunden verloren, und wie ein Kind, das sich verunreinigt hat, und ohne daß er wagte, den Mund aufzutun, schlich er sich davon mit gesenktem Kopf, mit dem Kinn auf der Brust, mit Tränen in den Augen, mit tropfender Nase, mit klappernden Zähnen, mit leeren Händen, mit beklommenem Herzen, wie ein abgebrühter Pudel still und stumm, ohne auch nur zu mucksen oder sich umzudrehen, indem ihm das bewährte Sprichwort einfiel:

»Ungeladene Gäste setzt man unter den Tisch.«

So heftig lachten die Zuhörer über die Bezahlung des unverschämten Gevatters, bis daß die Sonne wegen ihrer zu großen Verschwendung an Licht bankrott geworden war und, den Schlüssel von Gold unter die Schwelle legend, sich aus dem Staub gemacht hatte; bald nachher aber traten Cola, Ambruoso und Marchionno auf, in gemslederne Hosen und Kittel von gemustertem Sarsch gekleidet, und nachdem sie um günstiges Gehör gebeten, begannen sie die zweite ländliche Szene aufzuführen, welche sie zu derselben Zeit beendeten, als die Sonne den Tag beschloß, worauf die Anwesenden, nachdem ihnen angedeutet worden, den nächsten Morgen mit einem neuen Vorrat von Erzählungen wiederzukommen, satt von Worten und voll Appetit nach Hause zurückkehrten.

Ende des zweiten Tages

Anmerkungen

ZWEITER TAG

Seite 10: *Öffnet, öffnet die Türen etc.*

Dies letztgenannte Spiel haben wir bereits erklärt. Dies bei all den hier im Text genannten Spielen zu tun, würde vielleicht zu weit führen, auch wenn wir es vermöchten; jedoch können wir dies nur bei einigen, so z. B. ist Covalera unser Versteckspiel. In der Vajass. I, 25 heißt es:

»Vienela, viene, disse la mogliera.
Come si fuosse juoco a covalera.
(Nanu, nanu! rief unter ihren Decken
Die Frau hervor, als spielten sie Verstecken,)

wozu die Anmerkung sagt: »Es wird eingezählt (juocano a lo tuocco), wer suchen soll; dieser muß schwören, daß er nicht sehen will, wo die andern sich verstecken (accovano); ist dies geschehen, so rufen sie aus: vienela, viene, d. i. jetzt komm (oder wie unsere Kinder rufen: Nanu, nanu, d. i. jetzt, jetzt). Der Suchende muß dann, wenn er einen andern findet, diesen fest umfassen und rufen: auciello auciello (Vogel, Vogel), worauf der Gefundene an der Reihe des Suchens ist.« Für Vienela, vienela (in unserer Übersetzung: Komm her, komm her) ist wahrscheinlich zu lesen Bienola, vienola, denn Cortese führt in dem von uns in den Bemerkungen erwähnten Brief an Messer Uneco, wo fast alle die hier genannten Spiele und noch viele andere aufgezählt werden, auch ein Spiel »Bienola, vienola cucci pannella« an. – Das hier genannte Spiel Agnelo ist wahrscheinlich der von Cortese in dem angeführten Briefe und ausführlicher in Ciullo e Perna I. II. p. 143 erwähnte Rundtanz, bei welchem man sang:

A la rota, a la rota
Mastr' Angelo ce joca,
Nce joca la Zita
E Madama Margarita.

(Ringsherum, rings herum,
Meister Engel, spielet mit,
Mit spielt die junge Frau auch,
Und auch Frau Margarethe.)

Die folgenden Verse fehlen jedoch, wie Galiani (Del Dial. Nap. p. 115) bemerkt, der Gesang scheint ihm aber sehr alt und aus den Zeiten des Königs Carl III. von Durazzo († 1386) und der Königin Margaretha von Anjou zu stammen. – Lade das Faß ab (scarrecá varile) ist ein dem englischen leap–frog ähnliches Spiel, nur springt der eine nicht über den andern, sondern auf dessen Rücken. – Im Tragespiel (Mammara a oder e Nocella) fassen sich (nach der Anmerkung zur Vajass. 2, 1) zwei an den Händen und bilden eine Art Sitz, auf den sich dann der Dritte setzt, worauf er von den andern beiden umhergetragen wird, während sie das folgende (wie viele dergleichen Liedchen) sinnlose Verschen singen:

A mammara e nocella
No sacco de pedetella
Tanta ne fece mammata
Che roppe la cundara.
(Mammara und Nocella,
Ein ganzer Sack voll Winden,
So viele ließ ja deine Mutter,
Daß der Kessel platzte).

usw. usw.

Seite 19: *Verdeprato*

d. h. Grünwiese. Diese Überschrift ist ohne allen Bezug auf das Märchen selbst.

Seite 24: *Mesué*

Es hat zwei berühmte Ärzte dieses Namens gegeben; der ältere, Leibarzt des Kalifen Harun al Raschid, starb zu Bagdad um die Mitte des 9. Jhs.; der jüngere hingegen lebte im 11. Jh. zu Cahira. Beide haben mehrere medizinische Schriften in arabischer Sprache hinterlassen.

Seite 25: *Affen mit Schwänzen*

werden mehrere Male als etwas Unerhörtes angeführt; so heißt es im 34. Märchen: »Aber warte nur immer zu; du wirst das Garn gesponnen finden, wenn die Leber Haare und die Affen Schwänze haben«, welches wir dort »am Nimmermehrstag« übersetzt haben und zu Anfang des 43. Märchens heißt es von der Kaufmannstochter, die durchaus nicht heiraten mag, daß sie wie ein Affe unter den Frauen, odiova la coda, welches wir bloß übersetzt haben, daß sie unter den Frauen der Affe sein wollte. Im 44. Märchen ruft die Hexe voll Zorn: »Ich will an einem Affenschwanz geschleift werden, wenn ich sie nicht einmal ankriege usw.«, wo sie eigentlich rufen mußte: »an einem Pferdeschwanz« (häufige Strafe schwerer Verbrechen), aber dafür gleichsam euphemistisch das sprichwörtlich unmögliche »Affenschwanz« setzt; daher wir auch übersetzt haben: »Hol mich Dieser und Jener.« – Geschwänzte Affen (Meerkatzen) werden übrigens im 38. Märchen erwähnt.

Seite 34: *Stuten in Spanien usw.* S. Plin. H. N. 8, 42 (67).

(Vgl. aber auch Vergil, Bucolica III, 275 und Tasso, Gerusalemme Liberata VII, 76, dessen Quelle wohl des Vaters Bernardo Amadigi [Canto XIX] war.)

Seite 37: *Wurmkraut*

Im Orig. sementella, nach dem Vocab. ein am Meeresufer wachsendes Kraut (erbetta marina), das man für ein kräftiges Mittel gegen die Würmer hält, welche nach dem Volksglauben der Neapolitaner durch große Furcht in den Eingeweiden der Menschen entstehen. Daher bedeutet auch vermenara »große Furcht«.

Seite 41: *Vor Hunger gähne*

Darauf folgt im Orig. noch: »und Kreuze schlage«, welches synonym mit Gähnen ist, da, wie das Vocab. s. v. Aleffe bemerkt, Gähnende sich ein Kreuz über den Mund zu machen pflegen, aus Furcht, daß ihnen während dieses Augenblicks die bösen Geister durch denselben in den Leib fahren, welches man durch das Kreuz zu hindern meint.

Ohne Licht schlafen gegangen bin

Diese Redensart wird von Basile oft zur Bezeichnung größter Armut und Unbehaglichkeit gebraucht.

Seite 42: *Gagliuso*

ist bisher Pippo (Abkürzung für Gioseppo) genannt worden.

Seite 46: *Wirf sie zum Fenster hinaus*

Die Katze liegt aber, wie kurz vorher gesagt ist, im Garten.

Seite 50: *Zwischen meinen Knien hervorgegangen*

d. i. von mir geboren worden; eine sehr gewöhnliche Redeweise im Neapolitanischen, vgl. Ilias 19, 110.

Seite 56: *Karneval*

während dessen man häufig die Vorübergehenden mit wohlriechenden Wassern bespritzt, Zuckerwerk auswirft usw.

Seite 59: *Großer Bogen schwarzer Pappendeckel usw.*

Anspielung auf die Gewohnheit der armen Leute, das von den Kerzen bei öffentlichen Feierlichkeiten, namentlich Leichenbegängnissen, in den Kirchen usw. abtropfende Wachs durch untergebreiteten Pappendeckel aufzufangen und zu sammeln.

Seite 64: *Das Lebenslicht in der Auktion der Jahre ausging*

Es ist Sitte in Neapel (auch in Frankreich und Spanien), bei Auktionen ein Licht anzuzünden, nach dessen Abbrennen kein weiteres Gebot angenommen wird; so heißt es in der Egroga III. (Talia):

E comme si tu avisse
La cannela allumata
A lo plus offerente, ecc.

daher auch die Redensart: vendere a lume di candela für »verauktionieren«; und im Spanischen acabarse la candela von der zu Ende gehenden Auktion.

Seite 66: *Form zerbrach.* Ariost, Orlando Furioso X, 84.

Seite 79: *Schnecke, Schnecke, schnüre usw.*

So singen die Kinder bei uns (in Schlesien wenigstens), wenn sie eine Schnecke finden und sie aus ihrem Hause hervorrufen wollen. Im Orig. lautet dies Liedchen:

Jesce, jesce corna
Ca mammata te scorna
Te scorna neoppa l'astreco
Che fa lo figlio mascolo.

zu deutsch:

Komm raus, komm raus, du Hörnertier,
Denn deine Mutter höhnt dich sehr,
Sie tut dir lauter Spott und Hohn,
Denn sie gebiert jetzt einen Sohn.

Seite 81: *Klatschrose*

Im Or. marchese, die Katamenien der Frauen, auf deren rote Farbe Basile auch sonst noch anspielt. Hier liegt auch noch ein besonderer Scherz in dem Gegensatz oder der Nebeneinanderstellung von Principe und Marchese, welches Wortspiel übrigens auch im Deutschen nachgeahmt werden könnte.

Seite 84: *Schwinde.* Hautflechte.

Seite 90: *Katzenhirn.* Dem Aberglauben zufolge verliert das Gedächtnis, wer Katzenhirn ißt.

Seite 92: *Durch die Kraft der Verwünschung, die auf ihm ruhte, sich der Verpflichtung wieder erinnerte usw.*

In der Verwünschung der Hexe liegt aber nichts von einem Wiedererinnern dieser Art.

Die Großväter usw.

Im Or. li vave de li bicchiere; also sehr große Gläser, ganz wie auch wir sagen. Übrigens gilt dem Basile Flandern als Teil Deutschlands, wie es ja einst auch war, daher ist die in Rede stehende Dame auch so durstig.

Seite 99: *Götze*

Anspielung auf die Legende, Mohammeds Leichnam werde in einer Kiste aufbewahrt, die durch die Kraft eines Magneten in der Luft schwebe.

Seite 103: *Hochschwanger*

Man bemerkt die Nachlässigkeit Basiles, welcher Lucia hier einige Jahre lang hochschwanger umherirren läßt, wenn sie nicht etwa absichtlich ist und scherzhaft sein soll.

Seite 105: *Blase mir den Hobel aus usw.*

Im Or. fance na secotata co na coda de vorpa, »lauf mir mit dem Fuchsschwanz nach«. Ich weiß nicht, auf welche Sitte dies anspielt; vielleicht liefen ehemals Kinder bösen Schuldnern usw. mit dergleichen nach. Ähnliche Sitten bestanden wenigstens bei anderen Völkern; so z. B. bei den Etruskern; s. Heracl. Pontic. Fragm. 16, wo es heißt: 'ὅταν δέ τις ὀφείλων χρέος μη ἀποδιδῶ, παρακολουθοῦσιν οἱ παῖδες, ἔχοντες κενὸν θυλάκιον εἰς δυρωπίαν. – Das folgende »oder tue sonst noch was« heißt im Orig. »schiaffance sso naso a Napole« dem französischen baisez mon cul dem Sinne nach entsprechend. Schiaffance »stecke mir«, und was naso a Napole betrifft, so bemerkt das Vocabol. scherzhaft: »equivale a naso in culo. Chi cittadinmo non darà in furia al sentire questo modi die dire così ingiurioso alla patria. E il detto fu usato dagli Autori Classici, ed è volgare ancor oggi. Le severe leggi di un vocabolario ci vietano trapassar questa mal imaginata espressione. Ma si accendano gli animi patriotici ad abolirla, e se è possibile se ne cancelli la memoria. Povero Napoli, a che sei ridotta da' tuoi cittadini. Aber non solo Napoli ma Pozzuoli ancor (heißt es im folgenden Artikel Naso a Pezzulo) è stato condannato a dinotar quel servizio. Ma che Pozzuoli sia stato in questa guisa trattato dagli stranieri, non è maraviglia, dicendosi facilmente improperj delle case altrui.

Seite 118: *Sarsch.* Serge.

Inhalt

ZWEITER TAG

Das Märchen aller Märchen (Lo cunto de li cunti) von Giambattista Basile (1575–1632) erschien erstmals in den Jahren 1634–1636. Der Titel *Der Pentamerone,* der seit der Ausgabe von 1674 gebraucht wurde, bezieht sich auf die Einteilung der Sammlung in fünf Tage, stammt aber nicht von Basile.

»Hat das *Märchen aller Märchen* auf der einen Seite seinen geschichtlichen Ort als Märchenwerk, das nicht nur in Italien, sondern auch in Deutschland weitergewirkt hat, bei Wieland und vor allem bei Brentano, der für seine *Italienischen Märchen* daraus geschöpft hat, so hat es auf der andern Seite seinen Platz in der Geschichte der italienischen Erzählliteratur, indem dieser *Pentamerone* eine Entwicklung beschließt, die Boccaccio mit seinem *Decamerone* eröffnet hatte. Der *cunto de li cunti* ist ein Anti-Dekameron.

Während sich bei Boccaccio sieben Frauen und drei Männer in einer Kirche während der Pestzeit verabreden, sich die Zeit mit Geschichtenerzählen zu vertreiben, Frauen und Männer, die sich allesamt als schön und edel erweisen, auch wenn ihre Geschichten von dem einen oder anderen für frivol gehalten werden, kommt bei Basile eine Gruppe monströs häßlicher Weiber zusammen. Nur der Prinz Thaddäus und seine spätere Frau Zoza, um derentwillen der Pentamerone veranstaltet wird, sind schön wie die Protagonisten der hohen Literatur seit eh und je.

Bei Boccaccio ist der Rahmen nichts weiter als das Vehikel, die hundert unterschiedlichen Erzählungen zusammenzuhalten; bei Basile dagegen schließen sich Anfang und Ende zusammen, da die letzte Geschichte, die Geschichte Zozas, an den Beginn anknüpft und die fünfzig Märchen keine andere Funktion haben, als Zoza an ihr Ziel zu bringen: die Hochzeit mit Thaddäus, so wie die Märchen aus Tausendundeiner Nacht von Schehrezâd genutzt werden, den Kalifen Harûn er-Raschîd von seinen Tötungsabsichten abzuhalten und ihn endlich zu gewinnen.« Walter Boehlich

insel taschenbuch 354

Basile

Das Märchen aller Märchen

GIAMBATTISTA BASILE
DAS MÄRCHEN ALLER MÄRCHEN

›Der Pentamerone‹

Vierter Tag
Deutsch von Felix Liebrecht
Herausgegeben und mit einem Nachwort versehen von Walter Boehlich
Insel Verlag

Die Illustrationen sind der Ausgabe von 1794 (Neapel) entnommen.
Die Vorlagen stellte freundlicherweise
die Österreichische Nationalbibliothek in Wien zur Verfügung.

insel taschenbuch 354
Erste Auflage 1982

Vertrieb durch den Suhrkamp Taschenbuch Verlag
Umschlag nach Entwürfen von Willy Fleckhaus
Satz: Fotosatz Otto Gutfreund, Darmstadt
Druck: Nomos Verlagsgesellschaft, Baden-Baden
Printed in Germany

VIERTER TAG

EINLEITUNG

Kaum war die Morgenröte erschienen, um sich von den Feldarbeitern ihr Trinkgeld einzufordern, so daß nun auch die Sonne nicht mehr lange zögern konnte, sich zu zeigen, als das halb schwarze, halb weiße Fürstenpaar sich an dem Versammlungsplatz einfand, auf welchem kurz vorher auch die zehn andern Frauen eingetroffen waren, deren Mund wegen ihres reichlich eingenommenen Maulbeerfrühstücks aussah wie die Hände eines Färbers. Nachdem sie sich nun allesamt an dem Rand einer Quelle niedergesetzt hatten, deren einige Zitronenbäume sich als Spiegel bedienten, während sie ihre Wipfel verflochten, um die Sonne nicht durchgucken zu lassen, sannen sie darüber nach, wie sie die Zeit bis zur Stunde der Kinnbackentätigkeit auf eine für den Prinzen und seine Gemahlin unterhaltende Weise zubringen könnten, und überlegten, ob sie »Ziegelsäge«, »Bild oder Wappen«, »Ei oder Wind«, »Springholz«, »das Fingerspiel«, »Gerad oder Ungerad«, »das Glockenspiel«, »Aufschneiden«, »Lustschlösser«, »Ball her«, »Paar oder Einzeln«, »Eule«, »Ball« oder »Kobeln« spielen sollten. Der Prinz jedoch, welcher der vielen Spiele schon überdrüssig war, befahl, daß lieber Musik kommen und man einige Lieder singen sollte; daher sogleich einige Dilettanten von seiner Dienerschaft mit Bratschen, Schellentrommeln, Zithern, Harfen, Mandolinen, Gitarren, Geigen, Flöten und Klarinetten erschienen, und nachdem sie ein schönes Konzert gegeben und die Stücke des Abate Zefero, Luccara Giammartino und den Florentiner Tanz gespielt hatten, sang man einige Lieder der guten alten Zeit, die man wohl zurückwünschen, aber nicht zurückbekommen kann, und unter anderm sang man:

»Solltest, Grete, doch bedenken
Und dich schämen doch ein bißchen,
Daß ich für das kleinste Küßchen
Dir ein Röcklein gleich soll schenken;
Solltest, Grete, doch bedenken!«

Und das folgende:

»Ich wollte, Grausame, zum Pantoffel werden
Und unter deinem Fuß mich befinden!
Doch wüßtest du, ich wäre dort,
So trätst du mich in einem fort!«

Und auch das folgende übergingen sie nicht:

»Regne nicht, regne nicht,
Denn ich will bei Sonnenlicht
Das Korn zu worfeln fangen an
Bei dem Meister Julian.
O Meister Julian
Gib mir 'ne Lanze von der Wand,
Denn ich zieh ins Frankenland,
Vom Frankenland nach Lombardei,
Wo Frau Lucia ist, ei, ei.«

Während sie nun so mitten im besten Singen waren, wurden die Speisen aufgetragen, und sie fingen an zu essen, bis ihnen fast der Bauch platzte, worauf Taddeo zu Zeza sagte, daß sie beginnen und das Tagewerk mit ihrer Erzählung einweihen sollte, daher sie, um dem Befehl des Prinzen Folge zu leisten, also anhob:

31

Vierter Tag

Erstes Märchen

»DER HAHNENSTEIN«

Minec' Aniello wird vermittels eines in einem Hahnenkopf gefundenen Steines jung und reich; da ihm aber zwei Zauberer denselben entwenden, so wird er wieder alt und arm. Indem er nun überall umherzieht, um den Stein zu suchen, erhält er in dem Reich der Mäuse Nachricht von demselben, erlangt durch Hilfe zweier Mäuse den Stein sowohl als seinen frühern Zustand wieder und rächt sich an den Dieben.

Ehrlich währt am längsten; wer andern eine Grube gräbt, fällt selbst hinein; es ist nichts so fein gesponnen, es kommt endlich an das Licht der Sonnen; um gegen Schurken zu zeugen, haben auch die Mauern Ohren, und Diebstahl und Hurerei bleiben niemals verborgen; wie ich euch dies beweisen werde, wenn ihr genau aufpasset.

Es war einmal in der Stadt Schwarzloch ein gewisser Minec' Aniello, der so vom Unglück verfolgt wurde, daß alle seine liegende und fahrende Habe aus einem verkrüppelten Hahn bestand, den er mit Brosamen aufgefüttert hatte. Da er sich jedoch einmal vom Hunger sehr gepeinigt sah, und der Hunger doch selbst den Wolf aus dem Walde jagt, so beschloß er, ihn zu verkaufen. Er trug ihn daher auf den Markt und traf daselbst zwei häßliche Zauberer, die ihm denselben nach langem Dingen für einen halben Gulden abhandelten und ihm sagten, er sollte ihn nach ihrem Hause tragen und dort das Geld in Empfang nehmen. Die Hexenmeister gingen also voran und er hinterher, so daß er hörte, wie sie zueinander in kauderwelscher Sprache redeten und sagten: »Wer hätte uns das wohl vorausgesagt, Ghiennarone, daß wir diesen herrlichen Fund tun würden? Unser Glück ist ganz gewiß durch den Stein gemacht, welchen der Hahn, wie du weißt, in seinem Kopfe hat und welchen wir schleunigst in einen Ring fassen lassen wollen, denn dann haben wir alles, was wir nur irgend wünschen können.« »Husch, Jakovuccio«, erwiderte Ghiennarone, »wir sind da reich geworden, ehe wir uns dessen versahen, und ich kann die Zeit nicht erwarten, wo ich dem Hahn den Kopf abreißen und den Bettelsack zum Teufel werfen werde, um mir endlich einmal einen ganzen Rock anzuziehen, denn die Tugend ohne Taler gilt nichts in der Welt und nur Kleider machen Leute.«

Als Aniello, der sich lange in der Welt umgesehen hatte und kein Fritz mehr war, die Gaunersprache hörte, so machte er in einem engen Gäßchen kehrt und nahm Reißaus. Nach Hause zurückgekommen, drehte er dem Hahn den Hals um und fand in dem Kopf desselben auch wirklich den Stein. Er ließ diesen hierauf alsbald in Messing fassen, und um die Kraft desselben auf die Probe zu stellen, sagte er: »Ich möchte gern ein Bursche von achtzehn Jahren werden«; und kaum hatte er diese Worte geäußert, so lief ihm das Blut rascher durch die Adern, die Nerven wurden ihm stärker, die Beine kräftiger, das Fleisch frischer, die Augen feuriger, die Silberhaare verwandelten sich in Gold, der Mund, der einem verfallenen Hause ähnlich war, bevölkerte sich mit Zähnen, und der Bart, der einem Jagdgehege glich, wurde zum Saatland; mit einem Worte, in einen sehr schönen Jüngling verwandelt, sagte er aufs neue: »Ich möchte gern einen prächtigen Palast haben«, und alsobald stand ein Palast von unglaublicher Schönheit da, in welchem sich Gemächer zum Bewundern, Säulen zum Staunen und Gemälde, um außer sich zu geraten, befanden; alles starrte von Silber, Gold trat man mit Füßen, die Edelsteine waren haufenweise verschwendet, überall wimmelte es von Dienern, und die Zahl der Pferde und Wagen ging ins Unendliche; kurzum, der Palast zeugte von solcher Pracht, daß sogar der König die Augen weit aufmachte und ihm mit Vergnügen seine Tochter Natalizia zur Frau gab.

Unterdessen hatten die Zauberer den großen Reichtum Minec' Aniellos wahrgenommen und entwarfen daher einen Plan, ihn aus dem Schoß des Glückes, in welchem er saß, zu vertreiben. Sie verfertigten nämlich eine Puppe, welche vermittels eines Uhrwerks Musik machte und tanzte, und erschienen so eines Tages, als Handelsleute gekleidet, vor der Tochter Aniellos, namens Pentella, unter dem Vorwande, ihr die Puppe verkaufen zu wollen. Als Pentella das niedliche Ding sah, fragte sie sogleich nach dem Preise, worauf jedoch jene antworteten, daß die Puppe auch nicht für die größte Summe Goldes feil sei, daß sie jedoch der Pentella für eine kleine Gefälligkeit zu Diensten stände, wenn sie ihnen nämlich den Ring, den ihr Vater am Finger trüge, zeigen wollte, damit sie davon einen Abdruck nehmen und sich einen ähnlichen machen lassen könnten; dann, wie gesagt, würden sie Pentella die Puppe ohne irgendeine Bezahlung zum Geschenk machen. Da Pentella dieses Anerbieten hörte, nahm sie ganz uneingedenk des Sprichworts: »Was billig ist, ist teuer«, dasselbe ohne weiteres von ihnen an und sagte zu ihnen, sie sollten den andern Morgen wiederkommen; denn sie würde sich den Ring von ihrem Vater leihen. Kaum waren daher die Zauberer fortgegangen und der Vater nach Hause gekommen, so ging sie ihm so sehr um den Bart und überhäufte ihn mit so vielen Schmeicheleien, daß sie ihn dazu brachte, ihr den Ring zu geben, indem sie nämlich vorwandte, sie wäre sehr niedergeschlagen und wolle sich ein wenig aufheitern.

Am darauffolgenden Tage nun um die Zeit, wenn

der Straßenmeister der Sonne das Gemülle der Dunkelheit von den Wegen und Plätzen des Himmels wegfegen läßt, kamen die Zauberer auch wirklich an und hatten nicht sobald den Ring in ihren Händen, als sie auch in einem Hui verschwanden, so daß nicht die geringste Spur von ihnen übrigblieb und die arme Pentella vor Bestürzung fast gestorben wäre. Die Zauberer aber, sobald sie in einem Walde angelangt waren, wo die Zweige der Bäume einen Waffentanz aufführten und andere sich lustig wiegten, befahlen dem Ringe, daß er alle Wünsche des verjüngten Greises zerstöre. Dieser befand sich gerade bei dem Könige und sah sich daher plötzlich ergrauen, sein Haar bleich, die Stirn runzlig, die Brauen borstig, die Augen rot, das Gesicht durchfurcht, den Mund zahnlos, den Bart zum Walde, den Rücken bucklig, die Beine zitternd und vor allem die glänzende Kleidung zerlumpt und zerrissen werden.

Als nun der König diesen schmutzigen Bettler in vertraulicher Unterhaltung neben sich sitzen sah, ließ er ihn alsobald unter Prügel und Schmähreden aus dem Palast jagen, worauf Aniello, so plötzlich aus seinem Himmel gefallen, weinend seine Tochter aufsuchte und, indem er sie nach dem Ringe fragte, um seinem Unglück Abhilfe zu leisten, den ihm von den vorgeblichen Handelsleuten gespielten Streich vernahm, so daß er nahe daran war, sich aus einem Fenster zu stürzen. Tausendmal verwünschte er die Torheit Pentellas, die ihn um einer unseligen Puppe willen in einen so häßlichen Popanz, wegen eines aus Lumpen gemachten

Dinges ihn selbst in einen Lumpen verwandelt hatte, und beschloß daher, sich so lange wie ein böser Groschen in der Welt umherzutreiben, bis er diesen Handelsleuten auf die Spur käme. Dies sagend, zog er sich eine Jacke über den Rücken, steckte Holzschuhe an die Füße, nahm einen Quersack über die Schultern und einen Knüppel in die Hand, und indem er die Tochter, welche außer sich vor Angst und Schrecken dastand, zurückließ, fing er wie verrückt daraufloszugehen an und stiefelte so lange, bis er nach dem von Mäusen bewohnten Königreich Tiefloch gelangte, wo er für einen Spion der Katzen gehalten und sogleich vor den König Nagerich gebracht wurde. Von diesem befragt, wer er wäre, woher er käme und was er in jenem Lande suche, erzählte Minec' Aniello, nachdem er ihm zuvor eine Schwarte als Tribut gegeben, haarklein alle seine Unglücksfälle und schloß, indem er sagte, daß er seine mühselige Wanderung fortsetzen wolle, bis er etwas von jenen verdammten Schelmen höre, die ihm einen so kostbaren Juwel abgeluchst und in einem Augenblicke die Blüte der Jugend, den Quell des Reichtums und die Stütze des Ansehens geraubt hatten. Bei diesen Worten fühlte Nagerich sich selbst von Mitleid genagt, und da er den armen Mann einigermaßen zu trösten wünschte, berief er die ältesten Mäuse zu einer Ratsversammlung, fragte sie um ihre Meinung hinsichtlich der Unfälle Aniellos und befahl ihnen, daß sie sich alle Mühe geben sollten, um etwas über diese vorgeblichen Handelsleute zu erfahren. Es traf sich nun, daß unter andern auch Knabberich und Springerle, zwei in den

Weltläufen sehr erfahrene Mäuse, die sich gegen sechs Jahre in einem Wirtshaus an der Heerstraße aufgehalten hatten, gegenwärtig waren und sagten: »Sei guten Muts, Freund, denn es wird besser mit dir gehen als du glaubst. Du mußt nämlich wissen, daß, als wir uns eines Tages in einem Zimmer des Wirtshauses ›Zum Horn‹ befanden, in welchem die vornehmsten Leute der Welt einzukehren und sich lustigzumachen pflegen, zwei Leute, welche von Krummfingerstadt kamen, hereintraten und, nachdem sie gegessen und dem Wein tüchtig zugesprochen, von einem Streich zu reden begannen, den sie einem gewissen alten Manne von Schwarzlochstadt gespielt, indem sie ihm einen Stein von besonderen Eigenschaften wegstibitzt hatten; wobei einer von ihnen, der sich Ghiennarone nannte, sagte, daß er ihn niemals vom Finger ablegen wollte, damit er nicht einmal, gleich der Tochter des alten Mannes, darumkäme.« Sobald Aniello dies vernahm, sagte er zu den beiden Mäusen, daß, wenn sie sich getrauten, ihn in die Heimat jener Gauner zu begleiten und ihm den Ring wieder zu verschaffen, er ihnen eine Last Käse und Pökelfleisch geben würde, damit sie dieselbe in Gesellschaft des Königs verzehren könnten. Da so die beiden Mäuse hörten, daß sie ihre Dienste nicht umsonst tun sollten, so versprachen sie ihm alles mögliche und machten sich mit Erlaubnis Sr. Mäusetät in Begleitung Aniellos auf den Marsch.

Nachdem sie den langen Weg nach Krummfingerstadt zurückgelegt hatten, hießen die Mäuse den Minec' Aniello unter einigen Bäumen am Ufer eines Flusses zurückbleiben, welcher wie ein Blutegel den blutigen Schweiß der Feldarbeiter einsaugte, um ihn ins Meer zu speien, während sie selbst sich in das Haus der Zauberer begaben, woselbst sie jedoch wahrnahmen, daß Ghiennarone den Ring stets am Finger trug und ihn zu keiner Zeit ablegte. Sie suchten ihm daher durch eine List den Sieg abzugewinnen, und nachdem sie so lange gewartet, bis die Nacht das von der Sonne verbrannte Antlitz des Himmels im kühlen Taubade erfrischte und Ghiennarone in tiefen Schlaf gesunken war, fing Knabberich an, ihm den Ringfinger zu benagen, so daß jener, welcher glaubte, daß der Ring ihn drücke, ihn neben sich auf ein Tischchen zu Häupten des Bettes legte. Kaum nahm Springerle dies wahr, so nahm er rasch den Ring ins Maul und, über Hals und Kopf davonrennend, langte er bald mit seinem Gefährten bei Aniello an, welcher, mehr erfreut als der arme Sünder, wenn er begnadigt wird, die beiden Zauberer sogleich in Esel verwandelte, auf deren einem er seinen Mantel ausbreitete und wie ein Graf einherritt, während er den andern mit Speck und Käse belud und sich dann auf den Weg nach Tiefloch machte, woselbst er den König und seine Räte herrlich bewirtete und ihnen für all das Gute, welches er von ihnen erfahren, herzlich dankte, indem er zugleich den Himmel anflehte, daß ihnen nie eine Falle Schaden zufügen noch eine Katze auflauern noch Arsenik Unheil verursachen möchte. Hierauf zog er fort, und da er in einer noch viel schönern Gestalt als früher in Schwarzloch anlangte, so wurde er von dem König und dessen Tochter mit den größten Schmeicheleien empfangen und lebte mit letzterer, nachdem er die beiden Esel von einem Felsen hatte herabstürzen lassen, von Stund an in großer Lust und Freude; jedoch nahm er nie wieder seinen Ring vom Finger, um nicht etwa einen neuen Bockstreich zu begehen, denn:

»Der Gebrannte fürchtet das Feuer.«

32

Vierter Tag

Zweites Märchen

»DIE BEIDEN BRÜDER«

Marcuccio und Parmiero, zwei Brüder, der eine reich und nichtswürdig, der andere arm und tugendhaft, kommen nach verschiedenen Ereignissen dahin, daß der arme, obwohl vom Bruder fortgejagt, ein vornehmer Herr wird, der reiche hingegen in tiefes Elend versinkt und schon sein Leben am Galgen verlieren soll; er wird jedoch als unschuldig erkannt und erhält vom Bruder die Hälfte seiner Reichtümer.

Der Prinz und seine Gemahlin freuten sich sehr über die glückliche Wendung, die Minec' Aniellos Schicksal genommen, und segneten die Mäuse viel tausendmal, durch welche der arme Mann den Stein wiederbekam, die Zauberer hingegen einen Quark davontrugen und sogar das Genick brachen. Sobald aber Cecca die Rennbahn der Rede betreten hatte, schoben alle den Riegel des Stillschweigens vor die Tür der Worte, worauf jene also zu erzählen begann:

Es gibt gegen die Angriffe des Schicksals keine bessere Verschanzung als die Tugend, welche ein Gegengift gegen Unfälle, eine Stütze in Gefahren und ein Hafen in Drangsalen ist, welche uns aus dem Feuer errettet, in Stürmen beschützt, von Schmerzen befreit, in Leiden tröstet, uns in Bedrängnissen beisteht und nach dem Tod die Leichenrede hält, wie ihr dies aus der Erzählung, die mir schon auf der Zungenspitze schwebt, ersehen werdet.

Es war einmal ein Vater mit zwei Söhnen, namens Marcuccio und Parmiero, welcher, im Begriff sein Konto mit der Natur abzuschließen und die Rechnung des Lebens zu zerreißen, sie an sein Bett rief und zu ihnen also sprach: »Meine geliebten Söhne, es kann nicht mehr lange dauern, bis die Häscher der Zeit die Tür meiner Jahre einbrechen, um gegen die Gesetzbestimmungen unseres Landes an der Mitgift meines Lebens wegen meiner Schuld an die Erde Exekution auszuführen; daher darf ich von euch, die ich mehr liebe als mich selbst, nicht scheiden, ohne euch einige nützliche Lehren zurückzulassen, damit ihr mit dem Polarstern des guten Rates dieses Meer der Drangsale durchschiffen und in einen sichern Hafen einlaufen möget.

Öffnet also eure Ohren, denn wenn auch das, was ich euch gebe, nichts zu sein scheint, so müsset ihr doch wissen, daß es ein Schatz ist, den euch die Diebe nicht stehlen, ein Haus, welches Erdbeben nicht umstürzen, und ein Besitztum, das die Motten nicht fressen können.

Zuvörderst und vor allen Dingen also seid gottesfürchtig; denn alles kommt von da oben, und wer diesen Weg verläßt, dem ist weder zu helfen noch zu raten.

Gebet euch nicht der Trägheit hin, indem ihr wie die Schweine in der Mistpfütze heranwachset; Arbeit ist keine Schande, man muß sich rühren, soviel man kann, und wenn man auch für andere arbeitet, so füllt man doch seinen eigenen Magen.

Seid sparsam mit dem, was ihr habt, wer da spart, verdient; ein Pfennig und noch ein Pfennig machen endlich einen Taler; wer da aufhebt, findet; was du hast, das bist du; heb auf im Sommer, dann hast du im Winter; Freund und Vettern sind gut beim Schmaus, doch dreimal weh dem leeren Haus; wer Malz hat, kann brauen, und wer Geld hat, kann bauen; wer nicht Moneten hat, ist ein Esel, ein Schaf, hat keine Ruhe im Wachen und im Schlaf; daher strecket euch nie weiter, als die Decke lang ist; denn nur so weit das Geld reicht, soweit kommt man; soviel du hast zu knacken, so führe die Backen, aber eine kleine Küche macht ein großes Haus.

Schwatzet nicht zuviel, denn die Zunge hat zwar kein Bein, schlägt aber manchem den Rücken ein; höre, sieh und schweig, wenn du in Frieden leben willst; sehen und hören ohne zu sprechen, rechnet man niemand an zum Verbrechen; iß wenig und sprich wenig, besser bewahrt als beklagt; denn wer viel will sagen, wird sich oft beklagen.

Seid mit wenig zufrieden; denn besser ist das Brot, welches lange dauert, als der Kuchen, welcher bald zu Ende geht; besser wenig mit frohem Herzen, als noch soviel mit Leid und Schmerzen; wer das Fleisch nicht haben kann, trinke die Brühe; wen nicht andere Frauen zu sich la'n, der mög genug am eignen Weib ha'n; besser ein häßlicher Fleck, als ein hübsches Loch; wer den Braten nicht haben kann, nage am Knochen.

Gehet immer mit solchen um, die besser sind als ihr, und sollte es euch auch etwas kosten; denn sag mir, mit wem du gehst, und ich weiß, wer du bist; wer sich mengt unter die Kleie, den fressen die Säue; wer mit Hunden schlafen geht, steht mit Flöhen auf; dem Schelm gib von dem deinen und laß ihn laufen; denn böse Gesellschaft bringt den Menschen an den Galgen. – Erst bedenket, dann handelt; denn es ist zu spät, das Bauer zuzumachen, wenn der Vogel fortgeflogen, oder den Brunnen zuzudecken, wenn das Kind hineingefallen ist; erst getan und nach gedacht, hat manchem schon groß Leid gebracht, und zum Laufen hilft nicht schnell sein.

Fliehet Zank und Streit und setzet nicht den Fuß auf jeden Stein, damit ihr nicht fallet; wer über zu viele Gräben springt, stürzt am Ende hinein; ein Pferd, welches ausschlägt, bekommt mehr, als es gibt; wer einen Schlag gibt, bekommt zehn wieder; der Krug geht so lange zum Brunnen, bis er entzweibricht, und an den Galgen hängt man nicht bloß die Diebe.

Seid nicht hochmütig; denn Hochmut kommt vor dem Falle; bücke dich und binde dir die Schuhe; Hochmut zeugt von Unverstand; der gute Alchimist leitet das Destillat durch die Asche, damit es nicht dunstig werde, und der Verständige soll sich stets erinnern, daß die stolzen Gedanken am Ende auch zu Asche werden, damit ihn nicht der Dünkel mit Dunst erfülle.

Kümmert euch nicht um Dinge, die euch nichts angehen; denn wer durch den Schornstein kriecht, macht sich schwarz, und wer sich mutwillig in Gefahr begibt, kommt darin um.

Haltet euch fern von den Vornehmen; denn die Liebe der Hohen ist des Morgens rot, des Abends tot, darum räumet lieber Abtritte aus, als daß ihr bei Hofe dienet, wo alle Dienste unfruchtbar, alle Pläne erfolglos und alle Hoffnungen leer sind, wo man schwitzt unbemitleidet, läuft ohne Erholung, zu Bett geht ohne Licht, schläft ohne Ruhe und ißt ohne Behagen.

Hütet euch vor Hohen, die darniederliegen, und vor Bauern, die emporgestiegen, vor desperaten Bettlern und falschen Dienern, vor unwissenden Fürsten und bestechlichen Richtern, vor eifersüchtigen Weibern und Glückspilzen, vor eitlen Menschen und Weibern, welche die Hosen anhaben, vor stillen Wassern und räucherigen Kaminen, vor bösen Nachbarn, verzogenen Kindern und neidischen Menschen.

Endlich gebe ich euch wohl zu bedenken, daß Kunst macht Gunst, und daß, wer Grütze im Nischel hat, seinen Verstand am Schleifstein der Erfahrung schärft und die Ohren steifhält, sich überall durchhilft; denn wie man's treibt, so geht's.

Noch tausend andere Dinge hätte ich euch zu sagen, aber der Tod steht mir schon an der Kehle, und der Atem vergeht mir«; und indem er dies sagte, hatte er kaum die Kraft, seine Hand emporzuheben, um seine Söhne zu segnen, worauf er sogleich die Segel des Lebens einzog und in den Hafen einlief, in welchem alle Leiden dieser Welt ihr Ende finden. Als nun der Vater auf diese Weise hingeschieden war, grub Marcuccio die Worte desselben tief ins Herz und fing an, in der Schule fleißig zu studieren, die Akademien zu besuchen, sich von den liederlichen Studenten fernzuhalten und nur von nützlichen Dingen zu reden, so daß er, ehe man sich dessen versah, der gelehrteste Mann jenes Landes wurde. Da jedoch einmal die Armut die stete Filzlaus der Tugend ist und das Wasser Fortunas sich von den mit dem Öl Minervas gesalbten Menschen getrennt hält, so blieb der arme Marcuccio immer verachtet und in großer Dürftigkeit, immer mit leerem Beutel und leerem Magen, so daß er es meist satt war, länger Bücherstaub zu verschlucken, und, voll Verlangen, etwas Nahrhafteres zu verschlingen, es müde war, sich bei den Büchern Rat zu holen und doch nirgend Hilfe zu finden, sich mit den Digesten zu plagen und doch nie etwas zu digerieren zu haben.

Sein Bruder Parmiero hingegen hatte bald angefangen, auf das flotteste den ganzen langen Tag hindurch zu saufen, zu spielen und sich in Kneipen herumzutreiben ohne irgendeine Furcht vor Gott oder Menschen;

trotz alledem aber wurde er dick und fett, und auf die eine oder andere Weise war sein Beutel immer gespickt, so daß Marcuccio, dies sehend, tiefe Reue darüber empfand, daß er durch den Rat seines Vaters den rechten Weg verfehlt hatte, da ihm der Donat nie ein Donativ, das Cornu copiae aber nur die bitterste Not verlieh und er trotz des Bartolus nicht wußte, wo er sich Most holen sollte, wohingegen Parmiero sich durch das Knöcheln Fleisch auf die Knochen und durch den Zeitvertreib mit der Hand Moneten in den Beutel schaffte. Endlich jedoch konnte Marcuccio dem Drang der Notwendigkeit nicht länger widerstehen und ging zu seinem Bruder, indem er ihn bat, daß, da er einmal dem Glück im Schoß säße, er sich doch erinnern möchte, daß sie beide von einem Fleisch und Blut und aus einem Mutterleibe entsprungen wären. Parmiero aber, der durch die Goldtinktur hartleibig geworden war, erwiderte hierauf: »Du, der du auf den Rat deines Vaters den Studien obgelegen und mir immer das Spiel und die lustigen Gesellschaften vorgeworfen hast, geh du nur immer hin zu deinen staubigen Büchern und überlaß mich nur meinem Unglück; denn von mir hast du nicht einmal das Salz zum Brot zu erwarten, da mir die paar Dreier, die ich habe, sauer genug werden und du alt und verständig genug bist, um dir zu erwerben, was du brauchst; jeder muß für sich sorgen, Gott aber für uns alle. Wenn du kein Geld hast, so geh stehlen; willst du nicht hungern, so mußt du auch nicht lungern, und hast du Lust zu trinken, so trink Wasser, sollt's auch stinken«; und nachdem er ihm diese und ähnliche Worte gesagt, kehrte er ihm den Rücken.

Als Marcuccio sich von seinem leiblichen Bruder so hartherzig behandeln sah, geriet er in solche Verzweiflung, daß er, entschlossen, das Gold der Seele durch das Scheidewasser des Todes von den Schlacken des Leibes zu reinigen, sich nach einem ungeheuer hohen Berg begab, der, als ein Spion der Erde, erkunden wollte, was da droben in der Luft vorging, oder vielmehr als Sultan aller Berge mit einem Wolkenturban sich zum Himmel emporhob, um sich den Mond daran aufzustecken. Nachdem nun Marcuccio, zwischen Felsen und Höhen, auf einem ganz engen Pfade, so gut er konnte, den Berg hinaufkletternd, den Gipfel erstiegen hatte und nun den tiefen Abgrund vor sich sah, so drehte er dem Brunnen seiner Augen den Hahn auf und wollte dann nach langem Jammern sich köpflings in die Tiefe hinunterstürzen, als eine schöne Frau in grüner Kleidung und mit einem Lorbeerkranz in dem goldgesponnenen Haar ihn am Arm ergriff und also zu ihm sprach: »Was tust du da, Unglücklicher? Wohin läßt du dich von der Verzweiflung reißen? Bist du der Freund der Tugend, der soviel Öl verbrannt und soviel Schlaf geopfert hat, um sich den Studien hinzugeben? Bist du der, welcher, um seinen Ruhm wie eine rasche Galeere die Welt durchfliegen zu lassen, so lange gearbeitet hat wie ein Galeerensklave? Und nun verlierst du deinen Lohn und bedienst dich nicht der Waffen, welche du in der Schmiede der Studien geschmiedet hast, gegen die Not und das feindselige Geschick? Weißt du denn nicht, daß die Tugend eine Latwerge gegen das Gift der Armut ist, ein Schnupftabak gegen den Schnupfen des Neides, ein Rezept gegen die Krankheit des Alters? Weißt du denn nicht, daß die Tugend ein Kompaß ist, um in den Stürmen der Drangsale sicher zu schiffen, eine Windfackel, mit der man in der Nacht der Leiden seinen Pfad findet, und ein festes Gebäude, welches dem Erdbeben der Unglücksfälle widersteht? Bedenke, Bedauernswerter, bedenke, was du tust, und kehre den Rücken der nicht zu, die dir Mut in den Gefahren, Kraft in den Bedrängnissen und Geduld in der Verzweiflung verleihen kann, und wisse, daß der Himmel dich auf diesen so schwer zu ersteigenden Berg, wo die Tugend ihren Wohnsitz hat, geschickt hat, damit sie selbst, die du mit großem Unrecht anklagst, dich der bösen Absicht entreiße, welche dich verblendet. Öffne also die Augen, fasse Mut, ändere deinen Sinn, und damit du siehest, daß die Tugend immer gut ist, immer Wert hat und immer Hilfe bringt, so nimm hier dieses Papierchen mit Pulver und begib dich in das Königreich Breitenfeld, woselbst die Tochter des Königs nahe daran ist zu himmeln, da sie kein Mittel für ihre Krankheit finden kann; gib ihr dieses Pulver in einem frischen Ei; denn sie wird dadurch stracks ihrem Übel, welches ihr bis jetzt wie eine Einquartierung alles Leben ausgesaugt hat, ein Exmissionsdekret zukommen lassen, du aber wirst eine so große Belohnung erhalten, daß du die Armut dir vom Leibe schaffen und, ohne die Hilfe irgendeines andern Menschen zu bedürfen, hinfüro deinem Verdienst gemäß leben wirst.«

Marcuccio, welcher der Redenden an der Nase ansah, wer sie war, warf sich ihr zu Füßen und bat sie um Verzeihung für die Torheit, die er hatte begehen wollen, indem er sprach: »Die Decke ist mir von den Augen gefallen, und ich erkenne an deinem ganzen Wesen, daß du die Tugend bist, deren Lehren von jedermann gepriesen, aber nur von wenigen befolgt werden; die Tugend, welche es sich angelegen sein läßt, den Geist zu erheben, den Verstand zu schärfen, die Vernunft zu läutern, lobenswerte Bestrebungen zu unterstützen und Schwingen zum Fluge bis in den obersten Himmel zu verleihen; ich erkenne dich jetzt und bereue es tief, daß ich mich der von dir verliehenen Waffen so schlecht bedient habe, so wie ich dir auch gelobe, von Stund an mich dergestalt durch dein Gegengift zu feien, daß mir auch das stärkste Gift der Versuchung fürder nichts anhaben soll.« Indem Marcuccio ihr nun bei diesen Worten die Füße küssen wollte, verschwand sie vor seinen Augen und ließ ihn so erquickt und gestärkt zurück wie einen armen Kranken, dem, wenn der Anfall vorüber ist, ein Kordial gegeben wird. Er stieg hierauf den Berg hinab und begab sich nach Breitenfeld, und in dem Palast des Königs angelangt, ließ er letztern alsobald wissen, daß er die Prinzessin von ihrer Krankheit heilen wolle. Der König empfing ihn mit der größten Freude und allen möglichen Ehrenbezeugungen und geleitete ihn in das Gemach seiner Tochter, woselbst Marcuccio das arme Mädchen auf einem Gurtbett liegend und so abgezehrt und ausgemergelt fand, daß man an ihr nur noch Haut und Knochen sah; die Augen waren so tief hineingesunken, daß, um die Sterne derselben zu sehen, man des Teleskops Galileis bedurft hätte; ihre Nase war so spitz, daß sie als Suppositorium hätte dienen können, ihre Backen so eingefallen wie die eines Skelettes. Die Unterlippe hing ihr auf das Kinn herab, die Brust war flach wie ein Brett, und die Arme glichen den abgenagten Beinknochen eines Lämmchens; mit einem Wort, sie gewährte einen dermaßen kläglichen Anblick, daß sie mit dem Kelch der Leiden dem Mitleid zutrank. Als Marcuccio dieses Bild des Elends vor sich sah, so traten ihm die Tränen in die Augen, indem er zugleich bedachte, wie sehr die Hinfälligkeit der menschlichen Natur den Angriffen der Jahre, den Veränderungen der Leibesbeschaffenheit und den Übeln des Lebens unterworfen ist. Er forderte jedoch endlich ein ganz frisches Hühnerei, ließ es nur ein paar Augenblicke ans Feuer setzen, schüttete dann das Pulver hinein und gab es so der Prinzessin fast mit Gewalt ein, worauf er diese mit einer vierfachen Decke zudeckte. Die Nacht war aber noch nicht in den Hafen eingelaufen und vor Anker gegangen, als die Kranke ihre Dienerinnen rief, um sich von ihnen neues Bettzeug geben zu lassen, da das, auf welchem sie lag, sich von Schweiß ganz durchnäßt befand; und nachdem sowohl sie selbst abgetrocknet als auch ihr Lager neu gemacht worden, forderte sie auch etwas Erfrischendes, ein Begehren, das ihr in den sieben Jahren ihrer Krankheit nicht über den Mund gekommen war. Man faßte daher die beste Hoffnung, gab ihr einen erquickenden Trank, und indem sie alle Stunde sich mehr und mehr erholte und ihr

Appetit alle Tage zunahm, war keine Woche vergangen, als sie sich auch auf das vollkommenste wiederhergestellt sah und das Krankenlager verließ. Dieserhalb nun verehrte der König Marcuccio wie den Gott der Arzneikunde und machte ihn nicht nur zum Herrn einer großen Baronie, sondern erhob ihn auch zum ersten Rat seines Hofes und vermählte ihn mit der reichsten Dame jenes Landes.

Inzwischen war Parmiero alles wieder losgeworden, was er besessen hatte; denn Spielgeld ist wie gewonnen, so zerronnen und das Glück eines Spielers unbeständiger als irgend etwas anderes; dergestalt, daß er, sich arm und unglücklich sehend, den Entschluß faßte, so weit zu gehen, bis sich durch Veränderung seines Aufenthaltes auch sein Geschick ändere oder sein Namen aus der Stammrolle des Lebens ausgestrichen würde. Er machte sich daher auf den Weg und langte nach sechsmonatigem Umherstreifen so matt und müde in Breitenfeld an, daß er sich nicht mehr auf den Beinen zu halten vermochte, und da er überdies kein Fleckchen hatte, wo er seinen Kopf hinlegen konnte, so wie auch der Hunger ihn immer heftiger quälte und die Kleider ihm in Lumpen vom Leibe fielen, so geriet er in eine solche Verzweiflung, daß er außerhalb der Stadt in einem verfallenen Hause sich seine Strumpfbänder aus gesponnener Baumwolle abnahm, sie zusammenknüpfte, daraus eine gehörige Schleife machte, diese an einen Balken befestigte und dann, auf ein Häufchen Steine, das er sich selbst gemacht, steigend, sich heruntersinken ließ. Nun wollte aber sein Geschick, daß der

Balken verfault und wurmstichig war und bei dem Ruck, den jener sich gab, mitten auseinanderbrach, daher zwar der lebendige Gehängte sich seine Rippen an den untenliegenden Steinen so übel zurichtete, daß er den Fall einige Tage lang fühlte, zugleich aber auch fielen, während der Balken auseinanderging, eine Anzahl goldener Ketten, Halsbänder und Ringe, welche in der Höhlung des Holzes verborgen gewesen waren, auf die Erde, und unter anderm auch ein Beutel aus Corduan mit einer ziemlichen Menge Taler darin. Sobald also Parmiero sah, daß er durch einen Galgensprung den Graben der Armut übersprungen hatte, so wäre er, wie vorher aus Verzweiflung, so jetzt vor Freude fast gestorben; denn nun hing ihm auf einmal wieder der Himmel voll Geigen, und indem er dieses Geschenk des Glückes rasch von der Erde zusammenraffte, lief er spornstreichs in ein Wirtshaus, um sich seine Lebensgeister, dic unlängst dem Entschwinden so nahe gewesen waren, wieder aufzufrischen.

Es hatten nun aber zwei Tage vorher einige Diebe diese Goldsachen dem nämlichen Wirt gestohlen, zu welchem Parmiero jetzt essen ging, und sie in jenem, ihnen wohlbekannten Balken versteckt, um sie nach und nach hervorzuholen und zu verjubeln; als daher Parmiero sich den Magen gehörig angefüllt hatte und nun den Beutel herauszog, um zu bezahlen, wurde letzterer sogleich von dem Wirt erkannt, so daß dieser alsbald einige Gerichtsdiener, Kunden seines Hauses, herbeirufen und Parmiero fein säuberlich vor den Richter führen ließ. Dort wurde der Gefangene noch weiter durchsucht, das corpus delicti bei ihm gefunden und nach kurzem Prozeß als überführt dazu verdammt, den Dreibein zu zieren und einen Lufttanz aufzuführen. Als nun der unglückliche Parmiero sich in dieser Tinte sah und merkte, daß auf die Vorfeier eines wollenen Strumpfbandes das Fest eines hänfnen Halsbandes und auf die Probe mit einem faulen Balken die Hauptvorstellung mit dem Querholz eines neuen Galgens folgen sollte, fing er an mit den Zähnen zu klappern und auszurufen, daß er unschuldig wäre und von diesem Urteil appelliere.

Während er aber so durch die Straßen ging, heulend und schreiend, daß es keine Gerechtigkeit gäbe, daß die Armen nicht gehört und die Sentenzen aufs Geratewohl gefällt würden und daß, weil er dem Richter nicht die Hände versilbert, dem Schreiber nichts gesteckt, den Beisitzer nicht geschmiert und dem Prokurator nicht den Beutel gefüllt, er jetzt zu dem Dreibein noch seine eigenen beiden Beine hinzufügen sollte, begegnete er zufällig dem Bruder, welcher als Beisitzer des königlichen Rates und Oberrichter den Verbrecher vor sich kommen ließ, um zu hören, was er zu sagen hätte, und, nachdem er den Fall vernommen, zu ihm sprach: »Beruhige dich, mein Freund; denn du weißt nicht, was für ein Glück dich erwartet, und daß du, der du bei dem ersten Versuch ein Halsband von drei Spannen gefunden hast, jetzt bei diesem zweiten sicherlich ein anderes von drei Schuh finden wirst. Geh nur immer hin und laß es dir nicht leid sein; denn der Galgen ist dein leiblicher Bruder und da, wo andere ihr

Leben verlieren, füllst du dir den Beutel.« Da Parmiero sich auf diese Weise aufziehen hörte, sprach er zu dem Richter: »Ich bin vor euch gekommen, um Gerechtigkeit zu erlangen, nicht um mich verhöhnen zu lassen; meine Hände sind rein von dem Vergehen, dessen man mich anklagt, und ich bin ein ehrlicher Mann, wenngleich ihr mich so zerrissen und zerlumpt seht; denn die Kutte macht den Mönch nicht; und nur, weil ich auf den Rat meines Vaters Marchionno und meines Bruders Marcuccio nicht gehört habe, bekomme ich jetzt ein eisernes Halsband und bin im Begriff, unter den Füßen des Scharfrichters zu der dreisaitigen Violine eine vierte hinzuzufügen.« Als Marcuccio seinen und seines Vaters Namen erwähnen hörte, so regte sich in ihm das brüderliche Blut, und indem er Parmiero lange und genau betrachtete, schien es ihm, wie wenn er ihn erkenne, bis er endlich vollkommen den Bruder in ihm entdeckte und sich von Scham und Liebe, von Verwandtschaft und Ehre, von Gerechtigkeit und Mitleid bekämpft sah; er schämte sich nämlich, sich als Bruder eines Galgenvogels zu entdecken, es schmerzte ihn, sein Fleisch und Blut in solch einer Lage zu sehen, die Bruderliebe trieb ihn mit unwiderstehlicher Gewalt, der Sache eine andere Wendung zu geben, und die Ehre zog ihn zurück, damit er sich nicht vor dem Könige als Bruder eines wegen longorum fingerorum Angeklagten zu schämen brauche; die Gerechtigkeit verlangte, daß dem verletzten Gesetz Genugtuung gegeben werde, und das Mitleid drang in ihn, daß er sich die Rettung seines leiblichen Bruders angelegen sein ließe.

Während er sich nun so mit seiner Überlegung auf der Kippe und mit seinem Entschluß in Ungewißheit befand, erschien plötzlich ein Gerichtsdiener im vollen Lauf, so daß ihm die Zunge zum Halse heraushing, und rief aus: »Heda, holla, haltet ein mit der Hinrichtung!« »Was ist los?« fragte Marcuccio, worauf jener versetzte: »Zum Glück für diesen armen Teufel hat sich etwas Wunderbares zugetragen; denn zwei Spitzbuben, welche eine gewisse Summe Geldes und noch andere Kostbarkeiten, die sie in dem Balken eines alten Hauses versteckt hatten, hervorholen wollten und sie nicht mehr vorfanden, so daß jeder von ihnen dachte, daß der andere ihm diesen Streich gespielt hätte, sind sich in die Haare geraten, haben einander tödlich verwundet und dann bei Ankunft des Richters alles bekannt, so daß dieser, da auf solche Weise die Unschuld dieses armen Menschen an den Tag gekommen ist, mich hergesandt hat, um die Hinrichtung zu verhindern und ihn vom Tode zu retten, da er frei von aller Schuld ist.« Kaum vernahm dies Parmiero, so wurde er, der eben erst Furcht gehabt, eine Elle länger zu werden, um eine Spanne höher; Marcuccio aber, der seinen Bruder wieder zu Ehren gebracht sah, warf die Maske ab, gab sich ihm zu erkennen und sprach: »Wenn du nun erfahren hast, lieber Bruder, in welches Verderben Laster und Spiel stürzen, so sieh nun auch, welches Glück und welchen Segen uns die Tugend verleiht. Jetzt aber komm ohne weiteres in mein Haus und genieße zusammen mit mir die Früchte der Tugend, die dir so sehr zuwider war; denn ich habe die Verachtung, die du mir erwiesen, ganz vergessen und werde dich hinfüro mit aller Liebe eines Bruders umfassen.« Indem er dies sagte, umarmte er Parmiero und führte ihn in sein Haus, woselbst er ihn alsbald von Kopf bis zu den Füßen neu bekleidete und ihn auf unwiderlegliche Weise erkennen ließ, daß alles andere Wind ist und

»die Tugend nur allein den Menschen
glücklich macht.«

33

Vierter Tag

Drittes Märchen

»DIE DREI TIERBRÜDER«

Cianeola, Sohn des Königs von Grünhügel, sucht seine drei leiblichen Schwestern auf, die mit einem Falken, einem Hirsch und einem Delphin verheiratet sind. Nachdem er sie gefunden und auf seiner Rückkehr eine Königstochter angetroffen hat, die sich in einem Turm in der Gewalt eines Drachen befindet, bringt er durch gewisse Zaubermittel, die er von den drei Schwägern erhalten, diese schnell zu seiner Hilfe herbei, und indem er mit ihrem Beistand den Drachen tötet und die Prinzessin befreit, heiratet er dieselbe und kehrt mit den Schwägern und den Schwestern in sein Reich zurück.

Nicht wenige von den Zuhörern wurden durch das von Marcuccio seinem Bruder bewiesene Mitleid tief gerührt, und alle kamen darin überein, daß die Tugend einen sichern Reichtum verleiht, den weder die Zeit verzehrt, noch ein Sturm fortführt, noch Motten fressen, so, wie im Gegenteil die andern Güter des menschlichen Lebens gehen und kommen und das unrecht erworbene Gut nimmer von Kindeskind genossen wird. Endlich jedoch setzte Meneca als Zuessen zu dem eben vernommenen Ereignis die folgende Geschichte auf die Tafel der Märchengerichte auf:

Es war einmal ein König von Grünhügel, welcher drei Töchter, drei wahre Edelsteine, besaß. Für diese hatten nun zwar die drei Söhne des Königs von Schönau eine heftige Liebe gefaßt; da sie jedoch von einer Fee verwünscht und in Tiere verwandelt waren, so wollte der König von Grünhügel ihnen nicht seine Töchter zu Frauen geben; weshalb der älteste derselben, der die Gestalt eines schönen Falken hatte, alle Vögel zu einer Versammlung zusammenrief und den Finken, Zaunkönigen, Auerhähnen, Baumhackern, Fliegenschnäppern, Hähern, Spechten, Gimpeln, Kuckucken, Amseln und aliis generibus pennatorum, welche sämtlich auf seinen Ruf erschienen, den Befehl erteilte, alle Blüten der Bäume in Grünhügel ohne Ausnahme zu zerstören, so daß weder Blüten noch Blätter zurückblieben. Der zweite, welcher ein Hirsch war, berief alle Ziegen, Kaninchen, Hasen, Stachelschweine und alle andern Tiere jenes Landes und ließ sämtliche Saatfelder dergestalt verheeren, daß auch nicht ein Halm übrigblieb. Der dritte aber, ein Delphin, verabredete sich mit unzähligen Seeungeheuern und erregte an der Küste einen so gewaltigen Sturm, daß auch nicht eine Barke der Vernichtung entging. Als nun der König sah, daß es immer übler wurde und er den Schaden nicht abzuwehren vermochte, den diese drei ungestümen Liebhaber ihm zufügten, so beschloß er, sich aus diesen Nöten zu befreien, und war es zufrieden, ihnen seine Töchter zu Frauen zu geben, worauf sie, ohne Feste noch Musik zu verlangen, ihre Weiber aus dem Lande führten. Beim Scheiden aber gab die Königin Grazolla jeder der drei Töchter einen Ring, der den übrigen beiden auf das genaueste glich, indem sie zu ihnen sagte, daß, wenn sie sich einmal trennen müßten und nach einiger Zeit wiederfinden oder auch irgendeinen andern ihrer Verwandten sehen wollten, so würden sie sich vermittels dieser Ringe wiedererkennen.

Nachdem sie so Abschied genommen und sich auf den Weg begeben hatten, brachte der Falke Fabiella, welche die älteste der Schwestern war, auf einen ungeheuer hohen Berg, der bis über die Wolken hinausging und mit dem trocknen Gipfel bis dahin reichte, wo es nie regnet, ließ sie daselbst in einem schönen Palast wohnen und hielt sie wie eine Königin. Der Hirsch führte die zweite Schwester, namens Vasta, in einen Wald, der so dicht war, daß die Dunkelheit, wenn sie von der Nacht herbeigerufen wurde, nicht wußte, wie sie hinauskommen sollte, um ihrem Ruf Folge zu leisten, und dort wohnte sie, wie es ihrem Range gebührte, in einem wunderschönen Palast, bei welchem sich ein ebenso herrlicher Garten befand. Der Delphin aber schwamm mit Rita, der dritten Schwester, auf den

Schultern mitten ins Meer, woselbst sie auf einem Felsen ein so prächtiges Gebäude antraf, daß selbst ein gekröntes Haupt darin hätte seinen Aufenthalt nehmen können.

Bald nach der Abreise ihrer Töchter nun gebar Grazolla noch einen schönen Knaben, welcher den Namen Tittone erhielt. Als dieser aber sechzehn Jahre alt war und die Mutter immer darüber jammern hörte, daß sie von seinen an drei Tiere verheirateten Schwestern nie wieder etwas gehört hätte, setzte er es sich in den Kopf, so lange die Welt zu durchstreifen, bis er etwas von ihnen vernähme. Nachdem er daher die Eltern sehr lange gequält hatte, erlaubten sie ihm auszuziehen und gaben ihm alle Reiseausrüstung und Begleitung mit, die für einen Prinzen wie er notwendig war und ziemte, die Mutter aber insbesondere einen Ring, denen ganz ähnlich, welche sie den Töchtern gegeben hatte. Tittone nun ließ keine Ecke Italiens, keinen Winkel Frankreichs, keinen Teil Spaniens ununtersucht, und nachdem er England durchzogen, Slawonien durchstreift, Polen durchstöbert, mit einem Wort den Osten und Westen durchwandert und seine Diener teils in den Wirtshäusern, teils in den Spitälern zurückgelassen hatte sowie ohne einen Dreier in der Tasche geblieben war, langte er auf dem von dem Falken und Fabiella bewohnten Berge an. Während er aber ganz außer sich vor Erstaunen dastand und die Pracht des Palastes, die Ecksteine von Porphyr, die Mauern von Alabaster, die goldenen Fenster und silbernen Ziegel bewunderte, wurde er von seiner Schwester erblickt, welche ihn sogleich hereinrufen ließ und befragte, wer er wäre, woher er käme und welche Veranlassung ihn in jenes Land geführt. Kaum hatte daher Tittone ihr seine Heimat, seine Eltern und seinen Namen angesagt, so erkannte Fabiella in ihm ihren Bruder und um so mehr, als sie den Ring, den er am Finger trug, mit dem, welchen sie von der Mutter erhalten, verglich, und nachdem sie ihn mit großer Freude umarmt, verbarg sie ihn aus Furcht, daß ihr Mann über seine Ankunft unwillig sein möchte. Sobald nun der Falke nach Hause gekehrt war, fing Fabiella an, davon zu reden, was für ein großes Verlangen nach den Ihrigen sie ergriffen hätte, worauf jedoch der Falke erwiderte: »Laß dir diesen Wunsch nur vergehen, liebe Frau, denn er ist ganz vergeblich, solange ich nicht Lust habe, ihn zu erfüllen.« »Wenigstens«, entgegnete Fabiella, »lasse mir einen meiner Verwandten holen, der einige Zeit bei mir bleiben kann.« »Und wer«, versetzte der Falke, »wird einen so weiten Weg machen, um dich zu sehen?« »Und wenn nun jemand käme«, entgegnete Fabiella, »würdest du darüber ungehalten sein?« »Warum sollte ich darüber ungehalten sein«, erwiderte der Falke, »es wäre genug, daß es ein Verwandter von dir wäre, damit ich ihn auf Händen trüge.«

Als Fabiella dies vernahm, so faßte sie sich ein Herz, ließ ihren Bruder hervorkommen und stellte ihn dem Falken vor, welcher alsobald ausrief: »Verwandtenblut ist treu und gut, das Wasser dringt durch den Stiefel und die Freundschaft durch den Handschuh; sei mir tausendmal willkommen, betrachte dich als Herrn dieses Hauses, befiehl, was du wünschest, und schalte, wie dir gutdünkt«; und zugleich gebot er seinen Dienern, Tittone wie ihn selbst zu respektieren und zu bedienen. Nach einem vierzehntägigen Aufenthalt bei seiner Schwester aber dachte Tittone daran, auch seine andern beiden Schwestern aufzusuchen, und verabschiedete sich daher von Fabiella und ihrem Gemahl, welcher letztere ihm eine seiner Federn schenkte und dabei sagte: »Nimm diese Feder, lieber Tittone, und achte sie wert, denn wenn du dich einmal in großer Not befinden solltest, so wirst du sie für einen großen Schatz halten; bewahre sie also sorgfältig, und wenn du Hilfe bedarfst, so sage: ›Komm her, komm her!‹, und du wirst mit mir zufrieden sein.« Tittone packte die Feder in ein Stück Papier, welches er dann in einen Beutel steckte, und verabschiedete sich hierauf unter tausend gegenseitigen Versicherungen der Liebe und Freundschaft.

Nachdem er nun wieder einen erschrecklich weiten Weg zurückgelegt hatte, langte er in dem Walde an, in welchem der Hirsch mit Vasta wohnte, und da er fast tot vor Hunger in den Garten trat, um einige Früchte abzupflücken, wurde er von der Schwester gesehen und von ihr ebenso wie von Fabiella erkannt, worauf sie ihn ihrem Gemahl vorstellte, welcher ihn auf das freundlichste empfing und ihn wie einen Prinzen bewirtete. Aber auch von hier reiste Tittone nach vierzehn Tagen wieder ab, um die dritte Schwester aufzusuchen, und erhielt von dem Hirsch eins seiner Haare mit denselben Worten, wie sie der Falke bei Überreichung der Feder gesprochen.

Hierauf begab Tittone sich mit einem Beutel Geld, den ihm der Falke, und mit einem andern, den ihm der Hirsch gegeben, wieder auf den Weg und zog immer weiter, bis er endlich an das Ende der Erde gelangte, und da er nun nicht mehr zu Fuß weiterkommen konnte, so mietete er ein Schiff in der Absicht, alle Inseln zu durchsuchen und so vielleicht etwas von seiner Schwester zu vernehmen. Er ging daher unter Segel und fuhr so lange auf der See umher, bis er bei der Insel anlangte, auf welcher der Delphin mit Rita wohnte, und kaum ans Land gestiegen, wurde er von dieser ebenso erkannt wie früher von den beiden andern Schwestern und von dem Schwager mit aller nur denkbaren Freundlichkeit empfangen. Sobald aber Tittone auch von dort abreisen wollte, um nach so langer Zeit endlich seine Eltern wiederzusehen, gab der Delphin ihm eine seiner Schuppen mit denselben Worten wie die andern beiden Schwäger; worauf Tittone sich zu Pferd setzte und auf den Weg begab. Er war jedoch kaum eine halbe Meile vom Meeresufer entfernt, als er in einen Wald kam, in welchem die Furcht und die Nacht ihren Wohnsitz hatten und ein beständiger Markt des Grauens und der Dunkelheit gehalten wurde. In diesem Walde nun sah Tittone in der Mitte eines Sees, welcher die Füße der Bäume küßte, damit sie die Sonne sein gräuliches Gewässer nicht sehen ließen, einen hohen Turm und an einem Fenster desselben eine sehr schöne Jungfrau zu den Füßen eines schlafenden Drachen. Sobald diese Tittone erblickte, rief sie ihm mit leiser Stimme zu: »O schöner Jüngling, den mir vielleicht der Himmel als

Retter aus meinem Elend hierhergesandt, wo nie eine Christenseele sich sehen läßt, befreie mich doch aus der Gewalt dieser Schlange, die mich meinem Vater, dem König von Hellthal, entrissen und in diesen schauerlichen Turm gesperrt hat, wo ich vor Jammer und Leid meinem Tode entgegengehe.« – »Ach, meine schöne Jungfrau«, versetzte Tittone, »wie soll ich es anfangen, um deinem Wunsch zu willfahren? Wer könnte über diesen See setzen? Wer den Turm ersteigen? Wer diesem furchtbaren Drachen nahen, dessen Anblick in Schrecken setzt, Grauen säet und Entsetzen erweckt? Jedoch habe nur Geduld und warte ein bißchen, vielleicht gelingt es mir, diese Schlange durch Hilfe eines andern zu verjagen; aber nur sachte und langsam; denn Eile mit Weile; wir werden bald sehen, was dahintersteckt«, und indem er so sprach, warf er die Feder, das Haar und die Schuppe, die er von seinen Schwägern erhalten, auf einmal zu Boden, wobei er ausrief: »Komm her, komm her!«; und kaum hatten sie die Erde berührt, als sie auch gleich einem Sommerregen, welcher die Frösche hervorlockt, plötzlich den Falken, den Hirsch und den Delphin herbeibrachten, welche zu gleicher Zeit ausriefen: »Hier sind wir! Was wünschest du?« Als Tittone sie erblickte, sagte er voller Freude: »Ich wünsche nichts weiter, als diese arme Jungfrau den Klauen jenes Drachen zu entreißen, sie aus dem Turme fortzuführen, alles zu zertrümmern und die schöne Jungfrau selbst als Frau mit mir nach Hause zu führen.« – »Nur gelassen«, versetzte der Falke, »denn ehe du dich dessen versiehst, wird geschehen, was du willst; es soll nicht lange dauern, bis das Ungetüm zu Kreuze kriechen und tanzen wird, wie du pfeifst.« – »Wir wollen keine Zeit verlieren«, begann nun der Hirsch, »denn was du tun willst, tu bald«; und nachdem sie so gesprochen, ließ der Falke eine Schar Greife herbeikommen, welche an das Fenster des Turmes flogen, die Jungfrau fortführten und über den See an den Ort trugen, wo sich Tittone mit den Schwägern befand, und wenn sie in der Ferne dem Monde geglichen hatte, so schien sie in der Nähe eine Sonne zu sein, von so glänzender Schönheit war sie.

Während sie jedoch Tittone eben noch umarmte und herzte, erwachte der Drache und kam, sich aus dem Fenster stürzend, herbeigeschwommen, um Tittone zu verschlingen, als der Hirsch plötzlich eine Schar Löwen, Tiger, Panther, Bären und Meerkatzen erscheinen ließ, welche alsbald über den Drachen herfielen und ihn mit ihren Klauen in kleine Stücke zerrissen. Indem nun Tittone hierauf weiterreisen wollte, begann der Delphin: »Auch ich will etwas tun, um mich dir dienstwillig zu erweisen«; und damit auch nicht die allergeringste Spur von einem so verwünschten unseligen Orte übrigbliebe, machte er, daß der See furchtbar anschwoll, sein Ufer übertrat und mit solcher Wut auf den Turm losstürzte, daß er ihn von Grund aus zerstörte. Tittone dankte nun seinen Schwägern von ganzem Herzen und forderte die Prinzessin auf, desgleichen zu tun, da sie durch die Hilfe jener aus so großer Bedrängnis befreit worden war. »Im Gegenteil«, sagten die drei Tierbrüder, »wir müssen dieser schönen Jungfrau danken, da sie die Ursache ist, daß wir unsere natürliche Gestalt wiedererlangen. Bei unserer Geburt nämlich wurden wir wegen eines Verdrusses, den unsere Mutter einer Fee verursachte, von dieser verwünscht, daß wir so lange in Tiere verwandelt sein sollten, bis wir eine Königstochter aus großer Not befreit hätten. Diese von uns so ersehnte Zeit ist nun endlich erschienen und der Zaubeer gelöst; schon fühlen wir einen neuen Geist in unserer Brust und neues Blut in unseren Adern«; und während sie so sprachen, verwandelten sie sich in drei schöne Jünglinge, welche einer nach dem andern den Schwager umarmten und dessen Braut herzlich bei der Hand schüttelten, die inzwischen vor Freude ganz außer sich geraten war. Als Tittone dieses alles sah, stieß er einen tiefen Seufzer aus, als wenn es sein letzter gewesen wäre, und sprach: »O mein Gott, warum haben mein Vater und meine Mutter nicht auch Teil an dieser großen Freude? Denn sie würden beim Anblick so schöner, liebenswürdiger Schwiegersöhne vor Entzücken außer sich geraten.« »Noch ist nicht aller Tage Abend«, versetzten die drei Brüder, »denn die Scham darüber, in Tiergestalt erscheinen zu müssen, zwang uns, die Augen der Menschen zu fliehen. Da wir uns aber jetzt, Gott sei Dank, vor den Leuten sehen lassen können, so wollen wir nebst unsern Frauen von nun an auch sämtlich unter einem Dache wohnen und unser Leben in Freude und Fröhlichkeit zubringen. Darum hurtig auf den Weg gemacht; denn ehe die Sonne morgen früh ihre Strahlenballen an dem Zollhause des Ostens auspackt, müssen wir alle bei unsern

Weibern sein.« Damit sie nun aber nicht nötig hätten, zu Fuß zu gehen, indem nichts anderes da war als die abgemagerte Schindmähre, welche den Tittone getragen hatte, ließen die Brüder eine von sechs Löwen gezogene, sehr schöne Karosse erscheinen, welche alle fünf bestiegen, und in der sie nach ununterbrochenem Fahren des Abends in einem Wirtshause anlangten, woselbst sie während der Zubereitung des Nachtessens sich die Zeit damit vertrieben, all die Zeugnisse von der Dummheit der Menschen zu lesen, welche an die Wände geschrieben waren. Nachdem man aber gehörig geschluckt und sich zu Bett gelegt hatte, stahlen sich die drei Brüder heimlich fort und verwandten die Nacht dergestalt, daß, als die Sterne, verschämt wie die Jungfern, sich des Morgens den Blicken der Sonne entzogen, sie sich sämtlich mit ihren Weibern in dem nämlichen Wirtshause einfanden, worauf eine allgemeine Umarmung stattfand und alle voll Lust und Freude erfüllt waren. Alsdann setzten sich alle acht wieder in denselben Wagen und kamen nach einer langen Reise in Grünhügel an, wo sie von dem König und der Königin mit unsäglichem Jubel empfangen wurden, da diese nicht nur das verlorengeglaubte Kapital von vier Kindern wiedererlangt, sondern auch noch drei Schwiegersöhne und eine Schwiegertochter, welche man vier Säulen des Tempels der Schönheit nennen konnte, als Zinsen dazu bekommen hatten. Auch die Könige von Schönau und Hellthal wurden unverzüglich von dem glücklichen Ereignis in Kenntnis gesetzt und erschienen alle beide bei den hierauf veranstalteten Festen, indem sie zu dem Potpourri des allgemeinen Jubels auch ihren Anteil von dem Schmalz der Freude hinzutaten, so daß alle für die früheren Drangsale reichen Ersatz empfanden; denn:

»Durch einer einz'gen Stunde Freuden
Vergißt man tausendjähr'ges Leiden.«

34

Vierter Tag

Viertes Märchen

»DIE SIEBEN SCHWARTEN«

Eine arme, alte Frau prügelt ihre genäschige Tochter, welche ihr sieben Schwarten aufgegessen hat, und macht einem Kaufmann weis, daß sie sie deswegen bestrafe, weil sie sich zu sehr angestrengt, um sechs Spindeln vollzuspinnen. Dieser nimmt sie daher zur Frau, und obwohl sie ihre ganze Zeit in Müßiggang zubringt, so findet dennoch ihr Mann, von einer Reise zurückkehrend, die ihr aufgetragene Arbeit durch Hilfe einer Fee fertig gemacht und wird durch eine neue List seiner Frau zu dem Entschluß gebracht, sie nicht mehr arbeiten zu lassen, damit sie nicht krank werde.

Alle priesen einstimmig den Vortrag Menecas, welche dieses Märchen auf so anmutige Weise erzählt hatte, daß sie die in so weiter Ferne vorgefallenen Dinge den Augen der Zuhörer auf das lebendigste vergegenwärtigte; dergestalt, daß Tolla darüber ganz neidisch wurde und den heftigsten Wunsch empfand, Meneca bei weitem zu übertreffen, weshalb sie, nachdem sie sich zuerst geräuspert, also begann:

Es gibt wohl, wie ich glaube, kein einziges Sprichwort, welches nicht entweder ganz oder doch wenigstens halb wahr sei, und wer daher gesagt hat: »Der Glückliche macht sich nichts draus und säh er noch so häßlich aus«, wußte sicherlich, wie es in der Welt zugeht, oder er hatte vielleicht die Geschichte von Antonio und Parmiero gelesen, wo es heißt: »Ein Quentchen Glück ist besser als alle Schönheit und alles Geschick«, und die tägliche Erfahrung beweist es ja, daß diese Welt ein wahres Abbild des Schlaraffenlandes ist, wo der, welcher am meisten arbeitet, am wenigsten verdient, und derjenige am besten wegkommt, welcher sich um nichts graue Haare wachsen läßt und ruhig abwartet, ob ihm die gebratenen Tauben in den Mund fliegen oder nicht, so daß es auch Blinden einleuchten muß, daß die Geschenke und Gaben des Glükkes nicht mit noch so schnellen Galeeren, sondern mit gewöhnlichen Ruderbooten errungen werden, wie ihr dies auch gleich hören werdet.

Es war einmal eine arme alte Frau, welche mit dem Rocken in der Hand und die Leute auf der Straße bespuckend von Tür zu Tür betteln ging, und da man mit Betrug und List das halbe Jahr durch trinkt und ißt, so machte sie einigen mitleidigen, leichtgläubigen Frauen weis, daß sie für ihre halbverhungerte Tochter eine Suppe machen wollte, und bekam auf diese Weise sieben Speckschwarten zusammen, welche sie nach Hause brachte und mit einer Schürze voll Späne, die sie auf der Straße aufgeklaubt, der Tochter übergab, damit sie die Schwarten koche, während sie selbst wieder fortging, um von einigen Gärtnern ein paar Kohlblätter zu betteln und sich dann eine schmackhafte Suppe zu machen. Die Tochter nun nahm die Schwarten, sengte die Haare ab, steckte sie in einen Topf und setzte sie ans Feuer. Kaum aber fingen sie an zu kochen, so begann ihr auch der Mund zu wässern; denn der emporsteigende Geruch war eine gar zu heftige Herausforderung auf dem Felde des Appetits und eine Citatio ad informandum vor das Tribunal des Gaumens, dergestalt, daß sie nach langem Widerstand von dem Dampf des Topfes angereizt, von der natürlichen Leckerhaftigkeit getrieben und von dem nagenden Hunger an der Kehle herbeigezogen, endlich ein kleines Stückchen kostete, welches ihr so gut schmeckte, daß sie bei sich selbst sprach: »Bange machen hilft nicht; jetzt bin ich gerade dabei; mag's gehen, wie es gehen will; es ist ja bloß eine Schwarte, was will denn das sagen? Ich habe Fell genug auf dem Rücken, um die Schwarten zu bezahlen«; und indem sie so sprach, verschluckte sie die erste, und da sie der Magen mit immer größerer Gewalt antrieb, so nahm sie auch die zweite, hierauf beknabberte sie die dritte und so verputzte sie endlich nach und nach immer eine hinter der andern, alle sieben. Nachdem sie aber diesen schlimmen Streich ausgeführt und, über ihr

Vergehen nachdenkend, die Gewißheit erlangt hatte, daß die Schwarten ihr teuer zu stehen kommen würden, so faßte sie den Entschluß, der Mutter ein X für ein U zu machen, schnitt daher die Sohle eines alten Schuhes in sieben Streifen und steckte diese in den Topf. Inzwischen kehrte die Mutter mit einem Bündel Kohlstrünke nach Hause, schnitt sie, um auch nicht das geringste bißchen davon zu verlieren, mitsamt allen Wurzeln in Stücke, und da sie den Topf in vollem Sieden sah, warf sie dieselben nebst einem Stückchen Schmer hinein, welches ein Kutscher beim Einschmieren eines Wagens übrigbehalten und ihr als Almosen geschenkt hatte. Hierauf deckte sie einen Lappen über einen alten Kasten von Pappelholz, holte aus einem Schnappsack zwei Stücke vertrockneten Brotes, nahm von dem Schüsselbrett einen hölzernen Napf, schnitt das Brot hinein und schüttete alsdann den Kohl mit den Lederstücken darüber. Sobald sie aber anfing zu essen, merkte sie gleich, daß sie keine Schuhmacherzähne hatte, und daß die Schweineschwarten durch eine neue Ovidsche Metamorphose in ein Büffelfell verwandelt waren; sie wandte sich daher zur Tochter und sprach: »Du hast mir da einen hübschen Streich gespielt, du verdammtes Mensch! Was für einen Quark hast du mir denn hier in die Suppe getan? Ist denn mein Magen ein alter Schuh, daß du ihn mit Lederstücken ausflicken willst? – Jetzt gleich gestehst du mir, was da vorgegangen ist, oder es wäre dir besser, du wärest nimmer geboren, denn keinen Knochen im Leibe will ich dir ganz lassen.« Saporita legte sich nun zwar anfangs aufs

Leugnen, durch die Drohungen der Alten jedoch endlich in Furcht gesetzt, schob sie alle Schuld auf den Dampf des Topfes, der sie zu diesem bösen Streich verführt hätte. Da nun die Alte sich ihr Essen auf diese Weise verdorben sah, so ergriff sie zuletzt einen Besenstiel und fing an, ihn dergestalt zu schwingen, daß sie Saporita mehr als siebenmal fahren ließ und wieder ergriff, wobei sie ganz blindlings immer darauflosschlug. Bei dem Geschrei ihrer Tochter aber trat ein Kaufmann, der gerade vorüberging, ins Haus, und indem er die Wut der Alten sah, riß er ihr den Besenstiel aus der Hand und sprach: »Was hat denn das arme Mädchen begangen, daß du sie dergestalt totprügeln willst? Heißt dies bestrafen oder das Leben nehmen? Hast du sie vielleicht beim Liebsten getroffen oder hat sie dir die Sparbüchse erbrochen? Schämst du dich nicht, das arme Ding so mitleidslos zu mißhandeln?« – »Ihr wißt nicht, was sie mir getan«, versetzte die Alte; »der schändliche Nickel sieht, wie arm ich bin, und doch kehrt sie sich nicht daran, sondern will mich durch den Arzt und Apotheker zugrunde richten; denn obwohl ich ihr verboten habe, jetzt, in dieser heißen Jahreszeit, so angestrengt zu arbeiten, damit sie sich nicht etwa krank mache, da ich nichts habe, um sie zu verpflegen, hat das ungehorsame Ding heute früh mir zum Trotz sieben Spindeln voll gesponnen, auf die Gefahr hin, vor Mattigkeit hinzusinken und infolgedessen ein paar Monate lang bettlägerig zu werden.« Indem aber der Kaufmann dies alles hörte, dachte er, daß die Arbeitsamkeit dieses Mädchens das Glück seines

Hauswesens machen könnte, und sprach daher zu der Alten: »Laß ab von deinem Zorn; denn ich will, um dich von dieser Gefahr zu befreien, deine Tochter heiraten und sie in mein Haus bringen, wo sie wie eine Prinzessin leben soll, da ich, Gott sei Dank, meine eignen Hühner füttere, mein Schwein mäste, meinen Taubenschlag habe und mich in meinem Hause nicht umdrehen kann, so voll ist es; denn (ohne Beschreiung sei es gesagt!) ich habe Scheuern voll Getreide, Kisten voll Mehl, Krüge voll Öl, Töpfe und Blasen voll Schmalz, die Nägel voll Speckseiten, die Topfbretter voll Geschirr, große Schober Holz, ganze Berge Kohlen, einen Schrank voll Wäsche und ein Bett wie ein König, besonders aber ein so großes Einkommen an Zinsen und Miete, daß ich davon wie ein vornehmer Herr leben kann; außerdem verdiene ich mir manches Dutzend Dukaten auf den Messen, so daß, wenn es so fortgeht, ich bald ein reicher Mann sein werde.«

Als die Alte dieses so unverhoffte Glück vor sich sah, nahm sie Saporita bei der Hand und übergab sie, wie es der herkömmliche Brauch und Sitte in Neapel ist, dem Kaufmann mit den Worten: »Nimm sie hin, hier hast du sie als die Deine auf ewige Zeiten, Gott schenke euch Gesundheit und hübsche Kinder!« Hierauf umarmte der Kaufmann Saporita, führte sie in sein Haus und konnte die Zeit nicht erwarten, bis die neue Woche anfing. Sobald daher der Montag erschien, stand er frühzeitig auf, ging auf den Markt, wo die Bäuerinnen ihre Waren feilhalten, und kaufte zwanzig Gebund Flachs, die er dann nach Hause brachte und Saporita überlieferte, indem er sprach: »Hier kannst du spinnen, soviel du Lust hast, und brauchst nicht zu fürchten, wieder von einer so verrückten Närrin wie deine Mutter gehindert zu werden, welche dir die Rippen zerbrach, weil du die Spindeln vollspannst; denn ich werde dir im Gegenteil für jedes Dutzend Spindeln ein Dutzend Küsse, und für jede Strähne Garn mein ganzes Herz geben. Arbeite also nach Herzenslust, und wenn ich von der Messe zurückkehre, welches ungefähr in zwanzig Tagen der Fall sein wird, hoffe ich diese zwanzig Gebund Flachs gesponnen zu finden; dann sollst du auch von mir ein schönes Mieder von rotem Tuch mit grünem Samt besetzt zum Geschenk bekommen.« – »Wart nur«, erwiderte leise Saporita, »du bist gewaltig auf dem Holzwege und wirst dich ungeheuer wundern; wenn du je denkst, ein Hemd von meiner Hände Arbeit zu tragen, so hast du die Rechnung ohne Wirt gemacht. Denn bei mir bist du gerade an die Rechte gekommen! – Kann ich etwa hexen, daß ich in zwanzig Tagen zwanzig Gebund Flachs spinnen soll? Hol der Kuckuck die Stunde, da du geboren wurdest! Aber warte du nur immer zu; denn du wirst das Garn nicht vor dem Nimmermehrstag fertig finden!« Inzwischen war ihr Mann abgereist, und Saporita, ebenso leckermäulig als arbeitsscheu, tat nun nichts anderes, als daß sie Schürzen voll Mehl und Kännchen voll Öl nahm und Pfannkuchen und Torten backte, an denen sie vom frühen Morgen bis zum späten Abend in einem fort wie eine Maus knabberte und wie ein Bürstenbinder fraß.

Als jedoch die Zeit da war, wo ihr Mann nach Hause

kehren sollte, fing sie an, in sich zu gehen und zu bedenken, was für einen Heidenspektakel er machen würde, wenn er den Flachs unangerührt, die Kasten und Krüge aber leer finden sollte. Sie nahm daher eine lange Stange, wickelte darum ein ganzes Gebund Flachs mit allem Werg und allen Fasern, steckte dann einen Kürbis an eine große Gabel, und nachdem sie die Stange an das Geländer des Daches angebunden, fing sie an, jene Großmutter aller Spindeln vom Dache herabzulassen, wobei ihr ein großer Kessel Makkaronibrühe als Wassernapf diente, und indem sie so fein spann, als wenn sie Schifftaue machen wollte, spielte sie jedesmal, wenn sie sich die Finger naß machte, mit den Vorübergehenden Karneval. Zufällig geschah es nun aber, daß einige Feen vorbeikamen, die an diesem seltsamen Schauspiel so großes Ergötzen fanden, daß sie vor Lachen fast barsten, weswegen sie der Spinnerin wünschten, daß aller Flachs, den sie im Hause hätte, sich auf der Stelle nicht nur in Garn, sondern sogar in fertige und gebleichte Leinwand verwandeln sollte, welches auch sogleich geschah, so daß Saporita beim Anblick dieses unverhofften Glückes in einem Freudenmeere schwamm. Damit sie jedoch nicht mehr in Zukunft von ihrem Manne mit dergleichen Arbeiten belästigt würde, schüttete sie sich ein Maß Nüsse ins Bett und legte sich dann, sobald sie jenen nach Hause kehren sah, hinein, worauf sie anfing, zu wimmern und sich dermaßen hin und her zu werfen, daß sie die Nüsse zerdrückte und es schien, als ob ihr die Rippen im Leibe knackten. Als nun ihr Mann sie fragte, wie sie sich befände, antwortete sie mit schwacher und gebrochener Stimme: »Ich kann mich gar nicht schlimmer befinden, lieber Mann; denn kein Knochen im Leibe ist mir ganz geblieben, scheint es dir denn auch ein Geringes, zwanzig Gebund Flachs in zwanzig Tagen zu spinnen und sogar daraus noch Leinwand zu machen? Geh nur, geh, lieber Mann, du hast kein menschliches Herz im Leibe und Verstand hast du auch nicht viel im Nischel; wenn ich aber erst tot bin, so werde ich nicht wieder von neuem geboren, darum kriegst du mich nicht noch einmal zu solcher Pferdearbeit heran; denn ich bin nicht gesonnen, um soviel Spindeln vollzumachen, die Spindel meines Lebens abzuspinnen.« Als ihr Mann diese Worte vernahm, so fing er an, sie zu liebkosen, und sprach: »Gott bewahre, daß ich dich verlieren sollte; denn ich liebe dich, die aus lauter Reizen gewoben ist, mehr als alle Gewebe der Welt; und jetzt erkenne ich, wie recht deine Mutter daran tat, dich für dein unaufhörliches Arbeiten zu bestrafen, wenn du deine Gesundheit dabei zusetzest; drum sei nur guten Mutes, liebe Frau, ich gehe jetzt gleich nach dem Doktor; denn du sollst wieder gesund werden, und sollte es mir auch ein Auge kosten«; und indem er dies sagte, ging er auch schon in aller Eile fort, um den Meister Catruppolo zu holen, während welcher Zeit Saporita alle Nüsse aufaß und die Schalen zum Fenster hinauswarf. Sobald nun der Doktor erschien und ihr den Puls gefühlt, ihr Gesicht genau angesehen, das Nachtgeschirr in Augenschein genommen und das Kammerbecken berochen hatte, schloß er mit Hippokrates und Galenus aus allen

Symptomen, daß ihr Übel von zu vielem Blut und zu weniger Arbeit herrühre; der Kaufmann aber, der diesen Ausspruch für eine große Ungereimtheit hielt, steckte dem Doktor einen Dukaten in die Hand und schickte ihn ohne weiteres wieder nach Hause. Zwar wollte er nun noch einen andern Arzt holen, jedoch Saporita sagte ihm, er solle es nur lassen; denn der bloße Anblick des ersten hätte sie vollkommen kuriert; worauf ihr Mann sie umarmte und zu ihr sagte, daß sie hinfür gar nicht mehr arbeiten, sondern sich lieber aufs beste pflegen sollte; denn es wäre nicht möglich, Wein und Kohl auf einem Fleck zu pflanzen, und:

»Man kann nicht zwei Herren zugleich dienen.«

35
Vierter Tag
Fünftes Märchen

»DER DRACHE«

Miuccio wird auf Veranlassung einer Königin mit mehrfachen gefährlichen Unternehmungen beauftragt und führt sie sämtlich durch Hilfe eines Zaubervogels glücklich aus; endlich jedoch stirbt die Königin, und es zeigt sich, daß Miuccio der Sohn des Königs ist, worauf er seine Mutter befreit und diese von dem Könige geheiratet wird.

Die Geschichte von den sieben Schwarten tat in die Vergnügungssuppe des Prinzen so viel Fett, daß es bei der Erzählung von der dummen Bosheit und boshaften Dummheit Saporitas, welche Tolla mit so viel Gewandtheit mitgeteilt hatte, zum Überlaufen kam. Popa jedoch, welche Tolla in nichts nachstehen wollte, fuhr durch das Meer der Geschichten mit dem folgenden Märchen:

Wer andern schaden will, fügt sich oft selbst das größte Leid zu, und wer andern eine Grube gräbt, fällt selbst hinein, wie ihr dies an einer Königin sehen werdet, die sich mit ihren eigenen Händen die Schlinge legte, in welcher sie zuletzt mit dem Fuße hängenblieb.

Es war einmal ein König von Hohenufer, welchem wegen seiner Grausamkeit und Tyrannei, während er sich einst mit seiner Gemahlin auf ein von der Stadt weit entferntes Lustschloß begeben hatte, von einer Zauberin der Thron geraubt wurde. Als er daher eine gewisse hölzerne Bildsäule, welche dunkle Orakelsprüche erteilte, um Rat fragen ließ, erhielt er die Antwort, daß er seinen Thron erst dann wiedererlangen könnte, wenn die Zauberin ihr Leben verlöre. Da er indes sah, daß die Zauberin, außerdem, daß sie von einer zahlreichen Wache umgeben war, auch die von ihm gegen sie abgeschickten Leute an der Nase erkannte und sie ohne Erbarmen hinrichten ließ, so geriet er zuletzt in Verzweiflung und beschloß, allen Frauenzimmern aus jener Stadt, die ihm in die Hände fielen, Ehre und Leben zu rauben. Nach vielen Hunderten nun, die, von ihrem bösen Geschick getrieben, durch ihn ihren Ruf vernichtet und ihr Leben verkürzt sahen, kam endlich auch eine Jungfrau namens Porziella in seine Gewalt, das anmutigste Wesen, das man nur irgend in der ganzen Welt finden konnte. Ihre Haare waren die Handschellen der Liebeshäscher, ihre Stirn eine Tafel, auf welcher die Reize und Freuden in der Vorratskammer der Liebe sämtlich verzeichnet waren; ihre Augen zwei Leuchttürme, welche den mit Wünschen beladenen Schiffen wiesen, wohin sie steuern müßten, um in den Hafen der Lust einzulaufen, und ihr Mund ein lieblicher Heckengang zwischen zwei Reihen Rosenstöken. Sobald also diese Jungfrau in die Hände des Königs gefallen war und von ihm dieselbe Behandlung wie ihre Vorgängerinnen erfahren hatte, wollte er sie gleich diesen töten, in demselben Augenblicke jedoch, da er den Dolch erhob, ließ ein Vogel ihm eine gewisse Wurzel auf den Arm fallen, wodurch er in ein solches Zittern geriet, daß ihm die Waffe aus der Hand sank. Dieser Vogel war aber eine Fee, welche einige Tage vorher in einem Walde schlafend, wo man unter dem Zelte der Bäume der Mittagshitze entfliehen konnte, wenn man der Furcht vor der dort herrschenden Finsternis zu trotzen verstand, in dem Augenblick, wo ein Satyr ihre Ehre antasten wollte, von Porziella aufgeweckt wurde, so daß sie von dieser Zeit an sie immerwährend begleitete, um ihr bei günstiger Gelegenheit einen Dienst durch einen andern zu vergelten. Als nun der König wahrnahm, was mit ihm vorgegangen war, so dachte er, daß die Schönheit jenes Angesichts ihm auf den Arm Beschlag gelegt und den Dolch bezaubert habe, damit er die Jungfrau nicht durchbohre, wie er es mit so vielen andern gemacht; daher wollte er dieselbe Sache nicht zweimal wiederholen und nicht das Instrument des Todes mit Blut färben, wie er es mit dem des Lebens getan, sondern sie in eine Giebelstube seines Palastes einmauern und darin verhungern lassen. Gesagt, getan, die unglückliche Geliebte wurde zwischen vier Wänden eingemauert und ihr weder etwas zu essen noch zu trinken zurückgelassen, damit sie so nach und nach hinsterbe. Sobald aber der Vogel Porziella in solcher Bedrängnis sah, tröstete er sie mit freundlichen Worten, indem er zu ihr sagte, sie solle nur guten Mutes sein; denn er würde, um sich für einen Dienst, den sie ihm erwiesen, dankbar zu bezeigen, ihr nötigenfalls mit seinem eigenen Blute beistehen, jedoch wollte er, trotz aller Bitten Porziellas, ihr nicht sagen, wer er wäre, sondern nur, daß er ihr verpflichtet sei und alles tun würde, um ihr irgendwie zu dienen; und indem er sah, daß das arme Mädchen vor Hunger fast verging, flog er rasch fort, kehrte jedoch sogleich mit einem spitzen Messer aus dem Tischkasten des Königs wieder und sagte zu ihr, daß sie nach und nach ein Loch in eine Ecke des Fußbodens machen sollte, welche sich gerade über der Küche befände, aus der er ihr immer etwas holen würde, um damit ihr Leben zu fristen. Porziella grub also eine Zeitlang mit großer Anstrengung und machte endlich ein solches Loch, daß sie dem Vogel einen Weg bahnte, auf welchem er, indem eben der Koch einen Eimer Wasser von dem Brunnen holte, in die Küche hinunter flog, ein fettes Huhn, das eben am Feuer stand, heraufholte und es Porziella überbrachte; da sie aber auch Durst hatte und er nicht wußte, wie er ihr etwas zu trinken bringen sollte, so flog er in die Speisekammer, in welcher sich eine große Menge Weintrauben befanden, und brachte ihr die schönste derselben heraufgetragen, und so machte er es eine Zeitlang jeden Tag.

Porziella aber, die durch jene Gewalttat des Königs schwanger geworden war, gebar endlich einen hübschen Knaben, welchen sie mit der immerwährenden Hilfe des Vogels säugte und, so viel sie konnte, pflegte. Als er nun herangewachsen war, riet die Fee Porziella, daß sie das Loch größer machen und soviel Schindeln von dem Fußboden wegbrechen solle, bis Miuccio (so hieß nämlich der Sohn) hindurchkriechen könnte, darauf solle sie ihn mit einigen Stricken, die der Vogel ihr brachte, hinunterlassen und dann die Schindeln wieder an ihren Ort legen, damit man nicht merke, wie Miuccio hinuntergekommen wäre. Nachdem also Porziella getan, wie der Vogel sie geheißen, und sie dem Sohne eingeschärft hatte, nie zu sagen, woher er gekommen und was er wolle, ließ sie ihn in die Küche hinunter, als gerade einmal der Koch hinausgegangen war, welcher bei seiner Rückkehr, einen so hübschen Knaben in der Küche sehend, ihn fragte, wer er wäre, woher er gekommen und was er wolle, worauf Pippo, des Befehls seiner Mutter eingedenk, sagte, daß er sich verirrt hätte und einen Dienst suche. Während dieses Hin- und Herredens kam der Seneschall, und kaum erblickte dieser den aufgeweckten Knaben, so dachte er gleich, daß er sehr wohl als Edelknabe des Königs passen würde; er brachte ihn daher auf der Stelle vor den König, welcher an diesem Juwel von Schönheit und Anmut alsbald großes Gefallen fand, ihn in seinem Dienst als Pagen, in seinem Herzen aber als Sohn behielt und ihn in allen ritterlichen Künsten unterrichten ließ, so daß er mit der Zeit die größte Zierde seines Hofes war und von dem

Könige weit mehr geliebt wurde als dessen Stiefsohn. Gerade deswegen aber fing die Königin an, Miuccio von Herzen gram zu werden und ihn von Grund ihrer Seele zu hassen, und um so tiefere Wurzeln schlug ihr Neid und ihr Ingrimm, je höher Miuccio durch die Gunstbezeugungen und das Wohlwollen emporstieg, welches der König für ihn an den Tag legte, so daß sie beschloß, die Sprossen seiner Glücksleiter dergestalt einzuseifen, daß er von derselben herunterstürze.

Als daher sie und der König eines Abends die Instrumente gestimmt hatten und sie miteinander eine Unterhaltungsmusik anfingen, sagte die Königin zu ihrem Gemahl, daß Miuccio sich gerühmt hätte, drei Schlösser in die Luft zu bauen, so daß der König teils, weil er ganz überrascht war, teils um seiner Frau eine Freude zu machen, Miuccio am nächsten Morgen, um die Zeit, wann der Mond den Schatten der Nacht wie ein Schulmeister seinen Schülern wegen des Sonnenfestes Ferien gibt, rufen ließ und ihm befahl, ohne alle Widerrede die verheißenen drei Schlösser in die Luft zu bauen, sonst müsse er selbst einen Lufttanz halten. Da Miuccio dies vernahm, ging er in seine Stube und fing an, bitterlich zu klagen, indem er sah, wie zerbrechliches Glas doch die Gunst der Fürsten sei, und wie schnell das Wohlwollen verginge, welches sie erwiesen. Während er nun so weinte und klagte, erschien plötzlich der Vogel und sprach zu ihm: »Nur Mut, Miuccio, und fürchte nichts, solange du mich bei dir hast; denn ich vermag es, dich aus deiner Not zu erretten«; hierauf befahl er ihm Pappendeckel und Leim zu nehmen und daraus drei große Schlösser zu machen, ließ alsdann drei mächtige Greife kommen, band einem jeden eins der Schlösser auf den Rücken, und nachdem er sie so hatte in die Luft fliegen lassen, hieß er Miuccio den König herbeirufen, welcher auch sogleich mit seinem ganzen Hofe zu diesem Schauspiel herbeieilte. Wie nun der König den Scharfsinn Miuccios wahrnahm, so gewann er ihn noch viel lieber, als er ihn vorher schon hatte, und erwies ihm alle nur möglichen Liebkosungen, dergestalt, daß er dem Neid der Königin noch mehr Nahrung gab und neues Öl in das Zornfeuer derselben goß, indem sie nämlich sah, daß ihr nichts nach Wunsch gehen wollte. Sie konnte daher weder des Tages wachen, ohne nachzudenken, auf welche Art, noch des Nachts schlafen, ohne zu träumen, auf welche Weise sie sich diesen Dorn aus den Augen zu ziehen vermöchte, so daß sie wieder nach einigen Tagen zu dem Könige sagte: »Lieber Mann, jetzt ist endlich die Zeit gekommen, wo wir zu der vergangenen Größe und zu den vorjährigen Freuden zurückkehren können, da Miuccio sich erboten hat, die Fee zu blenden, und dadurch, daß sie mit ihren Augen herausrücken muß, dir dein verlorenes Königreich zurückzukaufen.« Als der König sich an seinem wunden Fleck berührt fühlte, ließ er in demselben Augenblick Miuccio herbeirufen und sprach zu ihm: »Ich bin im höchsten Grade verwundert, daß du, trotzdem ich dich so sehr liebe und du mich wieder auf den Sitz erheben kannst, von welchem ich heruntergepurzelt bin, dennoch so gleichgültig bist und dir gar nicht angelegen sein läßt, mich aus der Bedrängnis zu reißen, in der ich mich befinde, da du mich doch von einem Königsthron auf einen Wald, von einer Stadt auf ein ärmliches Schloß und von der Beherrschung einer zahlreichen Bevölkerung auf einige wenige hungerleidende Brotsuppenesser reduziert siehst. Wenn du daher meine Ungnade vermeiden willst, so laufe jetzt gleich und hole mir die Augen der Fee, die mir das meinige entrissen hat; denn indem du ihre Läden zumachst, wirst du das Magazin meiner Größe wieder öffnen, und indem du ihre Lampen auslöschest, die Fackeln meines Glanzes wieder anzünden, welcher jetzt verfinstert und allen Lichtes beraubt ist.« Sobald Miuccio diese Rede des Königs vernahm, wollte er zwar antworten, daß der König übel berichtet wäre und sich in ihm irre; denn er wäre kein Rabe, der Augen aushacke, noch ein Abtrittausfeger, der Löcher ausräume; jedoch der König unterbrach ihn und sagte: »Kein Wort weiter, so will ich es, und so soll es geschehen; verlasse dich darauf, daß in dem Laden meines Kopfes die Waage bereit ist, um dir damit, wenn du deine Pflicht erfüllest, deinen Lohn, wenn du aber nicht tust, was ich dir befehle, deine Strafe zuzuwägen.«

Miuccio, welcher nicht mit dem Kopf gegen die Wand rennen wollte und sah, daß er es mit einem wahren Teufel zu tun hatte, setzte sich in einen Winkel und fing wieder an zu klagen, bis der Vogel aufs neue erschien und zu ihm sprach: »Ist es möglich, Miuccio, daß du immer die Hosen gleich so voll hast? Könntest du ein größeres Geheul anfangen, wenn es sogar schon mit *mir* vorbei wäre? Weißt du denn nicht, daß ich für dein Leben mehr besorgt bin als für mein eigenes? Verliere also den Mut nicht und komm mit mir; denn du sollst sehen, was ich für ein Kerl bin.« Hierauf schwang er sich empor und ließ sich in einen Wald nieder, woselbst er kaum angefangen hatte zu zwitschern, als ihn auch sogleich eine Schar anderer Vögel umringte, zu welchen er sagte, daß er dem, der sich getraue, die Zauberin zu blenden, einen Schutzbrief gegen die Klauen der Sperber und Habichte und ein frei Geleit gegen Flinten, Bogen, Armbrüste und Leimruten ausfertigen würde. Unter diesen Vögeln nun befand sich auch eine Schwalbe, welche ihr Nest an einem Vorsprung des königlichen Palastes erbaut hatte und die Zauberin von Herzen haßte, da sie oftmals von ihr, wenn sie ihre teuflischen Zauberkünste verrichtete, durch die Räucherungen von ihrem Fenster vertrieben worden war, weswegen sie teils aus Rachlust, teils um die verheißene Belohnung zu erlangen, sich erbot, den gewünschten Dienst zu verrichten. Sie flog daher schnell wie der Blitz nach der Stadt und in den Palast hinein und sah, wie die Zauberin, auf einem Ruhebett liegend, sich von zwei Kammerfrauen mit einem Fächer Kühlung zuwehen ließ. Die Schwalbe setzte sich also gerade über den Augen der Zauberin nieder, und indem sie ihren Kot auf dieselben herunterfallen ließ, raubte sie ihnen alsbald die Sehkraft. Da sich nun die Fee auf diese Weise am hellen Mittag in Nacht gehüllt sah und sehr wohl wußte, daß durch dieses Schließen ihrer Augenläden es mit der Ware des Herrschens vorbei war, so stieß sie ein Geschrei aus wie eine Seele im Fegefeuer, ließ das Zepter fahren und ging hin, um sich in einer gewissen Höhle zu verkriechen, wo sie mit ihrem Kopf so lange gegen die Wände stieß, bis sie ihr Leben endete. Kaum aber war sie fortgezogen, so schickten auch schon die Räte Gesandte an den König, damit er wieder in seine Residenz zurückkehre, da die finstere Nacht der Zauberei für ihn diesen hellen Tag herbeigeführt hätte. Zu derselben Zeit nun, als der König anlangte, erschien auch Miuccio, welcher auf den Rat des Vogels zu dem Könige also sprach: »Die Zauberin ist nun blind und das Reich wieder dein; wenn ich daher irgendeine Belohnung für diesen Dienst verdiene, so lasse mich in Gottes Namen von dir, ohne mich noch einmal dergleichen Gefahren auszusetzen.« Der König jedoch umarmte ihn auf das herzlichste, erlaubte ihm in seiner Gegenwart den Hut aufzubehalten und ließ ihn an seiner Seite sitzen, daher es unmöglich ist, zu beschreiben, wie sehr dic Königin vor Zorn braun und blau wurde, so daß man an dem bunten Regenbogen, der sich auf ihrem Gesichte zeigte, den Unglückssturm erkennen konnte, der sich in ihrem Herzen gegen den armen Miuccio erhob.

In einiger Entfernung von dem Lustschlosse nun hielt sich ein greulicher Drache auf, welcher der Zwillingsbruder der Königin war, und da ihr Vater bei ihrer Geburt die Astrologen hatte rufen lassen, damit sie hierüber die Sterne befragen sollten, so gaben sie ihm den Bescheid, daß seine Tochter gerade so lange leben würde wie der Drache, daß aber bei dem Tode des einen von ihnen das andere notwendigerweise mitsterben müsse; und nur ein Mittel könne die Königin wieder ins Leben rufen, und zwar wenn man ihr die Schläfen, das Brustbein, die Nasenlöcher und die Pulse mit dem Blute des nämlichen Drachen bestriche. Indem nun der Königin die gewaltige Wut und Kraft des Drachen bekannt war, so ging sie damit um, ihm Miuccio irgendwie in die Klauen zu spielen, überzeugt, daß das Ungetüm ihn in einem Bissen verschlingen und Miuccio für dasselbe nur wie auf einen hohlen Zahn sein würde; sie wandte sich daher zum Könige und sprach: »Meiner Treu, Miuccio ist ein wahrer Schatz für dein Haus und du wärest im höchsten Grade undankbar, wenn du ihn nicht so sehr als möglich liebtest, um so mehr als er sich hat verlauten lassen, daß er den Drachen töten will, der sich dir immer so feindselig gezeigt hat; denn obgleich dieser mein leiblicher Bruder ist, so liebe ich doch ein einziges Haar meines Mannes mehr als hundert Brüder.« Der König, welcher den Drachen tödlich haßte, aber nie vermocht hatte, sich ihn vom Leibe zu schaffen, ließ sogleich Miuccio rufen und sprach zu ihm: »Ich weiß, lieber Miuccio, daß dir alles gelingt, was du unternimmst, und deshalb mußt du, da du schon so viel für mich getan, mir nun noch einen Gefallen erzeigen; dann aber kannst du mit mir machen, was du willst. Gehe also stehenden Fußes hin und töte den Drachen; denn du leistest mir dadurch einen sehr wichtigen Dienst und sollst eine entsprechende Belohnung dafür erhalten.« Miuccio war bei diesen Worten nahe daran, den Verstand zu verlieren, und nachdem er den Gebrauch seiner Sprache wiedererlangt, sprach er also zu dem König: »Nun fürwahr, das ist doch sehr hart, daß ihr so großes Gefallen daran findet, mich in Gefahr und Not zu stürzen! Ist denn mein Leben gar nichts wert, daß ihr es so preisgebet? Das ist meiner Treu kein Zuckerlecken, sondern es handelt sich hier um einen Drachen, der mit den Krallen zerreißt, mit dem Kopfe zerschmettert, mit dem Schwanz zerquetscht, mit den Zähnen zerfetzt, mit den Augen vergiftet und mit dem Atem tötet. Wollt ihr mich also in den Tod schicken? Ist das die Sinekur, die ihr mir dafür verleihet, daß ich euch euer Königreich zurückerworben? Welcher verwünschte Halunke hat mir denn diese Suppe wieder eingebrockt? Was für ein Höllenbraten hat euch denn das wieder in den Kopf gesetzt und euch auf diese Sprünge geholfen?« Der König, welcher sich so leicht wie ein Ball hin und her werfen ließ, aber in der Durchführung dessen, was er einmal gesagt, unerschütterlich war wie ein Fels, beharrte nun erst recht auf seinem Kopf und sprach: »Das Schwerste hast du überstanden und bleibst nun mitten im Besten stecken! Darum verliere kein Wort weiter und befreie mein Reich von diesem Ungeheuer, wenn ich dir nicht das Leben nehmen soll!« Der arme Miuccio, der bald eine Schmeichelei, bald eine Drohung hörte, bald sich das Gesicht streicheln, bald einen Stoß in den Hintern geben fühlte, und bald so, bald so behandeln sah, fing an, darüber nachzudenken, wie veränderlich die Hofluft sei, und wäre gern die Freundschaft des Königs losgewesen; da er aber sehr wohl wußte, daß es töricht ist, den Großen Einwendungen zu machen, und ebenso gefährlich, als den Löwen am Bart zu rupfen, so entfernte er sich, indem er sein Schicksal verwünschte, welches ihn an den Hof geführt und ihm daher auch in dem Hause des Lebens immer nur eine Hofwohnung angewiesen hatte. Während er nun mit dem Gesichte zwischen den Knien auf der Treppe vor dem Palasttor dasitzend seine Schuhe mit Tränen benetzte und den Platz zwischen den Beinen durch Seufzer erwärmte, erschien plötzlich der Vogel mit einem Kraut im Schnabel und sprach zu ihm, indem er ihm dasselbe in den Schoß warf: »Stehe auf und fasse Mut; denn nicht mit *deinem* Leben wirst du ›Vogel, flieg aus‹ spielen, sondern um das des Drachen würfeln. Darum nimm dieses Kraut, eile damit zu der Höhle des Ungeheuers und wirf es hinein; hierauf wird ihn plötzlich ein so fester Schlaf überfallen, daß du ihm währenddessen mit einem Schwert auf das schnellste den Garaus machen kannst; alsdann begib dich fort und sei guten Mutes; denn es wird dir am Ende noch besser ergehen, als du denkst.« »Genug«, versetzte Miuccio, »ich weiß nun, was ich zu tun habe; außerdem haben wir Zeit genug, und: Zeit gewonnen, alles gewonnen.« So sprechend, erhob sich Miuccio, nahm einen scharfgeschliffenen Degen und das Kraut unter den Mantel und machte sich auf den Weg nach der Hofburg des Drachen, welche sich am Fuß eines so hoch gewachsenen Berges befand, daß die drei Berge, welche den Giganten als Leiter dienten, ihm nicht bis an den Gürtel gereicht haben würden. Dort angelangt, warf er das Kraut in die Höhle, und da der Drache sogleich vom Schlaf überfallen wurde, so fing auch Miuccio ohne Zögern an, ihn in Stücke zu hauen.

Zu derselben Zeit aber, da Miuccio das Ungetüm also zerhackte, fühlte auch die Königin sich das Herz zerhacken, und in dieser schweren Bedrängnis wurde sie ihr großes Versehen gewahr, sich den Tod so mutwillig zugezogen zu haben. Sie ließ daher ihren Mann rufen und sagte zu ihm, was die Sternkundigen einst verkündigt hatten, daß nämlich der Tod des Drachen den ihrigen zur Folge haben müßte, und daß sie fürchtete, da ihre Kräfte nach und nach hinschwänden, daß der Drache jetzt eben von Miuccio getötet würde; worauf der König versetzte: »Wenn du wußtest, daß das Leben des Drachen die Stütze des deinigen und die Wurzel deines Daseins war, warum veranlaßtest du mich, Miuccio auszusenden? Wer hat nun die Schuld? Du hast das Übel angerichtet und magst es auch beweinen; du hast den Schaden angerichtet und magst ihn auch bezahlen!« »Ich glaubte nimmer«, versetzte die Königin, »daß ein solches Bürschlein so viel List und Kraft besitzen würde, ein Tier zu überwältigen, welches ganzen Heeren trotzte, vielmehr erwartete ich sicherlich, daß Miuccio dabei ins Gras beißen würde; da ich jedoch die Rechnung ohne Wirt gemacht und das Schifflein meiner Pläne Schiffbruch gelitten hat, so erweise mir, wenn du mich liebst, einen Dienst und nimm nach meinem Tode einen in das Blut des Drachen getauchten Schwamm und bestreiche damit alle Endglieder meines Körpers, ehe du mich begraben lässest.« – »Das ist nur sehr wenig bei der Liebe, die ich für dich hege«, erwiderte der König, »und wenn das Blut des Drachen nicht hinreicht, will ich auch noch das meinige hinzutun, um deinem Wunsche zu genügen.« Indem ihm nun die Königin danken wollte, entfloh ihr das Leben, zugleich mit der Sprache; denn in demselben Augenblicke hatte Miuccio das letzte Stück des Drachen durchgehauen. Kaum war er daher vor dem König erschienen, um Bericht zu erstatten, wie es ihm ergangen wäre, so befahl ihm dieser, das Blut des Drachen herbeizuholen; da er jedoch selbst das von Miuccio vollbrachte Werk zu sehen wünschte, so folgte er ihm zu gleicher Zeit nach. Indem nun eben Miuccio aus dem Palasttor trat, kam ihm der Vogel entgegen, welcher ihn fragte: »Wo gehst du hin?« – »Dahin, wohin der König mich schickt, nach dem Blut des Drachen«, versetzte Miuccio. – »Unglücklicher«, erwiderte der Vogel, »dieses Drachenblut wird für dich zum Ochsenblut werden und dich platzen machen, dieses Blut wird den bösen Samen aller deiner Trübsale wieder zum Keimen bringen; denn die Königin trachtet dir nach dem Leben und wird dich daher immer wieder neuen Gefahren aussetzen, der König aber, den diese garstige Hexe so sehr unter dem Pantoffel hält, wirft dich wie einen Ball umher und stürzt dich bald in das eine, bald in das andere Drangsal, der du doch von seinem Fleisch und Blut und ein Ableger von seinem Stamme bist; aber der Unselige weiß dies nicht, obwohl der angeborene Herzensdrang ihm diese so nahe Verwandtschaft zwischen euch schon längst entdeckt haben müßte; dann würden freilich die Dienste, die du ihm erwiesen, und die unvermutete Auffindung eines so schönen Sohnes und Erben ihn dazu zwingen, die unglückliche Porziella, deine Mutter, wieder in Gnaden aufzunehmen, welche nun schon jetzt seit vierzehn Jahren in einem Giebelstübchen lebendig begraben ist, so daß man dort einen Tempel von Schönheit in einer Bodenkammer erbaut sieht.« Während aber die Fee also zu ihm sprach, trat der König, welcher alles mitangehört hatte, näher heran, um genauer zu hören, worum es sich eigentlich handle, und als er vernahm, daß Miuccio der Sohn der von ihm schwanger gebliebenen Porziella wäre und letztere sich noch in dem Bodenstübchen am Leben befände, befahl er alsbald, daß dieses erbrochen und Porziella zu ihm gebracht würde. Da er nun sah, daß sie schöner war als je (so gut war sie von dem Vogel gepflegt worden), so umarmte er sie voller Liebe und wurde gar nicht satt, bald die Mutter, bald den Sohn ans Herz zu drücken, indem er jene wegen der von ihm erduldeten unbarmherzigen Behandlung, diesen aber wegen der Gefahren, denen er ihn ausgesetzt, wiederholt um Verzeihung bat, worauf er Porziella in die prächtigsten Gewänder der verstorbenen Königin kleiden ließ und sie auf der Stelle zur Frau nahm. Dem Vogel aber, durch dessen Beistand allein, wie er erfuhr, sein Sohn aus so vielen Gefahren errettet und Porziella am Leben erhalten worden war, bot der König sein Reich und Leben als Beweis seiner Dankbarkeit an, jedoch erwiderte jener, daß er als Lohn so vieler Dienste nichts weiter als Miuccio zum Gemahl verlange, und indem er dies sagte, verwandelte er sich in eine wunderschöne Jungfrau, welche sich unter großer Freude des Königs und Porziellas mit Miuccio vermählte, so daß, während die verstorbene Königin mit Erde schaufelweise bedeckt wurde, die Neuvermählten Lust und Freude scheffelweise genossen, worauf diese, um noch größere Feste zu veranstalten, sich in ihr Königreich begaben, wo man sie mit großer Sehnsucht erwartete. Alle aber erkannten, daß ihnen dieses ganze Glück von der Fee nur um des Dienstes willen, den Porziella ihr einst erwiesen, verliehen worden wäre; denn das bleibt einmal wahr:

»Wer Wohltaten säet, erntet Dank.«

36
Vierter Tag
Sechstes Märchen

»DIE DREI KRONEN«

Marchetta wird von einem Sturmwind durch die Luft und in die Behausung einer Hexe getragen, von welcher sie nach verschiedenen Ereignissen eine Ohrfeige erhält; sie zieht daher in Mannskleidern fort und gelangt an den Hof eines Königs, dessen Frau sich in sie verliebt und, voll Zorn darüber, ihre Liebe nicht erwidert zu sehen, sie beim Könige verleumdet, als hätte sie ihrer Keuschheit nachgestellt; Marchetta wird daher zum Galgen verdammt, jedoch durch einen von der Hexe erhaltenen Ring vom Tode errettet; worauf die Anklägerin ihr Leben verliert und Marchetta den König heiratet.

Die Erzählung Popas fand den größten Beifall, und es war niemand in der ganzen Gesellschaft, der nicht über das endliche günstige Schicksal Porziellas große Freude empfunden hätte, so wie aber auch niemand sie um das durch so viele Leiden erkaufte Glück beneidete, da sie fast in die Nacht des Todes gesunken wäre, ehe sie den Tag des königlichen Glanzes erlebte. Indem nun Tolla sah, daß die Leiden Porziellas die frohe Stimmung des Prinzen getrübt hatten, so wollte sie ihn wieder ein wenig aufheitern und begann also: Die Wahrheit, meine Herren und Damen, schwimmt immer gleich dem Öl obenauf, die Lüge aber ist ein Feuer, welches nicht verborgen bleiben kann, und eine neumodische Flinte, welche den tötet, der sie abschießt; und nicht mit Unrecht nennt man Lügner (busciardo) den, welcher in seinen Worten unwahr ist; denn er verbrennt (abruscia) und vernichtet nicht nur alle Tugenden und guten Eigenschaften, die er in der Brust trägt, sondern sogar die Hülle, in der sie enthalten sind, wie ihr nach Anhörung der folgenden Geschichte selbst gestehen werdet.

Es war einmal ein König von Stoßumsonst, welcher ganz kinderlos war und daher zu jeder Zeit, und wo er auch sein mochte, ausrief: »O gütiger Himmel, schicke mir doch einen Erben meines Reiches und lasse mein Haus nicht gar so verödet.« Als er sich nun eines Tages im Garten befand und mit lauter Stimme wieder in dieselben Klagen und dieselben Worte ausbrach, hörte er aus einem Dickicht eine Stimme hervorkommen, welche also sprach:

»Was willst du, o König, lieber? Eine Tochter, die dich flieht?

Oder wünschest einen Sohn du, der dich ins Verderben zieht?«

Der König, der bei dieser Frage ganz verwirrt dastand, wußte anfangs nicht, was er antworten sollte; endlich jedoch beschloß er, sich mit den weisesten Männern seines Hofes darüber zu beraten, begab sich daher in den Palast zurück, und nachdem er seine Räte hatte zusammenrufen lassen, befahl er ihnen, diese Sache reiflich zu erwägen. Der eine nun war der Meinung, daß man die Ehre höher achten müsse als das Leben; der andere, daß man das Leben als ein inneres Gut höher schätzen müsse als die Ehre, die nur etwas Äußerliches und daher von geringerem Werte wäre; wieder ein anderer sagte, daß, da das Leben wie ein Wasser dahinströme, es kein großer Verlust sei, wenn man dies sowohl als auch alle andern Güter verliere, welche man gewöhnlich als die Säulen des Lebens betrachtet, die aber nur auf dem gläsernen Rade des Glückes ruhen; die Ehre aber sei etwas Dauerhaftes, da sie die Spuren des Ruhmes und die Denkmale eines großen Namens zurücklasse; man müsse daher seine größte Freude an derselben haben und sie eifersüchtig bewachen; ein vierter hingegen argumentierte, daß das Leben, durch welches das Menschengeschlecht bestände, und die Güter, durch welche die Größe der Familien erhalten würde, höher zu halten seien als die Ehre, weil diese, ganz anders als die Tugend, nur in der Meinung bestehe, und daß der durch die Schuld des Schicksals und nicht durch eigenes Versehen verursachte Verlust einer Tochter der Tugend des Vaters nicht zu nahe trete und die Ehre seines Hauses nicht beflecke; endlich aber hielten einige Räte dafür, daß die Ehre nicht in dem Hemde einer Frau bestehe, abgesehen davon, daß ein gerechter Prinz mehr das allgemeine Wohl als sein besonderes Interesse berücksichtigen müsse, und daß eine weggelaufene Tochter dem Hause ihres Vaters wohl einige Schande bereite, ein böser Sohn aber nicht nur sein eigenes Haus, sondern das ganze Reich ins Verderben stürze; da er nun also einmal Kinder zu haben wünsche und ihm die Wahl gelassen würde, so solle er lieber eine Tochter verlangen, indem diese weder sein Leben noch den Staat in Gefahr bringe. Diese letzte Meinung nun gefiel dem König am besten; er kehrte daher in den Garten zurück, fing an, wie gewöhnlich zu jammern, und als er wieder dieselbe Stimme vernahm, antwortete er: »Eine Tochter, eine Tochter!« Hierauf begab er sich wieder in den Palast, ging dann des Abends, sobald die Sonne die Tagesstunden einlud, die krummen Knirpse von Antipoden in Augenschein zu nehmen, mit seiner Frau zu Bett und bekam nach Verlauf von neun Monaten ein schönes Töchterlein, das er gleich nach dessen Geburt in einen festen, wohlbewachten Palast einschloß, um seinerseits keine irgend mögliche Vorsicht zu unterlassen, durch welche er das ihm hinsichtlich der Tochter drohende Leid vermeiden könnte.

Nachdem er nun diese in allen schönen und nützlichen Dingen, die sich für ein Königskind ziemen, hatte unterrichten lassen und sie herangewachsen war, beschloß er, sie mit dem Könige von Ohnesinn zu vermählen, und ließ sie nach geschehener Vollziehung des

Heiratskontraktes aus dem Palast, den sie niemals verlassen hatte, hervorkommen, um sie ihrem Bräutigam zuzuschicken. Plötzlich jedoch erhob sich ein gewaltiger Sturmwind, der die Prinzessin hoch emporhob, sie den Blicken aller entzog und erst, nachdem er sie eine Zeitlang durch die Luft geführt, vor dem Hause einer Hexe in einem Walde niedersetzte, welcher der Sonne, weil sie den giftigen Python getötet, wie einer Verpesteten den Eingang verwehrte. Eine alte Frau nun, welche die Hexe zur Bewachung ihrer Wohnung zurückgelassen hatte, rief der Prinzessin, sobald sie dieselbe erblickte, mit lauter Stimme zu: »Unglückselige, wohin hast du deinen Fuß gesetzt? Wehe dir, wenn die Hexe, die Besitzerin dieses Hauses, dich hier antrifft! Nicht drei Pfennige gäbe ich dann für dein Fell; denn sie nährt sich von nichts anderem als Menschenfleisch, und mein Leben ist nur deswegen sicher, weil sie meiner Dienste bedarf und mein gebrechlicher Körper, der voll Hinfälligkeit, Ohnmachten, Gicht und Flüssen ist, von ihren Hauern verschmäht wird. Weißt du aber, was du tun sollst? Hier sind die Schlüssel des Hauses, gehe hinein, bringe die Stuben in Ordnung, mache alles rein, und wenn die Hexe kommt, verstecke dich, so daß sie dich nicht sieht; denn ich werde es dir nicht an Essen fehlen lassen. Inzwischen schickt der Himmel vielleicht Hilfe; kommt Zeit, kommt Rat; sei nur verständig und habe Geduld; denn Geduld überwindet alles, kommt über jeden Abgrund und widersteht jedem Sturm.« Marchetta (so hieß nämlich die Prinzessin) machte aus der Not eine Tugend, nahm die Schlüssel und begab sich in die Stube der Hexe, woselbst sie zuerst einen Besen ergriff und dann das ganze Haus so rein fegte, daß man auf dem Fußboden hätte Nudeln essen können; hierauf nahm sie eine Speckschwarte und putzte die nußbaumenen Kasten dergestalt ab und machte sie so glänzend, daß man sich darin spiegeln konnte, und als sie endlich das Bett in Ordnung gebracht und die Hexe kommen hörte, verkroch sie sich in ein leeres Getreidefaß. Sobald nun letztere ihr Haus so ungewöhnlich nett aufgeräumt sah, rief sie die Alte und sprach zu ihr: »Wer hat hier alles so schön aufgeräumt?« Und als die Alte erwiderte, daß *sie* es getan, versetzte sie: »Wer dasjenige tut, was zu tun er nicht pflegt, hat dich betrogen, oder die Absicht doch hegt. Meiner Treu, du hast einmal über die Schnur gehauen und dich über die Maßen angegriffen und verdienst daher eine Belohnung.« Nach diesen Worten nahm sie ihr Mahl zu sich, ging dann wieder fort und fand bei ihrer Rückkehr allen Ruß von den Balken gekehrt, alles Kupfergeschirr blankgescheuert und zierlich an den Wänden aufgehängt und alle schmutzige Wäsche gewaschen, so daß sie darüber ein unsägliches Vergnügen empfand, der Alten tausend Dank sagte und zu ihr sprach: »Der Himmel segne dich immerdar, meine allerliebste Frau Niedlich, und mögest du immer gedeihen und glücklich sein, die du mir durch dein sorgfältiges Aufräumen so viel Freude machst, da ich ein Haus wie eine Puppe und ein Bett wie das einer Jungfer vorfinde.« Die Alte geriet außer sich vor Entzücken, daß sie in der Gunst jener so hoch stieg, und ließ Marchetta immer die besten Bissen zukommen, indem sie sie anstopfte wie eine Hühnerpastete. Als nun die Hexe wieder ausging, sprach die Alte zu Marchetta: »Halte dich nur ganz ruhig, wir wollen die Hexe schon kriegen und dein Glück versuchen. Darum mache irgend etwas mit deinen eigenen Händen, was ihr ganz besonders zusagen möchte, und wenn sie dann auch bei den sieben Planeten schwört, so glaube ihr nicht, wenn sie aber bei ihren drei Kronen schwört, so komme hervor und laß dich von ihr sehen, denn dann bist du im Schoße des Glückes und wirst erkennen, daß ich dir geraten habe wie eine Mutter.«

Kaum hatte nun Marchetta diese Rede vernommen, so schlachtete sie eine fette Gans, machte aus dem Gekröse ein Ragout, die Gans selbst aber spickte sie gehörig mit Speck, Beifuß und Knoblauch, steckte sie dann an einen Spieß, und nachdem sie zu dem Braten noch ein paar delikate Beiessen gemacht hatte, setzte sie alles auf den Tisch, den sie außerdem noch mit Rosen und Zitronenblüten ausschmückte. Als aber die Hexe nach Hause kam und den so herrlich angerichteten Tisch vorfand, geriet sie vor Vergnügen und Staunen fast außer sich, und nachdem sie die Alte herbeigerufen, sprach sie zu ihr: »Wer hat mir diesen Liebesdienst erwiesen?« »Iß«, erwiderte jene, »und frage nicht weiter; sei damit zufrieden, daß du nach Wunsch bedient wirst.« Indem nun die Hexe aß und der Wohlgeschmack der guten Bissen ihr bis in die Fußspitzen drang, begann sie also zu sprechen: »Ich schwöre es bei den drei Worten Neapels, daß, wenn ich wüßte, wer mir dieses Mahl bereitet hat, ich ihn auf Händen tragen würde!« Dann fuhr sie fort: »Ich schwöre es bei drei Bogen und drei Pfeilen, daß, wenn ich ihn wüßte, ich ihn stets in meinem Herzen tragen würde; ich schwöre es bei den drei Lichtern, welche man anzündet, wenn man des Nachts einen Kontrakt macht; bei den drei Zeugen, die da hinreichen, um einen Menschen an den Galgen zu bringen; bei dem drei Spannen langen Strick, an dem der Gehängte tanzt; bei den drei Dingen, die den Menschen aus dem Hause jagen, Gestank, Rauch und ein böses Weib; bei den drei Dingen, welche ein Haus zugrunde richten, Pfannkuchen, warmes Brot und Makkaroni; bei den drei Frauen, die einen Markt machen; bei den drei F des Fisches: ›Frisch, fest und fett‹; bei den drei Hauptsängern Neapels Giovan de la Carrejola, Gevatter Junno und dem König der Musik; bei den drei Ei, die ein Liebhaber sein muß: ›Eifrig, einzig und einsam‹; bei den drei Dingen, die der Kaufmann nötig hat: ›Kredit, Mut und Glück‹; bei den drei Arten Personen, die sich jede Hure hält: ›Raufbolde, hübsche Burschen und Tölpel‹; bei den drei Dingen, deren der Dieb bedarf: ›Augen zum Leuchten, Finger zum Mausen und Füße zum Ausreißen‹; bei den drei Dingen, welche die jungen Leute ruinieren: ›Spiel, Weiber und Wirtshäuser‹; bei den drei Haupteigenschaften des Häschers: ›Sehen, verfolgen und packen‹; bei den drei Dingen, die dem Hofmann von Nutzen sind: ›Verstellung, Geduld und Glück‹; bei den drei Dingen, die der Kuppler braucht: ›Courage, viel Gerede und Unverschämtheit‹; und bei den drei Dingen, die der Arzt untersucht: ›Puls, Gesicht und Kammerbecken‹.« Die Hexe hätte aber bis in alle Ewigkeit schwören können; denn Marchetta, welche wußte, woran sie war, rückte und rührte sich nicht. Als sie aber endlich die Hexe ausrufen hörte: »Bei meinen drei Kronen schwöre ich es, daß, wenn ich wüßte, wer die gute Wirtin gewesen ist, die mir so viele freundliche Dienste erwiesen hat, ich ihr so viele Schmeicheleien und Liebkosungen erweisen würde, als sie sich kaum denken kann«; so kam sie endlich zum Vorschein und sprach: »Hier bin ich!« Worauf die Hexe, Marchetta erblickend, versetzte: »Du bist mir vollkommen gewachsen und klüger als ich; du hast dich meisterhaft benommen und es dir erspart, in den Backofen meines Magens geschoben zu werden; da du nun aber so pfiffig gewesen bist und mir so viel Freude gemacht hast, will ich dich lieber haben als eine Tochter. Daher nimm hier die Schlüssel zu allen Stuben und schalte und walte ganz nach deinem Belieben, mit der einzigen Bedingung jedoch, daß du unter keinen Umständen das hinterste Zimmer, zu welchem dieser Schlüssel hier paßt, aufmachst; denn dann würde es dir ganz verteufelt schlimm ergehen; wohingegen, wenn du mir treu und sorgfältig dienst, dein Glück gemacht ist, da ich bei meinen drei Kronen zuschwöre, dich über die Maßen reich zu verheiraten.«

Marchetta küßte ihr hierauf für so viel Güte die Hände und versprach ihr, pünktlicher zu dienen als eine Sklavin. Als jedoch die Hexe wieder fortgegangen war, fühlte sich Marchetta von der Neugier, zu wissen, was sich in dem verbotenen Zimmer befände, gar zu sehr gekitzelt, und nachdem sie es geöffnet, sah sie darin drei ganz in Gold gekleidete Jungfrauen, welche auf ebenso vielen Thronen saßen und zu schlummern schienen. Es waren dies nämlich die von der Mutter bezauberten Töchter der Hexe, und da sie wußte, daß ihnen eine große Gefahr bevorstände, wenn sie nicht von einer Königstochter wieder aufgeweckt würden, so hatte sie dieselben in dem Zimmer eingeschlossen, um sie vor dem ihnen drohenden Unheil zu bewahren. Kaum war nun Marchetta hineingetreten, so empfanden die Jungfrauen bei dem Geräusch, das Marchetta mit den Füßen machte, ein Gefühl, als wenn sie erwachten, und baten letztere alsbald um etwas zu essen. Marchetta nahm sogleich für jede drei Eier, ließ sie unter der Asche hart werden und gab sie ihnen dann, worauf die Jungfrauen, auf diese Weise etwas gestärkt, eben aus dem Zimmer treten wollten, um ein wenig frische Luft zu schöpfen, als die Hexe nach Hause zurückkehrte, welche durch das Vorgefallene so erzürnt wurde, daß sie Marchetta eine derbe Ohrfeige gab. Voll Verdruß hierüber forderte diese sogleich von der Hexe ihre Entlassung, um aufs Geratewohl in die weite Welt zu gehen und ihr Glück zu suchen, und wie sehr auch die Hexe sich bemühte, sie durch gute Worte zu besänftigen, indem sie sagte, sie hätte nur gescherzt und wolle es nicht wieder tun, so beharrte Marchetta dennoch fest auf ihrem Sinn, so daß die Hexe sich gezwungen sah, sie gehen zu lassen. Vorher jedoch gab sie ihr einen Ring und sagte zu ihr, daß sie ihn mit dem Stein nach der innern Seite der Hand gekehrt tragen und nie auf denselben achten solle, außer wenn sie sich in großer Not befände und den Namen der Hexe vom Echo erwidern höre; außerdem aber schenkte sie Marchetta auch noch eine Männerkleidung, um welche diese sie bat.

Marchetta machte sich nun in dieser Tracht auf den Weg und gelangte endlich in einen Wald, woselbst die Nacht des Tages Holz zu sammeln pflegte, um sich von der erduldeten Kälte zu erholen. Dort begegnete Marchetta einem Könige, welcher sich auf der Jagd befand und beim Anblick des schönen Jünglings (denn ein solcher schien die Prinzessin) ihn fragte, woher er käme und was er vorhätte; worauf Marchetta versetzte, daß sie der Sohn eines Kaufmanns wäre, welchen nach dem Tode seiner Mutter die Mißhandlungen seiner Stiefmutter zur Flucht gezwungen hätten. Da dem Könige die Offenheit und der Anstand Marchettas sehr wohl gefielen, so nahm er sie in seine Dienste und führte sie mit sich in seinen Palast. Kaum aber sah die Königin den neuen Pagen, so wurden durch den Anblick des schönen Jünglings sogleich alle ihre Lüste entfesselt, und obschon sie sich einige Tage lang teils aus Furcht, teils aus Stolz, der immer mit der Schönheit Hand in Hand geht, ihre Glut zu verheimlichen und dem Sporn der Liebe, der sie in die Seiten des Verlangens stachelte, zu widerstehen bemühte, so vermochte sie es dennoch nicht, da sie nur sehr schmale Fersen hatte, gegen die Angriffe ihrer zügellosen Wünsche auf die Dauer standzuhalten, daher sie eines Tages Marchetta beiseite rief und ihm ihr Liebesleid entdeckte, indem sie ihm auf das lebendigste schilderte, welche Qualen sie erdulde, seitdem sie seine Schönheit erblickt hätte, so daß, wenn er sich nicht entschlösse, das Erdreich ihres Verlangens zu bewässern, ganz gewiß ihr Leben ohne alle Hoffnung vertrocknen müßte. Außerdem pries sie aber auch die Reize seines Angesichtes und stellte ihm vor, daß es einen schlechten Schüler in der Schule der Liebe verraten würde, einen Klecks der Grausamkeit in ein Buch von so vieler Anmut zu machen, und daß er darüber bittere Reue empfinden würde. Zu den Schmeicheleien fügte sie nun noch Bitten, indem sie ihn bei allen sieben Himmeln beschwor, daß er doch ein Weib, die sein Bild als Schild an dem Laden ihrer Gedanken umhertrüge, nicht in einem Glutofen von Seufzern und in einem Pfuhl von Tränen umkommen lassen sollte. Hierauf folgten die Versprechungen, indem sie ihm jeden Zoll Vergnügen mit Ellen von Belohnungen zu vergelten und das Magazin der Dankbarkeit für jedes Belieben eines so schönen Kunden jederzeit offenzuhalten verhieß; endlich erinnerte sie ihn daran, daß sie eine Königin sei und daß, während sie schon das Schiff bestiegen hätte, er sie nicht ohne Hilfe auf diesem sturmbewegten Meere lassen dürfe; denn sie würde zu seinem Schaden auf irgendeine Klippe stoßen.

Als Marchetta diese Schmeicheleien und Keckheiten, diese Versprechungen und Drohungen, diese Komplimente und trotzigen Reden vernahm, so hätte sie gern geantwortet, daß, um ihren Wünschen die Türe zu öffnen, ihr der Schlüssel fehlte, und hätte ihr gern geoffenbart, daß sie, um ihr den gewünschten Frieden zu gewähren, kein Merkur wäre, der den Heroldstab trüge; da sie sich jedoch nicht entdecken wollte, so antwortete sie, sie könne es gar nicht glauben, daß die Königin einem so trefflichen Manne, wie ihr Gemahl wäre, Hörner aufsetzen wolle; wenn aber auch wirklich jene ihre und ihres Hauses Ehre geringachte, so könne und wolle *sie* doch nicht einem Gebieter, der sie so sehr liebe, eine derartige Schande antun. Sobald jedoch die Königin diese erste Replik auf die Insinuation ihrer Wünsche hörte, sprach sie also: »Nun wohlan denn, überlege wohl, was du tust, und sieh dich vor; denn wenn Personen meines Standes bitten, so befehlen sie, und wenn sie hinknien, so treten sie mit Füßen; darum mache deine Rechnung sehr genau und siehe zu, was aus diesem Handel entstehen kann. Und hiermit sei es genug; nur *eine* Sache will ich dir noch sagen, ehe wir uns trennen, und zwar wenn eine Frau meines Ranges sich verspottet sieht, so ruht sie nicht eher, als bis sie mit dem Blut ihres Beleidigers den Fleck aus ihrem Angesicht weggewaschen hat.« Indem sie dies sagte, kehrte sie Marchetta mit einem Gesicht, daß einem hätte Angst werden mögen, den Rücken zu, so daß die Ärmste ganz verwirrt und erschrocken stehenblieb.

Nachdem nun aber die Königin eine Zeitlang diese schöne Festung bestürmt hatte und endlich einsah, daß sie sich vergeblich bemühte, umsonst anstrengte, nutzlos schwitzte, ihre Worte in den Wind redete und ihre Seufzer verloren waren, so zog sie andere Saiten auf, indem sich ihre Liebe in Haß und das Verlangen, den Gegenstand ihrer Zuneigung zu genießen, in Rachlust verwandelte. Sie begab sich daher eines Tages mit tränenden Augen zu ihrem Gemahl und sprach zu ihm: »Wer hätte es uns wohl je gesagt, daß wir eine Schlange an unserm Busen nährten? Wer hätte es wohl je gedacht, daß so ein Naseweis, der noch nicht trocken hinter den Ohren ist, solch eine Frechheit besäße? Aber die übergroße Gunst, die du ihm erwiesen, trägt ganz allein die Schuld; denn wenn man dem Bauern den Finger gibt, nimmt er die ganze Hand; mit einem Wort, der Kamm ist ihm jetzt gewaltig geschwollen, und er dünkt sich schon soviel wie wir. Wenn du ihm daher nicht die verdiente Züchtigung gibst, so kehre ich in das Haus meiner Eltern zurück und will fortan dich weder mehr sehen noch nennen hören.« »Was hat er dir denn getan?« versetzte der König. »Eine Lumperei«, erwiderte die Königin. »Der Schelm wollte bloß haben, daß ich die eheliche Schuld, die ich gegen dich habe, an ihn bezahle; und ohne Respekt, ohne Furcht, ohne Scham hat er die Stirn gehabt, vor mich zu treten, und Worte gefunden, von mir freien Eintritt in das Saatfeld zu fordern, welches du in Ehren bestellst.«

Als der König dies vernahm, wollte er, um die Ehre und das Ansehen seiner Gemahlin nicht zu verletzen, erst keine andern Zeugen vernehmen, sondern ließ Marchetta auf der Stelle von den Häschern ergreifen, und ohne ihr eine Verteidigung zu gestatten, verdammte er sie sogleich dazu, daß sie probieren sollte, wie schweres Gewicht die Schnellwaage des Henkers wohl trüge. Marchetta, welche über Hals und Kopf nach der Richtstätte gebracht wurde und gar nicht wußte, wie ihr geschah, noch sich erinnern konnte, irgend etwas verbrochen zu haben, fing an auszurufen: »O Himmel, was habe ich denn begangen, daß ich das Leichenbegängnis meines unseligen Halses vor dem Begräbnis meines unglücklichen Körpers verdiene? Wer hätte es mir wohl je gesagt, daß ich, ohne mich unter die Fahne der Diebe und Räuber anwerben zu lassen, von Wachen umgeben mit einem drei Spannen langen Halsband um die Kehle diesen Palast des Todes betreten würde? Weh mir, wer tröstet mich in dieser Not? Wer steht mir bei in so großer Gefahr? Wer befreit mich von dem Galgen? Wer errettet mich von dieser bösen Sechse?« »Hexe!« versetzte das Echo, und Marchetta, welche sich auf diese Weise antworten hörte, erinnerte sich des Ringes, den sie am Finger trug, und der Worte, welche die Hexe beim Scheiden zu ihr gesagt hatte, und indem sie nun ihre Augen auf den Stein richtete, den sie bis dahin noch nicht betrachtet, vernahm man plötzlich eine Stimme in der Luft, welche dreimal hintereinander ausrief: »Lasset sie gehen, denn sie ist ein Mädchen!«, und dieser Ruf ertönte so furchtbar, daß weder Häscher noch Henkersknechte auf der Richtstätte blieben. Auch der König hörte diese Worte, welche den Palast bis in seinen Grundfesten erbeben machten; er ließ daher Marchetta vor sich kommen und sagte zu ihr, sie solle ihm die Wahrheit sagen, wer sie sei, und wie sie in sein Land gekommen wäre; worauf Marchetta, von der Notwendigkeit gezwungen, alle Ereignisse ihres Lebens erzählte, wie sie geboren wurde, hierauf in den festen Palast eingeschlossen und dann von dem Sturmwind fortgeführt worden, wie sie in dem Hause der Hexe angelangt und alsdann von ihr geschieden war, was die Hexe zu ihr gesagt und was sie ihr gegeben, was zwischen ihr und der Königin vorgefallen und wie sie endlich, ohne zu wissen, was sie begangen, sich in Gefahr gesehen hatte, mit den Füßen an der dreibeinigen Galeere zu rudern. Als nun der König dieses alles vernahm und es mit dem, was ihm einst sein Freund, der König von Stoßumsonst, mitgeteilt hatte, verglich, erkannte er Marchetta als die, welche sie in der Tat war, zugleich aber auch durchschaute er die Bosheit seiner Frau, die Marchetta ein so schweres Verbrechen angedichtet hatte. Er befahl daher sogleich, daß sie mit einem Stein um den Hals ins Meer gestürzt würde, und nachdem er die Eltern Marchettas hatte herbeiholen lassen, heiratete er ihre Tochter, so daß man an dem Beispiel dieser wiederum sieht:

»Ist die Not am größten,
Ist die Hilf am nächsten.«

37

Vierter Tag

Siebentes Märchen

»DIE BEIDEN KUCHEN«

Marziella zeigt sich freundlich gegen eine alte Frau und erhält von ihr dafür einen Zaubersegen; ihre Base, voll Neid über ihr Glück, stürzt sie ins Meer, wo eine Sirene sie lange Zeit in Fesseln hält; endlich aber von ihrem Bruder befreit, wird sie von einem Könige geheiratet, ihre Base aber für ihre Schandtat bestraft.

Sicherlich hätten der Prinz und seine Gemahlin gesagt, daß die Geschichte Antonellas alle bis dahin erzählten bei weitem überträfe, hätten sie es nicht vermeiden wollen, Ciulla zu entmutigen, welche alsbald die Lanze ihrer Zunge einlegte und auf folgende Weise mitten in den Ring des Wohlgefallens beider traf:

Ich habe immer sagen hören, daß, wer Gutes tut, Gutes erfährt; denn auch die Glocke von Manfredonia sagt: »damme dotte« (d. h. gib mir, dann geb ich dir) und, daß, wer nicht die Lockspeise der Freundlichkeit an den Angelhaken der Liebe steckt, niemals den Fisch der Vergeltung fängt. Wenn ihr nun die Anwendung hiervon wissen wollet, so gebet acht auf die folgende Erzählung, und dann sollt ihr mir sagen, ob der Geizige oder der Freigebige besser daran ist.

Es waren einmal zwei leibliche Schwestern namens Luceta und Troccola, welche zwei Töchter hatten, die Marziella und Puccia hießen. Marziella nun war so schön von Antlitz als von Herzen, so wie im Gegenteil das Herz und Gesicht Puccias als Beweis der Regel: »Häßliche Fratze, teuflisches Herz« dienen konnten. Jedoch glich die Tochter eben nur ihren Eltern; denn ihre Mutter Troccola war eine Harpyie und inwendig und auswendig ein Scheusal.

Es geschah nun einmal, daß Luceta einige Pastinaken abbrühen wollte, um sie mit einer grünen Brühe zuzurichten, und daher zu ihrer Tochter sagte: »Liebe Marziella, gehe an den Brunnen, mein Kind, und hole mir einen Krug Wasser.« – »Gleich, liebe Mutter«, antwortete Marziella, »wenn du mir aber gut bist, so gib mir einen kleinen Kuchen; denn ich will ihn am Brunnen mit einem Schluck ganz frischen Wassers verzehren.« – »Sehr gern, mein Töchterchen«, versetzte Luceta, nahm aus einem Korbe, der an der Wand hing, einen schönen Kuchen (denn sie hatte am Tag vorher Brot gebacken) und gab ihn Marziella, die alsbald mit dem

Kruge auf dem durch einen Wulst geschützten Kopfe nach dem Brunnen ging, welcher wie ein Marktschreier auf einer Bank von Marmor bei der Musik des herabfallenden Wassers Geheimmittel gegen den Durst verkaufte. Indem sie aber eben ihren Krug anfüllte, kam eine alte Frau, die auf der Schaubühne eines großen Buckels die Tragödie der Zeit darstellte und bei dem Anblick des schönen Kuchens, in den Marziella eben beißen wollte, zu ihr sprach: »Gib mir doch ein Stückchen von deinem Kuchen, mein schönes Töchterchen, der Himmel wird es dir auch tausendfach lohnen«; worauf Marziella, welche so freigebig war wie eine Königin, zu ihr sagte: »Da hast du ihn ganz, meine wackere Frau, und es tut mir nur leid, daß er nicht aus Zucker und Mandeln ist; denn dann würde ich ihn dir nicht minder von Herzen gern geben.« Als die Alte die Freundlichkeit Marziellas sah, rief sie aus: »Tausend Dank, mein liebes Kind, und möge der Himmel dich für die Gutherzigkeit, die du mir erwiesen, reichlich belohnen; denn ich flehe alle Sterne an, daß du immerdar glücklich und zufrieden seiest, so daß, wenn du atmest, dir Rosen und Jasmin aus dem Munde kommen, wenn du dich kämmst, dir immer Perlen und Granaten vom Kopfe fallen, und wenn du den Fuß auf die Erde setzest, Lilien und Veilchen hervorsprießen mögen.« Marziella dankte ihr vielmal und kehrte nach dem Hause zurück, woselbst die Mutter ihre Mahlzeit zurichtete und dann beide dem Körper die natürliche Schuld entrichteten.

Als nun dieser Tag vorüber war und am nächsten Morgen die Sonne auf dem Markt der Himmelsgefilde die aus dem Orient herbeigebrachte Ware des Lichts ausbreitete, sah Marziella, indem sie sich das Haar kämmte, einen Regen von Perlen und Granaten in ihren Schoß fallen, so daß sie mit großer Freude ihre Mutter herbeirief und dann mit ihr die Kostbarkeiten in ein Kästchen packte. Luceta ging hierauf fort, um einen großen Teil derselben bei einem bekannten Pfandleiher zu verkaufen, in welcher Zeit Troccola ihre Schwester zu besuchen kam, und da sie Marziella voll Eifer und Geschäftigkeit bei den Perlen fand, so fragte sie diese, wie, wann und wo sie dieselben bekommen hätte. Marziella nun, die noch sehr unerfahren war und vielleicht nicht das Sprichwort kannte: »Iß nicht so viel, als der Magen faßt, gib auch so viel nicht aus, als du hast; tu auch nicht alles, was du vermagst, und bedenke wohl erst, was du sagst«, erzählte der Tante alles ganz ausführlich. Dieser lag nun nicht weiter daran, ihre Schwester abzuwarten, sondern jede Stunde, bis sie nach Hause zurückgekehrt war, schien ihr tausend Jahre lang; sie gab dann sogleich ihrer Tochter einen Kuchen und schickte sie mit einem Kruge nach Wasser an den Brunnen, woselbst diese zwar die nämliche Alte antraf, aber, von ihr um ein Stückchen Kuchen gebeten, mit mürrischer und mißgünstiger Miene antwortete: »Habe ich weiter nichts zu tun, als dir Kuchen zu geben? Bin ich denn ein Esel, daß ich dir von dem meinigen etwas zukommen lassen soll? Ja, warte nur, ich bin mir selbst die allernächste«; und indem sie so sprach, verputzte sie in vier Bissen den ganzen Kuchen und ließ der Alten weiter nichts als einen großen Appetit, so daß diese, den letzten Bissen verschlungen und zugleich mit dem Kuchen auch ihre Hoffnung begraben sehend, voller Zorn zu Puccia sagte: »Geh nur immer hin, denn ich flehe den Himmel an, daß, wenn du atmest, dir wie dem Maultier eines Doktors Schaum aus dem Maule triefen, wann du dich kämmst, dir die Läuse haufenweis vom Kopfe fallen, und wo du auch deinen Fuß hinsetzest, Farnkraut und Wolfsmilch hervorkommen mögen.« Nachdem aber Puccia das Wasser eingeschöpft und nach Hause gekehrt war, konnte es ihre Mutter gar nicht erwarten, sie zu kämmen, und indem sie sich eine reine Serviette über den Schoß breitete, legte sie den Kopf der Tochter darauf und fing an, sie zu kämmen; aber sieh da! statt der Perlen und Granaten fiel ein Strom alchimistischer Tiere herab, welche das Quecksilber zum Stehen brachten, so daß Troccola bei diesem Anblick außer dem Schnee des Neides auch noch das Feuer des Zornes in der Brust fühlte und durch Nase und Mund Rauch und Flamme spie.

Nach einiger Zeit nun geschah es, daß der Bruder Marziellas, namens Ciommo, der sich am Hofe des Königs von Chiunzo befand, eines Tages, als man von der Schönheit verschiedener Frauen sprach, unaufgefordert hervortrat und sagte, daß alle Schönheiten Knochen aus dem Rinnsteine suchen könnten, wenn seine Schwester sich zeige, da sie außer der Schönheit ihres Körpers, welche zu dem *Canto fermo* ihrer schönen Seele die Begleitung bildete, auch noch in den Haaren, dem Munde und den Füßen eine ihr von einer Fee verliehene wunderbare Eigenschaft besäße. Als der

König diese Lobeserhebungen vernahm, so sagte er zu Ciommo, er solle seine Schwester an den Hof kommen lassen, denn wenn er sie so befände, wie ihr Bruder sie pries, so würde er sie heiraten.

Ciommo, der diese günstige Gelegenheit, sein und der Seinigen Glück zu machen, nicht verlieren wollte, schickte sogleich einen Kurier an seine Mutter, meldete ihr alles und bat sie dringend, auf das schnellste mit Marziella zu ihm an den Hof zu kommen und das sich darbietende Glück sich nicht aus den Händen schlüpfen zu lassen. Da jedoch Luceta gerade krank war, so bestellte sie den Wolf zum Hüter des Lammes und bat ihre Schwester, daß sie ihr doch den Gefallen erzeigen möchte, Marziella aus der und der Ursache an den Hof von Chiunzo zu begleiten. Troccola, welche sah, daß ihre Sache ganz nach Wunsch ging, versprach ihrer Schwester, Marziella ganz wohlbehalten zu ihrem Bruder zu bringen, bestieg dann mit dieser und Puccia ein Schiff, und als sie sich mitten auf dem Meere befanden, stürzte sie, während das Schiffsvolk schlief, Marziella ins Wasser, woselbst diese, im Begriff sich übersatt zu trinken, von einer sehr schönen Sirene ergriffen und davongetragen wurde.

Als nun Troccola in Chiunzo angelangt und Puccia von Ciommo so empfangen worden war, als wäre sie Marziella gewesen, da er diese wegen der langen Zeit, die er sie nicht gesehen, nicht mehr kannte, so brachte er sie alsbald vor den König; nachdem dieser aber befohlen, sie zu kämmen, so begannen die der Wahrheit so feindseligen Tierchen, welche die Zeugen immer beleidigen, herabzuregnen, und als er sie hierauf genauer betrachtete, sah er, daß sie, wegen der Anstrengung auf der Reise stärker als gewöhnlich atmend, am Mund einen Seifenschaum bekommen hatte, daß er aussah wie ein Waschfaß mit Wäsche, so wie er auch, indem er zur Erde schaute, eine Wiese mit stinkenden Kräutern bemerkte, deren Anblick ihm Ekel erweckte. Er jagte daher Puccia und ihre Mutter fort und Ciommo befahl er voll Verdruß, die Gänse seines Hofes zu hüten. Dieser jedoch, voll Verzweiflung und gar nicht wissend, was mit ihm vorgegangen war, ließ gewöhnlich die Gänse, nachdem er sie aufs Feld getrieben, am Meeresufer umherlaufen, wie sie wollten, während er selbst sich in einer Strohhütte niederlegte und bis zur Abendzeit, wo er nach Hause kehren mußte, sein Schicksal bejammerte. Indem nun aber so die Gänse am Ufer auf und ab watschelten, kam jedesmal Marziella aus dem Wasser empor, fütterte sie mit Zuckerwerk und gab ihnen Rosenwasser zu trinken, so daß die Gänse so fett wurden wie die Hammel und fast nicht aus den Augen sehen konnten, und immer, wenn sie des Abends in einem Gärtchen anlangten, welches sich unter den Fenstern des Königs befand, fingen sie an zu singen:

»Pire, pire, pire,
Sehr schön ist zwar die Sonne mit dem Monde,
Doch ist bei weitem schöner, wer uns pflegt.«

Als der König jeden Abend diese Gänsemusik vernahm, so ließ er Ciommo rufen und wollte wissen, wo, wie und womit er seine Gänse füttere, worauf Ciommo ihm erwiderte: »Ich gebe ihnen nichts anderes zu fressen als das frische Gras des Feldes.« Der König jedoch, welchen diese Antwort nicht recht befriedigte, schickte ihm einmal einen treuen Diener nach, damit er achtgeben solle, wohin Ciommo die Gänse triebe. Dieser nun folgte ihm nach und sah, wie er in die Strohhütte trat und die Gänse sich selbst überließ, worauf diese an das Meeresufer liefen und kaum dort angelangt waren, als Marziella aus dem Meere hervorkam, so schön, daß selbst die Mutter des blinden Knaben, der, wie jener Dichter sagt: »kein anderes Almosen will als Tränen«, nicht so schön aus den Wellen emporstieg. Nachdem nun der Diener alles gesehen, eilte er ganz außer sich vor Wunder zu dem König zurück und erzählte ihm, welch ein schönes Schauspiel er auf der Bühne des Meeresufers gesehen, so daß die durch die Worte des Dieners erregte Neugier des Königs in diesem gleichfalls das Verlangen erweckte, den schönen Anblick zu genießen. Als daher am Morgen der Hahn, gleich einem Volksanführer, alle Vögel aufreizte, die Menschen gegen die Nacht zu bewaffnen, und Ciommo sich mit den Gänsen an den gewöhnlichen Ort begeben hatte, ging der König ihm nach, ohne ihn auch nur einen Augenblick aus den Augen zu verlieren, und sah, sobald die Gänse ohne Ciommo, der in der Strohhütte zurückblieb, ans Meer gelangt waren, wie Marziella aus demselben hervorkam, hierauf zuerst den Gänsen einen Korb mit Zuckerwerk zu fressen und einen Napf mit Rosenwasser zu trinken gab, alsdann aber sich auf einen Stein niedersetzte und sich die Haare zu kämmen anfing, aus denen sogleich Perlen und Granaten haufenweise herabfielen, während ihr zu gleicher Zeit eine Wolke von Blumen aus dem Munde kam und unter ihren Füßen sich ein türkischer Teppich von Lilien und Veilchen bildete.

Kaum bemerkte dies der König, so ließ er unverzüglich Ciommo herbeirufen und fragte ihn, auf Marziella zeigend, ob er jene schöne Jungfrau kenne. Ciommo erkannte nun auf der Stelle seine Schwester, eilte auf sie los, um sie zu umarmen, und vernahm in Gegenwart des Königs, wie verräterisch Troccola an ihr gehandelt und wie der Neid dieses Ungeheuers jenes schöne Liebesfeuer dazu gebracht hatte, im Wasser des Meeres zu wohnen. Unbeschreiblich groß war die Freude des Königs über den erlangten Besitz dieses schönen Juwels, und sich zu ihrem Bruder wendend, sagte er, daß er sie mit vollem Recht so sehr gepriesen hatte, daß er mehr als dreimal soviel fände, als Ciommo ihm erzählt, und daß er daher Marziella für mehr als würdig hielte, seine Gemahlin zu werden, wenn sie es zufrieden wäre, das Zepter seines Reichs zu empfangen. »Wolle der Himmel, daß mir dieses Glück zuteil würde«, versetzte Marziella, »und daß ich als Magd deiner Krone dienen dürfte! Siehst du denn aber nicht diese goldene Kette, die ich am Fuße trage, und mit welcher mich die Zauberin gefesselt hält, so daß sie mich, wenn ich zuviel frische Luft schöpfe und zu lange an diesem Ufer zögere, an derselben ins Meer zurückzieht und mich so in einer goldenen Sklaverei gefangenhält.« – »Was ist also zu tun«, erwiderte der König, »um dich aus den Klauen der Sirene zu befreien?« – »Nichts anderes«, antwortete

Marziella, »als daß diese Kette mit einer Schlichtfeile durchgefeilt und mir dann abgenommen würde.« – »Nun denn«, entgegnete der König, »erwarte mich morgen früh, ich werde mit allem Nötigen kommen und dich dann in meinen Palast bringen, wo du mein rechtes Auge, das Innerste meines Herzens und das Leben meiner Seele sein sollst.« Nachdem sie sich hierauf durch einen Handschlag das Angeld ihrer Liebe gegeben, kehrte sie in das Wasser, der König aber ins Feuer zurück, und zwar in ein solches Feuer, daß er den ganzen Tag hindurch keinen Augenblick Ruhe hatte. Auch als die Nacht schwarz wie eine Mohrin erschien, um mit den Sternen einen Contretanz aufzuführen, käute er mit den Backen der Erinnerung die Schönheiten Marziellas wieder, indem er über das Mirakel ihrer Haare, das Wunder ihres Mundes und das Kunstgewebe ihrer Füße nachdachte, und das Gold ihrer herrlichen Eigenschaften auf den Probierstein der Überlegung streichend, fand er, daß es vom allerfeinsten Gehalt war. Jedoch schmähte zugleich er die Nacht, daß sie so lange zögerte, mit der Sternstickerei aufzuhören, und verwünschte die Sonne, daß sie nicht mit dem Lichtwagen erscheine, um seine Behausung durch den Besitz des ersehnten Gutes zu beglücken und seine Gemächer mit einem Goldbergwerk, welches Perlen, und einer Perlmuschel, welche Blumen hervorbrachte, zu bereichern. Während er aber so in einem Qualenmeere umhergeworfen wurde, an die denkend, welche sich in einem wirklichen Meere befand, erschienen endlich die Pioniere der Sonne, welche die Wege ebneten, auf denen sie mit dem Heere der Strahlen einherziehen sollte, und nachdem der König sich angekleidet, begab er sich mit Ciommo an die Küste, woselbst er Marziella bereits antraf und mit der mitgebrachten Feile eigenhändig die Kette von dem Fuß des geliebten Gegenstandes losfeilte, obwohl er zugleich sich selbst eine andere, viel stärkere an das Herz schmiedete. Er nahm alsdann ohne Zögern die auf die Kruppe, welche bereits in dem Sattel seines Herzens so fest saß, und machte sich unverzüglich auf den Weg nach dem königlichen Palast, woselbst er bereits seiner Anordnung gemäß von allen schönen Frauen des Landes erwartet und Marziella mit allen nur möglichen Ehrenbezeugungen von ihnen als ihre Gebieterin empfangen wurde. Indem nun hierauf der König seine Hochzeit mit großen Festlichkeiten beging, bei denen zahlreiche Fässer als Lustfeuer angezündet wurden, befahl er zugleich, Troccola in eines derselben als Pechtonne zu stecken, damit sie so für den an Marziella geübten Verrat büße. Alsdann ließ er Luceta herbeiholen und verlieh ihr und Ciommo ein Einkommen, von dem sie wie die Prinzen leben konnten, während Puccia, aus dem Lande gejagt, immer als Bettlerin umherwandern und dafür, daß sie nicht hatte ein Stückchen Kuchen säen wollen, einen steten Mangel an Brot erdulden mußte, da es der Wille des Himmels ist, daß:

»Wer kein Mitleid hat, kein Mitleid finde.«

38

Vierter Tag

Achtes Märchen

»DIE SIEBEN TAUBEN«

Sieben Brüder verlassen ihr Vaterhaus, weil ihre Mutter keine Tochter gebiert. Endlich bekommt sie zwar eine, während jedoch die Söhne die Nachricht und das verabredete Zeichen erwarten, irrt sich die Mutter in demselben, so daß jene in die weite Welt gehen. Die Schwester wächst heran, sucht die Brüder auf, findet sie, und nach verschiedenen Ereignissen kehren sie reich in ihre Heimat zurück.

Die Geschichte von den zwei Kuchen war in der Tat für alle ein gefüllter Kuchen, den sie sich herrlich schmecken ließen, so daß sie sich noch die Finger danach leckten. Als sich aber Paola anschickte, die ihrige zu erzählen, so wurde der Befehl des Prinzen zum

Wolfsauge, welches allen die Sprache raubte, so daß sie also zu erzählen anfing:

Wer Gutes tut, erfährt Gutes; Dienstfertigkeit ist der Haken der Freundschaft und das Band der Liebe, und wer nicht säet, erntet nicht, wie Ciulla auch in einem Voressen von Beispiel gezeigt hat, ich aber will euch einen Nachtisch vorsetzen, wenn ihr euch erinnern wollet, daß Caro gesagt hat: »Über Tisch sprich wenig.« Leihet mir daher eine kurze Zeit ein geneigtes Ohr; dann werde ich auch zum Himmel flehen, daß er euch die Ohren wachsen lasse und ihr mit denselben immer erfreuliche und angenehme Dinge hören möget.

Es war einmal in der Gegend von Arzano eine wakkere Frau, welche jedes Jahr einen Sohn zutage förderte, so daß die Zahl derselben bereits bis auf sieben gestiegen war und sie der Syrinxpfeife des Gottes Pan glichen, von deren sieben Röhren eine immer kleiner ist als die andere. Nachdem sie nun die Kinderschuhe ausgetreten hatten, sprachen sie zu ihrer Mutter Jannetella, als sie sich wieder einmal in guter Hoffnung befand: »Gib wohl acht, liebe Mutter, was wir dir sagen; wenn du nach so vielen Söhnen jetzt nicht endlich einmal eine Tochter zur Welt bringst, so sind wir entschlossen, uns aufzumachen und wie verloren und verlassen in die weite Welt zu gehen.« Sobald die Mutter diese unselige Rede vernahm, so bat sie den Himmel, ihre Söhne doch von diesem Entschluß abzubringen und sie vor dem Verlust solcher sieben Juwelen, wie ihre Kinder waren, zu schützen. Als nun die Mutter der Stunde ihrer Entbindung nahe war, sprachen ihre Söhne zu ihr: »Wir, liebe Mutter, werden uns inzwischen auf jene Halde oder Anhöhe, die hier geradeüber liegt, begeben, und wenn du einen Knaben gebierst, so stelle ein Tintenfaß nebst Feder ans Fenster, wenn aber ein Mädchen, so stelle einen Löffel und einen Rocken hin; denn wenn wir das letztere Zeichen sehen, so kehren wir zurück und verbringen den Rest des Lebens unter deinen Flügeln, im umgekehrten Falle aber magst du uns nur immer vergessen; denn dann ist unseres Bleibens nicht länger.« Kaum hatten aber die Söhne das Haus verlassen, so fügte es der Himmel, daß Jannetella ein hübsches Töchterlein gebar, so daß sie alsbald zu der Wehmutter sagte, daß sie den Söhnen das verabredete Zeichen geben sollte; diese jedoch war so verblüfft und verdutzt, daß sie das Tintenfaß und die Feder ans Fenster stellte. Beim Anblick dieses Zeichens nahmen die Brüder die Beine über den Buckel und gingen so lange, bis sie nach einem dreijährigen Umherziehen in einen Wald kamen, wo die Bäume zu der Musik eines Flusses, welcher sich der Steine als Instrumente bediente, einen Waffentanz aufführten. In diesem Walde aber befand sich die Behausung eines wilden Mannes, dem seine Frau im Schlafe die Augen ausgestochen hatte, und der daher ein solcher Feind der Weiber geworden war, daß er deren alle auffraß, die er bekommen konnte. Als nun die sieben Jünglinge ermattet von der Reise und fast tot vor Hunger an dem Hause des wilden Mannes anlangten, so baten sie ihn, daß er ihnen doch aus Barmherzigkeit einen Bissen Brot geben möchte, worauf jener versetzte, daß er ihnen allen Lebensunterhalt geben würde, wenn sie ihm dienen wollten, und zwar würden sie nichts weiter zu tun haben, als daß ihn jeder der Reihe nach einen Tag lang wie ein Hund bewachen sollte. Dieses Anerbieten kam den Jünglingen wie gerufen, sie nahmen es daher sogleich an und traten in den Dienst des wilden Mannes, welcher sich ihre Namen merkte und bald Giangrazio rief, bald Cecchitiello, bald Pascale, bald Nuccio, bald Pone, bald Pezzillo und bald Carcavecchia; denn so hießen die Brüder, denen er eine Stube in seinem Hause anwies und ihnen so viel gab, daß sie davon leben konnten.

Inzwischen war die Schwester herangewachsen, und als sie vernahm, daß ihre sieben Brüder durch ein Versehen ihrer Mutter in die weite Welt gegangen waren und nie wieder etwas von sich hatten hören lassen, setzte sie es sich in den Kopf, sie aufzusuchen, und so sehr lag sie der Mutter in den Ohren, bis diese, betäubt von den immerwährenden Bitten, ihr eine Pilgertracht gab und sie ziehen ließ. Die Tochter nun ging, ohne sich irgendwo aufzuhalten, immer weiter, wobei sie alle Augenblicke fragte, wer sieben Brüder gesehen hätte, und so lange wanderte sie umher, bis sie endlich in einem Wirtshause erfuhr, wo sie sich befanden. Sobald sie sich nun den Weg nach jenem Walde hatte sagen lassen, zog sie wieder fort und langte eines Morgens, als die Sonne mit dem Federmesser der Strahlen die von der Nacht mit dem Papier des Himmels gemachten Kleckse auskratzte, an dem Hause des wilden Mannes an, wo ihre Brüder sie mit vieler Freude erkannten und jenes Schreibzeug verwünschten, welches für sie verräterischerweise so viele Leiden aufgeschrieben hatte. Nachdem sie aber ihrer Schwester tausendfache Liebkosungen erwiesen, rieten sie ihr, sich ganz stille in ihrer Stube zu halten, damit der wilde Mann sie nicht sehe, und außerdem, daß sie von allem, was sie äße, der Katze, welche sich in ebenderselben Stube befand, ein Stück abgeben sollte; denn sonst würde sie ihr irgend etwas Böses antun. Cianna (dies war der Name der Schwester) schrieb diese Ratschläge in das Buch ihres Herzens und teilte immer redlich mit der Katze, indem sie alles ganz genau durchschnitt und mit den Worten: »Dies für mich und das für dich!« der Katze ihren gewissenhaft abgemessenen Anteil übergab.

Es trug sich jedoch eines Tages zu, daß, als die Brüder im Dienst des wilden Mannes auf die Jagd gegangen waren, sie der Schwester ein Säckchen mit Erbsen zum Kochen übergaben und diese beim Auslesen derselben unglücklicherweise darunter einen Haselnußkern fand, welcher der Stein des Anstoßes für ihre Ruhe wurde; denn da sie den Kern aufaß, ohne der Katze die Hälfte davon zu geben, so sprang diese voll Verdruß darüber auf den Herd und pißte so lange auf das Feuer, bis es ausging. Indem nun Cianna dies sah und nicht wußte, was sie anfangen sollte, verließ sie gegen den Rat ihrer Brüder die Stube, trat in das Zimmer des wilden Mannes und bat ihn um etwas Feuer, worauf dieser, eine Weiberstimme hörend, alsbald sagte: »Guten Tag, Nachbarin, wartet ein wenig, ihr habt gefunden, was ihr suchet«; und so sprechend, ergriff er einen

Schleifstein, bestrich ihn mit Öl und fing an, seine Hauer zu wetzen. Cianna aber, welche sah, wie übel sie angekommen war, ergriff einen Brand, lief in ihre Stube zurück und verriegelte hinter sich die Tür, indem sie außerdem Querstangen, Stühle, Bettstellen, Kasten, Steine und was nur irgend noch sonst sich in ihrer Stube befand, vorschob. Sobald der wilde Mann sich die Zähne gewetzt hatte, lief er nach der Stube der Brüder, und da er sie verschlossen fand, so fing er an, mit den Füßen dagegen zu stoßen, um sie einzurennen. Inzwischen kamen die Brüder nach Hause, und indem sie dieses Getümmel vernahmen und hörten, daß der wilde Mann sie Verräter nannte, weil sie ihre Stube zum Aufenthaltsort seiner Feindinnen gemacht, begann Giangrazio, welcher der älteste und verständigste von allen war und sah, wie schlecht die Sachen standen, also zu sprechen: »Wir wissen nichts von alledem, was hier vorgeht, und es ist leicht möglich, daß das verwünschte Frauenzimmer, während wir uns auf der Jagd befanden, in unsere Stube gekommen ist. Da sie sich aber inwendig verschanzt hat, so komm mit uns; denn wir wollen dich so führen, daß du sie erwischen wirst, ohne daß sie sich verteidigen kann.« Hierauf führten sie ihn an einen tiefen, tiefen Graben, gaben ihm dann einen Stoß und stürzten ihn hinunter; alsdann ergriffen sie eine Schaufel, welche sie auf der Erde fanden, und bedeckten ihn ganz mit Erde. Nachdem sie nun ihre Schwester hatten die Tür öffnen heißen, wuschen sie ihr tüchtig den Kopf dafür, daß sie wider ihren Rat gehandelt und sich einer solchen Gefahr ausgesetzt hatte; in Zukunft aber solle sie vorsichtiger sein und sich wohl hüten, in der Nähe des Ortes, wo der wilde Mann begraben läge, Gras abzupflücken; denn sonst würden sie sich in sieben Tauben verwandeln. »Behüt der Himmel, daß ich euch dies antun sollte«, erwiderte Cianna, worauf sie sich in Besitz des Hauses und aller Sachen des wilden Mannes setzten und anfingen, lustig zu leben, indem sie abwarten wollten, bis der Winter vorüberginge, um sich dann, wenn die Sonne der Erde als Freudengeschenk bei der Besitznahme des Hauses »zum Stier« ein grünes, mit Blumen gesticktes Gewand verleiht, auf den Weg zu machen und in ihre Heimat zurückzukehren.

Es geschah nun aber eines Tages, als die Brüder in den Wald gegangen waren, um Holz zu holen und sich damit gegen die Kälte zu schützen, welche von Tag zu Tag zunahm, daß ein armer Wanderer bei dem Hause anlangte, der einer Meerkatze, welche auf einer Pinie saß, eine neckende Gebärde gemacht und dafür von derselben eine Frucht jenes Baumes an den Kopf geworfen bekam, die ihm eine so gewaltige Beule machte, daß der arme Schelm schrie, als steckte er am Spieße. Bei diesem Lärm trat Cianna aus dem Hause, und voll Mitleid mit ihm riß sie rasch von einem Rosmarinstrauch, welcher aus dem Grabe des wilden Mannes emporgewachsen war, ein paar Blätter ab, aus denen sie ihm mit gekautem Brot und Salz ein Pflaster machte, worauf sie ihm ein Frühstück gab und ihn dann entließ.

Während sie nun, die Brüder erwartend, den Tisch

deckte, erschienen plötzlich sieben Tauben, welche zu ihr sagten: »Wievielmal besser wäre es doch gewesen, man hätte dir die Hände abgehauen, du Urheberin unseres ganzen Unglücks, als daß du den verwünschten Rosmarin abpflücktest und uns in so großes Leid stürztest. Hast du denn Katzengehirn gegessen, Schwester, daß dir unser Rat so ganz und gar aus dem Gedächtnis entschwunden ist? Jetzt sind wir nun in Tauben verwandelt und den Klauen der Weihen, Sperber und Habichte ausgesetzt; jetzt sind wir Genossen der Bläßhühner, Schnepfen, Stieglitze, Baumhacker, Häher, Käuze, Elstern, Dohlen, Krähen, Stare, Auerhähne, Kiebitze, Strandläufer, Wasserhühner, Birkhühner, Amseln, Drosseln, Finken, Zaunkönige, Spechte, Hänflinge, Zeisige, Grasmücken, Kreuzschnäbel, Fliegenschnäpper, Haubenlerchen, Regenpfeifer, Taucher, Bachstelzen, Rotkehlchen, Gimpel, Spatzen, Kuppenenten, Krammetsvögel, Holztauben und Dompfaffen. Das war einmal ein kluger Streich; jetzt können wir immerhin in unsere Heimat zurückkehren, um uns dann mit Netzen und Leimruten fangen zu lassen! Um einem Pilger den Kopf zu kurieren, hast du sieben Brüdern den Hals gebrochen; denn für uns ist keine Rettung, wenn du nicht die Mutter der Zeit auffindest und dir von ihr sagen lässest, was für uns zu tun sei.«

Cianna stand da wie versteinert und bat endlich ihre Brüder wegen ihres Versehens um Verzeihung, indem sie versprach, so lange in der Welt umherzuziehen, bis sie die Behausung jener Alten auffände; zugleich legte sie ihren Brüdern ans Herz, sich, solange sie abwesend wäre, immer in dem Hause aufzuhalten, damit ihnen nicht ein Unglück widerführe. Hierauf machte sie sich auf den Weg und wanderte überall umher, ohne je zu ermüden; denn obgleich sie zu Fuß ging, so diente ihr doch das Verlangen, ihren Brüdern zu helfen, als Gaul, mit dem sie die Stunde drei Meilen machte. Endlich kam sie an eine Küste, wo das Meer wie ein Schulmeister die Klippen mit seiner Wellenrute peitschte, weil sie auf die Fragen nicht antworten wollten, die es an sie richtete, und sah dort einen großen Walfisch, welcher zu ihr sprach: »Was suchst du, mein schönes Kind?« Worauf Cianna versetzte: »Ich suche das Haus der Mutter der Zeit.« – »Weißt du, was du tun sollst?« erwiderte der Walfisch, »gehe immer an diesem Ufer entlang, und an dem ersten Fluß, den du antriffst, gehe dann immer wieder stromaufwärts, dann wirst du jemand finden, der dir den übrigen Weg zeigen wird. Tu mir aber den Gefallen und bitte die Alte, wenn du sie gefunden hast, in meinem Namen, daß sie mir ein Mittel angeben möchte, wie ich sicher einherschwimmen kann, ohne so oft an Felsen zu stoßen und auf den Sand zu geraten.« – »Laß mich nur machen«, versetzte Cianna, und sich bei dem Walfisch herzlich für den Weg bedankend, den er ihr gezeigt, fing sie an, immer an dem Ufer entlangzuziehen, bis sie nach einer langen Reise endlich bei dem Fluß ankam, der wie ein Fiskalkommissarius große Summen Silbergeld in die Bank des Meeres ablieferte, worauf sie an demselben immer stromaufwärts ging und endlich auf einer schönen Au anlangte, welche in ihrem mit Blumen gestirnten Mantel dem Himmel gleich zu sein glaubte. Dort traf sie eine Maus, die zu ihr sagte: »Wohin so allein, schönes Kind?« Worauf Cianna erwiderte: »Ich suche die Mutter der Zeit.« – »Da hast du noch sehr weit zu gehen«, versetzte die Maus, »doch verliere nur den Mut nicht; alles hat einmal ein Ende; geh nur immer auf jene Berge los, welche, als die Beherrscher dieser Ebene, sich den Titel: ›Hoheit‹ geben lassen; dort wirst du wieder Auskunft erhalten über das, was du zu wissen wünschst. Wenn du aber bei dem Hause, welches du aufsuchst, anlangst, so tu mir den Gefallen und bitte die gute Alte, dir zu sagen, wie wir Mäuse es anfangen sollen, um uns von der Tyrannei der Katzen zu befreien; du erzeigst mir dadurch einen großen Dienst, und ich werde dir immer dafür dankbar sein.« Cianna versprach, ihr diesen Gefallen zu erweisen, und machte sich auf den Weg nach jenen Bergen, welche zwar sehr nahe schienen, aber gar lange nicht zu erreichen waren. Endlich jedoch langte sie bei ihnen an und setzte sich müde auf einen Stein nieder, woselbst sie ein Heer von Ameisen erblickte, welche eine große Menge Getreideproviant fortschafften, und von denen eine sich an Cianna wandte und sie fragte: »Wer bist du und wohin gehst du?« Worauf Cianna, die gegen jedermann höflich war, erwiderte: »Ich bin ein unglückliches Mädchen und muß notwendigerweise das Haus der Mutter der Zeit aufsuchen.« »Geh nur immer weiter«, versetzte die Ameise, »denn da, wo diese Berge sich in eine große Ebene verflachen, wirst du weitere Auskunft erhalten. Tu uns aber den Gefallen und sieh von der Alten zu erfahren, wie wir Ameisen es anfangen sollen, um etwas länger zu leben als jetzt; denn es scheint mir eine große Ungereimtheit in dem irdischen Treiben, so viele Vorräte von Lebensmitteln für ein so kurzes Leben aufzuhäufen, welches, wie das Licht eines Gauklers, mitten im Besten verlischt.« – »Sei ganz ruhig«, versetzte Cianna; »ich werde dir schon deine Freundlichkeit vergelten«, und über die Berge hinwegziehend, gelangte sie auf eine schöne Flur, auf welcher sie bald nachher eine große Zirneiche antraf, die ein Denkmal hohen Altertums war und deren Frucht dem armen Mädchen, welches sich mit wenigem begnügte, wie Konfekt schmeckte, überhaupt aber ein Bissen ist, den die Urwelt diesem leidenvollen Zeitalter als Andenken an die verlorene Glückseligkeit darreicht. Der Baum nun bildete sich einen Mund aus seiner Rinde und eine Zunge aus dem Mark und sprach zu Cianna: »Wohin so traurig, mein Kind? Komm unter meinen Schatten und ruhe dich aus.« Cianna aber dankte ihm schönstens und lehnte seine freundliche Einladung ab, da sie Eile hätte und die Mutter der Zeit aufsuchen müsse. Als der Baum dies vernahm, begann er wieder: »Du bist nicht mehr sehr weit von deinem Ziel; denn du wirst keinen Tag mehr gewandert sein, so wirst du auf einem Berge ein Haus erblicken und darin die, welche du suchst, antreffen. Wenn du aber ebenso freundlich als schön bist, so bemühe dich zu erfahren, wie ich es anfangen soll, um meine verlorene Ehre wiederzuerlangen, da ich früher sogar die Speise der Vornehmen war, jetzt aber nur Mast für die Schweine liefere.« – »Überlasse mir diese Sorge«, versetzte Cianna, »denn ich werde mich bemühen, dir gefällig zu sein.« Hierauf zog sie weiter und ging immerzu, ohne sich je Ruhe zu gönnen, bis sie an dem Fuß eines naseweisen Berges anlangte, welcher mit seiner Spitze den Wolken gerade ins Gesicht fuhr. Dort begegnete sie einem alten Manne, der, vom Wege ermüdet, sich in einen Heuschober gelegt hatte und, sobald er Cianna erblickte, sie sogleich als die erkannte, welche ihn von der Beule geheilt hatte.

Als er nun vernahm, was sie suchte, sagte er zu ihr, daß er derzeit den Pachtzins für das Stück Erde, das er bisher bebaut, überbrächte, und daß die Zeit eine Tyrannin wäre, die sich aller Dinge auf der ganzen Welt bemächtigt hätte und von allen, besonders aber von den Leuten seines Alters, Tribut verlange; weil er aber von Cianna einst einen so freundlichen Dienst erhalten, so wolle er ihr jetzt denselben durch einen guten Rat hinsichtlich ihrer Ankunft bei diesem Berge hundertfach vergelten; es täte ihm nun zwar leid, sie nicht selbst hinaufbegleiten zu können, da sein Alter, wie er sagte, eher dazu bestimmt war, hinunter- als hinaufzusteigen und ihn daher zwang, am Fuße jenes Berges zu bleiben, um mit den Buchhaltern der Zeit, nämlich den Leiden, Mühseligkeiten und Krankheiten des Lebens, seine Rechnung abzumachen und die Schuld der Natur zu bezahlen; jedoch erteilte er ihr folgenden Rat und sprach: »Jetzt merke wohl auf, mein hübsches Kind, und verliere kein Wort von dem, was ich dir jetzt sage. Du wirst nämlich auf dem Gipfel dieses Berges ein ungeheuer großes Haus finden, dessen Erbauung sich niemand erinnert; die Mauern sind verfallen, der Grund morsch, die Türen geborsten, das Hausgerät veraltet und, mit einem Worte, alles in Verfall geraten; auf einer Seite wirst du zerbrochene Säulen, auf der andern zertrümmerte Statuen und nichts anderes in gutem Zustande sehen, als über einer Tür ein in Felder geteiltes Wappen mit einer Schlange, die sich in den Schwanz beißt, einem Hirsch, einem Raben und einem Phönix. Sobald du eingetreten bist, wirst du ferner auf der Erde Feilen, Sägen, Sicheln, Hippen und viele hundert Kessel voll Asche erblicken und Namen darauf, wie auf Kruken in einer Apotheke, welche besagen: Korinth, Sagunt, Karthago, Troja und tausend andere Namen von Städten, die in die Brüche gegangen sind, und deren Asche die Zeit als Trophäen ihrer Taten aufbewahrt. Wenn du nun an dieses Gebäude kommst, so verstecke dich abseits so lange, bis du die Zeit hinausgehen siehst, dann tritt ohne Zögern in das Haus, woselbst du eine hochbejahrte Alte finden wirst, deren Kinn die Erde berührt und deren Buckel bis in den Himmel reicht, während die Haare wie der Schwanz eines Schimmels ihr die Fersen bedecken; ihr Angesicht aber, dessen Falten durch das Stärkemehl der Zeit gesteift sind, gleicht einer gerippten Halskrause. Diese Alte nun sitzt auf einer Uhr, die auf einer Mauer steht, und da ihre Brauen so lang sind, daß sie ihr die Augen bedecken, so wird sie dich nicht sehen können. Sobald du aber eingetreten bist, nimm rasch die Gewichte von der Uhr ab und bitte dann die Alte mit lauter Stimme, daß sie das erfüllen möge, was du von ihr verlangst;

worauf sie alsbald ihren Sohn herbeirufen wird, damit er komme und dich auffresse; da aber der Uhr, auf welcher sie sitzt, die Gewichte fehlen werden, so wird ihr Sohn nicht gehen können und sie daher gezwungen sein, dir das zu bewilligen, was du forderst. Traue jedoch keinem Eide, den sie leistet, wenn sie nicht bei den Flügeln ihres Sohnes schwört, dann kannst du ihr Glauben schenken und tun, was sie dir sagt; denn dann wirst du deine Wünsche erfüllt sehen.« Nachdem er dies gesprochen, sank der Arme hin und löste sich auf wie ein toter Körper, der aus einer Katakombe an das Tageslicht gebracht wird. Cianna sammelte hierauf die Asche, mischte ein Nößel Tränen hinein, grub dann ein Grab und beerdigte die Überreste des Hingeschiedenen, indem sie ein Gebet um Ruhe und Frieden für die Seele desselben verrichtete; alsdann stieg sie den Berg hinauf, wobei sie ganz den Atem verlor und wartete, bis die Zeit herauskam, welches ein Greis mit einem gewaltig langen Barte war, bekleidet mit einem ganz alten Mantel, auf den sich über und über Zettelchen mit den Namen von mancherlei Leuten genäht befanden; auch hatte er große Flügel und flog so rasch, daß Cianna ihn bald aus dem Gesicht verlor. Diese trat nun ins Haus zu seiner Mutter und mußte über den Anblick der alten Schachtel lächeln; alsdann aber faßte sie plötzlich die Gewichte und sagte zu der Alten, was sie verlangte, worauf diese einen lauten Schrei ausstieß und den Sohn herbeirief, Cianna jedoch zu ihr sprach: »Wenn du auch mit dem Kopf gegen die Mauer rennst, so bekommst du dennoch gewiß nicht deinen Sohn zu sehen, solange ich die Gewichte festhalte.« Als so die Alte sah, daß nichts zu machen war, fing sie an, Cianna zu schmeicheln und zu sagen: »Laß die Gewichte los, mein Töchterchen, und hindere meinen Sohn nicht in seinem Lauf, was bis jetzt noch kein Sterblicher auf Erden getan hat; laß los, so wahr dir Gott helfe; denn ich schwöre dir bei dem Scheidewasser meines Sohnes, mit welchem er alles zernagt, dir nichts zuleide zu tun.« – »Du verlierst deine Worte«, versetzte Cianna; »du mußt mir stärkere Versicherungen geben, wenn du willst, daß ich die Gewichte loslasse.« – »Ich schwöre es bei den Zähnen, die alle irdischen Dinge zernagen«, erwiderte jene, »daß ich dir alles sagen werde, was du wünschest.« – »Das ist alles nichts«, entgegnete Cianna, »denn ich weiß, daß du mich hintergehen willst.« – »Nun denn«, antwortete die Alte, »so schwöre ich es dir bei den Flügeln, welche überallhin fliegen, daß ich dir mehr Gutes erweisen werde, als du dir vorstellst«; worauf Cianna die Gewichte losließ und der Alten die nach Schimmel riechende und nach Moder stinkende Hand küßte, so daß die Alte sich über die Höflichkeit Ciannas freute und zu ihr sprach: »Verstecke dich hinter jene Tür, denn wenn mein Sohn kommt, werde ich mir von ihm sagen lassen, was du willst; sobald er aber wieder fortgeht, denn er bleibt nie ruhig an einer Stelle stehen, verlasse schnell das Haus und mache ja kein Geräusch; denn er ist solch ein Vielfraß, daß er seine eigenen Kinder nicht verschont, und wenn er gar nichts hat, so ißt er sich selbst auf und kommt dann wieder aufs neue zum Vorschein.« Kaum hatte Cianna getan, wie die Alte sie geheißen, so kam auch schon jener schnell, hoch und leicht angeflogen, benagte alles, was sich ihm darbot, selbst den Schimmel auf den Wänden, und wollte eben wieder fortfliegen, als die Alte ihn nach allem fragte, was sie von Cianna gehört, und ihn bei der Milch, mit der sie ihn gesäugt, beschwor, genau auf alles zu antworten, was sie von ihm zu wissen wünschte, worauf der Sohn ihr nach langem Bitten antwortete: »Dem Baum kann man antworten, daß er bei den Menschen nie geachtet sein wird, solange er Schätze unter seinen Wurzeln begraben hat; den Mäusen, daß sie nie vor der Katze sicher sein werden, wenn sie ihr nicht eine Schelle ans Bein binden, um sie zu hören, wenn sie kommt; den Ameisen, daß sie hundert Jahre lang leben werden, sobald sie das Fliegen aufgeben können; denn wie die Ameisen dem Tode nahe sind, bekommen sie Flügel; dem Walfisch, daß er guten Mutes sein und sich die Meermaus zum Freunde halten soll, da er, wenn diese ihm als Führer diente, nie stranden würde; und den Tauben, daß, wenn sie sich auf die Säule des Reichtums setzen, sie ihre frühere Gestalt wiederbekommen werden.« Nach diesen Worten begann die Zeit wieder ihren gewöhnlichen Lauf, und Cianna, von der Alten Abschied nehmend, stieg von dem Berge in die Ebene hinunter.

Inzwischen waren die sieben Tauben ihrer Schwester immer nachgefolgt und endlich am Fuße des Berges angelangt, woselbst sie, von dem langen Fluge ermüdet, sich alle auf die Hörner eines toten Ochsen niedersetzten, und kaum hatten ihre Füße diese berührt, als sie auch ihre frühere Jünglingsgestalt wiedererlangten. Noch voll Staunen hierüber vernahmen sie von ihrer Schwester die Antwort der Zeit und sahen nun, daß das Horn, als Sinnbild der Fülle, die von der Zeit angedeutete Säule des Reichtums sei, worauf sie und die Schwester in größter Freude denselben Weg zurücknahmen, den Cianna auf der Hinreise gemacht hatte. Indem sie nun wieder zu dem Eichenbaum kamen und ihm erzählten, was die Zeit in betreff seiner gesagt, so bat der Baum sie, den unter ihm befindlichen Schatz auszugraben, da dieser Anlaß wäre, daß seine Eicheln nicht mehr so geachtet würden wie früher. Die Brüder gruben daher mit einem Spaten, den sie in einem Garten fanden, so lange, bis sie einen großen Haufen Goldstücke fanden, welche sie unter sich und die Schwester in acht Teile verteilten, um sie bequem fortschaffen zu können. Als sie sich jedoch nach einiger Zeit ermüdet von der Reise und der Last des Goldes neben einem Zaune schlafen gelegt hatten, wurden sie von etlichen Räubern, welche dort vorüberkamen und die armen Schelme mit den Köpfen auf den Tüchern voll Geld liegen sahen, mit Händen und Füßen an Bäume gebunden, worauf jene ihnen die Spieße abnahmen und sich davonmachten, die Gefesselten aber nicht nur über den ebenso schnell gewonnenen wie zerronnenen Schatz, sondern auch wegen ihres Lebens zu jammern begannen, da sie, aller Hoffnung auf Hilfe beraubt, in Gefahr waren, entweder bald vor Hunger zu sterben oder den Hunger irgendeines wilden Tieres zu stillen.

Während sie aber so ihr trauriges Schicksal beweinten, erschien die Maus, welche nach Anhörung des Bescheides der Zeit als Lohn für den empfangenen Dienst die Stricke, mit denen sie jene angebunden sah, zernagte und sie in Freiheit setzte. Als sie nun ein Stück weitergegangen waren, begegneten sie auch der Ameise, und nachdem diese den Rat der Zeit vernommen, fragte sie Cianna, was sie denn hätte, daß sie so bleich und niedergeschlagen aussehe; Cianna erzählte ihr daher, was ihr widerfahren war, und den Streich, den ihr die Spitzbuben gespielt, worauf die Ameise versetzte: »Seid nur ganz ruhig; denn ich bin gesonnen, mich für den erhaltenen Dienst dankbar zu erweisen. Wisset nämlich, daß, während ich eine Last Getreide unter die Erde trug, ich den Ort bemerkte, wo jene Bluthunde die geraubten Sachen verbargen; denn sie haben unter einem verfallenen Gebäude einige Höhlen angelegt, in welche sie ihren Raub hinschleppen; da sie nun eben jetzt auf eine neue Unternehmung ausgezogen sind, so will ich euch den Ort zeigen und euch hinführen, damit ihr das eurige wiedererlangen könnet.« Nach diesen Worten machte sie sich auf den Weg nach einigen eingestürzten Häusern und zeigte den Brüdern den Eingang zu der Höhle, aus welcher Giangrazio, der als der mutigste von allen hinuntergestiegen war und darin das sämtliche ihnen geraubte Gold gefunden hatte, dasselbe alsobald wieder herausbrachte, worauf sie weiter nach dem Meeresufer zogen und daselbst den Walfisch antrafen, welchem sie den von der Zeit, dem Vater aller Ratschläge, gegebenen Rat mitteilten. Während sie nun so von ihrer Reise und von allen ihren Abenteuern sprachen, sahen sie plötzlich das Diebesgesindel, welches ihrer Spur gefolgt war, bis an die Zähne bewaffnet in der Ferne erscheinen, so daß sie bei ihrem Anblicke ausriefen: »Wehe uns, dieses Mal sind wir gänzlich und rettungslos verloren; denn dort kommen die Schelme bewaffnet und werden uns das Fell über die Ohren ziehen!« – »Seid ganz ohne Furcht«, versetzte der Walfisch, »denn ich kann und will euch aus eurer Not erretten, um euch die Liebe zu vergelten, die ihr mir erwiesen habet. Steiget also auf meinen Rücken und seid überzeugt, daß ich euch an einen sichern Ort bringen werde.« Da die Geschwister sich den Feind im Nacken und das Messer an der Kehle sahen, so stiegen sie auf den Walfisch, der sich sogleich von den Klippen entfernte und endlich auf der Höhe von Neapel anlangte; da aber die Geschwister dort wegen der Untiefen nicht zu landen wagten, fragte sie der Walfisch: »Wo wollt ihr nun, daß ich euch absetze? Auf der Küste von Amalfi?« Worauf Giangrazio versetzte: »Sieh zu, mein lieber Fisch, ob sich das vermeiden ließe; da ich an keinem dieser Orte gern ans Land steigen möchte, denn es heißt: ›Zu Vico sprich: Marsch, packe dich!‹ ›Sag zu Castel a mare: Zu allen Teufeln fahre!‹ ›Den Schelmen zu Sorrent man nimmer Gutes gönnt; die Schurken dort zu Masse ich ganz von Herzen hasse‹.« Um ihnen nun zu willfahren, machte der Walfisch kehrt und steuerte auf den »Salzfelsen« los, auf den er sie absetzte, und von wo sie sich durch das erste Fischerboot, das vorüberkam, ans Land bringen ließen, worauf sie frisch und gesund und reich zur Freude ihrer Eltern in ihre Heimat zurückkehrten und daselbst durch die Liebe, welche Cianna für sie bewiesen, ein glückliches Leben führten, welches die Wahrheit des alten Wortes bezeugte:

»Man tue Gutes, wenn man kann,
Und denke dann nicht weiter dran.«

39

Vierter Tag

Neuntes Märchen

»DER RABE«

Jennariello unternimmt seinem Bruder Milluccio, König von Dunkelbusch, zuliebe eine weite Reise und bringt ihm, um ihn vom Tode zu erretten, das, was er wünscht, wird jedoch selbst zum Tode verdammt; indem er nun seine Unschuld beweisen will, verwandelt er sich durch ein seltsames Ereignis in eine Marmorstatue und erlangt erst nach einiger Zeit wieder seine frühere Gestalt, worauf er sein übriges Leben in Glück und Zufriedenheit zubringt.

Wenn ich hundert Kehlen, die nimmer schwiegen, eine Brust von Erz und tausend Zungen von Stahl hätte, so könnte ich dennoch nicht beschreiben, wie sehr die Geschichte Paolas gefiel, indem man vernahm, wie keins der guten Werke, die Cianna getan, ohne Belohnung geblieben war, so daß die Dosis der Bitten, damit Ciommetella die ihrige erzählen sollte, verdoppelt werden mußte, indem einige von den noch übrigen Erzählerinnen den Mut verloren hatten, den Wagen des fürstlichen Befehls zu ziehen; da sie jedoch endlich nicht umhin konnte, zu gehorchen, um nicht das ganze Spiel zu verderben, begann sie endlich also:

Es ist in der Tat ein wahres Sprichwort: »Besser blind an Gesicht, als blind an Verstand«; es ist jedoch so schwer, es zu verwirklichen, daß der Verstand von nur wenigen Menschen den Nagel auf den Kopf trifft, vielmehr sind die meisten derselben in dem dichten Wald der Ereignisse dieser Welt nur schlechte Jäger, welche nichts als Böcke schießen, und wer das, worauf er zielt, am genauesten aufs Korn zu nehmen gedenkt, schießt gerade oft am weitesten vorbei, wovon dann die natürliche Folge ist, daß alle wie blind darauflosslaufen, alle sich vergeblich bemühen, alle schief urteilen, alle albern handeln, alle ins Gelag hinein verfahren und für den Unglückspreis eines ungereimten Entschlusses sich eine verständige Reue erkaufen, wie es bei dem König von Dunkelbusch der Fall war, und ihr sollt vernehmen, wie es ihm erging, wenn ihr mich durch die Klingel der Freundlichkeit in das Sitzungszimmer der Nachsicht beruft, um mir für kurze Zeit ein geneigtes Gehör zu vergönnen.

Es war einmal ein König von Dunkelbusch, namens Milluccio, welcher die Jagd so leidenschaftlich liebte, daß er die notwendigsten Geschäfte der Regierung und seines Hauses vernachlässigte, um der Fährte eines Hasen und dem Fluge einer Drossel nachzugehen. Während er aber diesem Vergnügen auf solche Weise oblag, führte der Zufall ihn eines Tages in einen Wald, welcher aus seinem Erdreiche und seinen Bäumen eine dichtgedrängte Schlachtreihe gebildet hatte, damit sie von den Sonnenrossen nicht durchbrochen würde. Dort nun fand der König auf einem schönen Marmorsteine einen frischgetöteten Raben, und sobald er das purpurrote Blut desselben über den schneeweißen Stein gespritzt sah, stieß er einen tiefen Seufzer aus und rief: »O Himmel, könnte ich nicht eine so weiß und rote Frau bekommen, wie dieser Stein hier ist, und deren Haare und Augenbrauen so schwarz wären, wie die Federn dieses Raben sind?« Und in diesen Gedanken versenkte er sich dergestalt, daß er eine Zeitlang dem Steine glich und eine Marmorstatue schien, die sich um die Liebe eines andern Marmors bewarb.

Indem er sich nun diesen unseligen Gedanken in den Kopf setzte und ihne ohne Unterlaß mit der Speise des Verlangens nährte, wuchs derselbe unversehens von einem Zahnstocher zu einem Balken, von einem Holzapfel zu einem indischen Kürbis, von einer Feuerkieke zu einem Hochofen und von einem Zwerg zu einem Riesen empor, dergestalt, daß er an nichts anderes dachte als an jenes Bild, das in seinem Herzen wie ein Stein in dem andern eingefügt war. Wo er auch die Augen hinwandte, zeigte sich ihm jene Gestalt, die er in der Brust umhertrug, und alles übrige vergessend, hatte er nichts anderes im Kopfe als jenen Marmor, ja, so sehr schliff er sich stets an diesem Stein, daß er selbst zuletzt so dünn aussah wie eine Messerschneide und der Stein ihm zum Mühlstein wurde, der ihm alle Lebensfreude zermahlte, zum Porphyr, auf dem die Farben seiner Tage zerrieben wurden, zum Feuerzeug, der das Schwefelholz seiner Seele in Brand steckte, zum Magnet, der ihn anzog, zu einem Steine endlich, der nimmer ruhen konnte; so daß sein Bruder Jennariello, der ihn so bleich und entstellt umherschleichen sah, endlich zu ihm sprach: »Was ist denn mit dir vorgegangen, lieber Bruder, daß sich der Schmerz in deinen Augen einquartiert und die Verzweiflung sich unter der verblaßten Fahne deines Angesichts hat anwerben lassen? Was ist dir denn zugestoßen? Sprich, öffne deinem Bruder dein Herz; der in einer Stube eingeschlossene Kohlendampf betäubt die darin befindlichen Personen, das in einen Felsen gebrachte Pulver sprengt ihn in zerrissene Stücke in die Luft; die Krätze, die nicht zum Ausbruch kommt, verdirbt das Blut; die in dem Körper verhaltenen Winde erzeugen Blähungen und Kolik; darum tue deinen Mund auf und sage mir, was dir ist; wenigstens kannst du dich versichert halten, daß ich tausend Leben daran setzen würde, um dir zu helfen.« Milluccio stieß hierauf ein Gemisch von Worten und Seufzern aus, dankte ihm für sein Anerbieten und sagte, daß er an seiner Liebe nicht zweifle, daß aber seinem Kummer nicht abzuhelfen wäre, da er von einem Steine herkäme, auf den er seine Wünsche ohne Hoffnung auf Frucht gesäet hätte; von einem Steine, von dem er nicht einmal einen Pilz von Befriedigung erwarte; von einem Sisyphussteine, den er auf den Berg der Pläne trüge, und der, auf dem Gipfel angelangt, husch, wieder hinunterrolle. Endlich aber, nach vielen Bitten, teilte er seinem Bruder alle näheren Umstände seiner unglücklichen Liebe mit, worauf Jennariello ihn, so gut er konnte, tröstete und zu ihm sagte, er solle nur guten Mutes sein und sich seinen traurigen Gedanken nicht zu sehr ergeben; denn er wäre entschlossen, um seinetwillen die Welt so lange zu durchziehen, bis er eine Frau fände, welche das Abbild jenes Steines wäre. Jennariello ließ hierauf sogleich ein großes Schiff ausrüsten, belud es mit Waren und segelte als Kaufmann gekleidet nach Venedig, dem Spiegel Italiens, dem Sammelplatz aller tugendhaften und gescheiten Menschen und Hauptbuch aller Wunder der Kunst und Natur, woselbst er sich einen Geleitsbrief zur Fahrt nach der Levante ausfertigen ließ und dann nach Kairo unter Segel ging.

Als er nun dort angelangt und in die Stadt gegangen war, sah er einen Mann, der einen sehr schönen Falken trug, welchen Jennariello sogleich kaufte, um ihn seinem Bruder zu bringen, da dieser ein leidenschaftlicher Jäger war. Bald nachher begegnete er einem andern Mann mit einem herrlichen Rosse, das er gleichfalls kaufte, worauf er sich in ein Wirtshaus begab, um sich von den Mühseligkeiten der Seereise zu erholen. Am folgenden Morgen aber, um die Zeit, wann das Heer der Sterne bei dem Feuer des Sonnengenerals die Zelte von der Himmelsebene abbricht und sich zurückzieht, fing Jennariello an, die Stadt zu durchwandern, indem er seine Augen wie ein Luchs überall umherwarf und alle Frauen, die er auf seinem Wege antraf, genau betrachtete, um zu sehen, ob er vielleicht auf einem Angesicht von Fleisch eine Ähnlichkeit mit einem Steine wahrnehme. Während er nun so ohne bestimmtes Ziel überall umherging und wie ein Dieb, der Furcht vor den Häschern hat, sich bald da-, bald dorthin wandte, begegnete er einem Bettler, welcher ein ganzes Hospital von Pflastern und eine ganze Trödelbude von Lumpen auf dem Leibe hatte und zu ihm sprach: »Was ist dir denn, mein wackrer Mann? Du bist ja so niedergeschlagen.« – »Was nützte es, dir das zu sagen?« versetzte Jennariello, »es wäre nur verlorene Müh und so gut wie tauben Ohren predigen.« – »Nur sachte, Freund«, erwiderte der Bettler, »wenn Darius nicht einem Stallknechte das, was ihn drückte, erzählt hätte, wäre er nicht Gebieter von Persien geworden. Es will daher nicht viel sagen, wenn du einen Bettler wissen lässest, was du auf dem Herzen hast; denn es ist kein Spänchen so dünn, daß es nicht als Zahnstocher dienen könnte.« Als Jennariello den Bettler so verständig und überlegt reden hörte, teilte er ihm mit, was ihn in jenes Land geführt hatte, worauf der Bettler erwiderte: »Jetzt sieh nun, mein Sohn, wie man niemand verachten muß; denn wenn ich gleich nur Kehricht bin, so bin ich doch gut genug, das Feld deiner Hoffnungen zu düngen. Gib also wohl acht, was ich dir jetzt sage. Ich werde nämlich unter dem Vorwand, um Almosen zu bitten, an die Haustür der jungen und schönen Tochter eines Zauberers pochen, dann tue die Augen gehörig auf, sieh sie an, beschaue sie, betrachte sie, begucke sie, miß sie von Kopf zu Fuß; denn du wirst in ihr das Abbild derjenigen finden, die dein Bruder wünscht.« So sprechend, klopfte der Bettler an die Tür eines nicht weit entfernten Hauses, worauf Liviella öffnete und ihm ein Stück Brot zuwarf.

Sobald Jennariello sie erblickte, glaubte er ein Gebäude nach dem ihm von seinem Bruder gegebenen Modell vor sich zu sehen; er gab daher dem Bettler ein reiches Almosen und entließ ihn, er selbst aber kehrte in das Wirtshaus zurück, verkleidete sich dort als Tabulettkrämer, indem er in zwei Kasten die herrlichsten Sachen der Welt mit sich führte, und ging hierauf, seine Waren ausrufend, so lange vor dem Hause Liviellas auf und ab, bis sie ihn hineinrief und all die schönen Krausen, Schleier, Bänder, Flore, Kanten, Spitzen, Halstücher, Kragen, Nadeln, Schminktöpfchen und herrlichen Kopfzieraten, die er mit sich führte, in Augenschein nahm. Nachdem sie alle seine Sachen immer wieder von neuem betrachtet hatte, sagte sie zu ihm, daß er ihr noch irgend etwas Schönes zeigen sollte, weshalb Jennariello erwiderte: »In diesen beiden Kästen, edle Jungfrau, habe ich nur wohlfeile und gewöhnliche Dinge. Wenn ihr aber die Gewogenheit besitzen wollet, nach meinem Schiffe zu kommen, so würde ich euch die seltensten Dinge der Welt vorzeigen können; denn dort habe ich Kostbarkeiten, die eines gekrönten Hauptes würdig sind.« Liviella, welche, um der Weibernatur keinen Abbruch zu tun, das gehörige Maß Neugier besaß, versetzte darauf: »Fürwahr, wenn mein Vater nicht eben aus dem Hause wäre, so wollte ich mir wohl einmal einen Spaziergang nach eurem Schiffe machen.« – »Desto eher könntet ihr jetzt hinkommen«, entgegnete Jennariello, »denn er würde euch vielleicht diese Freude nicht bewilligen, und ich verspreche, euch Herrlichkeiten zu zeigen, daß ihr darüber außer euch geraten werdet; Halsbänder und Ohrgehänge, Kästchen, Putztische und Papparbeiten, mit einem Wort Dinge, daß ihr vor Staunen die Hände zusammenschlagen sollt.« Als nun Liviella diese schönen Sachen alle aufzählen hörte, rief sie eine Nachbarin, damit diese sie begleite, und begab sich nach dem Schiffe. Kaum aber hatte sie dasselbe bestiegen, so ließ Jennariello, während er sie durch den Anblick der vielen Herrlichkeiten, die er mitgebracht, gefesselt hielt, die Anker lichten und die Segel aufspannen, dergestalt, daß sie, ehe Liviella die Augen von den Waren abzog und wahrnahm, daß sie das Ufer verlassen hatten, bereits sich weit auf hohem Meere befanden. Kaum jedoch wurde Liviella den ihr gespielten Streich endlich gewahr, so fing sie an, die Olympia im umgekehrten Sinne zu machen; denn während jene darüber gejammert hatte, daß sie auf einem Felsen zurückgelassen wurde, jammerte Liviella darüber, die Felsen des Ufers zu verlassen. Sobald indes Jennariello ihr sagte, wer er wäre, wohin er sie führte, was für ein Glück sie erwartete und ihr außerdem die Schönheit, die herrlichen Eigenschaften und die Tugenden Milluccios, besonders aber die Liebe schilderte, mit welcher dieser sie empfangen würde, brachte er es endlich soweit, daß sie sich beruhigte, ja sogar den Wind anflehte, sie so schnell als möglich das vollständige Bild des Umrisses, den Jennariello ihr gezeichnet, sehen zu lassen. Indem sie nun so fröhlich weiterschifften, fingen plötzlich die Wellen unter dem Schiffe zu murren an, so daß, obwohl sie anfangs nur ganz leise redeten, der Schiffspatron, der diese Art Sprache sehr wohl verstand, ausrief: »Hallo, jeder auf seinen Platz; denn es naht ein Sturm, bei dem uns Gott gnädig sein möge.« Kaum waren diese Worte gesprochen, so wurden sie auch schon durch das Pfeifen des Windes bestätigt, und in demselben Augenblicke war der Himmel mit Wolken bedeckt und das Meer fing an, hochzugehen. Da nun die Wogen, voller Neugier zu wissen, was sie nichts anging, ungeladen auf das Verdeck kamen, so schöpfte sie der mit einer Wanne in einen Zuber, jener jagte sie mittels einer Pumpe hinaus, und während von den Matrosen, weil es sich de causa propria handelte, der eine auf das Steuer, der andere auf das Segel und der dritte auf das Tauwerk achtete, stieg Jennariello zum Mastkorb empor, um mit einem Fernrohr umherzuspähen, ob er vielleicht Land entdecke, woselbst sie Zuflucht finden könnten. Indem er nun aber dabei war, eine Entfernung von fünfzig Meilen mit zwei Spannen Sehrohr zu durchmessen, sah er plötzlich ein Taubenpaar herbeifliegen, welches sich auf eine Segelstange niedersetzte, worauf das Männchen sagte: »Rucke, rucke!«, und das Weibchen ihn fragte: »Was hast du denn, mein lieber Mann, daß du so klagst?«– »Dieser arme Prinz«, versetzte der Täuberich, »hat einen Falken gekauft, welcher, kaum in die Hände seines Bruders gelangt, ihm die Augen auskratzen wird, doch brächt er ihn nicht, weil's ihn tät reun, oder sollte er ihm Warnung leihn, so würde er zum Marmorstein.« Hierauf rief jener wiederum: »Rucke, rucke!«, und wiederum fragte das Weibchen: »Klagst du noch immer? Ist noch etwas los?« »Jawohl«, versetzte der Täuberich, »denn er hat auch ein Pferd gekauft, und das erste Mal, wenn sein Bruder darauf wird Reiter sein, so bricht alsbald er Hals und Bein; doch brächt er's nicht, weil's ihn tät reun, oder sollte er ihm Warnung leihn, so würde er zum Marmorstein!« Kaum hatte der Täuberich dies gesprochen, so rief er wieder: »Rucke, rucke!« – »Ach Himmel, so viele Rucke, Rukke«, sprach die Taube, »was ist denn nun noch los?« Und jener fuhr fort: »Der Prinz bringt seinem Bruder auch eine schöne Frau; aber die erste Nacht, wo sie beieinander schlafen, werden sie beide von einem greulichen Drachen verschlungen werden; doch brächt er sie nicht, weil's ihn tät reun, oder sollte er ihm Warnung leihn, so würde er zum Marmorstein.« Noch hatte er diese Worte nicht beendet, so ließ der Sturm nach und die Unruhe des Meeres sowie das Toben des Windes legten sich; aber nun erhob sich in der Brust Jennariellos ein weit größerer Sturm durch das, was er gehört hatte, und wohl zwanzigmal wollte er alle jene Dinge in die See werfen, um seinem Bruder nicht die Ursache seines Verderbens zu bringen, andererseits aber dachte er an sich selbst und daß die ganze Sache ihn selbst so nahe anging, indem er, wenn er seinem Bruder die Geschenke nicht brächte oder ihn warnte, in einen Marmorstein verwandelt zu werden fürchtete, weshalb er auch beschloß, lieber an das Nomen proprium als an das Appellativum zu denken, da das Hemd ihm näher war als der Rock.

Indem er nun so in dem Hafen von Dunkelbusch anlangte, fand er den Bruder schon am Ufer, welcher das Schiff hatte zurückkehren sehen und ihn daher voll Hoffnung erwartete. Sobald er daher sah, daß Jennariello ihm diejenige brachte, welche er in seinem Herzen trug, und nach Vergleichung der beiden Gesichter wahrnahm, daß auch nicht der mindeste Unterschied zwischen ihnen bestand, empfand er so große Glückseligkeit, daß die zu schwere Bürde der Wonne ihn fast unter ihrer Last erdrückt hätte, und seinen Bruder mit großer Freude umarmend, sprach er: »Was ist das für ein Falke, den du da auf der Faust trägst?« – Jennariello versetzte: »Ich habe ihn für dich zum Geschenk gekauft.« »Wohl kann ich sehen«, entgegnete Milluccio, »daß du mich liebst, da du dir alle Mühe gibst, alle meine Wünsche zu erfüllen, und fürwahr, wenn du mir einen kostbaren Schatz gebracht hättest, so würde er mir nicht so viel Freude gemacht haben als dieser Falke.« Während er diesen aber eben in die Hand nehmen wollte, ergriff Jennariello rasch ein großes Messer, das er an der Seite hängen hatte, und hieb dem Vogel den Kopf ab. Als der König dies sah, wurde er von dem größten Erstaunen ergriffen und glaubte, sein Bruder wäre närrisch geworden, daß er eine solche wahnsinnige Handlung begangen hatte; um aber die Freude des Wiedersehens nicht zu trüben, schwieg er still. Indem er nun hierauf das Pferd erblickte und auf seine Frage, wem es gehöre, vernahm, daß es sein wäre, wandelte ihn das Verlangen an, es einmal zu reiten; während er sich jedoch die Steigbügel halten ließ, durchschnitt Jennariello schnell mit dem Messer die Beine des Rosses. Dies fuhr dem König gewaltig in die Nase, da er glaubte, daß Jennariello ihm dies zum Ärger getan hätte, und der Kamm fing ihm an zu schwellen; jedoch schien es ihm nicht an der Zeit, seinem Unmut Luft zu machen, um seiner Braut nicht gleich das erste Zusammentreffen zu verbittern. Von dieser aber verwandte er seine Augen nicht eine Minute lang und drückte ihr fortwährend die Hände; hierauf in dem königlichen Palaste angelangt, lud er alle vornehmen Herren und Damen der Stadt zu einem schönen Feste ein, woselbst man in dem Saale eine ganz natürliche Reitschule voll Pferden, welche Kurbetten und Kreuzvolten machten, nebst einer Anzahl Füllen in Gestalt von Frauen erblickte; nach Beendigung des Balles aber, und nachdem man einem reichlichen Mahl den Garaus gemacht, begab man sich zur Ruhe.

Jennariello aber, welcher an nichts anderes dachte, als seinem Bruder das Leben zu retten, verbarg sich hinter dem Bette des Brautpaars, und indem er so bereitstand, die Ankunft des Drachen abzuwarten, erschien plötzlich um Mitternacht ein greuliches Untier in dem Gemach, welches Flammen aus den Augen und schwarzen Dampf aus dem Rachen spie und durch den Schrecken, den es durch seinen Anblick einflößte, ein guter Makler für Apotheker gewesen sein und allen ihren Niederschlagpulvern einen raschen Absatz verschafft haben würde. Kaum erblickte also Jennariello das Ungeheuer, so fing er an, mit einem Damaszenersäbel, den er unter dem Mantel hatte, auf den Drachen rechts und links loszuhauen, und unter anderm holte er einmal so gewaltig aus, daß er einen Pfosten des Bettes, in dem der König schlief, mittendurchhieb, so daß dieser bei dem Geräusch erwachte und der Drache verschwand. Als nun Milluccio seinen Bruder mit einem Schwert in der Hand dastehen und den Bettpfosten durchgehauen sah, erhob er ein lautes Geschrei und rief: »Heda, holla, Leute! Hilfe! Hilfe! Dieser Verräter von einem Bruder will mich ermorden!« Bei diesem Lärm eilten einige Kammerdiener, welche in dem Vorzimmer schliefen, herbei, so daß der König Jennariello alsbald ergreifen und ins Gefängnis bringen ließ. Kaum aber öffnete die Sonne am darauffolgenden Morgen ihr Komptoir, um den Gläubigern des Tages ihre Lichtforderungen auszuzahlen, so berief Milluccio seine Räte, und nachdem er ihnen den Vorfall mitgeteilt, zu welchem außerdem die bei der Tötung des Falken und des Rosses an den Tag gelegte bösliche Absicht, den König zu kränken, hinzutrat, so waren alle der Meinung, daß Jennariello den Tod verdiene; und selbst die Bitten Liviellas vermochten es nicht, das Herz des Königs zu erweichen, welcher vielmehr sagte: »Fürwahr, du liebst mich nicht, Frau, da dir das Leben des Schwagers mehr gilt als das deines Mannes; denn mit deinen eigenen Augen hast du gesehen, wie der Meuchelmörder mich mit einer Klinge, die ein Haar in der Luft durchgespalten hätte, durchbohren wollte; und wenn die Säule des Bettes für mich nicht zur Säule des Lebens geworden wäre und mich geschützt hätte, wärest du jetzt deines Gemahls beraubt«, und so sprechend befahl er, der Gerechtigkeit freien Lauf zu lassen. Als Jennariello nun sein Urteil vernahm und dadurch, daß er recht gehandelt, sich in solches Unglück gestürzt sah, wußte er sich weder zu retten, noch sich zu helfen; denn, wenn er nicht sprach, so war es schlimm für ihn, im umgekehrten Falle aber noch schlimmer; wie er sich auch drehen mochte, war er übel daran und mußte fürchten, aus dem Regen in die Traufe zu kommen; denn wenn er schwieg, verlor er den Kopf unter dem Eisen, und wenn er sprach, beschloß er sein Leben in einem Stein. Endlich nach vielfachem Wechseln seines Entschlusses blieb er dabei stehen, seinem Bruder alles zu entdecken; da er nämlich durchaus sterben mußte, so hielt er es für besser, seinen Bruder von der Wahrheit zu unterrichten und seine Tage zu beenden, nachdem er sich in seinen Augen als unschuldig bewiesen, als die Wahrheit für sich zu behalten und wie ein Verräter aus der Welt geschafft zu werden. Er ließ daher den König wissen, daß er mit ihm von etwas höchst Wichtigem zu sprechen hätte, und vor denselben geführt, machte er erst eine lange Einleitung von der Liebe, die er stets für seinen Bruder gehabt, dann ging er auf die Täuschung über, die er gegen Liviella ausgeführt, um die Wünsche desselben zu befriedigen, ferner auf das, was er von den Tauben in bezug auf den Falken vernommen, und daß er, um nicht in einen Marmorstein verwandelt zu werden, ihm denselben zwar brachte, aber ohne ihm das

Geheimnis zu offenbaren, den Vogel tötete (bei welchen Worten Jennariello bereits fühlte, wie seine Beine erstarrten und zu Marmor wurden); und indem er ebenso die Sache von dem Pferde berichtete, verwandelte er sich zusehends bis an den Gürtel in Stein und verhärtete sich auf mitleiderregende Weise, was er zwar unter andern Umständen mit barem Gelde bezahlt haben würde, jetzt aber brach es ihm das Herz. Als er nun zuletzt zu der Erzählung von dem Drachen kam, blieb er ganz in Stein verwandelt mitten in dem Saale wie eine Bildsäule stehen, so daß der König bei diesem Anblick seine Torheit und das unüberlegte Urteil, das er über einen so guten und liebevollen Bruder gefällt hatte, verwünschte und länger als ein Jahr um ihn trauerte, indem er stets, wenn er an ihn dachte, einen Tränenstrom vergoß.

Inzwischen hatte Liviella ein wunderschönes Zwillingspaar von Söhnen geboren, und als sie einige Monate nachher eines Tages aufs Feld hinaus spazierengegangen war, der König aber mit den zwei Kleinen mitten im Saale stand und die Bildsäule, das Denkmal seiner Torheit, durch die er sich des Besten aller Menschen beraubt, mit tränenvollen Augen betrachtete, trat plötzlich ein stattlicher Greis ein, dessen Haar ihm auf die Schultern herabwallte und dessen Bart ihm die Brust bedeckte, welcher sich gegen den König verneigte und zu ihm sprach: »Was gäbest du darum, o König, wenn dein Bruder seine frühere Gestalt wiederbekäme?« Worauf der König versetzte: »Ich gäbe mein Königreich darum.« – »Hier handelt es sich nicht um Dinge«, erwiderte der Greis, »die durch Güter belohnt werden können, sondern da es hier auf ein Leben ankommt, so muß es durch ein anderes Leben bezahlt werden.« Teils nun aus Liebe für Jennariello, teils, weil er sich das Unglück desselben vorwerfen hörte, entgegnete der König: »Glaube mir, ehrwürdiger Greis, daß ich mein Leben für das meines Bruders hingeben würde, und wenn er nur den Stein verließe, wäre ich es gern zufrieden, selbst statt seiner in denselben eingeschlossen zu werden.« Als der Greis dies vernahm, entgegnete er: »Ohne daß du dein Leben daran setzest, da es ja so viel Mühe kostet, einen Menschen großzuziehen, würde das Blut dieser deiner beiden Kinder genügen und, auf die Bildsäule gestrichen, derselben sogleich wieder Leben verleihen.« Bei diesen Worten versetzte der König: »Kinder werden geschaffen, solange nur die irdene Form dazu vorhanden ist; darum können auch mir andere zuteil werden, einen Bruder aber darf ich nie wiederzubekommen hoffen.« Nachdem er so gesprochen, opferte er vor einem Bild von Stein zwei unschuldige Böcklein, und mit dem Blut derselben bestrichen wurde die Statue sogleich wieder lebendig, worauf die beiden Brüder sich mit unbeschreiblicher Freude umarmten. Als aber eben die beiden armen Kinder in einen Sarg gelegt waren und mit aller gebührenden Ehre begraben werden sollten, kehrte die Königin nach Hause zurück, daher Milluccio seinen Bruder sich verbergen hieß und zu seiner Gemahlin sagte: »Was gäbst du darum, liebe Frau, wenn mein Bruder wieder lebendig würde?« – »Ich gäbe das ganze Königreich darum«, versetzte Liviella; worauf der König weiterfragte: »Würdest du aber wohl das Blut deiner Kinder darum geben?« – »Das freilich nicht«, entgegnete jene, »denn ich könnte nicht so grausam sein, mir mit meinen eigenen Händen die Sterne meiner Augen auszureißen!« – »Weh mir!« rief nun der König aus, »um meinen Bruder wieder ins Leben zu rufen, habe ich meine Kinder abgeschlachtet, und dies war der Preis für das Leben Jennariellos.« So sprechend, zeigte er ihr die toten Kinder in dem Sarge, bei welchem entsetzlichen Anblick die Königin sich wie wahnsinnig gebärdete und ausrief: »O meine Kinder, ihr Stützen meines Lebens, ihr Sterne meines Daseins, ihr Quellen meines Blutes, wer hat die Fenster meiner Sonne so rot angestrichen? Wer ohne Erlaubnis des Arztes die Pulsader meines Lebens geöffnet? Weh mir, meine Kinder, meine Kinder, jede Hoffnung für mich ist mit euch vernichtet, jedes Licht verfinstert, jede Freude vergiftet, jede Stütze geraubt, ihr seid vom Schwert durchstochen, ich vom Schmerz durchbohrt; ihr seid in eurem Blut ertrunken, ich ersticke in meinen Tränen; weh mir, daß ihr, um eurem Oheim das Leben wiederzugeben, eure Mutter getötet habt; denn ich kann ohne euch, die ihr die schönen Gegengewichte am Webstuhl meines nun verödeten Lebens wart, das Gewebe meiner Tage nicht weiter fortführen; die Orgel meiner Stimme muß jetzt verstummen, da ihr die Blasebälge entzogen sind! O meine Kinder, meine Kinder! Warum antwortet ihr denn nicht eurer Mutter, die euch das Blut in euren Adern gab und es jetzt aus ihren Augen weint? Wohlan, da jetzt mein trauriges Geschick mir die Quellen meiner Glückseligkeit vertrocknet zeigt, so will ich auch nicht länger, meines Schmuckes beraubt, in der Welt leben!«

So sprechend, lief sie an ein Fenster, um sich hinauszustürzen; in demselben Augenblicke aber kam ihr Vater in einer Wolke durch das nämliche Fenster in den Saal und rief ihr zu: »Halt ein, Liviella, meine Absicht ist jetzt erreicht, ich habe mich an Jennariello, der in mein Haus kam, um mir meine Tochter zu entführen, dadurch gerächt, daß ich ihn, in einen Stein gesperrt, so lange Monde als Marmorstatue dastehen ließ; ich habe dich für dein unziemendes Betragen, daß du dich ohne meine Erlaubnis auf ein fremdes Schiff begabst, dadurch gezüchtigt, daß ich dir deine beiden Kinder, oder vielmehr deine beiden Juwelen, von ihrem eigenen Vater ermordet zeigte, habe den König, deinen Gemahl, für das Gelüst einer schwangern Frau, das er sich in den Kopf gesetzt, dadurch bestraft, daß ich ihn zuerst zum Kriminalrichter seines Bruders und dann zum Henker seiner Kinder machte, und auf diese Weise drei Fliegen mit einem Schlage totgemacht. Da ich euch alle aber nur kratzen und nicht schinden wollte, so will ich euch jetzt wiederum alles Gift in Zuckerwerk verwandeln; darum sollst du auch deine Kinder und meine Enkel, die jetzt noch schöner sind als früher, wieder an dein Herz drücken. Du aber, Milluccio, komm in meine Arme; denn ich erkenne dich von Stund an als den Gemahl meiner Tochter und als meinen Sohn an, so wie ich auch Jennariello sein Vergehen gegen mich verzeihe, indem er alles nur einem so trefflichen Bruder zuliebe getan hat.« Kaum hatte er geendet, so erschienen die beiden Kinder, die der Großvater gar nicht genug herzen und küssen konnte, zu welcher Freude auch noch Jennariello als dritter Teilnehmer hinzukam, welcher nach Erduldung so vieler Leidensstürme jetzt in einem Meere von Glückseligkeit schwamm, obwohl er stets der erlittenen Gefahren eingedenk war, indem er bedachte, wie töricht sein Bruder gewesen und wie sehr vorsichtig man sein müsse, um nicht ins Unglück zu stürzen, denn:

»Der Menschen Klugheit alle ist nur falsch und schief.«

40

Vierter Tag

Zehntes Märchen

»BESTRAFTER HOCHMUT«

Der König von Schönland wird von Cintiella, der Tochter des Königs von Langfurch, verschmäht und bringt sie daher, um sich an ihr zu rächen, in eine sehr traurige Lage; endlich aber heiratet er sie.

Wenn Ciommetella nicht rasch hätte den Zauberer erscheinen lassen, um Wasser auf das Feuer zu gießen, so wären die Herzen der Zuhörer aus Mitleid für Liviella von so großer Beklommenheit ergriffen worden, daß ihnen fast der Atem vergangen wäre. Durch die unerwartete Befreiung Liviellas aus ihrem Kummer jedoch fanden sich alle getröstet, und nachdem sie sich sämtlich erholt, erwarteten sie nun, daß Ghiacova in der Farbe ihrer Erzählung auf dem Kampfplatz erschiene, welche denn auch mit folgender Lanze nach dem Ziel der Wünsche ihrer Zuhörer rannte:

Wer den Bogen zu sehr spannt, zerbricht ihn am Ende; wer sich mutwillig in Gefahr begibt, kommt oft darin um, und wer auf Bergeshöhen wandelt, sieh zu, daß er nicht falle; denn der Schaden ist sein, wie ihr dies an dem Schicksal einer Jungfrau ersehen könnt, welche Kronen und Zepter verachtete und endlich in einem Stall Zuflucht suchen mußte, obwohl die Wunden, welche der Himmel schlägt, stets ihre Pflaster mit sich führen, da er nie Strafen ohne Wohltaten, nie Schläge ohne Liebkosungen austeilt.

Es war einmal ein König von Langfurch, welcher eine Tochter hatte namens Cintiella, die zwar so schön war wie der Mond, jede Drachme ihrer Schönheit aber durch ein Pfund Stolz aufwog, so daß sie jedermann geringschätzte und es daher ihrem armen Vater, der sie gern zu verheiraten wünschte, unmöglich war, für sie einen Gemahl zu finden, der ihr gut und vornehm genug dünkte. Unter allen Fürsten aber, welche an dem Hofe ihres Vaters zusammenströmten, um sich um ihre Hand zu bewerben, war es besonders der König von Schönland, welcher nichts unversucht ließ, um sich die Zuneigung Cintiellas zu erwerben. Je besseres Gewicht der Dienste er ihr jedoch zuwog, desto schlechteres Maß der Belohnung gab sie ihm; je wohlfeiler und reichlicher er ihr seine Liebe überließ, desto teurer und spärlicher war sie mit ihrer Zuneigung, je freigebiger er mit seiner Seele war, desto geiziger war sie mit ihrem

Herzen, so daß kein Tag vorüberging, wo der arme Mann nicht ausrief: »Wann, o Grausame, werde ich unter so vielen Melonen der Hoffnung, die sich mir in Kürbisse verwandelt haben, eine finden, die mir vollkommen nach Wunsch heranreift? Wann, du mitleidlose Betze, werden die Stürme deiner Unbarmherzigkeit aufhören und ich das Schiff meiner Wünsche mit günstigem Winde in diesen schönen Hafen steuern können? Wann werde ich nach so vielen Stürmen der Beschwörungen und Bitten endlich die Fahne meiner Liebessehnsucht auf die Mauern dieser schönen Festung pflanzen dürfen?« Jedoch alle diese Worte waren vergeblich; denn sie hatte zwar Augen, welche die Steine durchbohrten, aber keine Ohren, welche die Klagen eines Liebeswunden vernahmen, vielmehr zeigte sie sich noch mürrischer gegen ihn, als hätte er ihr wunder was getan, so daß der arme König, welcher sah, daß die Gefühllosigkeit Cintiellas sich um ihn so wenig bekümmerte wie um einen Hund, endlich voll Zorn ausrief: »Ich will nichts mehr mit dem Liebesspiel zu schaffen haben!«, und dann mit Sack und Pack seiner Wege ging, vorher jedoch einen feierlichen Schwur leistete, sich an dieser unbarmherzigen Schelmin zu rächen, dergestalt, daß sie es bereuen sollte, ihn so sehr gequält zu haben. Hierauf verließ er also den Hof ihres Vaters, ließ sich den Bart wachsen, färbte sich das Gesicht und kehrte nach einigen Monaten, als Bauer verkleidet, nach Langfurch zurück, woselbst es ihm durch Geschenke gelang, als Gärtner in den Dienst des Königs einzutreten.

Indem er sich nun bemühte, seiner Arbeit bestmöglichst obzuliegen, breitete er eines Tages unter den Fenstern Cintiellas einen herrlichen, ganz mit Gold und Diamanten besäten Mantel aus. Kaum hatten die Zofen der Prinzessin dies wahrgenommen, so erzählten sie sogleich davon der Prinzessin, welche daher alsbald den Gärtner fragen ließ, ob er den Mantel verkaufen wolle; dieser jedoch erwiderte, er wäre weder ein Kaufmann noch ein Kleidertrödler, indes würde er ihn gern der Prinzessin zum Geschenk machen, wenn sie ihn nur eine einzige Nacht in ihrem Saale schlafen ließe. Als die Zofen dies vernommen, sprachen sie zu Cintiella: »Was verlierst du dabei, Prinzessin, dem Gärtner seinen Willen zu tun, wenn du dadurch in den Besitz dieses königlichen Mantels kommst?« Cintiella ließ sich also von dem, der noch ganz andere Fische angelt, als sie war, wirklich fangen, und indem sie den Mantel von dem Gärtner in Empfang nahm, tat sie ihm seinen Willen. Am darauffolgenden Morgen aber zeigte er ein Untergewand von derselben Pracht, bei dessen Anblick Cintiella ihm sagen ließ, daß, wenn er es verkaufen wollte, sie ihm geben würde, was er verlange; worauf der Gärtner erwiderte, daß das Gewand ihm nicht feil wäre, daß er es ihr aber gern schenken wolle, wenn sie ihm erlaubte, in ihrem Vorzimmer zu schlafen, und Cintiella ließ sich, um in den Besitz des Gewandes zu kommen, auch wirklich verlocken, ihm sein Begehr zu gewähren. Als nun der dritte Morgen erschien, legte er, bevor die Sonne aus ihrem Feuerstahl auf den Zunder der Gefilde Funken schlug, ein sehr schönes Mieder aus, welches zu dem Kleide vollkommen paßte, so daß Cintiella, sobald sie es erblickte, ausrief: »Wenn ich dieses Mieder nicht bekomme, so habe ich keine Ruhe.« Sie ließ daher den Gärtner rufen und sprach zu ihm: »Du mußt mir, mein wackerer Mann, das Mieder verkaufen, das ich im Garten gesehen, dann werde ich dir auch ewig dankbar sein.« – »Ich habe es nicht zum Verkauf, gnädige Prinzessin«, versetzte jener, »wenn es euch aber gefällt, so gebe ich euch nicht nur das Mieder, sondern auch noch ein Halsband aus Diamanten, wenn ihr mich heute nacht in eurem Gemach schlafen lasset.« – »Da seht mir einmal den Bauern«, erwiderte Cintiella, »es genügt dir nicht, in dem Saal und dann in dem Vorzimmer geschlafen zu haben, jetzt willst du sogar in mein Schlafgemach; am Ende wirst du auch noch in meinem Bette liegen wollen.« – »Nun denn, gnädige Prinzessin«, entgegnete der Gärtner, »so behalte ich mein Mieder und ihr euer Gemach; denn wenn ihr mich anders heranzubekommen denkt, so seid ihr auf dem Holzwege. Übrigens will ich ja bloß auf der Erde schlafen, etwas, was man ja sogar einem Hunde nicht versagen würde, und wenn ihr erst das Halsband sehen werdet, welches ich euch noch dazu geben will, würdet ihr mir vielleicht etwas mehr zu Willen sein.«

Die Prinzessin, teils durch ihr eigenes Verlangen gereizt, teils durch die Zofen angetrieben, welche ihr immer in den Ohren lagen, willigte endlich darein, dem Gärtner nachzugeben, und als der Abend erschien, wann die Nacht wie ein Gerber die Lohbeize über das Fell des Himmels ausgießt, wodurch dieser nach und nach eine dunkle Farbe annimmt, begab sich der Gärtner mit dem Halsband und dem Mieder in die Zimmer der Prinzessin und händigte ihr diese Gegenstände ein, worauf sie ihn in ihr Schlafgemach eintreten ließ, und nachdem sie ihm seinen Platz in einer Ecke angewiesen, also zu ihm sprach: »Jetzt verhalte dich hier ja ganz ruhig und rühre dich nicht, wenn dir an meiner Gnade etwas gelegen ist«; alsdann machte sie mit Kohle ein Zeichen auf der Erde und fügte hinzu: »Gehst du darüber hinaus, dann ist's mit dir vorbei.« So sprechend, zog sie die Vorhänge ihres Bettes zu und begab sich zur Ruhe. Kaum aber sah der königliche Gärtner, daß sie eingeschlafen war, so schien es ihm Zeit, den Liebesgarten zu bearbeiten; er legte sich also neben sie nieder, und ehe die Eigentümerin desselben erwachte, hatte er die Früchte der Liebe gepflückt. Als sie nun aber endlich der Schlaf verließ und sie sah, was ihr widerfahren war, so wollte sie nicht aus einem Übel zwei machen, und um den Gärtner zu vernichten, den eigenen Garten zerstören, vielmehr aus der Not zwar nicht eine Tugend, sondern eine üble Gewohnheit machend, war sie mit dem Vergehen zufrieden und fand Vergnügen an dem Fehltritt, so daß sie, welche gekrönte Häupter verschmäht hatte, es nicht für zu gering hielt, sich einem Bauernkerl hinzugeben; denn ein solcher schien der König, und für einen solchen wurde er von Cintiella gehalten.

Indem sie nun aber den betretenen Weg weiterwandelte, wurde sie endlich schwanger, und da sie ihren Leib von Tag zu Tag mehr anschwellen sah, sagte sie endlich zu dem Gärtner, daß sie ein Kind des Todes wäre, wenn ihr Vater hinter ihr Treiben käme, und sie daher daran denken müßten, dieser Gefahr zuvorzukommen. Der König jedoch erwiderte, daß er keinen anderen Ausweg in ihrer Bedrängnis wüßte, als daß sie flöhen; denn er würde sie dann in das Haus einer ehemaligen Gebieterin bringen, welche ihr wohl einige Bequemlichkeit bei ihrem Wochenbette gewähren würde. Cintiella, welche sich durch die Sünde des Hochmuts von Klippe zu Klippe fortgerissen und endlich in so große Bedrängnis gestürzt sah, ließ sich durch die Worte des Königs bewegen, aus dem Vaterhause zu fliehen und sich ihrem Schicksal zu überlassen. Der König aber brachte sie nach langem Umherziehen in sein eigenes Haus, und, nachdem er seiner Mutter alles Vorgefallene mitgeteilt, bat er sie, sich nichts merken zu lassen, da er Cintiella für ihren Stolz büßen lassen wollte. Er brachte diese also in einem schlechten Stalle seines Palastes unter und ließ sie ein sehr ärmliches Leben führen, indem er ihr jeden Bissen aufs kärglichste zuschnitt.

Als nun einmal die Dienerinnen des Königs Brot backten, hieß er sie, Cintiella herbeirufen, um ihnen zu helfen, und zugleich sagte er zu dieser, daß sie zusehen sollte, ob sie vielleicht ein Laiblein beiseite bringen möchte, damit sie sich einmal sattessen könnten. Die arme Cintiella stibitzte daher beim Herausnehmen des Brotes aus dem Ofen einen kleinen Brotkuchen unvermerkt fort und schob ihn in die Tasche; in demselben Augenblicke aber erschien der König, seinem

Range gemäß gekleidet, und sprach zu den Dienerinnen: »Wer hat euch erlaubt, dieses Weibsbild in mein Haus zu bringen? Sehet ihr es ihr denn nicht an der Miene an, daß sie eine Diebin ist? Und zum Beweis hiervon, durchsuchet ihr sogleich die Taschen, dann werdet ihr das Corpus delicti finden«; und als man sie nun durchsuchte und den Diebstahl fand, so wusch man ihr dergestalt den Kopf, daß das Gehöhne und Gespött den ganzen Tag hindurch dauerte. Hierauf zog sich der König wieder seine andern Kleider an, und da er sie über die erlittene Schmach und Schande gar sehr niedergeschlagen fand, sagte er zu ihr, sie solle sich den Vorfall nicht so sehr zu Herzen nehmen; denn die Not sei der Tyrann der Menschen, und wie jener toskanische Dichter gesagt:

»— Der Arme, welcher hungert,
Tut manches, was, wenn er nur besser stände,
Er tadelnswürdig fände«;

wenn also der Hunger weh täte und sogar den Wolf aus dem Walde hervortriebe, wäre sie vollkommen entschuldigt, wenn sie das täte, was sich wohl sonst für einen andern nicht ziemte. Sie solle daher zur Gebieterin des Hauses, die eben Leinwand zuschnitte, hinaufgehen und ihre Hilfe anbieten; vielleicht könne sie ein oder das andere Stück davon heimlich wegnehmen, da sie wohl wisse, daß sie ihrer Entbindung nahe wäre und tausenderlei Dinge nötig hätte. Cintiella, welche ihrem Mann, denn dafür hielt sie ihn, nicht zu widersprechen gewöhnt war, stieg hinauf, und indem sie, unter die übrigen Zofen sich mischend, diesen beim Zuschneiden von Kinderbettüchern, Röcklein, Mützchen und Windeln Hilfe leistete, packte sie ein Bündel davon zusammen und schob es unter ihre Kleider. Wiederum erschien jedoch der König, machte denselben Spektakel wie beim Brote und ließ sie auch dieses Mal durchsuchen, so daß sie, beim Diebstahl ertappt, aufs neue mit Schmähreden übergossen wurde und wie ein abgebrühter Pudel in den Stall hinuntereilte. Der König aber kleidete sich wieder um und sagte zu ihr, da er sie in größter Verzweiflung fand, daß alle Dinge der Welt bloß von der Meinung abhingen, und sie daher noch ein drittes Mal etwas heimlich wegzuschaffen suchen solle, indem sie ja alle Augenblicke ihre Niederkunft erwarte, und daß die Gelegenheit dazu günstig wäre; »denn«, fuhr er fort, »die Herrin vom Hause hat ihren Sohn mit einer fremden Dame verlobt, und da sie ihr eine Anzahl fertiger Kleider von Brokat und Goldstoff zu übersenden gesonnen ist, so will sie an dir das Maß dazu nehmen, weil die Braut, wie sie sagt, gerade von deinem Wuchse ist. Es wird dir also ein Leichtes sein, einige Flicke wegzupraktizieren, die wir dann verkaufen und davon weiter leben wollen.« Cintiella tat, wie ihr Mann sie hieß, und hatte sich schon einen hübschen Streifen Goldbrokat in den Busen gesteckt, als der König anlangte, wieder einen großen Lärm erhob, Cintiella durchsuchen ließ und nach Auffindung des entwandten Gegenstandes sie mit großer Schande fortjagte. Sogleich aber zog er wieder seine Gärtnerkleider an und eilte hinunter, sie zu trösten; denn wenn er sie mit der einen Hand ohrfeigte, so trieb ihn doch die Liebe, die er für sie hegte, dazu an, sie mit der anderen zu streicheln.

Jedoch die arme Cintiella, welche dachte, daß alles eine Strafe des Himmels für ihren frühern Stolz und Hochmut wäre, indem sie, die so viele Prinzen und Könige zu ihren Füßen gesehen, jetzt wie ein niedriges Frauenzimmer behandelt wurde, und sie, die für die Bitten ihres Vaters ein hartes Herz gehabt, jetzt bei den Hohnreden der Dienstmägde erröten mußte, die arme Cintiella, sage ich, wurde durch den heftigen Zorn, welchen sie bei diesen Schmähungen empfand, plötzlich von den Geburtsschmerzen befallen, so daß die Königin, hiervon benachrichtigt, sie heraufbringen ließ, ihr tiefes Mitleid über ihren Zustand bezeigte und sie in ein mit Goldstoff ausgeschlagenes Zimmer und in ein mit Gold und Perlen reich gesticktes Bett bringen ließ, worüber Cintiella vor Staunen ganz außer sich geriet, indem sie sich aus einem Stall in ein königliches Gemach und von einem Misthaufen auf ein so herrliches Lager versetzt sah und gar nicht wußte, wie ihr geschah; außerdem aber gab man ihr auch alsbald stärkende Getränke und Speisen, um ihr Kräfte zu ihrer Entbindung zu verleihen. Mit des Himmels Beistand nun gebar sie ohne große Mühe zwei sehr schöne Knaben, so man nichts Artigeres auf der Welt hätte sehen können; kaum aber war sie entbunden, als auch der König wieder eintrat und ausrief: »Wo habet ihr denn euren Verstand, daß ihr dem Esel die Schabracke aufleget? Ist das ein Bett für ein so gemeines Weibsbild? Hurtig, hurtig, jaget sie mit Stockprügel von dannen und räuchert dieses Zimmer mit Rosmarin, damit sie es nicht anstecke.« Als jedoch die Königin diese Worte vernahm, sprach sie also: »Genug, mein Sohn, genug die Qual, die du bis jetzt deine arme Frau hast ertragen lassen; du solltest nun befriedigt sein, da du sie durch so vielfaches Leid ganz zum Schemen hingeschwunden siehst. Wenn du dich aber noch nicht für die Verachtung, die sie dir am Hofe ihres Vaters erwiesen, hinlänglich gerächt dünkst, so mögen zwei Juwelen, mit denen sie dich beschenkt hat, dir für das noch Fehlende Ersatz leisten.« So sprechend, ließ sie alsbald die beiden Kindlein, die so schön waren, wie man sich nur irgend denken kann, herbeibringen; so daß der König, durch den Anblick der zwei holdseligen Geschöpfe tief gerührt, Cintiella umarmte und sich ihr als der, welcher er wirklich war, zu erkennen gab, indem er sagte, daß alles, was er getan, eine Folge des Zornes darüber gewesen sei, daß sie einen König wie er so gering geachtet, daß er sie aber von Stund an auf Händen tragen würde; und da auch die Königin sie als Frau ihres Sohnes und als ihre Tochter umarmte, belohnten sie so Cintiella für die beiden Kindlein dermaßen reich, daß ihr dieser Augenblick des Trostes ein vollständiger Ersatz für alle erduldeten Drangsale dünkte; obwohl sie hinfüro es sich angelegen sein ließ, die Nase nicht so hoch zu tragen, indem sie stets bedachte:

»Hochmut kommt vor dem Fall.«

Sobald die als Pensum für diesen Tag festgesetzten Märchen alle erzählt waren, ließ der Prinz, um den Rest von Traurigkeit, welchen die Leiden Cintiellas in seinem Herzen zurückgelassen hatten, zu verscheuchen, Cicco Antuono und Narduccio herbeikommen, damit sie ihre Rollen spielen sollten, worauf diese, mit flachen Mützen und schwarzen Hosen mit Kniebändern, sowie mit knapp anliegenden Wämsern und Spitzenkragen bekleidet, von einer Seite des Gartens her auftraten und ein Zwiegespräch hersagten.

Es wäre nun aber wohl nicht möglich, genau zu bestimmen, ob von dem schönen Ohrenschmause dieses Tages dem Gaumen der Eingeladenen der Anfang oder das Ende besser behagte; denn wenn jenes ihnen wohlschmeckte, so drang ihnen dieses bis in die äußersten Fußspitzen, und das Wohlgefallen des Prinzen war so groß, daß er, um sich seinem Range gemäß freigebig zu zeigen, den Garderobenmeister rufen ließ und ihm befahl, den beiden Rezitanten des Zwiegesprächs das Futter eines alten Hutes, der seinem Großvater gehört hatte, zu schenken, und da bereits die Sonne in größter Eile nach der andern Hemisphäre war gerufen worden, um ihren von der Dunkelheit eingenommenen Staaten zu Hilfe zu kommen, so erhoben sich alle und begaben sich ein jeder in sein Quartier, nachdem ihnen war eingeschärft worden, sich am folgenden Morgen laut Verabredung an demselben Orte wieder einzufinden.

Ende des vierten Tages

VIERTER TAG

Seite 9: *Trinkgeld*

Im Or. veveraggio, eigentlich Lohn für eine gute Botschaft, welche an unserer Stelle darin besteht, daß die Sonne naht und die fleißigen Arbeiter weckt, damit sie wieder bald an die Arbeit gehen können.

Kobeln

Von den hier genannten Spielen können wir wiederum nur einige erklären, so ist: »Bild oder Wappen« (capo o croce, auch giuocar a santi, e capelletto), das schon bei den Römern unter dem Namen caput aut navim bekannte Spiel, engl. cross and pile und es spielen to toss up. Man wirft nämlich ein Geldstück in die Höhe, indem man vorhersagt, ob beim Herunterfallen desselben die Vorder- oder die Rückseite obenauf liegen wird, und gewinnt oder verliert danach. – Beim »Springholz« (mazza e piuzo) wird mit einem Stock auf ein auf der Erde liegendes Hölzchen so lange geschlagen, bis es in die Höhe springt. – Das »Fingerspiel« (la mora oder morra) war gleichfalls schon bei den Römern unter der Bezeichnung micare (sc. digitis) bekannt, auch ehemals in Deutschland unter den Namen »Fingerlein snellen« (s. Müller's Rom, Römer und Römerin Bd. 2 S. 213 ff.). Einer der Spielenden streckt dabei einige Finger einer oder beider Hände aus und der andere errät in demselben Augenblick, wie viele es sind. Die Spielenden des untern Volks in Italien werden oft so hitzig dabei, daß es zu Blutvergießen kommt, daher das Spiel fast überall unter strengen Strafen verboten ist. – »Gerad oder ungerad« (a paro o sparo, auch giuocar a pari o caffo oder scaffare) kannten schon die Griechen unter dem Namen ἀρτιάζειν. – Was das Wort »sbriglie« bedeutet, weiß ich nicht; ich habe es aufs Geratewohl durch »Kobeln« (ein schlesischer Ausdruck für πενταλιθίζειν) übersetzt.

(sbriglie sind birilli, also Kegel, während das von Liebrecht gewählte Spiel ein Steinchen- oder Knöchelspiel ist.)

Seite 10: *Wo Frau Lucia ist ei, ei*

Wir haben bereits hier in den Bemerkungen usw. erwähnt, daß Galiani in seiner Abhandlung Del Dial. Napol. p. 114ff. die im Basile und Cortese vorkommenden Liedchen oder deren Anfangsverse gesammelt hat. Die Zeit des Entstehens des ersten der hier im Text angeführten Liedchen nun ist nach Galiani sehr schwer zu bestimmen, da es der Greten, die gleich ein Röcklein fordern, zu jeder Zeit sehr viele gegeben hat. Das zweite, welches anfängt: »Ich wollte, Grausame etc.« hat er, wie wir bereits in der Note zu der erwähnten Stelle in unsern Bemerkungen usw. angeführt, ganz übersehen.

Das im Originaltext darauf folgende Liedchen haben wir wegen allen darin mangelnden Sinnes und Zusammenhanges im Text ganz übergangen, lassen es jedoch hier folgen:

Jesce jesce Sole	Komm hervor, o Sonne,
Scajenta Mperatore,	Erwärme Kaiser,
Scaniello mio d'argiento,	Mein Scanniello von Silber,
Che vale quattociento;	Der wert ist vierhundert
Ciento cinquanta,	Hundert und fünfzig,
Tutta la notte canta,	Singt die ganze Nacht,
Canta viola	Singt Viole
Lo masto de scola,	Der Schulmeister,
O masto, o masto,	O Meister, o Meister,
Mannancene priesto,	Schicke uns bald fort,
Ca scienne Masto Tiesto,	Denn Meister Tiesto kommt herab,
Co lanze e co spate,	Mit Lanzen und Degen,
Da l'aucielle accompagnato.	Von Vögeln begleitet.
Sona, sona zampognella,	Spiele, Dudelsäckchen,
Ca t'accatto la gonnella,	Denn ich kauf dir ein Röckchen,
La gonnella de scarlato;	Ein Röckchen von Scharlach,
Si non suone, te rompo la capo.	Spielst du nicht, so zerbrech' ich dir den Kopf.

Galiani bemerkt hierzu folgendes: »Ungeachtet in diesem Liedchen, welches die Kinder (nach dem Verfasser des Vernacchio, bei schlechtem Wetter) noch heutzutage singen, mehr Reim als Sinn zu finden ist, so leuchtet dennoch jene unschuldige Fröhlichkeit aus demselben hervor, welche in den frühern zwar rohen, aber nicht ganz unglücklichen Zeiten herrschte. Wir glauben, es ist aus der Zeit des Kaisers Friedrich II.« – Das dritte Liedchen, welches anfängt »Regne nicht etc.«, scheint Galiani aus der Zeit der Könige aus dem Hause Anjou zu stammen und auf deren Reisen nach der Provence und Lombardei anzuspielen. Dies sowohl als das vorhergehende soll man nach Galiani ehemals bei den Rundtänzen gesungen haben.

Seite 16: *Waffentanz*

Im Or. 'mpertecata. »Das Volk tanzt ihn, wie Galiani (Del. Dial. Nap. p. 133) sagt, mit bloßen Degen in den Händen, oder statt ihrer, um Unheil zu vermeiden, mit blumenbekränzten Stöcken, daher der Tanz den Namen Imperticata (Stocktanz) angenommen hat, gewöhnlich jedoch heißt er Intrezzata (der verschlungene Tanz). Gesellschaften von Männern aus dem niedern Volke pflegen während des Karnevals sich zu maskieren und unter den Fenstern der Geliebten, noch häufiger aber unter denen der Vornehmen diesen Tanz aufzuführen, wofür man dann den Tänzern und Musikanten eine kleine Gabe an Geld zuwirft.« Der Gesang, mit welchem man den Tanz begleitet, heißt gleichfalls 'mpertecata. – Über die alte und weit verbreitete Sitte dieses Waffen- oder Schwerttanzes vergleiche man übrigens den interessanten Aufsatz: »Schwerttanz und Reifentanz usw.« von H. F. Maßmann in Spindlers Zeitspiegel. München. Bd. 5, Heft 1. Zu dem dort Mitgeteilten fügen wir hier nur noch hinzu, daß jener Tanz auch in Spanien seit den ältesten Zeiten einheimisch war. »Es una danza muy antigua de España, usada y continuada segun Aldrete (Orig. I. III. c. 1) desde la gentilidad, y que al fin llegó á prohibirse, sin duda por lo peligrosa que era.« S. Don Quijote, parte II. c. 20 Anmerk. 5, Ausgabe von Arrieta, Paris, 1826. Zu dieser selben Stelle des Don Quijote, in welcher nämlich dieser Tanz erwähnt wird, führt Ideler in seiner Ausgabe desselben auch noch folgende Notiz aus dem Guzman de Alfarache (t. I. l. 2 c. 7) an.

»Esta danza se usa en el reyno de Toledo y danzanla en camiza y greguesgos de lienzo, con unos tocadores en la cabeza, y traen espadas blancas, y hacen con ellas grandes vueltas y revueltas y una mudanza que llaman la degollada, porque cercan el cuello del que los guia, con las espadas y quando parece que se la van á cortar por todas partes, se les escurre de entre ellas.« Wenn dieser Tanz in Neapel nicht noch aus den Römerzeiten stammt, so haben ihn vielleicht die Spanier während der Zeit ihrer Herrschaft dorthin verpflanzt. – Auch bei den Angelsachsen war er einheimisch, s. Strutt's Sports and Pastimes Bd. III. c. 8 (woselbst eine Abbildung desselben) und ist in England auch noch in Gebrauch, id. ib. vgl. Lockhart's Life of Sir Walter Scott vol. II. c. 4. p. 81, Baudry'sche Ausgabe Paris 1838; ebenso noch auf den Shetländischen Inseln, s. das letztgenannte Werk I. c. und auf der Insel Man, s. Tollet's Opinion concerning the Morris Dancers upon his Window, in The Dramatick Writings of W. Shakespeare. Bell's Edition vol. 11. p. 146. Auch die Morris-dancers führten Schwerttänze auf, s. Lockhart's Life of Sir W. S. l. c. cf. Johnson zu Shakespeare's Anthony and Cleopatra Act. 3 Sc. 9. –

Seite 26: *Öl Minervas*. Die Weisheit.

Digesten. Pandekten, Teil der Justinianischen Gesetzessammlung.

Seite 27: *Donat*. Grammatik des Aelius Donatus.

Füllhorn

Hier ist das von Nicolo Perotti (geb. 1430 zu Sassoferato, gest. 1480) verfaßte Cornu copiae sive Linguae Latinae commentaria gemeint, dessen erste Ausgabe Venedig 1489 fol. erschien. – Der hier folgende Bartolus war ein berühmter Lehrer des Rechts zuletzt in Bologna, wo er im J. 1359 starb; hinterließ viele juristische Werke.

Seite 29: *Schwer zu ersteigende Berg etc.*

Wahrscheinlich dachte Basile hier an die, wie uns dünkt, in Tasso's Ger. Lib. vorkommende Stelle, wo es (XVII, 61) heißt:

> –– sull'erto e faticoso colle
> Della Virtù riposto è il nostro bene:
> Chi non gela e non suda e non s'estolle
> Dalle vie del piacer là non perviene.

Seite 38: *Ciancola* heißt in dem Märchen selbst immer Tittone.

Seite 48: *Welche an die Wände geschrieben waren*

Das Beschreiben der Wände in Wirtshäusern und anderen öffentlichen Orten war also schon damals gewöhnlich. Auch in der Egroga III. (Talia) spielt Basile darauf an, indem er nämlich bei der Beschreibung eines berühmten Wirtshauses sagt:

»Wenn du dich ausruhen willst,
Fehlt es nicht an Zimmern und Gemächern,
Wo du hundert Jahre lang
Dir die Zeit vertreiben kannst,
Indem du zahllose Geschichten
Mit Kohle auf jede Mauer gemalt siehst.
Hier sieht man ein Schiff mit Segeln,
Dort einen Gehenkten mit einem Vers darunter;
Doch wer könnte aufzählen
So viele Sprüche und Sentenzen?«

Und weiter unten führt er ein hierauf bezügliches Sprichwort an, welches lautet: muro janco carta de matte, d. i. muro bianco carta di matti, entsprechend dem deutschen: »Unnütze Hände beklecksen alle Wände.« Auch Cortese erwähnt diese Sitte (oder nach Basile vielmehr Unsitte) im Anfang des 7. Buches des Ciullo e Perna. »Während das Mittagbrot bereitet wurde, gingen Ciullo und Perna durch die Zimmer des Wirtshauses umher, um sich die Zeit zu vertreiben und sahen endlich auf einer Galerie einen Jüngling, welcher mit Kohle auf die Wand schrieb:

Nach langer Reise
kam halb tot hierher
Mineco d'Antoniello aus Puorto.«

Seite 51: *Und da man mit Betrug und List etc.*

Im Or. con arte e co'nganno se vive miezzo l'anno; die zweite hier ausgelassene Hälfte dieses Sprichworts lautet: »e con inganno e con arte si vive l'altra parte. Dies Sprichtwort ist auch im Portugiesischen vorhanden: com arte e engano se vive meio anno, com engano e com arte se vive outra parte.

Seite 59: *Es wäre nicht möglich, Wein und Kohl etc.*

Im Or. non è possibele ad aver Grieco e ccappuccie. »Dieses

Sprichwort, sagt Galiani, del Dial. Nap. p. 189, welches andeutet, daß man nicht zwei verschiedene Dinge zugleich haben kann, hat seinen Ursprung darin, daß in den Marschländern um Neapel, wo man den Kohl, der den Neapolitanern ihre gewöhnliche und liebste Suppe gibt, mit starker Düngung hervorbringt, die Weinstöcke einen sehr schlechten Wein liefern, wo hingegen die nicht weit davon entfernten Ländereien, die den berühmten vino greco erzeugen, ungedüngt bleiben, indem man dort keine Gartenpflanzen zieht. – Das folgende Sprichwort, welches wir nicht ganz entsprechend »man kann nicht zweien Herren zugleich dienen«, wiedergegeben haben, lautet im Orig. »non è possibele ad aver la votte chiena e la schiava 'mbriaca«, man kann nicht zugleich ein volles Faß und eine betrunkene Magd haben. – Es ist auffallend, daß hier gerade die Magd erwähnt wird; auffallender aber noch ist die Erwähnung in dem folgenden Sprichwort: me faje l'ammico e mme mpriene la Vajassa, du tust, als wärest du mein Freund und doch schwängerst du mir meine Magd; wozu Galiani Vocab. s. v. Vajassa bemerkt: »Es ist sonderbar, daß unsere Vorfahren es für einen größeren Verrat hielten, wenn man ihnen ihre Mägde, als wenn man ihre Frauen verführte. Es waren doch seltsame Leute, unsere Vorfahren.«

Seite 64: *Pippo,* wird sonst immer Miuccio genannt.

Seite 67: *Hunger leidende*

Im Or. quatto pane a parte, d. h. vier Brote auf den Mann, denn sonst erhielt jeder Diener doch wenigstens sieben Brote die Woche. Das Vocab. sagt nämlich in dieser Beziehung s. v. Settepanelle: »Bis zu der Zeit, wo die Entdeckung Amerikas die kostbaren Metalle unter uns vermehrte, herrschte der alte Gebrauch der Römer, den Dienern, die an die Stelle der Sklaven getreten waren, einen geringen Lohn in barem Gelde zu geben und zugleich das nötige Brot, zuweilen auch den Wein und die anderen Lebensmittel zu liefern. Dieser Gebrauch herrscht noch in den Provinzen. Das Brot wurde wöchentlich einmal gebacken und zwar am Sonnabend; am Sonntagmorgen gab man dann jedem Diener sieben Brote für die ganze Woche.« Daher der Spitzname Settepanelle, gleichsam »Siebenbröter«, ein schlecht besoldeter Diener.

Seite 72: *Mit dem Gesicht zwischen den Knien*

Wir können nicht umhin, zu bemerken, daß diese die Traurigkeit so ausdrucksvoll bezeichnende Stellung lebhaft an Theokrit 16, 11 erinnert.

Versetzte Miuccio

Diese Worte fehlen im Orig., müssen aber notwendigerweise ergänzt werden.

Seite 74: *Ochsenblut*

S. Plin. H. N. 11, 38 (90) u. 28, 10 (41).

Seite 78: *Tolla*

Müßte heißen Antonella; denn diese letztere erzählt das Märchen.

Eine neumodische Flinte etc.

Ist dies vielleicht ein Hieb auf die schlechten Flinten jener Zeit?

Seite 81: *Python*. Von Apollo getötet.

Seite 84: *Welche ein Haus zugrunderichten*

Im Or. haben beide Ausgaben wahrscheinlich durch einen Druckfehler che la casa strude; in der Egroga VII. (Erato), wo dies Sprichwort gleichfalls erwähnt wird, heißt es jedoch richtig: Tre son le cose che la casa strudeno, so wie auch Sarnelli, der in der Einleitung zu seiner Posilecchejata p. 152ff. fast alle von diesen »drei Dingen« wiederholt und noch einige neue hinzugefügt hat, sagt: tre cose strudeno la casa, und dies gibt einen bessern Sinn, dem wir auch in der Übersetzung gefolgt sind.

Bei den drei Frauen etc.

Im Orig. eigentlich »bei den drei Frauen und der Gans, welche einen Markt machen«. Den Piemontesern genügen schon zwei Frauen: due fomme, e n'oca fan un marcà, s. Fernow p. 373; jedoch sagt auch Basile in der Egroga IV. (Melpomene): Doje femmene e na papara Feceno no mercato. Unser deutsches Sprichwort hingegen lautet vollständig: »Drei Frauen machen einen Markt, und vier machen eine Messe.«

Frisch, fest und fett

Im Or. fritto, friddo e futo, d. h. gebraten, kalt und derb.

Bei den drei Ei etc.

Im Or. eigentlich bei den drei S, nämlich sulo (i. e. solo) solliceto e secreto. Sonst werden derselben gewöhnlich vier genannt; so heißt es bei Luis de Barahona, Lagrimas de Angelica c. 4, 14.

Ciego ha de ser el fiel enamorado,
No se dice en su ley que sea discreto.
De quatro eses dicen que està armado:
Sabio, Solo, Solicito y Secreto;
Sabio en servir y nunca descuidado,
Solo en amar y á otra alma no sujeto,
Solicito en buscar sus desengaños,
Secreto en sus favores y en sus daños.

Siehe Idelers Don Quijote vol. IV. S. 338 cf. S. 423.

Seite 91: *Sechse*

Im Or. forca, d. h. der Galgen, und das Echo antwortet »orca«, d. h. Hexe.

Seite 97: *Maultier eines Doctors*

Ehemals (und zum Teil auch noch jetzt) ritten die Ärzte in den Südländern Europas gewöhnlich auf Maultieren, eine Sitte, auf welche auch der portugiesische Dichter Leitáo Garrett in seinem Gedicht Donna Branca (Paris 1826) anspielt, wo es c. I. No. 5 heißt:

Mestre Gilvaz, que em Padua fez prodigios,
E a Galeno e Averroes deu sota e basto,
Em gerda, russa mula – e nâo de physico,
De nedea que é – pesado de aphorismos
Grave caminha juncto aos reverendos.

Alchemistischer Tiere

d. i. Läuse, da sie hier gewissermaßen ein alchemistisches Kunststück ausführen und das gegen sie gewöhnlich in Anwendung gebrachte, sonst so bewegliche Quecksilber (Mercurialsalbe) durch ihre Menge gleichsam zum Stehen bringen, d. h. ihm Trotz bieten.

Seite 98: *Die der Wahrheit so feindseligen Tierchen usw.*

Es ist unklar, warum diese Tiere hier so bezeichnet werden.

(Basile hat wohl ein Wortspiel mit testimoni [Zeugen] und testicoli [Hoden] im Sinne gehabt, wobei er freilich keinen Unterschied zwischen Läusen und Filzläusen gemacht hätte.)

Seite 100: *Mutter des blinden Knaben.* Venus.

Volksanführer

Im Or. capopuopolo. So hießen bei den in Neapel so gewöhnlichen Aufständen die Aufwiegler, welche sich an die Spitze des Volkes stellten. Der Vergleich bot sich also einem Neapolitaner sehr ungesucht.

Caro. Gemeint ist Cato und sein Distichon III, 20.

Seite 114: *Ein Bissen etc.*

Scherzhafte Anspielung auf das goldene Zeitalter, in welchem die Menschen sich, wie die Dichter erzählen, von Eicheln nährten. Andere Dichter freilich verschmähten solche Glückseligkeit; s. Romolo Bertinis scherzhafte Canzone in biasimo del Secol d'oro, wo es heißt:

Se di mangiare, e bere
Quel popolo beato avea desio,
Con estremo piacere
Scotea la querce, e s'inchinava al rio;
O che bella bevanda, o che dolc'esca
E mangiar ghiande, e ber dell'acqua fresca!
Ma——————————
Quando i dolci liquori
Della Vite la lingua ebbe assaggiati,
E con alti stupori
Fur le Starne, e i Capponi assaporati;
Si passò da' ruscelli alle Cantine,
Da scuoter querce a far fumar Cucine.

Seite 116: *Einem Hirsch, einem Raben*

Ersterer gilt hier als Sinnbild der Schnelligkeit, letzterer als das des hohen Alters.

Seite 119: *Meermaus*

Im Or. sorece marino. Hier ist wahrscheinlich die im Lat. musculus marinus und auch im Gr. μῦς genannte große Art Walfische, »der Bartenwalfisch« gemeint, und der scherzhafte Sinn soll sein, daß, wenn der Walfisch diese »Maus« zum Führer nähme, er sicher nie stranden könnte, weil, wo diese durchkäme, er sicher auch durchkommen würde.

(vgl. Plinius, Hist. Nat. IX, 88.)

Seite 125: *tausend Zungen.* Virgil, Aeneis VI, 625 ff.

Seite 126: *Feuerkieke.* Art tragbarer Ofen.

Wie ein Stein im andern, d. i. wie Mosaik.

Seite 127: *Porphyr*

Der Reibstein, auf welchem die Farben der Maler zerrieben werden, besteht aus einer starken Platte von Marmor oder Porphyr.

Seite 128: *hinunterrolle.* Homer, Odyssee XI, 598.

Seite 129: *Darius.* Die Geschichte von dem Stallknecht erzählt Herodot.

Seite 131: *Olimpia,* s. Ariost's Orl. fur. 10, 19 ff.

Seite 138: *Unter andern Umständen.* In der Schlacht?

(Liebrecht hat den ›obszönen‹ Charakter dieses Satzes nicht sehen können oder wollen.)

Seite 144: *Je besseres Gewicht der Dienste etc.*

In der Ausgabe von 1788 fehlen an dieser Stelle (vol. II. p. 111. Z. 12 v. o.) nach den Worten ma non tanto isso le die Worte faceva buono piso de servetù quanto ella le, welche die Ausg. von 1674 enthält und so erst einen vollständigen Sinn gibt.

Seite 150: *toskanischer Dichter.* Petrarca in seiner 16. Canzone.

Inhalt

VIERTER TAG

Insel taschenbücher
Alphabetisches Verzeichnis

Das Märchen aller Märchen (Lo cunto de li cunti) von Giambattista Basile (1575–1632) erschien erstmals in den Jahren 1634–1636. Der Titel *Der Pentamerone,* der seit der Ausgabe von 1674 gebraucht wurde, bezieht sich auf die Einteilung der Sammlung in fünf Tage, stammt aber nicht von Basile.

»Hat das *Märchen aller Märchen* auf der einen Seite seinen geschichtlichen Ort als Märchenwerk, das nicht nur in Italien, sondern auch in Deutschland weitergewirkt hat, bei Wieland und vor allem bei Brentano, der für seine *Italienischen Märchen* daraus geschöpft hat, so hat es auf der andern Seite seinen Platz in der Geschichte der italienischen Erzählliteratur, indem dieser *Pentamerone* eine Entwicklung beschließt, die Boccaccio mit seinem *Decamerone* eröffnet hatte. Der *cunto de li cunti* ist ein Anti-Decameron.

Während sich bei Boccaccio sieben Frauen und drei Männer in einer Kirche während der Pestzeit verabreden, sich die Zeit mit Geschichtenerzählen zu vertreiben, Frauen und Männer, die sich allesamt als schön und edel erweisen, auch wenn ihre Geschichten von dem einen oder anderen für frivol gehalten werden, kommt bei Basile eine Gruppe monströs häßlicher Weiber zusammen. Nur der Prinz Thaddäus und seine spätere Frau Zoza, um derentwillen der Pentamerone veranstaltet wird, sind schön wie die Protagonisten der hohen Literatur seit eh und je.

Bei Boccaccio ist der Rahmen nichts weiter als das Vehikel, die hundert unterschiedlichen Erzählungen zusammenzuhalten; bei Basile dagegen schließen sich Anfang und Ende zusammen, da die letzte Geschichte, die Geschichte Zozas, an den Beginn anknüpft und die fünfzig Märchen keine andere Funktion haben, als Zoza an ihr Ziel zu bringen: die Hochzeit mit Thaddäus, so wie die Märchen aus Tausendundeiner Nacht von Schehrezâd genutzt werden, den Kalifen Harûn er-Raschîd von seinen Tötungsabsichten abzuhalten und ihn endlich zu gewinnen.« Walter Boehlich

insel taschenbuch 354

Basile

Das Märchen aller Märchen

GIAMBATTISTA BASILE
DAS MÄRCHEN ALLER MÄRCHEN

›Der Pentamerone‹

Dritter Tag
Deutsch von Felix Liebrecht
Herausgegeben und mit einem Nachwort versehen von Walter Boehlich
Insel Verlag

Die Illustrationen sind der Ausgabe von 1794 (Neapel) entnommen.
Die Vorlagen stellte freundlicherweise
die Österreichische Nationalbibliothek in Wien zur Verfügung.

insel taschenbuch 354
Erste Auflage 1982

Vertrieb durch den Suhrkamp Taschenbuch Verlag
Umschlag nach Entwürfen von Willy Fleckhaus
Satz: Fotosatz Otto Gutfreund, Darmstadt
Druck: Nomos Verlagsgesellschaft, Baden-Baden
Printed in Germany

DRITTER TAG

EINLEITUNG

Nicht sobald waren durch die Ankunft der Sonne alle von dem Tribunal der Nacht eingekerkerten Schatten der Nacht befreit worden, als auch der Prinz nebst seiner Gemahlin sowie die übrigen Frauen sich an demselben Ort versammelten, um die Stunden vom Morgen bis zur Essenszeit angenehm zu verbringen; sie ließen daher Musikanten kommen und fingen an, fröhlich zu tanzen, bald den »Rüdiger«, bald »das Landmädchen« oder den »wilden Mann«, »Sfessania«, den »geprügelten Bauern«, »den ganzen Tag mit jenem Täubchen«, »die Schmeißfliege«, »den Nymphentanz«, »die Zigeunerin«, »die Eigensinnige«, »mein heller Stern«, »meine holde Liebesglut«, »die, welche ich suche«, »die Schwätzerin und das Plaudermäulchen«, »den Kuppler«, »hoch und niedrig«, »die Chiaranzana«, »hüte sich, wer mich verliebt macht«, »wen's juckt, der kratze sich«, »die Wolken, welche durch die Lüfte ziehen«, »den Teufel im Hemde«, »von Hoffnung leben«, »wechsle die Hand«, »Cascarda«, »Spagnoletta« usw., indem sie die Tänze der Mohrin zu Gefallen mit »Lucia, du Schelmin« schlossen. Auf diese Weise verging die Zeit, ohne daß sie es gewahr wurden, bis die Mittagsstunde da war und alles Herrliche des Himmels und der Erde auf dem Tische erschien, welches sie vielleicht auch heute noch essen; nach beendigter Mahlzeit aber begann Zeza, welche es gar nicht erwarten konnte, bis sie ihre Geschichte erzählen konnte, auf folgende Weise:

21

Dritter Tag

Erstes Märchen

»CANNETELLA«

Cannetella kann keinen Mann finden, der ihr zusagt; zur Strafe dafür gerät sie in die Gewalt eines wilden Mannes, bei dem sie viel erdulden muß, endlich jedoch wird sie von dem Schmied ihres Vaters befreit.

Es ist etwas sehr Schlimmes darum, meine geehrten Zuhörer, wenn man seine Ansprüche zu hoch spannt und sich mit dem Billigen unzufrieden zeigt; denn man kommt gar häufig soweit, das zu wünschen, was man fortgeworfen, indem der, welcher alles verloren, und der, welcher zu hoch hinaus will, ebensoviel Gefahr vor den Füßen als Narrheit im Kopf hat, wie man dies auch an einer Königstochter sehen kann, welche der Gegenstand der folgenden Erzählung sein wird.

Es war einmal ein König von Schönhügel, welcher ein größeres Verlangen danach hegte, Kinder zu bekommen, als die Lastträger nach Leichenbegängnissen haben, um dabei Wachs sammeln zu können, so daß er endlich der Göttin Syrinx gelobte, daß, wenn sie ihm eine Tochter verliehe, er ihr den Namen Cannetella geben wolle zum Andenken daran, daß sie selbst sich einst in Rohr verwandelt hatte, und so lange bat und flehte er, bis er nach langer Zeit seinen Wunsch erfüllt und sich von seiner Gemahlin Renzolla mit einem schönen Mägdlein beschenkt sah, welcher er auch wirklich den gelobten Namen gab. Diese wuchs nun zusehends heran, und als sie groß genug geworden, sprach der König, ihr Vater, eines Tages folgendermaßen zu ihr: »Du, meine liebe Tochter, die mir der Himmel noch lange erhalten möge, bist nun schon so schlank und groß wie eine Tanne und in dem Alter, um dich mit einem deiner Schönheit würdigen Gemahl verheiraten und unser Geschlecht fortpflanzen zu können. Da ich dich nun so herzlich liebe wie mich selbst und ganz nach deinem Wunsche handeln will, so möchte ich wohl wissen, was für ein Mann deinem Sinn entspräche, soll er gelehrt oder ein Dümmling sein? Jung oder alt? Gebräunt oder weiß und rot? Lang wie eine Hopfenstange oder kurz wie Haferstroh? Schlank um die Taille oder rund wie eine Tonne? Wähle du nur immer zu, denn ich stimme jedenfalls bei.« Als Cannetella diese freigebigen Anerbietungen vernahm, dankte sie dem Vater vielmal, erwiderte aber, daß sie ihre Jungfrauschaft der Diana geweiht und sich unter keinen Umständen mit einem

Manne einlassen wolle. Von dem Vater dringend angefleht, fügte sie jedoch hinzu: »Wohl denn, um mich für so große Liebe nicht undankbar zu beweisen, bin ich bereit, deinen Wunsch zu erfüllen, aber nur unter der Bedingung, daß du mir einen Mann suchest, wie es keinen zweiten in der Welt gibt.«

Voll Freude über diese Worte fing der Vater an, von früh bis spät aus dem Fenster alle auf der Straße Vorübergehenden auf das genaueste zu beschauen, zu betrachten und zu prüfen, und da nun einmal ein sehr wohlgebildeter Jüngling vorbeikam, rief der König seiner Tochter zu: »Rasch, Cannetella, komm schnell her ans Fenster und sieh, ob der hier dir zusagt!« Diese ließ ihn heraufkommen und ein herrliches Bankett veranstalten, bei welchem alles mögliche zu essen und zu trinken war. Während nun der junge Mensch aß, fiel ihm eine Mandel aus dem Munde, welche er, sich zur Erde beugend, geschickt aufhob und unter das Tischtuch legte, worauf er sich nach Beendigung der Tafel fortbegab und der König Cannetella fragte: »Wie gefiel dir der Jüngling, meine liebe Tochter?« – »Bewahre mich der Himmel vor diesem Tölpel«, erwiderte Cannetella, »denn ein so großer Mensch wie er hätte sich keine Mandel aus dem Munde sollen fallen lassen.«

Als der König dies vernahm, trat er wiederum ans Fenster, und indem ein anderer Mann von hübschem Wuchs vorüberging, rief er wiederum die Tochter, um zu hören, ob dieser etwa Gnade in ihren Augen finden würde. Auch dieser wurde auf Cannetellas Wunsch heraufgerufen, und nachdem er ebenso wie der erste bewirtet worden und fortgegangen war, fragte der König seine Tochter, wie ihr *der* gefallen habe? »Was sollte ich mit diesem Bären anfangen«, versetzte darauf jene, »der wenigstens ein paar Bediente hätte mitbringen sollen, um sich den Mantel abnehmen zu lassen, da er selbst zu ungeschickt dazu war.« – »Das sind faule Fische«, versetzte der König, »das sind Entschuldigungen eines schlechten Bezahlers, und du suchst nur leere Ausflüchte, um meinem Wunsch nicht willfahren zu dürfen. Jedoch fasse einen kurzen Entschluß, denn ich will dich durchaus verheiraten und von dir Sprößlinge bekommen, aus denen der Stamm meiner Familie von neuem emporsprießen kann.« Trotz dieser zornigen Rede erwiderte jedoch Cannetella: »Um es euch rein heraus und ohne Umschweife zu sagen, Herr Vater, so ist all euer Reden vergeblich und all eure Mühe nutzlos, denn ich werde mich nie einem lebenden Manne untertänig machen, es sei denn, daß er einen Kopf und Zähne von Gold habe.« Der König war nun zwar über diese Starrköpfigkeit seiner Tochter sehr niedergeschlagen, jedoch ließ er öffentlich bekanntmachen, daß wer nur irgend im ganzen Lande den Anforderungen seiner Tochter zu entsprechen vermöchte, sich ihm vorstellen und dann die Hand der Prinzessin und das Königreich als Mitgift erhalten sollte.

Nun aber hatte der König einen Feind, namens Scioravante, der ihn sehr haßte und den er wiederum nicht nennen hören konnte. Dieser Scioravante war ein großer Zauberer und zitierte, sobald er die Bekanntmachung des Königs vernahm, eine Anzahl Trabanten des

»Gott sei bei uns« vor sich, denen er befahl, ihm sogleich einen goldenen Kopf und Zähne zu machen. Zwar erwiderten sie, daß es ihnen sehr schwer sein würde, diesen Befehl auszuführen, da derselbe etwas so Unerhörtes zum Zwecke hätte, und daß sie ihm viel lieber goldene Hörner als das heutzutage viel Gewöhnlichere machen wollten; jedoch durch seine Beschwörungen und Zaubereien gezwungen, erfüllten sie endlich sein Gebot, worauf er mit einem Kopf und Zähnen von 24karätigem Golde unter den Fenstern des Königs umherspazierte. Kaum aber hatte dieser den Mann, der ganz so war, wie er ihn suchte, wahrgenommen, so rief er seine Tochter herbei, welche, sobald sie Scioravante erblickte, auch sogleich ausrief: »Das ist der Rechte, und er könnte nicht anders sein, wenn ich selbst ihn mir gemalt hätte.« Als daher Scioravante Miene machte fortzugehen, rief der König ihm zu: »Warte doch ein wenig und sei nicht so hitzig; es scheint, als wenn's dir sehr eilig täte, und als wenn du Quecksilber im Leibe und Sporen in den Seiten hättest. Nur hübsch langsam, ich will dir etwas Bagage und Leute mitgeben, die dich und meine Tochter begleiten sollen, denn diese will ich dir zur Frau geben.« – »Schönsten Dank«, erwiderte Scioravante, »doch braucht's nicht so vieler Vorbereitungen. Es ist genug, wenn ihr mir ein Pferd gebet, das mich und sie tragen kann, denn in meinem Hause sind mehr Diener und Sachen als Sand am Meer.« Nachdem sie eine lange Zeit gestritten hatten, setzte zuletzt Scioravante seinen Willen durch und stieg nebst Cannetella auf ein Pferd, und sie ritten davon. Als nun der Abend hereinbrach und die Stunde da war, wo in der Roßmühle des Himmels die Füchse ab- und die weißen Ochsen angespannt werden, langten sie an einem Stalle an, in welchem einige Pferde fraßen. In diesen nun ließ Scioravante Cannetella hineintreten und sagte zu ihr: »Ich muß jetzt eine Reise nach Hause unternehmen und brauche dazu sieben Jahre. Erwarte mich daher in diesem Stalle und verlasse ihn ja nicht, noch lasse dich von irgendeinem lebendigen Menschen sehen, sonst gebe ich dir einen Denkzettel auf dein ganzes Leben.« – »Du bist mein Herr und Gebieter«, versetzte Cannetella, »und ich werde deinem Gebot auf das genaueste Folge leisten. Jedoch wünschte ich wohl zu wissen, was du mir zurücklässest, um in der Zwischenzeit leben zu können«, worauf jener erwiderte: »Der Hafer, den die Pferde übriglassen, wird für dich hinreichen.« Man denke sich nun, wie der armen Cannetella zumut wurde und wie sie die Stunde und den Augenblick verwünschte, wo sie geboren wurde; das Blut erstarrte ihr fast in den Adern, sie ersetzte durch Tränen, was ihr an Speise abging, sie verfluchte das Verhängnis und vermaledeite die Sterne, welche sie von einem königlichen Palast zu einem Stall, von Wohlgerüchen zum Mistgestank, von den weichsten wollenen Decken zum Stroh und von den leckersten Bissen zu den Überbleibseln von Pferdefutter herabgebracht hatten. Dieses traurige Leben nun führte sie ein paar Monate lang, während welcher Zeit den Pferden von unsichtbarer Hand zu fressen gegeben wurde und der Abhub der Tafel ihr zum Unterhalt diente.

Als sie aber einmal nach Verlauf dieser Zeit durch ein Loch guckte, erblickte sie einen wunderschönen Garten, in welchem sich so viele Spaliere von Limonenbäumen, so viele Zitronen-Gebüsche, so viele Blumenbeete, so viele Fruchtbäume und Weinlauben befanden, daß es einem das Herz erfreute, sie anzuschauen; so daß auch sie von einem heftigen Eßverlangen nach einer schönen Weintraube, die sie erblickte, ergriffen wurde und zu sich selbst sagte: »Ich will doch ganz heimlich und stille hinausgehen und sie mir abpflücken; mag daraus entstehen, was da will, und sei es auch das schlimmste; was geschehen ist, ist geschehen, und wer will es auch meinem Manne sagen? Gesetzt aber auch, er erführe es, was kann er mir denn großes tun? Übrigens ist das hier eine ganz köstliche Traube und keine von den gewöhnlichen.« Darauf ging sie hinaus und erquickte wieder einmal ihren durch den erlittenen Hunger gar sehr heruntergekommenen Leib.

Bald darauf jedoch und vor der festgesetzten Zeit kehrte ihr Mann zurück, und eines von den im Stalle befindlichen Pferden klagte Cannetella an, daß sie eine Traube abgebrochen hätte; worüber Scioravante in solchen Zorn geriet, daß er ein Messer aus der Tasche zog und Cannetella töten wollte; sie fiel jedoch vor ihm auf die Knie, flehte ihn an, sie doch nicht so hart zu strafen, denn der Hunger tue weh, und bat und weinte so lange, bis Scioravante endlich zu ihr sagte: »Diesmal will ich es dir noch verzeihen und dir das Leben schenken; wenn du dich aber noch einmal von dem, der so viel Leute holt, verführen läßt, und ich erfahre, daß du dich wieder aus dem Neste gerührt hast, so hacke ich dich in kleine Stücke; darum sieh dich ja vor, denn ich verreise jetzt wieder und werde diesmal volle sieben Jahre wegbleiben; laß es dir also gesagt sein, noch einmal kommst du nicht so wohlfeilen Kaufs davon, vielmehr mache ich dann die alte und neue Rechnung zugleich ab.«

Nachdem er dies gesprochen, zog er von dannen, Cannetella aber vergoß einen Strom von Tränen, rang die Hände und rief aus, indem sie sich die Brust zerschlug und die Haare ausriß: »Lieber wollte ich doch nimmer geboren worden sein, als ein so bitteres Los ertragen! Ach, liebster Vater, was hast du mir da angetan! – Aber warum klage ich doch meinen Vater an, da ich selbst mir mein Unglück zugezogen, ich selbst den Anlaß zu meinem traurigen Geschick gegeben habe! – Einen Kopf von Gold habe ich mir gewünscht, um ins größte Elend zu stürzen und durch Eisen zu sterben. O wie muß ich nun dafür büßen, denn weil ich goldne Zähne haben wollte, werden meine Zähne jetzt gelb wie Gold! Das ist aber die Strafe des Himmels; ich hätte den Willen meines Vaters tun und nicht soviel Späne machen sollen; denn du sollst deinen Vater und deine Mutter ehren, damit es dir wohlgehe!« So verging nun kein Tag, wo sie nicht diese Klagen ausgestoßen hätte; bis ihre Augen in zwei Tränenbäche verwandelt und ihr Gesicht so mager und fahl geworden war, daß es einen erbarmte. Wo waren die feurigen Augen, wo die apfelroten Backen, wo das Lächeln ihres Mundes hingekommen? Fürwahr, ihr eigener Vater hätte sie nicht wiedererkannt.

Nun geschah es einmal nach Verlauf eines Jahres, daß der Schmied des Königs, den Cannetella sehr wohl kannte, zufälligerweise nicht weit von jenem Stalle vorüberkam, daher sie ihn rief und dann aus dem Hause trat. Jener, der seinen Namen rufen hörte, das arme Kind aber nicht wiedererkannte (so sehr hatte sie sich verändert!), war anfangs im hohen Grade darüber verwundert; nachdem sie ihm jedoch mitgeteilt, wer sie sei und auf welche Weise sie ihr früheres Aussehen verloren, so steckte er sie teils aus Mitleid mit ihr selbst, teils, um sich bei dem Könige in Gunst zu setzen, in ein leeres Faß, welches er auf einem Lasttier liegen hatte, und den Weg nach Schönhügel einschlagend, langte er um Mitternacht bei dem Palast des Königs an. Nachdem er nun daselbst angepocht und die Diener, welche ans Fenster kamen, vernommen hatten, daß es der Schmied wäre, hunzten sie ihn tüchtig herunter und nannten ihn einen unverschämten Esel, daß er zu so ungehöriger Zeit die Leute mitten im besten Schlafe störe, und daß er sich gratulieren könne, wenn sie ihm nicht irgendeinen Stein oder alten Topf an den Kopf würfen. Der König hatte indes ebenfalls den Lärm gehört, und sobald er von einem Diener erfahren, was los war, befahl er, den Schmied unverzüglich einzulassen, indem er sich gleich dachte, daß, da er zu so ungewöhnlicher Stunde einen solchen Spektakel zu machen wagte, etwas Außerordentliches vorgefallen sein müßte. Der Schmied packte hierauf sein Lasttier ab und schlug dann dem Faß den

Boden ein, aus welchem nun zwar Cannetella sogleich hervorkam, jedoch lange nicht vom Vater erkannt wurde, der sogar auch ihren Worten durchaus nicht glauben wollte; und hätte sie ihm nicht ein Mal gezeigt, das sich auf ihrem rechten Arme befand, so müßte sie unverrichteter Sache wieder abziehen. Kaum aber hatte er sich von allem vollkommen überzeugt, so umarmte und küßte er sie tausendmal, ließ ihr hierauf ein warmes Bad bereiten und sie vom Kopf bis zu den Füßen reinigen, und nachdem sie war umgekleidet worden, ihr ein stärkendes Mahl vorsetzen; denn sie starb fast vor Hunger. Indem nun der Vater zu wiederholten Malen ausrief: »Wie hätte ich es je ahnen können, daß ich dich so wiedersehen werde! Wie siehst du denn aus, Kind? Was hat dich denn so heruntergebracht?«, erwiderte Cannetella: »Jener unbarmherzige Barbar hat mich wie einen Hund mißhandelt, dergestalt, daß ich alle Augenblicke den Geist aufzugeben dachte; jedoch will ich dir nicht alles sagen, was ich erduldet habe, denn es ging über jedes menschliche Leiden hinaus und müßte daher auch dir unglaublich erscheinen. Genug, daß ich wieder bei dir bin, lieber Vater, und mich niemals mehr von dir trennen werde; lieber wollte ich ja eine Magd in deinem Hause sein als Königin in dem Hause anderer; lieber einen schlechten Kittel tragen, wenn ich nur in deiner Nähe bin, als einen goldgestickten Mantel von dir entfernt; lieber den Spieß in deiner Küche drehen, als den Zepter unter dem Baldachin eines andern tragen.«

Inzwischen war Scioravante wieder nach Hause zurückgekehrt und vernahm von den Pferden, daß der Schmied Cannetella in einem Fasse fortgebracht hätte; worauf er ganz wütend über den erlittenen Schimpf und glühend vor Zorn sich eilig auf den Weg nach Schönhügel machte, und indem er eine alte Frau sah, welche geradeüber von dem königlichen Palast wohnte, sagte er zu ihr: »Was gebe ich dir, Mütterchen, wenn du mir die Tochter des Königs zeigst?« Da diese nun hundert Dukaten haben wollte, so zog Scioravante alsbald seinen Beutel und zählte ihr die Dukaten in Reih und Glied auf den Tisch. Die Alte strich diese sogleich ein und ließ ihn dann auf ihren Boden hinaufsteigen, von wo aus er sah, wie die Prinzessin sich eben auf einem Altan das Haar machte. Gleich wie von einer Ahnung getrieben wandte aber Cannetella in diesem Augenblick ihren Kopf nach jener Seite hin, und nicht sobald hatte sie den lauernden Zauberer erblickt, so stürzte sie die Treppe hinunter, eilte zum Vater und rief aus: »Mein teuerster Herr und Vater, wenn ihr mir nicht unverzüglich ein Zimmer mit sieben eisernen Türen machen lasset, so bin ich ein Kind des Todes!« – »Wenn es weiter nichts ist«, versetzte der König, »so will ich dich um solch einer Kleinigkeit willen nicht verlieren, vielmehr müßte dein Wunsch erfüllt werden, wenn es mir auch ein Auge kosten sollte!«, und sogleich wurde Hand ans Werk gelegt und die Türen zugeschlossen. Kaum erfuhr dies Scioravante, so kehrte er zu der Alten zurück und sprach zu ihr: »Ich gebe dir, was du willst, wenn du dich unter dem Vorwande, ihr ein Näpfchen Schminke zu verkaufen, in den Palast des

Königs zur Prinzessin begibst und unbemerkt dieses Zettelchen zwischen die Kissen ihres Bettes legst, indem du dabei ganz leise sagst: ›Alle sollen schlafen und nur Cannetella wach bleiben.‹« Die Alte forderte wieder hundert Dukaten und bediente ihn dann ganz nach Wunsch; drum wehe dem, der sein Haus solchen alten Schandweibern öffnet, die unter dem Vorwande, Rot zu verkaufen, ihm Ehre und Leben so untergraben, daß ihm grün und blau vor den Augen wird. Sobald nun also die Alte ihren Auftrag ausgerichtet, befiel alle Bewohner des Palastes ein so gewaltiger Schlaf, daß sie dalagen wie tot, und nur Cannetella blieb wach und mit offenen Augen. Kaum hörte sie daher die Türen einbrechen, so fing sie an zu schreien, als ob sie am Spieße steckte, jedoch kam niemand bei ihrem Lärm herbei; daher Scioravante alle sieben Türen hintereinander einrannte und, in das Zimmer dringend, Cannetella mitsamt allen Betten ergriff, um sie fortzutragen. Sein böses Geschick jedoch wollte es, daß der Zettel, den die Alte zwischen die Kissen gelegt hatte, auf die Erde fiel, und da dem Zauberer auf diese Weise der Brei verschüttet war, so erwachten nun alle Bewohner des Palastes, welche alsbald sämtlich, ohne daß selbst die Hunde und Katzen zurückblieben, auf das Geschrei Cannetellas herbeieilten, den wilden Mann ergriffen und ihn in Stücke hieben wie einen Thunfisch, dergestalt, daß er am Ende selbst in die Schlinge fiel, die er der unglücklichen Cannetella gelegt hatte, und zu seinem Schaden erfuhr:

»Wer andern eine Grube gräbt, fällt selbst hinein.«

22

Dritter Tag

Zweites Märchen

»DAS MÄDCHEN OHNE HÄNDE«

Penta will ihren Bruder nicht heiraten, sondern haut sich die Hände ab und schickt sie ihm zum Geschenk, weswegen dieser sie in einem Kasten ins Meer werfen läßt. Sie wird von den Wellen an eine Küste getrieben und von einem Fischer in sein Haus gebracht, von seiner eifersüchtigen Frau aber aufs neue in dem nämlichen Kasten ins Meer geworfen. Hierauf wird sie von einem Könige gerettet und geheiratet, jedoch durch die Hinterlist derselben boshaften Frau wieder aus dem Lande gejagt. Endlich jedoch findet sie ihren Mann und ihren Bruder wieder, worauf sie allesamt ein frohes und vergnügtes Leben führen.

Nachdem Zeza ihre Geschichte beendet hatte, waren alle der einstimmigen Meinung, daß Cannetella dies und noch Schlimmeres dafür verdient habe, daß sie anfangs die Nase so hoch getragen, obwohl sie sich dennoch herzlich freuten, sie endlich aus so vielen Leiden befreit zu sehen, wobei sie es namentlich bemerkten, daß sie, die anfangs alle Männer so sehr verachtet hatte, sich zuletzt so weit gebracht sah, die Hilfe eines Schmiedes anzuflehen, damit er sie aus ihrer großen Not errette. Endlich gab der Prinz Cecca einen Wink, ihre Schuld abzutragen, worauf diese, ohne lange zu zaudern, also begann:

In den Leiden bewährt sich die Tugend am besten, und das Licht der Trefflichkeit leuchtet in der Dunkelheit am meisten, so wie wiederum die Drangsale das Verdienst erzeugen und dieses die Ehre hart hinter sich hat; denn nicht *der* erwirbt Lob und Preis, welcher die Hände in den Schoß legt, sondern wer sich rührt und tüchtig dahinter her ist, gleich der Tochter des Königs von Dürrenfels, die mit blutigem Schweiß und Todesgefahren sich die Wohnung des Glücks erbaute, und von welcher ich mir vorgenommen habe, euch zu erzählen.

Als nämlich einst der Tod dem Könige von Dürrenfels seine Frau geraubt hatte und dieser daher Witwer geworden war, so setzte er sich die Grille in den Kopf, seine eigene Schwester namens Penta zu heiraten, und sagte daher zu ihr eines Tages unter vier Augen: »Ein weiser Mann, liebe Schwester, läßt das Gut, welches er besitzt, nicht aus dem Hause, abgesehen davon, daß auch du nicht weißt, ob es dir gelingen wird, bei fremden Leuten gehörig Fuß zu fassen. Ich habe mir nun also die Sache genau überlegt und beschlossen, dich zur Frau zu nehmen, da du mir vollkommen zusagst und ich dich ganz genau kenne! Ergib dich also in mein Verlangen nach dieser Musivarbeit, dieser Sozietätsverbindung, diesem Uniantur acta, diesem Misceatur et fiat potus; denn wir werden uns beide dabei wohlbefinden.« Als Penta diesen wahnsinnigen Vorschlag vernahm, geriet sie ganz außer sich und erbleichte über und über; denn nimmer würde sie geglaubt haben, daß ihr Bruder solche Ungereimtheiten begehen und ihr einen so schlimmen Streich spielen könnte. Nachdem sie nun eine geraume Zeit stumm dagestanden und nachgedacht hatte, wie sie auf den unerwarteten und unverschämten Antrag ihres Bruders antworten sollte, riß ihr endlich die Geduld, und sie begann also: »Wenn du auch den Verstand verloren hast, Bruder, so will ich doch nicht die Scham verlieren. Ich muß mich höchlich darüber wundern, daß du dergleichen Worte über deine Lippen bringen kannst, welche, im Scherz gesagt, an den Esel mahnen; wenn sie aber im Ernst gemeint sind, nach dem Bock riechen, so daß, wenn auch deine Zunge derartige Schandreden zu äußern vermag, doch meine Ohren sie nicht vernehmen wollen. Ich deine Frau? Bist du bei Trost? Seit wann, Mensch, hast du dergleichen Grillen und Einfälle wie ein altes Haus? Und wo leben wir denn? Etwa unter den Hottentotten? Bin ich eine gemeine Vettel oder bin ich deine Schwester? – Ich rate dir, bessere dich und laß nicht wieder solche Worte aus deinem Munde kommen, sonst mache ich einen Teufelsspektakel und werde, solange du mich nicht als Schwester behandelst, dich auch nicht als den betrachten, der du mir bist.« Indem sie dies sagte, begab sie sich in ihr Zimmer, das sie hinter sich verriegelte, und ließ sich länger als einen Monat nicht vor ihrem Bruder sehen, während dieser, der mit frecher Stirn seinen unreinen Trieb hatte befriedigen wollen, bestürzt wie ein Junge, der seinen Krug zerbrochen, und verwirrt wie eine Köchin, welcher die Katze das Fleisch gestohlen hat, zurückblieb.

Nach Verlauf dieser Zeit aber aufs neue von dem Könige vorgefordert, damit sie zur Befriedigung seiner zügellosen Lüste beisteure, wollte sie doch sehr gern wissen, weswegen denn eigentlich ihr Bruder gerade auf *sie* so versessen wäre; sie verließ daher ihr Zimmer, erschien vor ihm und sprach: »Lieber Bruder, ich habe mich lange und oft im Spiegel angesehen und genau betrachtet, kann aber durchaus nichts in meinem Angesicht entdecken, was deine Liebe verdiente, da ich ja kein so lüsterner Bissen bin, der einem ein so großes Verlangen erwecken könnte!« Worauf der König erwiderte: »Zwar bist du, liebe Penta, vom Kopf bis zu den Füßen schön und makellos; jedoch ist es besonders die Hand, die mich mehr als alles andere mit Liebesglut erfüllt; sie ist die Gabel, die mir aus dem Topf meiner Brust das Herz herauszieht; der Haken, der aus dem Brunnen meines Lebens den Eimer der Seele herauswindet; das Gebiß, das meinen Geist bändigt, während Amor ihn peinigt! – O Hand, du schöne Hand, du

Löffel, der da so schöne Herrlichkeiten darbietet, du Zange, die da die Herzen kneipt, du Feuerschüppe, die da mein Inneres mit Glut überhäuft...« Er wollte noch weiter fortfahren, als Penta ihn unterbrach und ausrief: »Ich habe genug gehört; warte nur ein wenig und gib dir weiter keine nutzlose Mühe; ich komme gleich wieder.« Sie begab sich hierauf in ihr Zimmer, rief einen Sklaven, der eben nicht mit viel Gehirn ausgestattet war, herbei und sprach, indem sie ihm ein großes Messer nebst einer Handvoll Goldstücke übergab: »Lieber Ali, du mir Hände abhauen, ich ein geheimes Zaubermittel anwenden und schöner werden.« Der Sklave, der ihr gern gefällig sein wollte, hieb ihr die Hände mit zwei Streichen rein ab; hierauf hieß ihn Penta dieselben in ein Porzellanbecken legen und, mit einem seidenen Tuch bedeckt, ihrem Bruder überbringen, wobei sie ihm sagen ließ, er solle fröhlich das genießen, was er mehr zu wünschen scheine als irgend etwas in der Welt. Als so der König sah, welch einen Streich ihm seine Schwester gespielt hatte, geriet er in einen solchen Zorn, daß er sich wie unsinnig gebärdete; endlich ließ er einen ganz verpichten Kasten herbeiholen, die Schwester hineinstecken und sie ins Meer werfen. Dieser Kasten nun wurde von den Wellen einige Zeit umhergetrieben und endlich an eine Küste geworfen, woselbst einige Fischer ihn in einem Netze ans Land zogen, ihn öffneten und darin Penta fanden, welche schöner aussah als der Mond, wenn er die Fastenzeit in Tarent zugebracht zu haben scheint, so daß Masiello, der Angesehenste und Vornehmste unter jenen Leuten, sie mit sich nach Hause nahm und zu seiner Frau namens Nuccia sagte, sie solle das Mädchen auf das beste hegen und pflegen. Kaum aber hatte dieser sich wieder fortbegeben, so steckte Nuccia, welche die leibliche Mutter des Verdachts und der Eifersucht war, das arme Mädchen aufs neue in den Kasten und warf sie wiederum ins Meer. Und wieder wurde der Kasten von den Meereswogen so lange hin und her geworfen, bis er einem Schiff begegnete, auf welchem sich der König von Grünstadt befand, welcher, diesen Gegenstand auf den Wellen schwimmen sehend, die Segel einziehen, das Boot aussetzen und den Kasten auffischen ließ. Nachdem sie nun denselben geöffnet und das unglückliche Mädchen darin gefunden hatten, glaubte der König, als er in einem Sarge des Todes diese lebendige Schönheit erblickte, einen großen Schatz gefunden zu haben, obwohl er darüber hätte weinen mögen, daß an einem so reichen Juwelierkästchen der Liebe der Schmuck der Hände fehlte. Er brachte sie also mit sich in sein Königreich und gab sie seiner Gemahlin als Hoffräulein bei, in welcher Eigenschaft Penta alle nur möglichen Dienste, sogar nähen, einfädeln, das Stärken der Kragen und das Kämmen der Königin mit den Füßen verrichtete.

Da jedoch nach einigen Monaten die Königin vor die Bank der Parzen zitiert wurde, um die Schuld der Natur zu bezahlen, ließ sie den König zu sich rufen und sprach zu ihm: »Es kann nicht mehr lange dauern, bis das eheliche Band zwischen meiner Seele und meinem Körper aufgelöst wird; darum lebe wohl, mein lieber

Mann, und schreibe mir recht bald. Wenn du mich aber liebst und willst, daß ich mit ruhigem Herzen in die andere Welt hinüberreise, so erweise mir einen großen Gefallen.« – »Gebiete nur, mein liebes Kind«, erwiderte der König, »denn wenn ich dir auch nicht mehr während deines Lebens Zeichen meiner Anhänglichkeit zu geben vermag, so will ich dir doch bei deinem Tode beweisen, wie sehr ich dir zugetan bin.« – »Wohlan«, versetzte die Königin, »so bitte ich dich im Vertrauen auf dein Versprechen von ganzem Herzen, daß du, sobald die Erde mir die Augen bedecket, Penta heiratest, denn obwohl wir nicht wissen, wer sie ist oder woher sie kommt, so ist doch an dem Kennzeichen ihrer feinen Sitten deutlich zu ersehen, daß sie ein Roß von edler Abkunft sei.« »Ei was«, versetzte der König, »lebe du lieber noch viele hundert Jahre, aber wenn du wirklich gute Nacht sagen solltest, um mir einen bösen Tag zu bereiten, so schwöre ich dir hiermit, daß ich mir Penta zur Frau nehmen und mich um so weniger daran kehren werde, daß sie keine Hände und das volle Gewicht nicht hat, als man von dem Unwillkommenen immer lieber das wenigste nimmt«; die letzten Worte jedoch murmelte er nun leise vor sich hin, damit seine Frau sie nicht hören sollte. Kaum war nun der Königin das Lebenslicht ausgegangen, so heiratete er alsbald Penta, und gleich in der ersten Nacht zeugte er mit ihr einen Sohn.

Es trug sich nun aber einmal zu, daß der König wieder eine Seereise nach dem Königreich Hohenfels machen mußte und daher, von Penta Abschied nehmend, zu Schiffe ging. Während dieser seiner Abwesenheit also geschah es, daß Penta entbunden wurde und ein wunderschönes Knäblein gebar, so daß man aus Freude in der ganzen Stadt Feuerwerke veranstaltete und der hohe Rat eine besondere Feluke absandte, um den König von dem Ereignis in Kenntnis zu setzen. Dies Schiff hatte jedoch einen sehr heftigen Sturm auszustehen, dergestalt, daß es sich bald von den Wellen in die Höhe geschleudert und bis zu den Sternen emporgehoben, bald wieder in die tiefsten Abgründe gestürzt sah und endlich durch eine besondere Schickung des Himmels an diejenige Küste geworfen wurde, wo Penta von dem mitleidigen Fischer aufgenommen und von seiner unbarmherzigen Frau wieder ins Meer gestürzt worden war. Unglücklicherweise nun wusch gerade dieselbe Frau die Windeln ihres Sohnes am Ufer aus, und neugierig, wie es die Weiber alle sind, fragte sie den Patron der Feluke, woher er käme, wohin er ginge und wer ihn abgeschickt hätte, worauf jener antwortete: »Ich komme von Grünstadt und bin auf der Fahrt nach Hohenfels, um den König dieses Landes aufzusuchen und ihm einen Brief einzuhändigen, mit welchem ich besonders abgeschickt worden bin. Ich glaube zwar, daß er von seiner Frau ist, doch wüßte ich nicht genau zu sagen, was er enthält.« – »Und wer ist denn diese Frau des Königs?« fragte Nuccia weiter. »So wie ich höre«, versetzte der Patron, »ist es eine sehr schöne Frau, namens Penta ohne Hände, so genannt, weil ihr beide Hände fehlen. Man sagt, daß sie in einem Kasten auf dem Meere gefunden und durch ihr glückliches Geschick von dem König geheiratet worden ist. Ich weiß allerdings nicht, was sie ihm so wichtiges zu schreiben hat, doch darf ich keinen Augenblick zögern, um rasch bei ihm anzulangen.« Kaum hatte die schändliche Nuccia dies vernommen, so lud sie den Patron zu einem Glase Wein ein, machte ihn bis über die Ohren betrunken und zog ihm dann den Brief aus der Tasche. Während sie sich nun denselben vorlesen ließ, empfand sie so viel Neid, daß sie fast geborsten wäre, und vernahm keine Silbe, ohne einen tiefen Seufzer auszustoßen; hierauf ließ sie von demselben bekannten Studenten, der ihr den Brief gelesen, die Handschrift desselben nachahmen und an den König einen andern schreiben, des Inhalts, daß seine Frau eine scheußliche Mißgeburt ans Licht gebracht hätte und man seinen Befehl erwarte, um zu wissen, was man damit anfangen solle. Sobald dieser Brief geschrieben und gesiegelt war, steckte sie ihn dem Patron in die Tasche, und da dieser bei seinem Erwachen das Wetter wieder günstig sah, so befahl er, die Segel hurtig ins Kreuz zu brassen, um den vollen Wind zu bekommen, und langte so in kurzem bei dem Könige an, welchem er das Schreiben unverzüglich einhändigte. Dieser nun antwortete, nachdem er ihn gelesen, daß man die Königin nach wie vor mit der größten Aufmerksamkeit behandeln und sie auch nicht im mindesten das gehabte Unglück empfinden lassen sollte; denn dergleichen Dinge geschähen mit des Himmels Zulassung, und ein rechtlicher Mensch müsse den Sternen nichts vorschreiben wollen. Hierauf fuhr der Bote wieder ab und gelangte am dritten Tage wiederum an die Küste, wo Nuccia wohnte, welche ihn auf das freundlichste empfing und ihm auch, wie das vorige Mal, tüchtig zu schlucken vorsetzte, so daß er seinen ganzen Verstand im Glase verlor und zuletzt wie tot in einen tiefen Schlaf versank, worauf Nuccia ihm wiederum die Taschen untersuchte und auch richtig den Brief fand. Diesen ließ sie sich auch alsbald vorlesen und statt dessen einen andern an den hohen Rat von Grünstadt schreiben, welcher besagte, daß man unverzüglich Mutter und Kind verbrennen sollte. Sobald der Schiffspatron den Rausch ausgeschlafen hatte, fuhr er ab, und in Grünstadt angelangt, überreichte er den Brief. Kaum war dieser geöffnet und gelesen, so erhob sich unter den bejahrten und weisen Beisitzern des Rates ein lautes Gemurmel, und nachdem sie diese Sache lange besprochen hatten, kamen sie zu dem Schluß, daß der König entweder um seinen Verstand gekommen oder behext worden sein müsse; da er, der doch eine Perle von Frau und einen Juwel von Kind besäße, aus denselben ein Pulver für die Zähne des Todes machen wollte. Sie waren deswegen sämtlich der Meinung, einen Mittelweg einzuschlagen und die Königin nebst ihrem Söhnlein weit fortzuschicken, so daß man nie wieder auch nur das Geringste von ihnen erführe. Man gab ihr daher eine Handvoll Taler auf den Weg und beraubte so den königlichen Palast eines Schatzes, die Stadt einer leuchtenden Zier und ihren Gemahl der beiden Stützen seiner Hoffnung.

Als nun die unglückliche Penta, obwohl sie weder ein unehrbares Frauenzimmer, noch die Verwandte eines Geächteten, noch ein liederlicher Student war, sich dennoch auf diese Weise aus dem Lande gewiesen sah, so nahm sie ihren Sprößling, den sie von nun an stets mit Milch und Tränen benetzte, auf den Arm und begab sich auf den Weg nach Klagensee, woselbst ein gewaltiger Zauberer herrschte, der beim Anblick der ihrer Hände beraubten Schönen, welche die Herzen der sie Sehenden alsobald raubte und trotz ihrer verstümmelten Arme siegreicher war als der hundertarmige Briareus, von ihr die vollständige Erzählung ihrer Drangsale vernehmen wollte, die sie von der Zeit an erlitten, da ihr Bruder wegen des ihm versagten Genusses ihrer Schönheit sie den Fischen zur Speise preisgegeben, bis zu dem Augenblick, wo sie den Fuß in sein Land gesetzt hatte. Bei Anhörung dieser langen Leidensgeschichte nun vergoß der Zauberer zahllose Tränen, und das Mitleid, welches ihm durch die Öffnungen der Ohren ins Herz drang, brach wieder in Seufzern durch das Luftloch des Mundes hervor; endlich jedoch begann er sie zu trösten und sprach: »Sei guten Mutes, meine Tochter; denn wie morsch auch immer der Wohnsitz einer Seele sei, so kann er doch durch die Stützen der Hoffnung aufrechterhalten werden. Lasse dir also das Herz nicht sinken; der Himmel dehnt zuweilen die menschlichen Unglücksfälle bis an den äußersten Rand des Verderbens aus, um seine Fügungen desto wunderbarer erscheinen zu lassen. Sei daher ohne Furcht, denn du hast in mir Vater und Mutter gefunden, und ich würde, wenn es sein müßte, selbst mein Leben für dich aufs Spiel setzen.« Die arme Penta dankte ihm auf das innigste und erwiderte: »Ich für meine Person würde mir nicht das geringste daraus machen, wenn auch der Himmel auf mich Leiden herabregnen und Drangsale herabhageln ließe, solange ich mich nur unter dem Schutzdach eurer Gunst befinde; denn ihr vermöget ja, mich gegen alles zu schützen, und nur dieses arme Geschöpf erfüllt mich mit Kummer!«

Nach dergleichen tausendfachen freundlichen Reden von der einen und ebenso vielen Danksagungen von der andern Seite wies der Magier Penta eine schöne Zimmerreihe in seinem Palaste an, hegte und pflegte sie wie seine eigene Tochter und ließ gleich am nächsten Morgen eine öffentliche Bekanntmachung ergehen, daß derjenige, welcher an seinen Hof kommen und das größte, ihm zugestoßene Unglück erzählen würde, eine Krone und ein Zepter von Gold und von größerem Werte als ein Königreich von ihm zum Geschenk erhalten solle. Indem sich nun das Gerücht hiervon durch ganz Europa verbreitete, strömten die Leute an seinem Hofe wie die Bienenschwärme zusammen, um jene reiche Belohnung davonzutragen, und der eine erzählte, daß er die ganze Zeit seines Lebens bei Hofe gedient und, nachdem er Gut und Blut und Jugend und Gesundheit dabei zugesetzt, einen rechten Quark als Belohnung erhalten hätte. Ein zweiter wieder sagte, daß ihm von einem vornehmen Manne eine schwere Unbill zugefügt worden sei, für die er sich nicht rächen konnte, so daß er die bittere Pille hätte verschlingen und seinen Zorn im Leibe behalten müssen. Ein dritter beklagte sich, daß er sein ganzes Hab und Gut auf eine Schiffsladung gesetzt und ein widriger Wind ihn so arm wie eine Kirchenmaus gemacht hätte. Ein vierter bejammerte es, daß er sein ganzes Leben damit zugebracht, die Feder zu handhaben, und sie ihm dennoch stets den Geldbeutel so leicht wie eine Feder gelassen habe; ganz besonders aber brächte es ihn zur Verzweiflung, daß gerade die Bemühungen *seiner* Feder von so schlechtem Erfolg gewesen, da doch sonst der Stoff der Tintenfässer in der Welt so großes Glück gemacht hätte.

Inzwischen war der König von Grünstadt nach Hause zurückgekehrt und hatte daselbst die schöne Bescherung vorgefunden, so daß er sich wie ein losgelassener Löwe gebärdete und seinen Räten das Fell über die Ohren gezogen haben würde, wenn sie ihm nicht seinen Brief vorgezeigt hätten, infolgedessen er, die nachgemachte Handschrift wahrnehmend, den Boten vor sich kommen und sich von demselben haarklein erzählen ließ, wie es ihm auf der Reise ergangen war. Auf diese Weise also kam er dahinter, daß das Weib Masiellos das ganze Unglück angerichtet hatte, fuhr daher sogleich in eigener Person auf einer Galeere an jene Küste, und nachdem er die Frau aufgefunden, entlockte er ihr auf schlaue Art das Geständnis ihrer hinterlistigen Schändlichkeiten. Da er nun so auch erfuhr, daß Eifersucht die Veranlassung zu denselben gewesen sei, ließ er sie über und über mit Wachs und Talg bestreichen, sie dann mit einer großen Menge dürren Holzes rings umgeben und dies hierauf anstecken. Sobald er aber sah, daß das Feuer mit glühroter Zunge jene Unglückliche verzehrt hatte, ging er wieder unter Segel und begegnete im hohen Meere einem Schiffe, an dessen Bord sich der König von Dürrenfels befand, welcher nach tausendfachen gegenseitigen Zeremonien dem König von Grünstadt mitteilte, daß er auf dem Wege nach Klagensee wäre, woselbst er infolge der von dem Herrscher jenes Reiches erlassenen Aufforderung sein Glück versuchen wolle, da er an Drangsalen dem leidenvollsten Menschen der Welt nicht nachstände. »Was diesen Punkt betrifft«, versetzte der König von Grünstadt, »bleibst du weit hinter mir zurück, der Allerunglücklichste ist eine Null im Vergleich zu mir und, wenn alle andern ihre Unfälle metzenweise messen, so kann ich es scheffelweise. Darum will ich dich begleiten, und wir wollen beide wie Brüder verfahren, so daß wir, wer auch immer von uns den Preis gewinnt, denselben bis auf das kleinste Körnchen teilen.« – »Sehr gern«, erwiderte der König von Dürrenfels, und nachdem sie sich gegenseitig ihr Wort gegeben, setzten sie gemeinschaftlich ihren Weg nach Klagensee fort, woselbst angelangt sie sich zu dem Magier begaben, der sie als gekrönte Häupter auf das beste empfing, sie unter einen Thronhimmel niedersitzen und tausendmal willkommen hieß. Sobald er nun vernahm, daß sie zu dem Wettstreit der Unglücklichen gekommen wären, wollte er wissen, welche Bürde des Schmerzes sie dem Schirokko der Seufzer preisgebe, worauf der König von Dürrenfels von der Liebe zu erzählen begann, die er für sein leibliches Blut gefühlt, von der entschlossenen Tat, welche seine Schwester als ehrbares Frauenzimmer getan, und von dem ruchlosen Herzen, welches er gezeigt, da er nämlich befohlen hätte, sie in einen ausgepichten Kasten zu sperren und ins Meer zu werfen, weswegen ihn einerseits die Gewissensbisse über sein eigenes Verbrechen folterten, andrerseits ihn der Kummer über den Tod seiner Schwester peinigte, und von hier ihn die Scham, von dort der Verlust quälte, so daß die Leiden der am meisten gemarterten Seelen der Hölle, auf der Destillierblase abgezogen, keine solche Quintessenz von Jammer gegeben hätten, wie der seinige wäre. Sobald der eine König aufgehört hatte zu reden, begann der andere: »Weh mir, wie sind doch deine Schmerzen nur Zuckerwaffeln, Bonbons und Honigkuchen im Vergleich zu den Qualen, die ich empfinde, denn jene Jungfrau ohne Hände fand ich, und sie sah aus wie eine Kerze von dem weißesten Wachs in einem pechschwarzen Sarge, die zu meinem Begräbnis leuchten sollte. Nachdem ich sie aber geheiratet und sie mir ein schönes Söhnlein geboren hatte, so fehlte wenig, daß nicht beide durch die Bosheit eines schändlichen Weibsbildes auf einem Scheiterhaufen verbrannt worden wären. Jedenfalls jedoch (o Dorn meines Herzens, o Pein, die nimmer aufhören wird!) hat man sie verstoßen und aus meinem Reich vertrieben, dergestalt, daß ich, jeder Freude bar, gar nicht begreifen kann, wie unter einer so schweren Bürde von Leiden der Esel meines Lebens noch nicht niedergesunken ist.« Als nun der Magier beide Könige ausgehört hatte, so sah er ihnen an der Nase an, daß der eine der Bruder, der andere der Gemahl Pentas war; er ließ daher den Sohn des letzteren, welcher den Namen Nufriello erhalten hatte, herbeirufen und sagte zu ihm: »Hier ist dein Papa, geh und küsse ihm die Hände!« Welches der Kleine auch alsbald tat, so daß der Vater, als er sah, wie artig und manierlich der kleine Patron war, ihm eine schöne goldene Kette um den Hals hing. Hierauf sagte der Magier aufs neue zu ihm: »Küsse auch deinem Oheim die Hand, mein Söhnchen!« Und das Bübchen tat sogleich, wie ihm geboten war, so daß auch der König von Dürrenfels, ganz erstaunt über das aufgeweckte Bürschlein, ihm einen hübschen Edelstein schenkte und den Magier fragte, ob es sein Sohn wäre, worauf dieser antwortete, er solle die Mutter fragen. Penta, welche unterdes hinter einem Vorhang alles mitangehört hatte, trat nun hervor, und so wie ein Hündchen, welches seinen Herrn verloren hat und ihn nach langer Zeit wiederfindet, ihn anbellt, beleckt, mit dem Schwanz wedelt und tausend andere Zeichen der Freude von sich gibt, so lief auch Penta bald zum Bruder, bald zum Gemahl, bald von der Gattenliebe, bald von der Geschwisterliebe angezogen und umarmte bald diesen, bald jenen mit unsäglichem Jubel, so daß die drei ein Trio von halben Worten und unterbrochenen Seufzern aufführten. Endlich jedoch wurde eine Pause gemacht, und nun begannen sie wieder das Söhnchen zu liebkosen, indem bald der Vater, bald der Oheim es herzten und küßten und vor Wonne ganz außer sich waren. Nachdem nun allerseits lange gejubelt und gesprochen worden war, begann der Magier folgendermaßen: »Der Himmel weiß, wie sehr mein Herz vor Freude bebt, Frau Penta wieder glücklich zu sehen, welche wegen ihrer trefflichen Eigenschaften es wohl verdiente, auf Händen getragen zu werden, und um derentwillen ich mir auch so viel Mühe gegeben habe, ihren Mann und ihren Bruder hierherzubringen, daß ich mich ihnen nötigenfalls in Ketten zum Sklaven übergeben haben würde. Da nun aber der Ochs an den Hörnern, der Mensch jedoch durch sein Wort gebunden wird und das Versprechen eines ehrlichen Mannes so gut ist wie ein Aktenstück, ich auch glaube, daß der König von Grünstadt vor Kummer und Verdruß wirklich dem Bersten nahe war, so will ich ihm auch mein Wort halten und ihm nicht nur die durch die öffentliche Bekanntmachung verheißene Krone und Zepter, sondern auch das ganze Königreich übergeben; denn ich habe weder Kind noch Kegel und will, wenn ihr es zufrieden seid, dieses schöne Ehepaar an Kindes Statt annehmen, welches mir so lieb und teuer sein wird wie mein Augapfel; und damit nichts an der vollkommenen Freude Pentas mangele, so stecke sie die Stumpfe ihrer Arme unter die Schürze; denn sie wird wieder Hände hervorziehen, die schöner sein werden als ihre frühern.« Als dies nun, so wie der Zauberer gesagt, geschehen war, so kann man den Jubel gar nicht beschreiben, der sich dann erhob; sie sprangen vor Freude bis an die Decke, besonders aber der König von Grünstadt, der das Wiederfinden seiner Gemahlin für ein größeres Glück hielt als das ihm von dem Magier geschenkte Königreich. Nachdem sie so einige Tage lang voll

Fröhlichkeit zugebracht hatten, kehrte der König von Dürrenfels nach Hause zurück, sein Schwager aber ließ durch ihn seinen jüngeren Bruder mit der Regierung seines Reiches beauftragen und blieb selbst mit seiner Frau bei dem Magier, indem er die zollangen Leidenstage mit ellenlangen Wonnejahren beschloß und der Welt bewies:

»Der kennt nicht die Süßigkeit der Freuden,
Wer nicht vorher gekannt hat bittre Leiden.«

23

Dritter Tag
Drittes Märchen

»VISO«

Renza wird von ihrem Vater in einen Turm gesperrt, weil man ihm geweissagt hat, daß sie durch einen Knochen ihr Leben verlieren würde; sie verliebt sich jedoch in einen Prinzen, durchbricht die Mauer mit einem ihr von einem Hunde gebrachten Knochen und entflieht. Da sich aber ihr Geliebter mit einer andern verlobt und sie ihn seine Braut küssen sieht, so stirbt sie vor Schmerz, worauf der Prinz sich das Leben nimmt.

Während Cecca unter großem Beifall ihr Märchen erzählte, sah man unter den Anwesenden eine Olla podrida von Vergnügen und Verdruß, von Freude und Traurigkeit, von Lachen und Weinen, indem sie nämlich über die Leiden Pentas weinten, bei dem glücklichen Ausgang ihrer Drangsale aber lachten, darüber trauerten, sie in so vielen Gefahren zu sehen, sich freuten, daß sie und ihre Ehre gerettet wurde, und Verdruß über den an ihr geübten Verrat sowie Vergnügen über die deswegen genommene Rache empfanden. Meneca stand inzwischen mit der brennenden Lunte an dem Geschütz der Worte und feuerte endlich ab, indem sie also sprach:

Oftmals pflegt es sich zuzutragen, daß, je mehr der Mensch einem Unglück zu entfliehen glaubt, er demselben desto mehr entgegeneilt. Deswegen wird der Weise sein Schicksal stets der Fügung des Himmels überlassen und sich niemals um die Zirkel und Kreise der Zauberer und Sterndeuter kümmern; denn während er in seinem Klugheitsdünkel den Gefahren zuvorzukommen sucht, stürzt er wie ein Dümmling gerade ins Verderben; und wie wahr dies sei, werdet ihr sogleich vernehmen.

Es war einmal ein König von Schmalgraben, welcher eine schöne Tochter hatte, und da er gern wissen wollte, was für ein Schicksal in dem Buch der Sterne für sie angeschrieben stände, so rief er alle Zauberer, Sterndeuter und Zigeuner jenes Landes zusammen. Nachdem sie nun an den königlichen Hof gekommen und der eine die Linien ihrer Hand, der andere die Züge ihres Angesichtes und wieder ein anderer die Male auf dem Körper Renzas (denn so hieß die Prinzessin) genau betrachtet hatte, sagte ein jeder seine Meinung, wobei die der Mehrzahl dahin ausfiel, daß ihr die Gefahr drohe, den Lauf ihres Lebens durch ein Schlüsselbein schließen zu sehen. Sowie der König dies vernahm, dachte er einen recht klugen Streich auszuführen, indem er einen festen Turm erbauen ließ und in diesen seine Tochter mit zwölf Hoffräulein und einer Kammerfrau zu ihrer Bedienung einschloß, wobei er unter Androhung von Todesstrafe im Übertretungsfalle gebot, daß ihnen stets nur Fleisch ohne Knochen gebracht würde, um auf diese Weise den Einfluß des bösen Gestirns zu vermeiden. So nun wuchs Renza gleich einem Monde heran, und während sie eines Tages an einem vergitterten Fenster stand, wurde sie von dem Sohn der Königin von Langenweinberg, namens Cecio, gesehen, welcher beim Anblick einer so großen Schönheit alsobald in Flammen geriet, und da er sie seinen Gruß erwidern und sie schelmisch lächeln sah, so faßte er Mut, trat unter das Fenster und sprach: »Lebe wohl, du Protokoll aller Privilegien der Natur, Archiv aller Verleihungen des Himmels; lebe wohl, du Generalregister aller Titel der Schönheit.« Bei Anhörung dieser Lobpreisungen wurde Renza durch die Schamröte nur noch schöner, goß so noch Öl in das Feuer Cecios oder, wie einmal jemand gesagt hat, siedendes Wasser auf das schon Gekochte, und da sie Cecio nicht an Freundlichkeit nachstehen wollte, erwiderte sie: »Sei tausendmal willkommen, du Vorratskammer der Speise der Anmut, du Magazin der Tugendwaren, du Zollhaus der Liebesgüter!« Worauf Cecio versetzte: »Warum ist doch das Kastell der Streitkräfte Cupidos in einen Turm eingeschlossen? Warum das Gefängnis der Herzen auf diese Weise eingekerkert? Warum dieser goldene Apfel hinter einem eisernen Gitter verwahrt?« Sobald ihn nun Renza von dem Grund ihrer Gefangenschaft in Kenntnis gesetzt hatte, teilte Cecio ihr mit, daß er der Sohn einer Königin, aber der Sklave ihrer Schönheit wäre und daß, wenn sie mit ihm in sein Reich fliehen wollte, er ihr eine Königskrone aufs Haupt setzen würde. Renza, welche sich zwischen vier Mauern eingesperrt sah und sehnsüchtig die Stunde erwartete, wo sie die freie Lebenslust wieder mit vollen Zügen genießen könnte, ging auf seinen Antrag ein und sagte zu ihm, er sollte am nächsten Morgen um die Stunde wiederkehren, wenn der Tag die Vögel zu Zeugen ruft, daß Aurora ihm einen roten Fleck gemacht hat; denn sie wolle dann mit ihm das Weite suchen; hierauf warf sie ihm noch eine Kußhand von dem Fenster zu und zog sich dann zurück, während der Prinz nach Hause kehrte.

Renza fing nun sogleich an nachzudenken, auf welche Weise sie Reißaus nehmen und ihren Gesellschafterinnen entwischen könnte, als ein Bullenbeißer, den der König zur Bewachung des Turmes hielt, mit einem großen Schlüsselbein im Maule zu ihr ins Zimmer kam und ihn unter ihrem Bette zu benagen anfing. Indem aber Renza sich bückte und so diesen Hundeschmaus gewahr wurde, schien es ihr, daß ein günstiges Geschick ihr in ihrer Not einen Ausweg zeige, sie jagte daher den Hund hinaus, hob den Knochen auf, und nachdem sie ihre Zofen unter dem Vorwand, daß sie Kopfschmerz hätte und daher ungestört sein wollte, entlassen, verriegelte sie die Tür und fing an, wie für Tagelohn zu arbeiten, bis sie endlich einen Stein der Mauer dergestalt zerbröckelte und aushöhlte, daß sie ohne Mühe durch die Öffnung gelangen konnte. Sie zerriß hierauf ein paar Bettücher, drehte sie wie einen Strick zusammen, und sobald der Vorhang der Dunkelheit vor der Szene des Himmels weggezogen wurde, damit Aurora auftreten sollte, um den Epilog zu der Tragödie der Nacht herzusagen, und Renza Cecio pfeifen hörte, befestigte sie das eine Ende der Bettücher an eine Klammer, ließ sich an denselben hinunter und sah sich bald von Cecio in seinen Armen aufgefangen und von ihm auf einen schön aufgezäumten Esel gesetzt, worauf sie unverzüglich den Weg nach Langenweinberg einschlugen. Als sie nun des Abends an einem gewissen Ort namens Viso anlangten, fanden sie daselbst einen sehr schönen Palast, woselbst Cecio sogleich als Zeichen ehelichen Besitzes seines neuerworbenen schönen Gutes einen Pfahl einschlug.

Es ist aber eine alte üble Gewohnheit des Schicksals, den Leuten einen Strich durch die Rechnung zu machen, ihnen das Spiel zu verderben und allen Plänen der Liebenden in die Quere zu kommen; daher erschien auch jetzt mitten in den Freuden der Neuvermählten ein Bote mit einem Brief von der Mutter Cecios, worin sie ihm schrieb, daß, wenn er nicht stehenden Fußes zu ihr eile, er sie nicht mehr am Leben finden würde, weil sie nahe daran wäre, an dem Z und Ende des Lebensalphabetes anzulangen. Bei dieser fatalen Nachricht sprach Cecio zu Renza: »Mein liebes Herzchen, die Sache leidet keinen Aufschub, und ich muß über Hals und Kopf jagen, um noch zur rechten Zeit einzutreffen. Jedoch halte dich nur fünf bis sechs Tage in diesem Palast auf; denn ich kehre entweder selbst wieder oder lasse dich von hier abholen.« Als Renza diese traurige Botschaft vernahm, fing sie an zu weinen und erwiderte: »Wehe meinem unglückseligen Verhängnis, wie rasch ist doch das Faß meines Glückes bis auf die Hefen verronnen, der Topf meiner Freuden bis auf den Boden ausgeleert, das Gefäß meiner Seligkeit bis auf den Satz erschöpft! Ich Unglückliche! Meine Hoffnungen fliehen hin, meine Aussichten werden zunichte und all meine Zufriedenheit löst sich in Rauch auf! Kaum habe ich dieses herrliche Ragout meinen Lippen genähert, so bleibt mir auch schon der Bissen in der Kehle stecken; kaum meinen Mund an diesen Quell der Süßigkeit gelegt, so wird meine Freude mir auch getrübt; kaum habe ich die Sonne aufgehen sehen, so kann ich auch schon sagen: ›Gute Nacht, mein warmes Bette!‹« – Diese und noch viele andere Worte flogen von dem Partherbogen jener Lippen und durchbohrten die Seele Cecios, so daß dieser erwiderte: »Sei ruhig, o du schönste Stütze meines Lebens, helle Leuchte meiner Augen, stärkender Hyazinth meines Herzens, denn ich kehre bald wieder; aber auch eine meilenweite Entfernung kann mich nicht von deiner holdseligen Liebe entfernen, noch die Gewalt der Zeit dein Andenken aus meinem Geiste verbannen! Sei ruhig, beschwichtige deinen Kummer, trockne deine Augen und behalte mich in deinem Herzen!« – Dies sagend, stieg er zu Pferd und fing an, sich in Trab zu setzen. Renza jedoch, welche sich dermaßen aufs trockne gesetzt sah, machte sich auf den Weg Cecio nach, indem sie ein Pferd, das sie auf einer Wiese weiden fand, losfesselte und jenem nacheilte. Sie begegnete hierauf einem jungen Menschen, dem Aufwärter eines Einsiedlers, und vom Pferde steigend, gab sie ihm ihre ganz mit Gold besetzten Kleider, wofür sie den Sack und Strick empfing, die er am Leibe trug und welche sie sich nun anlegte, indem der Strick ihre Seele wie mit einer Liebesfessel umschlang. Sie bestieg darauf wieder ihr Roß und jagte spornstreichs weiter, so daß sie in kurzem Cecio einholte und zu ihm sprach: »Grüß euch Gott, Herr Richter!« Worauf Cecio antwortete: »Schönen Dank, kleines Eremitlein! Woher und wohin?« Und Renza erwiderte:

»Ich komm von da, wo tief in Leid versenkt
Ein Weib stets ruft: ›O weißes Angesicht,
Weh mir, was hat mich doch von dir verdrängt?‹«

Als Cecio diese Verse vernahm, sprach er zu Renza, die er noch immer für einen Knaben hielt: »Ich freue mich sehr, mein liebes Bübchen, dich zum Gesellschafter zu haben, und bitte dich daher recht herzlich (ich will mich gewiß auch so dankbar erzeigen als möglich), daß du dich nimmer von meiner Seite trennen und mir von Zeit zu Zeit diese Verse wiederholen mögest, die mir bis ins tiefste Herz dringen.« Auf diese Weise fächelten sie sich mit dem Fächel der Unterhaltung in der Hitze des Weges und kamen endlich in Langenweinberg an, woselbst sie fanden, daß die Königin Cecio verlobt und ihn aus diesem Grunde hatte holen lassen, indem auch seine Braut ihn schon erwartete. Zu Hause angelangt, bat Cecio die Mutter, seinen jugendlichen Begleiter im Hause zu behalten und wie seinen leiblichen Bruder zu behandeln, worein die Mutter gern willigte und Renza immer um ihren Sohn sein und sogar mit der Braut an ihrem Tische speisen ließ. Man kann sich leicht denken, wie der armen Renza zumute war, und ob ihr das Essen wie Brechwurzel schmeckte, trotzdem wiederholte sie von Zeit zu Zeit die Verse, welche Cecio so sehr gefielen.

Sobald aber die Tafel beendet war und das Brautpaar sich zurückgezogen hatte, um sich allein zu unterhalten, bekam auch Renza freien Spielraum, ihre Wehklagen ungehindert hervorbrechen zu lassen, daher sie in einen Garten ging, der sich neben dem Speisesaal befand, und, unter einem Maulbeerbaum sich niederlassend, also zu jammern begann: »Wehe mir, du grausamer Cecio! Ist das der ›Tausend Dank‹ für die Liebe, die ich für dich hege? Ist dies das ›Gott lohn's‹ für die Zuneigung, die ich dir beweise? Ist dies das Trinkgeld für die Hingebung, die ich für dich an den Tag lege? Meinen Vater habe ich verlassen, meine Heimat aufgegeben, meine Ehre mit Füßen getreten und mich einem mitleidslosen Barbaren preisgegeben, um mir den Paß verrannt, die Tür vor der Nase zugemacht und die Brücke aufgezogen zu sehen, als ich eben diese schöne Festung in Besitz nehmen wollte; um mich in das schwarze Buch deiner Undankbarkeit eingeschrieben zu sehen, als ich sorglos in dem Lusthaus deiner Gunst zu sein glaubte; um mich dem Spott der Straßenbuben, dem Staubbesen des Büttels auszusetzen, als ich von dir: ›Ich schneide, schneide Schinken, wen ich lieb hab, werd ich winken‹, zu hören erwartete. Habe ich deswegen Hoffnungen gesät, um Quark zu ernten, Netze der Sehnsucht ausgeworfen, um den Sand der Undankbarkeit ans Land zu ziehen, Luftschlösser gebaut, damit sie so schnell umgeblasen werden? Das ist der Dank und Lohn, den ich erhalte; das ist die Vergeltung, die mir zuteil wird, das die Bezahlung, die ich empfange. Ich habe den Eimer in den Brunnen der Liebe hinabgelassen, und der Henkel ist mir in der Hand geblieben; ich habe die Wäsche meiner Pläne in der Sonne aufgehängt, und es hat wie mit Kannen geregnet; ich habe den Topf meiner Gedanken an das Feuer der Sehnsucht gestellt, und der Ruß des Unglücks ist mir hineingefallen. Wer hätte aber geglaubt, du Überläufer, daß dein Wort sich als das eines Betrügers erweisen, daß das Faß deiner Versprechungen bis auf die Hefen auslaufen, das Brot deines Wohlwollens verschimmeln würde? O schöne Handlung eines Ehrenmannes, schöne Tat eines wackern Menschen, schönes Benehmen eines Königssohnes, mich anzuführen, zu hintergehen, zu betrügen und mir eine lange Nase zu machen, damit mir die Röcke zu kurz werden; mir den Himmel auf Erden zu versprechen, um mich in eine finstere Grube zu bringen; mir etwas weiszumachen, damit mir ganz schwarz vor den Augen werde. O ihr windigen Versprechungen, ihr Worte wie Kleie, ihr Schwüre wie Spreu, hier muß ich nun schweigen, ehe ich stumm geworden; hundert Meilen weit bin ich entfernt, da ich eben glaubte, in einem Ruhesitz angelangt zu sein; hier sieht man recht klar die Wahrheit des Spruches: ›Aus den Augen, aus dem Sinn!‹ – Wehe mir, ich dachte mit diesem Krokodil wie ein Leib und eine Seele zu leben, statt dessen aber werden wir uns wie Hund und Katze hassen; ich glaubte mit diesem Erzbösewicht ein Herz und ein Leben zu haben, und wir werden uns feind sein wie die Spinnen; denn ich mag es nicht ertragen, daß eine andere durch ein glückliches Spiel mir den ersten Stich meiner Hoffnungen raube; ich will es nicht dulden, daß mir ein Schachmatt geboten werde! Törichte Renza, geh nur immer hin, traue nur, verlasse dich nur auf Worte von Männern ohne Treu und Glauben! Wehe dem Weibe, die sich mit ihnen einläßt; unglücklich ist die, welche sich an sie hängt, verloren die, welche sich der lockenden Lagerstätte anvertraut, die sie ihr bereiten. Trotze aber nicht gar so sehr, Cecio; denn du weißt ja, wer Unschuldige betrügt, wie ein Hund unterliegt; du weißt ja, daß es bei dem Gerichtshof des Himmels keine betrügerischen Advokaten gibt, welche die Akten verfälschen, und wenn du es am wenigsten vermutest, wird auch dein Tag kommen, wo du in klingender Münze dafür bezahlt werden wirst, daß du diejenige, welche sich ganz dir hingab, so schmählich betrogen hast. Jedoch sehe ich denn nicht, daß ich in den Wind rede, vergeblich und nutzlos seufze und meine Klagen ungehört verhallen? Heute abend noch wird er mit seiner Braut seine Rechnung machen und die Sozietät mit mir aufheben, ich aber meine Rechnung mit dem Tode abschließen und die Schuld der

Natur bezahlen; er wird in einem weißen, noch frisch nach der Wäsche riechenden Bette ruhen, ich aber auf einer schwarzen, nach Leichenmoder stinkenden Bahre liegen, er wird mit jener Glücklichen das Liebesspiel, ich aber werde ›Freund, ich bin verwundet‹ spielen; da ich mir ein spitzes Messer in das Herz stechen und so meinem Leben den Garaus machen will.« Während dieser und noch vieler andrer Worte des größten Herzeleids war die Stunde der Kinnbackenarbeit herangekommen, und Renza wurde daher zu Tisch gerufen, wo die Braten und Ragouts ihr wie Arsenik und Schierling schmeckten, da ihr Sinn auf etwas ganz anderes gerichtet war als aufs Essen und sie ganz etwas anderes im Magen hatte als die Lust, ihn zu füllen, so daß Cecio, der sie so gedankenvoll und hinfällig sah, zu ihr sagte: »Woher kommt's, daß du nicht zugreifst? Was hast du, woran denkst du, was fehlt dir?«

»Ich fühle mich nicht ganz wohl«, versetzte Renza; »ich weiß nicht, ob es Unverdaulichkeit oder Schwindel ist.« »Du tust recht daran, daß du dir den Magen leer hältst«, erwiderte Cecio, »denn Diät ist die beste Medizin für jede Krankheit; wenn du jedoch einen Arzt brauchst, so wollen wir einen Urindoktor kommen lassen, der durch das bloße Ansehen, ohne auch nur den Puls zu fühlen, die Krankheiten der Leute erkennt.« – »Für mein Übel gibt es kein Rezept«, antwortete Renza, »denn nur der weiß, wo ihn der Schuh drückt, der ihn trägt.« – »Geh ein bißchen in die frische Luft«, entgegnete Cecio, worauf Renza wieder sagte: »Je mehr ich sehe, desto mehr fühle ich mich bedrückt.« Während sie aber so sprachen, war die Tafel zu Ende gegangen und die Schlafzeit herangekommen. Cecio nun, welcher die Verse Renzas in einem fort zu hören wünschte, hieß sie, sich in dem nämlichen Zimmer, worin er mit seiner Braut schlief, auf ein Ruhebett legen, und forderte sie von Zeit zu Zeit auf, dieselben Worte zu wiederholen, welche Dolchstiche in dem Herzen Renzas und eine große Belästigung für die Braut waren, so daß sie es eine Zeitlang mit großem Geduldaufwand mitanhörte, endlich jedoch losbrach und ausrief: »Meiner Treu, der Kopf ist mir schon ganz drehend von dem ewigen weißen Gesicht! Das ist immer ein und dasselbe Lied! Da möchte einem ja übel werden, wenn das länger so fortgeht, darum genug für jetzt! Tausend noch einmal, ist es möglich, daß ihr beide es euch in den Kopf gesetzt habt, immer eine und dieselbe Sache zu wiederholen? Ich glaubte, wenn du in meinem Zimmer schliefest, dich ganz anders aufspielen zu sehen, nicht aber solche Klagelieder zu vernehmen. Sag selbst, ob es etwas Langweiligeres gibt, als immer dasselbe Lied zu hören; darum bitte ich dich, lieber Mann, höre nun endlich einmal auf, denn es kommt doch nichts Vernünftiges aus deinem Munde, und laß uns lieber ein bißchen schlafen.« – »Sei gut, liebes Weibchen«, versetzte Cecio, »das Gerede wird bald ein Ende haben.« Dies sagend, gab er ihr einen tüchtigen Kuß, dessen Schmatzen man eine Meile weit hörte, während der Schall ihrer Lippen ein Donner für die Brust Renzas war, welche darüber so großen Schmerz empfand, daß, indem alle Lebensgeister dem Herzen zu

Hilfe eilten, sie jedoch dadurch zeigten: »Zuviel ist ungesund«, denn der Andrang des Blutes war dermaßen stark und heftig, daß sie dabei erstickte und bald darauf starr dalag. – Sobald aber Cecio sein Spiel mit seiner Frau getrieben, rief er Renza mit leiser Stimme zu, ihm doch die Worte zu wiederholen, die ihm so sehr gefielen; da er indes nicht die gewünschte Antwort erhielt, bat er sie aufs neue, sie möchte ihm doch den kleinen Gefallen tun, und indem sie immer noch nicht das geringste Wörtchen versetzte, erhob er sich endlich ganz leise, zog sie am Arme und, immer noch keine Antwort erhaltend, faßte er ihr zuletzt mit der Hand ins Gesicht, so daß er die eiskalte Nase zu packen bekam und wahrnahm, daß die natürliche Wärme jenes Körpers erloschen war. Hierüber im höchsten Grade erschrocken und bestürzt, rief er nach Lichtern, und indem er Renza genauer betrachtete, erkannte er sie an einem Mal, das sie mitten auf der Brust hatte, daher er ein lautes Wehklagen erhob und ausrief: »Was sehen deine Augen, Cecio? Was ist dir da widerfahren, Unseliger? Was für ein Schauspiel bietet sich deinen Augen? Welch ein Verderben ist über dein Haupt hereingebrochen? Wer hat dich gepflückt, o meine Blume? Wer hat dich ausgelöscht, o meine Leuchte? Wie bist du übergelaufen, o Topf der Liebesgenüsse? Wer hat dich eingerissen, o schönes Haus meiner Wonne? Wer hat dich zerrissen, o Freibrief meiner Seligkeit? Wer hat dich in den Grund gebohrt, o schönes Schiff der Freuden meines Herzens? O du mein teuerstes Gut, durch das Schließen deiner Augen ist die Bank der Schönheit bankrott geworden, die Grazien haben ihr Geschäft eingestellt, und Amor ist seines Warenlagers verlustig! Durch das Hinscheiden deiner schönen Seele ist der Samen der Anmut vernichtet, die Form der Holdseligkeit zerbrochen und der Kompaß im Meer der Liebesseligkeit verloren! O unersetzlicher Verlust, o Zerstörung ohnegleichen, o Vernichtung ohne Grenzen! Geh nur immer hin, Mutter, und freue dich, denn du hast da einen klugen Streich begangen, daß du mich so verlockt und um diesen köstlichen Schatz gebracht hast! – Was werde ich nun anfangen, ich Unglücklicher, jedes Trostes Beraubter, jedes Labsals Barer, jedes Vergnügens Verlustiger, jeder Wonne Entkleideter, an Freuden Leerer, um jede Lust Betrogener? – Glaube nicht, mein süßes Leben, daß ich ohne dich der Welt zur Last bleiben werde; nein, ich will dir folgen und nimmer von dir lassen, wohin du auch gehen magst, so daß wir, dem Tode zum Trotz, uns für immer vereinen werden, und wenn ich dich früher als eine Dienerin für mein Bett annahm, so sollst du doch im Grabe meine vollkommene Genossin sein, soll doch *eine* Grabschrift die Unfälle beider erzählen.« Indem er dies sagte, ergriff er einen Nagel und machte sich unter der linken Brust eine unselige Fontanelle, aus welcher ihm das Leben in einem fortwährenden Lauf ausströmte, so daß seine Braut von eiskaltem Entsetzen ergriffen wurde. Als sie jedoch endlich die Zunge los und die Stimme freibekam, schrie sie laut nach der Königin, welche bei dem Lärm auch sogleich mit dem ganzen Hof herbeieilte, und kaum hatte sie das traurige Ende ihres Sohnes und Renzas gesehen und die Veranlassung dieses Unheils vernommen, so ließ sie sich kein Haar auf dem Kopfe, zappelte wie ein Fisch außerhalb des Wassers, nannte Krokodile die Sterne, welche so viel Unglück auf ihr Haus herabgeregnet, verwünschte ihr unseliges Alter, in welchem sie noch von so schwerem Leid betroffen wurde, und nachdem sie lange genug geschrien, gejammert, sich zerschlagen und zerrauft hatte, ließ sie endlich beide Leichen in ein Grab legen und die ganze Geschichte ihres traurigen Schicksals darauf eingraben. Gerade zu dieser Zeit langte der Vater Renzas an, welcher bei seinem Umherziehen in der Welt, um die entflohene Tochter aufzusuchen, den Aufwärter des Eremiten, der die Kleider Renzas hier und da verkaufte, angetroffen und von ihm erfahren hatte, was vorgefallen war. Der König von Schmalgraben erschien also gerade, als man die beiden Liebenden, welche die Ähren ihres Lebens abgemäht hatten, begraben wollte, und indem er seine Tochter erblickte und erkannte, fing er an zu weinen und zu seufzen und verwünschte den Knochen, durch den diese Unglückssuppe fett geworden war; denn er hatte ihn in dem Zimmer seiner Tochter gefunden und als das Werkzeug dieses harten Schlages erkannt, so daß dieses Unheil die traurige Prophezeiung jener Gaukler in genere und sogar in spezie bewahrheitete, welche vorausgesagt hatten, daß seine Tochter durch ein Schlüsselbein sterben sollte, woraus wiederum klar erhellte:

»Wenn Unglück kommen soll, so bleibt's nicht aus,
Und sollt es auch vom Dach herunterfallen!«

24

Dritter Tag

Viertes Märchen

»SAPIA LICCARDA«

Sapia bewahrt, obwohl fern vom Vater und trotz des bösen Beispiels ihrer Schwestern, dennoch durch Klugheit ihre Ehrbarkeit. Sie täuscht den Königssohn, ihren Geliebten, und schützt sich gegen die ihr drohende Gefahr, worauf dieser sie endlich heiratet.

Das ganze Vergnügen, welches die Zuhörer bei den frühern Erzählungen empfunden hatten, wurde durch das traurige Schicksal der unglücklichen Liebenden getrübt, und sie saßen lange da, wie wenn eine Tochter geboren worden wäre; so daß der Prinz, der dies wahrnahm, zu Tolla sagte, daß sie etwas Fröhliches erzählen sollte, um die Trauer über den Tod Renzas und Cecios zu mildern, worauf diese, der Aufforderung gemäß, ihren Wortlauf also begann:

Die Klugheit ist eine treffliche Laterne in der Nacht der Drangsale dieser Welt, mit welcher man ohne Gefahr Gräben überspringt und ohne Furcht durch gefährliche Stellen kommt; daher ist es viel besser, Verstand zu besitzen als Gold; denn dies geht und kommt, jenen aber hat man immer, wenn man ihn braucht, wovon ihr ein klares Beispiel an der Sapia Liccarda sehen werdet, welche durch den helleuchtenden Polarstern der Klugheit aus einem furchtbaren Sturm entkam und in einen sichern Hafen einlief.

Es war einmal ein steinreicher Kaufmann namens Marcone, welcher drei schöne Töchter hatte, nämlich Bella, Cenzolla und Sapia Liccarda. Da er nun einst in Geschäften verreisen mußte und sehr wohl wußte, daß die beiden ältesten Töchter sich gern Fensterparaden halten ließen, so vernagelte er alle Fenster, übergab einer jeden einen Ring mit gewissen Steinen, welche ganz fleckig wurden, wenn die, so ihn trug, ihre Ehre preisgab, und reiste dann ab. Kaum aber hatte er Offenburg verlassen (denn so hieß jene Stadt), so fingen sie auch schon an, die Fenster aufzunageln und hinauszusehen, trotzdem, daß Sapia Liccarda, die jüngste von ihnen, einen Mordsspektakel erhob und schrie, daß ihr Haus weder eine gemeine Kneipe, noch ein Bordell, noch ein öffentliches Haus, noch ein Ort »für Herren« wäre, daß sie den Nachbarn dergleichen verliebte Blicke und verbuhlte Winke zuwürfen.

Es befand sich aber geradeüber von dem Hause der Palast des Königs, welcher drei Söhne hatte, namens Ceccariello, Grazullo und Tore, von denen der letztere besonders an der jüngsten Schwester großes Gefallen fand, alle aber ihren Nachbarinnen zuzuwinken begannen; von den Winken kamen sie dann zu Kußhänden, von den Kußhänden zu Worten und von Worten zu Versprechungen, so daß sie eines Abends, als die Sonne, um nicht mit der Nacht in Streit zu geraten, sich mit Sack und Pack zurückzog, durch ein Fenster in das Haus der drei Schwestern stiegen. Indem nun die beiden ältesten Brüder sich mit den älteren Schwestern bene taten und auch Tore Sapia Liccarda erhaschen wollte, entschlüpfte sie ihm wie ein Aal und verriegelte sich dergestalt, daß es dem armen Tore nicht möglich war, die Tür aufzusprengen, sondern er leer ausging und, während seine Brüder sich verlustierten, das Zusehen hatte. Als daher der Morgen kam und die Vögel als Trompeter der Morgenröte sämtlich zum Satteln bliesen, damit die Stunden des Tages aufsitzen sollten, kehrten die Brüder nach Hause, die zwei älteren vergnügt über die gehabten Genüsse, der jüngste aber ganz verdrießlich über die schlimme Nacht, die er gehabt. Die beiden Schwestern nun fühlten sich bald darauf schwanger, und fürwahr eine böse Schwangerschaft war es für sie, indem Sapia Liccarda so viel darüber redete, daß jene von Tag zu Tag nicht so viel zunahmen, als diese stündlich Vorwürfe und Schmähungen von sich gab, wobei sie immer damit schloß, daß ihr wie eine Trommel aufgeschwollener Leib ihnen Krieg und

Unheil bringen und daß, wenn der Vater zurückkehrte, ihnen die Ohren gellen würden.

Da jedoch das Verlangen Tores, teils durch die Schönheit Sapia Liccardas, teils weil er mit einer langen Nase hatte abziehen müssen, immer mehr wuchs, so verabredete er sich mit den älteren Schwestern, Sapia, ehe sie sich dessen versähe, in die Falle zu locken, indem sie ihm versprachen, sie soweit zu bringen, daß sie ihn in seinem eigenen Hause aufsuchen würde. Sie riefen daher eines Tages Sapia zu sich und sprachen zu ihr: »Liebe Schwester, was geschehen ist, ist geschehen; wenn man Ratschläge bezahlte, so wären sie entweder teurer oder höher geachtet, und wenn wir dich auf vernünftige Weise gehört hätten, so würden wir weder die Ehre unseres Hauses verkleinert noch unsern Leib vergrößert haben. Was ist aber zu tun? Die Sachen sind schon zu weit gekommen, das Messer sitzt uns an der Kehle, und das Wasser steht uns bis an den Hals. Darum können wir auch nicht glauben, daß du in deinem Zorn so weit gehen willst, uns aus der Welt zu schaffen, und wenn auch nicht um unserthalben, so wirst du doch um der schuldlosen Würmer willen, die wir unter unserem Herzen tragen, Mitleid mit unserm Zustand haben.« »Der Himmel weiß«, versetzte Sapia Liccarda, »wie sehr mir das Herz wegen eures Fehltrittes blutet, indem ich die gegenwärtige Schande und die Strafe bedenke, die euch erwartet, wenn der Vater wiederkehrt und diese Entehrung seines Hauses vernehmen wird, und gern würde ich ein Glied meines Fingers darum hingeben, wenn diese Sache nicht vorgefallen wäre. Da nun aber einmal der Böse euch verblendet hat, so sagt mir, was ich für euch tun kann, wenn nur meine Ehre nicht dabei leidet; denn, wie dem auch sei, Blut bleibt ja doch Blut, ihr seid einmal meine Schwestern, und eure Lage schmerzt mich so sehr, daß ich mein Leben daransetzen würde, wenn ich euch daraus befreien könnte.« Nachdem Sapia so gesprochen, erwiderten die Schwestern also: »Wir verlangen kein anderes Zeichen deiner Zuneigung, liebe Schwester, als daß du uns ein Stückchen Brot bringst, von dem, welches der König ißt; denn wir empfinden ein so großes Gelüst nach demselben, daß, wenn wir es nicht befriedigen können, dringende Gefahr vorhanden ist, daß die armen Geschöpfe ein Brötchen an der Nasenspitze mit auf die Welt bringen. Um deiner christlichen Liebe willen tue uns also morgen früh diesen Gefallen; denn wir werden dich durch das Fenster, durch welches die Söhne des Königs zu uns heraufgestiegen sind, hinunterlassen und dich als Bettlerin kleiden, damit du nicht erkannt wirst.« Voll Mitleid für ihre armen Schwestern zog sich Sapia Liccarda, als die Sonne wegen ihres gegen die Nacht gewonnenen Sieges Lichttrophäen erhob, ein ganz zerlumptes Kleid an, nahm eine Hechel über die Schulter und ging in den Palast des Königs, woselbst sie um ein Stückchen Brot bettelte. Als sie dies nun erhalten und eben fortgehen wollte, wurde sie von Tore, welcher, der Verabredung gemäß, auf sie gelauert hatte, sogleich erkannt; indem er sie aber ergreifen wollte, drehte sie sich plötzlich um, so daß er statt ihrer den Kamm erfaßte und sich dermaßen zerkratzte, daß er einige Tage lang die Hand nicht rühren konnte.

Da nun die Schwestern auf diese Weise das Brot erhalten hatten, dem armen Tore aber der Hunger gewachsen war, fingen sie wiederum an, sich zu besprechen; und zwei Tage nachher klagten jene der Sapia Liccarda unter vielen und dringenden Bitten aufs neue, daß sie ein Gelüst nach zwei Birnen aus dem Garten des Königs bekommen hätten. Die arme Sapia zog sich also einen andern Kittel an, begab sich in den königlichen Garten und traf daselbst den Prinzen, welcher die Bettlerin sogleich erkannte und kaum vernommen hatte, daß sie ein paar Birnen zu haben wünschte, als er selbst auf einen Baum stieg und ihr einige zuwarf. Während er jedoch wieder heruntersteigen wollte, um sie festzuhalten, nahm sie rasch die Leiter fort und ließ ihn dort oben unter dem Laubdach mit den Vögeln um die Wette schreien, so daß, wenn nicht zufällig ein Gärtner vorübergekommen, der ein paar Köpfe Salat holen wollte und ihm nun herunterhalf, er dort die ganze Nacht hätte bleiben müssen, worüber er sich vor Ärger in die Hände biß und sich fürchterlich zu rächen drohte.

Sobald aber die gehörige Zeit erschien und die Schwestern ein Paar hübsche Knäblein zur Welt gebracht hatten, sprachen sie folgendermaßen zu Sapia Liccarda: »Wir sind rettungslos verloren, liebe Schwester, wenn du uns deinen Beistand versagst; denn in kurzem muß der Vater zurück sein, und wenn er die Bescherung im Hause findet, so reißt er uns mindestens die Ohren ab. Steige also zum Fenster hinunter, nimm die Kleinen in einem Korbe mit dir und bringe sie dann zu ihren Vätern, damit diese weiter für sie sorgen.« Obwohl es nun Sapia Liccarda eine sehr starke Anforderung schien, diesen lästigen Auftrag zu übernehmen, so fühlte sie dennoch, trotz der Leichtfertigkeit ihrer Schwestern, so viel Liebe für dieselben, daß sie sich wirklich mit den Kindern zum Fenster hinunterließ und sie in die Zimmer der Prinzen trug. Sie fand nun zwar diese nicht zu Haus, da sie sich jedoch vorher von allem genau unterrichtet hatte, so legte sie in jedes Bett ein Kindlein, unter das Kopfkissen Tores aber einen großen Stein, und kehrte dann nach Hause zurück. Als hierauf die Prinzen in ihre Zimmer zurückkehrten und die schönen Knäbchen, von denen jedes den Namen seines Vaters auf einem Zettel an das Hemdchen geheftet hatte, vorfanden, so fühlten sie die lebhafteste Freude; Tore aber, welcher ganz betrübt darüber, nicht einmal ein Söhnchen zu haben, sich niederlegen wollte und sich verdrießlich aufs Lager warf, fiel dergestalt mit dem Kopf auf den Stein, daß er sich eine große Beule schlug.

Nicht lange nachher kehrte der Kaufmann von seiner Reise zurück und betrachtete alsbald die Ringe seiner Töchter; sowie er daher die der ältesten beiden mit Flecken bedeckt fand, geriet er in die höchste Wut und wollte schon den Degen ergreifen, um ihnen den Garaus zu machen und so seine Schande zu bedecken, als plötzlich die drei Söhne des Königs erschienen und um seine Töchter anhielten, dergestalt, daß er anfangs gar nicht wußte, wie ihm geschah, und sich verspottet glaubte; nachdem er jedoch vernommen hatte, was vorgefallen war, und daß er bereits Enkel besäße, so pries er sich ganz glücklich und bestimmte gleich denselben Abend zur Hochzeit.

Obwohl nun Sapia die dringende Bewerbung des Prinzen um ihre Hand gehört hatte, so kratzte sie sich doch den Kopf, da sie der ihrem Bräutigam früher gespielten Streiche sehr wohl eingedenk war und recht gut wußte, daß nicht alles, was glänzt, Gold ist und jede Rose ihre Dornen hat. Sie machte daher eine sehr schöne und große Puppe von Zuckerteig, legte sie in einen großen Korb, bedeckte sie mit verschiedenen Kleidungsstücken, und während des Abends alles noch voll Festlichkeiten und Tanz war, ging sie unter dem Vorwand einer leichten Übelkeit früher als alle andern zu Bett, ließ sich den Korb bringen, wie wenn sie sich andere Wäsche anziehen wollte, und legte dann die Puppe in das Bett, sie selbst aber versteckte sich hinter den Vorhängen desselben, um daselbst den Ausgang abzuwarten. Als nun die Stunde da war, wo die Neuvermählten schlafen gingen, kam auch Tore an sein Bett, und indem er glaubte, daß Sapia darin läge, sprach er zu ihr: »Jetzt sollst du mir, du Schändliche, für alle die Kränkungen, die du mir angetan hast, büßen und erfahren, was es heißt, wenn sich eine Maus mit einem Elefanten in Streit einläßt; jetzt will ich dich auf einmal für alles bezahlen und dir einen Denkzettel geben an die Hechel und die weggezogene Leiter sowohl als an die andern Verhöhnungen alle, die du dir gegen mich erlaubt.« So sprechend ergriff er einen Dolch und durchbohrte die Puppe durch und durch; während er, damit nicht zufrieden, auch noch ausrief: »Und nun will ich sogar auch dein Blut noch aussaugen.« Kaum hatte er aber den Dolch der Puppe aus der Brust gezogen und beim Ablecken desselben die Süßigkeit des Zuckers und den Geruch des Moschus, der ihm gar stark in die Nase fuhr, wahrgenommen, so fing er an, voll Reue darüber, eine so zuckersüße und duftreiche Jungfrau getötet zu haben, seine blinde Wut zu verwünschen und zu jammern, daß es die Steine hätte erbarmen mögen, indem er sein Herz eine Galle und den Stahl ein Gift nannte, daß sie etwas so Süßes und Liebliches hatten verletzen können. Nach langen Klagen ließ er sich endlich von der Verzweiflung so weit fortreißen, daß er schon die Hand mit dem Dolch emporhob, um sich zu durchbohren, als Sapia plötzlich aus ihrem Versteck hervoreilte, seinen Arm ergriff und ausrief: »Halt ein, Tore, fort mit dem Dolch; hier ist die, welche du beweinst, frisch und gesund, damit auch du gesund und munter bleibest! Halte mich aber nicht für eine naseweise Närrin, wenn ich mit dir gescherzt und dir einige kleine Streiche gespielt habe; denn ich tat es bloß, um deine Beständigkeit und Treue zu prüfen und zu erforschen; diese letzte Täuschung aber unternahm ich nur, um den Unwillen eines erzürnten Herzens abzulenken; daher bitte ich dich um Verzeihung für alles, was sich zwischen uns zugetragen.« Als Tore diese Worte hörte, umarmte er Sapia voller Liebe, versöhnte sich mit ihr auf das herzlichste und ließ sie dann an seiner Seite ruhen, indem ihm nach so langem Entbehren die gegenwärtigen Freuden desto süßer erschienen und er die kurze Zurückhaltung seiner Frau viel höher achtete als die so große Bereitwilligkeit ihrer Schwestern, denn, wie der Dichter sagt:

»Es wird die nackte Venus selbst,
Diana selbst, von Lieb entglommen,
Geachtet nie, wenn sie entgegenkommen.«

25

Dritter Tag

Fünftes Märchen

»DER MISTKÄFER, DIE MAUS UND DAS HEIMCHEN«

Nardiello wird dreimal von seinem Vater zum Einkauf ausgeschickt, jedesmal mit hundert Dukaten, und kauft zuerst eine Maus, dann einen Mistkäfer und endlich ein Heimchen. Deswegen vom Vater fortgejagt, gelangt er nach einer Stadt, wo er mit Hilfe dieser Tiere die Tochter des Königs von einer Krankheit heilt und sie nach mehrfachen Ereignissen auch heiratet.

Zwar wurde die Klugheit der Sapia Liccarda von dem Prinzen und seiner Frau gar sehr gelobt; bei weitem mehr jedoch lobten sie Tolla, welche die Geschichte so lebendig erzählt hatte, daß jeder sich bei allem selbst gegenwärtig zu befinden glaubte. Da nun Popa jetzt in der Reihe die nächste war, so faßte sie ein Herz und begann also:

Frau Fortuna ist ein eigensinniges Weib und flieht die Verständigen, weil sie sich mehr um die Werke der Weisen als um das Umdrehen eines Rades kümmern. Sie geht daher viel lieber den Unwissenden und Taugenichtsen nach, und um von gemeinem Volk geehrt zu werden, teilt sie ihre Güter unter Dummköpfe aus, wie ihr aus der folgenden Erzählung ersehen werdet.

Es lebte einmal in Vomaro ein steinreicher Landmann namens Miccone, welcher einen Sohn mit Namen Nardiello hatte. Dieser Sohn nun war der größte Einfaltspinsel, den man je in der Welt gesehen, so daß der arme Vater sich darüber ganz unglücklich fühlte und gar nicht wußte, auf welche Art und Weise er ihn dazu bringen sollte, irgend etwas Vernünftiges, irgend etwas, das Hand oder Fuß hatte, zu tun; denn wenn Nardiello mit andern lustigen Brüdern das Wirtshaus besuchte, um sich mit ihnen dort einen guten Tag zu machen, so wurde er von ihnen stets auf das ärgste gehänselt; wenn er zu liederlichen Weibsbildern ging, so bekam er immer das schlechteste Fleisch und mußte es noch obendrein über die Taxe bezahlen, und wenn man darum spielte, wer die Zeche bezahlen sollte, so betrog, überlistete und übervorteilte man ihn dergestalt, daß er bald auf eine oder die andere Weise schon über die Hälfte des väterlichen Vermögens durchgebracht hatte. Hierüber nun erhob Miccone stets einen Teufelslärm, indem er schrie und drohte und zu sagen pflegte:

»Was soll denn daraus werden, du Liederjan? Siehst du denn nicht, daß mein Hab und Gut bereits auf die Neige geht? Laß doch endlich einmal diese verdammten Wirtshäuser beim Kuckuck, wo man stets mit Bösem anfängt und mit noch Schlimmerem endet, diese Höhlen, die eine Migräne für den Kopf, eine Wassersucht für die Kehle und ein Durchfall für den Geldbeutel sind; lasse doch endlich einmal das verdammte Spiel, welches das Leben in Gefahr setzt, Hab und Gut hinbringt, Freuden zerstört, Leiden vermehrt, wo durch Würfel und Karten dich nur Armut und Elend erwarten und man durch Streit und Ärger so mager wird wie eine Spindel; und lasse doch endlich einmal davon ab, den liederlichen Menschen nachzulaufen, diesen Ausgeburten der Hölle, dieser schändlichen, schmählichen Brut, für die du verschwendest Gut und Blut; an faulem Fleisch fühlst du jetzt Behagen und hast dann später keinen Knochen zu nagen; denn diese nichtswürdigen Metzen bringen Unglück über dich nicht metzen-, sondern scheffelweise. Meide also die Gelegenheit und reiß dich los vom Laster; denn wenn die Ursach entfernt wird (wie einmal jemand gesagt hat), wird auch die Wirkung entfernt. Jetzt aber nimm diese hundert Dukaten, gehe damit auf den Viehmarkt nach Salerno und kaufe dafür nichts als Kälber, die uns dann nach drei oder vier Jahren lauter Ochsen abgeben werden; mit diesen Ochsen fangen wir dann an, so viel Feld als möglich zu bestellen; sind die Felder bestellt, so unternehmen wir einen Kornhandel, und stellt sich vielleicht gar eine Teuerung ein, so müssen wir die Taler scheffelweise messen. Allermindestens kaufe ich dir alsdann einen Titel, der auf dem Grundbesitz irgendeines Freundes haften soll, und dann bist du ebensogut ein Betitelter wie so viele andere. Darum paß auf, mein lieber Sohn, lasse nichts unbeachtet, vernachlässige nichts; denn aller Anfang ist schwer.« – »Laß du mich nur sorgen«, versetzte Nardiello, »denn ich habe meine Rechnung schon nach allen Regeln gemacht!« – »Das ist schön«, erwiderte der Vater und händigte ihm alsdann die hundert Dukaten ein. Jener nun machte sich sogleich auf den Weg nach der Messe, war aber noch nicht bei den Gewässern des Sarno angelangt, jenes schönen Flusses, welcher der alten Familie der Sarnelli ihren Namen gibt, als er in einem schönen Ulmenwäldchen neben einem Felsen, der mit Hilfe eines beständigen Fontanells von frischem Wasser sich ringsum mit Efeu bekleidet hatte, eine Fee erblickte, welche mit einem Mistkäfer spielte, der so anmutig summte, daß es wie eine Gitarre schallte und ein Spanier es für etwas ganz Köstliches und Ungemeines gehalten hätte. Sobald Nardiello dies sah, blieb er wie bezaubert stehen, um zu lauschen, und sagte, daß er ein Auge darum geben würde, wenn er ein so kunstreiches Tier besäße, worauf die Fee erwiderte, daß, wenn er ihr hundert Dukaten zahlte, sie ihm den Käfer geben wolle. »Das trifft sich ja ganz prächtig«, versetzte Nardiello, »denn ich habe gerade so viele Füchse in der Tasche«, und indem er dies sagte, warf er ihr die hundert Dukaten in den Schoß, setzte den Käfer in ein Schächtelchen und eilte dann mit freudestrahlenden Augen zum Vater zurück, dem er schon von fern zurief: »Jetzt sollt ihr sehen, Herr Vater, ob ich Grütze im Kopfe habe und weiß, wie die Sachen anzufangen sind; denn ohne mich erst auf der Messe herumzuplagen, habe ich auf halbem Wege mein Glück angetroffen und diesen Juwel für hundert Dukaten erstanden.« Als der Vater diese Rede vernahm und das Schächtelchen sah, glaubte er ganz bestimmt, daß Nardiello irgendeinen Diamantenschmuck erkauft hatte; kaum jedoch öffnete er die Schachtel und erblickte den Käfer, so wurde der Zorn über seinen Tölpel von Sohn und der Schmerz über seinen Verlust zum Blasebalg, der ihn wie eine Kröte aufblies, dergestalt, daß Nardiello, der ihm von den Eigenschaften des Käfers erzählen wollte, gar nicht zu Wort kommen konnte, indem der Vater immerfort schrie: »Schweig, Junge, öffne den Mund nicht, stopf dirs Maul, halt den Rand, muckse nicht, du Schaf, du Pferd, du Esel; gleich gehst du und gibst den Käfer wieder zurück, und hier hast du noch hundert Dukaten, dafür kaufst du lauter Kälber und kommst bald wieder. Laß dich aber ja nicht vom Teufel blenden, denn sonst breche ich dir die Rippen im Leibe entzwei.«

Nardiello nun nahm das Geld, machte sich wieder auf den Weg und fand an demselben Orte wie früher eine andere Fee, die mit einer Maus tändelte, welche die schönsten Tanztouren machte, die man je gesehen. Nardiello stand eine Zeitlang mit offenem Munde und wie versteinert da, indem er die Gewandtheit und Behendigkeit, die Wendungen, Sprünge und Kapriolen des Tierchens sah, bis er endlich die Fee fragte, ob sie es wohl verkaufen möchte, denn er wolle ihr hundert Dukaten dafür geben. Die Fee nun ging auf das Gebot ein, nahm die Füchse und übergab ihm die Maus, mit welcher Nardiello nach Hause zurückkehrte. Als der arme Vater den herrlichen Kauf gewahr wurde, gebärdete er sich wie unsinnig und schlug um sich wie ein kolleriges Pferd, so daß er Nardiello, wäre nicht gerade ein Nachbar bei dem Spektakel gegenwärtig gewesen, sicherlich den Buckel ganz gehörig durchgebleut hätte. Endlich jedoch gab ihm der Vater, nachdem er sich einigermaßen besänftigt, noch einmal hundert Dukaten und sprach zu ihm: »Sieh dich vor, daß du nicht wieder eine solche Albernheit begehst; denn zum dritten Male kommst du nicht so wohlfeilen Kaufs davon. Geh also nach Salerno und kaufe die Kälber; denn bei der Seele meiner Eltern, wenn du jetzt wieder einen solchen Bockstreich machst, dann wehe der Mutter, die dich geboren!«

Nardiello schlich gesenkten Hauptes davon, und auf dem Wege nach Salerno wieder an demselben Orte anlangend, fand er wieder eine andere Fee, die mit dem größten Entzücken auf den Gesang einer Grille lauschte, welcher auf so liebliche Weise ertönte, daß die Horchenden dabei in einen süßen Schlummer versanken. Kaum hörte Nardiello diese neue Art Nachtigall, so ergriff ihn auch die Lust, sie anzukaufen, was ihm denn wirklich für hundert Dukaten gelang, und nachdem er das Tierchen in einen Käfig aus Kürbis und Holzstäbchen gesetzt, kehrte er zum Vater zurück, welcher jedoch bei diesem dritten Eselsstreich die Geduld verlor und, einen Knüppel ergreifend, Nardiello so gewaltig durchwamste, wie man nur irgend denken kann.

Sobald indes Nardiello den Händen seines Vaters entkommen konnte, nahm er die drei Tierchen alle, verließ das Land und machte sich auf den Weg nach der Lombardei. Dort nun lebte damals ein vornehmer Herr namens Cenzone, welcher eine einzige Tochter hatte, die Milla geheißen und infolge einer Krankheit von so großem Trübsinn befangen war, daß man sie in einem Zeitraum von sieben Jahren auch nicht einmal hatte lachen sehen, und daher der Vater nach tausendfachen vergeblichen Mitteln, und nachdem er alles mögliche darangesetzt, eine öffentliche Bekanntmachung ergehen ließ, daß, wer seine Tochter zum Lachen bewegen könne, sie zur Frau erhalten solle. Als Nardiello hiervon hörte, wollte er sein Glück versuchen, trat daher vor Cenzone und erbot sich, dessen Tochter zum Lachen zu bringen, worauf dieser versetzte: »Sieh dich vor, Freund, denn wenn es dir nicht gelingt, so kostet es deine Mütze und das, was darin steckt.« – »Mag es kosten, was es will«, erwiderte Nardiello, »und daraus entstehen, was da will, ich will es versuchen.« Der König ließ nun die Tochter kommen und unter einen Baldachin niedersitzen, worauf Nardiello die drei Tierchen aus ihrem Behältnis zog und diese auf so anmutige und scherzhafte Weise zu spielen, tanzen und singen begannen, daß Milla darüber laut zu lachen, der Fürst aber in seinem Herzen zu weinen anfing, weil er kraft seiner Aufforderung sich gezwungen sah, einen Juwel von Frau der Hefe der Männer zu geben. Da er indes sein Wort nicht brechen konnte, so sprach er zu Nardiello: »Ich gebe dir meine Tochter zur Frau und mein Reich als Aussteuer, jedoch unter der Bedingung, daß, wenn du nicht binnen drei Tagen die Ehe vollstreckt hast, ich dich den Löwen vorwerfen lasse.« – »Da bin ich ganz ohne Furcht«, versetzte Nardiello, »denn bis dahin wollte ich nicht nur die Ehe mit deiner Tochter, sondern noch ganz andere Dinge vollstrecken.« – »Nur sachte«, erwiderte jener; »gesagt ist leichter als getan.« Als nun der Abend des Hochzeitsfestes gekommen war und die Sonne wie ein Dieb, mit einer Kappe vor dem Gesicht, in das Gefängnis des Westens gebracht wurde, ging das Brautpaar zu Bett; der König hatte jedoch dem Nardiello hinterlistigerweise einen Schlaftrunk geben lassen, so daß dieser die ganze Nacht hindurch nichts tat als schnarchen, und ebenso erging es ihm auch in der zweiten und dritten Nacht, daher der König ihn endlich in den Löwenzwinger werfen ließ. Indem sich also Nardiello auf diese Weise in der größten Gefahr sah, öffnete er das Behältnis, in welchem er die Tierchen hatte, und sprach: »Da mich nun einmal mein böses Schicksal durch einen unseligen Magnet in diese traurige Lage gezogen hat und ich euch, ihr schönen Tierlein, nichts anderes hinterlassen kann, so will ich euch doch wenigstens freilassen, damit ihr gehen könnt, wohin es euch gutdünkt.« Sobald die Tierchen sich solchergestalt in Freiheit gesetzt sahen, fingen sie an, dermaßen lustig zu hüpfen und zu springen, daß die Löwen wie versteinert dastanden, während die Maus zu Nardiello, welcher schon vor Furcht dem Tode nahe war, also sprach: »Nur Mut, Freund; wenn du uns auch die Freiheit schenkst, so werden wir dir doch von nun an treuer dienen als je, da du uns stets mit so vieler Sorgfalt gefüttert, mit so vieler Aufmerksamkeit gepflegt und zuletzt durch unsere Freilassung uns ein Zeichen so großer Liebe gegeben hast. Sei überzeugt, daß, wer Gutes tut, auch Gutes erfährt, und wie es in den Wald schallt, so schallt es auch wieder heraus; denn wir sind gescheit und wollen dir zeigen, ob wir Macht und Gewalt genug besitzen; darum folge uns nur nach, du sollst sicherlich aus dieser Gefahr befreit werden.« Nardiello ging ihnen also nach, und die Maus machte rasch ein so großes Loch, daß ein Mensch hätte durchkriechen können, vermittelst dessen Nardiello wie auf einer Leiter aus der Grube stieg und in Sicherheit gelangte, worauf die Tierchen ihn in eine Hütte brachten und zu ihm sagten, er solle ihnen befehlen, was er nur irgend wolle; denn sie würden alles tun, was er wünsche. »Mein Wunsch wäre der«, versetzte Nardiello, »daß, wenn der König seiner Tochter einen andern Mann gegeben hat, ihr mir den Gefallen erweiset, ihn seine Ehe nicht vollstrecken zu lassen; denn sonst würde er zugleich mein Todesurteil vollstrecken.« »Das ist ja gar nichts und federleicht«, erwiderten die Tierchen; »sei guten Mutes und erwarte uns hier; denn wir werden dich bald in eine bessere Lage bringen.« Die Tierchen begaben sich hierauf an den Hof und fanden, daß der König seine Tochter an einen vornehmen Engländer verheiratet hatte und gerade an diesem Abend das Faß angezapft werden sollte; sie schlichen sich daher unbemerkt in das Brautgemach und warteten ab, bis am Abend der Mond herauskam, um die Gluckhenne mit den Küchlein mit Tau zu füttern, und dann das Brautpaar zu Bett ging. Da aber der Bräutigam zu viel Ladung eingenommen und sich den Wanst zu sehr vollgestopft hatte, so war er kaum ins Bett gekrochen, als er auch schon schlief wie tot. Sobald daher der Mistkäfer ihn schnarchen hörte, schlich er ganz leise die Bettstelle hinan, und unter der Decke angelangt, kroch er rasch dem Bräutigam in den Hintern, wo er ihm dermaßen als Suppositorium diente, daß ihm das Faß überlief, und man mit Petrarca sagen konnte:

»Der Liebe sanften Strom lockt er hervor.«

Wie nun die Braut das Sprudeln der Fontäne wahrnahm,

»Die Luft, den Duft, die Frische und den Schatten«,

so weckte sie ihren Mann, der kaum merkte, mit was für Wohlgerüchen er seinen Abgott beräuchert hatte, als er vor Verdruß zu bersten und vor Scham zu sterben dachte. Er stand indes auf, wusch sich über und über mit Lauge rein und schickte nach den Doktoren, welche das Übermaß des Hochzeitsschmauses als Ursache des gehabten Unfalls angaben. Am darauffolgenden Abend nun beriet er sich mit seinen Kammerdienern aufs neue, und alle waren der Meinung, daß er sich dicke Tücher umbinden solle, um einem neuen Unfall zuvorzukommen, welchen Rat er auch befolgte und dann zu Bette ging. Da er auch dieses Mal wieder einschlief und nun auch der Mistkäfer ihm wiederum denselben Streich spielen wollte, fand dieser den Paß verrannt, so daß er verdrießlich zu seinen Gefährten zurückkehrte und ihnen mitteilte, wie der Bräutigam sich Wälle von Binden, Bollwerke von Windeln und Schanzen von Unterhosen gemacht habe. Als die Maus dies vernahm, sprach sie zu ihm: »Komm mit, und du sollst sehen, ob ich ein guter Minierer bin und zu graben verstehe«; und an Ort und Stelle angelangt, fing sie an ein Loch gerade über dem andern zu nagen, durch welches dann der Mistkäfer hineinkroch und dem Bräutigam ein neues Klistier gab, dergestalt, daß er ein Meer von flüssigen Topasen ausströmte und die Düfte Arabiens den ganzen Palast durchdrangen. Hierüber erwachte alsbald die Braut, die fast den Atem verlor und bei der zitronenfarbigen Überschwemmung, welche die Betttücher von schneeweißer holländischer Leinwand in gelbgemoorten venetianischen Taffet verwandelt hatte, sich die Nase zuhaltend, in das Zimmer ihrer Zofen eilte. Der unglückliche Bräutigam aber rief wieder seine Kammerdiener und begann eine lange Klage über sein Unglück, daß die Größe seines Hauses einen so unzuverlässigen Sitz haben sollte, worauf seine Diener ihn, so gut sie konnten, trösteten, ihm jedoch rieten, in der dritten Nacht genauer aufzupassen, wobei sie ihm die Geschichte von dem an Blähungen leidenden Kranken und dem beißenden Doktor erzählten; von denen ersterem einmal ein Fist entwischte, wozu der Doktor auf gelehrte Weise: »Sanitatibus« sagte, als jener aber einen zweiten folgen ließ, sprach dieser: »Ventositatibus«; indem nun aber der dritte erscholl, schrie der

Doktor aus vollem Halse: »Asinitatibus.« Wenn man daher die erste Mosaikarbeit, die er im Hochzeitsbett gemacht, dem übermäßigen Essen und die zweite dem verdorbenen Magen, der ihm einen Durchfall verursacht, zugeschrieben hätte, so würde man die dritte jedoch einer zur Gewohnheit gewordenen Bettmacherei zuschreiben und ihn mit Schimpf und Schande fortjagen. »Seid ohne Furcht«, versetzte der Bräutigam, »denn heute nacht, koste es, was es will, habe ich mir vorgenommen, aufzupassen und mich nicht vom Schlaf besiegen zu lassen; außerdem wollen wir aber auch überlegen, wie wir es anfangen müssen, um die Hauptkloake zu verstopfen, damit man nicht von mir sage:

›Dreimal fiel er und lag beim drittenmal.‹«

Dieser Verabredung gemäß ließ der Bräutigam, welcher inzwischen Zimmer und Bett gewechselt hatte, den folgenden Abend seine Leute kommen und beriet mit ihnen, wie er sich die Hintertür verrammeln könnte, damit sie ihm nicht wieder einen so schlimmen Streich spiele; denn was das Wachbleiben beträfe, so sollten ihn nicht alle Schlaftränke der Welt einschläfern. Es befand sich aber unter seinen Dienern einer, der sich gern mit Feuerwerkerei beschäftigte, und da nun jeder gern von seinem Handwerk spricht, so riet er dem Bräutigam, sich einen hölzernen Pfropfen zu machen, wie man ihn bei den Böllern braucht. Dieser Vorschlag wurde sogleich allgemein gebilligt, und nachdem man den Pfropfen gehörig angebracht hatte, so daß er ganz fest saß, ging der Bräutigam zu Bett, jedoch ohne daß er, aus Furcht, er möchte bei irgendeiner Bewegung die schöne Erfindung zerstören, die Braut anzurühren oder auch nur die Augen zuzumachen wagte, damit er bei jeder Aufforderung seines Leibes bereit wäre. Als daher der Käfer den Bräutigam immer wachbleiben sah, sprach er zu seinen Gefährten: »Diesmal sind wir angeführt und unsere Künste nützen uns zu gar nichts; denn der Bräutigam schläft nicht und ich kann daher meinen Plan nicht durchführen.« »Warte ein bißchen, ich werde dir bald helfen«, versetzte die Grille und fing so lieblich zu singen an, daß der Bräutigam darüber einschlief, worauf der Mistkäfer sogleich eilte, die Dienste einer Klistierspritze zu verrichten. Da er jedoch die Tür verschlossen und den Weg verlegt fand, so eilte er verwirrt und verzweifelt zu seinen Gefährten zurück und erzählte ihnen, wie die Sachen ständen. Unverzüglich lief daher die Maus, deren Wunsch bloß darauf gerichtet war, Nardiello zu dienen und zufriedenzustellen, in die Speisekammer, und indem sie alle Gefäße beroch, machte sie ein Mostrichfäßchen ausfindig, in welches sie den Schwanz eintunkte; dann lief sie in das Bett des Bräutigams und schmierte dem armen Engländer die Nasenlöcher gehörig ein, so daß dieser dadurch auf das heftigste zu niesen anfing, den Zapfen mit aller Gewalt herausstieß, und da er mit dem Rücken der Braut zugewandt lag, ihr denselben mit solcher Kraft in die Brust schoß, daß er sie fast tötete. Bei dem lauten Geschrei der Braut eilte sogleich der König herbei, und indem er sie fragte, was ihr wäre, erwiderte sie, daß ihr eine Petarde gegen die Brust geschleudert worden wäre. Zwar wunderte sich der König gar sehr über diese ungereimte Rede, daß sie nämlich mit einer Petarde in der Brust sprechen könnte; als er jedoch die Decken und Laken emporhob, fand er die gelbe Ladung und den Böllerpfropfen, welcher der Braut eine tüchtige Schwiele gemacht hatte, obwohl es nicht ausgemacht war, was ihr mehr Schaden zufügte, ob der Gestank des Pulvers oder der Schlag der Kugel. Sobald der König diese Bescherung erblickte und vernahm, daß der Bräutigam nun schon zum drittenmal sein Kapital flüssig gemacht hatte, so jagte er ihn sogleich aus seinem Lande, und da er glaubte, daß ihm all diese Widerwärtigkeiten wegen der dem armen Nardiello bewiesenen Grausamkeit widerfahren wären, so fing er an, sich heftig auf die Brust zu schlagen, und äußerte eben noch die lautesten Klagen, als plötzlich der Mistkäfer vor ihm erschien und zu ihm sprach: »Verzweifle nicht, o König; denn Nardiello lebt und verdient es um seiner guten Eigenschaften willen, der Schwiegersohn deiner Majestät zu werden; wenn es dir also genehm ist, daß er komme, so wollen wir ihn sogleich holen lassen.« – »Sei mir auf das beste willkommen mit dieser erfreulichen Nachricht, mein liebes Tierchen«, versetzte darauf der König; »du hast mich aus einem Meer von Kummer errettet, da ich wegen des dem armen Burschen angetanen Unrechtes schon gar schweres Leid in meinem Herzen empfand. Laß ihn daher alsbald herkommen; denn ich werde ihn als meinen Sohn umarmen und ihm unverzüglich meine Tochter zur Frau geben.« Kaum vernahm dies der Käfer, so eilte er singend und springend in die Hütte, in der Nardiello sich aufhielt, erzählte ihm alles, was vorgefallen war, und eilte mit ihm in den königlichen Palast zurück, woselbst Nardiello von dem König mit den herzlichsten Umarmungen empfangen wurde und dann die Hand der Prinzessin erhielt sowie auch durch Zauberei sich plötzlich in einen schönen Jüngling verwandelt sah. Er ließ hierauf seinen Vater vom Pfluge herbeiholen und lebte mit ihm von nun an vergnügt und glücklich, indem er nach tausend Leiden und Drangsalen erfahren hatte, daß:

»Ist die Not am größten, ist die Hilf am nächsten.«

26

Dritter Tag

Sechstes Märchen

»DER KNOBLAUCHGARTEN«

Belluccia, die Tochter des Ambrosio della Varra, gehorcht ihrem Vater und tut, was er ihr befiehlt. Da sie sich nun dabei sehr klug benimmt, so wird sie von Narduccio, dem ältesten Sohne des steinreichen Biasillo Guallecchia, geheiratet und bringt es zuwege, daß Biasillo auch ihre andern sehr armen Schwestern seinen übrigen Söhnen zu Frauen gibt.

Nicht so sehr mochte der arme Engländer über sein Überströmen jammern als die Zuhörer lachten, als sie den ihm von der Maus gespielten Streich vernahmen; und das Gelächter würde bis zu dem andern Morgen gedauert haben, wenn der Prinz nicht dazwischengetreten wäre, damit man auch auf Antonella hören sollte, welche mit großer Zungenfertigkeit also zu reden begann: Der Gehorsam ist eine sichere Ware, welche Gewinn ohne Gefahr abwirft, und ist auch ein solches Besitztum, welches zu jeder Zeit Früchte hervorbringt. Dies wird euch die Tochter eines armen Landmanns beweisen, welche dadurch, daß sie sich ihrem Vater gehorsam bezeugte, nicht nur sich selbst, sondern auch ihren Schwestern den Weg zum Glück eröffnete, indem sie sämtlich reich verheiratet wurden.

Es lebte nämlich einmal in dem Dorfe La Varra ein Bauer namens Ambrosio, welcher sieben Töchter und nichts anderes besaß, um sie anständig in der Welt zu erhalten, als einen Knoblauchgarten. Dieser wackere Mann war befreundet mit Biasillo Guallecchia, einem in Resina sehr reich begüterten Manne, welcher Vater von sieben Söhnen war, von denen Narduccio, der Erstgeborene und des Vaters Herzblatt, plötzlich einmal krank wurde und auf keine Weise geheilt werden konnte, obwohl der Beutel des Vaters in einem fort offenstand. Als ihn nun Ambrosio eines Tages besuchte, fragte ihn Biasillo, wieviele Kinder er hätte, worauf jener, der sich schämte, daß er nur vermöchte, Töchter zu erzeugen, erwiderte: »Ich habe vier Söhne und drei Mädchen.« »Wenn das so ist«, versetzte Biasillo, »so schicke mir einen von deinen Söhnen her, damit er meinem Sohne Gesellschaft leiste, du wirst mir dadurch einen sehr großen Gefallen erweisen.« Ambrosio, der sich auf diese Weise selbst gefangen hatte, wußte nicht, was er antworten sollte, sondern nickte nur mit dem Kopf; und nach La Varra zurückgekehrt, geriet er vor Ärger fast außer sich, indem er gar nicht wußte, wie er wieder dem Freunde vor die Augen treten sollte. Endlich jedoch rief er alle seine Töchter, von der kleinsten bis zur größten, herbei und fragte sie, welche von ihnen es wohl zufrieden wäre, sich die Haare abschneiden zu lassen, Mannskleider anzuziehen und sich für eine Mannsperson auszugeben, um dem kranken Sohne des Biasillo Gesellschaft zu leisten; worauf die älteste Tochter, namens Annuccia, entgegnete: »Ist mir etwa der Vater gestorben, daß ich mir das Haar abschneiden sollte?« Die zweite Tochter, namens Nora, antwortete: »Noch bin ich nicht verheiratet, und schon willst du mich mit abgeschornen Haaren sehen?« Die dritte, namens Sapatina, versetzte: »Ich habe immer sagen hören, daß Frauenzimmer keine Hosen anziehen sollen.« Die vierte, namens Rosa, erwiderte: »Zum Kuckuck noch einmal, komm mir nicht damit, daß ich mir zur Unterhaltung eines Kranken das anschaffen soll, was selbst in keiner Apotheke zu finden ist.« Die fünfte, namens Cianna, sprach: »Sage dem Kranken, daß er abzuführen einnehme und sich zur Ader lasse, denn ich würde auch nicht eins von meinen Haaren für hundert Lebensfäden von Männern hingeben.« Die sechste, namens Lella, sagte: »Als Frauenzimmer bin ich geboren, als Frauenzimmer lebe ich, als Frauenzimmer will ich auch sterben und mag nicht, um mich in einen vorgeblichen Mann zu verwandeln, meinen ehrlichen Namen verlieren.« Das jüngste Nestvögelchen jedoch, namens Belluccia, welche sah, daß der Vater bei jeder einzelnen Antwort seiner Töchter einen

Seufzer ausstieß, antwortete: »Nicht nur wollte ich mich dir zuliebe in einen Mann, sondern sogar in ein Tier verwandeln und selbst noch Ärgeres erdulden, wenn ich dir damit dienen kann.« – »Segne dich der Himmel«, erwiderte Ambrosio, »denn für das Leben, das ich dir gegeben, gibst du mir ein neues Leben wieder. Darum keine Zeit verloren, sondern frisch ans Werk«, und nachdem er ihr die Haare, welche den Häschern Amors als vergoldete Schlingen dienten, abgeschnitten und ihr einen zerrissenen Männeranzug ausgeflickt hatte, brachte er sie nach Resina, wo sie von Biasillo und seinem kranken Sohne, der zu Bette lag, mit den größten Freundschaftsbezeugungen der Welt empfangen wurden. Ambrosio kehrte hierauf nach Hause und ließ Belluccia zurück, damit sie den kranken Narduccio bedienen sollte.

Als dieser nun die ungewöhnliche Schönheit Belluccias unter jenen Lumpen hervorleuchten sah, sprach er bei sich selbst, indem er sie immer wieder von neuem anschaute und sie mit den Augen fast verschlang: »Wenn ich nicht ganz blind bin, so ist das ein Frauenzimmer; die Zartheit ihres Angesichts zeigt es, ihre Sprache bestätigt es, ihr Gang bekräftigt es, mein Herz sagt es und Amor verrät es, es ist ein Frauenzimmer ohne Zweifel, und sie wird wohl hierhergekommen sein, um durch diese List in ihrer Männertracht meinem Herzen einen Hinterhalt zu legen.« Indem er sich nun ganz diesem Gedanken ergab, versank er in eine solche Traurigkeit, daß das Fieber noch viel mehr zunahm und die Ärzte ihn in einem sehr gefährlichen Zustande fanden, so daß die Mutter, welche ihn von ganzer Seele liebte, zu ihm sprach: »Mein lieber Sohn, du Licht meiner Augen, Stab und Krücke meines Alters, was soll das bedeuten, daß du, statt an Kraft zuzunehmen, an Gesundheit abnimmst und statt vorwärtszukommen immer rückwärts gehst? Ist es möglich, daß du deine Mutter so betrüben willst, ihr nicht die Ursache deiner Krankheit zu sagen, damit sie sie entfernen könne? Sprich doch, mein Juwel, verheimliche mir nichts, öffne mir dein Herz, wirf ab deine Bürde und sage mir frei heraus, was du willst und wünschest; für das übrige laß mich sorgen; denn ich werde alles tun, was du verlangst.«

Durch diese Worte ermutigt, fing Narduccio an, ihr seine Leidenschaft zu entdecken und ihr zu sagen, wie er sich davon überzeugt hielte, daß der Sohn Ambrosios ein Mädchen sei und daß, wenn er sie nicht zur Frau bekäme, er beschlossen hätte, dem Lauf seines Lebens ein Ende zu machen. »Nur sachte«, erwiderte die Mutter, »um deinem Wunsche willfahren zu können, wollen wir erst untersuchen, ob sie ein Frauenzimmer oder eine Mannsperson, ob das Feld flach oder hügelig ist. Ich will mit ihr in den Stall gehen und sie eins der wildesten Pferde von denen, die wir haben, besteigen lassen; denn wenn sie ein Frauenzimmer ist, so fehlt ihr, wie allen Frauen, der Mut, und sie wird nicht daran wollen, so daß wir dann gleich wissen, woran wir sind.« Dieser Einfall gefiel dem Sohne, die Mutter stieg mit Belluccia in den Stall hinunter und ließ ihr ein unbändiges junges Roß geben, welches jedoch Belluccia sogleich sattelte, mit einem wahren Löwenmut bestieg und anfing, einen Paß zu reiten zum Verwundern, einen Galopp zum Erstaunen, Volten zu machen zum Entzücken, Pirouetten, um außer sich zu geraten, Kurbetten, um Maul und Ohren aufzusperren, und Kapriolen, die mehr jener als dieser Welt angehörten; weswegen die Mutter zu Narduccio sagte: »Laß deine närrische Grille fahren, mein Sohn, denn du siehst, daß dieser Bursche fester ist im Sattel als der älteste Kavallerist von der Welt.« Trotzdem beharrte Narduccio bei seinem Sinn und sagte aufs neue, daß es durchaus ein Frauenzimmer wäre und selbst Skanderbeg ihm nicht diesen Glauben entreißen würde. Um ihm nun diesen Wahn zu benehmen, begann die Mutter wieder: »Nur nicht so hitzig, mein Sohn, wir wollen noch eine Probe machen und sehen, woran wir sind.« Darauf ließ sie eine Muskete holen, hieß Belluccia herbeirufen und sagte zu ihr, sie solle sie laden und abfeuern. Diese ergriff sogleich das Gewehr, schüttete Schießpulver in den Lauf und damit Brechpulver dem Narduccio in den Leib, legte die Lunte an das Schloß und Feuer an das Herz des Kranken, und indem jene sich entlud, beschwerte sich das Herz des Ärmsten mit Liebessehnsucht. Als die Mutter die Fertigkeit, Gewandtheit und Geschicklichkeit sah, mit welcher der Bursche die Muskete abfeuerte, sprach sie zu Narduccio: »Was du denkst, ist eitel Torheit; denn ein Frauenzimmer kann das nicht alles tun, was der tut.« Narduccio aber beruhigte sich jedoch nicht dabei, sondern stritt immerfort und würde sein Leben gewettet haben, daß diese schöne Rose keinen Stachel hatte;

daher er wiederum zur Mutter sprach: »Glaub mir nur, liebe Mutter, wenn dieser schöne Baum der Liebesanmut mir Kranken nur eine einzige Feige geben wollte, so würde ich Kranker dem Arzte die Feige weisen; darum müssen wir in jedem Falle suchen, Gewißheit zu erlangen, wenn nicht, so ist es mit mir vorbei; denn ich ruhe entweder in ihrem Schoße oder in dem der Erde.« Da die arme Mutter sah, daß er hartnäckiger war als je, durchaus auf seinen Sinn beharrte und immer wieder auf den besagten Hammel zurückkam, so sprach sie zu ihm: »Um dir noch genauere Überzeugung zu verschaffen, so gehe mit ihm baden, und dann wirst du sehen, ob Berg oder Tal, ob ein freier Platz oder eine Sackgasse, ob ein Circus Maximus oder eine Trajanssäule vorhanden ist.« – »Richtig«, rief Narduccio aus, »das ist das rechte, und jetzt hast du den Nagel auf den Kopf getroffen, heut muß es sich endlich zeigen, ob es Bratspieß oder Pfanne, Wirkholz oder Sieb, Spritze oder Trichter ist.«

Belluccia jedoch, welche den Anschlag witterte, ließ rasch einen Knecht ihres Vaters zu sich kommen, der gar schlau und pfiffig war, und wies ihn an, daß, wenn er sie am Meeresufer im Begriff sähe, sich auszukleiden, er ihr die Nachricht bringen solle, daß ihr Vater nahe daran wäre zu himmeln und sie noch einmal sehen wolle, ehe der Kreisel des Lebens Stillstand mache. Als dieser nun, genau aufpassend, wahrnahm, daß Narduccio und Belluccia sich bereits am Meere befanden und schon anfingen, sich auszukleiden, tat er, wie ihm geheißen war, und führte seinen Auftrag aufs beste aus, so daß Belluccia nach Anhörung der ihr gebrachten Nachricht sich bei Narduccio beurlaubte und den Weg nach Resina einschlug. Narduccio aber kehrte mit gesenktem Kopf, verdrehten Augen, erblaßtem Angesicht und bleichen Lippen zur Mutter zurück und erzählte ihr, wie schief die Sache gegangen wäre, und daß er wegen des Querstrichs, der ihm gemacht wurde, nicht hätte den letzten Versuch machen können. »Nur nicht verzweifelt«, versetzte die Mutter, »Geduld überwindet alles. Drum geh also ohne weiteres in das Haus Ambrosios und rufe seinen Sohn, und an dem schnellen oder langsamen Herunterkommen wirst du dann sehen können, woran du bist, und ob man dir eine Nase drehen will oder nicht.« Bei diesen Worten färbten sich die erbleichten Backen Narduccios wieder, und als am folgenden Morgen die Sonne ihre Strahlen ergriff und die Sterne verjagte, begab er sich geraden Wegs nach dem Hause Ambrosios, ließ diesen herausrufen und ersuchte ihn, ihm doch seinen Sohn herunterzuschicken, da dieser ihm unter den Händen entwischt sei, er gleichwohl etwas Wichtiges mit ihm zu sprechen habe. Ambrosio nun bat ihn ein wenig zu warten, er würde ihm bald seinen Sohn senden, worauf Belluccia, um nicht in flagranti ertappt zu werden, sich schnell Rock und Mieder aus- und die Hosen anzog; indem sie dann aber über Hals und Kopf hinuntereilte, vergaß sie, daß sie noch die Ohrringe in den Ohren hatte, so daß Narduccio, wie man an den Ohren des Esels das schlechte Wetter erkennt, an denen Belluccias ein Zeichen desjenigen heitern Wetters erkannte, wonach er sich so sehr sehnte, und, sie packend wie ein Bullenbeißer, zu ihr sprach: »Du sollst mein Weib sein, zum Trotz des Neides, zum Tort des Schicksals und sogar zum Hohn des Todes.« Als Ambrosio die redlichen Absichten Narduccios sah, sagte er zu ihm: »Wenn nur dein Vater zufrieden damit ist und mit einer Hand zufaßt, so greife ich mit hundert zu«; worauf alle miteinander sich nach dem Hause Biasillos begaben, welcher ebenso wie seine Frau, voll Freude darüber, ihren Sohn frisch und gesund wiederzusehen, die Schwiegertochter mit unsäglicher Herzlichkeit empfing, und da sie nun von Ambrosio wissen wollten, wie er denn auf den Einfall gekommen wäre, seine Tochter in Mannskleider zu stecken, und hörten, er hätte es getan, um nicht zu entdecken, daß er so ein Pinsel gewesen wäre, sieben Mädchen zu zeugen, sprach Biasillo: »Da der Himmel mir soviel Söhne und dir soviel Töchter geschenkt hat, so wollen wir auch sieben Fliegen mit einem Schlage totmachen, drum bringe sie nur sämtlich her zu mir, ich will sie alle meinen Söhnen zu Weibern geben; denn ich habe, Gott sei Dank, soviel Gräten als diese Fische brauchen.« Kaum hatte Ambrosio diese Rede vernommen, so holte er wie im Fluge alle seine andern Töchter herbei, worauf in dem Hause Biasillos die siebenfache Hochzeit mit großen Festlichkeiten gefeiert wurde, so daß die Musik und das Jauchzen bis zum siebenten Himmel emporscholl, und indem sie nun alle auf diese Weise froh und fröhlich waren, sah man ganz deutlich die Wahrheit des Sprichworts:

»Gottes Treu ist alle Tage neu.«

27

Dritter Tag

Siebentes Märchen

»CORVETTO«

Corvetto wird von den Höflingen um seiner guten Eigenschaften willen beneidet und mit mehrfachen gefährlichen Unternehmungen beauftragt; da er sich aber aller dieser zum größten Verdruß der Höflinge auf höchst ehrenvolle Weise entledigt, so erhält er die Tochter des Königs zur Frau.

Dermaßen waren die Zuhörer über das verständige Benehmen Belluccias erstaunt, daß sie bei der endlichen Verheiratung derselben so viel Freude empfanden, als wäre sie ihre leibliche Tochter gewesen; jedoch machte der Wunsch, auch Ciulla zu hören, daß sie den Antonella geschenkten Beifall unterbrachen und schon bei der Bewegung ihrer Lippen die Ohren spitzten, worauf sie also begann:

Ich habe freilich einmal sagen hören, daß sich Juno, um die Lüge aufzusuchen, nach Kreta begab; wenn mich aber jemand fragte, wo Betrug und Verstellung zu finden seien, so wüßte ich keinen andern Ort zu nennen als die Höfe, wo die üble Nachrede immer als Lustigmacher, die Verleumdung als Possenreißer, der Verrat als Pickelhering und die Schelmerei als Hanswurst gekleidet geht, und wo man zu gleicher Zeit zerschneidet und näht, verwundet und heilt, zerbricht und leimt; wovon ich euch nur ein kleines Pröbchen in der folgenden Erzählung vorlegen will.

Es befand sich einmal im Dienste des Königs von Breitenfluß ein sehr wackerer Jüngling, welcher wegen seines trefflichen Benehmens von seinem Herrn in hohem Grade geliebt, von allen Höflingen aber eben deswegen von Herzen gehaßt und verabscheut wurde, da sie als Fledermäuse der Bosheit den Glanz der Tugenden Corvettos nicht anschauen konnten, der sich mit der baren Münze eines lobenswerten Betragens die Gunst seines Gebieters erkaufte. Daher war der Zephir des ihm von dem Könige erwiesenen Wohlwollens für den Ingrimm der vor Neid Berstenden ein wahrer Schirokko, so daß sie zu jeder Stunde und in allen Winkeln des Palastes nichts anderes taten, als daß sie über den armen Corvetto brummten, murrten, flüsterten, zischelten, sich zuraunten und sprachen: »Was für einen Zauber hat denn dieser Hans Papp dem Könige angetan, daß dieser ihm so wohl will? Wie kommt er denn zu dem Glücke, daß fast kein Tag vergeht, wo er nicht eine neue Gunstbezeugung erhält? Denn wir gehen immer nur rückwärts wie die Seiler, kommen in unseren Umständen nur immer mehr zurück und dienen doch auch so treu wie die Hunde, schwitzen wie die Tagelöhner und jagen wie die Damhirsche, um die Wünsche des Königs aufs Haar zu treffen. Fürwahr, man muß nur ein Quentchen Glück haben; denn wer *das* nur hat, fällt immer auf die Füße! Was ist aber zu machen? Wir können nur sehen und schweigen, und sollten wir auch darüber bersten!« – Diese und ähnliche Worte flogen von dem Bogen ihres Mundes und glichen vergifteten Pfeilen, deren Ziel der Untergang Corvettos war. – Wehe dem, der zu der Hölle der Höfe verdammt ist, wo Schmeicheleien scheffelweise verkauft, Bosheiten und böse Dienste malterweise zugemessen und Betrug und Verrat zentnerweise ausgewogen werden. Wer könnte daher sagen, wieviel Fußeisen der Hinterlist man ihm legte, um ihn fallenzumachen? Mit wieviel Seife der Falschheit man die Leiter der königlichen Ohren einschmierte, damit er herunterstürze und sich den Hals breche? Wer könnte die Gruben des Truges zählen, welche man in den Geist des Gebieters grub, und die Fallen freundschaftlichen Eifers, in die man ihn zu locken suchte?

Corvetto aber, welcher gefeit war und die Kniffe sah, die Pfiffe merkte, die Schlingen wahrnahm und die Listen, Anschläge, Tücken, Ränke und Nachstellungen seiner Feinde inne wurde, hielt stets die Ohren steif und die Augen weit offen, um nicht einen Fehltritt zu tun, indem er wohl wußte, daß das Glück der Höflinge gläsern ist. Je höher er aber stieg, desto tiefer und schneller sanken die andern, so daß sie, am Ende nicht mehr wissend, auf welche Weise sie ihn aus dem Wege räumen sollten, da ihre Verleumdungen keinen Glauben fanden, auf den Einfall kamen, ihn durch Lobeserhebungen in einen Abgrund zu stürzen (eine Kunst, die in der Hölle erfunden und an den Höfen vervollkommnet worden ist), und zwar versuchten sie ihre Absicht auf folgende Weise zu erreichen.

Zehn Meilen von Schottland nämlich, woselbst der Wohnsitz jenes Königs sich befand, wohnte ein wilder Mann, der grimmigste und scheußlichste aller, die je aus dem Land der wilden Männer gekommen, welcher, von dem Könige verfolgt, sich auf dem Gipfel eines Berges in einem Walde festgesetzt hatte, der so dicht war, daß selbst nicht einmal die Vögel darin nisteten und die festverschlungenen Zweige auch nicht einen einzigen Blick der Sonne durchließen. Dieser wilde Mann nun hatte ein schönes Roß, welches aussah wie gemalt und unter vielen andern vortrefflichen Eigenschaften auch die Gabe der Rede besaß, da es durch eine besondere Zauberkraft ebenso sprechen konnte wie ein Mensch. Indem nun die Höflinge wußten, wie greulich der wilde Mann, wie entsetzlich der Wald, wie hoch der Berg und wie groß die Schwierigkeit, das Roß zu erhalten, war, so traten sie eines Tages vor den König, gaben ihm eine genaue Schilderung von den Vollkommenheiten des Tieres und fügten hinzu, daß der Besitz desselben wohl eines Königs würdig wäre und er sich daher auf jede mögliche Weise bemühen sollte, es den Klauen des wilden Mannes zu entreißen, sowie daß Corvetto am ehesten imstande sein würde, es diesem zu entführen, weil er sehr gewandt wäre und es verstünde, den Hund vom Ofen zu locken. Der König, welcher nicht ahnte, daß unter den Blumen dieser Worte eine Schlange verborgen lag, ließ sogleich Corvetto vor sich kommen und sprach zu ihm: »Wenn du mich irgend liebst, so sieh zu, daß du mir das Roß des wilden Mannes, meines Feindes, auf eine oder die andere Weise verschaffst; denn es soll dich sicherlich nicht gereuen, mir diesen Dienst erwiesen zu haben.«

Corvetto merkte nun zwar recht gut, aus welchem bösen Loche dieser Wind pfiff, dennoch aber machte er sich, um dem König zu gehorchen, auf den Weg nach dem Berge, schlich sich ganz heimlich in den Stall des wilden Mannes, sattelte das Roß, schwang sich hinauf und, mit den Füßen fest im Steigbügel, machte er sich auf den Rückweg. Als jedoch das Roß sich aus dem Palaste spornen sah, rief es aus: »Heda, holla! Corvetto führt mich fort!« Bei welchem Geschrei der wilde Mann mit allen Bestien, die ihm dienten, hervorstürzte, um ihn in Stücke zu reißen. Obwohl daher Corvetto von hier eine Meerkatze, von dort einen Silberbär, links einen Löwen, rechts einen Werwolf hinter sich herkommen sah, so jagte er dennoch, die Sporen dem Rosse tüchtig in die Rippen stoßend, den Berg hinunter, und indem er in einem fort mit verhängtem Zügel nach der Stadt zurückeilte, langte er glücklich in dem Palast des Königs an. Sobald er nun das Roß demselben übergeben hatte, umarmte ihn dieser wie seinen eigenen Sohn, zog hierauf seinen Beutel und füllte Corvetto die Hände mit blanken Talern, wodurch die Glut des Grolles der Höflinge neue Feuerung erhielt, und wenn sie früher durch Handbälge angeblasen wurde, so loderte sie jetzt wie durch Schmiedebälge angefacht hoch auf, indem sie sahen, daß die Tücken, durch welche sie das Glück Corvettos zu vernichten gedachten, nur dazu dienten, den Pfad seines Gedeihens zu ebnen.

Da sie jedoch wußten, daß die Eiche nicht auf den ersten Streich fällt, wollten sie es noch einmal versuchen, und sprachen zum Könige: »Wir gratulieren dir auf das herzlichste zu dem schönen Rosse, welches fürwahr die Zierde des königlichen Marstalles sein wird; nur wünschten wir, daß du auch die Zimmertapeten des wilden Mannes bekommen könntest; denn diese sind etwas unbeschreiblich Prächtiges, und dein Name würde durch den Besitz derselben in dem Munde aller sein. Jedoch kann niemand anders deine Reichtümer durch diesen Schatz vermehren als Corvetto, der es ganz besonders weg hat, solche Dinge auszuführen.«

Der König, welcher tanzte, wie man ihm pfiff, und von diesen bittern aber überzuckerten Früchten eben nur die Schale aß, ließ Corvetto wieder vor sich kommen und bat ihn, ihm die Zimmertapeten des wilden Mannes zu verschaffen. Ohne ein Wort zu erwidern, begab sich Corvetto in eins, zwei, drei auf den Berg des wilden Mannes, schlich sich ungesehen in sein Schlafzimmer, verbarg sich unter dem Bette und wartete daselbst, ohne sich zu rühren, bis die Nacht, um die Sterne lachen zu machen, dem Himmel das Gesicht schwarz anrußt, worauf er, nachdem der wilde Mann sich mit seiner Frau niedergelegt hatte, so leise wie möglich die Tapeten von den Wänden nahm, und da er sogar auch die Bettdecke mit fortmausen wollte, diese ganz sachte wegzuziehen anfing. Hierüber erwachte jedoch der wilde Mann und sagte zu seiner Frau, sie solle nicht so sehr ziehen, denn sie decke ihn ganz auf, so daß er sich leicht erkälten könnte. »Zum Kuckuck«, versetzte die Frau, »du deckst mich ja auf, und ich liege schon ganz bloß.« »Wo zum Teufel ist denn die Decke?« sprach nun der wilde Mann, und indem er die Hand aus dem Bette steckte, faßte er Corvetto gerade ins Gesicht, so daß er sogleich zu schreien anfing: »Der Kobold, der Kobold! Heda, Lichter, hurtig!« und bei diesem Lärm das Haus in Aufruhr geriet. Corvetto hatte jedoch inzwischen die Tapeten zum Fenster hinausgeworfen, sprang dann ihnen nach und eilte, sie rasch zusammenfassend, spornstreichs in die Stadt zurück, woselbst er von dem Könige mit solchen Freudensbezeugungen überhäuft wurde, daß man sich weder diese noch auch den Ärger der Höflinge denken kann, welche vor Verdruß fast barsten. Gleichwohl faßten sie den Plan, mit dem Nachtrab der Schelmerei über Corvetto herzufallen, und traten daher wieder vor den König, welcher fast närrisch war vor Freude über die Tapeten, da sie nicht nur von Seide gewirkt und mit Goldstickereien verziert waren, sondern auch außerdem noch tausenderlei sinnreiche Einfälle und Gedanken eingewebt hatten, wie z. B., wenn ich mich recht erinnere, einen Hahn, der beim Anblick der Morgenröte eben seine Stimme erheben wollte, mit einem Motto in toskanischer Sprache: »Sol ch' io te miri (wenn ich dich nur seh)«; ferner eine welke Sonnenblume mit einer gleichfalls toskanischen Überschrift: »Al calar del sole (wenn die Sonne sinkt)« und außerdem noch so viele andere Dinge, daß ein ganz anderes Gedächtnis und weit mehr Zeit als die meinige nötig wäre, um alles herzuzählen.

Indem nun, sage ich, die Höflinge den König voller Jubel und Freude antrafen, sprachen sie zu ihm: »Da Corvetto euch zuliebe schon so sehr Großes ausgeführt hat, so würde es nun eine Kleinigkeit sein, wenn er, um euch einen ganz besonderen Dienst zu erweisen, euch den Besitz des Palastes des wilden Mannes verschaffte, welcher von der Art ist, daß selbst ein Kaiser darin wohnen könnte; denn er enthält so viele Flügel und Gemächer, daß er ein Heer zu fassen vermöchte, und ihr könnt euch die Höfe, Hallen, Bogengänge, Altanen, geruchlosen Latrinen und Röhrenkamine gar nicht vorstellen, die daselbst mit so großartiger Architektur angelegt sind, daß die Kunst darauf stolz ist, die Natur sich schämt und das Staunen auf die Spitze getrieben wird.« Der König, dessen Phantasie sehr empfänglich war und rasch schwanger wurde, ließ wiederum Corvetto rufen und sagte ihm, welch ein Gelüst nach dem Palast des wilden Mannes ihn ergriffen hätte, und daß er zu so vielen Diensten, die er ihm erwiesen, auch noch diesen hinzufügen möchte; denn er würde ihn mit der

Kreide der Dankbarkeit an die Tafel des Gedächtnisses schreiben. Corvetto nun, welcher bei jeder Gelegenheit gleich Feuer fing und sich eine Sache nicht zweimal heißen ließ, nahm sogleich die Beine über den Buckel und, in dem Palast des wilden Mannes anlangend, fand er, daß die Frau desselben von einem niedlichen, wilden Männlein entbunden worden war, er selbst aber sich fortbegeben hatte, um seine Vettern einzuladen, während die Wöchnerin, aus dem Bette aufgestanden, voller Geschäftigkeit alle Anstalten zu dem Schmause traf. Sobald daher Corvetto in den Palast trat, sprach er zu ihr: »Grüß euch Gott, wackere Frau, ihr seid eine tüchtige Hauswirtin; warum plaget ihr euch denn aber gar sehr ab? Gestern erst war eure Niederkunft, und heute schon arbeitet ihr so sehr darauf los, ohne alles Mitleid mit euch selbst?« – »Was soll ich tun«, versetzte die Frau, »wenn niemand da ist, der mir helfen kann!« – »Ich bin ja da«, erwiderte Corvetto, »und will euch aus allen Kräften beistehen.« – »So seid mir vielmal willkommen«, entgegnete die Frau, »und da ihr mir so freundlich eure Dienste anbietet, so helfet mir diese paar Stücke Holz spalten.« – »Sehr gern«, antwortete Corvetto, »und wenn diese paar Stücke nicht genug sind, spalte ich mehr«; und indem er eine frischgeschliffene Axt ergriff, hieb er, statt in das Holz, der wilden Frau auf den Schädel, so daß sie stracks zur Erde stürzte, lief dann sogleich vor den Eingang des Palastes, machte eine tiefe, tiefe Grube, und nachdem er sie mit Zweigen und Erde bedeckt, paßte er hinter dem Tore auf, bis er den wilden Mann mit den Vettern ankommen sah, worauf er innerhalb des Hofes zu rufen anfing: »Halt da, ich will's euch geraten haben! Es lebe der König von Breitenfluß!« Als der wilde Mann diese Herausforderung vernahm, eilte er nebst den übrigen wie besessen auf Corvetto los, um aus ihm ein Ragout zu machen; indem sie jedoch blindlings unter die Vorhalle des Tores liefen, fielen sie samt und sonders in die Grube. Sobald sie nun hinuntergestürzt waren und Corvetto sie mit Steinwürfen in einen Brei verwandelt hatte, verschloß er das Tor des Palastes und brachte die Schlüssel dem Könige, welcher jetzt, nachdem er den Eifer, den Mut und die Klugheit Corvettos vollkommen kennengelernt, trotz seines niedrigen Herkommens, zum Ärger des Neides und zum Verdruß der Höflinge, ihm seine Tochter zur Frau gab, so daß auf diese Weise die Hindernisse der Mißgunst für Corvetto zu Walzen geworden waren, auf denen er das Schifflein seines Lebens in das Meer des Glückes vom Stapel lassen konnte, während seine Feinde ganz beschämt und vor Wut fast berstend mit einer langen Nase abziehen mußten, denn:

»Des Bösen Strafe zögert zwar zuweilen,
Doch wird zuletzt sie immer ihn ereilen.«

28

Dritter Tag

Achtes Märchen

»DER DUMMLING«

Moscione wird von seinem Vater zum Einkauf von Waren nach Kairo geschickt, damit er sich so ein wenig in der Welt umsehe und seine Erzdummheit einigermaßen verliere. Indem nun Moscione unterwegs von Zeit zu Zeit Personen mit wunderbaren Eigenschaften antrifft, nimmt er sie mit sich und kehrt vermittels ihrer mit Gold und Silber beladen nach Hause zurück.

Es fehlte nicht an Höflingen in der Nähe des Prinzen, welche ihren Verdruß darüber, ihn durch die Erzählung so lebhaft gerührt zu sehen, an den Tag gelegt haben würden, wenn sie nicht die Kunst besessen hätten, sich zu verstellen, wie sie wollten; sie selbst aber wußten nicht recht zu sagen, ob ihnen mehr der Ärger, sich ihre Schelmereien vorgeworfen zu sehen, oder der Neid über das Glück Corvettos in die Nase gefahren war. Sobald indes Paola zu reden begann, zog sie aus dem Brunnen ihrer eigenen Empfindungen die Gesinnung jener durch die Winde der folgenden Worte hervor:

Zu jeder Zeit hat man einen dummen Menschen, der die Gesellschaft solcher, die etwas können, zu suchen bemüht ist, mehr gelobt als einen Klugen, der mit Einfältigen umgeht; denn soviel Nutzen und Ansehen man durch jene erlangen kann, ebensoviel Vermögen und Ehre kann man durch diese verlieren, und wenn man das Gold an der Probe erkennt, so werdet ihr an der folgenden Erzählung erkennen, ob das, was ich eben gesagt, auch wahr sei.

Es lebte einmal in einer Stadt ein Vater, der zwar mehr Geld besaß als Sand am Meer ist, aber auch (da einmal kein Glück auf Erden vollkommen zu sein pflegt) einen so dummen und tölpelhaften Sohn, daß er nicht Schwarz von Weiß zu unterscheiden vermochte. Indem nun der Vater seine albernen Streiche nicht länger ertragen konnte, so gab er ihm eines Tages eine hübsche Summe Geld und schickte ihn zum Einkauf von Waren in die Levante, wohl wissend, daß der Aufenthalt in fremden Ländern und der Umgang mit verschiedenen Leuten den Verstand weckt, das Urteil schärft und den Menschen erfahren macht. Moscione (so hieß nämlich der Sohn) stieg also zu Pferd und nahm seinen Weg nach Venedig, dem Sammelplatz der

Wunder der Welt, um sich dort an Bord irgendeines nach Kairo bestimmten Schiffes einzuschiffen. Als er auf diese Weise eine gute Tagereise zurückgelegt hatte, begegnete er einem Jüngling, der unbeweglich am Fuß einer Pappel stand, und sprach zu ihm: »Wie heißest du, mein Freund, woher bist du und was kannst du?« Worauf jener antwortete: »Ich heiße Blitz, bin von Pfeilstadt und kann laufen so schnell wie der Wind.« – »Ich wollte wohl eine Probe von deiner Geschwindigkeit sehen«, versetzte Moscione, und jener erwiderte: »Wart ein bißchen, du sollst bald sehen, ob ich dir was weismache.« Während sie nun so eine kurze Zeit dastanden, sahen sie plötzlich einen Hirsch über das Feld laufen, den Blitz, um ihm einen größern Vorsprung zu geben, erst ein gutes Stück sich zuvorkommen ließ, worauf er ihm so leichtfüßig und mit solcher Schnelligkeit nachjagte, daß, wenn er über einen mit Mehl bestreuten Fußboden gelaufen wäre, er keine Spur seiner Schritte zurückgelassen haben würde und er auf diese Weise den Hirsch, ehe man sich dessen versah, eingeholt hatte. Moscione fragte daher den Jüngling, ob er bei ihm bleiben wollte; denn er würde ihn königlich bezahlen, und da Blitz es zufrieden war, zogen sie gemeinschaftlich weiter. Sie waren aber noch keine vier Meilen vorwärtsgekommen, so begegneten sie einem andern jungen Burschen, zu welchem Moscione wiederum sagte: »Wie nennst du dich, Kamerad? Aus welchem Lande bist du und was für ein Handwerk hast du gelernt?« Worauf jener versetzte: »Ich heiße Hasenohr, bin aus Neugierstadt, und wenn ich mich mit dem Ohr auf die Erde lege, so weiß ich, ohne mich vom Fleck zu rühren, alles, was in der Welt vorgeht, indem ich die Zusammenkünfte und Besprechungen der Handwerker, auf denen sie die Preise der Dinge in die Höhe zu treiben verabreden, die Schelmereien der Höflinge, die Schändlichkeiten der Kuppler, die heimlichen Gespräche der Liebenden, die Klagen der Diener, die Berichte der Spione, die Klatschereien der alten Weiber und die Flüche der Matrosen vernehme, so daß weder der Hahn des Lucian noch die Lampe Francos so vieles belauschten als diese meine Ohren.« – »Wenn das wirklich so ist«, erwiderte Moscione, »so sage mir, was bei mir zu Hause vorgeht«, worauf jener sich alsbald mit dem Ohr auf die Erde legte und sprach: »Ich höre, wie ein alter Mann zu seiner Frau sagt: ›Gott sei Dank, daß ich mir endlich Moscione vom Leibe geschafft habe, diesen einfältigen Tropf, diesen Dorn in meinen Augen; denn wenigstens wird er doch, wenn er sich in der Welt umsieht, ein Mensch werden und nicht mehr so ein ungeheurer Esel, so ein Erzpinsel, so ein Tagedieb sein.‹« – »Genug, genug«, rief Moscione aus, »nun glaube ich, was du sagst, komm also nur jetzt mit mir; denn dein Glück ist gemacht.« – »Ich bin's zufrieden«, versetzte jener, und alsbald zogen sie weiter. Sie hatten jedoch kaum zehn Meilen zurückgelegt, als sie wieder jemand antrafen, zu welchem Moscione sagte: »Wie ist dein Name, mein wackerer Bursche, wo bist du geboren und wozu taugst du in der Welt? – »Ich heiße Triffgut«, erwiderte jener, »bin aus dem Flecken Geradins-Ziel und kann mit meiner Armbrust so genau schießen, daß ich mitten in einen Holzapfel treffe.« »Davon möchte ich doch gern einmal eine Probe sehen«, erwiderte Moscione, worauf der Jüngling seine Armbrust ergriff und, nachdem er genau gezielt, eine Erbse von einem Steine herunterschoß, so daß Moscione ihn gleich den andern mit sich nahm. Nachdem sie nun wieder eine Tagereise zurückgelegt hatten, begegneten sie einigen Leuten, welche in der glühenden Mittagshitze an einem Damme bauten, so daß sie mit Recht hätten singen können: »Wein her, Wein her oder ich fall um und um!« Moscione empfand daher so großes Mitleid mit ihnen, daß er zu ihnen sprach: »Wie fanget ihr es nur an, liebe Leute, daß ihr in diesem Kalkofen aushaltet, in welchem man einen Stein weich kochen könnte«; worauf einer von ihnen antwortete: »Wir fühlen uns hier so behaglich wie in einem frischen Bade; denn wir haben hier einen jungen Burschen bei uns, der uns von hinten her dergestalt anbläst, als hätten wir den Westwind im Rücken.« »Tu mir doch den Gefallen und laß mich einmal den Patron sehen«, versetzte Moscione, daher der Arbeiter den Burschen herbeirief und Moscione zu ihm sagte: »Wie heißt du denn, Freund, wo bist du geboren und was für ein Handwerk treibst du?« »Ich heiße Blasius«, entgegnete jener, »bin aus Windstadt und kann mit meinem Munde alle Winde machen; wenn du einen Zephyr haben willst, so sollst du darüber ganz in Entzücken geraten, und willst du einen Boreas, so blase ich dir Häuser um.« »Was ich sehe, glaube ich!« versetzte Moscione, worauf jener zuerst ganz leise zu blasen anfing, daß man den Wind zu empfinden glaubte, der des Abends beim Posilippo weht, und dann, sich plötzlich nach einigen Bäumen hinwendend, entsandte er einen so gewaltigen Sturm aus seinem Munde, daß er eine ganze Reihe Eichen entwurzelte, weswegen Moscione auch ihn als Reisegefährten mitnahm.

Nachdem sie nun wieder eine Tagereise weitergekommen waren, traf er einen andern Jüngling an und sprach zu ihm: »Mit Verlaub, wie heißest denn du? Woher bist denn du, wenn du's nicht übel nimmst? Und was für ein Handwerk treibst du, wenn man fragen darf?« Und jener sprach: »Ich heiße Starkrücken, bin aus Starkenfels und bin so kräftig, daß, wenn ich mir einen Berg auf den Buckel nehme, er mir so leicht scheint wie eine Feder.« »Wenn dem so ist«, versetzte Moscione, »so verdientest du, König der Lastträger zu sein und würdest gewiß den Preis unter allen davontragen; jedoch möchte ich gern ein Pröbchen deiner Kunst sehen.« Sogleich fing Starkrücken an, sich gewaltig große Steine, Baumstämme und andere Lasten aufzuladen, dergestalt, daß tausend Fuhrmannswagen sie nicht fortgeschafft haben würden. Kaum aber sah dies Moscione, so nahm er ihn gleichfalls in seine Dienste, und indem sie hierauf alle miteinander weiterreisten, kamen sie bald nachher in Blumental an.

Der König dieser Stadt nun hatte eine Tochter, welche so schnell laufen konnte wie der Wind und über ein Saatfeld hingeeilt wäre, ohne die Ähren krumm zu biegen, so daß der Vater eine öffentliche Bekanntmachung hatte ergehen lassen, wer seine Tochter im Lauf erreichte, sollte sie zur Frau bekommen. Sobald daher Moscione in dieser Stadt anlangte und von dem Erlaß hörte, so begab er sich zu dem Könige und erbot sich, mit der Prinzessin um die Wette zu laufen. Nachdem sie nun übereingekommen waren, daß Moscione entweder Schusters Rappen gehörig reiten oder um einen Kopf kürzer gemacht werden sollte, ließ dieser am darauffolgenden Morgen dem Könige sagen, daß er einen Durchfall bekommen hätte und daher nicht in eigener Person laufen könnte, jedoch statt seiner einen Stellvertreter schicken würde. »Mag kommen, wer da will«, versetzte Ciannetella (so hieß nämlich die Prinzessin), »mir ist es alles gleich, und ich habe genug für alle.« Sobald daher die Rennbahn sich mit Leuten, welche den Wettlauf mitansehen wollten, dergestalt angefüllt hatte, daß sie wimmelte wie von Ameisen, und die Fenster und Dächer so voll gedrängt waren, daß keine Nadel zur Erde fallen konnte, erschien Blitz, nahm seinen Platz an dem einen Ende der Bahn und erwartete das Zeichen der Trompeten; zuletzt erschien auch Ciannetella in einem Röckchen, das ihr nur bis ans Knie reichte, und in niedlichen, zierlichen und ungemein kleinen Schuhen mit einfachen Sohlen und stellte sich neben Blitz. Kaum aber vernahmen sie das Trarara und Tututu der Trompete, so fingen sie an zu laufen, daß ihnen die Fersen die Schultern berührten und sie Hasen glichen, welche von Windspielen verfolgt werden, Rossen, die sich aus dem Stalle losgerissen, Hunden, die man mit Wasser begossen, und Eseln, die eine Klette am Schwanz haben. Blitz jedoch, der den Namen und die Tat hatte, ließ Ciannetella mehr als eine Elle weit hinter sich und nicht sobald hatte er das Ziel erreicht, so vernahm man auch ein gewaltiges Getümmel und Lärmen, Schreien und Tosen, Pfeifen, Klatschen und Trappeln unter den Zuschauern, wobei sie ausriefen: »Es lebe der Fremde, vivat hoch!« und Ciannetella die Farbe wechselte wie der Hintere eines Schuljungen, den man ordentlich durchgegerbt, indem sie ganz verwirrt und beschämt darüber war, sich besiegt zu sehen. Da indes der Wettlauf zweimal stattfinden sollte, so wollte sie durchaus diesen Schimpf beim zweitenmal wiedergutmachen, und, nach Hause zurückgekehrt, feite sie einen Ring durch einen solchen Zauber, daß dem, der ihn am Finger trug, die Beine völlig erstarrten und er selbst nicht einmal gehen, geschweige denn laufen konnte, worauf sie denselben dem Blitz zum Geschenk sandte, damit er ihn als ein Andenken an sie trüge. Hasenohr hatte nun zwar diese geheime Verabredung zwischen Vater und Tochter mitangehört, jedoch hielt er sich ganz ruhig und wartete das Ende des ganzen Handels ab, so daß, als die Sonne unter lautem Trompeten der Vögel die auf dem Esel der Dunkelheit reitende Nacht vor sich herzupeitschen begann und nach gegebenem Zeichen die beiden wieder ihr Fersenspiel anfingen, Ciannetella nicht sowohl eine zweite Atalante, als vielmehr Blitz ein lahmer Esel oder ein steifes Pferd zu sein schien; denn er konnte auch keinen Fuß von der Stelle rühren. Da jedoch Triffgut die Not seines Gefährten wahrnahm und von Hasenohr hörte, wie die Sachen standen, so ergriff er seine Armbrust und schoß mit einem Bolzen so genau nach dem Finger des Blitz, daß der Stein, welcher die Zauberkraft enthielt, aus dem Ringe sprang, die gefesselten Beine jenes sich lösten, und er, in einigen Sprüngen Ciannetella überholend, den Preis gewann. Sobald nun der König diesen Sieg eines Gimpels, diese Palme eines Tölpels, diesen Triumph eines Pinsels vernahm, wußte er nicht recht, ob er ihm seine Tochter geben sollte oder nicht, und nachdem er die weisesten Männer an seinem Hofe zu Rat gezogen, sprachen diese ihre Meinung dahin aus, daß Ciannetella kein Bissen für solch einen Lumpenhund und Tagedieb wäre, und daß er, ohne einen Wortbruch zu begehen, sein Versprechen, ihm die Tochter zu geben, in ein Geldgeschenk verwandeln könne, welches einem solchen zerfetzten Bettler wohl willkommener sein würde als alle Frauen der Welt.

Dem Könige gefiel dieser Rat, und er ließ daher Moscione fragen, wieviel Geld er statt der ihm versprochenen Prinzessin haben wolle; worauf dieser unter Beistimmung seiner Gefährten antwortete: »Ich verlange soviel Gold und Silber, als einer von meinen Begleitern tragen kann.« Der König war es zufrieden, und alsbald fing man an, auf Starkrücken eine Unzahl von Koffern mit Dukaten, Säcken mit Zechinen, Beuteln mit Talern, Fässern mit Kupfergeld und Kisten mit goldenen Ketten und Ringen zu laden; je mehr man ihn aber bepackte, desto fester stand er, gleich einem Turme, so daß, als weder die Schatzkammer noch die Banken, Wucherer und Wechsler der ganzen Stadt genügten, der König bei allen vornehmen Leuten umherschicken und von ihnen Leuchter, Becken, Pokale, Schalen, Schüsseln, Teller, Körbe und sogar Nachtgeschirre von Silber leihen mußte. Zwar genügte auch dies immer noch nicht, um das Geforderte vollzumachen; jedoch zogen endlich Moscione und seine Gefährten, wenn auch nicht mit voller Ladung, so doch gesättigt und überdrüssig ihres Weges. Als aber die Räte des Königs sahen, daß ein paar Lumpenhunde soviel Schätze fortschleppten, sagten sie zu ihm, daß es eine große Eselei wäre, die ganze Kraft des Reiches wegführen zu lassen, und es daher rätlich schiene, diesen Kerlen Leute nachzuschicken, welche die Bürde jenes Atlas, der auf seinen Schultern einen Himmel an Gold und Silber trug, ein wenig erleichtern sollten. Der König gab diesem Rate Gehör und sandte Moscione sogleich eine Schar Bewaffneter zu Fuß und Roß nach; da indes Hasenohr, der diesen Anschlag bereits belauscht hatte, seine Gefährten von demselben unterrichtete, und auch schon durch die Fußtritte derer, welche die reiche Ladung abzuladen kamen, der Staub bis zum Himmel emporstieg, so fing Blasius, welcher sah, wie schlecht die Sachen standen, dergestalt zu blasen an, daß er nicht nur alle sie verfolgenden Kriegsleute zu Boden warf, sondern sie auch noch mit der Kraft eines Nordwindes mehr als eine Meile weit forttrieb, so daß Moscione nebst seinen Gefährten ohne weitere Hindernisse in dem Hause seines Vaters anlangte und daselbst den Gewinn mit ihnen teilte (denn man pflegt zu sagen: Ein guter Dienst verdient guten Lohn), worauf jene ganz froh und zufrieden fortgingen, er selbst aber bei seinem Vater zurückblieb, so reich wie ein Krösus und gleich einem goldbeladenen Esel, indem auch an ihm das Sprichwort nicht zum Lügner wurde:

»Gott gibt jedem, was er braucht.«

29

Dritter Tag

Neuntes Märchen

»ROSELLA«

Der Großtürke will sich ein Bad aus vornehmem Blut machen und läßt daher einen Prinzen ergreifen, um ihn zu töten; seine Tochter verliebt sich in denselben, und sie entfliehen miteinander; die Mutter holt sie zwar ein, jedoch werden ihr von dem Prinzen die Hände abgehauen; sie verflucht daher ihre Tochter, so daß diese infolge des Fluches von dem Prinzen vergessen wird; nach vielfachen Listen indes, die sie versucht, bringt sie es dahin, daß der Prinz sich wieder ihrer erinnert und sie von da an froh und fröhlich zusammen leben.

Mit großem Vergnügen wurde die Erzählung Paolas angehört, und alle stimmten darin überein, daß *der* Vater ganz recht hat, der verständige Söhne zu haben wünscht, wenngleich Kuckucksblut in ihren Adern flösse; denn von allem, was jene Nützliches ausführen, genießt er stets den größten Vorteil; da jedoch die Reihe des Erzählens jetzt an Ciommetella war, so begann sie auf folgende Weise:

Wer schlecht lebt, kann nicht gut sterben; und wenn jemand hiervon eine Ausnahme macht, so ist er ein weißer Rabe; denn wer Unkraut säet, kann keinen Weizen ernten, und wer Disteln pflanzt, kann keine Rosen pflücken. Die Erzählung nun, die ihr jetzt gleich vernehmen sollt, wird mich hierin nicht Lügen strafen, und bitte ich nur, daß ihr mir durch gespitzte Ohren und offenen Mund so lange lohnen möget, als ich mich bemühen werde, euch angenehm zu unterhalten.

Es lebte einmal ein türkischer Sultan, der mit dem Aussatz behaftet war und auf keine Weise geheilt werden konnte, so daß die Doktoren, welche gar nicht mehr wußten, wie sie diesen fatalen Kranken, der ihnen immer in den Ohren lag, sich vom Leibe schaffen sollten, ihm endlich etwas Unmögliches anzuraten gedachten und daher zu ihm sagten, daß er sich in dem Blute eines vornehmen Prinzen baden müsse. Als der Großtürke dieses seltsame Rezept vernahm, so sandte er alsbald, da er gar sehr wünschte, gesund zu werden, zahlreiche Schiffe aus und befahl ihnen, daß sie überall umherstreifen und sich bemühen sollten, durch Spione und große Belohnungen einen Prinzen in ihre Gewalt zu bekommen. Indem diese Flotte nun längs der Küste von Klarbach hinfuhr, begegnete sie einer Barke, in welcher der Sohn des Königs jenes Landes, namens

Pauluccio, eben eine Lustfahrt machte, der daher sogleich gefangengenommen, gefesselt und in größter Hast nach Konstantinopel geführt wurde. Sobald die Doktoren von diesem Fange hörten, sagten sie nicht sosehr aus Mitleid mit dem armen Prinzen, als um ihres eigenen Vorteils willen, indem sie selbst, wenn das Bad nichts nützte, dafür gebüßt haben würden, sie daher Zeit gewinnen und die Sache auf die lange Bank schieben wollten, deswegen also sagten sie zu dem Großtürken, daß, da der Prinz wegen der so plötzlich verspielten Freiheit so niedergeschlagen wäre, das getrübte Blut ihm im Bade mehr Nachteil als Nutzen bringen würde; es sei daher nicht nur unumgänglich notwendig, den Gebrauch dieses Mittels noch so lange aufzuschieben, bis den Prinzen seine Traurigkeit verlassen hätte, sondern auch seinen Geist auf jede Art aufzuheitern und ihm nahrhafte Speisen zu geben, damit sein Blut gesund und kräftig würde.

Als der Sultan dies vernahm, tat er alles, was in seiner Macht stand, um den Prinzen in eine so fröhliche Stimmung wie möglich zu versetzen, indem er ihn in einem wunderschönen Garten wohnen ließ, welchen der Frühling selbst in Erbpacht genommen haben würde, und wo die Springbrunnen mit den Vögeln und frischen Winden wetteiferten, wer von ihnen die Luft mit den lieblichsten Tönen erfüllen könne; außerdem gab er dem Prinzen auch noch seine Tochter Rosella zur Gesellschafterin, wobei er ihm zu verstehen gab, daß er sie ihm später zur Frau geben wollte. Kaum aber erblickte Rosella den schönen Prinzen, so fühlte sie sich von den stärksten Liebesbanden gefesselt, und da das Verlangen beider nach *einem* Ziele gerichtet war, trafen sie auch beide genau in denselben Ring ihrer Wünsche.

Als aber die Zeit kam, wo die Katzen läufig werden und es der Sonne Spaß macht, sich mit dem himmlischen Widder nach Art der Böcke zu stoßen, entdeckte Rosella, wie die Ärzte, wohl wissend, daß im Frühling das Blut der Menschen reiner und fröhlicher in den Adern strömt, beschlossen hatten, Pauluccio zu töten und dem Sultan das Bad zu bereiten; denn wenngleich der Vater ihr alles verborgen gehalten hatte, erlangte sie dennoch durch eine ihr von ihrer Mutter verliehene Zauberkraft Kenntnis von dem grausamen Verrat, den man gegen ihren Geliebten im Schilde führte; sie gab ihm daher einen schönen Degen und sprach zu ihm: »Wenn du, mein Schatz, die Freiheit, welche so teuer, und das Leben, welches so süß ist, dir erhalten willst, so mache dich schnell auf die Beine und eile an das Meeresufer, besteige die Barke, die du dort finden wirst, und erwarte mich dann; denn vermöge dieses gefeiten Degens wird die Mannschaft des Fahrzeuges dir, gleich einem Könige, die verdienten Ehrenbezeugungen erweisen.« Pauluccio, der sich einen so guten Weg zu seiner Befreiung so unverhofft eröffnen sah, ergriff den Degen, begab sich rasch ans Meer und wurde von denen, die in der Barke waren, auch wirklich mit der größten Ehrfurcht empfangen. Rosella hatte inzwischen ein Stück Papier gefeit und es unbemerkt der Mutter in die Tasche gesteckt, so daß diese alsobald in einen totenähnlichen Schlaf versank; hierauf raffte sie alle ihre Edelsteine zusammen, eilte zur Barke und ging dann auf das schnellste mit Pauluccio unter Segel.

Inzwischen kam der Sultan in den Garten, um nach dem Prinzen zu sehen; da er jedoch weder diesen noch die Tochter vorfand, so setzte er alles in Aufruhr und suchte seine Frau, vermochte diese indes weder durch Schreien noch durch Rupfen an der Nase aufzuwecken, so daß er dachte, eine Ohnmacht hätte ihr die Besinnung geraubt, und sie daher durch ihre Kammerfrauen entkleiden ließ. Kaum aber war ihr das Kleid ausgezogen worden, so erwachte sie plötzlich und rief aus: »Weh mir, meine verräterische Tochter hat mir einen schönen Streich gespielt; denn sie ist mit dem Prinzen entflohen! Aber mag sie nur, ich will ihr gleich die Straßen bahnen und die Wege verkürzen.« Dies rufend eilte sie ans Ufer und warf dort ein Baumblatt ins Meer, welches sich sogleich in eine zierliche Feluke verwandelte, auf der die Sultanin unverzüglich den Flüchtlingen nachzujagen begann. Obwohl sie nun hierbei unsichtbar einherfuhr, so sah Rosella doch mit den Augen der Zauberkraft das ihr drohende Verderben und sprach daher zu Pauluccio: »Hurtig, mein Herzchen, zieh deinen Degen, stelle dich hier auf das Hinterdeck, und sobald du ein Geklirr von Ketten und Haken vernimmst, wie wenn man unser Fahrzeug entern wollte, so haue blindlings zu, denn wen du triffst, triffst du, und wer draufgeht, geht drauf.« Der Prinz, der da merkte, daß er sich seiner Haut wehren mußte, ließ es sich gesagt sein, und sobald die Sultanin, die Barke erreichend, die Enterhaken auswerfen ließ, führte er einen gewaltigen Hieb, der glücklicherweise der Sultanin beide Hände rein abhieb, so daß sie wie eine Seele im Fegefeuer zu heulen anfing und die Tochter verwünschte, daß sie von dem Prinzen bei dem ersten Tritt, den er an das Land seiner Heimat täte, vergessen werden sollte; hierauf eilte sie mit ihren von Blut triefenden Stümpfen nach Hause zurück, trat vor ihren Gemahl und sprach, indem sie ihm dies traurige Schauspiel vor die Augen hielt: »Sieh da, lieber Mann, wie du an dem Spieltische des Schicksals deine Gesundheit verspielt hast, ich aber mein Leben.« Nachdem sie dies gesprochen, entfloh ihr der Atem und der Geist, und sie ging hin, um dem Meister, der ihr die Zauberkunst gelehrt, das Lehrgeld zu bezahlen; so daß der Sultan, seiner Frau wie ein Bock in das Meer der Verzweiflung nachspringend, ihr auf dem Fuße nachfolgte und kalt wie Eis in der Höllenhitze anlangte.

Sobald aber Pauluccio in Klarbach anlangte, sagte er zu Rosella, sie möchte nur in der Barke warten, bis er Dienerschaft und Karossen herbeigeholt, um sie wie im Triumph in seinen Palast zu führen. Kaum jedoch hatte der Prinz den Fuß ans Land gesetzt, als Rosella seinem Gedächtnis gänzlich entschwand; er selbst aber begab sich in den königlichen Palast, wo er von seinen Eltern mit unglaublicher Freude empfangen und Festlichkeiten und Feuerwerke veranstaltet wurden, welche die ganze Welt in Erstaunen setzten, während Rosella, nachdem sie Pauluccio drei Tage lang vergeblich erwartet hatte, sich endlich der Verwünschung ihrer

Mutter erinnerte und sich vor Verdruß in die Lippen biß, da sie nicht glaubte, ihren Verlust wiedergutmachen zu können. Sie begab sich daher voll Verzweiflung ans Land und mietete einen Palast geradeüber dem des Königs, um zuzusehen, ob sie wohl auf irgendeine Weise dem Prinzen die Verpflichtung, die er gegen sie hatte, ins Gedächtnis zurückzurufen vermöchte. Als nun die Herren vom Hofe, die gern ihre Nase in alles stecken, das neue Vögelchen, das in jenem Hause eingekehrt war, bemerkten und die Schönheit desselben wahrnahmen, welche alle Vorstellungen übertraf, jedes Maß überstieg, über alle Grenzen hinausging, Wunder über Wunder erweckte, das Staunen auf die Spitze trieb und die Leute Maul und Nase aufsperren machte, so fingen sie an, sie wie die Mücken zu umschwärmen, und es verging kein Tag, wo sie nicht Rosella auf der Straße umringten und vor ihren Fenstern vorüberparadierten. Die Sonette kamen in Haufen, die Liebesbriefe in Massen, die Serenaden so zahlreich, daß sie den Nachbarn die Ohren betäubten, die Kußhände in solcher Fülle, daß ihnen die Lippen aufsprangen, und da immer der eine nichts vom andern wußte, so schossen sie alle nach einem und demselben Ziel und alle bemühten sich, wie Liebestrunkenbolde dieses schöne Faß anzuzapfen. Rosella aber, welche sich dies zunutz zu machen gedachte, machte allen ein freundlich Gesicht, zeigte sich zuvorkommend gegen alle und hielt alle mit Hoffnungen hin; da sie jedoch endlich mit der Sache ein Ende machen wollte, so versprach sie heimlich einem sehr vornehmen Kavalier, daß, wenn er ihr tausend

Dukaten und einen vollständigen Anzug gäbe, er eines Abends von ihr den Schatz ihrer Zuneigung ausgeliefert bekommen solle.

Der arme Fensterparadierer, dem die Leidenschaft den Star in die Augen gebracht hatte, pumpte sich sogleich die Füchse auf, nahm bei einem Kaufmann einen reichen Anzug von dem prächtigsten Goldbrokat auf Borg und erwartete so sehnlichst die Stunde, wo die Sonne mit dem Monde Verstecken spielt, um die Frucht seiner Wünsche zu pflücken. Sobald nun die Nacht erschien, begab er sich heimlich in das Haus Rosellas und fand sie auf einem schönen Bette liegend, so daß sie der Liebesgöttin auf einem Blumenlager glich, worauf sie ihn mit schmeichelnder Stimme bat, sich doch nicht eher zu legen, als bis er die Tür zugemacht. Dem Galan schien dies nur ein kleiner Dienst, um einem so reizenden Wesen zu Willen zu sein; er ging daher hin, um die Tür zuzumachen. Sooft er sie aber zumachte, ebensooft flog sie sperrangelweit auf, daher er immer wieder umkehrte und die Tür immer wieder aufging, so daß dieses Auf- und Zugemache, dieses Klippklapp die ganze Nacht hindurch währte, bis die Sonne die von Aurora durchfurchten Gefilde mit goldenem Licht besäte, indem so der arme Liebhaber eine Nacht in ihrer ganzen Länge und Breite mit dieser verwünschten Tür verbracht hatte, ohne von seinem eigenen Schlüssel Gebrauch zu machen. Als Zugabe zu dieser angenehmen Beschäftigung wurde er aber auch noch von Rosella tüchtig heruntergemacht, welche ihn einen Tölpel ohnegleichen nannte, der nicht einmal eine Türe zuzumachen tauge und doch den Schatz der Liebesgenüsse sich zu öffnen vermessen hätte, dergestalt, daß der beklagenswerte Tropf ganz beschämt und verhöhnt mit glühendheißem Kopf und erkaltetem Feuer seiner Wege ging.

Für den darauffolgenden Abend aber verabredete sie ein Stelldichein mit einem andern vornehmen Herrn, indem sie auch von diesem tausend Dukaten und einen Anzug forderte, so daß er das ganze Gold und Silber, das er im Hause hatte, beim Juden verpfändete, um einer Lust zu frönen, hinter welcher sogleich die Reue folgt, und sobald die Nacht wie eine verschämte Arme mit dem Mantel vor dem Gesicht das Almosen der Stille zu betteln anfing, begab er sich nach dem Hause Rosellas, die bereits im Bette war und zu ihm sagte, er solle das Licht auslöschen und dann zu ihr ins Bett steigen. Der Kavalier legte also den Mantel und Degen ab und fing an, das Licht auszublasen; je mehr er sich aber anstrengte, desto heller brannte es; denn die Luft aus seinem Munde hatte dieselbe Wirkung wie der Blasebalg auf das Feuer der Schmiedeesse, so daß der arme Galan, der die ganze Nacht mit dem Geblase verbrachte und, um ein Licht auszulöschen, sich wie ein Licht verzehrt hatte, als die Nacht, um nicht die vielfachen Torheiten der Menschen zu sehen, sich zu verbergen begann, mit einer Brühe von Schimpf und Hohn übergossen, gleich dem andern davongehen mußte.

Sobald aber die dritte Nacht erschienen war, erschien auch der dritte Liebhaber mit tausend auf Wucher geliehenen Dukaten und einem irgendwie aufgetriebenen

Frauenkleide, und nachdem er ganz leise in das Zimmer, wo sich Rosella befand, hinaufgestiegen war, sprach sie zu ihm: »Ich will mich nicht eher legen, als bis ich mir das Haar gekämmt habe.« – »Laß mich das lieber tun«, versetzte der Kavalier, welcher gehechelten Flachs in die Hände zu bekommen glaubte, und indem er sie mit dem Kopf in seinem Schoße niedersitzen ließ, fing er an, die Haare mit dem elfenbeinernen Kamm zu kämmen; je mehr er sich aber das verfitzte Haar zu entwirren bemühte, desto mehr Verwirrung brachte er ins Land; so daß er die ganze Nacht vertrödelte, ohne daß er irgend etwas ausrichtete, und um einen Kopf in Ordnung zu bringen, seinen eigenen dermaßen verdrehte, daß er fast mit demselben gegen die Wand hätte rennen mögen. Als daher die Sonne hervorgekommen war, um die Vögel ihre Gesanglektion zu überhören, und die Grillen mit der Strahlenrute für ihren Lärm bei Nacht gezüchtigt hatte, verließ er, nach Noten ausgehungert und kalt wie Eis, das Haus.

Sobald er sich aber in dem Vorzimmer des Königs eingefunden hatte, einem Orte, woselbst man zerreißt und zusammennäht, wo der Blasebalg der Schmeichelei in steter Tätigkeit ist, wo die Gewebe der Hinterlist angezettelt, die Tasten der Verleumdung angeschlagen, wo zum Beweis der Torheit Schafsköpfe zugerichtet werden und man den Müttern, deren Söhne sich dort befinden, Anlaß gibt, zu jammern und zu klagen, erzählte der letztgenannte Kavalier sein ganzes Abenteuer und welch ein Streich ihm war gespielt worden; worauf der zweite bemerkte: »Beruhige dich nur,

Freund, denn wenn du übel weggekommen bist, so ist es auch mir nicht viel besser ergangen, da ich gleich dir von dieser Tunke gekostet habe; doch ›gemeinschaftliche Leiden sind ja halbe Freuden‹.« »Du siehst also«, erwiderte der dritte, »daß wir sämtlich in denselben Dreck gefallen sind, und wir können uns zusammen trösten, ohne aufeinander neidisch zu sein, da dieses schändliche Weibsbild uns alle drei ganz gehörig angeführt hat; jedoch wollen wir diese Pille nicht verschlingen, ohne uns irgendwie zu rächen; denn wir sind die Leute nicht, die sich so mir nichts dir nichts äffen und zum Narren halten lassen, darum soll dieses freche Ding, dieser abgefeimte Nickel uns auch gehörig büßen.«

So sprechend, begaben sie sich zu dem König und erzählten ihm alles, was vorgefallen war, daher dieser sogleich Rosella vor sich rufen ließ und sie fragte: »Wo hast du denn diese Manier, meine Hofkavaliere so an der Nase herumzuführen, gelernt? Glaube nur ja nicht, daß du so leichten Kaufs davonkommen wirst, du Gelbschnabel, du grünnäsiges Ding, du Lumpenliesel«, worauf Rosella, ohne die Farbe zu verändern, erwiderte: »Was ich getan, Herr König, geschah nur, um mich wegen einer mir von einem eures Hofes angetanen Unbill zu rächen, obgleich nichts in der Welt hinreichen könnte, um das Unrecht, welches ich erlitten, zu vergelten«, und von dem Könige aufgefordert, zu sagen, was man sich gegen sie hätte zuschulden kommen lassen, erzählte sie, ohne jedoch den Prinzen zu nennen, was sie alles für ihn getan, wie sie ihn aus der Sklaverei befreit, vom Tode errettet, den Händen einer Zauberin entrissen und wohlbehalten in seine Heimat zurückgebracht hätte, um dann das Blatt sich wenden sehen und mit einer langen Nase abziehen zu müssen, ein Lohn, den sie, die sie von hoher Geburt und die Tochter eines Beherrschers ausgedehnter Reiche wäre, am wenigsten verdiente. Kaum hatte der König dies alles vernommen, so hieß er sie unter großen Ehrenbezeugungen niedersitzen und bat sie, den gefühllosen, undankbaren Menschen namhaft zu machen, der ihr diesen Streich gespielt, weshalb sie einen Ring vom Finger zog und ausrief: »Der, den dieser Ring aufsuchen wird, ist der treulose Verräter, der mich so hat sitzenlassen!« Indem sie hierauf den Ring von sich warf, flog er dem Prinzen, der sich gegenwärtig befand und wie versteinert dastand, an den Finger, so daß die geheime Kraft des Ringes ihm sogleich in den Kopf drang, das verlorne Gedächtnis ihm wiederkehrte, die Augen ihm aufgingen, das Blut ihm wieder rascher durch die Adern lief und alle Lebensgeister wiedererwachten, daher er auf Rosella zueilte, um sie zu umarmen, und nicht müde wurde, die Fesseln seiner Seele immer fester zu ziehen, sich nicht sättigen konnte, das Gefäß seiner Glückseligkeit zu küssen, und sie um Verzeihung bat für den Kummer, den er ihr verursacht; worauf Rosella erwiderte: »Du bedarfst der Verzeihung nicht für ein Vergehen, das du nicht aus freiem Antrieb begangen hast; denn ich weiß recht gut, wie du deine Rosella vergessen konntest, und bin des Fluches sehr wohl eingedenk, den meine unselige Mutter gegen dich ausstieß, daher verzeihe ich dir und bemitleide dich von ganzem Herzen.« Diese und noch viele andere liebevolle Worte äußerten beide gegeneinander, so daß der König, nachdem er die hohe Herkunft Rosellas vernommen, aus Dankbarkeit für die seinem Sohne von ihr erwiesenen Dienste in ihre Verbindung freudig willigte und, sobald Rosella Christin geworden war, sie ihm zur Frau gab, worauf beide ihr Leben in größerer Glückseligkeit zubrachten als alle, die je das eheliche Joch ertragen haben, und am Ende einsahen:

»Geduld überwindet alles.«

30

Dritter Tag

Zehntes Märchen

»DIE DREI FEEN«

Cecella wird von ihrer Stiefmutter mißhandelt, aber von drei Feen beschenkt, weshalb die Stiefmutter voll Neid auch ihre rechte Tochter hinsendet, welche aber nur verhöhnt wird. Sie schickt daher Cecella die Schweine weiden, wobei sich zwar ein vornehmer Herr in dieselbe verliebt, jedoch durch eine List der Stiefmutter statt ihrer die häßliche Tochter erhält, während jene Cecella in ein Faß sperrt, um sie mit siedendem Wasser zu begießen. Der Herr entdeckt indes den Betrug und steckt statt jener die Tochter hinein, worauf die Stiefmutter kommt, sie mit dem heißen Wasser überschüttet und, nachdem sie ihr Versehen wahrgenommen, sich tötet.

Die Erzählung Ciommetellas wurde für eine der schönsten gehalten, die man bisher gehört hatte, so daß, als Ghiacova alle vor Entzücken außer sich sah, sie also begann:

Wenn der Befehl des Prinzen und der Prinzessin mich nicht gleich einer Winde fortrisse und wie ein Magnet anzöge, so würde ich mit meinem Geplauder ein Punktum machen, indem es mir zu anmaßlich scheint, das zerbrochene Brummeisen meines Mundes auf die Harfe der Worte Ciommetellas folgen zu lassen; da unser Gebieter es jedoch so verlangt, so will ich mich bemühen, euch ein kleines Stückchen vorzuspielen, von der Strafe eines neidischen Weibes nämlich, welche ihre Stieftochter in den Abgrund stürzen wollte und sie bis zu den Sternen emporhob.

Es lebte einmal in dem Flecken Marcianise eine Witwe namens Caradonia, welche man als die wahre Mutter des Neides betrachten konnte, da sie nie einer Nachbarin etwas Angenehmes widerfahren sah, das ihr nicht in der Kehle steckengeblieben wäre, nie von dem Glücke einer Bekannten hörte, worüber sie sich nicht schwer geärgert hätte, und nie weder Mann noch Frau froh und zufrieden sehen konnte, ohne daß sich ihr der Hals zusammenschnürte.

Diese Witwe nun besaß eine Tochter namens Grannizia, welche die Quintessenz der Häßlichkeit, die Königin der Scheusale und die Zier aller Wechselbälge war, sie hatte einen Kopf voll Nüsse, verfitzte Haare, kahle Schläfen, eine Stirn voller Beulen, Augen so rot wie Feuer, eine Nase voll Blattern, Zähne so schwarz wie Kohlen, einen Rachen wie ein Werwolf, ein Kinn so spitz wie ein Dreieck, einen Hals wie ein Rabe, Brüste wie die Schrotbeutel, Schultern so gewölbt wie eine Kuppel, Arme wie die Bohrer, Beine wie die Türkensäbel, Füße wie ein Affe, sie war mit einem Wort vom Wirbel bis auf die Zeh eine Vogelscheuche, eine widerliche Fratze, eine abscheuliche Hexe, besonders aber ein wahrer Zwerg von einem kurzen, dicken Knirps; und dennoch erschien sie trotz aller dieser Gebrechen ihrer Mutter so schön wie ein Püppchen. Es geschah nun aber, daß diese Witwe sich wieder mit einem gewissen Micco Antonio verheiratete, einem steinreichen Landmann aus Pane-Cuocolo, welcher zweimal Schulz und Syndikus dieses Dorfes gewesen und bei allen Panecucolesen sehr angesehen und hochgeachtet war. Auch Micco besaß eine Tochter, namens Cecella, welche für das größte Wunder an Schönheit in der Welt gehalten wurde; sie hatte ein lockendes Auge zum Bezaubern, einen kussigen Mund zum Entzücken, einen milchweißen Hals, um außer sich zu geraten, und war mit einem Wort so lieblich und anmutig, so reizend und tändelnd, so voll Mutwillen, Scherz und Spiel, so voll Gekose und Schmeichelei, daß sie die Herzen aus der Brust stahl. Wozu aber soviel Worte? Es genügt, wenn ich sage, daß sie wie mit dem Pinsel gemalt schien und man keinen Fehl an ihr finden konnte. Als daher Caradonia wahrnahm, daß Cecella gegen ihre Tochter sich ausnahm wie ein Samtkissen gegen einen Scheuerwisch, wie ein venezianischer Spiegel im Vergleich zu einem rußigen Tiegel, wie die Fee Morgana neben einer Hexe, so fing sie an, Cecella mit scheelen Augen anzusehen und sie herzlich dickzubekommen. Sie hatte deshalb kaum im Hause festen Fuß gewonnen, als das Geschwür an ihrem Herzen aufplatzte, und da sie nicht länger diese Folter ertragen konnte, fing sie an, das unglückliche Mädchen auf jede mögliche Weise zu quälen; denn ihre eigene Tochter ließ sie in einem ausgezackten Kleide von Sarsch und einem Mieder aus Samt, die arme Stieftochter aber in den ärgsten Lumpen und Fetzen des ganzen Hauses einhergehen; der Tochter gab sie Brot so weiß wie Schnee, der Stieftochter ein Stück vertrockneten und verschimmelten Brotes; die Tochter ließ sie den ganzen Tag die Hände müßig in den Schoß legen, die Stieftochter aber immerfort arbeiten wie ein Pferd, indem sie allein das Haus fegen, die Teller abscheuern, die Betten machen, die Wäsche waschen, die Schweine füttern, den Esel striegeln und die Prost-Mahlzeit ausgießen mußte, welches alles das wackere fleißige Mädchen ohne Rast und Ruh und ohne irgendeine Mühe zu sparen, gern verrichtete, um nur der bösen Stiefmutter ihren Willen zu tun.

Nun fügte es aber einmal ihr guter Stern, daß, als sie eines Tages aus dem Hause ging, um das Kehricht an einen Ort zu werfen, wo sich eine großmächtige Grube befand, ihr der Korb hinunterfiel, und während sie nachsann, auf welche Weise sie ihn aus der gewaltigen Tiefe herausfischen könnte, sie ein schwarzes Ungeheuer erblickte, von dem man nicht recht sagen konnte, ob es das Original oder die Kopie der häßlichsten

Scheusale sein mochte. Dies war nämlich ein wilder Mann, der Haare hatte, pechschwarz wie Schweinsborsten, welche ihm bis auf die Fersen reichten, eine runzelige Stirn, von der jede Falte eine mit dem Pfluge gemachte Furche schien, gewölbte und buschige Brauen, schielende und tiefeingesunkene Augen voll Butter, die zwei schmutzigen Läden unter großen Regendächern von Wimpern glichen, ein schiefes, geiferndes Maul, aus welchem, wie bei einem wilden Schweine, ein Paar Hauer hervorragten, eine blattrige, mit Haaren bewaldete Brust, mit denen man eine Matratze hätte anfüllen können, und außerdem noch einen hohen Buckel, einen dicken Wanst, dünne Beine und krumme Füße, so daß ein anderer vor Furcht in Ohnmacht gefallen wäre; Cecella jedoch, obwohl sie solch ein entsetzliches Ungeheuer vor sich sah, faßte sich ein Herz und sprach: »Wollt ihr nicht, mein lieber Mann, mir den Korb, der mir da hinuntergefallen ist, heraufreichen, ihr sollt auch eine recht reiche Frau bekommen«; worauf der wilde Mann antwortete: »Steige herab, meine Tochter, und hole dir ihn selbst«; und das wackere Mädchen stieg auch wirklich, indem sie sich an die Baumwurzeln anhielt und an die Steine anklammerte, in die Tiefe hinunter, woselbst sie (man sollte es kaum glauben!) drei Feen fand, eine immer schöner als die andere, welche Haare hatten von gesponnenem Gold, Gesichter wie der Vollmond, Augen, welche redeten, einen Mund, der mit lieblicher Musik zu zuckersüßen Küssen einlud, und was kann man weiter sagen? Einen zarten Hals, eine elastische Brust, eine weiche Hand, einen zierlichen Fuß, und mit einem Wort eine Anmut, daß man sie einen mit lauter Schönheiten vergoldeten Rahmen nennen konnte. Diese nun erwiesen Cecella so viele Schmeicheleien und Liebkosungen, wie man sich kaum zu denken vermag, faßten sie darauf bei der Hand, führten sie in ein Haus, welches zwischen Schlupfwinkeln verborgen lag und einem gekrönten Haupt hätte zur Behausung dienen können. Sobald sie aber dasselbe betreten und sich auf türkische Teppiche und Kissen von glattem Samt mit Troddeln aus gesponnenem oder gedrehtem Golde niedergesetzt hatten, ließen sich die Feen von Cecella die Haare kämmen, und während sie mit einem durchsichtigen Kamm aus Büffelhorn dies Geschäft höchst sorgfältig und vorsichtig verrichtete, fragten sie die Feen: »Liebes Töchterlein, was findest du auf dem Köpfchen?« Worauf sie mit feiner Manier antwortete: »Ich finde Nüßchen und Läuschen wie die Perlen und Granaten.« Den Feen gefiel die Artigkeit Cecellas über alle Maßen, und nachdem diese trefflichen Frauen sich die zerstreuten Haare aufgesteckt hatten, führten sie Cecella mit sich umher und zeigten ihr nach und nach alle Herrlichkeiten jenes Zauberpalastes; bald sah man Schreine, sorgfältig ausgelegt mit Kastanien- und Hagbuchenholz, bald Kästchen, überzogen mit Roßleder und geschmückt mit zinnernen Verzierungen, bald Tische aus Nußbaumholz, so blank, daß man sich darin spiegeln konnte, bald Truhen mit messingnen Beschlägen, von deren Glanz man geblendet wurde, bald Himmelbetten mit Vorhängen aus grüngeblümtem Stoff, bald lederne Lehnstühle und noch so viel andere Pracht, daß jeder andere bei diesem Anblick vor Staunen außer sich geraten wäre; Cecella jedoch betrachtete die Herrlichkeiten jenes Palastes mit größter Gleichgültigkeit und ohne sich irgendwie darüber zu wundern oder zu gaffen. Als sie nun zuletzt in eine mit den kostbarsten Gewändern dicht angefüllte Kleiderkammer getreten waren, zeigten die Feen ihr Frauenröcke aus spanischem Brokat, Roben mit Hängeärmeln aus dem schwersten Samt und goldverziertem Saume, Überwürfe aus Flor mit Schmelzspitzen besetzt, Leibchen aus dem stärksten Taft, Stirnbänder aus natürlichen Blümchen und Zieraten in Gestalt von Eichenlaub, Muscheln, Halbmonden und Schlangenzungen, ferner blaue und weiße Spangen mit gläsernen Spitzen, Kornähren, Lilien und Federbüsche, alle um als Kopfputz zu dienen, künstliche Granaten mit Silber eingelegt, und endlich noch tausend andere Figürchen und Schmucksachen, die man um den Hals zu tragen pflegt. Indem nun die Feen alle diese Pracht Cecella zeigten, sagten sie zu ihr, sie solle ganz nach ihrem Wunsche von diesen Sachen wählen und sich davon nehmen, soviel sie wollte; Cecella jedoch, welche demütig und anspruchslos war wie ein Veilchen, überging alle Sachen von größerem Werte und ergriff nur einen zerlumpten Frauenrock, der nicht sechs Pfennige wert war.

Hierauf fragten die Feen Cecella: »Durch welche Tür willst du aus dem Hause gehen, liebes Herzchen?« Und diese sich bis auf die Erde verneigend und gleichsam im Staub wälzend, versetzte: »Für mich ziemt es sich, durch den Stall hinauszugehen.« Da umarmten sie die Feen auf das allerfreundlichste, küßten sie tausendmal, zogen ihr ein nagelneues, ganz mit Gold gesticktes Gewand an und machten ihr den Scheitel auf schottische Weise in Form eines Körbchens und mit so vielen Löckchen und Bändern, daß er wie eine blumige Flur aussah, das Stirnhaar mit einem Toupet und Knöpfen, die Flechten aber ließen sie ihr hinten herabhängen; alsdann begleiteten sie Cecella bis an die Tür, welche aus massivem Gold und ringsherum mit Karfunkeln besetzt war, und sprachen zu ihr: »Gehe jetzt, liebe Cecella, begleitet von unsern Wünschen, dich bald verheiratet zu sehen; gehe jetzt also, und wenn du aus dieser Tür getreten bist, so schlage die Augen auf und sieh, was da droben ist.« Cecella machte hierauf tiefe Verbeugungen und ging fort; sobald sie aber zur Tür hinausgetreten war, hob sie den Kopf empor, und ein goldener Stern fiel ihr auf die Stirn, der gar herrlich anzusehen war, so daß sie, gestirnt wie Hesperus, langsamen Schrittes nach Hause zurückkehrte und vor die Stiefmutter trat, indem sie ihr alles Vorgefallene vom Anfang bis zum Ende erzählte. Dies war jedoch für die boshafte Frau nichts Angenehmes, sondern vielmehr nur ein Stich ins Herz, weshalb sie sich gar nicht zufriedengeben konnte und sich endlich den Wohnsitz der Feen von Cecella bezeichnen ließ, wohin sie denn unverweilt das Scheusal von Tochter schickte. Sobald diese den Zauberpalast betreten und jene drei Edelsteine von Feen daselbst angetroffen hatte, erhielt sie zuerst und vor allen Dingen den Auftrag, ihnen den

Kopf zu durchsuchen, und befragt, was sie fände, antwortete sie: »Jede Laus ist so groß wie eine Faust und jede Nisse wie ein Ei.« Zwar ärgerten sich hierüber die Feen gar sehr, und das unartige Benehmen der groben Liese fuhr ihnen heftig in die Nase; jedoch schwiegen sie ganz stille, indem sie an dieser Probe das ganze Stück erkannten, führten sie hierauf in die Zimmer, wo sich die kostbaren Gewänder befanden, und sagten daselbst zu ihr, daß sie sich das allerbeste auswählen sollte. Grannizia nun, welche sich einen Finger anbieten sah, wollte die ganze Hand ergreifen und nahm sich daher das schönste Kleid, das sich in den Schränken befand. Als die Feen Grannizia etwas so Kostbares ergreifen sahen, grollten sie ihr noch viel mehr, indes wollten sie abwarten, wie weit ihre Unverschämtheit gehen würde, und fragten sie daher: »Durch welche Tür willst du aus dem Hause hinausgehen, liebes Jüngferchen, durch die goldene oder durch die Hintertür?« Worauf Grannizia mit kecker Stirn versetzte: »Durch die beste, die da vorhanden ist.« Die Feen konnten nun nicht länger die Frechheit dieser Vettel ertragen und gaben ihr daher auch nicht das Allergeringste, sondern schickten sie mit leeren Händen fort, indem sie zu ihr sagten: »Sobald du aus der Stalltür trittst, hebe dein Gesicht in die Höhe und sieh zu, was dann herabfallen wird.« Kaum war daher Grannizia über die Misthaufen hinweg hinausgetreten, so hob sie den Kopf empor, und alsbald fiel ihr eine Eselshode auf die Stirn, welche unverzüglich mit der Haut derselben zusammenwuchs und so aussah, als ob ihre Mutter während ihrer Schwangerschaft ein sonderbares Gelüst gehabt hätte. Mit diesem schönen Geschenk nun kehrte Grannizia ganz langsam zu ihrer Mutter zurück, so daß diese wütend wie eine Hündin, die geworfen hat, und mit schäumendem Munde Cecella sich sogleich ausziehen ließ und sie mit ein paar Lumpen, die ihr kaum die Blöße deckten, fortschickte, die Schweine auszutreiben, während sie ihre eigene Tochter mit den Kleidern derselben herausputzte, welche unbarmherzige Behandlung Cecella jedoch mit großer Ergebenheit und wahrer Hiobsgeduld ertrug. O mitleidlose Grausamkeit, welche die Steine auf dem Felde hätte erweichen müssen, daß jener Mund, den die Natur nur für Liebesgekose gebildet hatte, sich gezwungen sah, das Horn eines Sauhirten zu blasen und »husch, husch, hoi, hoi« zu rufen, daß jene Schönheit, welche für Freier geschaffen war, sich stets im Freien und unter Schweinen umhertreiben mußte, daß jene Hand, deren Zartheit Hunderte von Herzen hätte in Fesseln schlagen können, statt dessen Hunderte von Säuen mit einem Knüppel vor sich herjagte. Hätte doch lieber die Pest jene Fratzengesichter geholt, welche sie in die Wälder hinausschickten, wo unter dem dunkeln Laubdach die Furcht und das Stillschweigen Schutz gegen die Sonne suchten.

Der Himmel jedoch, welcher die Hochmütigen in den Staub tritt und die Demütigen emporhebt, sandte Cecella einen vornehmen Herrn namens Cuosemo auf ihrem Wege entgegen, welcher nicht sobald diesen Edelstein im Kote, diesen Phönix unter den Schweinen, diese herrliche Sonne unter den zerrissenen Wolken der sie umhüllenden Lumpen erblickte, als er auch schon so verschossen in sie war, daß er sie alsbald fragen ließ, wer sie wäre und wo sie wohnte, und sich dann sogleich zu ihrer Stiefmutter begab und sie zur Frau begehrte, wobei er ihr eine ungeheure Summe als Morgengabe verhieß, worauf Caradonia, welche diesen Braten für ihre Tochter zu erhaschen wünschte, ihm erwiderte, er möchte nur des Abends wiederkehren, denn sie wolle ihre Vettern zu sich einladen, um sich mit ihnen zu beraten. Cuosemo kehrte hierauf voll froher Hoffnungen nach Hause zurück, obwohl ihm die Zeit bis zu dem Augenblick, wo die Sonne sich in das silberne Bett niederlegt, welches ihr der indische Strom bereitet, tausend Jahre lang schien, indem er selbst sich mit der Sonne, von der ihm das Herz entflammt war, niederzulegen sehnte. Caradonia hatte unterdessen Cecella in ein Faß gesperrt in der Absicht, ihr ein warmes Bad zu bereiten und, weil sie die Schweine verlassen, sie wie ein Schwein mit heißem Wasser abzubrühen, während Cuosemo, der sich in einem immerwährenden Paroxysmus befand und vor Verlangen starb, durch das Andrücken der geliebten Schönheit seine Leidenschaft auszudrücken, als sich die Luft endlich verdunkelt hatte und der Himmel wie ein Wolfsrachen aussah, also sprach: »Dies ist denn nun die Stunde, wo ich den Baum, den Amor mir in die Brust gepflanzt hat, einkerben kann, um das Manna der Liebessüßigkeit hervorzulocken; dies die Stunde, wo ich den Schatz, den Fortuna mir versprochen, ausgraben kann; darum keine Zeit verloren, Cuosemo, wenn man dir ein Schwein versprochen, komm gelaufen und nicht gekrochen. O Nacht, o glückliche Nacht, Freundin der Liebenden, die du diese in einen Leib und ein Leben, in ein Herz und eine Seele verwandelst, und du, o Amor, eilet, eilet über Hals und Kopf herbei, damit ich unter dem Zelt der Dunkelheit mich gegen die Glut, die mich verzehrt, schützen kann.« Indem er also sprach, langte er in dem Hause Caradonias an und fand Grannizia statt Cecella, eine Eule an der Stelle einer Nachtigall, eine Distel für eine aufgeplatzte Rose; denn wenngleich Grannizia sich die Kleider Cecellas angezogen hatte und man zu sagen pflegt: »Kleider machen Leute«, sah sie dennoch aus wie ein Mistkäfer auf Brokat, und weder die rote und weiße Schminke, noch die Schönheitspflästerchen, noch irgendeine andere Aufputzung, welche die Mutter mit ihr vorgenommen, konnten ihr die Schuppen vom Kopfe, die Butter aus den Augen, die Sommersprossen aus dem Gesichte, den Brand aus den Zähnen, die Warzen vom Halse, die Geschwüre von der Brust und den Bock unter den Achseln verbannen, dessen Gestank man auf eine Meile weit merken konnte. Als Cuosemo dieses Scheusal vor sich sah, so wußte er gar nicht, wie ihm geschah, und indem er zurückfuhr, als wäre ihm der »Gott sei bei uns« erschienen, sprach er zu sich selbst: »Bin ich wach, oder hat mir eine Schwalbe auf die Augen gemacht? Bin ich's, oder bin ich's nicht? Was siehst du da vor dir, unseliger Cuosemo? Du bist da gehörig angeführt! Das ist das Gesicht nicht, das mich heute früh so plötzlich beim Wickel kriegte; das ist das Bild nicht, das ich im

Herzen umhertrage! Was soll das bedeuten, o Schicksal? Wo ist die Schönheit, wo der Haken, der mich enterte? Die Winde, die mich an sich zog? Der Pfeil, der mich durchbohrte? Wohl weiß ich, daß weder Leinwand noch Weiber bei Licht besehen werden müssen, aber diese wählte ich mir ja am hellen Tage! Weh mir, das Goldstück von heute früh hat sich mir in Kupfermünze, der Diamant in Glas und der Wein in Essig verwandelt.« Diese und noch viele andere Worte brummte und murmelte er in den Bart; zuletzt jedoch von der Notwendigkeit gezwungen, gab er Grannizia einen Kuß, aber gleich wie wenn er einen alten Nachttopf küssen sollte, näherte und entfernte er mehr als dreimal seine Lippen, bevor er den Mund seiner Braut berührte, und als dies endlich geschah, glaubte er sich an dem Ufer der Chiaja zu befinden, um die Stunde, wann die wackern Frauen dem Meere den Tribut von etwas anderem als von arabischen Wohlgerüchen darbringen.

Indem nun aber inzwischen der Himmel, um jung auszusehen, sich seinen weißen Bart schwarzgefärbt hatte und die Wohnung Cuosemos sehr weit entfernt war, sah er sich gezwungen, Grannizia für jene Nacht in ein nicht weit von Panecuocolo gelegenes Haus zu bringen, woselbst er einen Strohsack auf ein paar Kisten warf und sich dann mit seiner Braut darauflegte. Wer könnte jedoch beschreiben, welch eine böse Nacht beide zubrachten! Denn obwohl es Sommer war und sie daher kaum acht Stunden dauerte, schien sie ihnen doch länger als die längste Winternacht. Die lüsterne

Braut freilich kratzte, hustete, stieß zuweilen mit den Füßen, seufzte und forderte mit stummen Worten die Zinsen für das vermietete Haus. Cuosemo jedoch tat, als ob er schnarche, und retirierte sich so weit an den Rand der Lagerstätte zurück, um Grannizia nicht zu berühren, daß er vom Sack herab auf den Nachttopf fiel und sich ein schmählicher Gestank erhob. O wie oft verwünschte Cuosemo die Grausamkeit der Sonne, welche so endlos zauderte, um ihn desto länger auf diese Folter gespannt zu halten, und wie innig flehte er, daß die Nacht den Hals brechen und die Sterne verschwinden möchten, damit er durch die Ankunft des Tages sich diesen bösen Tag vom Halse schaffen könnte. Kaum war aber endlich die Morgendämmerung erschienen, um die Gluckhenne zu verscheuchen und die Hähne aufzuwecken, so sprang auch Cuosemo vom Lager und eilte, ohne sich auch nur die Hosen gehörig festgeknöpft zu haben, in das Haus Caradonias, um sich von ihrer Tochter loszusagen und ihr das Reugeld mit einem Besenstiel zu bezahlen. Als er jedoch bei ihr anlangte, fand er sie nicht zu Hause, da sie nach einem Bündel Holz in den Wald gegangen war, um ein heißes Bad für die Stieftochter zu bereiten, welche sich in dem bakchyschen Grabe eingesperrt befand, obwohl sie eher in der Wiege Amors mit aller Bequemlichkeit hätte ruhen sollen. Indem nun Cuosemo Caradonia überall suchte, sie aber nirgends finden konnte, und daher anfing zu rufen: »Heda, wo seid ihr?«, erhob eine schwarze Katze, welche in der Asche kauerte, plötzlich und ganz unerwartet ihre Stimme und sprach: »Miau,

miau, deine Braut ist in dem Faß eingesperrt.« Alsbald näherte Cuosemo sich dem Fasse und hörte ein dumpfes, leises Wimmern, worauf er hurtig eine Axt vom Kamin nahm und die Reifen des Fasses zerhieb, so daß bei dem Niederfallen der Dauben der Vorhang einer Schaubühne niederzufallen und eine Göttin, die den Prolog spräche, sichtbar zu werden schien. Nur wie durch ein Wunder geschah es, daß Cuosemo bei so großem Glanz nicht plötzlich blind wurde; nachdem er aber eine Zeitlang dagestanden, als wenn er einen Hauskobold gesehen hätte, und endlich wieder zu sich gekommen war, schloß er sie endlich in seine Arme und rief aus: »Wer hat dich in diesen finstern Kerker gesperrt, o Juwel meines Herzens? Wer hat dich mir so lange verborgen, o Hoffnung meines Lebens? Was ist das? Ein holdes Täubchen in einem Käfig von Reifen, und ein Vogel Greif mit mir im Bette? Was ist hier vorgegangen? Sprich, mein süßes Mäulchen, tröste mich in meinem Leid, und lege Balsam auf mein wundes Herz!«

Hierauf nun begann Cecella, ihm alles, was vorgefallen war, ohne daß sie auch nur ein Titelchen überging, ausführlich zu erzählen, was sie nämlich von ihrer Stiefmutter, seitdem diese ihren Fuß ins Haus gesetzt, bis zu dem Augenblicke erduldet hatte, wo sie sie in ein Faß begraben, um ihr das Lebenslicht auszublasen. Sobald Cuosemo dies vernahm, hieß er Cecella, sich hinter der Tür zusammenkauern und dort versteckt halten, worauf er das Faß wieder zusammenschlug, dann Grannizia herbeiholte und, nachdem er sie hineingepackt, zu ihr sagte: »Halte dich hier drinnen eine kurze Zeit ganz ruhig, bis ich einen gewissen Zauber ausgeführt habe, damit dir keine Behexung etwas anhaben kann.« Alsdann machte er das Faß fest zu, umarmte Cecella, und indem er sie hinter sich auf ein Pferd nahm, eilte er mit ihr spornstreichs nach Pascarola, woselbst er wohnte. Kaum war nun Caradonia mit einem großen Bund Holz nach Hause zurückgekehrt, so machte sie ein großmächtiges Feuer, setzte einen gewaltigen Kessel mit Wasser über, und sobald dies zu sieden anfing, ließ sie es durch das Spundloch in das Faß laufen, so daß Grannizia, über und über verbrüht, mit den Zähnen knirschte, als wenn sie das sardinische Kraut gegessen hätte, und die Haut sich ihr ablöste wie einer Schlange, wenn sie ihren Balg wechselt. Als es aber Caradonia schien, daß Cecella gehörig abgesotten sein und alle viere von sich gestreckt haben müßte, zerschlug sie das Faß, und indem sie nun (o Himmel, welch ein Anblick!) ihre eigene Tochter vor sich sah, die von ihrer leiblichen Mutter auf so grausame Weise war abgekocht worden, riß sie sich die Haare aus, zerkratzte sich das Gesicht, zerfleischte sich die Brust, zerbiß sich die Hände, rannte mit dem Kopfe an die Mauer, stampfte mit den Füßen und machte ein solches Geschrei und Getöse, daß der ganze Ort zusammenlief. Nachdem sie sich nun so lange Zeit wie eine Wahnsinnige gebärdet hatte, dergestalt, daß kein Trost sie beruhigen und kein Zureden sie besänftigen konnte, rannte sie mit einem Male spornstreichs nach dem Brunnen und plumps! stürzte sie sich mit dem Kopfe voran hinunter, indem sie auf diese Weise die Wahrheit des Sprichworts bewies:

»Wer andern eine Grube gräbt, fällt selbst hinein.«

Nicht sobald war dieses Märchen beendet, als, gemäß dem Befehl des Prinzen, Giallaise und Cola-Jacovo, der eine der Hofkoch und der andere der Hofkellermeister, auf alt-neapolitanische Weise gekleidet, auftraten und ein Zwiegespräch hersagten, welches allen so sehr gefiel, daß sie vor lauter Vergnügen kaum wahrnahmen, daß die Sonne, müde davon, den ganzen Tag hindurch in den Gefilden des Himmels allein einen Ringeltanz zu halten, die Sterne zu dem Fackeltanz gejagt, sich selbst aber zurückgezogen hatte, um ein anderes Hemd anzuziehen. Als sie aber denn doch endlich bemerkten, daß die Luft sich verdunkelte, begab sich ein jeder, nachdem er den gewöhnlichen Befehl erhalten, sich am andern Tage wieder einzufinden, nach Hause und zur Ruhe.

Ende des dritten Tages

Anmerkungen

DRITTER TAG

Seite 12: *Syrinx*

Warum gerade dieser, ist einleuchtend, nämlich διὰ τὸ τὴν πόςϑην εἶναι σύριγγά τινα. Weil diese Göttin sich aber in ein Rohr (canna) verwandelt hat, so nennt der Vater der Göttin zu Ehren die Tochter Cannetella.

Seite 15: *goldene Hörner*

Vermutlich Anspielung auf das neapolitanische Sprichwort: corna di sòra (sorella), corna d'oro; corna di mogliera, corna davvero.

Seite 25: *Uniantur acta.* Aus der Gerichtssprache: Zusammenlegung mehrerer Fälle.

Misceatur et fiat potus. Rezeptanweisung.

Und ihr einen so schlimmen Streich spielen könnte

Im Or. e cercasse de darele no (i. e. uno, un) paro d'ova sciacque (verdorben, kraftlos) dov'isso (i. e. esso) n'aveva abbesuogno de ciento fresche, nämlich wegen seiner Schwäche zur Stärkung.

(gemeint ist, daß der Bruder verrückt geworden sei. Die Behandlung der Kranken im Irrenhaus von Neapel sah das Essen von 100 Eiern vor.)

Seite 27: *In Tarent*

»Er hat die Fastenzeit in Tarent zugebracht« (ha fatto la quarasesima a Taranto) heißt: »Er ist fett geworden«, weil man wegen der in jener Stadt vorhandenen trefflichen Fische und andern Seetiere jene magern Tage bei minder schmaler Kost hinbringen kann.

Seite 33: *Briareus.* Einer der drei Söhne des Kronos und der Gaia.

Seite 41: *Viso*

Keine sehr passende Überschrift; Viso ist nämlich der Name eines in diesem Märchen nur einmal vorkommenden Ortes.

Seite 44: *Roten Fleck*

Im Or. magriata. »Ein Fleck, den man mit Rötel an die Tür eines andern macht. Man hielt dies für eine schwere Beleidigung (und diese Gewohnheit herrscht in einigen Provinzen noch), so daß die Gesetze die strengsten Strafen darauf setzten.« Vocab. s. v. Macriata. Eine ähnliche Art von Beleidigungen war auch in Spanien gewöhnlich. In einer von Cervantes Novelas ejemplares (Rinconete y Cortadillo) läßt sich das Haupt einer Schelmen- und Spitzbubenzunft aus seinem Notizbuch vorlesen, was für Messerstiche und dgl. er und die Seinigen noch für andere, die ihm dafür bezahlen, auszuteilen haben, und der Vorlesende kommt endlich zu dem Abschnitt, der überschrieben ist: Memorial de agravios comunes: conviene à saber redomazos, untos de miera, clavazon de sanbenitos y cuernos... Que dice mas abajo? dijo Monipodio. Dice, dijo Rinconete unto de miera en la casa... No se lea la casa, que yo sé donde es, respondió Monipodio etc.

Epilog. Im Or. steht Prolog (Prolaco).

(Croce hält diese Änderung für überflüssig, denn Aurora sei der Prolog zu der Tragödie des Abganges der Nacht.)

Seite 46: *Stärkende Hyacinthe*

So und nicht »stärkender Hyacinth« muß es im Text heißen; denn hier ist wohl die Blume gemeint, deren man sich zuweilen als Medizin bedienen mochte. cf. Plin. H. N. 21, 26 (97.)

(Croce ist der Ansicht, nicht die Blume sei gemeint, sondern der Hyazinth, ein Edelstein, dem die Fähigkeit zugeschrieben wird, seinen Träger fröhlich zu machen.)

Seite 47: *Aufwärter eines Einsiedlers*

Im Or. guarzone de no Romito. Man vergleiche hierzu Gil Blas Buch 10 Cap. 10, wo Scipio auch eine Zeit lang in einem solchen Amt fungiert.

Seite 51: *Freund, ich bin verwundet*

Ein Spiel, das auch in der Einleitung des zweiten Tages erwähnt wird.

Urindoktor

Die Zeit Basiles unterschied zwischen Urindoktoren (Ärzte) und Wundärzten (Chirurgen).

Seite 55: *Der König von Schmalgraben*

So muß es heißen; im Orig. steht aber irrtümlich: »Der Prinz von Langenweinberg«, der hat sich ja aber getötet.

Seite 56: *Prinz*

Im Or. steht »König«; er wird aber sonst immer Prinz genannt.

Seite 61: *Prinzen*

Im Or. wieder lo Rrè; aber es ist der Prinz und nicht dessen Vater, der König, den sie im Garten antrifft, wie dies aus der ganzen Erzählung erhellt, namentlich aus den Worten, die der Prinz äußert, indem er später Sapia töten will.

Seite 69: *Einen Titel usw.*

Da den Grundbesitz mitzukaufen zu teuer sein würde. Es geht nämlich nach dem Neapolitanischen Recht an, daß, wer einen Grundbesitz hat, auf dem ein Titel haftet, letztern allein verkaufen kann und dann ohne denselben im Besitz des erstern bleibt.

Sarnelli

Zu welcher z. B. Pompeo Sarnelli, Bischof von Bisceglie, der Verfasser der Posilecchejata, gehörte.

(erst die Ausgabe von 1674 enthält den Hinweis auf die Familie [des Verlegers dieser Ausgabe] Sarnelli.)

Seite 75: *Küchlein*. Die Pleiaden.

Petrarca

Son. 152. »D'Amor tragge indi un liquido sottile.« Die Stelle muß aber im dortigen Zusammenhang anders übersetzt werden.

(der zweite Vers steht im 182. Sonett Petrarcas.)

Seite 77: *Dreimal* ... Virgil, Aeneis 4, 691.

Seite 78: *Petarde*. hier: Schlagschwärmer.

Seite 82: *Wieviel Kinder er hätte*

Es ist allerdings sonderbar, daß Biasillo nicht weiß, wieviel Kinder sein »genauer Freund« Ambrosio hat und ob Knaben oder Mädchen. Wenn er es aber wüßte, dann fiele der Grund der ganzen Erzählung weg.

Seite 83: *Haar abschneiden*

Dies taten in alten Zeiten eigentlich nur die Frauen beim Tode ihrer Männer, banden dann die Haare an die Hände des Verstorbenen, mit welchem sie so begraben wurden, und verheirateten sich nicht eher zum zweitenmal, als bis ihre Haare wieder die Länge der abgeschnittenen erreicht hatten, eine Sitte, die in einigen Gegenden des Königreichs Neapel auch jetzt noch besteht. Man nennt dies Abschneiden der Haare carosare, daher caruso, der glatt geschorene Kopf, und carosa, die Witwe.

Seite 87: *Die Feige weisen*

Siehe den Exkurs über diese Redensart.

Hammel

Eine freie Erfindung von Liebrecht; diese Anspielung auf den Maître Pathelin (bzw. Rabelais) findet sich bei Basile nicht.

Seite 89: *Biassilos*

Im Orig. steht Antuono. Basile vergißt nämlich, daß er ihn früher Biasillo genannt hat.

Seite 91: *Kreta*

Erfindung Basiles, die sich auf den Satz des Epimenides gründet, daß alle Kreter Lügner seien.

Seite 94: *Schlange*. Virgil, Bucolica 3,93.

Seite 97: *Morgenröte*

Eine Huldigung an den Herzog von Alba, 1622–1629 Vizekönig von Neapel.

Wenn ich dich nur sehe

Im Or. Sol ch'io ti miri; Wortspiel mit Sol für Sole, Sonne, indem es auch heißen kann: »Sonne, wenn ich dich nur sehe.«

Seite 103: *Hahn des Lucian*

Hier ist der Hahn gemeint, der in Lucians Ὄνειρος ἢ ἀλεκτρυών die Hauptrolle hat; worauf aber »die Lampe des Franco« anspielt, weiß ich nicht.

(die Lampe des Franco bezieht sich auf die Pistole volgari von Niccolò Franco [1538].)

Seite 107: *Atalante*

Eine schnelle Jägerin, die sich nur dem vermählen wollte, der sie im Wettlauf besiegte, was schließlich Meilanion mit Hilfe der goldenen Äpfel der Aphrodite gelang.

Seite 112: *Wenngleich Kuckucksblut usw.*

Im Or. si bè cantaje ped'isso lo cuculo. Der Sinn ist an dieser Stelle so, wie wir ihn in der Übersetzung wiedergegeben haben; cantar il cuculo per alcuno heißt aber auch »glücklich sein«, weil nach dem Volksglauben der Neapolitaner derjenige glücklich ist, der den Kuckuck singen hört. Wir bemerken dies nur, um auf den verschiedenen Aberglauben der Völker in dieser Beziehung aufmerksam zu machen; denn bei den Engländern ist er gerade der entgegengesetzte. Man sehe z. B. das schöne Sonett Miltons To the Nightingale.

Seite 125: *Nüsse*. Nissen.

Seite 131: *Wie Hesperus*

Im Or. comme a cavallo; eine kleine Blesse der Pferde nennen auch wir »Stern«.

Seite 135: *Heute früh*

Im Orig. jeremattina; es müßte aber heißen: stammatina. und so steht auch bald nachher.

Seite 136: *Um die Stunde usw*.

Diese Stunden heißen ore fetorie oder jettatorie und sind namentlich in der Straße Chiaja im höchsten Grade empfindlich; giacchè essendo quelle case edificate tutte a livello del mare, e per non esservi bastante caduta, non essendosi potuto nelle case construir le chiaviche e condotti sotteranei, conviene che lo schifoso votamento si faccia alla Marina, attraversando la nobilissima strada del pubblico passeggio. Chi sa, se questa sconcezza è riparabile? --- Questo incomodissimo incontro di chi passeggia, ha prodotto, che la prima ora di notte abbia preso il nome della mal' ora di Chiaja. Mehr darüber im Vocab. s. v. ore fetorie.

Seite 138: *Niederzufallen*

»In quel tempo (1503) il sipario in vece d'alzarlo, s'usava lasciarlo cadere nel lunogo ove oggi si tiene l'orchestra.« S. Ettore Fieramasca o la disfida di Barletta. Racconto di Massimo d'Azeglio Milano 1833 vol. II, c. 15 in. Also noch ganz wie bei den Alten.

Seite 139: *Behexung*

Im Or. li mal'uocchie. Siehe den Exkurs zu Ende der Anmerkungen. Hier nur noch die Bemerkung, daß, wenn der gemeine Neapolitaner etwas Schlimmes erwähnt, er zur Abwendung des bösen Omens die Ausdrücke nsanetate i. e. in sanità und arrasso sia,

d. h. fern sei es, gebraucht, lat. averruncent dii, deus avertat, absit omen etc. Auch die Redensart »oje è ssapato, heute ist Sonnabend«, wird beim Nennen höllischer Dinge zur Abwehr angewandt, weil man nämlich glaubt, daß die Hexen am Sonnabend nicht in der Welt umherstreifen, noch den Leuten Böses tun, sondern vielmehr an diesem Tage in irgendeinem Walde unter einem Nußbaum ihre Zusammenkünfte mit dem Teufel (auch bei uns Hexensabbate genannt) hatten und dort ihre lärmenden Gelage feiern; daher »far Sabato, ein großes Getöse machen«, und der Glaube, daß das bloße Aussprechen des Wortes Sabato ein kräftiges Mittel sei, um Hexen und Hexenkünste zu verscheuchen. Berühmt als ein Nußbaum der genannten Art ist la Noce de Beneviento (über welchen der Arzt Pietro Piperno ein Werk, de Nuce Beneventana, geschrieben hat); daher na janara de Veneviento, eine Erzhexe (Posilecchej. cunto III. p. 249; und vgl. das Vocab. s. vv. nocella, oje, sciabacco und sapato).

Inhalt

DRITTER TAG